2020年度教育部哲学社会科学研究重大课题

《荣氏家族与无锡民族工商业资料收集、整理与研究》

（项目批准号：20JZD037 阶段性成果）

江南大学历史研究院系列成果

编辑委员会名单

私立江南大学史料选辑

江南大学图书馆与档案馆 编　　闻心洁 主编

广陵书社

图书在版编目（ＣＩＰ）数据

私立江南大学史料选辑 / 江南大学图书馆与档案馆编；闻心洁主编. -- 扬州：广陵书社，2024.5
ISBN 978-7-5554-2315-7

Ⅰ. ①私… Ⅱ. ①江… ②闻… Ⅲ. ①私立江南大学－史料 Ⅳ. ①G649.285.33

中国国家版本馆CIP数据核字(2024)第068725号

书　　名	私立江南大学史料选辑
编　　者	江南大学图书馆与档案馆
主　　编	闻心洁
责任编辑	郭玉同
出版发行	广陵书社

扬州市四望亭路 2-4 号　　　　　邮编　225001
(0514) 85228081（总编办）　　85228088（发行部）
http://www.yzglpub.com　　　　E-mail:yzglss@163.com

印　　刷	无锡市海得印务有限公司
装　　订	无锡市西新印刷有限公司
开　　本	787 毫米×1092 毫米　1/16
印　　张	43.5
字　　数	947 千字
版　　次	2024 年 5 月第 1 版
印　　次	2024 年 5 月第 1 次印刷
标准书号	ISBN 978－7－5554－2315－7
定　　价	190.00 元

首届校董事会副董事长、
第二届校董事会董事长荣德生先生

本校创办人、首届校董事会董事荣一心先生

荣一心逝世后,校主要负责人、
第二届校董事会副董事长荣毅仁先生

第二届校董事会副董事长钱孙卿先生

首任校长章渊若先生（出处：上海法政学院廿三年度春季毕业纪念册）

校务委员会副主任委员、第二任校长沈立人先生

副校长兼理工学院院长顾惟精教授

文学院院长钱穆教授

教务长唐君毅教授　　　　　教导长毕仲翰教授，　　　　教导长骆美轮教授
后任校务协商委员会副主任委员

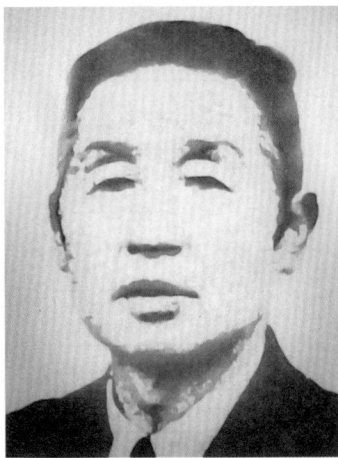

1948 年教师合影

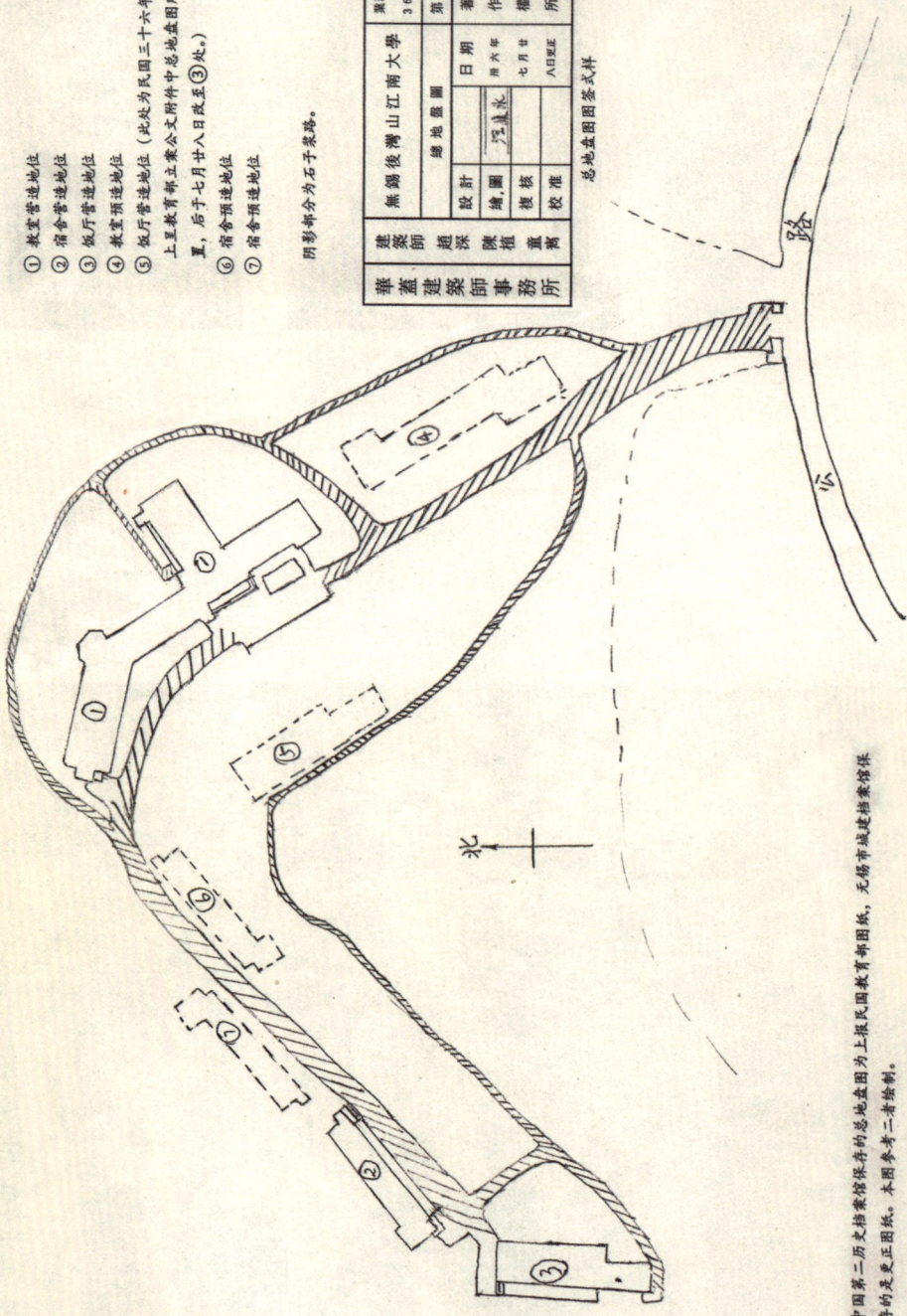

① 教室等建地位
② 宿舍等建地位
③ 饭厅等建地位
④ 教室预建地位
⑤ 饭厅等建地位（此处为民国三十六年七月廿六日上呈教育部立案公文附件中总地盘图所标饭厅位置，后于七月廿八日更正为③处。）
⑥ 宿舍预建地位
⑦ 宿舍预建地位

阴影部分为石子夯基。

無錫後灣山江南大學總地盤圖		案卷编號 36290	
		第 1 號	
設計			審查建
繪圖	汪定光		作用建
複核			楼羃案
校准			所文師
日期	卅六年	七月廿	八日更正
總地盤图图签式样			

建築師 趙深 陳植 童寯
華蓋建築師事務所

北

路

中国第二历史档案馆保存的总地盘图为上报民国教育部审图纸，无锡市城建档案馆保存的更是更正图纸。本图参考二者绘制。

私立江南大学平面图（编者绘）

校园全景

校园远景

太湖饭店内校门石柱（2019 年 12 月 5 日）

太湖饭店内主结构保存
至今的水塔（2021 年 4 月 24 日）

江南大学校徽 1949—1952

江南大学治蟆运动纪念章

江南大学校徽 1947—1949

1951 届毕业纪念章

（以上徽章均为江南大学档案馆藏）

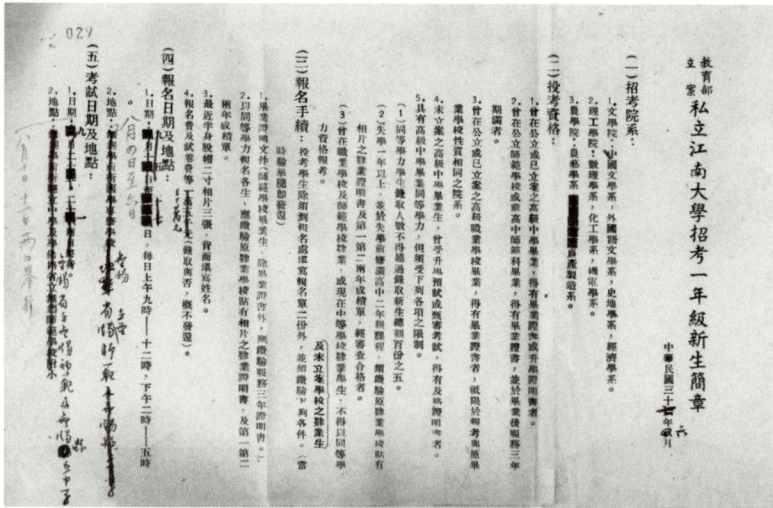

《教育部立案私立江南大学招考一年级新生简章》（江南大学档案馆藏）

出席记录表（江南大学档案馆藏）

选课表（江南大学档案馆藏）

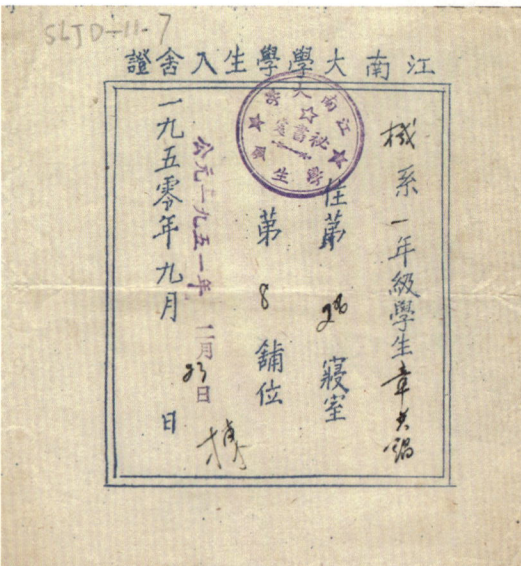

学生入舍证（江南大学档案馆藏）

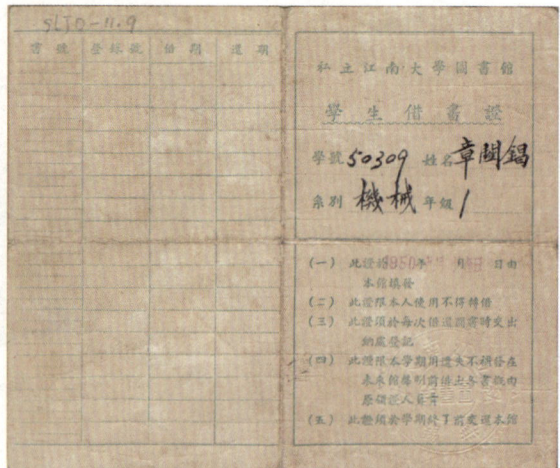

学生借书证（江南大学档案馆藏）

1951年年刊封面
（无锡藏家顾群涛提供）

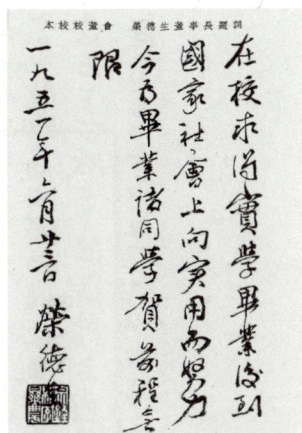

荣德生为1951年年刊题词
（江南大学档案馆藏）

《面粉通讯》创刊号封面
（江南大学档案馆藏）

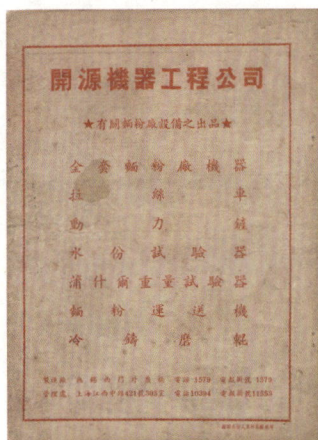

《面粉通讯》创刊号封底
（江南大学档案馆藏）

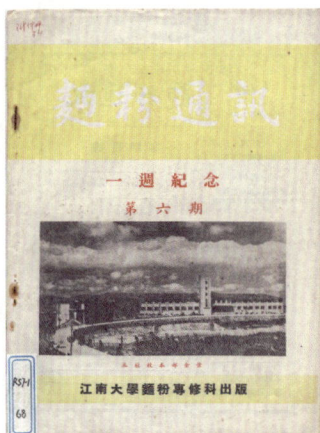

《面粉通讯》一周年纪念刊
（江南大学档案馆藏）

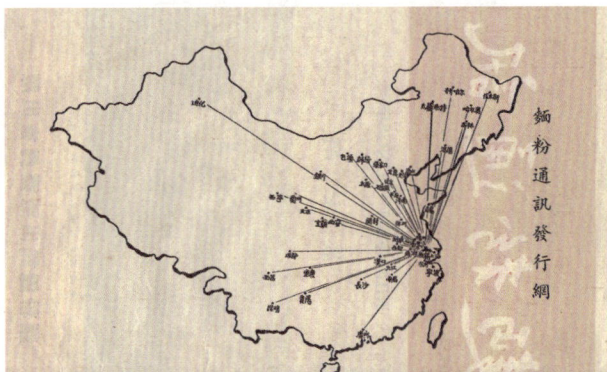

《面粉通讯》第七期封里（江南大学档案馆藏）

乐幻智与章渊若书（部分，苏州大学档案馆提供）

秦含章与章渊若书
（部分，苏州大学档案馆提供）

钱穆与章渊若书（部分，苏州大学档案馆提供）

顾毓琇为推荐骆美轮致荣毅仁函
（部分，上海市档案馆提供）

1947年第一次校务会议签到
（苏州大学档案馆提供）

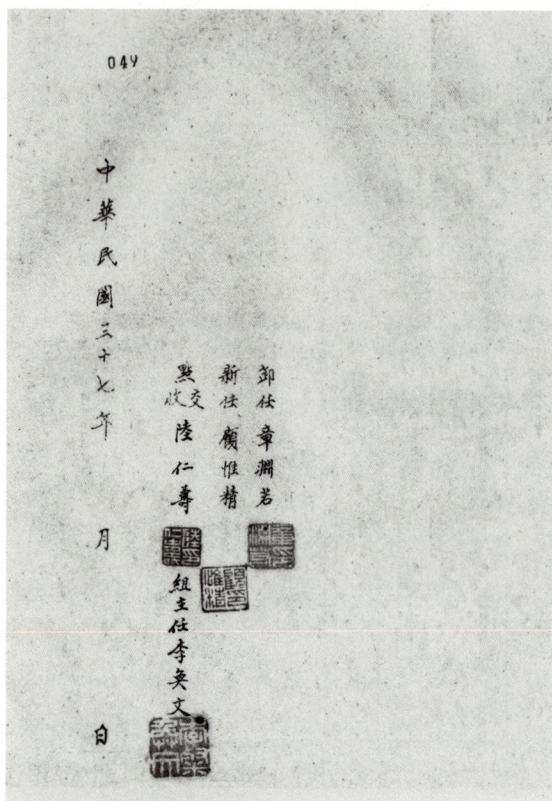

交接印鉴（苏州大学档案馆提供）

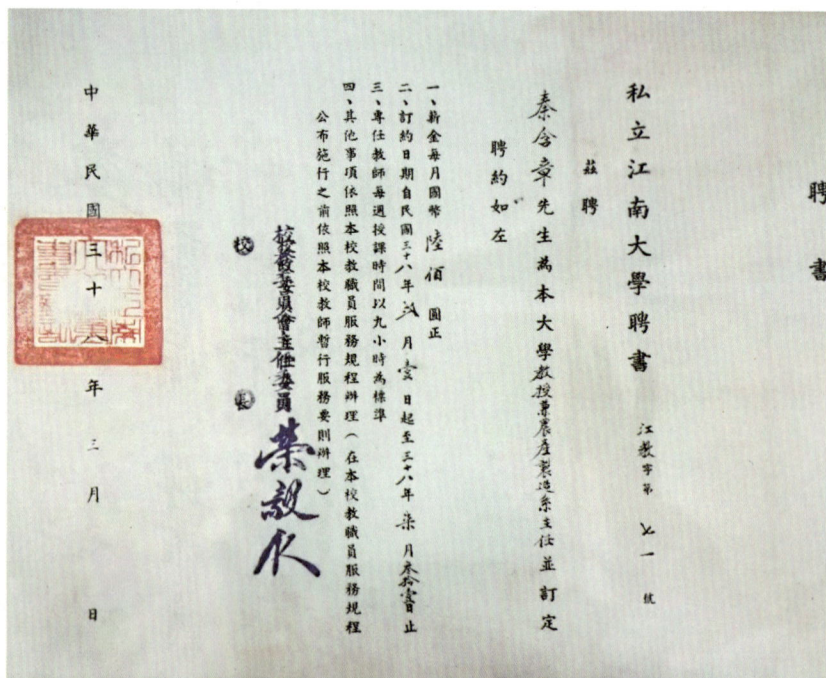

秦含章教授聘书（江南大学档案馆藏）

序

私立江南大学,是爱国实业家荣德生在 1947 年创办的一所设有文、理工、农三个学院的四年制本科大学,也是无锡历史上唯一的一所多学科综合性大学。荣德生为此筹划了整整三十年。1916 年,他和吴稚晖游览太湖时就提出,在湖滨办大学最为理想;1928 年,原公益工商中学毕业生向他建议恢复工商中学,并升格为工商大学。1936 年底,教育部决定将上海复旦大学迁锡扩建,他慷慨解囊,在太湖边风景秀丽的大雷嘴购地 1014 亩,捐赠给复旦作为建校基地。不久抗战爆发,迁校之事中断;抗战胜利以后,他又为复旦迁来无锡多方奔走做准备,由于内战爆发,复旦迁锡最终流产,他才决意自己为家乡创办大学。

荣德生一生办了许多学校,小学、中学、幼儿园,书院式的读书处,中高等职业学校,还特别办了农村女子小学,在工厂办了女工养成所,以及工人夜(晨)校、工人子弟学校等等,私立江南大学的创办,为他将近半个世纪的办学活动画上了圆满的句号。钱钟书的叔叔钱孙卿先生称赞荣德生是"实业家办实业教育",也有学者评价他是"实业教育家",他自己认为办学校就应当"实学实做""学以致用"。1951 年 6 月,他为私立江南大学首届毕业生的题词这样写道:"在校求得实学,毕业后到国家社会上向实用而努力,今为毕业诸同学贺前程无限。"在他所办的众多学校中,公益工商中学和私立江南大学最能体现他的办学思想。这两所学校的师生,在我国革命和建设事业中都有出色的表现,作出了重要的贡献。

私立江南大学办学的时间不长,从 1947 年 9 月招收第一届学生,到 1952 年夏天在全国高等学校院系调整中撤并,只有短短五年。荣德生先生也在这一年 7 月去世。但私立江南大学开创的事业并未因此消失,其影响一直延续到今天,并得到了发扬光大。

私立江南大学在中国高等教育史上创造了"两个第一":一是 1948 年 9 月,荣毅仁创办面粉专修科,建立了我国高校中第一个粮食加工专业,出版了我国第一本面粉工业杂志《面粉通讯》;二十世纪五六十年代我国新建的粮食院校和大型面粉企业,几乎都有江大面粉专修科毕业生的参与。二是 1950 年秋,根据中央人民政府轻工业部杨立三同志的指示,按照苏联模式,建立了新中国高校中第一个食品工业系。创办这个系的两位"元勋"秦含章和朱宝镛,作为中国食品工业界的泰斗,生前都讲过江大食品工业系是"新中国高校中第一个食品工业系"。此外,新中国成立后不久,为适应国家建设需要,私立江南大学将原来的经济系改建为当时国内还少有的工业管理系。私立江南大学撤销后,相关系科分别并入南京、上海、苏州、扬州等地的新建高校。其中,学校总部和文史、数理各系,并入苏南师范学院(后改称江苏师范学院,即今苏州大学),工业管理系并入上海财经学院(今上海财经大学),化工系并入华东化工学院(今华东理工大学),农艺系并入苏北农学院(今属扬州大学),机电、食品、面粉等系科并入南京工学院(今东南大学)。1958 年,食品、面粉专业迁回无锡,在原无锡纺织学校的地基上建立无锡轻工业学院。1985 年,江南大学重新挂牌,成为无锡地方高校;2001 年,无锡轻工大学、江南学院、无锡教育学院合并组建为现在的江南大学,成为教育部直属的国家重点大学。所以说,私立江南大学开创的事业并未消失,其影响一直延续到今天,并得到了发扬光大。

私立江南大学办学规模不大,从 1947 年到 1951 年共招收五届学生 1150 多人,在此完成学业的两届本专科毕业生 314 人。但社会声誉很好,人们对它寄予厚望,创办初期,就把它与南京的中央大学、金陵大学及苏州的东吴大学并称为"江苏四大高校";国民政府教育部代表在 1947 年 10 月首届学生开学典礼上致辞,希望江南大学将来能办成"与美国私立耶鲁、哈佛大学并驾齐驱"的国际名校。江大成立后,时任国民政府教育部部长朱家骅、副总统李宗仁、蒋经国等人曾先后到校视察。

私立江南大学有一支高素质的教师队伍。江大创办时,国内炮火连天,政治经济形势恶劣,社会极不安定,荣德生父子凭借其经济实力和社会地位,聘请了许多著名学者来校任职、任教和兼课。从当年留下的教职员名单中可以看到,称得上"国内一流学者"的就有几十人。钱穆、唐君毅、许思园、朱东润、金善宝、秦含章、朱宝镛、沈立人、周惠久、张泽垚、樊映川等,都是我国教育、科技界老一辈的著名学者。青年教师和毕业生中,也有许多杰出人才。化工系助教薛禹谷,中共无锡地下党工作委员会委员,后来成为中国科学院微生物研究所所长,原国务委员、中国科学院和我国科技事业的杰出领导人张劲夫同志曾发表专文称她是"伟大而平凡的中国女性""我国微生物科学的传承人"。第一届毕业生钱慈明、蒋凌械,后来担任了无锡轻工业学院和华东化工学院的党委书记;第二届毕业生邓鸿勋,担任过中共无锡市委书记和海南省委书记、第十四届中央委员。还有不少人,成为本学科的权威专家和中高级领导干部。

十分可贵的是,私立江南大学的老校友,无论是教师还是学生,对母校和荣德生、荣毅仁先生都怀有极其深厚的感情。我清楚地记得,1997 年老校友为纪念江大建校 50 周年撰写的回忆文章就有 50 多篇,题词、书画 20 多件,金善宝先生 6 月 26 日在北京逝世,享年 103 岁,逝世前他留下了"桃李满园"的题词;2002 年 10 月,200 多位年届耄耋的老校友从全国各地来到无锡,参加私立江南大学建校 55 周年的纪念活动;2017 年,109 岁高龄的秦含章先生回到家乡,亲自把荣毅仁给他签发的聘书送给学校档案馆收藏。移居港、台的钱穆,在晚年的著作中也多次提到他在江大的岁月,特别怀念荣德生与他的真诚交往。

私立江南大学留下了许多珍贵的文献史料,对研究近代中国高等教育史具有重要价值。2003年9月上海古籍出版社出版的《荣德生与兴学育才》一书,把私立江南大学单列一章,选录史料文稿36篇约15万字、历史照片14张。该书出版前,曾将全书篇目和其中重要文稿送请荣毅仁审阅;1997年、2007年、2012年,老校友先后编印、内部赠送交流的《江南大学五十年》《桃李成林六十年集成》《五年历程 业绩辉煌》三本校史资料集,总计约80万字,收录照片、图片、书画、题词等800多幅。上述史料,大部分是老校友撰写和收藏的,少部分是从旧报刊和无锡有关单位档案中收集、抄录的。闻心洁同志主编的《私立江南大学史料选辑》,则是以档案史料为主线,进行选录和编辑,正式出版,弥补了以前的不足。其中荣德生、荣一心在第一、第二届开学典礼上的讲话,荣毅仁建校三周年的祝词和给首届毕业生的贺词,几十条有关学校管理和学生工作的规章制度,大量教育、教学实践活动的原始记载,这些文献资料,体现了荣德生父子的办学理念和私立江南大学的办学特点。他们认为,大学必须学以致用,为国家建设培养高级人才,学生一定要树立为人民服务的观点。正是在这种办学思想指导下,私立江南大学在新中国成立前后,创办了面粉专修科、食品工业系,创办了工业管理系,文、理、工、农各科学生都注重中华传统文化的学习和思想品德的修养。私立江南大学的办学经验,值得我们学习、研究和传承。

《私立江南大学史料选辑》的出版,必将为荣氏家族和荣氏企业文化的深入研究提供许多新的第一手史料。

陈文源

2021年3月16日

凡 例

一、本书大体按事由、时间先后为序。原篇未标注确切时间的均为难以考订,故放在各章末;原档民国纪元(除大事记外,包括无锡解放后,仍用以前的信笺、文件纸,"民国"为原有铅印字样的情况)和电报韵目代日,为尊重原档,不予更改;大事记原档中卅六、廿二等数字皆用阿拉伯36、22替代,以便阅读。本书各篇均标明出处。

二、本书各篇原档无标题者均重拟标题。

三、对涉及相关人物,必要处作适当脚注;另为尊重当事人起见,必要处隐其名存其事。

四、本书各篇文内增补脱漏字句,置于( )内;错别字用其后[ ]内文字订正,出现频率高的错别字,首次出现用[ ]订正,其后则直接订正,不再标出;由于年代久远,原档字迹不清或无法识别者则用□代替;原档所缺多字用……表示;与主题无关或不宜之删节用[……]表示。

五、文中人物签名与印信兼具,用"xxx(印)"表示;只盖印信用"xxx 印/章"表示。

六、本书档案来源于多个档案馆,各档案馆对档案编号又有不同的规定,故表述呈现多样化格式。为方便读者今后查考研究用,本书保持原貌。图片档案因排版美观要求,不标出具体档号。

七、书中出现的一些重要人名、地名、机构、历史事件等酌情添加脚注。通过普通搜索引擎能够检索到的释义,本书一般不再耗费篇幅注释。通过专题资源库搜索、考证到的释义一般添加脚注,方便读者阅读。

八、本书所收资料中,个别地方存在对进步学生污蔑之词及与事实相违之语,为保持历史原貌未做处理,敬请读者注意辨别。

目　录

私立江南大学大事记

（1947—1951）

1947 年

7 月　本校筹备处成立,决议设立文、农、理工三学院。假无锡北塘申茂新无锡办事处为办公地址。

7 月 26 日　本校董事会呈部立案。

8 月 8 日　聘许雍圻为校会计主任。派李芍秾为会计员,孙文彦、宋玉森为办事员。

8 月 12 日　奉教育部指令,本校董事会准予立案。代电本校戴副董事长[①]季陶先生请向教育部朱部长[②]函商即准开办招生。

8 月 14 日　奉戴副董事长函复,已准朱部长函,可照核定院系开办招生。聘钱穆为本校教授兼文学院院长,韩雁门为教授兼农学院院长,张镇谦、杨惟义、乐幻智[③]、牟宗三、倪则埙为教授。

8 月 15 日　分向上海《新》《申》《大公》及无锡各报刊登本校招生广告。聘王庸为本校教授,郑学稷为讲师,潘超霖、屠仁溥为助教。

8 月 16 日　聘徐璋本、蒋庭曜、李笠、朱伯康、李吉行为本校兼任教授。聘陈机、杨荫渭、陆子芬为本校教授。

8 月 17 日　聘章鹏若为本校教授兼农业推广部副主任,姚志英为副教授,杨晟为教授,周同庆为兼任教授。

8 月 18 日　新生开始报名。

8 月 20 日　聘钱宝钧、乐幻智、钱穆、韩雁门、蒋庭曜、章渊若为本校本年度招生委员会委员,办公地址设无锡国学专修学校。

8 月 21 日　聘钱穆等为主试兼阅卷委员,陆仁寿[④]等为新生入学考试监试委员。制定监试委员注意事项分送各委员。

8 月 22 日　新生报名截止,本届报名人数统计 1300 余名。

8 月 23 日　聘唐君毅为本校教授兼教务长,程修龄为英文教授,孙湘、唐至中为讲

---

① 即后文 56 页戴传贤(1891 年—1949 年 2 月 11 日),字季陶,时任考试院院长、私立江南大学副董事长。

② 即朱家骅(1893—1963),字骝先,浙江吴兴(今湖州)人。时任行政院教育部部长。

③ 即乐奂之,下同。

④ 陆仁寿(1903—1966),字文南,无锡县崿嶂乡吴塘门人。1925 年毕业于无锡省立第三师范,留附小任教。嗣后,曾任无锡县教育局总务课主任,并考取县教育局局长职务,赴日本考察教育事业。1952 年院系调整任扬州师专副教授,1954 年调上海师范学院副教授。

师,沈吟梅、黄淑兰、薛禹谷[①]、朱青山为助教。

8月25日　假无锡县立中学及省锡师附小举行新生入学考试。

8月26日　继续考试新生。

8月27日　开第一次招生委员会议,决议新生录取标准等案。

9月1日　呈部请准开办招生。

9月4日　奉教育部颁发本校董事会钤记一颗,文曰"私立江南大学董事会钤记"。

9月7日　开第二次招生委员会议,决议各院系录取新生名额及其成绩标准等案。

9月10日　开第一次董事会议,出席董事为吴稚晖、荣德生、薛明剑、荣鸿元、荣鸿三、乐幻智、章渊若、荣尔仁、荣一心等,决议通过推选章渊若为本校校长及本年度经费预算、校务进行等案。

9月11日　派浦维善为本校办事员。录取新生发榜,本届正备取新生共三百二十八名。

9月15日　聘华汝明为本校医务组主任,吴叔翚为出纳组主任,王景泰为事务组主任。派顾丽生为会计员,章士元、高荣良为书记。

9月17日　本校后湾山新校舍由上海陆根记营造厂承建,业已动工。现以荣巷荣氏公益铁工厂为本校第一院,荣府为第二院,梅园为第三院。无锡办事处于本日结束,迁荣巷第二院办公。

9月19日　函请无锡电信局派员装置本校荣巷校舍电话。函请无锡县政府出示布告:本校后湾山新校舍附近严禁开山营墓,及一切违章建筑等情事。函请考试院戴院长赐题本校奠基纪念题词。呈报教育部启用董事会钤记日期。

9月20日　派出纳组吴主任前往戚墅堰电厂洽领该厂捐赠本校水电工程费国币三亿元。函请无锡县警察局派警四名来校执勤。聘韩院长雁门兼任训导长,在教务长未到任前并请暂兼教务长职务。聘陈陵为本校教授兼体育卫生组主任。派张宾侯为文牍员,薛佩瑾为教务员。

9月22日　聘张载人为本校讲师,陈湘荃[②]、周天健为助教。派吕克昌为事务员。

9月23日　聘钱清廉为教授兼秘书长。

9月24日　派单鹤龄为书记,章学良为临时办事员。开第一次工作会报。

10月2日　开第二次工作会报。

10月4日　派张蝶仙为医药组药剂生。聘王效三为生活管理组主任。

---

① 薛明剑之女,1947年3月加入中国共产党。同年8月下旬接到私立江南大学聘书,遵从上海地下党组织安排,月底从复旦教师岗位辞职赴锡应聘,由中共无锡县委直接领导。

② 陈天锡第四女。

10月6日　派钱莹生为办事员。

10月7日　函江苏省教育厅陈厅长陈述本校创办经过并请惠予协助。函请上海宋美扬先生洽商行政院物资供应局酌给本校物品，以利校务。

10月8日　函无锡县府为本校后湾山新校址不敷需用，拟圈购附近民地请予协助。奉教育部指令呈报启用董事会钤记日期准予备案。聘金圣一为本校教授。

10月11日　聘钱之江为保管组主任。

10月12日　呈报教育部本校定于10月27日开学，请派员莅临赐训。聘王庸教授兼任图书馆主任。

10月13日　函知本校各教授10月27日开学，请如期到校。聘王文元为本校特约教授。

10月16日　聘周葆儒为本校兼任教授。

10月20日　本校第一院房屋修葺完竣，各处组工作人员由第二院迁入办公。派胡雅彬为本校办事员。

10月22日　函知各大学及文化机关本校董事长、副董事长、校长就职视事。函知董事会本校订于10月27日举行首届开学典礼，请莅临指训。呈报江苏省教育厅本校订于10月27日举行开学典礼，请莅临指训。

10月23日　办理新生报到手续，检查体格及口试。聘王淑瑛为本校教授。

10月24日　继续办理新生报到事宜。

10月25日　函请行政院善后救济总署配发100KVC发电机两架以应需要。办理学生选课、缴费、注册事宜。布告学生10月27日上午十时举行开学典礼，希一律准时出席。

10月26日　继续办理学生选课、缴费、注册事宜。

10月27日　上午十时在大礼堂举行首届开学典礼，董事长吴敬恒[①]、副董事长戴季陶均因病未能出席，由荣副董事长宗铨主持，计到无锡县长徐渊若、县参议会议长李惕平、指挥所彭参谋长、团管区蔡团长、地方法院汪院长、各界来宾、各报记者及全体同学共400余人。主席荣宗铨[②]报告创办缘起后，继由校政委员乐幻智、章校长、教育部部长代表兼教育厅厅长代表张依言、教务长唐君毅、来宾李议长、徐县长均致辞，会后摄影，欢宴各界。开第一次教务会议，通过教务规则八种，并商定各院系课程，由各院院务会议商定后交教务会议通过办理。

---

① 即吴稚晖（1865年3月23日—1953年10月30日），原名吴眺，后改吴敬恒，江苏武进人。时任中央监察委员。

② 即荣德生（1875年8月4日—1952年7月29日），名宗铨，字德生，号乐农居士。江苏无锡人。时任私立江南大学副董事长。

10 月 28 日　登报鸣谢各界宠锡隆仪,贲临指导。公布新生训练日程表。

10 月 30 日　派李锡赓为本校书记。函请空军供应司令部惠予拨赠双发动机废旧整架轰炸机 1 架,供教学研究之用。开第三次工作会报。

10 月 31 日　制定本校学生请假暂行规程公布施行。教育部朱部长由京来锡视察本校,并游览名胜,荣副董事长、章校长均到站欢迎。下午三时朱部长莅临本校向全体学生训话,对学校对学生特寄深切之期望。旋由章校长陪同参观本校后湾山新校舍,深加赞美云。

11 月 1 日　派王元为本校教务员。

11 月 3 日　聘沈制平为本校副教授,薛禹谷为兼女生指导员。改聘讲师张载人为副教授。

11 月 4 日　聘顾文为本校助教。

11 月 6 日　制定学生宿舍暂行规则公布施行。

11 月 10 日　函无锡县地籍整理办事处为本校圈购后湾山附近民地一案,请主持召集乡保长会商。

11 月 12 日　上午八时半在大礼堂举行国父诞辰纪念仪式,由章校长主席报告"国父史实及学说"。

11 月 13 日　制定《清寒学生免费暂行办法》公布施行。奉教育部代电核示本校呈报组织规程等应行修正各点仍呈由苏教厅核转。

11 月 14 日　开第二次教务会议。审核转院系学生办法并规定每系最多人数不得超过 50 名。

11 月 18 日　准善后救济总署工矿业务委员会函复电机已配完所请暂予登记。训导处开第一次处务会议。

11 月 20 日　制定《学生膳厅集会奖惩暂行规则》公布施行。开第一次新校舍房屋分配布置会议。

11 月 24 日　举行第一次月考。

11 月 25 日　呈部请配发日本运华赔偿物资中工作母机,以利教育。

11 月 27 日　函请沈吟梅兼任图书馆馆员。

11 月 29 日　开第三次教务会议,通过补习班分班等项。

12 月 1 日　函青年军①第三团部请转饬制止在本校农田中出操。

---

① 1944 年下半年,国民政府军事溃败、政治恶化。面对空前的内外压力,蒋介石曾试图发起国民党党团员从军运动,在既有体制之外另起炉灶,以挽救危局。经过国民党党内高层的争论,党团员从军的计划调整为知识青年从军运动,将从军对象由适龄党团员扩展为大中学生群体,且从军知识青年将单独编组为独立的青年军。

12 月 4 日　派丁舜华为医务组护士。

12 月 5 日　训导处开第二次处务会议。

12 月 6 日　分呈教育部、苏省教育厅为遵批改正本校组织规程请鉴核备案。准无锡电信局函送架设专线工料费清单。

12 月 8 日　函卫生部麻醉药品管理处，请寄申请麻醉品、药品印鉴及订购单。

12 月 9 日　召开第二次新校舍房屋分配布置会议。

12 月 10 日　制定《教室规则》《试场规则》《图书馆阅览规则》《学业成绩规则》《学生申请转院或转系办法》《申请休学办法》《申请复学办法》公布施行。聘唐君毅、韩雁门、钱清廉、钱穆、倪则埙、杨惟义、王效三、陈陵、许雍圻为本校清寒免费生审查委员会委员。

12 月 11 日　召开第一次清寒免费生审查会议。函请无锡电信局本校长话专线新机须直接装至后湾山新校舍。

12 月 12 日　公布本学期清寒免费生名单。准空军供应司令部代电奉准拨赠本校双发动报旧飞机一架，嘱派员往第四供应分部洽领。

12 月 13 日　聘吴锷为本校助教。

12 月 16 日　呈报苏省教育厅本校 1947 学年度第一学期学生人数统计表。准天元麻毛纺织厂[①]函知奉赠本校耕田机二架，已运到，嘱派员洽提。

12 月 17 日　派刘熙钧为本校训导员，蔡肇松为保管组组员。

12 月 18 日　聘陆仁寿为本校代理总务长。

12 月 20 日　开第四次教务会议，讨论补习班分班教授事项及规定第二学期校历等。

12 月 24 日　召开第一次校务会议。学生自治会开成立会。

12 月 27 日　派巫宁慧为本校教务员。

12 月 29 日　派黄书意为本校书记。举行第二次月考。

12 月 30 日　呈苏省教厅本校 1947 学年度第一学期新生名册照片、入学证件等，请转呈备案。训导处开第三次处务会议。

12 月 31 日　布告 1947 年 1 月 1 日至 3 日放假 3 天。

---

① 1946 年，荣德生等人筹资 200 亿元（旧币），在无锡西门外夹城里宋巷购地 97.92 亩，筹建天元麻纺厂，是荣氏家族在无锡开办的国内第一家麻纺厂。1947 年 10 月正式建成投产，分设棉纺和麻毛两个车间，产品商标为"双熊猫"，产品主要为麻胶布、毛布、西装衬布和本色绒线等，首创了我国苎麻纺织事业。直到 2007 年实施关停，起起伏伏经历了整整 60 年。其旧址位于现在红星路 28 号天元世家旁的天元坊，至今留存一栋栋颇具年代感的建筑。

1948 年

1 月 2 日　准善后救济总署工矿业务委员会函复请求之器材准予配售，嘱派员向该署物资总经销处洽购。开第五次教务会议，规定学期考试集中礼堂举行，通过《第二学期注册须知》等。

1 月 6 日　呈报苏省教厅本校 1947 年学年度第一学期概况表。

1 月 13 日　聘杨惟义、周葆儒、陈陵、倪则埙、张镇谦为训育委员会委员。训导处开第四次处务会议。

1 月 14 日　奉教育部代电饬知本校所拟申请配售物资已转请物资供应局查照办理，仰径行洽办。

1 月 15 日　函天元麻棉毛织厂申谢惠赠耕田机。

1 月 17 日　召开第一次训育委员会议，第一院装好临时电话。

1 月 18 日　奉教育部电示呈请配发工作母机一案因第一批日偿工具机为数甚少，已就原受战事损失各校分配无余。

1 月 20 日　代电呈报教育部本校 1947 学年度第一学期教职员及各科系学生人数。缴付延架长话专线，工料价款一亿七千二百四十二万元。

1 月 22 日　训导处开第五次处务会议。

1 月 23 日　函请钱宝钧先生在沪采购英文参考书及普通阅读书。

1 月 25 日　奉教育部代电核示本校呈报组织规程内尚有未合之处，饬更正呈由教厅核转。

2 月 2 日　召开第二次训育委员会议。学期考试开始。

2 月 3 日　召开第四次工作会报。布告 2 月 5 日开始寒假，3 月 1 日第二学期开学。

2 月 5 日　代电教育部请配发收购之北平图书。学期考试终了，开始寒假。

2 月 8 日　奉教育部指令饬知在未经核准立案奉颁印信前可借董事会钤记。

2 月 10 日　奉教育部令发大学法及专科学校法各一份。

2 月 13 日　奉教育部代电颁发专科以上学校应报表册格式一份。

2 月 16 日　准无锡电信局函知：前估工料费已失时效，连同展线部分重新估计共需工料费 619546667 元，嘱于一个月内缴清，以便兴工。

2 月 22 日　准合丰企业公司函捐赠本校自造感应马达 5 只、木柴引擎 1 座，已运交申新三厂，嘱径向该厂洽收。聘顾惟精为本校教授兼理工学院院长。

2 月 23 日　章校长赴无锡县府出席中等以上学校清寒助学委员会议。

2月25日　函申新三厂洽商下学期工场实习事宜。

2月26日　聘王文元为本校教授兼训导长，程守源为助教。

2月28日　函知本校学生家长开学日期及应缴各费。

3月1日　1947年度第二学期开学。办理学生入学手续。准无锡县府暨教育局函知，学生筹募助学金事，应由委员会统筹办理，各校学生不得在外擅自劝募，嘱切实制止，以免纷〔分〕歧。

3月2日　继续办理学生入学事宜。函请无锡县府协助配售本校员生平价膳米。开第五次工作会报。召开清寒免费生审查委员会议。

3月3日　公布本学期清寒免费生名单。

3月4日　补考第一学期不及格学生。

3月5日　奉苏教厅训令转发本校修正组织规程一份，饬遵照具报。

3月6日　函请无锡电信局协助负担本校延架长话专线重估工料费。钱教授清廉辞兼秘书长职务，照准。

3月7日　奉苏教厅转发大学法及专科学校法各一份。

3月8日　正式上课。准无锡县教育局函知八日下午二时假县参议会内举行第四次无锡县中等以上学校学生助学委员会议，由韩院长代表前往出席。呈教育部为据，学生江之光申请青年军复员学生公费优待转请鉴核示遵。通报各单位主管八日上午十时在大礼堂举行第一次学术讲演周会，请出席参加。第一次学术讲演周会，唐教务长报告学术讲演之意义及讲题范围。王训导长讲演初到本校之观感及本期训导方针。

3月10日　准无锡电信局函知延架长话专线工料费清单内木杆185根购置困难，应请自备，除减收杆款外，余款嘱即缴付。函请钱宝钧先生采购文学院用英文参考书暨图书馆用英文打字机。

3月11日　新校舍附近征购土地，在梅园召集地方人士开会。

3月12日　开第二次训育委员会议。总务处联合办公，文书组并入总务处，保管组裁撤。上午九时在大礼堂举行国父逝世纪念仪式，由顾院长主持，王训导长演讲植树节意义之重大后，由朱耀炳讲植树之方法。会后韩院长及本校全体员生共同在第一院内外种树。

3月14日　奉教育部代电饬知，嗣后各校学生发动助学金运动须依照统一捐款献金收支处理办法，否则一律取缔。奉教育部令知出版书刊应呈送各两份。准中央青年部函送1948年度青年征文竞赛办法，嘱鼓励同学踊跃参加。

3月15日　公布核定本学期第二次申请清寒免费生名单。第二次学术讲演周会由钱院长讲"文化与人生"。第五教室坍屋，幸未伤人。

3月17日　准空军第四供应分处函催,前往提取奉准拨赠之2395号废机。章教授鹏若辞职。周助教天健解聘。保管组主任钱之江解聘。

3月18日　裁减校工十余人。

3月19日　召开第一次行政会议。

3月21日　奉教育部代电核准青年军复学生江之光为公费生,其膳费准自到校之月起给领,饬将每月粮价证明书报部,以凭核发。

3月22日　第三次学术讲演周会由牟教授宗三讲"中国文化对于人类之价值"。

3月23日　派文书组李主任粲携带公函领据证明书等件前往南京第四供应分处洽领拨赠之废旧飞机。后湾山新校舍征购土地在梅园签订契约。

3月24日　函谢合丰企业公司捐赠本校马达及引擎。

3月25日　缴付延架长话专线工料费国币323176667元。准无锡电信局函复协助负担长话专线工料费歉难照办。

3月26日　函请农林部农业复员委员会上海办事处惠赠化学肥料1吨。准无锡教育局函嘱填报优秀清寒学生申请助学名单。

3月29日　为革命先烈纪念日照章放假一天。准无锡县府函复配售员生平价米一节歉难照办。

3月30日　函请校政委员会拨款,托由申新三厂代购延架长话专线木杆185根,俾利装置。

3月31日　函送本校董事会1947年度上学期经常费报销暨招生费报销。

4月1日　函知电信局本校长话专线拟请直接装至市内台以期便捷。

4月3日　呈报苏教厅(民国)三十六学年度各院系必修及选修科目。奉教育部令仰鼓励学生参加国际论文竞赛。奉教育部训令转发《勘[戡]乱时期危害国家紧急治罪条例》。

4月5日　5日至6日放春假二天。准农林部农业复员委员会上海通讯处函复拨赠化学肥料嘱派员提运。

4月6日　奉苏教厅训令仰即汇送甄审学生证件以凭办理。

4月9日　奉教育部代电催报1947学年度第一学期各项统计简表。

4月12日　第四次学术讲演周会由顾院长讲"人生之价值与意义及修养之方应事之道"。第一次月考开始。

4月15日　函聘唐君毅、王文元、陆仁寿、钱穆、顾惟精、韩雁门、许雍圻为本校勤工助学委员会委员。函知无锡电信局本校木杆已托由申新三厂代购齐全,请即派员验收。

4月16日　召开第一次勤工助学委员会议。呈报教育部(民国)三十六学年度第一学期各项报告简表。奉苏教厅指令,呈送各院系必修及选修科目表,准予备查。

4月17日　第一次月考结束。

4月19日　章校长旧疾复发,经第七次校政会议议决,给假三月,以资休养,并提董事会聘请顾惟精为本校副校长,即日视事处理校务,经通报各处组及教授知照。第五次学术讲演周会由王教授以中讲"幽默与人生"。

4月21日　函知福裕钱庄更换新印鉴。布告自本年5月1日起至9月30日止,时钟拨早一小时。

4月23日　奉教育部朱部长函为公费留英返国同学会今春在锡举行年会后参观游览拟借宿一二日。召开第二次勤工助学委员会议。

4月24日　训导处召开处务会议。

4月25日　准教育部资料研究室函知第二次教育年鉴付印在即,嘱将资料录寄。

4月26日　第六次学术讲演周会由王训导长讲"地理与人生"。

4月27日　函送校政会1947学年第二学期修正预算草案。

4月28日　准无锡县府函请派员协助洽购后湾山基地工作。

4月29日　函复第七届全运会筹委会为准函代请本校陈陵教授公假一节,应准照办。准无锡电信局函知长话专线木杆185根分屯地点,并嘱设法房屋屯放器材。

4月30日　函知上海银行及新华银行更换新印鉴。

5月1日　准教育部驻沪图书仪器接运清理处函知,分配美赠书籍一箱,嘱派员径往无锡车站提取。

5月2日　空军供应司令部拨赠双发动废旧飞机一架昨晚运抵邑站,该机全部共重四吨,今日请申新三厂之起重机帮同卸下,分装五塌车,运校陈列。奉教育部指令(民国)三十六学年度第一学期各项报告简表准予备查,饬即填报各系主任姓名。

5月3日　通报全体职员嗣后因事请假须先填写假单,经核准后方可离校。第七次学术讲演周会由钱院长讲"中国文化之精神"。

5月4日　函请申新第三纺织厂代为分屯电杆以便开工时取用。全运会火炬接力递送总统训词长跑自2日下午在首都起程后于今日上午十时跑抵梅园,本校学生冯锡章、刘启光等加入陪跑至锡沪路口参加献旗典礼,本校学生自治会赠送该队锦旗一面。

5月7日　召开第二次行政会议。

5月8日　函送无锡县教育局申请助学生名单等件。

5月10日　第八次学术讲演周会由杨教授惟义讲"夏令卫生之理论与实际"。

5月11日　奉教育部令颁1948年度公私立专科以上学校招生办法一份。电呈教育部请核发青年军复员学生江之光各月份膳费。

5月12日　函知中华农学会加入为团体会员。代电呈复教育部为本校各学院系主任正遴聘中。

5月14日　召开第二次校务会议。

5月15日　奉苏教厅指令,据呈聘请副校长到校视事等情准予备案。函校政会为准无锡县府函请派员协办洽购基地工作一案转请察核办理。函复无锡电信局为电杆185根分屯五处已照办,请早开工装置。

5月16日　奉苏教厅令,发修正学校教职员退休条例及抚恤条例。总务处组员马群良辞职照准。

5月17日　第九次学术讲演周会由王教授效三讲"略述儒家思想所解决的及未解决的几个问题"。

5月18日　函空军供应司令部及供应第四分处为拨赠旧飞机一架已装运抵校,敬申谢忱。后湾山新校舍验收由校政会派王偶驻守。函送教育部资料研究室付编教育年鉴资料一份。

5月19日　第二次校务会议议决,除原有教授代表3人外兹遵照法规再增加6人,经票选结果计王庸、李笠、钱清廉、周同庆、陆子芬、杨惟义6人得票最多,当选经通函知照。

5月20日　庆祝大总统副总统就职休假一天。准江苏区直接税局函寄所得税报缴报法嘱自4月份起按月报缴。

5月21日　召开第三次校务会议。

5月22日　呈报教育部及苏教厅1947年度第一学期各院系学生成绩表。总务处书记章士元辞职照准。

5月23日　准教育部驻沪图书仪器接运清理处函知,分配美赠书刊一箱嘱即洽领。准无锡县教育局函转饬申请助学金学生27人赴县参议会洽领助学金。准无锡县教育局函知,编制"无锡教育"嘱寄概况表。

5月24日　第十次学术讲演周会由韩院长讲"中国农业机械化的先决问题"。

5月27日　函送无锡县教育局本校概况一份。

5月29日　呈苏教厅暨教育部为报本校1947年度第二学期各项报告简表连同休学生退学生统计表册等件。呈苏教厅为送甄审学生沈梅生等证件祈审查给证。庚款留英[①]

---

① 1901年的"庚子赔款"是近代中国最大的一笔战争赔款。20世纪20年代,继美国退还部分庚款后,英、法、比、荷四国亦相继与我国成立协定,退还应付赔款,设立机构,管理使用。仍以其息金办理文教事业,而以英庚款收效最宏。管理中英庚款董事会开展了庚款留英学生的考选活动。在准备招考、执行考务、录取选送一系列考选环节中,逐步建立起一套规范完备的庚款留英教育考选制度。

同学组织之中国文化教育建设协会由教育部高教司长唐培经先生率领会员 20 余人莅临本校第二院，当晚设筵招待，翌日返锡。

5 月 30 日　奉苏教厅训令转发 1948 年度公私立专科以上学校招生办法一份。奉苏教厅令，转奉核示本校 1947 年度各院系必修及选修科目表，饬知照。

5 月 31 日　第十一次学术讲演周会由陈机先生讲"生物种族之进化与退化"。

6 月 2 日　呈报教育部校舍及图书调查表。

6 月 3 日　呈苏教厅请迅赐转请核验发还本校 1947 学年度各院系新生入学资格证件。奉苏教厅指令知照 1947 学年度第一学期各院系学生成绩表，准予备查。

6 月 7 日　第十二次学术讲演周会由唐教务长讲"乐观与悲观"。

6 月 8 日　函送本校董事会三十六年度第二学期二、三月份经常费报销又第一学期学费报销清册。开教务会议。

6 月 10 日　聘唐君毅、王文元、陆仁寿、钱穆、顾心一、韩雁门、钱宝钧、乐幻智、杨惟义、倪则埙、蒋庭曜为本校第二届招生委员会委员。为策励学生努力研习国文及英文并资考核起见，特订于 6 月 14—21 日学术讲演时间举行国文及英文考试竞赛，布告周知。

6 月 11 日　下午三时在第一院会议室召开第二届招生委员会第一次会议，讨论本年暑假招生事宜。晚间七时在大礼堂举行全校国语讲演比赛，由顾副校长、唐教务长、王训导长、陆总务长、钱院长等分任评判。结果第一叶智修，第二王瞿，第三韩锦棠，分别发给奖金奖状以资鼓励。

6 月 13 日　准中英文教基金董事会函谢热忱招待。

6 月 14 日　上午十时在大礼堂举行全校国文考试竞赛，全体学生均往参加。试卷由李笠、李吉行、蒋庭曜等教授评阅。下午五时举行二千公尺越野赛跑，自梅园出发迄荣巷校门为止，结果第一吴俊，第二陆礼照，第三陈宝琦，第四徐洪顺，成绩六分六秒。

6 月 15 日　聘唐教务长、王训导长、陆总务长、钱院长、倪教授则埙、杨教授惟义、王主任效三为补习班学期考试监视委员。

6 月 16 日　函无锡县立中学、省立无锡师范等校商借新生入学试验考场。

6 月 17 日　补习班学期考试开始。

6 月 18 日　准无锡县府抄送农业增产委员会议纪录，嘱推派代表协助推广农业。下午七时在大礼堂举行全校英语讲演比赛，由王训导长主席，教授王淑瑛、倪则埙、钱清廉、姚志英、杨荫渭等分任评判。结果首五名为：周光熙、毛子淇、乐甸、王友芡、陈学烽，均发给奖金奖状，以资鼓励。

6 月 19 日　补习班结束。本校长话专线装置完竣，开始通话，新校舍为 26000 号，荣巷校舍为 27000 号。学生自治会于晚间八时在大礼堂举行师生联欢会。

6 月 21 日　函无锡县府为推派本校农学院长韩雁门为农业增产委员会代表。上午十时在大礼堂举行英文考试竞赛,全体学生均参加,试卷请程修龄、王淑瑛、钱清廉、杨荫渭等教授评阅。

6 月 24 日　奉苏教厅指令知照 1947 年度第二学期各项报告简表等准予备查。

6 月 26 日　分呈教育部及苏教厅为呈报本校 1948 年学年度招生名额连同招生委员名单等件。

6 月 28 日　大学部开始学期考试,为求严格起见,各班学生均集中大礼堂考试,由唐教务长及监试委员各科教授到场监考。函送本校董事会 1947 年 8 月份起至 1948 年 7 月份止开办费报销。

6 月 29 日　公布国文及英文考试竞赛成绩优良学生姓名,国文第一名刘家和,第二名李赐,第三名黄先纬,第四名王国忠[①],第五名周光熙。英文第一名周光熙,第二名陆必成,第三名诸均安,第四名陈学烽,第五名王培智,除发给奖金外并颁给奖状,以资策励。

7 月 1 日　下午四时在会议室举行学生壁报竞赛评判,请唐教务长、钱院长、韩院长等分任评判。结果第一春潮,第二世纪风及晨曦。均分别发给奖金,以资鼓励。

7 月 2 日　学期考试结束,暑假开始。

7 月 11 日　函送董事会本校 1947 学年度第二学期学费清册等件。

7 月 12 日　国立交通大学土木系学生 70 余人由该校纪教授率领来锡实习,寄宿本校。

7 月 15 日　奉苏教厅指令本校 1948 学年度招生名额及简章等件准予备案。聘周同庆、王文元、杨惟义、陈机、陆子芬、倪则埙、李笠、杨晟、李吉行、周怀衡、钱宾四、程修龄为本校 1948 学年度新生入学考试命题委员。

7 月 20 日　准函加入中国工程师学会为团体会员。

7 月 21 日　农学院长韩雁门,教授钱清廉、牟宗三、王效三、王淑瑛、周葆儒、张镇谦、朱伯康,教授兼图书馆主任王庸,副教授兼文书组主任李桼,副教授兼注册组主任朱耀炳,体育讲师兼事务组主任王景泰,讲师孙湘,助教潘超霖、程守源均解聘。训导员刘熙钧、教务员蔡肇松、事务员吕克昌、药剂生张蝶仙均解职。聘郭守纯为教授兼农学院长,周同庆教授兼教务长,陆仁寿副教授兼总务长,姚志英副教授兼注册组主任,殷力农为农场主任。聘周怀衡为教授,任用盛志镜为文书组主任,强式之为事务组主任。

7 月 22 日　奉教育部令饬限制招生名额,提高学生程度。

---

①　1949 年 2 月,中共地下党江大学生支部调整,王国忠任书记,邹富祥为组织委员,冯秉敏(在苏州大学档案馆藏学生名册中,原始纪录为"冯秉毓",下同)为宣传委员。

7月26日　呈教育部请发购置校车证明书。

7月27日　聘杨惟义、陈机、杨荫渭、金圣一、陈陵、殷力农、强式之、黄淑兰、朱青山、万迪生、费大经等为办理招生报名干事。

7月30日　奉教育部指令，本校呈报1948学年度招生名额，准予备案。

8月1日　任用黄遵夏为教务处办事员。

8月3日　聘周同庆、王文元、陆仁寿、唐君毅、杨惟义、杨荫渭、陈机、杨晟、金圣一、陈陵、李笠、张载人、唐至中、殷力农、许雍圻、盛志镜、强式之等为新生考试主监试委员。聘杨惟义、周怀衡、陈机、杨晟、陆子芬、金圣一、李笠、杨荫渭、蒋庭曜、徐璋本为阅卷委员。

8月4日　假省锡师为本校招生办公处。本日开始新生报名。奉教育部令饬各校训导人员不得在外兼课，并须住宿校中，与学生共同生活。

8月5日　继续办理新生报名。又本校附设面粉专修科亦开始报名。

8月6日　新生报名于本日下午五时截止，总计报考人数1203名。

8月8日　函请无锡县警察局另派请愿警4名来校值警。

8月10日　假省锡师举行新生入学考试。

8月11日　新生入学考试于本日下午四时竣事。

8月16日　准无锡普仁医院函复接受委托为本校特约医院。

8月18日　荣巷第一院校具开始搬运至后湾山新校舍。

8月25日　呈教育部请发采购火砖证明书。

8月26日　召开第三次招生委员会议，议决录取新生张茂渠等正备取296名。

8月28日　录取新生发榜并分别刊登锡沪各报。电复中华民国面粉业同业工会全国联合会[1]定期推派代表赴沪协商面粉专修科进行事宜。

8月31日　呈报教育部本校简况调查表一份。聘张云谷、徐仲年、朱福炘、李景晟、吴大榕、何士芳、楼公凯、郭廷以、金善宝为教授。储元熹教授兼生活管理组主任，李昌第[2]教授兼代面粉专修科主任，周广周、唐璜为讲师。程毓秀、杨倩志、许彦生、黄维一、朱正、王贤澧、叶尚瑾、柳志祥为助教。

9月2日　奉教育部令颁学生保证书及对保证明书式样饬即遵办具报。

---

[1]　中华民国面粉工业同业公会全国联合会是1946年3月7日在重庆林森路25号成立的协会，原称全国面粉工业同业公会联合会。以"谋机制面粉工业之改良发展"为宗旨。该会推举杜铺、杨管北、荣尔仁、荣毅仁等15人为理事，卞笑青、李国伟等5人为监事。

[2]　李昌第，1915年生，籍贯上海市。上海南洋模范中学毕业后，赴英亨利西蒙公司学习面粉加工工艺和设备制造。回国后任无锡茂新面粉二厂厂长。1948年兼任私立江南大学教授。解放后，获国务院授予"有突出贡献专家"称号和证书，享受国务院特殊津贴。

9月3日　准面粉工业全国联合会公函委托本校附设面粉专修科,基金由各区分会分摊,并由各分会保送学生20名,如报到人数过多,择优考选。

9月7日　函复面粉工业全国联合会委托办理面粉专修科一案,准予照办。

9月8日　公函输出入管理委员会汽油分配委员会申请配给汽油柴油,以利教育。

9月11日　江苏全省工业协会假座本校新校舍大礼堂举行成立大会。

9月13日　事务组主任强式之因事辞职,遗缺任用张箴华接充。李副总统偕夫人于下午二时莅临本校新校舍参观,由顾校长陪同巡视各处,对本校环境深加赞美并寄予无限希望,至三时许离去。

9月14日　上午九时在第一院会议室召开第三次行政会议。

9月15日　公函联合国教育科学文化组织中国委员会秘书处提名顾惟精为本校候选委员。准本校校政委员会函送教职员薪津计算表又本届学生应纳学杂费数额嘱查照办理。遵电呈送教育部本校1948学年度新生入学试题全份。

9月17日　函本校全体学生家长通知开学日期及应缴各费数额。

9月20日　准面粉工业全国联合会函送保送面粉专修科学生名单等件,嘱照前次会商办法办理。本日起迁入新校舍办公。准善后物资供应总库函复配售抽水机等业已照配,当由本库购销部另行通知交款提货办法。

9月26日　函送董事会本校1947学年度第二学期四至七月份经常费报销又1948学年度第一学期经常费预计表。函开原汽车公司请惠予租用万国牌旅行车一辆,以利交通。函送董事会本校1948年五至七月份开办费报销。副教授兼注册组主任姚志英辞兼注册组主任,调储教授元熹兼注册组主任。事务组主任张箴华辞职,以顾汝荣接充。

9月27日　1948学年度第一学期开学。聘李笠为中文系主任,张云谷为外文系主任,周怀衡为数学系主任,李景晟为化工系主任,吴大榕为机电系主任,金善宝为农艺系主任,郭守纯兼农产系主任。

9月28日　新生报到,检查体格、口试、办理入学手续。下午八时在第二院召开清寒免费审查委员会议,议决核定全免费生胡家琥等10名,半免费生程宽中等36名。本校附设邮政代办所,本日开始收发邮件。

9月29日　继续办理新生入学事项。公布核定申请清寒免费生名单。

9月30日　旧生报到,办理入学手续。

10月1日　保送面粉专修科学生举行甄别试验。继续办理旧生入学事项。

10月2日　上午十时在大礼堂举行1948学年度第一学期开学礼,由顾校长致开会词,继由荣副董事长德老,校政会荣主任一心、代表郑翔德、校董薛明剑、教务长周同庆、训导长王文元等分别致词,礼成后并摄影聚餐。

10 月 4 日　开始上课。

10 月 6 日　函送校政会本校附设面粉专修科经常费预算表，请察照存转。

10 月 8 日　下午七时上海经济督导蒋经国氏由申新三厂郑厂长、谈厂长等引导莅校参观，并应邀在大礼堂对学生作简单训话，语多勖勉，至八时二十分离校。

10 月 10 日　国庆纪念放假一天。行政院物资供应局王副局长及美援华中分配主任罗勃西率领美援运用委员会美籍职员 35 人于下午二时莅校参观。分函上海区面粉工业同业公会杜焕章先生及杨庆昌先生，请转知录取面粉专修科学生如期来校办理入学手续。聘吴宝良为训导员兼音乐指导员。

10 月 13 日　甄别试验录取面粉专修科学生开始报到，办理入学手续。

10 月 15 日　呈报教育部本校 1947 学年度学生健康检查统计表等件。

10 月 17 日　准输出入管理委员会柴油分配委员会函复本校申请配给汽柴油一节已在调查审核中。

10 月 20 日　代电无锡指挥所、县政府、粮食业同业公会，为米荒严重，请惠予协助代购师生膳米，以应急需。准联合勤务总司令部抄送代电副本为饬派工四团员兵一部及应用机械协助本校开平校前基地。

10 月 22 日　奉教育部训令为纪念"联合国日"，饬遵照办理。电贺联合国第三届大会首届"联合国日"纪念。

10 月 25 日　函知校董会、校政会暨全体教职员，为 10 月 27 日本校一周年纪念，是日上午九时举行纪念会，请惠临参加。

10 月 27 日　上午九时在大礼堂举行庆祝立校一周年纪念，由顾副校长主席报告立校纪念经过，校董会代表薛明剑、校政会副主委乐幻智暨来宾华晋吉等均分别致词。会后由上海市国术社表演技艺，午刻聚餐，下午校内举行各种球类比赛，入晚并放映电影以资余兴。

10 月 28 日　公函中国嫘荣公司商请惠拨平望镇厂基 520 亩交本校农学院应用。呈报苏教厅本校 1948 学年度第一学期概况表。

10 月 29 日　公函武进县政府为本校购存常州食米急待运校请惠予给证，以利运输。

10 月 30 日　函无锡县绸布呢绒商业同业公会请配售本校教职员工棉布。

10 月 31 日　函请宜兴县政府惠发采购食米准运证，并派员偕同学生代表赴宜兴洽办。

11 月 1 日　奉教育部代电：专科以上学校各系科课程教员人数及教员授课时数应切实遵照规定办理。

11 月 2 日　顾副校长函董事会声明于 11 月 6 日起不再担任全权处理校务名义，并于同日起告假离校。

11月6日　函校政会为本校存粮枯竭拟恳转请茂新面粉厂惠配面粉以济眉急。函复中国嫘荣公司为请郭院长前来洽商平望厂基移拨手续。

11月10日　校政会副主任委员乐幻智到校主持校务。

11月12日　准教育部驻沪图书仪器接运清理处代电,检送美国赠送季刊目录,嘱即派员领取。

11月13日　函送全校名册,请植物油制炼工业同业公会惠配食油。聘李笠兼任中文系主任,张云谷兼任外文系主任,夏炎德兼任经济系主任,王文元兼任史地系主任,吴大榕兼任电机系主任,李景晟兼任化工系主任,周怀衡兼任数理系主任,金善宝兼任农艺系主任,郭守纯兼任农产系主任。会计员顾丽生辞职,另任许世鉁为会计员。

11月14日　准无锡指挥所函复为协助代购师生膳米一案已转饬无锡县府协助办理。

11月16日　聘阚仲元为理工学院物理助教。

11月17日　教务长周同庆迄未应聘,兹聘请郭守纯兼代教务长。代电粮食部请配给本校食米,俾资维持而利教育。函开原镇32保为集体申报户口,检附户籍登记声请书,请查照办理。函请钱宝钧先生就近洽商荣主委核购农学院及数理系等图书仪器。

11月19日　聘邵子民为本校校景布置主任。任用邵达三为农场助理员。

11月20日　事务组主任顾汝荣辞职多日,尚待遴员接充,兹派边绍良为事务员。

11月23日　奉教育部指令本校呈报1947学年度第一学期各学系学生成绩表,准予备查。教务处召开第一次教务会议。

11月24日　召开第二次清寒免费审查委员会议。奉苏教厅指令,本校呈报1948学年度第一学期概况表,准予备查。

11月25日　函知学生家长本(11)月份学生膳食团办理困难,经荣主委拨发周转金,由校方竭力协助解决情形,并请缴纳本月及下月膳费。

11月28日　大无锡青年服务总队部假座皇后大戏院举行成立暨队员入队典礼,本校派沈吟梅率同学生代表10人前往观礼。

11月29日　奉教育部训令:关于学生教学与训育方面应行加强各点,饬遵照具报。

11月30日　检送国立罗斯福图书馆教职员名册全份。

12月3月　函请中华民国面粉工业同业公会即予一次拨发面专科经费,以便支用。

12月6月　函请中央银行无锡分行惠允往来,以利教育。

12月8日　召开第三次清寒免费审查委员会议。

12月11日　准函补送中华民国面粉工业同业公会面粉专修科经常费预算全份。

12月14日　函公路总局第一区无锡管理站为本校自备大型校车行驶无锡荣巷一带,

请察照放行。

12 月 15 日　代电教育部补呈本校 1947 学年度经费数简表。

12 月 16 日　顾副校长返校。

12 月 18 日　奉教育部令饬速报 1948 学年度第一学期各项表册。

12 月 21 日　教授理事会于上午九时召开教授会议，储主任元熹与钱穆院长及陈机教授发生冲突，学生闻讯，一时形势严重，旋经各同事劝阻平息。本校创办人兼校董校政委主任委员荣一心先生本日因公由沪乘霸王号机飞港，不幸在香港附近触山失事罹难。

12 月 23 日　校董会、校政会会衔布告：自 22 日起提前结束，开始寒假，并规定办法三项：（一）不再举行大考，即以二次月考平均分数为准，其参加一次月考而上课时间已达二分之一以上者得于下学期开学时补考之。（二）放假后学生应即离校返家，其家在战区之学生由本校另行安置之。（三）放假期内图书馆不再开放。

12 月 24 日　荣主任委员一心先生罹难噩耗传来，全校震悼，除敬电奉唁荣主委夫人外，本日下半旗并全体素食，以志哀悼。

12 月 27 日　校董会代表薛校董明剑召集全体学生训话。

12 月 28 日　学生自治会主办之本校创办人荣一心先生追悼会于下午二时举行，全场四壁满悬挽联花圈。典礼于庄严肃穆中开始，到校董会代表薛明剑、顾副校长、全体教职员、学生暨来宾荣汉成等，由学生自治会代表李赐主席，全体静默志哀，继献花圈，读祭文，末由校董会代表报告荣一心先生平生事迹，语极沉痛。全场情绪异常悲伤。

12 月 29—31 日　用校车分送全体学生回家并登记留校之战区学生。

12 月 31 日　呈报教育部本校 1948 学年度教职员名册等件。

1949 年

1 月 4 日　公函柴油分配委员会请迅予惠配本校汽柴油，以利教育。

1 月 11 日　与复苏社商定本校战区学生贷款事宜。

1 月 14 日至 2 月 13 日　寒假期间总务处职员轮值办公。晚间由校警一人率同工役二人彻夜巡逻，以资防范。

2 月 5 日　与 21 军军部商定借用家具及电话线一对事宜。

2 月 16 日　公函行政院物资供应局请惠配吉普车三辆，以利教育。

2 月 18 日　函送董事会本校 1948 学年度第一学期 8 至 12 月份经常费报销等件。顾副校长辞兼全权处理校务后，董事会积极遴聘校长，但因时局动荡，物色不易。经遵奉吴董事长指示,由荣毅仁、钱孙卿[①]、乐幻智三校董会同本校三院院长及三处处长组织校务委员会处理校务,副校长不再设置,并指定荣毅仁为校务委员会主任委员。本日下午五时在上海高恩路荣公馆召开第一次校务委员会议。函江苏省公路局请领本校校车牌照。

2月19日　公函工商部为输入度量衡器供本校研究实验之用,请查照惠准。

2月20日　校务委员会主任委员荣毅仁偕同新聘教务长沈立人到校。下午二时荣主委在梅园第三院召集教授谈话。函全体教授助教通知开学日期。函知学生家长本校开学日期暨本学期应缴各费。准柴油分配委员会函复本校申请配购汽柴油一案已委托美孚油公司调查中,报告迄未送会,嘱径洽催报。

2月21日　校务委员会荣主任委员布告本日到校视事。1948学年度第二学期于今日开学。

2月22日　本日开始缴费,27日截止。

2月23日　荣主委发《告全体教职员暨全体同学书》。

2月25日　上午九时教务处召开第二次教务会议。本日开始注册选课,27日截止。

2月27日　上午十一时在会议室召开第二次校务委员会议,推定沈教务长为校务委员会副主任委员。中午欢宴全体教职员,下午二时在物理实验室召开全体教职员谈话会。补发教务长沈立人暨兼注册组主任金圣一聘函各一件。

2月28日　今日开始上课。上午十时至十一时在大礼堂补行开学仪式。

3月1日　本日起规定全体职员每日上下午均须亲自签到。

3月7日　函知无锡电信局本校25000号话机业已拆除,请予注销。

3月9日　函送江苏省教育厅本校苏籍教授调查表一份。

3月12日　上午十时在大礼堂举行国父逝世纪念仪式(不放假),会后植树。农学院学生全体参加,荣主委亲植龙柏一株,以资纪念。上午十一时在会议室召开第三次校务委员会议。

3月14日　王兼训导长恳切辞职,函聘陈陵兼代训导长职务。

3月16日　聘诸祖荫为本校副教授兼图书馆主任。任用杨涵生代理事务组主任。

3月17日　教授郭量宇、陈机,助教沈吟梅、吴锷迄未到校又未请假,又助教周模禄

---

① 即钱基厚(1887—1975),字孙卿,无锡人,钱基博孪生弟弟。1911年肄业于南京两江法政学堂。无锡地方绅士,曾任县公署第三科科长,负责全县中小学教育。因工作出色,被授予嘉禾勋章,成为地方教育人员荣获国家表彰的第一人。1924年应荣德生之聘,任公益工商中学校长。曾任市公所总董等职,是无锡县商会的灵魂人物。新中国建立后,人民政府依旧安排他担任诸多重要职务。1987年江苏省暨无锡市分别召开会议,纪念他百岁诞辰。江苏省委对钱孙卿爱国的一生给予了高度的评价,认为他是党的诤友,是一位爱国志士。家属遵其生前遗愿将其在"文革"后至去世前应补发的所有工资捐献给江南大学,设立了"孙庵奖学金",资助贫困学生。其长子钱钟韩曾任东南大学校长、江苏省政协主席。

逾假已久,经第三次校务委员会议决议,概行解聘,分函知照。

3月18日　聘束天民为本校兼任教授,张勋新为副教授。函送董事会本校校务委员会简则草案一份,请赐核定。

3月23日　聘秦含章为本校教授兼农产制造系主任,吴功贤、朱东润为兼任教授,诸祖耿、谢兆熊为教授。

3月24日　函聘体育讲师唐璜兼生活指导组主任。教务处召开第三次教务会议。扩充学生自修场所,并将全部日光灯检查添装完竣。

3月25日　准江苏省公路局函复,请领校车牌照已派员检验合格,嘱即前往洽领。

3月28日　奉教育部令知,业经南迁办公,以后文件饬径寄该处。

3月29日　革命先烈纪念放假一天。

4月1日　荣主任委员函告全体学生家长,请惠予合作,交相督勉。

4月2日　调整工友待遇,取消每月津贴食米二斗,改为每人每月普加底薪12元。

4月4日　本日起放春假三天,7日照常上课。

4月9日　召开第四次校务委员会议。

4月12日　准函推定陆总务长仁寿代表本校为荣一心先生铜像筹建委员会筹备委员,并函复查照。

4月14日　沿本校四周篱笆种植白杨。

4月15日　函知全体学生家长缴纳第二期学杂各费日期。

4月20日　时局转趋紧张,教授举行会议商讨应变办法。

4月21日　教务处召开第四次教务会议。

4月23日　一、二、三院教职员暨家属迁至校本部居住,无锡即于今晚解放。

4月24日　中国人民解放军进驻无锡,学生赴城欢迎,本日停课。

4月26日　公函无锡市人民政府推介本校沈教务长前往晋谒,请予指导。召开临时校务委员会议。教职员暨家属分别迁回原处。

4月27日　本日起照常上课。

4月29日　召开清寒免费审查委员会议。

4月30日　本校训导处编制即日起撤销,所有生活指导及体育卫生两组改隶教务处,布告周知。环校马路校门口起购地少许,沿途分植法国梧桐。

5月1日　通函学生家长本校安全,照常上课,请勿锦念。校警步枪三枝收存荣巷工商自卫团,今日移交人民解放军。

5月2日　中国人民解放军无锡市军事管制委员会派该会文教部特派员吴锷、沙荣生来校洽询情况。为便利同学晚间阅览图书,本日起每日下午七时半至九时半开放图书馆。函请陈陵先生主持生活指导及体育卫生两组主任,唐璜先生副之,并布告周知。

5月3日　奉中国人民解放军无锡市军管会通知,本日下午一时在省锡师附小礼堂召开全市中等以上学校教职员座谈会,本校全体教职员应邀前往参加,下午停课。

5月4日　五四青年节放假。上午开纪念会,下午学生宣传队赴城宣传,晚间举行联欢晚会,公益、化新等校均来参加。

5月5日　解放后,本校经费因上海来源中断,商由申新三厂郑厂长自4月下期起由该厂借拨。

5月10日　遵令呈报无锡市军管会文教部本校概况连同各项清册共10份。下午二时召开临时校务委员会议。

5月12日　苏南公学商借本校第一院房屋,本日召开房屋分配会议。决定将一院所住教职员并入二院,第一院全部借与苏南公学应用。

5月14日　农学院学生数十人由郭院长率领前往省教育院参观实习乳牛。

5月23日　理工学院电机系学生由系主任吴大榕教授率领前往天元毛织厂、开源机器厂参观。

5月24日　农学院农艺系学生由系主任金善宝教授率领前往农具制造厂参观。

5月25日　下午一时召开校务教务联席会议。

5月26日　下午四时举行第二届越野赛跑,录取10名,前三名为王志仁(工友)、冯锡章、刘达夫,成绩十三分二〇.六秒。钱钟汉先生惠赠大银杯三只,分奖前三名,当场给奖摄影。

5月27日　上海解放后,在校上海教授返沪探视。

5月28日　校务教务联席会议决议本日起放假一周,6月4日征收第二期学费,6日上课,布告周知。函知学生家长第二期学杂费重定于6月4日缴纳。

5月31日　文教部陶副部长来校调查放假实况。

6月4日　公布本学期清寒免费生胡家琥等46名,半免费生王瞿等49名。第二期学杂费开始征收。同时布告如因家庭经济困难,一时筹缴未齐者,得申请分期缴纳。开始装置60KW发电机,由申新三厂派员工前来主持。

6月5日　本校电贺人民解放军第三野军,庆祝上海解放。添置学生信箱每寝室一只,又各室添挂竹帘以避烈日。

6月6日　奉苏南行政公署通告6月6日教师节放假一日,布告周知。下午一时,全体教职员专车赴省锡师附小大礼堂参加庆祝会,军管会管主任文蔚莅会讲演。

6月8日　准无锡市各界人民庆祝上海、无锡解放筹委会教育界筹分会通知,6月8日停课一天,晚间提灯游行,布告周知。下午四时,教职员工暨学生携带标语、各式花灯,乘专车三辆前往参加游行提灯。

6月11日　上午十时，苏南行政公署刘副主任季平莅校讲演，就江大前途、学费、改造教育三问题阐发详尽，历时二小时许，听者动容，继由校董钱孙老讲演，午餐后并参观各处。文学院钱院长及唐君毅教授请假赴穗已逾两月，时局突变，交通梗阻，势难返校，所任课程分请诸祖耿、费大经两先生代授。函请建中贸易公司筹备处配售本校教职员工食米。

6月17日　呈送无锡市军管会文教部本校课程纲要一份。下午二时召开校务教务第二次联席会议。

6月18日　上午十时敦请苏南公学校长董希白莅校讲演。

6月20日　奉苏南行政公署令饬，遵照办理学期结束、暑期招生及各项应办事宜。学生江宝枢、龚世华、施勖生、王友芡、杨霞民、陆文华等6名上学期学业成绩在80分以上，经校务教务联席会议决议，提前给予奖学金，免缴第二期学费，以资鼓励，并公布周知。

6月21日　函知学生家长本校免费情形并希随时督促勤勉学业。

6月23日　布告自即日起携物出校仍恢复以前填写物件携出证办法。

6月24日　函学生家长催缴第二期学杂各费。

6月26日　上海中和公司装运化学仪器念［廿］七箱到校。

6月28日　面粉专修科学生40余人由科主任李昌第率领前往中华面粉厂参观。

7月1日　第二次校务教务联席会议议决，刊置本校钤记一颗于本日起启用，并拓具印模报请校董会备案。

7月3日　公布征求对于本校下年度调整院系课程建议，并分别调查学生志愿。奉苏南行政公署通令，为公布1949年度各校暑期招生补充办法。奉苏南行政公署通令，颁发关于举办本届暑期教育研究会各点事项。

7月4日　学期考试开始，全体学生集中大礼堂举行。苏南行政公署召开中等以上学校座谈会，本校陆总务长代表前往出席。

7月7日　奉无锡市人民政府通告，七七纪念节放假一天。

7月10日　暑假开始。函苏南行政公署暑期教育研究会为派本校陈陵教授前往参加。

7月11日　苏南公学商借本校礼堂集合第六大队学生讲演。

7月14日　奉苏南行政公署通令，颁发关于学校组织人事审查与变更之规定一份。

7月16日　本校校车驶往交通管理局无锡检验站申请检验并换发新照。

7月18日　通告全体教职员，为奉苏南行政公署关于发动教师暑期自学指示，转请遵照办理。呈请苏南行政公署、市军管会文教部，协助本校租借附近民田充作农场。

7月19日　苏南公学学生160余人借住本校学生宿舍。

7月20日　函苏南行署教育研究会为加派杨晟、诸祖耿二教授前往参加。

7月21日　理工学院学生陶奕镇等37名派赴无锡开原①机器厂实习,并函该厂惠予指导。面专科学生暑期实习办法:一、该科保送学生仍回原厂实习;二、考取学生经函准无锡面粉业同业公会分配无锡各厂实习。

7月28日　本校下年度调整院系,业经校董会决定:不分院别,全校共设八学系一专科(语文系、管理系、数理系、电机系、机械系、化工系、植物生产系、农产制造系、面粉专修科),通函各教授知照。

7月29日　函苏南行署暑期教育研究会为再加派吴功贤、张勖新二教授前来参加。

7月30日　苏南行署农村工作团300余人借住本校。聘顾惟精等20人为本届新生考试命题委员。

8月5日　苏南公学学生今日迁离本校。

8月6日　拟具苏南行署暑期教育研究会建议案五则,函请杨晟教授提会讨论。呈报苏南行政公署为呈送本校中途离职暨聘约期满不拟续聘教授名单。

8月7日　呈报苏南行政公署及军管会文教部为本校下学年度调整院系课程情形检同本届招生简章,祈请备案。

8月8日　苏南农村工作团除文工团仍借住本校外,其余人员今日迁离。

8月12日　奉苏南行政公署指令,为本校调整院系课程情形及招生简章准予备查。函送开源机器厂本校第二批前往实习学生名单。沈副主委函知全体同学本校近况及以后设施情形。

8月13日　函聘沈立人、顾惟精、郭守纯、吴大榕、李景晟、周怀衡、秦含章为本校各系主任并请驾临上海出席科系会议(地点上海荣主委公馆)。

8月14日　呈报苏南行政公署本校第一批拟续聘教授名单。

8月15日　锡沪两地同日开始新生报名,报名地址,无锡假省锡师,上海假建国西路公益工商研究所。

8月16日　继续办理新生报名。下午五时三十分截止,总计报考人数无锡180余人、上海350余人。

8月17日　沈副主委自沪通话告知上海各系科报考人数,嘱备考卷送沪。

8月19日　苏南新专学生260余人参加下乡工作团暂借住本校。

8月20日　锡沪两地同时举行新生入学考试,上午八时开始,至下午五时五十分竣事。

8月21日　召开科系会议,在上海荣主委私邸举行。苏南文工团及苏南新专学生迁

————————

① 应为"开源",此为笔误,下同。

离本校。

8月24日　函知中央工业试验所酿造实验示范第一工厂为派学生刘达夫、钱建奇二名前来实习，请惠予指导。

8月25日　为撙节经费，函知无锡电信局停用26000号话机。函复苏南公学借用本校二院房屋歉难照办。

8月31日　呈报苏商行政公署本校中途离职暨未续聘教授原因，仰祈核备。

9月1日　上午九时召开招生会议，讨论录取新生标准、名额等案。呈报苏商行政公署本校1948学年度第二学期教育实施经过各项报告。缮发续聘教授聘书：沈立人教授兼教务长兼管理系主任，顾惟精教授兼电机系主任，郭守纯教授兼植产系主任，陈陵教授兼体育组主任，金圣一教授兼注册组主任。朱正元、胡立猷、诸祖耿、吴功贤、杨晟为专任教授。蒋庭曜兼任教授。陆仁寿副教授兼总务长，诸祖荫副教授兼图书馆主任，姚志英、张载人副教授，沈制平兼任副教授，张劢新副教授兼农场主任，唐璜体育讲师，殷力农兼任讲师，罗聚源讲师，又李景晟、吴大榕、张云谷、李昌第兼任教授，陆子芬、周怀衡、杨惟义教授，郑学弢兼任讲师。

9月2日　呈报苏南行政公署，本校本学期拟聘新教授名单，祈请核定。录取新生发榜，共计正取300名，备取100名。

9月5日　函无锡市学联会建议请规定各校学生自治会主席人选资格。

9月7日　函知全体学生家长本校开学日期暨应缴各费。

9月14日　函戚墅堰电厂无锡办事处，请派员勘估由梅园接通至本校后湾山线路工料费。奉苏南行政公署指令核复本校人事问题，令仰知照。

9月15日　缮发续聘助教聘书：万迪生、叶尚瑾、顾文、黄惟一、屠仁溥、吴锷、许彦生、杨倩志、柳志祥、阚仲元、章臣樾、朱青山。助教薛禹谷辞职。

9月16日　奉苏南行政公署通令，颁发学生生活辅导及课外活动指导暂行办法。沈副主任委员应学生邀请赴锡出席协商学费问题会议，成立初协议决定：入学时先缴一石五斗，其余俟开学后各方会商决定。呈报苏南行政公署本校第二批拟聘新教授名单，祈请核定。

9月17日　函知全体学生家长本学期学杂各费，准予入学时先缴一石五斗。

9月18日　准苏南电信管理局函知本校长话专线电话改装市内电话。

9月20日　1949学年度第一学期开学。续招语文、数理、植产三系新生，锡沪两地同时开始报名。呈报苏南行政公署本校本学期关于缴纳学费情形。

9月21日　新生报到，检查体格、口试、办理入学手续。续招新生考试。

9月22日　继续办理新生入学事项。

9月23日　旧生报到,办理入学手续。奉苏南行政公署训令,为制定《中等以上学校行政组织暂行办法》公布施行。教授陆子芬、周怀衡、杨惟义,兼任教授吴大榕、张云谷、李昌第、李景晟、兼任讲师郑学孜,均未应聘。新聘汤心济、毕仲翰、蒋涤旧、郭会邦、周恩久、樊映川、闻诗为教授,张泽垚教授兼化工系主任,朱宝镛教授兼农产系主任,吴玉麟、王鸣岐兼任教授,夏宗辉兼任副教授,方友鹤、管懋贤讲师。缮发全体职员任用书(除调任助教黄淑兰为女生指导员外,余无更动)。

9月24日　续聘朱东润为教授、陈湘荃为助教。通告各单位请推定校委会代表(教授三人、讲助一人、学生二人)。函聘顾惟精为本校编纂委员会主任委员。

9月25日　续招新生发榜,计录取56名。

9月26日　函无锡人民医院请惠派医师莅校检查住吸血虫病症。函介诸祖耿、杨晟二教授代表前往无锡县人民政府,请劝阻开原区人民政府使用本校第二院房屋。

9月27日　函聘诸祖耿为本校辅导委员会主任委员。奉苏南行政公署指令,核准校委会主任委员由荣毅仁担任,诸祖耿为辅导会主任委员。

9月28日　聘陈陶心为兼任教授,程毓秀调升讲师,何新章为助教。开学典礼延至本日上午九时半补行,苏南行署教育处派员莅校训词,沈副主任委员、顾惟精、郭守纯等分别致词。全体同学暨教职员、工友均出席参加。

9月29日　准上海商业银行无锡分行洽定在本校设立办事处,办理存款及汇兑业务,服务时间定每星期二、五上午十时至下午二时。

10月1日　为遵照政协主席团决定,庆祝中华人民共和国成立暨保卫世界和平大会,自10月1日起放假三天。沈副主任委员因公赴沪,所有校务请编纂委员会主任委员顾惟精代拆代行,布告周知。

10月2日　本校同学20人组成火炬长跑队,背送江大致中央人民政府的贺词,于上午十一时抵达庆祝大会会场,由火炬队队长冯锡章同学在热烈的鼓掌声中将贺词交给主席团,接着高呼口号后退出。

10月4日　全体教职员、工友、同学赴城参加游行大会,晚十时返校。

10月6日　农历中秋节,遵令放假一天。

10月9日　呈送苏南行政公署本校各项统计材料。

10月10日　改聘程毓秀为兼任讲师,聘苏明山为兼任副教授,许冠仁、张汝仁为助教。校车接送同学赴城参加提灯游行。

10月11日　补发朱正元兼任数理系主任聘函。聘吴世燕、夏晴为管理系助教。

10月12日　奉苏南行政公署指令,核示本校学费问题。通告各单位请推定讨论学费问题会议代表。教务处召开第一次教务会议。

10月14日　聘苗雨膏为本校兼任教授。呈报苏南行政公署本校第一次教务会议纪录。公布征求本校校旗、校徽图案。

10月15日　呈报苏南行政公署本校校委会及辅导会委员名单，祈请核定。调升薛佩瑾为讲义组主任，张宾侯为文书组主任，改聘邵达三为植产系助教。

10月18日　聘程瀛章为化工系教授。

10月21日　呈报苏南行政公署本校现任教职员登记表及新聘教师详历表。本校在职教职员学习委员会成立，推定张勖新为主任委员。今日召开第一次会议，分推各组正、副组长，规定学习内容为政协三文件。呈报苏南行政公署本校本学期注册学生人数统计表。

10月22日　聘夏彦儒为机械系教授，陶祖愉为机械系助教。

10月23日　奉苏南行政公署关于公私立中等以上学校请示报告制度的指示。

10月24日　本校由梅园敷设杆线完竣，今日接通戚墅堰电流，打水马达尚待装置。本校长话专线改装市内电话，26000号、27000号改为397、398号，通话较前便利。聘施庆龢为化工系兼任副教授，尤冠群为化学助教。呈送苏南行政公署本校教授周恩久、汤心济学习总结。呈报苏署为本校学生提名增加助教杨倩志为辅导会委员，检同第一次辅委会会议录，祈请核示。

10月25日　补发副教授兼面专科主任孙时中聘约。聘陶煜镇为机械系副教授。

10月26日　聘李懋观为化工系兼任教授。上午十一时请无锡市人民医院俞院长荣青苤讲住吸血虫病问题。

10月27日　本日校庆放假。上午九时在大礼堂举行纪念仪式，午后球类比赛，晚间聚餐，七时开联欢晚会，全校员生一致热烈参加庆祝。

10月29日　呈报苏南行政公署为呈送本校9、10两月份综合报告。

10月31日　学习委员会召开各组长会议。

11月1日　奉苏南行政公署教育处关于学习人民大宪章和进行国际主义教育的指示，呈送苏南行政公署本校教师暑期自学成绩报告。全校教职员学习开始，共分九小组，每周二、五下午六时半至八时半讨论两次。

11月4日　奉苏南行政公署指令，核定荣毅仁、沈立人、诸祖耿、顾惟精、张泽垚、朱正元、吴锷、杨钧泰、蒋凌械为本校校委会委员，并以荣毅仁、沈立人为正副主任委员。诸祖耿、沈立人、杨晟、吴功贤、张勖新、杨倩志、徐柏年为生活辅导会委员，当经公布周知。聘熊振平为本校化工系助教。奉苏南行政公署指令，本校呈报现任教职员登记表等件，准予备查。

11月5日　学生生活辅导委员会补开第二次会议。

11月6日　本校化工系助教柳志祥因失恋痛苦,突于本日(星期日)上午十时许服氰化钾自尽,遗体停荣巷第一院。

11月7日　函请无锡市人民法院莅临检验及报请开原区镇政府荣巷公安局派出所备案,并电知其家属,遗体于下午五时许入殓柩,暂借开原山庄。第一次月考开始,各班集中在大礼堂举行,不停课。

11月9日　呈请苏南行政公署增加校委会委员名额。

11月12日　聘秦宏济为电机系兼任教授。学生生活辅导委员会召开第三次会议。本日(星期六)起每周六下午一时,由区党委宣传部长汪海粟讲授政治课程。

11月13日　江大、公益、化新青年团三支部假本校大礼堂举行新团员入团宣誓典礼。

11月15日　呈请苏南行政公署盖章证明本校申请用电优待证。

11月16日　呈报苏南行政公署本校本学期学生名册。

11月17日　补发机械系主任周惠久聘约。函戚墅堰电厂无锡办事处,为检送申请用电优待证。函请申新三厂惠借20 H.P.马达连同帮浦全付。

11月18日　呈苏南行政公署教育处为开原区政府使用本校荣巷第二院为仓库,请切实制止。函请申新三厂铸工场惠允本校学生前往实习铸工。

11月19日　改聘苗雨膏为专任教授。函开原镇人民政府及荣巷派出所,请转饬本校荣巷第二院内两户居民即日搬出,以维教育。下午十二时半召开学费研究会议,由校董会代表钱孙卿主席会议,至四时半,未获结果散会。

11月21日　物理助教阚忻元于9月底离职,聘忻鼎定继任。

11月22日　学生会改选今日下午六时开票,选出执行委员17人。沈副主委赴荣巷开原区政府洽商第二院房屋事。

11月29日　苏南区学生代表大会开幕,本校出席同学代表17人。

11月30日　呈请苏南行政公署,核定本校本学期学生收费标准。下午二时全国学联国外部部长黄振声同志莅校报告世界民主青联①、世界青年节学生联欢大会盛况及世界青年动态。

12月4日　机械系主任周惠久未应聘,聘书退还。

12月5日　沈副主委赴苏南行署教育处洽询学费事宜。聘张震旦为化工系教授,诸培南为化工系助教。

12月6日　函申新纺织第三厂请借10或12 H.P.马达一只。函送上海中和公司拟

---

① 1945年11月10日,欧洲反法西斯胜利半年后,来自63个国家的年轻人齐聚伦敦,成立了一个联合所有反帝国主义和进步青年的联盟——世界民主青年联盟。

购仪器清单一份。呈送苏南行政公署本校 11 月份综合报告。

12 月 7 日　函请中国人民银行苏南分行储蓄部通融本校教职员存储折实存款日期。任用孙素一为农场管理员。函知戚墅堰电厂本校电机系学生前来参观。函复华东区第一次农展筹委会担任农展委员。

12 月 8 日　呈送行署教育处本校教职员经济状况调查表。下午停课听取同学代表报告无锡市学代大会各项决议案。

12 月 12 日　下午三时邀请上海市文化馆国术队在大礼堂表演国术。晚间放映电影。

12 月 16 日　举行全校单项田径竞赛。

12 月 19 日　荣主委毅仁由沪莅校，上午十一时向同学报告。下午三时召开第一次校务委员会议。第二次月考开始。任用姜万福为牛棚管理员。

12 月 20 日　上午十时半本校教授会、讲助会、职员会、工友会在 111 教室开欢迎荣主委莅校大会。奉苏南行政公署教育处函知将每月综合报告如期报署。

12 月 21 日　呈报苏南行政公署本校下学期续聘教职员名单全份，请鉴核示遵。本日为本校创办人荣一心先生逝世周年纪念，全校茹素一天。下午停课，二时起在大礼堂开会纪念。参加来宾有申新、茂新、开源等各单位。仪式简单隆重，各方均致词，五时许散会。

12 月 22 日　沈副主委请假 10 天赴沪检查身体，离校期间请顾惟精先生代理校务并布告周知。

12 月 23 日　本校教授会、讲助会、职员会三单位票选沈立人、毕仲翰两先生为苏南高教联参加教育代表会议代表，并函知苏南高等教育工作者联合会筹委会查照。奉苏南行政公署教育处关于教师在职学习、学生政治教育与冬学工作结合问题的指示。

12 月 24 日　通函学生家长本校本学期学杂宿费经第一次校务委员会议决议，改收三石五斗，请如期缴纳并布告周知。

12 月 25 日　奉教育处通知填报各科教学纲要表。呈报苏南行署为本校校委会学生代表经学生会推选杨钧泰、马天元两人为正式代表，检同第一次校委会议纪录报请备案。

12 月 26 日　政治课自本日起改在每周一下午上课。本日下午三时，政治课后辅导会召开全校学生学习小组组长、组员会议。

12 月 28 日　布告为 1950 年元旦遵照中央规定放假一天，是日为星期日，应于次日补假一天。又为照顾本校远道同学如期缴清学费起见，特加放一天，4 日（星期三）照常上课。

12 月 30 日　上午九时起停课，敦请苏南行政公署教育处陶白副处长莅校讲演，全体师生均出席听讲，下午照常上课。

1950 年

1月3日　准华东区第一次农展会筹委会函知举行揭幕典礼,嘱莅临指教。奉苏南行政公署指令校委会学生代表由杨钧泰、马天元二人担任,准予备案。

1月5日　准苏南各界人民代表会议驻会委员会代电请积极发动号召,广为宣传推行第一期人民胜利折实公债。准苏南行政区农林水利局公函征用今寒毕业生及在校实习生,嘱将人数及所学科目函复。呈送苏南行署本校1949年12月份综合报告一份。函请戚墅堰电厂无锡办事处迅予设法改善本校报装马达。

1月6日　呈苏南行署为本校即待办理教职员续聘手续,请迅赐示遵。

1月7日　上午九时开第六次生活辅导委员会议。下午一时半召开第二次校务委员会议。准中国人民银行无锡支行合作储蓄部函复通融本校教职员折储存入日期。

1月8日　上午九时召开第三次校务委员会议。

1月9日　奉苏南行署关于学期结束工作的指示。下午一时半召开第四次校务委员会议。为遵照校委会议决议限本月16日前缴清学费,布告周知。

1月10日　下午一时半开教务会议。函知开源机器厂为本校面专科学生拟前来参观,请予指导。奉苏南行署教育处通知随发概况表二,饬即填报。

1月11日　补发兼任政治课教授汪海粟聘书。下午三时召开第五次校务委员会议。

1月12日　下午一时半继续召开校务委员会议。

1月13日　下午一时召开第六次校务委员会议。下午七时在大礼堂举行师生联欢晚会。呈报苏南行署本校本学期征收学费情形。布告征收化学、物理等各项实验费数目。布告自1950年1月份起本校发薪依照当天《苏南日报》折储牌价计算。

1月14日　呈送苏南行署教育处本校各科教学纲要表。

1月18日　奉苏南行署训令注意防空,当经布告周知。

1月20日　分函上海各化学工厂为本校化工系三年级学生拟于寒假期间由系主任张泽垚率领前来参观,请示复。

1月21日　公函上海商务印书馆总管理处为洽商出版孙时中教授所编《制粉学》,请惠示著作费详情。

1月23日　本日开始在大礼堂举行学期考试。奉苏南行署训令关于寒假招生问题的决定。

1月24日　上午九时召开第七次校务委员会议。全体教职员在职学习个人总结每人两份,送学习委员会抽存一份,余汇转苏南行署教育处。公函无锡市工商局为本校面专科需要实验机器，请惠予捐赠或示知价购办法。

1月25日　上午九时继续召开校务委员会议。呈报苏南行署教育处本校本学期教师考成名单。奉苏南行署颁发苏南教育经费发放办法全份。

1月26日　函宁沪路局无锡车站为本校学生寒假返里搭乘火车请依照团体优待办法购票。奉苏南行署教育处通知2月3日在省锡师召开政治教育研究会议。准苏南区无锡市总工会筹委会函知3月中旬召开全市工人代表大会，正式成立市总工会，按照规定，文化教育工作者亦得加入为会员。

1月27日　上午十时召开第八次校务委员会议。公函华东区农林水利部为拟申请美国救济物资中之小型罐头加工设备全套，请示办理手续。准商务印书馆函复关于出版《制粉学》应请缩短篇幅，著作费按照销出部数百分之十五版税，已转知孙时中教授查照。全校教职员工认购折实公债数字：计教授会464分，讲助会274分，职员会160分，工友会75分，学生会约20分，另沈副主委个人增购100分。

1月28日　学期考试完毕。除留校学生10余人外，余均束装返里。清寒助学运动结束，全体教职员工友及学生共捐助1593个折实单位[1]（内学生46单位）。申请清寒助学学生计60人尚待助学委员会最后核定。存放前荣巷第一院之破旧飞机装运到校。奉苏南行署指令关于续聘教职员一节，原则上同意江字第645号及661号两文所请。

1月30日　缮发全体教师1950年第二学期聘书（照上学期名单）。

1月31日　缮发职员任用书（华汝明、黄淑兰未发，余无更动）。

2月4日　呈苏南行署教育处为续送各科教学纲要表。教职员工、学生四队赴锡参加宣传认购折实公债越野赛跑竞赛。呈送苏南行政公署本校职员考成名单。

2月5日　准华东区农林水利部函复嘱拨小型罐头加工设备全套歉难照拨。

2月6日　呈送苏南行署本校拟增聘教职员名单履历，祈请核定。

2月7日　函请申新纺织第三厂惠赠或借用小型离心机。

2月10日　呈报苏南行政公署教育处本校学期总结报告暨概况表各一份。

2月11日　奉苏南行政公署通知本校职员考成名单，准予备查。

2月13日　函知部分学生家长为依照校委会决议案：（一）迄未遵章缴费学生应予取消学籍，（二）申请缓缴学费学生应如期缴纳，逾期取消学籍。函知部分学生家长为申请清寒助学金同学名单尚未经助学金委员会核准，所有成绩报告单暂行缓发。函知学生家长本校开学日期及应缴各费。

---

[1]　折实单位是新中国国民经济恢复时期实行的，以一定种类和数量的实物价格总额组成的保值计价单位。鉴于当时物价上涨、币值不稳，为保证人民群众生活水平不受影响，由人民银行每日公布折实单位的价格。各地组成折实单位的实物和数量不完全一样，但都是以当地标准的人民生活必需品为依据。

2月15日　函介本校植产系学生张寿琦等7人前往农林水利局应考。

2月22日　函苏南高等教育工作者联合会筹备会为本校参加高教联出席苏南区教育工作者会议代表沈立人先生因病请假,请汤心济、毕仲翰两教授前来报到,出席会议。

2月24日　函知全体教师本校1949年度第二学期开学日期。

2月28日　奉苏南行政公署教育处通知附发年假及纪念日放假办法一份。遵奉苏南行署通知本校改定于3月6日开学,即日缴费选课注册,通告周知。

3月1日　准中苏友好协会苏南分会① 函请筹办中苏友好协会支分会,迅速展开各项会务活动,即经分别通告各单位筹办。奉苏南行政公署指令本学期增聘教职员照准。

3月3日　增聘殷源之、金宝光为教授,李昌第、张季高、王克勤为兼任教授。任用金宏度为新农场技士,丁顺荣为采购助理员。改聘兼任副教授夏宗辉为专任教授兼管理系主任。

3月5日　派技士金宏度前往姚湾接收长乐农场。

3月6日　本日开始缴费选课注册。聘万桢为化工系助教。召集各系主任开清寒奖学金座谈会。

3月7日　任用宋挹清为工场管理员。

3月8日　呈请苏南行政公署指派政治教师来校授课。呈请苏南行署管主任于本月13日上午九时出席本校开学典礼讲话。召开教职员工座谈会,就本校经费紧缩问题交换意见。

3月10日　全体教职员工举行座谈会商讨本校经费问题。

3月11日　召开第九次校务委员会议。呈请苏南行署核定本学期拟增聘教职员名单。

3月12日　召开第十次校务委员会议。

3月13日　免费评议委员会举行第一次会议。上午九时举行开学典礼,行署管主任因公忙未能来校讲话,日期另定。沈副主委本日下午四时离校赴沪,14日起16日止,校务请朱正元、顾惟精、张泽垚三先生代理。

3月14日　开始正式上课。沈副主委分函校委会各委员辞职。上午九时,教授会举行紧急会议,一致决议挽留沈副主委。下午二时,各单位代表举行联席会议,商讨挽留沈副主委问题。

3月15日　上午九时,各单位代表汤心济等10人会同前往教育处报告,由陶白副处长接见,表示殷切关怀,转请各代表挽留沈副主委即日返校主持。

---

① 1949年10月5日,中苏友好协会总会在北京成立。宋庆龄致开幕词。大会选举刘少奇为会长。大会通过了《中苏友好协会章程》。随后,各省、市和自治区先后成立了中苏友好协会分会。

3月16日　本日下午六时，教授会代表汤心济、夏宗辉、金圣一、朱正元（因病未行），讲助会代表万迪生、熊振平，学生代表蒋德舆等6人，赴沪向荣主委报告请挽留沈副主委。职员会、工友会特托代表们带陈挽留函各两件。

3月17日　函谢上海各化工厂招待本校化工系来沪参观学生。

3月18日　下午二时免费评议委员会举行第二次会议。改聘樊映川为兼任教授。

3月20日　赴沪挽留沈副主委代表任务达成，今日返校。

3月21日　沈副主委今日回校照常主持校务。

3月22日　函复华东区财经委员会工业部准予借调本校农产系主任朱宝铺前往大连工业研究所清理前伪满积存之研究资料。呈请苏南行署核定本学期增聘教授名单。原聘机械系主任周惠久未到职，改聘夏彦儒教授兼任。兼任化学教授李懋观辞职，另聘兼任副教授汪巩接充。函复苏南行政区农林水利局本校推派苗雨膏教授出席三化螟防治工作讨论会。

3月23日　免费评议委员会举行第三次会议。苏南行署教育处派徐、孙两先生来校了解情况。

3月24日　上午九时举行教职员工座谈会，就本校经费紧缩、裁减薪金问题交换意见。苏联专家在南京讲演，本校派汤心济、吴功贤、蒋涤旧三人前往听讲。

3月25日　上午九时召开第十一次校务委员会议。

3月27日　本学期政治课程改为必修，仍由汪海粟兼任教授，今日开始上课。

3月28日　教职员工评议委员会及精简节约委员会均召开会议。

3月30日　奉华东军政委员会[①]教育部通知附发各项报表格式，饬即填报。奉苏南行政公署指令，同意添聘庄智焕、李昌第、万桢、丁顺荣、宋抱清5人。函复东北大学寄奉《经济昆虫学讲义》一册，请查收。

4月1日　奉教育处电话通知"关于利用春假进行治螟宣传"，当经布告周知。并由留校同学组织治螟宣传队，赴附近农村宣传。

4月3日　本日起放春假3天，6日照常上课。

4月10日　函借苏南区公营农具制造厂美制"哈利脱"八匹引擎草稿图样10张供

---

① 中央人民政府在华东地区设立的介于中央和省之间的一级政权机关。机关驻上海市。1950年1月，华东军政委员会召开第一次会议，华东军政委员会宣告成立。1953年1月，江苏省人民政府成立，南京市改为江苏省辖市。中央人民政府华东行政委员会成立，华东军政委员会撤销。

学生参考。校委朱正元、张泽垚、吴锷、邓鸿勋[①]、蒋德舆等赴沪访荣主委协商校务。

4月11日　函送荣巷派出所本校教职员工户籍登记申请书。

4月12日　沈副主委由沪来电话通知校委顾惟精、诸祖耿赴沪开会。

4月13日　校务委员会第十二次会议在沪召开。奉苏南行政公署指令,照准增聘兼任教授陈陶心、兼任讲师王逸卿。

4月14日　奉华东军政委员会教育部通知为关于向美国购买科学技术期刊,务经查讨,了解确有收到可能后再行办理,以免我国资金受到损失。并经通知图书馆照办。

4月17日　本校荣巷农场厨房失窃,报请荣巷派出所协缉。

4月19日　呈送苏南行署教育处本校概况表4份。

4月20日　呈送苏南行政公署本校二、三月份综合报告全份。函请无锡电信局惠予减低本校电话费。

4月21日　本校全体师生员工响应无锡市救灾运动热烈捐献,成绩良好。本日下午由丹徒灾民代表两人来校报告灾况。本日下午五时许,本校学生在梅园护梅,与农民发生互殴事件。

4月22日　梅园纠纷事件本日在荣巷派出所初步调解。

4月24日　本日中午十二时半,由沈副主委率领师生六十余人专车赴省锡师附小大礼堂,听取苏南行署刘副主任季平时政报告。

4月25日　上午九时至十二时,教授召开全体会议,各课暂停,俟后补授。下午一时半,经费审核委员会稽核组召开会议。

4月26日　下午一时半,召开第十三次校务委员会议。荣主委抵锡,下午七时,沈副主委偕教授代表朱正元、毕仲翰、张泽垚、蒋涤旧及学生代表等前往荣公馆协商校务。

4月27日　下午一时半,沈副主委在大礼堂传达刘副主任之时政报告。缮发添聘兼任教授姜芝塘、黄蕴元、范兆伦、朱勉鋈聘书。

4月28日　沈副主委赴锡出席苏南区省立中等以上学校校长会议。

5月1日　劳动节放假一天。

5月4日　青年节放假一天。部分学生酝酿转学东北,学生会代表昨去沪与华东教育部及东北招聘团接洽无结果,学生情绪极不安定。学生会去函教育处,请陶处长来校报告,予以指示。

5月5日　呈报苏南行政公署本校现任教职员登记表等件。呈请苏南行政公署迅赐

---

① 邓鸿勋(1931年1月—2019年12月21日),江苏无锡人。1947年12月加入中国共产党并参加革命工作,江南大学工业管理工程系毕业,大学学历,研究员。曾任中共海南省委书记,国务院发展研究中心副主任、党组成员。1949年12月,邓鸿勋任江大中共学生支部书记。

圈定本校新校委名单。

5月8日　上午八时半，沈副主委偕同张泽垚、毕仲翰、顾惟精、诸祖耿、蒋涤旧、陆仁寿、万迪生、熊振平及学生代表蒋德舆、邓鸿勋前往教育处见陶处长，报告校务。

5月9日　苏南行署教育处派陈科长等四位来校了解情况，并协助推进校务。上午九时起停课。陶处长来校，在大礼堂讲话，就学生去东北问题、江大改造问题阐发详尽。下午，全校各系师生分别展开小组讨论。苏南公立工农速成中学举行首届开学典礼，本校致送立轴一帧，以志祝贺。

5月10日　上午停课，由沈副主委传达苏南校长会议上管文蔚主任之报告。下午，师生员工各单位代表会议，并成立校政检讨程序委员会。呈苏南行政公署为请增设校委会副主委一人，聘朱正元担任，又原有教务处生辅会拟合并为教导处，聘毕仲翰、诸祖耿分任正副教导长，仰祈鉴核示遵。

5月11日　上午教、讲、职、学、工各会及校政检讨程序委员会分别举行会议。下午一时半举行全体师生员工校政检讨大会，教育处四位同志均出席，陈科长并报告展开批评与自我批评之意义与作用。大会至六会[时]许结束。奉苏南行政公署指令，核定校务委员会人选，并准将教务处生辅会合并为教导处，当经公布周知。

5月12日　本日布告继续上课。公函东北人民政府化工局为本校农产制造系同学14人拟于暑假前来东北工厂实习，请惠允见复。呈报苏南行政公署教育处本校学生增减情况、学杂费减免情况调查表各一份。函聘朱委员正元兼任校委会第二副主委，毕仲翰、诸祖耿兼任正、副教导长。奉华东军政委员会教育部通知为订发建立报告制度办法，饬即知照。

5月13日　呈报苏南行政公署本校4月份综合报告全份。

5月14日　奉苏南行政公署教育处通知，为决定各级学校人员借支款项采取人民银行保本保值办法处理。教育处通知沈副主委、朱副主委、毕教导长、诸副教导长（因故未去）、陆总务长前往商讨校务，下午五时返校。

5月15日　奉苏南行政公署教育处通知，检发治螟手册一份，饬即发动师生进行研究并向群众广泛宣传，经转送学习委员会分发各小组研究讨论，付诸实施。

5月16日　上午八时半，全体校务委员会委员在大礼堂举行就职典礼，教育处陈科长并出席讲话。下午三时召开第十四次校委会议。下午七时沈副主委离校赴沪，向荣主委报告校务及筹划经费事宜。教育处为照顾本校经费艰困，惠借2000折储单位发放欠薪，该款约期6月16日前归还。

5月17日　呈送苏南行署教育处本校俄文学习概况表，祈鉴核汇转。下午一时半续开第十四次校委会议。奉苏南行署教育处通知，催报开学以来政治思想总结，及政治思想教育旬报表,当经转交教导处学习辅导组办理。本日起,每日中午荣巷后湾山对开小船一次,接送教授。

5月18日　呈复华东军政委员会教育部为本校尚无应届毕业生应免填报就业情况。函聘陈陵兼任教导处生活辅导组主任,吴锷兼任学习辅导组主任,熊振平副主任,杨倩志兼任女生辅导员。本日发放5月份维持费,专任教职员每人15万元,兼任教师每人10万元,工友15万元,农场练习生5万元。下午一时半召开第十五次校务委员会议。

5月19日　教导处举行首次工作会议。总务处举行工作检讨会。

5月20日　上午八时半召开各系主任教导长谈话会,商讨催缴学费问题。

5月21日　本日下午无锡市人民政府顾市长来校参观。函聘罗聚源兼任教导处生活辅导组副主任。

5月22日　本日下午各系师生分别召开谈话会,协商学费问题。

5月23日　下午一时半召开第十六次校务委员会议。呈报苏南行署教育处本校生产实施概况表、节约概况表各一份。呈送教育处全国高等教育会议资料:一、本校总的培养目标;二、各系科培养人才目标;三、行政组织系统详表;四、教职员工待遇表等件。任用马骏驷为医务卫生组主任,本日到校就职。农产制造系主任朱宝镛前奉中央重工业部借调前往大连考察,公毕返校。

5月24日　聘成恒德为兼任讲师。沈副主委由沪返校,嘱赶办下学年度预算及本学期紧急费用表等件,备明日带沪向总公司洽商。校委会推请诸祖耿召集教、讲、职、学、工各会负责人商讨和平签名运动办法,当经决定备就签名书,展开全校师生员工和平签名运动。

5月25日　上午八时,召开各系主任谈话会,商讨下学年度设备费问题。下午三时召开第十七次校委会议。会后,沈副主委离校赴沪洽商经费。函复中央食品工业部秦含章先生本校面粉科教育情况,并抄附课程表两份。

5月26日　本日停课。上午九时各学习小组进行免费自报公议,并请全体教师参加协助。校委会第二副主委朱正元辞兼数理系主任,函聘数理系教授闻诗接充。体育卫生组主任陈陵调兼生活辅导组主任,递遗体育卫生组主任一席函聘唐璜暂代。呈报华东军政委员会教育部本校校务委员及各部门负责人名单。奉苏南人民行政公署通知,规定7月15日为本学期各级学校暑假开始日期。奉苏南人民行政公署训令,通知各校发动师生进行秧田采摘螟卵。

5月27日　奉苏南人民行政公署教育处通知,转知中央教育部关于高等学校学籍问题的指示。总务处举行工作检讨会议。

5月29日　本学期期中考试今日开始举行。农产系主任朱宝镛前奉中央借调赴大连工业试验所考察,业已公毕返校,本日下午在大礼堂报告大连状况。函聘毕仲翰、诸祖耿、姚志英、朱东润、金圣一及各系主任为本校1950年度招生委员会委员,以毕仲翰、诸祖耿为正副主任委员。

5月30日　下午一时半,召开第十八次校务委员会议。下午五时,朱副主委正元离校赴沪,接洽经费事宜。

5月31日　公函申新总管理处物资清理委员会,请拨剩余物资充实本校各系设备。经费审核委员会举行会议。

6月1日　朱副主委由沪返校。函天元实业公司麻苧厂为本校植产系三年级同学前来参观,请予指导。

6月2日　教导处举行教导会议。奉苏南行政公署教育处通知,自本年4月份起薪资收入收据一律按金额千分之三贴用印花税票,当经转知遵办。总务处举行工作检讨会议。奉苏南行政公署教育处通知转知华东教育部,关于教师节纪念,政府尚无明文规定,6月6日如欲纪念,可自由举行,但学校不必放假。

6月3日　任用徐洪顺为农产系实验室助理。奉苏南行政公署教育处通知转知中央教育部,关于延聘教授、讲师、助教规定之通知。教职员工评议委员会举行会议。

6月5日　本日下午三时半召集教授座谈,就教授会决议停课开会事,商请停止举行。

6月6日　奉苏南行政公署教育处通知,抄发本年暑期高等学校招生规定。沈副主委由沪返抵校。全体教职员就本校现任教职员中,选举无锡市第三届各界人民代表会议代表高教联候选人。

6月7日　奉华东教育部通知检发1950年暑期招生办法及补充规定。准上海申新纺织厂总管理处函知,所送概算书原则上当予维持,嘱将教职员工支薪实况列表寄处以供参考,当即检送有关经费材料并请察核办理。无锡市第三届各界人民代表会议代表高教联候选人今日开票,结果朱正元、毕仲翰、沈立人、顾惟精、周恩久五人当选,经抄送名单公立文化教育学院,再行两校复选。

6月8日　下午一时半,召开第十九次校委会议。植产系助教叶尚瑾报请自4月份起,自动减薪至每月30个折实单位。经通知会计室照办,并予以发扬。

6月9日　上午八时,在大礼堂复选无锡市人民代表会议教育界代表,选举完竣,连同票箱由胡立猷等三人送文化教育学院开票,结果文教学院张焕庭、童润之,本校朱正元当选为正式代表。下午一时半,召开第二十次校委会议。招生委员会举行第一次会议。公布本学期免费生名单:计免费学生139名中全免者46人,免4/5者16人,免3/5者18人,免2/5者38人,免1/5者16人,免1/2者2人,免1/3者1人,免3/10者1人,免24个单位者1人。为根据校委会议决议限期缴清欠费、完成注册手续,布告周知。

6月10日　上午九时起召开第二十一次校委会议,下午五时半散会。分呈华东教育部、苏南教育处本校5月份综合报告全份。

6月12日　呈苏南行署教育处,为本校暑期招生除考试外,并拟采用成绩审查办法,请核示。

6月13日　本校荣主任委员函知校务委员会,因公前往北京,不能出席校委会议,请沈副主委代表。

6月14日　本日上午停课,全体师生参加治螟工作。全校共分三大队,上午五时半,分别出发徐巷、管社山等处捕捉螟虫卵块,十时半返校。下午一时半召开第二十二次校委会议。

6月15日　本日继续治螟工作,全体师生踊跃参加,成绩良好,完成任务。呈请苏南教育处准予展缓本校借款至7月16日归还。下午一时半,召开第二十三次校委会议。

6月16日　根据第二十一次校委会议规定,未依限办清入学手续办法布告周知。准上海申新纺织厂总管理处函知,自5月份起贴补本校总金额按月5728万元,约合上海单位11015个。公布校委会通过之教员薪给待遇规程、生产委员会组织大纲及化工系实验器材管理简则。

6月17日　函请校董会核示本年度语文系应否招生问题。分呈华东教育部、苏南教育处本校本年度招生简章,请予核准。总务处举行工作检讨会议。朱副主委前往无锡出席无锡市第三届各界人民代表会议。奉苏南教育处通知,本校5月份综合报告准予备查。函请上海申新纺织厂总管理处迅予发清5、6月份贴补经费余数,以济眉急。

6月18日　函上海中国化学工业社等八处,洽商本校农产三年级学生前往暑期实习事。

6月19日　函上海天原电化厂等,洽商本校化工三年级学生前往暑期实习事。下午二时,教职员工举行联席座谈会,商讨欠薪问题。

6月20日　呈苏南教育处,请转商戚墅堰电厂本校电机三(年级)学生暑期实习事。函开源机器厂洽商本校面专二年级学生前往暑期实习事。函各面粉厂洽商本校面专一年级学生暑期来厂实习事。奉苏南教育处通知,转发毕业证书式样及暂行办法。

6月21日　上午十时教职员工举行联合大会,商讨欠薪问题,停课二小时。下午二时召开第二十四次校委会议。会后,沈副主委离校赴沪。

6月22日　函申新三厂洽商机械系三年级学生暑期实习事。根据校委会议决议,未依限注册同学一律限即日离校,布告周知。教职员工会衔致电北京荣主任,请发清欠薪。

6月23日　下午二时召开第二十五次校委会议。函沪宁杭线各私立大学校院,调查收费情况。

6月24日　呈送苏南教育处本校下学期拟续聘教员名单(数理、化工、农产、电机、语文各系科),请予核定。

6月26日 无锡市各界人民代表会议结束,朱副主委今日返校,下午政治课时间(汪海粟缺课)偕同参加会议代表顾惟精及学生代表陶奕镇、黄菖年在大礼堂作传达报告。函华星化工厂洽商本校农产三年级学生暑期实习事。函请华东贸易部惠允农产系学生前往中国油脂公司实习。函知上海申新纺织厂总管理处,无锡申新三厂及茂新一、二厂自本学期起职工子女概予半免费优待。函请天利淡气厂酌加暑期实习生名额。函国立南京、浙江等大学及上海纺织学院,洽借本届新生入学考试试场。教导处举行全校宿舍整洁比赛。

6月27日 奉华东教育部通知,华东区公私立高等学校应于每学期结束后半月内作出书面学期工作总结报部。教职员工代表朱东润、杨晟、方友鹤、熊振平、唐璜等5人前往上海接洽欠薪事宜(6月26日起程)。下午三时召集教导长、总务长及各系主任座谈,商讨有关教职员考绩及薪给问题。

6月28日 函请校董会核示本校下学年度招生问题。缮发收费证明书,派总务处职员高荣良前往无锡催收欠费。本日校委会议例会因人数未齐,举行座谈,就学费问题交换意见。

6月29日 函请天原电化厂、中华酸碱厂酌加暑期实习生名额。下午二时半,举行无锡市教育工作者工会本校支会筹委会成立典礼。

6月30日 呈华东教育部,请分发化工三学生前往勤丰纸厂实习。总务处举行工作检讨会议。

7月1日 函请华东工业部,分发本校化工系三年级学生前往所属工厂实习。奉华东教育部通知关于华东区高等学校1950年度暑期添聘助教及添招研究生的规定。

7月3日 函请开源机器厂增加暑期实习学生名额。下午二时召开第二十六次校委会议,会后朱副主委赴沪协商校务。奉华东教育部令发高等学校校历,饬遵照执行。

7月6日 准国立南京大学、浙江大学函复照借新生考试试场。

7月7日 呈请华东教育部分发本校学生前往各工厂暑期实习。奉华东教育部通知关于工业部暑期实习学生具体工厂名额分配事。上午十时半召开第二十七次校务委员会议。下午二时在大礼堂举行员工座谈,由赴沪代表传达在沪经过。

7月8日 下午二时各单位(教、讲、职、学、工)举行代表联席会议,经决请电请荣主委来校解决校务。

7月10日 准戚墅堰电厂函知,本年度学生来厂实习由华东教育部统筹办理,请向该部办理。奉苏南行署训令,颁发暑期教育研究会具体办法,饬即遵照。奉苏南行署文教处通知,选调教师参加暑研会。电机系三年级同学发《告同学书》,主张延期大考,先行解决学校重大问题。员生代表吴锷、杨钧泰赴沪,请荣主委莅校协商校务。

7月11日　通告征求参加暑期教育研究会教师。函知申新各厂工会,职工子女持有正式证明文件概予免学费之半。苏南行署文教处邀集本校各校委举行会议,商讨本校问题。

7月12日　函请上海申新总管理处转厂长会议分配本校学生暑期实习。呈请苏南行署文教处准予展期归还借款。上午十时召开校委座谈会,十二时散会。下午三时续开,商讨大考问题。四时召集各室长及小组长会议,劝导学生大考。

7月13日　呈报苏南行署文教处本校农产、植产两系现况调查表。函请无锡市纺织业同业公会惠予分发本校学生前往所属各厂实习。上午十时举行教师座谈会,就劝导学生大考事商讨办法。下午一时半,各系主任劝导各系同学大考,结果无效。

7月14日　奉文教处陶处长函关于本校学生大考问题的指示,当即公布周知。

7月15日　大考未能举行,暑假开始日期已届,今日布告放假。函送无锡市纺织业同业公会实习学生名单一份,定8月21日开始。

7月16日　分呈华东教育部、苏南行署为本校面粉专修科拟改称面粉工程系,仰祈俯准。

7月17日　荣巷农场主任张勔新辞职照准,由金宏度暂代,函知办理交接手续,造册具报。呈报苏南文教处本校参加暑研会教师名单。函中央食品工业部,请分配本校面粉科经济困难学生予以工作。化工系三年级学生前往各厂报到实习。

7月21日　奉华东教育部代电,分配本校电机系三年级同学前往戚墅堰电厂实习,第一批实习同学即于本日前往报到。呈苏南行署为本校植产系拟恢复原名称农艺系,又管理系拟改称工业管理系,祈鉴核备案。

7月22日　函知上海合丰公司为本校电机系二年级同学拟于8月1日报到实习。

7月23日　面粉科二年级学生35人分两批前往开源实习,第一批业已开始,嗣经续商,该厂准予增加一批,每批增至20名,以半月为期。奉华东教育部通知为转发华东军政会《关于土地改革宣传的指示》,饬贯彻执行。

7月26日　奉苏南行署文教处通知,发动教师了解当地地主剥削压迫农民的事实写成报告。文书组主任张宾侯奉沈、朱二副主委电召赴沪办公。

7月29日　荣主委偕同沈、朱二副主委及系主任夏宗辉、夏彦儒、朱宝镛等莅锡。

7月30日　上午九时,文教处陶处长,荣主委,沈、朱二副主委,系主任夏宗辉、夏彦儒、朱宝镛、郭守纯、张泽垚,总务长陆仁寿,学生代表杨钧泰、陶奕镇等在文教处举行会议,协商本校问题。会上荣主委表示:一、本人不再担任校委会主任委员,校务请沈立人先生负全责处理,本人将以校董资格协助校务。二、校董会每月贴补经费18000千上海折实单位是在工厂赔本状况下拿出来的,不能增加。三、不能与学校行政上合作之教师不予续聘。四、下学期聘书先由校董会发草聘。会后荣主委,沈、朱二副主委乘车返沪。

7月31日　本校校董会发出各教师草聘。本校参加苏南暑期教育研究会。教师计沈立人、朱宝镛、夏宗辉、夏彦儒、陆仁寿、张勔新、郭会邦、张汝仁、叶尚瑾、朱青山等,今日赴苏州报到。

8月1日　校董会聘请沈立人为本校校务委员会主任委员,朱正元为副主任委员,在新校委会未成立前特组织临时校务协商委员会,聘请沈立人为该会主任委员,朱正元为副主委,各系主任、教导长、总务长、讲助、职员、学生代表一人为委员。

8月6日　本校本届招考新生分沪、锡、宁、杭四处同时举行,本日开始报名。

8月7日　本日继续报名,下午五时半截止。统计报名人数,上海519,无锡149,南京122,杭州23。

8月9日　本日举行新生入学考试,各区试场,上海大同大学、南京南京大学、杭州浙江大学、无锡省立师范。

8月10日　继续新生入学考试,下午四时三十分竣事。

8月11日　本日开始阅卷。

8月14日　上海区考卷除国文、政治、史、地外,在沪阅毕,开始登记工作。

8月15日　文书组张宾侯携带新生成绩册、报名单、试卷等件由沪抵苏,会同注册组人员办理结分工作。

8月16日　下午召开招生委员会议,决议录取各系新生名额,定十八日发榜。

8月17日　派注册组黄遵夏将录取新生名单送沪刊登《大公报》。上午十时在苏州乐乡饭店召开第一次临时校务协商委员会议。会后,除在苏学习人员外余均返锡。

8月18日　录取新生姓名榜示后湾山本校。

8月20日　呈请苏南行署文教处迅赐指派本校政治教授兼副教导长及政治助教,以便发聘。函请申新总管理处定每月第二、第四两周拨发本校经费。

8月21日　函请中国交通大学工学院另聘教授,并检还金宝光教授聘书及车票证等件请察照。

8月22日　函大同、震旦、之江、金陵、东吴等校为本校个别系级学生拟借读或转学贵校,请察照惠允。

8月23日　函知各系主任请将本学期拟开课程及助教担任之工作开列寄来,以便排定全校课程。函聘教导长、总务长、各系主任为本校校舍分配委员会,并以总务长为召集人。

8月25日　函送苏南行署农业处本校园艺材料,请查照。

8月28日　通知校务协商委员会委员本月31日在苏州召开第二次会议。

8月30日　函请国立南昌大学惠允本校植产系三、四年级学生7人前往借读。

8月31日　临时校务协商委员会在苏州举行第三次会议。

9月1日　机械工场布置完成,并向无锡私营合众机器厂借来车床10部。奉华东教育部通知,拟于10月初召开华东高教会议之初步计划,当经公布周知。

9月2日　奉华东教育部转发《关于高等学校领导关系的决定》等五个文件,即遵照执行。精简职员丁顺荣、李锡赓、孙素一、边绍良、许世鉁等5人,工友7人,各发遣散费3月。

9月3日　发布校务委员会主任委员沈立人先生就职布告。

9月5日　函知本校各教师开学日期。

9月6日　函知新生本校开学日期及应缴各费。奉中央人民政府函发高等学校课程草案,备供参考。呈报苏南文教处本校管理系教授兼教导长庄智焕业已就职视事,请予备案。本学期教职员增加宿舍不敷需用,函请公益中学交还本校荣巷前第一院水门汀大楼。

9月8日　函送之江、东吴、南通等校院本校借读学生名单,并分函化三、数理二、机三四、植产三四年级学生知照。

9月9日　分发《告全体旧同学家长书》,并附开学通知。

9月10日　苏南暑期教育研究会结束,本校参加教师分别返校。准国立南昌大学函复本校植产系三、四年级学生可转学该校。

9月11日　奉华东教育部批示沈立人为主任委员,准予备案。函复无锡市教育工作者工筹会本校调整人事情形。

9月12日　苏南文教处派视察室主任宋云旃同志到校协助推进校务。奉华东教育部令拟订1950年度课程及教育计划,报部审核。

9月13日　下午二时半,召开第三次临时校务协商委员会议,讨论开学动员学习事宜。决议学习于18日开始动员组织,21日全校正式学习。

9月14日　函介植产系三、四年级学生曹庆农等7人前往南昌大学报到,办理转学手续。

9月15日　1950年度第一学期本日开学。16日至18日新生办理入学手续。19、20日旧生办理入学手续。下午二时,举行临时校务协商委员会扩大会议,推定沈立人、毕仲翰、张泽垚、程瀛章、金宝光、殷源之、汪海粟、罗聚源、夏宗辉、夏彦儒、郭守纯、朱宝镛、杨叔艺、金圣一、成恒德、周恩久、方友鹤、薛汉民、陶奕镇、宋云旃(列席)、刘天民(列席)为开学动员委员会委员,请金圣一、夏宗辉暂代教导长、副教导长,沈祖洪、朱祖培担任生辅组工作,通告周知。函介机三学生周川成等7人前往之江大学报到,办理借读手续。

9月16日　函复唐山工学院为金宝光教授赓续任教本校,歉难前来,请另行延揽。

上午九时举行校舍分配委员会议。

9月17日　分呈华东教育部、苏南文教处本校1949年度第二学期工作总结。

9月18日　上午八时举行试读生甄别试验。

9月19日　上午九时举行第四次临时校务协商委员会议。下午二时举行学习动员计划讨论会议，会后沈主委赴沪公干，校务由各部门主管负责。

9月20日　下午二时半举行开学动员委员会议，讨论动员阶段具体实施办法。

9月21日　上午八时举行全体教师会议，由宋云旃同志主席，报告学习动员实施计划。十时起在大礼堂举行开学动员大会，由夏宗辉担任主席，宋云旃同志作动员报告。下午全校开始学习。试读生甄别试验揭晓，录取许煜汾等57名。

9月22日　沈主委由沪公毕返校。函谢本校暑期实习各工厂。呈报苏南行署本校治螟总结。

9月23日　下午三时举行开学动员委员会议。

9月25日　锡山许显谟公宗祠[①]祠董会本学年度循例保送许正名、许世珍、许煜汾等三名，另又增加旧生许士颐一名，准予免费入学，明年度减少保送学生一名，以两名为限。上午八时，苏南行署刘副主任季平来校出席开学动员委员会议，十时半起，在大礼堂对全体师生讲话。

9月27日　函请申新纺织厂总管理处物资清理委员会调换马达3只。遵照刘主任指示，即日筹备组织校务协商委员会，委员19人（学生3人）用民主协商方式产生，通报各教师小组提出人选，集中后再分发至各小组协商。

9月28日　奉苏南行政公署文教处通知启用印信日期。奉苏南行政公署文教处通知，继续扩大和平签名运动。呈报华东教育部暨苏南文教处本校本届招生经过情形，连同试题等件送请核备。

9月29日　校务协商委员会委员人选产生，计沈立人（主委）、毕仲翰（副主委）、庄智焕、张泽垚、夏宗辉、朱宝铺、夏彦儒、郭守纯、金圣一、金宝光、郭会邦、程瀛章、张震旦、叶尚瑾、沈祖洪、朱祖培、陶奕镇、邓鸿勋、蒋凌械等19人，并呈报苏南行署审核批准。下午一时由沈主委在大礼堂作检讨报告，继请苏南文教处栾处长作报告。本学年度所有续聘教师前由校董会于8月1日发出草聘外，兹经缮发正式聘书，计：教导长庄智焕，总务长陆仁寿，管理系主任夏宗辉，电机系主任金宝光，机械系主任夏彦儒，化工系主任张泽垚，植产系主任郭守纯，农产系主任朱宝铺，专任教授周恩久、毕仲翰、郭会邦、胡立猷、程瀛

---

①　即许文懿公祠。文懿公即柱国显谟阁学士许德之（1075—1142），字振叔，祖籍河南，文懿是他的谥号。许德之为北宋绍圣元年（1094）甲戌进士，官任扬州法曹。他与晁咏之、韩韶、苏象先号称"维扬四俊"。后以显谟阁学士出任浙江婺州知府。南宋绍兴二年（1132），60多岁的许德之从临安归隐无锡。

章、张震旦、蒋涤旧、张勰新、苗雨膏、陈陶心，教授兼注册组主任金圣一，副教授兼图书馆主任诸祖荫，副教授苏明山、方友鹤，讲师罗聚源、成恒德，助教夏晴、吴世燕、何新章、许冠仁、张汝仁、胡文灿、尤冠群、诸培南、万桢、顾文、邵达三、叶尚瑾、孔良曼，兼任教授王鸣岐、邵子民、朱勉銎，副教授汪巩，兼任讲师殷力农。缮发职员任用书，计：会计主任许雍圻，会计员李芍秾，事务组主任杨涵生，事务员钱莹生，办事员高荣良，文书组主任张宾侯，办事员单鹤龄，出纳组主任吴叔翚，医务组主任马骏驷，护士丁舜华，讲义组主任薛佩瑾，教务员黄遵夏，办事员孙文彦、黄书意、浦维善、宋玉森，技术员宋挹清，技士金宏度，牛奶棚管理员姜万福。被裁职员孙素一复职，任用为工场管理员。增聘沈祖洪、朱祖培为政治教师，余衡之为体育主任，胡钟京为管理系教授，高昌运为语文教授，周修齐、王守泰、金宝桢、顾毓珍、吴大榕为兼任教授，曹惟庆、过祖泰、过懋德、缪瑞丹、高煜珠为助教。

9月30日　下午二时举行全体教师会议。奉中央人民教育部通知寄发《高等学校课程草案（农学院）》一份。

10月1日　奉苏南行政公署指令批准校务协商委员会暨主任委员、副主任委员人选，当即公布周知。国庆节放假。上午十时全体师生赴城参加无锡市大游行。

10月3日　下午七时举行庆祝国庆节暨学习总结联欢晚会。

10月5日　电机系主任杨叔艺迄未应聘，兹改聘金宝光教授兼任系主任。召开第一次校务协商委员会议。一年级同学开始上课，二、三、四年级同学温课。

10月6日　总务处举行总务会议。

10月7日　函请无锡电信局同意申三厂铸工部在本校长话专线上装置同线电话。奉苏南文教处检发土改教育实施方案并规定教材内容。

10月9日　本日起，11日止，二、三、四年级补行学期考试，借读学生请借读学校代考。本日举行第三次新生甄别试验。

10月10日　奉苏南文教处通知，印发苏南区1950年下半年各级学生生产节约实施大纲，饬遵照执行。聘吴全年为数理系助教，李丛为工场技术员。

10月11日　召开第二次校务协商委员会议。任用马家善为校委会主任委员室秘书。

10月12日　补报华东教育部本校1949年度第二学期教职员、学生名册等件。

10月13日　二、三、四年级同学开始上课。教导处举行教务会议。总务处举行总务会议。

10月15日　奉华东教育部通知，华东高教会议定10月23日开幕，21日报到，本校由沈主委、庄教导长前往出席，当即先行呈报。

10月16日　聘杨善济、韩士元为兼任教授，苏长荪、穆光照为兼任副教授，俞茂松为助教。

10月17日　分呈华东教育部、苏南行署本校8、9两月份综合报告各一份。呈请华东教育部代为物色电机系教授。

10月18日　聘刘天民为政治副教授，改聘沈祖洪、朱祖培为政治教师。

10月19日　奉苏南行署文教处通知，本校校务委员会副主任委员朱正元辞职，准予备查。

10月20日　沈主委、庄教导长赴沪向华东高教会议报到，所有离校期间校务由各部门主管分别负责。总务处举行总务会议。

10月22日　奉华东教育部通知，饬报政治课进行情形之书面汇报。

10月25日　呈报苏南行署文教处高等教育调查表共计二十份。

10月26日　下午六时叙餐吃面，七时起举行文娱晚会庆祝校庆，演出京剧等节目，颇为精彩。

10月27日　本日校庆放假一天。分呈华东教育部、中央食品工业部为本校农产制造系拟改称为食品工业系，请转呈核准（予同意并赐指导）。

10月29日　奉苏南行署文教处通知，按期坚决执行请示报告制度。

10月31日　华东高教会议结束，沈主委、庄教导长由沪返校。

11月2日　呈请华东教育部转函中粮公司华东区公司惠允于菊生来校兼课。函请中粮公司华东区公司惠允劳模于菊生来校兼课。

11月3日　成立劝募寒衣捐委员会，师生共同参加，热烈展开劝募工作。

11月6日　奉中央教育部令催报课程及教学计划，经转饬注册组照办。

11月7日　呈奉苏南行署文教处通知，同意增聘韩士元、王守泰为机械系兼任教授，苏长荪为兼任副教授，经分别缮发正式聘约。函聘于菊生、李凤哕[①]为本校面专科特约讲座。呈报华东教育部、苏南文教处本校1950年10月份综合报告。

11月8日　下午一时半召开第三次校务协商委员会议。

11月10日　补发数理系主任金圣一聘函。函请校董会迅赐筹拨旧欠，照顾同人生活。总务处举行工作检讨会议。

11月11日　总务处派员与无锡市人民医院续订师生治疗合约。

11月12日　劝募寒衣工作超额完成任务。（原分配额100套）共捐得寒衣60余套，

---

① 李凤哕，面粉制造设备专家，无锡北塘人。1901年生，全国劳动模范。幼失怙恃，由伯父抚养长大。始在钱庄实习，后进荣氏上海福新第七面粉厂工作。他勤奋好学，补习外语。后厂方派他跟随外国工程师爱格门工作，学习制粉技术，后又经其介绍进英商安利洋行当绘图员。后在茂新二厂任职，兼任苏州太和面粉厂工程师、上海鸿丰面粉厂工程师。1948年兼任无锡私立江南大学面粉专修科教学工作。1953年受聘到北京国家粮食部工作，被评为二级工程师。

代金 400 余万元,当即汇交无锡市寒衣劝募委会。

11 月 13 日　沈主委、庄教导长、夏代副教导长及各系主任遵奉苏南文教处通知,于 13、14 两日赴锡参加时事教育会议。奉苏南行署文教处通知颁发《清寒教职员补助费暂行办法》,当经公布周知。奉华东教育部通知为废止入学保证书制度。奉华东教育部通知为高等学校在目前应以时事学习为中心工作,并严格执行中央课改决定,业经遵照办理。

11 月 15 日　本校科学图书出版社通知各方正式成立,奉校董会之命办理各教师编著出版事宜。该社直属校董会,经费亦由会另拨。下午一时半举行校协委会扩大会议,讨论展开时事教育问题,会上决定成立时事教育委员会,负责计划、推动与检查工作。

11 月 16 日　下午三时举行时事教育委员会议,拟定时事学习实施办法。

11 月 17 日　下午一时半召开第四次校务协商委员会议,通过 1950 年度第一学期预算等案。总务处举行工作检讨会议。函申新第三纺织厂接洽机械工场承制配件事宜。

11 月 18 日　呈苏南文教处为本校借款 2000 无锡单位尚难归还,请准予展期。

11 月 20 日　时事学习第一阶段开始。星期一、二、三、四下午停课举行。本日下午一时半请《苏南日报》总编辑马达同志在大礼堂作时事报告。

11 月 21 日　下午各学习小组讨论,教师参加指导。

11 月 22 日　下午一时半请高昌运教授报告美国侵华简史。呈奉苏南行署文教处通知同意增聘汪世襄、汪汝霖为兼任教授,薛选仙、王鸿生为助教,经分别缮发正式聘约。

11 月 23 日　下午一时半,请蒋涤旧教授报告"美帝种族歧视情形"。庄教导长因病请假,赴沪治疗。

11 月 24 日　函请本校校董会照顾同人生活,取消工薪折扣。呈报华东教育部本校展开时事学习情况。向苏南文教处作本校时事学习第一次汇报。下午一时半举行第五次校务协商委员会议。总务处举行工作检讨会议。

11 月 25 日　下午二时举行机械工场开幕典礼,到各界来宾三十余人,由沈主委行开车礼,情况热烈。

11 月 26 日　奉中央教育部寄发《冶金系课程草案》,嘱提出意见,当经分别转知有关各系。

11 月 27 日　时事学习第二阶段开始。下午一时请无锡市党部宣传部长陈野萍同志来校作时事报告。薛焕曾同学捐赠本校《古今图书集成》一部计二十木箱装运到校。薛同学学费准免缴三学期。

11 月 28 日　下午一时起,各学习小组讨论,教师参加指导。呈华东教育部为面专科改系一案,请迅赐批示,祗遵。呈苏南文教处,为植产系及管理系改称案,请迅赐示遵。

11 月 29 日　下午二时起,各系大组讨论,教师参加指导。

11 月 30 日　下午一时请朱宝镛教授报告"所谓美国"。

12 月 2 日　呈请华东教育部介绍本校农产制造系四年级同学 14 人于下学期至各工厂实习。奉苏南行署文教处通报："综合十一个学校的时事教育计划的意见和目前所要注意的问题"，当即转知时事教育委员会遵照执行。

12 月 4 日　下午一时半，请留美返国工程师夏煦报告"美国最近概况"。

12 月 5 日　下午一时半，请夏彦儒、胡钟京二教授报告"美国暴行及对时事学习的看法"。呈报华东教育部本学期概况调查表、教职员工名册等件。

12 月 6 日　下午一时半，请文教学院教授张焕庭报告"文教学院时事教育开展情况"。庄教导长因病续假在沪治疗，所有教导长职务请注册组主任金圣一兼代，当经公布周知。

12 月 7 日　下午一时半，请苏南区党委宣传部长汪海栗报告"我的革命前后及对时政学习意见"。呈报华东教育部、苏南文教处本校 11 月份综合报告各一份。汪涛、陈志明两同学首先响应政府号召，参加军事干部学校。

12 月 8 日　呈报华东教育部初步时事学习经过情况。下午七时，在大礼堂举行"一二·九"学生运动纪念会。

12 月 9 日　向苏南文教处汇报第三周时事学习情况。上午七时，同学百余人步行赴城参加无锡市学联主办之"一二·九"学生运动纪念大会。

12 月 10 日　本校农产制造系改称食品工业系一案，奉华东教育部通知，业经呈奉中央人民政府教育部批准，当即公布周知。奉华东教育部通知，寄发第一次华东高教会议讨论后之修正文件（校董会组织法等件），经沈主委带沪转送校董会办理。

12 月 11 日　本校教授前往无锡市教育工会听行署刘副主任报告，各课暂停。

12 月 12 日　本日下午，各系、级展开本学期减免费评议工作。

12 月 13 日　下午一时半，召开第六次校务协商委员会议。

12 月 14 日　上午九时召开校协委会扩大会议。下午一时半，举行庆祝平壤解放暨抗美援朝保家卫国宣传委员会成立大会。会上各同学互相挑战，响应政府号召，参加军干校同学计共 60 名。

12 月 15 日　公立文教学院同学六十余人来校访问。下午一时起举行控诉大会。文教学院朱教授报告美国侵略史实。五时起文娱晚会。奉华东教育部通知为转知中央教育部《关于胜利完成各种军事干部学校招生计划的指示》，当即遵照执行。奉苏南文教处通知《关于时事学习及期中考试的指示》，经传知各系科遵照办理。

12 月 16 日　全校教职员工同学上午九时许步行抵文教学院集合，参加无锡市教育界示威大游行。

12月18日　上午九时,举行宣传委员会议。奉苏南文教处通知《今后学校聘用教员的规定》,当即传观各系科知照。

12月19日　呈报华东教育部本校新生及转学生名册各一份。教导处举行第二次教务会议。上午九时请周惠久报告"原子弹"。

12月20日　下午一时,梅园乡人民政府假本校大饭厅举行农民斗争大会。下午八时,庄教导长智焕病逝上海中山医院。

12月21日　上午九时,举行本校创办人荣一心先生逝世两周年纪念会。下午一时半,苏南文教处陶白副处长来校报告。呈报华东教育部本学期新生及转学生相片名册各一份。

12月22日　下午一时,总务处举行检讨会。

12月23日　同学宣传队下乡宣传时事。

12月25日　呈报中央教育部暨华东教育部1950年度高教表三种。

12月26日　函请苏南电业管理局代为邀请电力专家来校作学术性讲演。军干校保送委员会成立,本日开始正式报名,28、29两日体格检查。

12月27日　下午一时半,教导处举行第三次教务会议。下学期预算编制委员会举行会议。

12月28日　中国教育工会无锡市委员会首届工代大会本校出席代表毕仲翰、罗聚源、夏宗辉、黄书意、薛佩瑾、顾文、章善宝等7人本日前往报到,31日会议完成返校。下午十二时二十分参加军干校同学由校车送城检查体格。本学期减免费评议工作接近完成,本日公布全体减免同学名单,征求意见,作最后决定。下学期减免费申请开始,1月10日截止。

1951 年

1月1日　元旦放假一天。

1月3日　呈报华东教育部暨苏南文教处12月份综合报告各一份。

1月4日　荣校董毅仁来电欢送参加军事干部学校同学,语多勖勉。欢送参干同学筹委会成立。

1月5日　奉苏南文教处《中等以上学校一月份政治教育要点的指示》,当即遵照办理。下午一时举行抗美援朝宣传委员会议。三时举行预算编制委员会议。

1月6日　下午续开预算编制委员会议。补发兼工场主任方友鹤、兼农场主任郭守纯聘函。苏州工业专科学校机械科同学陶钢等30人来校参观。奉苏南行署文教处通知"关于申请面专科改系事经呈奉批复暂维现状"，经转饬知照。

1月8日　本校参干同学录取名单本日下午发表，计陶奕镇等17人。下午七时文娱晚会演出《花木兰》等京剧。函请荣校董迅赐筹拨上年十月份至本年一月份之米价差额贴补数及各项垫支经费，以资应付。

1月9日　本日停课。上午各系开惜别会。下午二时起在大礼堂举行欢送参干同学光荣大会。晚间表演文娱节目。

1月10日　下午一时召开第七次校协委会议。下午二时录取参干同学离校，由本校雇车送无锡集中后出发。

1月11日　沈主委下午赴沪洽商经费问题。

1月12日　下午一时总务处举行工作检讨会。下午三时举行冬防委员会议。

1月15日　沈主委由沪返校。

1月16日　中国教育工会江大委员会成立。上午九时起举行成立典礼，选出首届委员十一人。中午叙餐后摄影志念。

1月17日　下午一时召开第八次校协委会议。

1月18日　呈请苏南文教处指示本年度寒假招生问题，以便遵办。下午一时召开第九次校协委会议。

1月19日　本日起，21日止，停课温课。上午十时召开第十次校协委会议。呈报苏南文教处为本校食品工业系四年级同学七学期所读学程，请转呈华东教育部，准予提前参加工作。

1月20日　呈送文教处本校同学属于地主成份[分]调查表六十七份。

1月21日　沈主委偕同校委代表夏宗辉、工会代表罗聚源赴沪与荣校董毅仁洽商增加预算事宜。

1月23日　赴沪代表返校，关于增加预算问题无结果。学期考试本日开始，各系、级同学集中礼堂举行。本校梅园卞家湾平田八分被土改，函请梅园乡政府照顾，予以收回自种，以利教育。函复浙江大学本校化四同学9人于2月10日至25日前来借用化工实验设备，请酌留助教一位，以便照料。奉苏南文教处通知"为举办1950年度寒假政治教育研究会颁布计划，仰即遵照"，经转知政治教师准备参加工作。

1月24日　奉华东教育部通知"为通知各校未经呈准，不得以特别、试读、借读、寄读、旁听等名义招收学生"，当遵照办理。

1月26日　呈报华东教育部本校参加军干校学生名册请核备。下午一时召开第十一次校协委会议。

1月27日　学期考试本日下午完毕。呈报华东教育部暨苏南文教处1951年1月份综合报告各一份。下午一时总务处举行工作检讨会并商结束事宜。

1月28日　本学期结束,开始寒假,通告周知。除部分管四同学在校补课外,余均束装返里。政治教师朱祖培、沈祖洪前往出席政治教育研究会。

1月30日　呈报中央人民政府教育部暨华东教育部本校1950年度系科概况表。呈报苏南文教处学期总结报告一份。

2月4日　化工系四年级同学9人由教授张震旦率领前往浙江大学借做化工实验,预定10日后返校。

2月14日　通知全体同学1950学年度第二学期开学日期及应缴各费。

2月17日　机械三、四年级及化工三年级同学继续借读之江、东吴两校。本日汇寄各该校贴补各费。

2月19日　1950学年度第二学期本日开学。新聘教导长骆美轮到校。缮发机械系兼任教授王守则、化工系兼任教授汪汝霖草聘。

2月20日　开始缴费、选课、注册。兼代副教导长夏宗辉以系务繁忙恳辞兼职,另聘胡钟京兼代副教导长职务。上午九时在会议室召开系科主任会议,商讨课程问题。

2月21日　下午一时在会议室举行第十二次校协委会议。

2月23日　聘罗聚源讲师兼任生活辅导组主任。函知尚未到校学生本校注册日期展延至3月3日截止,逾期绝不通融。呈请苏南文教处及华东教育部核示本学期政治课问题。奉苏南文教处通知,转知华东教育部关于本校食品工业系四年级学生呈请提前参加工作事未同意之批复。

2月26日　奉苏南文教处“关于中等以上学校进一步开展抗美援朝时事教育的指示”,当经遵照办理。呈报中央教育部及华东教育部本校教师及职员登记表各一份。

2月27日　奉华东教育部检发《新民主主义论教学计划》,经转饬教导处遵照施行。奉苏南人民行政公署令:“决定自本学期起在私立大专学院校设置奖学金”,经公布周知。上午九时在大礼堂补行开学典礼。下午二时举行植产系棉花培养特种试验座谈会。

2月28日　函上海申新总管理处为承借$7\frac{1}{2}$马达5只派员前来洽提。本日开始上课。

3月1日　缮发食品工业系兼任教授庄晚芳,专题讲座罗泽里、苏石等草聘。

3月2日　校舍计划委员会召开第一次会议,商讨建筑校舍进行事宜。呈报本校政治教师刘天民、骆美轮、胡钟京、朱祖培、沈祖洪等履历,请予批准。

3月3日　呈报华东教育部本校政治经济学教学情形。苏南第一届农产展览会筹委会议请植产系郭主任守纯前往出席。本学期注册本日截止。发清上学期7月份欠薪。上午九时举行系科主任会议,商讨执行50学时制度等案。

3月6日　派医务组主任马骏驷前往市卫生局洽领痘苗,开始种痘工作。苏南区病虫害防治会议请植产系教授苗雨膏前往出席。

3月7日　呈报华东教育部及苏南文教处本校1951年2月份综合报告。

3月8日　电报中央教育部本校本年暑假应届毕业生人数。呈报华东教育部本校应届毕业生人数统计表。中午十二时半，召开教师扩大会议，由沈主委传达苏联专家教育报告。下午一时半，政治讲座请无锡市青年团市委宣传科长王娟同志作当前形势报告。

3月9日　呈报华东教育部及苏南文教处本校拟订本学期课程情况，祈鉴核示遵。

3月10日　下午三时沈主委因公赴沪。中午十二时华东卫生部住吸血虫防治所来校放映住血吸虫病幻灯。参干同学XXX中途脱离航校，来校申请复学，经公开坦白，举行检讨大会后，根据多数同学反映，准予留校察看一学期，并请报苏南文教处核备。

3月12日　下午一时半，在大礼堂举行本学期清寒减免费评议动员。

立案开校

江南大学筹备委员会秘书处邀章渊若
出席首次筹备委员会议函

敬启者：

　　兹定于国历七月七日正午十二时假座上海西摩路 186 号举行第首次筹备委员会议，务请准时出席，共商进行为荷。

　　此致

章力生委员

江南大学筹备委员会秘书处　谨启

中华民国三十六年七月四日

　　附函烦转

（来源：苏州大学档案馆　永 1 015）

江南大学筹备处呈教育部立案公文

江南大学发文第 1 号　　民国 36 年 7 月 26 日

事由：为发起创办江南大学遵章检同章则、图表、备文呈请鉴核，准予备案由。

敬呈者：

　　敬恒等为培植专门人才研究高深学术，以期为国致用起见，特遵照中华民国教育宗旨暨钧部所颁私立学校规程及大学组织法，于江苏无锡太湖之滨发起创办私立江南大学，分设文学院、理工学院、农学院。业经成立校董会，所有关于学校经济及建筑设施均经遵照章则办理，拟定于本年秋季招生开学。理合检同本校组织大纲、校董会章程以及各项图表暨建筑图样详细说明，备文呈请钧部准予立案招生，至为德便。

　　谨呈

教育部

　　附呈

　　一、私立江南大学组织大纲

　　二、私立江南大学校董会章程

　　三、私立江南大学校董会立案呈报事项表

　　四、私立江南大学经常费预算表

　　五、私立江南大学开办费预算表

六、私立江南大学总地盘图一份、校舍工程施工说明书一份

七、私立江南大学基金、开办费证明书两件

私立江南大学校董会董事长　吴敬恒(印)

副董事长　戴传贤(印)

荣宗铨(印)

附件一

私立江南大学组织大纲(草案)

第一章　总则

第一条　本校依大学组织法及大学规程组织之。

第二条　本校定名为私立江南大学。

第三条　本校遵照中华民国教育宗旨,以砥砺德行、发扬文化、研究高深学术、培养成专门人才为宗旨。

第二章　编制

第四条　本校设下列各院系:

(甲)文学院　设中国文学系、外国语文系、史地系、经济系;

(乙)理工学院　设数理系、化工系、机电系;

(丙)农学院　设农艺系、畜牧系、农业机械系。

第三章　行政

第五条　本校设置校长一人,总理全校校务,由校董会选任之。

第六条　本校设下列各处:

一、教务处　设教务长一人,由校长就教授中聘任之,处理本校教务及学术设备事宜。

二、训导处　设训导长一人,由校长就教授中聘任之,处理学生训导事宜。

三、秘书处　设秘书长一人,秉承校长处理文书、出版事宜,由校长聘任之。

四、总务处　设总务长一人,秉承校长处理庶务、会计事宜,由校长聘任之。

各处组织另订之。

第七条　本校各学院各设院长一人,处理各该院教务,由校长于各该院教授中聘任之。

第八条　本校各学系各设系主任一人,办理各系教务,由各院院长商请校长于各该系教授中聘任之。

第九条　本校得设左列各种委员会:

一、研究委员会 审议有关学术研究事宜；

二、训育委员会 审议有关学生生活指导及修养事宜。

三、其他各种委员会。

各委员会组织另订之。

第四章 会议

第十条 本校设左列各种会议：

一、校务会议 由校长、教务长、训导长、秘书长、总务长、各学院院长、各学系系主任及教授代表组织之，以校长为主席审议左列事项：

1. 本校预算；

2. 本校院系之设置、变更或废止；

3. 本校各种机构之设置、变更或废止；

4. 本校各院系学程；

5. 本校各种规程章则；

6. 各处及各委员提议事项；

7. 校长交议事项。

二、教务会议 由教务长、各学院院长、各系系主任及该处各组主任组织之，以教务长为主席。

三、训育会议 由校长、训育长、训育委员会及该处各主任组织之，以校长为主席。

四、院务会议 由各学院院长、各该院系主任、专任教授组织之，以院长为主席。

五、系务会议 由各学系系主任分别召集之。

六、处务会议 由秘书长、总务长分别召集之。

各种会议章则另订之。

第五章 附则

第十一条 本大纲报校董会核准后施行。

第十二条 本大纲如有未尽事宜，得由校务会议议决修正，并报校董会备案。

附件二

无锡江南大学校董会章程（草案）

一、本校董会定名为私立江南大学校董会。

二、本校董会以维持及发展本校校务为宗旨。

三、本校董会设校董五人至十五人，并就其中推定一人为董事长，一人至二人为副董事长。除创办人为当然校董,第一届校董由创办人聘请外,均由校董会推选之,任期两年。

四、本校董会之职权如左:

（甲）议定并修正本校组织大纲;

（乙）决定本校重大计划;

（丙）选任或改选校长;

（丁）呈请本校立案;

（戊）筹划本校经费及资产;

（己）审核本校预算、决算;

（庚）监察并保管本校财产;

（辛）议决校董建议或校长提议事项。

五、本校董会每年开常会一次,于学年开始前定期行之。必要时,得由董事长或校董五人以上之提议,召开临时会议。

六、校董会开会以校董三分之一之出席为法定人数。

七、本校董会得由创办人酌聘名誉董事长一人、名誉副董事长一人至三人、名誉董事若干人。

八、本校董会得由创办人提聘财务委员若干人,协助本校董会筹划本校经费,并协理有关本校财务事宜。

九、本校董会设秘书一人,处理本会决议事项,由董事长提请本会派充之。前项秘书得由本校职员兼任之。

十、本校董会设于本校。

十一、本章程呈报教育部备案后施行。

十二、本章程得由校董三人以上之提议,经校董过半数以上之出席决议修改之。

附件三

私立江南大学校董会用表之（一）

校董会立案呈报事项表	
名称	私立江南大学
目的	本校以砥砺德行、发扬文化、研究高深学术、培养专门人才为目的。
事务所在地	江苏无锡
资产资金或其他收入详细项目	

续表

姓　名	性别	年龄	籍贯	职业经历	担任职务	住　址	备考
吴敬恒	男	八十三	江苏无锡	中央监察委员	董事长	上海吕班路四十号	
戴传贤	男	五十九	浙江吴兴	考试院院长 中山大学校长	副董事长	南京考试院	
荣宗铨	男	七十三	江苏无锡	茂新面粉公司总经理 公益中学校长 江苏省临时参议员	副董事长	无锡申新三厂	
钮永建	男		上海	国民政府委员 考试院副院长 江苏省政府主席	董　事	上海	
秉　志	男	五十九	河南开封	国立中央大学教授 北大教授 中国科学社动物研究所所长	董　事	南京中央大学	
章渊若	男	四十四	江苏无锡	宪政促进会常务委员 广东省设计会主任委员 国立劳动大学院长 国民大会代表	董　事	上海吕班路巴黎新 邨廿九号	
乐幻智	男	四十六	河南固始	震旦、浙江大学教授	董　事	上海茂名南路 三五一号	
顾毓琇	男		江苏无锡	全国经济委员会副秘书长 中央工业试验所所长	董　事	南京行政院转	
薛明剑	男	五十二	江苏无锡	允利实业公司总经理 江苏工业协会理事长 国民参政会参政员 国民大会代表	董　事	无锡学前街四十一 号	
荣鸿元	男	四十二	江苏无锡	申新纺织公司总经理 上海市参议员	董　事	上海西摩路一八六 号	
荣尔仁	男	四十	江苏无锡	申新五、二厂经理 中国纺织事业管理委员会理事	董　事	上海申新二厂	
李国伟	男	五十一	江苏无锡	申新四厂、福新五厂经理 中国全国工业协会理事	董　事	汉口申新四厂	
荣一心	男	三十六	江苏无锡	申新三厂副经理 第六届棉纺织同业公会理事 公益中学校长	董　事	上海高恩路廿号	
荣鸿三	男	四十二	江苏无锡	申新纺织公司协理 上海市参议员	董　事	上海西摩路一八六 号	

附件四

私立江南大学呈报开办用表之(二)

经常费预算表

<table>
<tr><td rowspan="6">岁入</td><td rowspan="4">经常</td><td>资产或资金之息金</td><td colspan="2">全年$2,596,000,000.00</td></tr>
<tr><td>学费收入</td><td colspan="2">全年$600,000,000.00</td></tr>
<tr><td>其他收入</td><td colspan="2">全年$600,000,000.00</td></tr>
<tr><td>计</td><td colspan="2"></td></tr>
<tr><td>临时</td><td colspan="3"></td></tr>
<tr><td>合计</td><td colspan="3">$3,796,000,000.00</td></tr>
<tr><td rowspan="10">岁出</td><td rowspan="8">经常</td><td rowspan="3">俸给费</td><td>职员俸给</td><td>职员卅壹人,每月六千万元。每人每月平均贰百万元,每年柒亿贰千万元。</td></tr>
<tr><td>教员奉给</td><td>教授29人,助教9人,每月一亿一千万元,每年拾叁亿贰千万元。教授每月平均三百万元;助教每月平均二百万元。</td></tr>
<tr><td>校役俸给</td><td>校役30人,每人60万,每月共一千八百万元,每年贰亿壹千六百万元。</td></tr>
<tr><td rowspan="3">设备费</td><td>图书</td><td>每年国币贰亿元</td></tr>
<tr><td>仪器标本</td><td>每年国币叁亿元</td></tr>
<tr><td>校具费</td><td>每年国币壹亿元</td></tr>
<tr><td colspan="2">办公费</td><td>每月五千万元,每年六亿元。</td></tr>
<tr><td colspan="2">特别费</td><td>每月二千万元,每年贰亿肆仟万元。</td></tr>
<tr><td colspan="2">计</td><td></td></tr>
<tr><td>临时</td><td colspan="3">一亿元</td></tr>
<tr><td>合计</td><td colspan="3">$3,796,000,000.00</td></tr>
<tr><td colspan="5">备考</td></tr>
</table>

附件五

私立江南大学呈报开办用表之(三)

开办费预算表

<table>
<tr><td rowspan="6">建筑费</td><td>购地</td><td>一百八十四亩,价值五亿五千二百万元</td></tr>
<tr><td>建筑校舍</td><td>$5,288,669,000.00</td></tr>
<tr><td>建筑学生宿舍</td><td>$1,819,231,000.00</td></tr>
<tr><td>建筑</td><td>附在校舍建筑内</td></tr>
<tr><td>建筑实验室</td><td>$1,256,800,000.00</td></tr>
<tr><td>其他</td><td>沟渠道路水电设备$1,569,820,000.00</td></tr>
</table>

续表

	开办费预算表	
设备费	购置中国图书	二亿圆　已购者＄800,000,000.00 添置＄200,000,000,00
	购置外国图书	三亿圆
	购置仪器标本	十四亿圆
	购置校具	九亿圆
	其他	二亿圆
备考		

附件六

总地盘图及校舍工程说明书*

* 总地盘图,校舍工程施工图说明书略。

附件七

私立江南大学基金、开办费用证明书

证明书(一)

查江南大学开办费国币五拾五亿元正,业由本公司如数筹足。

特此证明。

厂长　郑翔德(印)

申新第三纺织公司公章

中华民国三十六年七月二十一日

证明书(二)

查江南大学基金国币三十亿元正,业由本公司如数筹足。

特此证明。

厂长　郑翔德(印)

申新第三纺织公司公章

中华民国三十六年七月二十一日

[来源:第二历史档案馆　全宗号:五,卷宗号:2270(2)]

江南大学筹备处致戴副董事长函

江南大学发文江字第 2 号　民国 36 年 8 月 12 号

快邮代电(文稿)

(电请向朱部长关说即准招生由)

戴副董事长季公钧鉴:

本校校董会立案已奉部批准。惟开班招生原已由钧座与吴董事长稚老于呈请校董事会立案时,检附本校组织大纲各项表格、经常开办各费来源及预算暨校舍图案说明书等件(仅图书,仪器以须向国外订购;课程表则以本校仅招一年级生,所有课程均照部编大学课程表,故未列报)一并呈请,尚未奉部批示。兹以定于本月十五日登报招生,迫不及待,用致电乞问骝公部长,鼎力关说,即准招生。所缺图书、仪器、课程各表,仍当遵章补办。伏候电示,无任企祷。

江南大学筹备处印

○○印

(来源:苏州大学档案馆 永 1 047)

教育部准予私立江南大学董事会立案的指令

高字第 44504 号

江南大学收文总字第 1 号　民国 36 年 8 月 12 日

摘由:令知该校董事会准予立案由。

令私立江南大学董事会:

卅六年七月锡董(亥)字第二号呈一件:呈请立案由。

呈件均悉。该私立江南大学董事会准予立案,钤记另颁。惟校舍应俟建筑完成后补呈正式证明。所呈该会组织规程及立案呈报事项表等核尚有未合,应照抄发清单修正呈核。至该校所设院系,姑准分设文学院、理工学院、农学院三院。文学院设中国文学系、外国语文学系、史地学系、经济学系;理工学院设数理学系、化学工程学系、电机工程学系;农学院设农艺学系、畜牧学系,惟农业机械学系不必单独设置。学校组织规程应俟呈报开办时再行呈核。原件存。仰即知照。此令。

附抄发修正清单一份

部长　朱家骅

修正清单

（一）照新规定该校校董会应改为董事会，校董改为董事。该会组织规程及立案呈报事项表均应照改。

（二）该会立案呈报事项表

1. 名称栏应加"董事会"三字。

2. 目的栏应照该会组织规程原第二点改正。

3. 基金资产一栏应详细填注。

4. 副董事长无此规定，可称常务董事。

（三）该会章程

1. 标题应改为"私立江南大学董事会组织规程"，条文内照改。

2. 原第一条末加"以下简称本会"数字。原第二条以下各条"本校董事会"均改"本会"。

3. 副董事长无此规定，不得设置，原第三条"一人至二人为副董事长"改为"三人至五人为常务董事"。"并就其中"四字应删。

4. 该会会址应详叙。原第十条应移列原第三条之前，详叙会址所在。

5. 该会董事改选办法应于规程中详叙。

6. 原第九条应移列原第四条之前。

7. 原第四条甲删；丙改为甲末加"并呈报教育部认可"数字；乙改为"教务进行计划之审核"。

8. 原第六条"三分之一"应改为"三分之二"。

9. 原第七、第八两条与规定不合，应删。

10. 原第十一、十二两条次序应互易，并于原第十一条末加"修改时同"四字。

（来源：苏州大学档案馆 永1 035-040）

陈天锡① 就招生事与章渊若书

民国 36 年 8 月 13 日

力生先生惠鉴:

昨日奉十一手书,期间又得读十二大教,并附筹备处致季公代电。季公日来殊忙,加以夫人患肠胃病而血压加高,时与诸医商处方,不欲以此事烦之,当立即代致骝公一函,装入筹备处来函,请查照核准。见后,此函由弟亲自携往晤沙孟海,请其立即代骝公(昨晚已北上)复函照准招生。甫出待贤馆之门即遇田次长来,顺便与之一阅,且告以此函将交于沙孟海,请其转嘱孟海立即作复。伊满口应承,旋到教育部晤孟海、毅夫,意在此函请其对于照准招生之事立用书函答复季公,至迟明日须送到,庶几后日尊处登报招生,不至毫无根据。两人均极爽快应允照办,逆料必无问题。兄处尽可放手进行矣。此经过拟俟骝公复函到日,当一并向季公陈明,当可恕我□便之过也。[……]

弟　陈天锡顿首

八月十三日

(来源:苏州大学档案馆 永 1 049-052)

戴季陶致江南大学筹备处函

江南大学收文总字第 2 号

民国 36 年 8 月 14 日

事由:关于本校先行招生奉朱部长函复可照核定院系办理由。

敬复者:

昨奉尊电,以本校校董会立案已奉部批准,定于本月十五日登报招生,嘱向朱部长关说照准,经录电函转去后,现接朱部长十四日复函,开:"私立江南大学董事会已准立案,惟照规定,开办应在董事会呈准立案后呈报,该会前附送之学校组织大纲等,已饬知呈报开办时呈核,至乞赐察转知,迅遵规定呈报开办。如因时间关系先行招生,亦请转知,依照

---

① 陈天锡(1885—1975),字伯稼,谱名作甘,行六,福建神州人。陈天锡曾任中华民国军政府外交部秘书,与林森、戴季陶终生交厚。时任中华民国考试院秘书。1928 年,戴季陶托陈天锡编写《西沙岛东沙岛成案汇编》。中国史籍中,不乏记载南海诸岛的资料,但用的是其他名称,如万里石塘、千里长沙等,以西沙群岛为名记载的以此书为始。这本书是我国有关西沙群岛、东沙群岛最早最系统的历史文献。其著作还有《戴季陶先生的生平》《戴季陶年谱》《迟庄回忆录》《考试院施政编年录》《戴季陶先生文存》等。

核定院系办理为荷"等语。特此函达,即希查照办理是荷。

　　此致

江南大学筹备处

戴传贤(印)敬启

八月十四日

（来源：苏州大学档案馆 永1 045-046）

江南大学筹备处为呈请开办招生呈教育部公文

（民国三十六年九月一日发　九月四日到）

事由：呈请开办招生由。

　　奉钧部高字第四四五零四号指令略开："该私立江南大学董事会准予立案。该会组织规程及立案呈报事项表等应照抄发清单修正呈核"等因。奉此,经将应加修正部份〔分〕分别遵办,理合检具修正表格及组织规程,呈请核备。

　　关于呈报学校开办,为争取时间起见,原已于七月二十六日本校董事会呈请立案时,检具各项图表一并呈请核办,所拟设置各院系除农业机械系外,亦经呈奉核准在案。惟农院各系,兹为适应地方及国家需要起见,拟将畜牧系改为农产制造系;农业机械系,钧部诚恳本校办理困难,奉批不必另设,现拟遵批改设农业工程系,此与我国农业改进关系重大,查中大亦有类似系组,拟请一并准予分别设置。兹以秋季开学期迫,亟需〔须〕招考各院一年级新生,诚恐道远公文往返费时,经由本校戴副董事长传贤先生就近函请钧长先准招生,并奉复示可。先依照核定院系办理各在案。理合再行检奉应补各项表格(查关于校地校舍平面图及说明书,经费来源及经常费预算表暨本校基金、校舍建筑费证明书已于前呈一并附奉,兹不赘呈)。备文呈请鉴核。伏乞赐准,实为德便。

　　谨呈

教育部部长　朱

　　附呈

　　一、修正董事会立案事项表一份

　　二、私立江南大学董事会组织规程一份

　　三、私立江南大学呈报开办用表之一一件

　　四、私立江南大学组织大纲一件

　　五、私立江南大学课程编制表一册

　　六、私立江南大学图书分类统计表六册(未附供)

1.文学院图书分类统计表四册

2.理工学院图书分类统计表一册

3.农学院图书分类统计表一册

七、私立江南大学理工学院仪器药品分类统计表一册

八、私立江南大学农学院仪器、标本、模型分类统计表一册

九、校长履历表一件(未附供,已补)

私立江南大学筹备处　谨呈

附件五

私立江南大学课程编制表一册

国文　全学年六学分　每周三小时

本学程精选各时代之模范作品,供学生熟读成诵,并每周督导其练习写作,以训练其技术,启发其思想。

英文　全学年八学分　每周四小时

本学程注重文法之温习、发音之矫正,更就会话默写、翻译、作文诸端,多多练习,使能圆熟应用,进而沟通中西学术。

中国通史　全学年六学分　每周三小时

本学程主要内容:我国自史前至最近之发展,朝代之盛衰,政治之理乱,制度之沿革,生活状况之演变。讲述时特别注重中国民族文化发展与衰落之原因,以提高民族对于文化创造之自信力。

西洋通史　全学年六学分　每周三小时

本学程讲述西洋自史前至最近之发展,注重构成西洋文物政教之主要成分,以期学生能得一整个纵面的历史观念,以供吾人之借鉴。

论理学　全学年四学分　每周二小时

本学程为普通论理学。第一学期以讲演绎法为主,第二学期以讲归纳法为主,讲演与练习并重。

伦理学　全学年四学分　每周二小时

本学程讲授各哲学家伦理的见解,及关于伦理诸根本问题,特别重视中国伦理哲学之精神。

哲学概论　全学年六学分　每周三小时

本学程讲授哲学基本问题及发展。内容包括:(一)形上学;(二)本体论:唯物派、唯心派;(三)宇宙论:机械观、神论、进化论;(四)认识论:理智派、经验派;(五)价值论:伦理问题、美学。

数学　全学年六学分　每周三小时

本学程包括高等代数、解析几何、三角微积分。特别注重练习,以期深造。

物理学　全学年八学分　每周三小时　(实验一次)

本学程目的在使学生了解物理学之基本观念,并发展其运用之本能。讲演与实验并重。

化学　全学年八学分　每周三小时　实验一小时

续表

本学程分普通化学、定性分析两部：普通化学注重原则、原理及科学方法之讲述与讨论，并证以主要试验，使学生概念易趋明了；定性分析包括常见金属原质及无机酸根，使学生能做普通无机物之准确的定性分析。

生物学　全学年八学分　每周三小时　实验三小时

本学程内容分：（一）生物学基本原理；（二）植物学基本常识；（三）动物学基本常识。

生理学　全学年八学分　每周三小时　实验一次

本学程讲授生理上之重要原理。如：营养、呼吸、循环、运动感觉、生殖、衰老诸问题。

地质学　全学年八学分　每周三小时　实验一次

本学程先讲地质构造之性质及成因；次论造岩矿物之性质及其鉴别之方法，岩石之成因、特点及分类，岩浆之起源、凝结及分泌，矿物结晶次第等；最后讲述动力地质，并略论造成地壳运动之原因；等等。

社会学　全学年六学分　每周三小时

本学程之目的，在指示学生以社会上的各种重要现象及问题，并养成学生以科学方法研究社会之态度及能力。内容包括：（一）社会学的领域，及其与他种社会科学之关系；（二）研究社会学的方法；（三）影响社会生活的各种势力；（四）社会组织之研究；（五）社会变迁及社会进化之原理。

政治学　全学年六学分　每周三小时

本学程之目的，在使学生认识政治基本观念、政治制度、政治现象及政治势力。内容包括政治学之范围；国家之起源与性质；宪法之内容；政府之权能，组织与职务；代议与选举之原则及制度等。

经济学　全学年六学分　每周三小时

本学程讲授经济学之基本观念及原理，简论现代经济组织及各项经济问题，以期学生对理论、实际能融会贯通。

心理学　全学年六学分　每周三小时

本学程注重普通心理学在各方面所研究之事实与原理，根据标准实验结果概论之，并注意心理与其他各科之关系，以引起学生研究之兴趣，而易于得实益。

微积分学　全学年六学分　每周三小时

本学程之内容如下：函数，极限与纪数，初等函数之纪数求法与致用，中值公式及无定式之直值，无穷小与微分，重要曲线之特性，无定积分之求法，定积分与其应用，无穷级数，泰氏公式及各种函数之展式，多元函数及偏纪数，尤拉氏公式及多元函数之泰式公式，二次及三次重积分，线积分，微分方程大意。

应用力学　全学年四学分　每周二小时

本学程讲授静动力学之原理及此等原理在工程上之应用。

材料力学　全学年四学分　每周二小时

本学程包括应力及应变，铆钉接鍏，扭转之应力及应变，各种梁之应力，梁变形之各种求法，联合应力，柱之强度，复应力及复应变之分析，冲激及动能应力，反复应力及材料之机械性。

投影几何　一学期二学分　每周二小时

本课程内容包括作图仪器之构造及应用，工程画法，平面及立体几何图形，平面垂直投影图法，剖视图形法，螺旋管子、管件及其他机械详图及组立图，房屋之平面及立体图等等。

植物学　全学年六学分　每周二小时　实验一次

续表

本学程之内容在讨论植物之形态、生理、生态、分类等问题,实验则为各种植物制片方法之练习,并注重野外采集压制标本,认识本地植物之种类为主。

动物学　全学年六学分　每周二小时　实验一次

本学程讨论动物之习性、生态、生活史、分类、分布及与人生之关系。实验则为动物各器官之比较、解剖及进化,以及切片之观察等。

农学概论　全学年四学分　每周二小时

本学程为治农学之基础,注意一切普通原理,内容分:(一)农业与农学之意义、要素及特质等,以及中外各国之农业概况;(二)土壤、肥料、气象、农具之重要原理及应用常识;(三)作物、园艺、森林、畜牧、蚕桑等,就其重要者分述其栽培或饲养及改进事项;(四)病虫害所防治之常识;(五)农产与畜产加工之常识;(六)农田水利之基本之知识;(七)农场管理、农业金融、农产运销、农业仓库、农业合作、农村社会、农业教育、农业推广、农业研究等之基本知识。

农场实习　全学年二学分　每周实习一次

本学程分为:(一)田间实习:如整地、施肥、播种、育苗、中耕、除草、灌溉、排水、病虫灾害防治、收获、调制、贮藏等;(二)场舍实习:选种、农用药剂调制、肥料调制、饲料调制及家畜饲养管理、农具修理等;(三)公私农场参观及实习。

附注:本校现仅招一年级生,二、三、四各年级课程,容俟续报。

（一）文学院共同必修科目*

科目	规定学分	第一学年第一学期	第一学年第二学期	备注
国文	六	三	三	每两周作文一次
外国文	八	四	四	每两周作文一次
中国通史	六	三	三	注重文化之发展
西洋通史	六			第二学年
论理学	四	二	二	
伦理学	四	二	二	第二学年
哲学概论	六			
数学				
物理学				
化学				任选一种
生物学	六	三	三	数学应注重练习
生理学				自然科学须演讲与
心理学				实习并重
地质学				

续表

科目	规定学分	第一学年第一学期	第一学年第二学期	备　注
社会学	十二	三	三	任选二种 第二学年六学分 每种六学分
政治学				
经济学				
总计	五八	二〇	二〇	

（二）理工学院共同必修科目*

科目	规定学分	第一学年第一学期	第一学年第二学期	备注
国文	六	三	三	每两周作文一次
外国文	八	四	四	每两周作文一次
中国通史	六	三	三	
微积分学	六	三	三	
社会学	六			第二学年设置
政治学				
经济学				
物理学	十六	四	四	
化学				
生物学				
地质学				
应用力学	四			电机系、化工系必修 在第二学年设置
材料力学	四			同前
投影几何	二		二	
总计	五八	一七	一九	

（三）农学院共同必修科目*

科目	规定学分	第一学年第一学期	第一学年第二学期	备注
国文	四	二	二	每两周作文一次
外国文	八	四	四	每两周作文一次
化学	八	四	四	
数学	六			第二学年设置
植物学	六	三	三	
动物学	六	三	三	

续表

科目	规定学分	第一学年第一学期	第一学年第二学期	备注
地质学	四	二	二	
农学概论	四	二	二	
经济学	六			第二学年设置
农场实习	二	一	一	每周工作三小时
总计	五四	二一	二一	

三民主义、体育及军训均为当然必修科目,不计学分。

* 各表中含义不清之变动部分未显示。

附件六 3

私立江南大学农学院图书分类统计表

农学院图书目录

农业哲学	曹贯一译	商务
农业职业教育	章之汶著	
欧美农业史	万国鼎译	
日本新农村	黄重建编译	
垦殖学	唐启宇著	
农村社会学	顾复编	
农业政策	陈彝寿译	
农业经济学	巫宝三译	
欧洲农地改革	彭补拙译	
土壤学	刘和著	
农林种子学	杨开渠译	
中国水利问题	李书田	
肥料学	彭家元	
肥料学讲义	刘和著	
肥料学讲义	刘友惠译	
农作物害虫学	刘大绅编	
稻作害虫学	张景欧编	
四十五大作物论	颜纶泽编	
中国作物论	原颂周编	
实用小麦论	金善宝著	

续表

稻作学	彭先泽编著	商务
稻之遗传与育种	彭先泽译	
植棉学	章之汶著	
棉作害虫学	叶元鼎编	
果树园艺学	谌克终	
中国木材学	唐耀著	
作物育种学	郝钦铭编	
造林学	中大丛书	
树干解析法	邵均著	
中欧各国农业状况	彭子明译	
农业地理	盛叙功编译	
米谷贮藏之理论与实际	忻介六译	
植物育种学	汪呈因编	
人生植物学	许心芸译	
植物生物学	吴印祥译	
细胞与生命之起源	周太玄译	
植物世界	周太玄译	
近世动物学	薛德焴著	
人生动物学	朱建霞译	
农田水利	沙玉清编译	
土壤微生物学	蓝梦九著	中华
农产制造	陈驹声编	
特种稻作学	汪呈因编	
中国农谚	费洁心编	
中国棉作害虫	李凤荪	
稻作	徐正鉴	
农业宝鉴	陆费执编	
农业法规汇辑		
食用作物	孙醒东编著	
高等植物分类	卢开运译	
果树学汎论	胡昌炽著	
遗传学	陶英译	
农村金融与合作	欧阳蘋译	

续表

农业政策	梁庆椿主编	正中
酿造工业	金培杜著	
发酵学	郭质良	
实用营养学	郑集	
普通动物学	嵇联晋译	
普通生物学	郑作新	
气候学	萧廷奎	
乳用山羊学	石大伟	
除虫菊	郑止善	
中国之农业与工业	陶振誉编译	
社会学大纲		世界
生物学大纲	沈霁春等译	
遗传学	黄赓译	
中国农业新史	张援	
农村经济	唐启宇撰	
应用昆虫学	熊同龢	黎明
棉作学	冯奎义	
中国农村经济论	冯和法	
农业经济学	吴觉农译	
土地经济学	章植	
蔬菜园艺	吴耕民	自印
农村问题与社会理想	刘钧译	神洲
中国农书	王建新译	中山
苏联集团农场组织方略	程大森编译	国际
土地法论	王效文	会文
中国农业经济问题	张则尧著	商务
中国农村工业问题	韩稼夫	正中
农业经济概论	梁庆椿主编	
农业制度	梁庆椿主编	
农业经营	中农行编译	
农村社会学史	铃木荣太郎著	
农村改进实施法	陆叔昂编	
合作金融	陈颖光等编	

续表

农业金融制度及其新趋势	秦翊译	正中
美国之农业金融	郑菊英编	
物价统制论	伍启元	
货币与物价	马咸编译	
农业仓库经营论	侯哲莽著	
中国粮政史	闻亦博著	
应用农业经济学	北原京司著　章澄若译	商务
中国农村社会经济学	乔启明著	
农业经济学	许璇著	
中国农家经济	卜凯著	
苏联(工)农业管理	比安士铎等著　王云五译	
农业推广	章之汶著	
农业推广之理论与实施	廖崇真著	
农业政策概要	黄通译	
垦殖政策	张原介著	
美国不动产抵押放款之研究	徐贤怀	
各国农产物价统制实施	章柏雨等	
农业国家合作问题与方法	黄绍兴译	
农业合作	张德粹著	
粮食问题	许璇著	
中国农村经济问题	古楳著	中华
苏联集体农场组织法	西门宋华译	
日本农业经营论	粟原藤七郎著	
中国战后农业金融政策	姚公振著	
苏联农业生产合作	顾树森编	
中国人口与粮食问题	乔启明等著	
堆栈业经营概论	丁振一著	
土地问题	黄通编	
自耕农扶植问题	朱剑农	
农村领袖	杨开道著	世界
农民运动		
欧洲不动产抵押银行概论	谢菊曾译	
合作概论	童雪天著	

续表

国际经济会议之农业问题	佐藤著　黄枯桐译	启智
福建省各县农业概况	闽农林处	
新农本主义批判	周宪文编	国民
农村经济论考	台北帝大编辑	商务
农业推广论文集	乔启明编	中华
农业推广	林平著	新农
中国农业建设方案	邹秉文著	中农
战时农业政策	王兆新著	独立
农业政策	张受均著	泰东
农政全书	第一——十二卷	商务
中国农村		新知
农业信用概论	赵鼎元译	商务
农村合作	董时进著	
合作事业	王世颖著	黎明
合作理论	侯哲莽著	
中国合作化方案	薛仙舟著	合作
中国土地利用	卜凯著	金大
土地登记制度	孟光宇编著	
中国土地政策	地政学会论文集	独立

附件七

私立江南大学理工学院分类统计表 *

（一）

LABORATORY APPARATUS FOR GENGRAL PHYSICS	
CHEMICAL LABORATORY APPARATUS TOTAL, Approx,	U.S $7500.00

＊此表细目共九页。此处只显示最后仪器总价。

（二）地质及矿物模型

结晶模型六十种	一组
晶轴模型六种	一组
晶轴解剖模型	一组

附件八

私立江南大学农学院仪器标本模型分类统计表

仪器标本模型目录

甲　仪器类

（一）生物学实验用仪器

名　　称	数量
显微镜	五
显微镜	一〇
放大镜	三〇
解剖刀	五〇
解剖剪	五〇
解剖针	五〇
镊子	五〇
切片机	一
手切机	五〇
切片刀	五〇
着色剂	全

（二）农学实验用仪器

名　　称	数量
计算机	一
加数机	一
米麦硬度计	一
稻谷脱粒性测定器	一
螺旋测微器	一
米粒膨胀性测定器	一
精米机	一
碎米机	一
象形天平	一
电气烘箱	一
发芽器	二
定温箱	一

续表

名　　称	数量
容重天秤	一
精细天秤	一
号码机	二
比重瓶	全
折光计	一
糖分测定器	一
纤维分析器	一
纤维拉力测定器	一

（三）畜牧兽医用仪器

名　　称	数量
细菌用具（玻璃器消毒用品等）	全套
剖解器	全套
治疗器具（听筒、体温表、注射针等）	全套
外科器具（刀、剪、锯、针、烙铁等）	全套

（四）气象学用仪器

名　　称	数量
自记气压表（各种）	一
自记温度表	一
自记湿度表	一
测云器	一
日光器附纸四〇〇张	一
风信计	一
风力计	一
电气盘	一
蒸发计	一
雨量计	一

乙　标本类

（一）动物标本

名　称	数量
动物标本	一组
昆虫标本	一组
蜜蜂发育程序标本	一组
蜜蜂生活史	一组
蜜蜂雌雄比较标本	一组
蜜蜂组织说明标本	一组
长脚蜂生活史	一组
蝴蜂发育程序标本	一组
螟虫发育程序标本	一组
螟害实况标本	一组
螟虫生活史	一组
螟发育程序标本	一组
螟虫生活史	一组
蚕蛾生活史	一组
蚕蛆蝇生活史	一组
稻麦害虫标本三十种	一组
农作物害虫标本五十种	一组
园艺害虫标本三十种	一组
蔬菜害虫标本二十种	一组
果树害虫标本四十种	一组
森林害虫标本三十种	一组
水产害虫标本十五种	一组
室内害虫标本（A）二十种	一组
壳类害虫标本五种	一组
茶树害虫标本十种	一组
桑树害虫标本二十种	一组

（二）植物标本

名　称	数量
植物切片标本二十五种	一盒

植物标本（B）五百种	一组

（三）矿物标本

名　　称	数量
矿物切片标本二十五种	一盒
矿物标本（A）二百种	一组
岩石标本（B）一百种	一组
比重标本十五种	一组
有用金属标本五十种	一组
合金标本十种	一组
硬度计标本十种	一组

（四）农业标本

名　　称	数量
竹纸制作程序标本十种	一组
桑皮纸制作程序标本九种	一组
苎麻制作程序标本八种	一组
蓝靛制作程序标本八种	一组
棉织物制作程序标本六种	一组
红绿茶制造程序标本十三种	一组
米种类标本十种	一组
小麦制品标本十种	一组
酱油酿造程序标本十二种	一组
酒之原料及制品标本十二种	一组
糖制造程序标本十二种	一
蚕发育及丝制品标本三十种	一

丙　模型类

（一）植物模型

名　　称	数量
稻花放大模型	一具
大麦花放大模型	一具
小麦花放大模型	一具
碗豆花放大模型	一具

续表

名　称	数量
棉花放大模型	一具
大麻花放大模型	一具
油菜花放大模型	一具
桑花放大模型(雌雄各一)	一具
蚕豆花放大模型	一具

（二）地质及矿物模型

名　称	数量
结晶模型六十种	一组
晶轴模型六种	一组
晶轴解剖模型	一组

附件九

私立江南大学校长履历表

姓名	章渊若　字力生
籍贯	江苏无锡
年龄	四十四
学历	国立复旦大学学士　法国巴黎大学博士班研究员
经历	国立中央大学教授　十八—十九年 国立劳动大学社会科学院院长　十九—二十一年 上海法政学院政治经济系主任　廿一年—廿五年 东吴大学法学院教授　廿五—廿六年 国立暨南大学教授　大夏大学法律系主任　廿七—廿八年 中央干部学校教授　卅四年 教育部训育委员会聘任委员 广东省政府设计会主任委员 国防最高委员会参事 中央宣传部主任秘书 宪政实施促进会常务委员　国民大会代表
著作	《章力生政法论文集》——商务 《现代法制概论》——商务 《中国民族之改造与自救》——商务 《自力主义——民族复兴之基本原理》——商务

共二十余种，不详列。

（来源：第二历史档案馆）

就立案事江苏省教育厅陈石珍①来函

力生吾兄校长勋鉴：

久违清尘，时劳怀想，日昨枉过，适以小极，失逆为歉。前奉华翰，就审出主江南大学，春风广被，湖山增辉，曷胜钦慰。承示贵校呈部立案经过，此间一俟奉到部令，自当照规定饬科办理，知注特复。祗颂

教绥！不一

弟　陈石珍拜启

十月十八日

（来源：苏州大学档案馆 永1 056-057）

江南大学开校致各大学、文化机关公函

江南大学发文江字第 62 号　民国 36 年 10 月 23 日

事由：为本校董事长、副董事长、校长就职视事，函请查照由。

谨启者：

本校为培植专门人材，配合建国需要起见，经勘定无锡后湾山为校址（□□临时校址□□年内者□□无锡□□□荣巷），业经遵照部颁法令，组织董事会呈奉教育部高字第 44504 号指令，准予立案，并奉准开办招生各在案，并由本校董事会推选吴敬恒先生为董事长，戴传贤先生、荣宗铨先生为副董事长，章渊若先生为校长，均经分别就职视事。现本校定于十月廿三日正式开学，十月廿七日举行开学典礼，登报并分函外，相应函达。敬希查照为荷。

此致

各大学、文化机关

校长　章○○

---

① 陈石珍（1892.3.25—1981.3.6），江苏江阴人。1918 年毕业于南京高等师范学校文科，任东南大学附中教务主任。1921 年公费留学美国哥伦比亚大学，研究教育行政。1927 年回国后任浙江大学教授。北伐胜利后，先后在蔡元培任大学院院长时任秘书，蒋梦麟任教育部长时任秘书（国民政府令十七年十二月二十五日），参事室主任，参与制订教育法规。抗战胜利后，出任江苏省教育厅厅长。

附名单:

中央大学	南开大学	北京大学	清华大学
西北大学	中山大学	交通大学	同济大学
北洋大学	暨南大学	武汉大学	东北大学
浙江大学	四川大学	湖南大学	厦门大学
云南大学	广西大学	中正大学	长春大学
河南大学	台湾大学	复旦大学	贵州大学
重庆大学	山西大学	山东大学	唐山工学院
英士大学	安徽大学	兰州大学	北平铁道管理学院
上海医学院	中正医学院	江苏医学院	湘雅医学院
西北工学院	吴淞商船专科学校	国立边疆学校	东方语文专科学校
大同大学	沪江大学	之江大学	国立音乐学院
大夏大学	圣约翰大学	东吴大学	国学专修学校
持志大学	立信会计专科学校	光华大学	江苏省教育学院

(用铅笔注有"地址不详,尚未发"的大学有:西北大学、中正医学院、中正大学、西北工学院)

(来源:苏州大学档案馆 永4 001-003)

国立湖南大学贺开校代电

江南大学收文总字第30号　民国36年11月3日

江南大学章校长渊若先生勋鉴:

淮徐交汇,本人文荟萃之区;坛坫新成,启弦诵雍容之盛。逖闻鹊报,如听鹤鸣。上庠隆释菜之仪,多士卜连茹之吉。材抡杞梓,湖州共仰名师;化洽菁莪,湘水遥瞻道范。临风致庆,代电抒诚,恭贺新祺。顺颂

铎祉

国立湖南大学校长(印)　胡庶华叩　酉世印

(来源:苏州大学档案馆 永4 030)

国立英士大学校长汤吉禾[①]之开校贺函

江南大学收文总字第 37 号　民国 36 年 11 月 7 日

渊若校长先生有道：

顷奉江字第六二号大函，敬悉贵校正式成立，台端荣任校长，逖听之下，无任欣忭。行见硕划宏图，奠始基于今兹；春风化雨，广教泽于百年。翘企云天，莫名庆贺。谨函布臆，惟希朗照。祗颂

绛安

汤吉禾（印）拜启

（来源：苏州大学档案馆 永 4 025）

国立复旦大学章益致江南大学之开校贺信

力生宗兄校长勋鉴：

敬启者。接展贵校十月二十三日江字第六二号大函，藉悉荣膺新命，主持江南大学。行见春风广被，乐育群才，翘企鸿猷，曷胜钦仰！专函布臆，尚希惠察为荷。专此。顺颂

勋绥

弟　章益（印）谨启

中华民国三十六年十一月十日

（来源：苏州大学档案馆 永 4 021）

中央文化运动委员会贺开学代电

江南大学收文总字第 42 号　民国 36 年 11 月 11 日

无锡江南大学章校长渊若并转吴董事长稚晖、戴副董事长季陶、荣副董事长宗铨诸先生公鉴：

---

① 汤吉禾（1898—1995），又名汤秸禾（英文名为 Edgar C. Tang），江西九江人。1922 年从文华大学（后改为华中大学）毕业，1926 年秋赴美求学。1927 年至纽约，在哈佛大学半工半读五年，各获得一个硕士学位和政治学博士学位。其博士论文为《清代科道制度》，用英文撰写，现存哈佛大学图书馆。毕业后他回绝了哈佛大学的邀请而回国。抗战期间，他在重庆华西坝中国教会联合大学中的齐鲁大学任校长，是著名的"坝上五大校长"之一。后任职当时与浙江大学齐名的浙江金华国立英士大学校长。1949 年，他拒绝登上汤恩伯专门为他留下的飞机，留在新中国。1985 年 5 月 27 日，上海市高级人民法院正式彻底为他平反。

顷诵江字(62)号惠函，祇悉贵校举行开学典礼，挹湖山之灵秀，蔚江表之人文。明德作［做］人，子衿有斐；式听风声，滋为盛事。特电驰贺，藉颂

教绥

中央文化运动委员会主任委员张道藩，副主任委员叶溯中、胡一贯。戌灰。印

（来源：苏州大学档案馆 永4 020）

关于遵批改正本校组织规程呈教育部文（副本）

江字第96号　民国36年12月6日

事由：为遵批改正本校组织规程呈请鉴核备案由。

案奉钧部本年十一月四日高字第五九三六九号代电略开：以"呈送该校开办表件，请准开办等因。该校准予开办，惟所呈附件尚有未合之处，兹于另单分别修正，仰遵照改正"等因。附修正清单乙纸，奉此，遵经将组织规程分别修正。惟本校创办伊始，为适应事实需要，特设校政委员会，以便推进校务。奉电前因，除分呈江苏省教育厅外，理合检同修正各件及校政委员会简则一并备文呈请鉴核，仰祈赐准备案，实为德便。

　　谨呈
教育部
　　附呈* 　本校董事会组织规程（草案）一份
　　　　　本校组织规程（草案）一份
　　　　　本校校政委员会简则一份

私立江南大学校长　章渊若

（来源：苏州大学档案馆 永2 011-012）

* 附呈件见规章制度

教育部答复遵批改正本校组织规程的代电

发文高字第64380号　中华民国卅七年一月廿三日

私立江南大学：

　　卅六年江字第九十六号呈件均悉。校政委员会无此规定，不得设置。该校组织规程经核似有未合之处，兹再抄发修改清单一份，仰即遵照改正。呈由江苏省教育厅核转本部办理为要。

教育部印

附件如文

组织规程修改草案

原第六条注内文字应改为"校长室得设人事组主任一人"。

（一）原第七条二项一、三两项"遴呈教育部核定后"八字删，应改为"设训导长一人，由校长就专任教授中聘请兼任之，处理本校训导事宜"；"生活指导组"应改为"生活管理组"；"办事员"改为"体育指导员、医师、护士"。

三项总务处应设文书、庶务、出纳三组，必要时得设保管组；药剂生、护士、保管、医务应归体育卫生组，原条文应改。又注内文字应改为"本校为应事实需要，增加效率、节省经费起见，暂不设总务长，以秘书兼摄总务处各项业务，将来再行调整"。

（二）原第十条应列在原十一条之后。

（三）原第十一条二项及各该处各主任删，并于同项后加一项为三项"总务会议由总务长及总务处各组主任组织之，以总务长为主席"，原三、四、五各项次序递改。

（四）原第十二、十三两条次序应递改。

董事会组织规程

（一）副董事长无此规定，仍不得设置。

（二）该会秘书应由现任董事中推定三人担任，原第五条应照改。

（三）原第六条丙、庚均删。

校政委员会不得设置，应予取消。

（校长批示：本案经与教部数次恳谈，本校各项组织编制与副董事长及校政会等，部方以法令关系未便以书面特予承认。惟本校既系私立，为应事实需要，不妨酌情变通。经本人一再疏商，部方深为谅解。本件可暂存。）

渊[①]　一月廿六日

以上各节，已与荣主任委员在沪面谈。

渊　二月廿八日

（来源：苏州大学档案馆 永2 007-010）

---

① 即章渊若。

杨荫渭为聘钱穆、唐君毅与章渊若书

力生吾兄:

读惠书,快慰非凡。兄办事如此神速,而皆惬心贵当,正所谓福至心灵,江大前途必充满光明。宾四先生处可再补一信去,即请定其为文学院长。君毅兄现在成都,日前已飞函代兄敦请其就任教长,估计需一星期可有回音。思园处亦已去函询问。弟病足,需再三四日方能收功。待能稍移步,即当外出竭绵力襄助一切。不尽——。顺颂

暑祺! 诸希善自珍摄

弟　渭顿首
十日
(来源:苏州大学档案馆 长 1 015)

朱伯康为聘钱穆及注册招生事与章渊若书

力生吾师赐鉴:

八月九日赐书,敬已拜悉。宾四先生处当再去函劝驾。好在宾四先生下周即来上海(为暑假沪上教师讲习班演讲事),再可面劝。晓峰先生处亦当致函请代劝促。施端履先生先后在安徽大学、武汉大学、中华大学办理招生事务,且年年为此数校任招生委员,经验丰富。至于注册事宜,施先生已代向中山大学、北京大学及武大、安大(此数校施有熟人)搜集表册样张,藉可建立一制度,施先生对此事亦可帮忙;但招生之事,施先生亲身经办,故较有把握,如需其赴锡帮忙,请即快函示知,当请其乘车来锡协助。如何? 仍乞赐示为祷。

肃此,敬颂

道安! 雁门老师均此

生　伯康拜呈
八月
(来源:苏州大学档案馆 长 1 016-017)

钱宝钧为荐师资与章渊若书

力生我兄赐鉴:

手教欣悉。弟昨晤荫渭,获读兄致渠大札,得悉宾四先生可出任江南文学院长,深以

为幸。弟前曾介绍数学教授陆其芳(字子芬)先生,前次会议时因尊重培经兄意见而中止,今培经兄既已引退,不知我兄对陆其芳先生延聘事是否可以重行考虑? 陆先生学历虽仅大学毕业,但有多年教学经验,著述甚多,堪称硕学,且人极谦和诚笃,尤为难得。本年已应重庆大学教授之聘,且重大所予薪给高达五百八十元。惟因老父年逾古稀且又衰病,朝不保夕,不敢远游,故极希望在京沪一带获一相当教职。此在江南大学方面言亦极好之机会。昨闻荫渭言已介绍徐锡钧先生来江大任数学教授,惟徐先生本人现尚留蜀,能来否犹未定。故弟意可将陆先生重大教职让于徐先生,而由陆先生任教江大,使二君各得其所。弟已将此意告荫渭,托其转达并商谈徐先生,尚请我兄卓核裁决为祷。

手示中所云孙藕生先生女公子毕业清华理科一层,不知其系究系物理抑系数学毕业? 年代如何? 均未详悉。以弟意度之,或资历尚浅。大学理工学院一年级之数理化三学程,系以后学业之基本,十分重要。最理想之教授,一须学问渊博,二须善于讲解,三尚须对学生督责严厉,毫不容情。此种教授人才,即在国内已有之著名大学中亦不多觏,罗教确非易事。以女子担任,一般均嫌软弱,不甚相宜。孙藕生先生女公子或系例外亦未可知,然为慎重起见,或不妨先请其教授补习数学,或补习物理,或物理实验,如是,虽以讲师名义聘请,而仍任一部分助教所任工作,学校方面即可少聘助教一人,亦不为失计也。倪则埙先生前已经决定聘请,弟曾托在京友人侧探详情。据称倪先生在中大已任教多年,其担任之功课为有机化学。今年适值休假,江大聘渠去锡即系暂教一年,亦颇合式。弟意如此,尚请我兄裁夺。化工组迁锡事,在弟实未便催促,此中详情非一言可了,俟面晤时再当详陈。事之成功非由我兄促请一心先生与尔仁先生洽谈不可。弟日来正在准备购置理工图书、仪器事,周内可以完毕,周末准当到锡与兄等详商种切。屠君在此协办购置事,完毕以后,是否即须命其来锡助理杂务? 请示知,以便遵办。物理及化学教授各一人尚在物色接洽中。专此,敬请

暑安

弟 宝钧谨上

八月十一日

(来源:苏州大学档案馆 永 5 027)

钱宝钧为招生及购置图书仪器事与章渊若书

力生我兄赐鉴:

手示及聘约奉悉,惟正式应聘恐将在尔仁先生心中引起误会,暂时弟只能竭力帮忙,惟对江南大学前途发展,实觉有无限希望,且对于优美自然环境,尤所向慕不止,终有一日

能追随我兄共同努力也。至于弟所以不能毅然辞去此间杂务来就江大,确系自为谋者居多,其详当于晤时面陈之。建筑细图即当与一心先生详细商讨。委托交大招生事,弟顷已与交大方面友人有一度面商,该校工学院长王之卓先生系庚款留英同学,当能协助,惟据闻该校现值改组时期,校中负责人不免分为两派别,遇事互相牵制。闻裴维裕先生负责教务,裴先生亦系邑人,不知与我兄是否素稔,或有否友人与裴先生知交,倘能从另一方面与裴先生同时接洽,则委托招生一事决可顺利达成也。又,委托中大招生,不知培经兄已否洽办? 如尚未进行,应否烦托其他熟人进行? 均祈示及。专此,顺颂

暑安

弟　宝钧谨上

八月十三日

顷又奉手札,嘱办仪器设备目录,因正在订购中,详单早已备就,故并不费事,明日准当快函奉上。标本模型目录当即去询问奉告。委托交大招生事(即借用报名单及成绩),友人已有回音,大致可无问题,惟须由江南大学去一公函致交大,该函请即备就寄弟,再行转致。来函中未见提及书籍,谅亦必须,故书籍单亦一并寄奉。

弟　钧又及

八月十四日

(来源:苏州大学档案馆 长1 012,014)

秦含章就农产专业办学规划与章渊若书

力生吾师钧鉴:

近阅上海《大公报》载江南大学招生广告,得悉内容、系别,窃思吾乡介乎京沪之间,得水路交通之便,全国人才极易会集,而荣氏生平事业着重面粉、纺织,今移其私人资财为桑梓创建高等教育机关,自应在此项面粉、纺织方面设一专门教育或训练之系科。对于学生之学习,可就现成工厂实地求取,其教学效能超过讲堂千倍。例如德、法、比等欧陆国家,其高等教育制度中皆有Industries agricoles之设立,面粉、纺织、制糖、酿造等均包括在内,意即农产化学工业或简称农产工业,其课程内容则汇合工农两方面,对中国社会颇为切要。日本国立大学中,如东京帝大、九州帝大,亦仿行此制。私立大学不妨摆脱大学组织法之死板规定,因地制宜,独创一格,将来定可以此相号召而博取全国之赞誉。现行学制大都抄袭极度工业化之美国,并不适合于农业经济性质之我国,时贤非议,指不胜数。今于新办大学建制之时,即设一农产工业或称农产加工系,属理工学院可,属农学院亦可,专门训练面粉、纺织等农产品加工之人才,对国家社会之贡献实较仿行全套成制为伟大。吾

师高明,谅可察纳。并建议贵校校董会诸公作一及时切要之图,想教育部亦不致抹杀无锡地理环境之特点而有所批驳也。

生从事大学教育工作十有余年,经历公私院校四单位,眼看各校毕业生大都走上仰仗老百姓供奉之一途,毫无从事生产之精神与技能,结果毕业即失业,或钻投豪门,党同伐异,为社会增加无数不安之因子,盖非此不足以糊口也。如能于设教之初,即授以实际经营工业或农业之严格训练,不徒在书本上用工夫,将来成绩自非目前公私院校所可论比。此正切合荣氏办理高等教育之意旨。刍荛之见,未卜然否?专此,即请

暑安

生　秦含章再拜

八月十八日

（来源：苏州大学档案馆　长 1 001-005）

钱穆荐王庸及编纂事与章渊若书

力生先生大鉴：

昨晚饱饫盛馔为感,闻学校历史教席尚有缺,老友王君庸(以中),历任南北各大学(历)史系教职已十余年,其地理之学尤为深湛。今年暨大解聘,实因人事倾轧,其人静退,决不预闻政争,决不参加党派,此乃弟所深知也。王君亦锡人,以老母在堂不能远游,弟拟介绍其来校,今年暂任历史讲席,俟将来高年级有地理课程,当请王君转任地理,尤为出色当行。弟于赴滇期间,弟任课务亦拟请王君兼摄,王君学养胜弟,得请王君兼代,亦使弟放心耳。

又,弟今秋即拟开始一项编纂工作,已约集相从者五人[1],不知学校拨弟房屋能否自成一院落?最好略为隔离,俾可便利弟此项工作之进行。否则在学校附近能否由鼎力就近代弟觅一房屋,由弟租赁居之。弟盼能俟此事布置就绪再赴滇,若尊处有不便,亦盼即示,弟当再行设法。遥想先生此数日忙迫万分,再以此私事相渎,惭歉之至。又,文学院方面若尚有缺席须洽聘者,倘蒙示知,弟亦[抑]或可襄助物色也。匆此,即颂

大安

弟　钱穆启

八月十九日

（来源：苏州大学档案馆　永 5 060-061）

---

[1] 据《钱穆纪念文集·追忆钱宾四师往事数则》第28页所述,此五人为:钱树棠、吴沛澜、洪廷彦、郦家驹、诸宗海。

徐宗岱致钱宝钧函

宝钧先生：

日前程守洙兄来，谈及江南大学事。弟昨已向敝校教务长（高济宇先生）接洽，据悉唐佩金先生前已言及，惟一切办法，希江南大学来正式公函，以便照办也。专此，即颂

研祺

弟　徐宗岱顿首

八月十九日

（来源：苏州大学档案馆 长1 011）

薛学海致荣一心函

一心吾兄惠鉴：

此次姻伯大人创办江南大学，式扶桑梓，垂佑后昆，下风逖听，蹲蹲起舞矣。门下陈陵，体格魁梧，品学兼优，且系体育系正途出身，必不负吾兄培植之德，弟亦感同身受。兹附陈君亲笔履历单一纸。专此，祇颂

双绥

姻愚弟　薛学海拜启

九·一七

（来源：苏州大学档案馆 永5 019）

乐幻智就开校人事、师资与章渊若书（1）

力生吾兄道席：

手示两通均已拜读。校事偏劳，心感不安，惟有时祷于佛菩萨加持吾兄清健耳。

（一）招生问题，兄同雁门兄所拟之办法，弟无异议。（二）国文教授聘请事，王玉章先生请即日聘请之；蒋石渠先生若吾兄认为可聘，弟赞同之；李笠先生，已决不聘。李吉行教授现为中央政法大学教授，弟已同应三兄共函邀请，尚未接其回音。弟拟专当训导，且有相当之计画[划]，国文、历史均不教。（三）英文教授当遵命同荫渭兄商聘之。（四）化学教授倪则埙先生，佩金兄已接洽妥，当请函聘之。（五）佩金兄云余□筹□事，全属道义关系，车马费可勿庸议。（六）体育教员拟聘董先生，尚未与之商议，今晚在何府可晤面，接洽如何容后报。此系弟训导事根本计划之一，详容再闻。（七）会计主任，当促一心速聘之。

（八）校董会开会似不宜迟,同一心商议后再以闻。

　　吾兄在锡各种费用,或至京时有所消耗,当告诸一心在锡方拨款若干,俟晤商后再闻。佩金来时,曾带来中大全部表册,有便奉上嫂夫人处,即转达尊意。专此,即颂

公祺

　　雁门兄、鹏若兄、翔德兄请致意。

弟　幻智拜启
八月十日
（来源:苏州大学档案馆　长 1 018-019）

乐幻智就开校人事、师资与章渊若书(2)

力生吾兄雅鉴:

　　荫渭兄来,拜悉大函。弟与兄台对江大、对朋友责任至大,当共勉之。金先生事曾共一心兄详谈之,决定本校理工学院院长暂缺,金[①]系但介绍与尔仁先生,其意不能为院长,亦当为教授。一心兄为尔仁先生计,欲请其为教授。惟本校理工学院无土木系,金系土木工程专家,亦是问题,容后再谈。张云谷先生现又兼东吴教授,合同济、大夏共有三校,故允每星期只能于星期一一日来锡教课,志英兄尚欲敷衍其友谊,弟恐其太不能专注于本校,请兄台斟酌之。同庆兄曾任清华、北大、中大物理系主任多年,弟意可以教授最高薪待遇之。宜之兄中正大学待遇以教授最高薪(560),弟意吾校亦宜以同等待遇之。吟梅、莲宝两助教,可以助教最低薪待遇之。以上还请兄台再斟酌之。同庆兄云,曾共清华周培源教授晤谈,渠对本校前途至为乐观,最近于本校理工学院发展计划亦乐为协助云。

　　唐教务长已至校否? 本校各院系教课方针均须于开学前讨论决定之,所谓补偏救弊、承前启后之施行细目,即于此时决之。宜之、同庆、志英、吟梅、莲宝、应三等八月份薪金请于日内分发之为感。应聘书数纸附上,请查收。专复,顺颂

公祺

弟　幻智拜启
九月十八日
张云谷事、应三事、志英事
（来源:苏州大学档案馆　长 1 008-010）

---

① 此处指金宝桢。

乐幻智就开校人事、师资与章渊若书（3）

吾兄雅鉴：

来函悉。云谷先生处已通知志英兄处，本校排课有最大之困难，请其原谅。志英先生可全部时间来本校教课。弟前函有不明了处，使兄台误会，至慊。应三兄兼任教授亦可，弟前函并无专任教授之要求，亦请谅之。俊毅①先生任教务长事，兄台曾以思园②先生之语相告"俊毅对教务长虽勉强接受，但未曾勉强辞去。不要使其不愉快"云，弟意亦在此，亦请兄台熟察之。弟意本校组织，开始务求其简单化，当以前兄台、一心同弟三人在西爱斯路一心公馆内，通过一简单之大学组织为根据。至最近之一庞大之组织，虽云通过，一心曾云："至吾校数年后发展至成熟时期，与后适用之。"想兄台当忆及之。弟对本校仅注意聘请国内第一流之教授，如此以后吾校发展始有望。至于组织方面，特别在本校开始之今日，愈简愈好，不使其有机关化之嫌，未知兄台以为然否？弟本星期内拟至锡校求教，一切再详呈之。荫绍兄有采薪之忧，不可以风，二三日后，不知能同路至锡否？秋凉，诸希珍重。谨此，即颂

时祺

弟　幻智拜启

九月廿二日

（来源：苏州大学档案馆 长 1 006–007）

荣毅仁为荐金圣一等事与章渊若书（1）

力生先生赐鉴：

谨启者，日前在锡得聆教益，快慰奚似！前谈同学金君圣一，有意至江南大学执教，兹特附上履历一纸*，倘有机缘，即请赐知，俾便转告为感。［……］专此奉恳，并颂

教安

弟　荣毅仁顿首

又启者：如试读生尚有余额，并请示知，因有数人原拟二次投考，兹只能酌情一二函恳矣。

---

① 此处应为笔误，即唐君毅。下同。

② 即许思园，无锡西门外人，私立江南大学哲学所所长。

民国卅六年十月九日

（来源：苏州大学档案馆 永 5 038-039）

* 见开校应聘教职员履历表。

荣毅仁为荐金圣一等事与章渊若书(2)

力生校长先生赐鉴：

　　前奉大示，承聘金圣一兄为江南大学教授，至感刻。圣一兄来敝处，嘱为介绍面谒，用特专函奉达，至祈赐洽为幸。专上，并颂
教安

荣毅仁谨启

　　经面谈，教薪定为 360 元(专任)。可发正式聘书。

卅六年十一月五日

（来源：苏州大学档案馆 永 5 034）

荣一心为荐巫宁慧与章渊若书

渊若先生大鉴：

　　启者，前由郑翔德先生面洽行总职员巫宁慧①女士就事江南大学，兹巫女士已向行总辞职来校报到，特此肃函介绍，敬悉台洽为荷。专此，祗颂
公绥

荣一心启

中华民国三十六年十二月十二日

（来源：苏州大学档案馆永 5 086）

开校应聘教职员履历表

姓名	陈陵(劲仲)
年龄	三十八岁
籍贯	湖南湘阴
学历	国立中央大学体育系毕业(一九三一年)

---

① 巫宁慧：翻译家巫宁坤之妹，上海第五女中第一任校长。简历见开校师资应聘教职员简历表。

通讯处	上海徐家汇交通大学体育馆交
曾任职务	武汉大学体育助教,浙江大学体育讲师兼浙大龙泉分校训导主任,中正大学体育副教授兼体育卫生组主任、体育教授兼生活指导组主任并代理训导长,暨南大学体育教授及交通大学体育教授兼体育组主任等职,共十六年

姓名	陆其芳
年龄	四十岁
籍贯	南京市
学历	国立中央大学数学系毕业(十八年)
通讯处	南京市明瓦廊十八号
曾任职务	曾任国立中央大学助教,云南大学、贵州大学、重庆大学等数学副教授、教授等职

姓名	金圣一
籍贯	江苏吴(江)
学历	圣约翰大学土木工程学士,理学硕士
曾任职务	圣约翰大学数学系讲师、副教授共八年,农林部农田水利工程师兼第十工程队队长

姓名	王庸　易庵(字以中)
籍贯	江苏无锡
年龄	四十八岁
学历	南京高等师范文史地部毕业,清华大学研究院毕业
曾任职务	清华大学研究院助教,北平图书馆舆图部主任兼编纂,北平辅仁大学讲师,国立北京大学讲师,上海中国公学大学部、持志大学、国立暨南大学教授,国立浙江大学图书馆主任及教授,国立师范学院史地系主任及教授,国立云南大学、北京大学、西南联合大学教授,国立中央图书馆编纂,上海临时大学教授
著述	《经济地理学原理》,商务出版; 《中国地理学史》,商务出版; 《中国地学论文索引正编》《中国地学论文索引续编》[①],国立北平图书馆、国立师范大学出版; 《中国地理图籍丛考》,商务出版(印刷中); 《中国地理总论》,开明出版(印刷中)

姓名	张载人
籍贯	浙江绍兴
年龄	三十七岁
学历	自修出身

---

① 《中国地学论文索引正编》中华民国二十三年六月由国立北平图书馆、国立北平师范大学出版,《中国地学论文索引续编》中华民国二十五年六月由国立北平图书馆、国立北平师范大学出版。

曾任职务	浙江省立绍兴中学、私立稽山中学、省立高级商科职业学校、省立联合中学,前后任高中英文教员九年,又任浙西天目书院讲师一年
著述	有中文著作多种出版;英文著作一种,未出版

姓名	唐至中[①]（女）
年龄	卅余岁
学历	家学渊源,成都私立敬业学院毕业
曾任职务	现任成都尊经国专讲师,前此曾任公私立中学中国史及国文教(师)将十年,可担任中国史或国文讲师

姓名	顾文
籍贯	浙江
学历	上海私立沪江大学生物学系毕业
曾任职务	历任嘉兴明德女中生物学教员,上海市科学馆生物实验站生物学指导员
暂时通讯处	山西南路念号,电话90839

姓名	巫宁慧
年龄	廿五
籍贯	江苏
学历	国立北京大学外国语文学系毕业
通讯处	上海福州路 120 号 301 室　张□轩转
曾任职务	昆明建设中学英语教员,昆明昆华女师英语教员

姓名	张蝶仙
年龄	二十四岁
籍贯	原籍浙江余姚,生长于上海市
学历	广澄药学高级职业学校毕业
通讯处	上海市常德路五四五弄六十四号
曾任职务	新亚药厂诊疗所配方,卢顿药厂及华美药厂药剂生,钱潮博士诊所药室主任

姓名	丁舜华
年龄	廿六岁
籍贯	浙江桐乡

---

① 即唐君毅之妹。

学历	人和高级护士学校毕业
通讯处	上海大西路二号上海传染病院
曾任职务	上海同仁第二医院护士,福建省立医院护士,上海红十字会第二医院护士

姓名	孙湘
年龄	三十二岁
籍贯	江苏无锡
出身	国立清华大学理学士(民国二十七年物理系毕业)
通讯处	无锡石塘湾孙启秀堂
曾任职务	国立江苏医学院物理助教二年,教育部特设大学先修班物理教员三年,国立江苏医学院物理兼授数学讲师三年。现任国立江苏医学院物理讲师,月薪三百元

（来源：苏州大学档案馆　永 5　018、026、040、062、064、073、085、089、094、076）

钤 记 印 鉴

教育部刊发江南大学董事会钤记总字第 47092 号训令

民国 36 年 8 月 29 日

令私立江南大学董事会

　　兹刊发该会钤记一颗,文曰:"私立江南大学董事会钤记。"附印鉴纸二张,令仰查收启用,并将应用日期连同印鉴报部备查。此令。

　　附钤记一颗,印鉴纸二张。

部长　朱家骅

监印　何炳忠

校对　梅肃堂

（来源：苏州大学档案馆　永 1 073–074）

江南大学为启用董事会钤记呈教育部文稿

发文江字第 3 号　民国 36 年 9 月 19 日

拟稿　张宾侯

事由:呈报启用本校校董会钤记日期,附具印鉴纸,仰祈核备由。

　　案奉钧部本年八月廿九日总字第 47092 号训令开:"兹刊发……云云,此令"等因,附发钤记一颗,印鉴纸二张。奉此,兹谨于本年九月十日启用。理合检具印鉴纸,备文呈报。仰祈鉴核备查。

　　谨呈

教育部部长　朱

　　附呈印鉴纸一张

私立江南大学(全衔)校长　章○○

（来源：苏州大学档案馆　永 1 070–071）

教育部发文总字第 53157 号指令

民国 36 年 10 月 1 日

令私立江南大学董事会

本年九月十九日江字第三号呈一件为呈核启用本校校董事会钤记、日期,附具印鉴纸,仰祈核备由。

呈件均悉,准予备查。件存。此令。

部长　朱家骅

监印　何炳忠

校对　梅肃堂

（来源：苏州大学档案馆　永 1 068－069）

江南大学为启用木质钤记呈教育部文稿

发文江字第 100 号　民国 36 年 12 月 6 日

事由：为呈报启用木质钤记日期、拓具、印模,仰乞鉴核备由。

本校前案奉钧部本年十一月四日高字第五九三六九号代电开："据呈送学校开办表件请准开办……"校立案手续尚待赶办,关防印章尚未奉颁。为适应需要起见,拟刻本校木质钤记暂时代用。业经亲向钧部主管司面洽,当蒙俞允。兹谨于十二月六日启用。除俟正式关防颁下,即将木质钤记缴销外,理合拓具印模一份备文呈报。仰祈鉴核俯准备案,实为德便。

谨呈

教育部

附呈印模乙份

（全衔）校长　章○○

（来源：苏州大学档案馆　永 1 065－066）

江南大学致福裕钱庄公函

发文江字第 12 号

径启者：

查本校在贵庄存款向凭四颗印鉴兑付,现以"私立江南大学筹备处"一印鉴已不适用,拟请贵府注销。嗣后即凭原存校长（章渊若）、会计主任（许雍圻）、出纳主任（吴○○）三印鉴支付,相应函请查照办理为荷。

此致

福裕钱庄

校长　章○○

民国 36 年 10 月 4 日

（来源：苏州大学档案馆 永 7 004）

江南大学致相关汇兑邮局、银行公函

发文江字第 75 号

径启者：

　　查本校业已开学，学生邮电汇款，日见频繁。兹为防制意外起见，经规定，嗣后凡本校学生汇款、领款时，概须凭本校训导处图章暨原领款人签章，方可兑付，以昭慎重，而免意外。相应检附训导处印鉴式样乙纸，函请查照办理为荷。

　　此致

无锡邮局

荣巷邮局　无锡邮业汇兑局

交通银行　金城银行无锡分行

中国银行　江苏农民银行

中国农民银行　国华银行无锡分行

上海银行无锡分行

　　附印鉴式样乙纸

校长　章○○

民国 36 年 10 月 29 日

（来源：苏州大学档案馆 永 7 007）

江苏省农民银行无锡分行致江南大学公函

收文总字第 84 号

径启者：

　　查敝行由外埠汇支贵校教职员及学生汇款，为慎于核对印鉴，兹特随函送奉空白印鉴卡壹纸，即希贵校会计处暨会计主任加盖图章，即日备函送掷，以便验对，实为公感。

　　此致

江南大学

江苏省农民银行无锡分行谨启

江苏省农民银行无锡分行营业股

民国 37 年 1 月 20 日

（来源：苏州大学档案馆 永 7 009）

教育部关于借用董事会钤记的指令

第 07549 号　民国 37 年 2 月 6 日

事由：该校在未经核准立案奉颁印信前，可借董事会钤记应用，自刊钤记由该校自行销毁。仰即遵照由。

令私立江南大学

卅六年十二月六日，江字第 100 号呈一件为呈报启用木质钤记日期、拓具印模，仰乞鉴赐核备由。

呈件均悉。该校在未经核准立案奉颁印信前，可借董事会钤记应用，自刊钤记由该校自行销毁。仰即遵照。此令。

中华民国三十七年二月

部长　朱家骅

（来源：苏州大学档案馆 永 1 062-063）

向校董会借用钤记函

江南大学发文江字第 143 号　民国 37 年 2 月 22 日

事由：函请借用董事会钤记由。

径启者：

本校前以印信尚未奉颁，拟自刊木质钤记应用。经呈奉教育部本年二月六日总字第 07549 号代电略开："呈件均悉。该校未经核准立案奉颁印信前，可借董事会钤记应用，仰即遵照"等因。奉此，自应遵办。相应备函奉达，即希察照，惠予备用为荷。

此致

江南大学董事会杨秘书荫渭先生

（校戳）启

（来源：苏州大学档案馆 永 1 061）

江南大学就人事调整致相关银行、钱庄函

发文江字第 155 号

径启者：

本校与贵行往来，原凭校长、会计主任、出纳主任三印鉴支款，现除前项印鉴外，须增列总务长陆○○印鉴一颗，相应检同印鉴式样乙纸，随函奉达，即希查照为荷。

此致

上海商业储蓄银行无锡分行

新华储蓄银行

福裕钱庄

附印鉴式样乙纸

校长　章渊若

民国 37 年 3 月 5 日

（来源：苏州大学档案馆　永 7 015）

江南大学就人事变动致福裕钱庄公函

发文江字第 202 号

径启者：

本校现因设置副校长（处理校务），所有本校与贵庄往来之原用印鉴须行更换，相应检同印鉴式样弍纸。函请查照办理为荷。

此致

福裕钱庄

附新印鉴式样弍纸

校长　章渊若

副校长　顾惟精

民国 37 年 4 月 21 日

（来源：苏州大学档案馆　永 7 019）

考试院云南贵州考铨处公函

中华民国滇一检字第 7308 号

江南大学收文总字第 219 号　民国 37 年 6 月 23 日

事由：为函请拓送印信官章钢印印模由。

　　查本处办理公务员任用审查案，常发现有伪造学历证件情事，往返查询颇费时日，不查则易受其朦混[蒙混]。为慎重起见，拟请贵校拓赠印信官章及钢印印模各一份，俾便办理。相应函达，即希查照为荷。

　　此致

私立江南大学

处长　周毓瑄

（来源：苏州大学档案馆　永 7 025）

江南大学复考试院云南贵州考铨处公函

江南大学公函　发文江字第 262 号

事由：准函拓送本校印信钢印印模希察照由。

　　准贵处本年六月八日滇一检字第 7308 号公函开"查本处办理公务员任用审查案，常发现有伪造学历证件情事。为慎重起见，请拓赠印信官章及钢印印模各一份，俾便办理"等由。准此，自应照办，惟本校印信官章尚未颁发，现奉准用董事会钤记，除俟印章奉颁，另行拓送外，相应拓具、本校董事会钤记及钢印印模各乙份，随函奉达。即希察照为荷。

　　此致

考试院云南贵州考铨处

　　附本校董事会钤记及钢印印模各乙份

副校长　顾○○

民国 37 年 6 月 26 日

（来源：苏州大学档案馆　永 7 023-024）

空军总司令部为搜集学校印模的公函

江南大学　收文总字第 268 号　民国 37 年 8 月 13 日

事由：为搜集全国各教育机关及各学校印鉴备作审查学历证件之依据由。

受文者：私立江南大学

附件：空白印鉴用纸一份寄发

驻地：南京

批示：

　　一、本部为便于审查本军所招各科学生呈缴学历证件起见，特搜集全国各教育机关暨各大学及省市立高中以上学校之印鉴以备参考。

　　二、兹寄上空白印鉴用纸一份，至希惠予协助，将贵校印信加盖一份寄回本部第一署人事政策处徽募科收，以便汇存。俾为审查学历证件之依据。

总司令　周至柔

（来源：苏州大学档案馆 永 7 028）

荣毅仁为启用私立江南大学钤记致董事会公函

江南大学发文江字第 502 号　民国 38 年 7 月 1 日

送达机关：本校董事会

谨启者：

　　本校前以校钤尚未颁发，奉准借用钧会钤记在案。兹经六月十七日第二次校务教务联席会议议决，"刊置本校钤记一颗并报董事会备案"纪录在卷。业已依式刊置本校钤记乙颗，文曰"私立江南大学钤记"，并于七月一日启用，兹拓具印模乙份，随函送请察照备查为荷。

　　谨致

江南大学董事会

　　附印模乙份

主任委员　荣〇〇

（来源：苏州大学档案馆 永 14 020-021）

报 表 总 结

呈江苏省教育厅卅六年度第一学期概况表

江苏省公私立专科以上学校概况表（毕业生部分略） 三十六年度上学期

学校名称	校长姓名	校址所在地	开办年月	教职员人数	职别		教授	副教授	讲师	助教	职员
私立江南大学	章渊若	无锡荣巷	三十六年八月		性别	男	27	6	3	8	18
						女	2		1	4	5
					合计		29	6	4	12	23

所设科系

学 级 编 制

中国文学系

年级		级数	学生数		
			计	男	女
各级分计	春季				
	一年级秋季	一	11	6	5
	春季				
	秋季				
	春季				
	秋季				
	春季				
	秋季				
春季共计					
秋季共计			11		

外国文学系

年级		级数	学生数		
			计	男	女
各级分计	春季				
	一年级秋季	一	24	15	9
	春季				
	秋季				
	春季				
	秋季				
	春季				
	秋季				

续表

春季共计	
秋季共计	24

史地学系

年级		级数	学生数		
			计	男	女
各级分计	春季				
	一年级秋季	一	14	11	3
	春季				
	秋季				
	春季				
	秋季				
	春季				
	秋季				
春季共计					
秋季共计			14		

经济学系

年级		级数	学生数		
			计	男	女
各级分计	春季				
	一年级秋季	一	43	33	10
	春季				
	秋季				
	春季				
	秋季				
	春季				
	秋季				
春季共计					
秋季共计			43		

数理学系

年级		级数	学生数		
			计	男	女
各级分计	春季				
	一年级秋季	一	11	11	

续表

各级分计	春季				
	秋季				
	春季				
	秋季				
	春季				
	秋季				
春季共计					
秋季共计		11			

机电学系

年级		级数	学生数		
			计	男	女
各级分计	春季				
	一年级秋季	一	49	48	1
	春季				
	秋季				
	春季				
	秋季				
	春季				
	秋季				
春季共计					
秋季共计		49			

化工学系

年级		级数	学生数		
			计	男	女
各级分计	春季				
	一年级秋季	一	39	38	1
	春季				
	秋季				
	春季				
	秋季				
	春季				
	秋季				

续表

春季共计	
秋季共计	39

农艺学系

年级		级数	学生数		
			计	男	女
各级分计	春季				
	一年级秋季	一	24	16	8
	春季				
	秋季				
	春季				
	秋季				
	春季				
	秋季				
春季共计					
秋季共计			24		

农产制造系

年级		级数	学生数		
			计	男	女
各级分计	春季				
	一年级秋季	一	27	26	1
	春季				
	秋季				
	春季				
	秋季				
	春季				
	秋季				
春季共计					
秋季共计			27		

总计　三院　九系　九班　242人

本学期应届毕业生数	科系别	毕业生数			备注
		合计	男	女	

续表

经常费	总数	来源		支出	
经常费	37,1700,0000	省款		俸给费	$23,8810,2570
		其他	校董会拨补	办公费	5,2500,0000
				特别费	8,0389,7430

临时费	数目	用途
	100亿	建筑新校舍

校产	校舍间数	240间
	校地面积	120亩
	基金数	30亿
	其他	

设备概况	统计项别 \ 类别		校具	图书	仪器	其他
设备概况	原有	数量				
		约值				
		合计				
	新添	数量	约三千件	四千余册	约□件	
		约值	十五亿元	二亿余元	五亿	
		合计				
	总计					
	备注					

特殊设备	工厂					农场	
特殊设备	机器或其他器件	数量	约值	制造量	工人	面积	35.415亩
						农作物及农具	小麦、蚕豆、豌豆、蔬菜等
						苗圃	□.6亩[①]
						园艺	3.49亩
						农工人数	6人
	合计					每年生息	
	资本　每月盈余					设备约值	

　　年　　月　　日　　　　　　　　　主管人　　　　　　　　　　（盖章）

（来源：永6 010-011）

---

① 原档为手写毛笔字，疑为0.6亩。

呈教育部卅六学年度第一学期各项报告的公文（含附件）

江南大学发文江字第 201 号　　民国 37 年 4 月 16 日

事由：呈报本校卅六学年度第一学期各项报告简表仰祈鉴核汇编。

案奉钧部本年四月六日统字第一七八三一号代电开：略以"三十六学年度第一学期各项报告简表急需应用，仰即赶办补送备核"等因，奉此，旋复准钧部统计处函同前由过校。查该项报告简表，本校业经遵照奉颁。应报表册格式编缮，于上年十二月卅日，连同新生名册、入学证件等报由江苏省教育厅转呈在案。奉电前因，理合再缮具本校教职员数、班级数、学生数等报告简表，备文呈报，仰祈鉴核汇编。

　　谨呈

教育部部长　朱

　　附呈卅六学年度第一学期教职员数、班级数、学生数各一份，共六纸。

（全衔）校长章○○

私立江南大学三十六学年度第一学期教职员数报告简表

1. 教员数

院科别	系组别	校长及主任姓名	院科别	教员数										助教	其他待聘教员		内兼任职员者
				共计			教授		副教授		讲师				专任	兼任	
				计	专任	兼任	专任	兼任	专任	兼任	专任	兼任					
文学院	中国文学系		总计 计	53	41	12	21	10	4	2	4		12			9
	外国语文学系		男	45	34	11	20	9	4	2	2		8			9
	史地学系		女	8	7	1	1	1			2		4			
	经济学系	各院科共同	男	9	7	2	4	2	1		1		1			3
理工学院	数理学系		女													
	机电工程学系	文学院	男	20	14	6	8	4	2	2	1		3			5
	化学工程学系		女	4	3	1	1	1			1		1			

续表

院科别	系组别	校长及主任姓名	院科别	教员数												
				共计			教授		副教授		讲师		助教	其他待聘教员		内兼任职员者
				计	专任	兼任	专任	兼任	专任	兼任	专任	兼任		专任	兼任	
农学院	农艺学系		理工学院 男	11	8	3	5	3					3			1
	农产制造学系		理工学院 女	2	2						1		1			
			农学院 男	5	5		3		1					1		2
			农学院 女	2	2									2		

三十七年四月　日编制

校长　章渊若印　主办统计人员　朱耀炳印

私立江南大学三十六学年度第一学期教职员数报告简表

2.职员数

处院科	主管人员姓名	职员数																						
		共计			校长室			教务			训导			总务			主计			技术			其他		
		计	男	女	计	男	女	计	男	女	计	男	女	计	男	女	计	男	女	计	男	女	计	男	女
总计		24	19	5				4	2	2	3	3		14	12	2	3	2	1						
教务处	唐君毅																								
训导处	王文元																								
总务处	陆仁寿																								
文学院	钱　穆																								
理工学院	顾惟精																								
农学院	韩雁门																								
会计室	许雍圻																								

三十七年四月　日编制

校长　章渊若印　主办统计人员　李粲奂文[①]印

---

① 即李奂文,下同。

私立江南大学第三十六学年度第一学期新生统计表

1. 院系

院系别	总计	男	女
总计	242	204	38
文学院	92	65	27
中国文学系	11	6	5
外国文学系	24	15	9
史地学系	14	11	3
经济学系	43	33	10
理工学院	99	97	2
数理学系	11	11	0
机电学系	49	48	1
化工学系	39	38	1
农学院	51	42	9
农艺学系	24	16	8
农产制造学系	27	26	1

37 年 4 月　日编制　　　　　　校长　章渊若印　　　　　　主办统计人员　朱耀炳印

私立江南大学第三十六学年度第一学期新生统计表

2. 资格

报考资格别	总计	男	女
总计	242	204	38
高级中学毕业	231	194	37
高级职业学校毕业	5	5	0
同等学力	5	4	1
临大补习班	1	1	0

37 年 4 月　日编制　　　　　　校长　章渊若印　　　　　　主办统计人员　朱耀炳印

私立江南大学第三十六学年度第一学期新生统计表

3.籍贯

省市别	总计	男	女
总计	242	204	38
江苏省	204	170	34
浙江省	14	12	2
安徽省	12	12	0
江西省	2	2	0
四川省	1	1	0
山东省	1	0	1
河南省	1	1	0
广西省	1	1	0
南京市	3	2	1
上海市	3	3	0

37年4月　日编制　　　　　校长　章渊若印　　　　　主办统计人员　朱耀炳印

私立江南大学第三十六学年度第一学期班数报告简表

院科别	系组别	班数	
		共计	一年级
总计		9	9
文学院	中国文学系	1	1
	外国语文学系	1	1
	史地学系	1	1
	经济学系	1	1
理工学院	数理学系	1	1
	机电工程学系	1	1
	化学工程学系	1	1
农学院	农艺学系	1	1
	农产制造学系	1	1

37年4月　日编制　　　　　校长　章渊若印　　　　　主办统计人员　朱耀炳印

（来源：苏州大学档案馆　永6 032－038）

呈教育部卅六学年度第二学期各项报告公文（含附件）

发文江字第235号　民国37年5月29日

事由：呈报本校卅六年度第二学期各项报告简表连同休学生退学生统计表册等件仰祈鉴核汇编由。

窃查本校卅六年度第一学期各项报告简表业经呈报在案。兹缮具第二学期教职员数、学生数、班级数、经费数各项简表，连同休学生、退学生统计表册等共十一纸暨名册二份，除分呈教育部、江苏省教育厅外，理合备文呈报，仰祈鉴核汇编。

　　谨呈

江苏省教育厅

教育部

　　附呈本校卅六年度第二学期教职员数二纸

　　本校卅六年度第二学期学生数二纸

　　本校卅六年度第二学期班级数一纸

　　本校卅六年度第二学期经费数二纸

　　本校卅六年度第二学期休学生二纸

　　本校卅六年度第二学期退学生二纸

　　本校卅六年度第二学期休学生、退学生名册贰份

（全衔）校长　章○○

副校长　顾○○（印）代行

私立江南大学三十六学年度第二学期教职员数报告简表

1. 教员数

院科别	系组别	校长及主任姓名	院科别		教员数											
					共计			教授		副教授		讲师		助教	其他待聘教员		内兼任职员者
					计	专任	兼任	专任	兼任	专任	兼任	专任	兼任		专任	兼任	
文学院	中国文学系		总计	计	50	39	11	18	10	4	1	4		13			10
	外国语文学系			男	42	32	10	17	9	4	1	2		9			10
	史地学系			女	8	7	1	1	1			2		4			
	经济学系		各院科共同	男	7	6	1	2	1	1		1		2			3
理工学院	数理学系			女													
	机电工程学系		文学院	男	18	12	6	7	5	2	1	1		2			4
	化学工程学系			女	4	3	1	1	1			1		1			

续表

院科别	系组别	校长及主任姓名	院科别		教员数										助教	其他待聘教员		内兼任职员者
					共计			教授		副教授		讲师						
					计	专任	兼任	专任	兼任	专任	兼任	专任	兼任			专任	兼任	
农学院	农艺学系		理工学院	男	12	9	3	5	3						4			1
	农产制造学系			女	2	2						1			1			
			农学院	男	5	5		3		1					1			2
				女	2	2									2			

三十七年五月　日编制　　　　　校长　章渊若　副校长　顾惟精　　　主办统计人员　李奂文(印)

私立江南大学三十六学年度第二学期教职员数报告简表

2. 职员数

处院科	主管人员姓名	职员数																						
		共计			校长室			教务			训导			总务			主计			技术			其他		
		计	男	女	计	男	女	计	男	女	计	男	女	计	男	女	计	男	女	计	男	女	计	男	女
总计		24	19	5				5	3	2	3	3		13	11	2	3	2	1						
教务处	唐君毅																								
训导处	王文元																								
总务处	陆仁寿																								
文学院	钱穆																								
理工学院	顾惟精																								
农学院	韩雁门																								
会计室	许雍圻																								

三十七年五月　日编制　　　　　校长　章渊若　副校长　顾惟精　　　主办统计人员　李奂文印

私立江南大学三十六学年度第二学期班数报告简表

院别	系别	班数	
		共计	一年级
总计		9	9
文学院		4	4
	中国文学系	1	1
	外国语文学系	1	1

续表

院别	系别	班数	
		共计	一年级
	史地学系	1	1
	经济学系	1	1
理工学院		3	3
	数理学系	1	1
	机电工程学系	1	1
	化学工程学系	1	1
农学院		2	2
	农艺学系	1	1
	农产制造学系	1	1

三十七年五月　日　　　　　　　主办统计人员签名盖章　朱耀炳印　校长签名盖章

私立江南大学三十六年度第二学期学生数报告简表

1. 院系年级别

院别	系别	学生数					
		共计			一年级		
		计	男	女	计	男	女
总计		219	187	32	219	187	32
文学院		83	60	23	83	60	23
	中国文学系	7	4	3	7	4	3
	外国语文学系	23	15	8	23	15	8
	史地学系	12	9	3	12	9	3
	经济学系	41	32	9	41	32	9
理工学院		89	87	2	89	87	2
	数理学系	9	9	—	9	9	—
	机电工程学系	45	44	1	45	44	1
	化学工程学系	35	34	1	35	34	1
农学院		47	40	7	47	40	7
	农艺学系	21	15	6	21	15	6
	农产制造学系	26	25	1	26	25	1

2. 籍贯别

省市区	共计			大学生		
	小计	男	女	小计	男	女
	219	187	32	219	187	32
江苏	185	156	29	185	156	29
浙江	13	12	1	13	12	1
安徽	9	9	—	9	9	—
江西	2	2	—	2	2	—
四川	1	1			1	1	
山东	1	—	1	1	—	1
河南	1	1	—	1	1	
广西	1	1		1	1	
南京	3	2	1	3	2	1
上海	3	3	—	3	3	—

三十七年五月　日　　　　　　　主办统计人员签名盖章　朱耀炳印　　校长签名盖章

私立江南大学三十六年学第二学期休学生统计表

1. 院系及年级

院系别	总计			一年级		
	计	男	女	计	男	女
总计	9	6	3	9	6	3
文学院						
共计	4	2	2	4	2	2
中国文学系	2	1	1	2	1	1
史地学系	1	—	—	1	—	—
经济学系	1	—	1	1	—	1
理工学院						
共计	4	4	—	4	4	—
机电学系	2	2	—	2	2	—
化工学系	2	2	—	2	2	—
农学院						
共计	1	—	1	1	—	1
农艺学系	1	—	1	1	—	1

2. 休学原因

原　因	计	男	女
总计	9	6	3
副伤寒症	1	1	—
盲肠炎	1	—	1
神经衰弱	1	1	—
胃溃疡	1	—	1
经济困难	1	1	—
病	4	3	1

三十七年五月　　日　　　　　　主办统计人员签名盖章　朱耀炳印　校长签名盖章

私立江南大学三十六年度第二学期退学生统计表

1. 院系及年级

院系别	总计			一年级		
	计	男	女		男	女
总计	14	11	3	14	11	3
文学院						
共计	5	3	2	5	3	2
中国文学系	2	1	1	2	1	1
外国文学系	1	—	1	1	—	1
史地学系	1	1	—	1	1	—
经济学系	1	1	—	1	1	—
理工学院						
共计	6	6	—	6	6	—
数理学系	2	2	—	2	2	—
机电学系	2	2	—	2	2	—
化工学系	2	2	—	2	2	—
农学院						
共计	3	2	1	3	2	1
农艺学系	2	1	1	2	1	1
农产制造学系	1	1	—	1	1	—

2. 退学原因

原　因	计	男	女
总计	14	9	5
学业成绩过劣	7	6	1
第二学期未注册	6	4	2
学业及操行成绩均劣	1	—	1
转学他校	1	—	1

三十七年五月　日　　　　　主办统计人员签名盖章　朱耀炳印　校长签名盖章

私立江南大学三十六年度第二学期休学生名册

姓　名	性别	年龄	籍贯	入学年月	入学资格核准年月日及指令号数	原住院系年级	休学原因	备注
李贵卿	男	20	江苏省无锡县	卅六年十月	业经呈报尚未奉颁	文学院中文系一年级	副伤寒症	
王恩兰	女	22	江苏省徐州市	卅六年十月	业经呈报尚未奉颁	文学院中文系一年级	盲肠炎	
杨秀峰	男	20	安徽省临泉县	卅六年十月	业经呈报尚未奉颁	文学院史地系一年级	经济困难	
孙同缤	女	22	江苏省奉贤县	卅六年十月	业经呈报尚未奉颁	文学院经济系一年级	病	
顾胜世	男	20	江苏省无锡县	卅六年十月	业经呈报尚未奉颁	理工学院机电系一年级	病	
浦鸣涛	男	19	江苏省无锡县	卅六年十月	业经呈报尚未奉颁	理工学院机电系一年级	神经衰弱	
鲍　录	男	26	江苏省常熟县	卅六年十月	业经呈报尚未奉颁	理工学院化工系一年级	病	
董中立	男	24	江苏省武进县	卅六年十月	业经呈报尚未奉颁	理工学院化工系一年级	病	
钟艺青	女	20	江苏省无锡县	卅六年十月	业经呈报尚未奉颁	农学院农艺系一年级	胃溃疡	

私立江南大学三十六年度第二学期退学生名册（略）

私立江南大学三十六年度第二学期经费报告简表

1. 岁入

岁入项目		共计	上年八月至十二月预算数	本年一月至七月预算
总计				
国省库款及庚款	小计			
	国库款（一）			
	国库款（二）			
现费收入	小计			
物品售价收入	小计			
租金使用或特许费之收入	小计			
捐献及赠与收入				
利息或利润收入				
其他收入（校董会拨补）		八月至十月共计 1,050,000,000 十一月至下年七月基数 148,230	八月至十月每月 $350,000,000 十一月至十二月每月基数 19,050	一月份预算基数 $19,050 二月至七月预算基数 每月 15,180

备注:(一)本校系私立大学,并无国省库款及庚款之补助。

(二)本校学杂等费全部缴送校董会。全部支出均由校董会拨补。

经费报告简表

2. 岁出

岁出项目	共计	上年八月至十二月份预算数	本年一月至七月份预算数
总计	八月至十月共计 $1,050,000,000, 基数 148,230 乘校董会核定指数	八月至十月每月 $350,000,000, 十一月十二月每月基数 19,050 乘本校校董会核定之指数	一月份预算基数 $19,050, 二月至七月预算基数每月 $15,180

续表

岁出项目	共计	上年八月至十二月份预算数	本年一月至七月份预算数
俸给费	＄771,102,570,基数＄93,630,乘校董会核定指数	八月至十月每月预算数＄257,034,190,十一月十二月每月基数＄11,550	一月份预算基数＄11,550,二月至七月预算基数每月＄9,830
办公费	＄105,000,000,基数＄23,400,乘校董会核定指数	八月至十月每月＄35,000,000,十一月十二月基数每月＄3,000	一月份预算基数＄3,000,二月至七月预算基数每月＄2,400
购置费	＄45,000,000,基数＄4,500,乘校董会核定指数	八月至十月每月＄15,000,000,十一月十二月基数每月＄800	一月份预算基数＄800,二月至七月预算基数每月＄350
学术研究费	＄45,000,000,基数＄12,900,乘校董会核定指数	八月至十月每月＄15,000,000,十一月十二月基数每月＄1,800	一月份预算基数＄1,800,二月至七月预算基数每月＄1,250
特别费	＄83,897,430,基数13,800,乘校董会核定指数	八月至十月每月＄27,965,810,十一月十二月基数每月＄1,900	一月份预算基数＄1,900,二月至七月预算基数每月＄1,350
建设费			
增班费			
建设技术人员训练费			
其他			

三十七年五月　日编制　　　　校长　章渊若　副校长　顾惟精　　主办统计人员　许雍圻印

卅六年度教职员表

文学院

专任教授：　唐君毅　钱　穆　王文元　杨荫渭　钱清廉（第二学期改兼任）　王　庸

牟宗三　王淑瑛　王效三

兼任教授：　周保儒　李　笠　程修龄　李吉行　蒋庭曜

专任副教授：　姚志英　张载人

兼任副教授：　沈制平

专任讲师：　唐至中　郑学羿

助教：	沈吟梅	黄淑兰	费大经		

理工学院

专任教授：　顾惟精　倪则埙　张镇谦　杨　晟　金圣一
兼任教授：　周同庆　徐璋本　陆子芬
专任讲师：　孙　湘
助教：　　　薛禹谷　周模禄　程守源　吴　锷　万迪生

农学院

专任教授：　韩雁门　陈　机　杨惟义
专任副教授：朱耀炳
助教：　　　潘超霖　陈湘荃　顾　文

各院科共同

专任教授：　陈　陵　乐免之
兼任教授：　朱伯康
专任副教授：李免文
专任讲师：　王景泰
助教：　　　朱青山　屠仁溥

教务处

薛佩瑾　蔡肇松　宋玉森　巫宁慧　胡雅彬

训导处

刘熙钧　孙文彦　黄书意

总务处

张宾侯　吕克昌　陆仁寿　浦维善　高荣良　章士元　单鹤龄
李锡根　华汝明　吴叔翚　钱莹生　张蝶仙　丁舜华

会计室

许雍圻　李芍秋　顾丽生

（来源：苏州大学档案馆　永 6 066-087）

呈教育部校舍及图书馆调查表的公文

发文江字第 239 号　民国 37 年 6 月 2 号

事由：呈报本校校舍及图书馆调查表仰祈鉴核由。

　　案奉钧部统字第二三〇八四号训令颁发校舍、场地调查表及图书调查表各一份，饬即遵式详填报部，又卅六学年度第二学期应行呈报之各项统计简表应速编填，连同调查表一并报核。等因。附调查表两份，奉此，自应遵办。除卅六学年度第二学期各项统计简表业于五月廿九日以江字第二三五号文呈报在案外，兹经依式详填完竣，理合检具是项调查表两份备文呈报，仰祈鉴核。

　　谨呈

教育部长　朱

　　附呈校舍场地调查表及图书馆调查表各一份

（全衔）校长　章○○

副校长　顾○○　代行

私立江南大学校舍场地调查表

三十六学年度

学校名称	私立江南大学	校址	无锡荣巷	设立立案时期	三十六年八月

学校沿革	本校创办人荣宗铨先生为造就专门人才，配合建国需要起见，特遵照中华民国教育宗旨，于三十六年夏季筹备创办。本校分设文、农、理工三学院，勘定无锡梅园附近之后湾山为校址。即经依照部颁法令组织董事会，推吴敬恒为董事长，戴季陶、荣宗铨、荣一心、荣尔仁、荣鸿元、荣鸿三、乐幻智、薛明剑、章渊若等为董事。呈奉教育部核准，于三十六年秋季开办，以荣巷荣氏公益铁工厂房屋原址为临时校舍，新校舍于本年暑假落成，该处依山傍湖，环境异常优美。

校舍及场地	学校全面积（亩）	办公室（间）	教室（间）	学生宿舍（间）	教职员住宅（间）	运动场面积（亩）	校园面积（亩）	图书馆（间）	仪器标本及实验室（间）	附设实习场所			医药及诊疗所（间）	其他
										医院（间）	工厂（间）	农场（亩）		
	一二〇亩	二二间	一〇间自修室六间	二〇间	四四间（连宿舍）	约二〇亩		一间	三间		一间	三五亩	六间	本校新校舍尚未全部竣工，故未列入

三十七年六月　日编制　　　　　编制者　校长　章渊若　　　　　副校长　顾惟精印　代行

私立江南大学图书调查表

类别	科别	册数			备注
		共计	中文	外文	
		九千二百余册	八千四百册	八百册	

说明

　　一、本校图书馆因初办尚未编，仅有一部分书已经登记，且中文线装书及西外书（因打字机尚未到）多未登记,故无分类统计。

二、表列中文(外)文书籍系按本校现有之书统计,其已订购而未到之书尚不计在内,今每周多少有新购之书运到。

(来源:苏州大学档案馆 永6 088-091)

私立江南大学付编教育年鉴资料

(民国37年呈教育部资料研究所)

一、学校沿革:本校创办人荣宗铨先生为造就专门人才,配合建国需要起见,特遵照中华民国教育宗旨,于三十六年夏季筹备创办。本校分设文、农、理工三学院,勘定无锡梅园附近之后湾山为校址。即经依照部颁法令组织董事会,推吴敬恒为董事长,戴季陶、荣宗铨、荣一心、荣尔仁、荣鸿元、荣鸿三、乐幻智、薛明剑、章渊若等为董事。呈奉教育部核准,于三十六年秋季开办,以荣巷荣氏公益铁工厂房屋原址为临时校舍,新校舍于本年暑假落成,该处依山傍湖,环境异常优美。

二、校长姓名:现任校长章渊若,副校长顾惟精。

三、教职员及学生人数:现有教职员七十四人,学生二百四十二名。

四、院系科(组)数:计文学院:中国文学系、外国文学系、史地学系、经济学系。理工学院:数理学系、机电学系、化工学系。农学院:农艺学系、农产制造系。共三院九系。

五、行政组织系统:见附表。

六、经费:本校三十六年度经常费预算如下:

1.三十六年八、九、十月份每月三亿五千万元。

2.三十六年十一月—三十七年一月份每月基本数一九〇五〇元。

3.三十七年二、三月份实支实报。

4.三十七年四、五、六、七月份每月基数一五一八〇元。

2、3两项每月预算基数,均按本校校董会核定之每月生活指数折合计算。

七、图书设备:现有中文书八千余册、西文书八百余册。

私立江南大学行政系统表

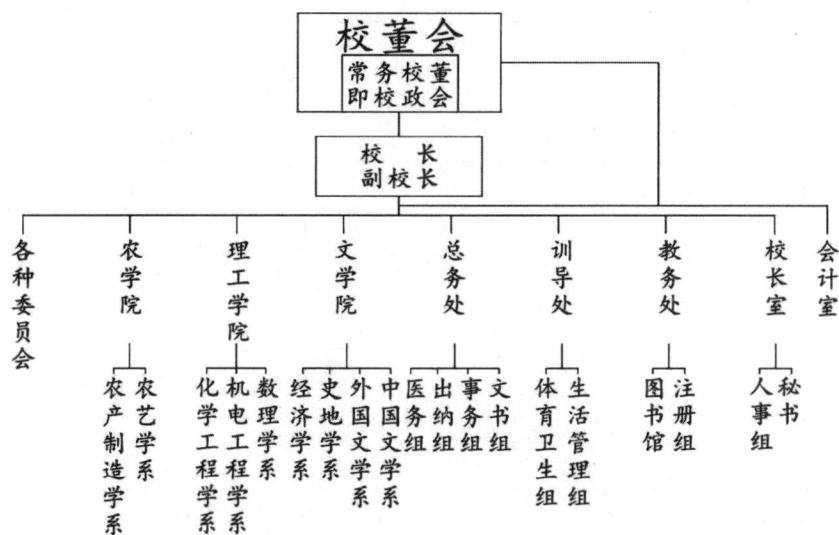

（来源：苏州大学档案馆 永6 057-060）

私立江南大学教职员经济状况调查表

姓名	教授1	职别	教授	家眷人口	二十人，由我供给者六人

<table>
<tr><td colspan="4" align="center">经济状况</td></tr>
<tr><td colspan="2" align="center">收入</td><td colspan="2" align="center">支出</td></tr>
<tr><td>薪金</td><td>白米六石八斗</td><td>伙食费</td><td>三石</td></tr>
<tr><td>其他收益</td><td>无</td><td>衣着费</td><td>一石</td></tr>
<tr><td></td><td></td><td>房租水电费</td><td>一石</td></tr>
<tr><td></td><td></td><td>子女教育费</td><td>三斗</td></tr>
<tr><td></td><td></td><td>医药费</td><td>无定</td></tr>
<tr><td></td><td></td><td>杂支费</td><td>一石</td></tr>
<tr><td></td><td></td><td></td><td></td></tr>
<tr><td></td><td></td><td></td><td></td></tr>
<tr><td>合计</td><td>六石八斗</td><td>合计</td><td>六石三斗</td></tr>
<tr><td>附录</td><td colspan="3"></td></tr>
</table>

姓名	教授2	职别	教授兼生辅会主委	家眷人口	妻一、子六、女一

经济状况			
收入		支出	
薪金	月入米六石七斗	伙食费	米四石
其他收益	无	衣着费	
		房租水电费	
		子女教育费	米二石三斗
		医药费	
		杂支费	米四斗
合计	米六石七斗	合计	米六石七斗
附录	本人住校,三子上中学,三子上小学,妻、女在家		

姓名	教授3	职别	教授	家眷人口	妻(55)、女(24)、女(21)、子(18)、子(16)

经济状况			
收入		支出	
薪金	合米六担七斗	伙食费	四担
其他收益	无	衣着费	二担
		房租水电费	暂由校方供给
		子女教育费	一担
		医药费	一担
		杂支费	二担
合计	合米六担七斗	合计	十担
附录	现衣着费及医药费未支,杂支不到二担		

姓名	教授4	职别	电机系教授	家眷人口	共七人

经济状况			
收入		支出	
薪金	六石三斗(市石)	伙食费	三石五斗
其他收益	无	衣着费	五斗
		房租水电费	

续表

		子女教育费	七斗
		医药费	五斗
		杂支费	一石五斗
		书报杂志	三斗
合计	六石三斗	合计	七石
附录	以上所填均按每月收支计算		

姓名	教授5	职别	教授兼注册主任	家眷人口	6,母一人,妻一人,子女三人

经济状况

收入		支出	
薪金	约五石七斗米	伙食费	约四石米
其他收益		衣着费	
		房租水电费	约七斗米
		子女教育费	约三斗米
		医药费	
		杂支费	约六斗米
合计	约五石七斗米	合计	约五石七斗米
附录	衣着、医药费因收入有限,暂无法列入		

姓名	教授6	职别	教授兼植物生产系主任	家眷人口	六人

经济状况

收入		支出	
薪金	六百元,折合白米六石七斗	伙食费	白米四石八斗
其他收益	无	衣着费	白米五斗
		房租水电费	无
		子女教育费	白米八斗
		医药费	不能预计
		杂支费	白米六斗
合计	白米六石七斗	合计	白米六石七斗
附录	医药及意外费用由成年子女酌贴		

续表

姓名	教授7	职别	教授兼主任	家眷人口	8人(连本人)

经济状况

收入			支出	
薪金	底薪600元	伙食费	4000,000 每月
其他收益	收税 50,000	衣着费	无
		房租水电费	100,000 每月
		子女教育费	200,000 每月匀摊
		医药费	50,000 每月匀摊
		杂支费	150,000 每月
		书籍报纸	50,000
合计		合计	950,000
附录			

姓名	副教授1	职别	副教授	家眷人口	父母,兄弟二人,妹一人,婶一人,女一人,侄辈六人,共十三人

经济状况

收入			支出	
薪金	每月底薪360元,折基数151元,合米五石四斗	伙食费	个人每月米七斗五升
其他收益		衣着费	个人平均每月米二斗
		房租水电费	
		子女教育费	一女读中学每月平均米九斗
		医药费	个人平均每月米五升
		杂支费	个人纸烟、行旅等平均每月米九斗(包括每学期返乡川资米四石)
合计	每月米五石四斗	合计	每月米二石八斗,其余米二石六斗按月汇家,作父母弟妹一部分生活费用
附录	本人家庭系大家庭,父已年老,不能生产。弟二人:其一系医生,对日抗战来与本人合力维持家庭;其一本在工厂为职员,积劳致疾,卧病已久。医生自身在对日抗战期中饱经忧患,亦不健康,有时不能应诊,本人即须极力节省个人开支,以济家用,减轻彼之负担			

姓名	副教授2	职别	副教授	家眷人口	父母,子二、女二、妻一

<table>
<tr><td colspan="6" align="center">经济状况</td></tr>
<tr><td colspan="3" align="center">收入</td><td colspan="3" align="center">支出</td></tr>
<tr><td colspan="1" align="center">薪金</td><td colspan="2">五石四斗</td><td>伙食费</td><td colspan="2">约三石五斗(内本人住校伙食七斗五升在内)</td></tr>
<tr><td colspan="1" align="center">其他收益</td><td colspan="2">一石二斗五升(由妻在附近中学校兼教收入补充)</td><td>衣着费</td><td colspan="2">约七斗(仅添置鞋袜每月平均数)</td></tr>
<tr><td></td><td colspan="2"></td><td>房租水电费</td><td colspan="2">约一石二斗</td></tr>
<tr><td></td><td colspan="2"></td><td>子女教育费</td><td colspan="2">约四斗五升</td></tr>
<tr><td></td><td colspan="2"></td><td>医药费</td><td colspan="2">约四斗(父母年迈常须吃药,子女体弱时就医食药)</td></tr>
<tr><td></td><td colspan="2"></td><td>杂支费</td><td colspan="2">约四斗(订报纸一份,本人文具纸张书籍尚无法添置)</td></tr>
<tr><td></td><td colspan="2"></td><td></td><td colspan="2"></td></tr>
<tr><td>合计</td><td colspan="2">六石六斗五升</td><td>合计</td><td colspan="2">六石六斗五升</td></tr>
<tr><td>附录</td><td colspan="5"></td></tr>
</table>

姓名	副教授3	职别	副教授兼总务长	家眷人口	五口(自己、妻、子一、女二)

<table>
<tr><td colspan="6" align="center">经济状况</td></tr>
<tr><td colspan="3" align="center">收入</td><td colspan="3" align="center">支出</td></tr>
<tr><td colspan="1" align="center">薪金</td><td colspan="2">目下月薪合米六石</td><td>伙食费</td><td colspan="2">每月三石</td></tr>
<tr><td colspan="1" align="center">其他收益</td><td colspan="2"></td><td>衣着费</td><td colspan="2">每月鞋袜等五斗,经数月后可略添衣着</td></tr>
<tr><td></td><td colspan="2"></td><td>房租水电费</td><td colspan="2">眷属住校,家中每月五斗</td></tr>
<tr><td></td><td colspan="2"></td><td>子女教育费</td><td colspan="2">半年九石,合每月一石五斗</td></tr>
<tr><td></td><td colspan="2"></td><td>医药费</td><td colspan="2">最近患"类中风",所费较大</td></tr>
<tr><td></td><td colspan="2"></td><td>杂支费</td><td colspan="2">约每月五斗(肥皂、草纸、书报等)</td></tr>
<tr><td>合计</td><td colspan="2">六石</td><td>合计</td><td colspan="2">六石</td></tr>
<tr><td>附录</td><td colspan="5">本人毫无恒产,全赖月薪维持,已养成量入为出之习惯,惟遇物价波动,收入即无形减少。又如遇额外支出(如医药费、亲友交际费等),即感特别困难</td></tr>
</table>

姓名	副教授4	职别	副教授	家眷人口	六口(妻一、子三、女一,连本人共六口)

<table>
<tr><td colspan="6" align="center">经济状况</td></tr>
<tr><td colspan="3" align="center">收入</td><td colspan="3" align="center">支出</td></tr>
</table>

续表

薪金	每月合白米六石零五升	伙食费	每月本人白米七斗,家眷白米二石
其他收益	无	衣着费	
		房租水电费	每月白米七斗五升
		子女教育费	平均每月白米一石八斗
		医药费	
		杂支费	平均每月白米八斗
合计	每月白米六石零五升	合计	每月白米六石零五升
附录	(1)本人住校,家眷住上海 (2)量入为出,衣着费与医药费无余款可支配		

姓名	讲师1	职别	体育讲师	家眷人口	妻一、女四,共六人

经济状况

	收入		支出
薪金	四担八斗(白米)	伙食费	三担六斗(白米)
其他收益		衣着费	二担(白米)
		房租水电费	
		子女教育费	一担(一学期)
		医药费	五斗(每月)
		杂支费	一担五斗
合计	四担八斗(白米)	合计	八担六斗(白米)
附录	本人前略有积蓄,虽入不敷出,亦可补家用。兹因暑假前小女患病,每日赴城内医治,后自己亦患吸血虫病,用去医药费颇巨,内人将于下月内临盆生产,医药费将成问题		

姓名	讲师2	职别	讲师	家眷人口	女(3),女(7),子(5),女(20),子(20),妻(44)岁

经济状况

	收入		支出
薪金	米4.56456石	伙食费	2.7石
其他收益	房租1.4石	衣着费	
		房租水电费	1.6石
		子女教育费	0.3石
		医药费	

续表

		杂支费	1.4 石
合计	5.965 石	合计	6.00 石
附录	衣着、医药等费不列在内		

姓名	助教 1	职别	助教	家眷人口	八口

经济状况

收入		支出	
薪金	三石六斗（每月）	伙食费	三石五斗（每月）约
其他收益		衣着费	无
		房租水电费	无
		子女教育费	无
		医药费	无
		杂支费	五斗—二斗
合计	三石六斗	合计	三石六斗
附录	父口,弟苏南松江区署工作		

姓名	助教 2	职别	助教	家眷人口	父,祖,妻,三孩,不在校

经济状况

收入		支出	
薪金	三石八斗	伙食费	六斗
其他收益	无	衣着费	无
		房租水电费	无
		子女教育费	无
		医药费	无
		杂支费	一石二斗
合计	三石八斗	合计	一石八斗
附录			

姓名	助教 3	职别	体育助教	家眷人口	六人

经济状况			
收入		支出	
薪金	三担米（每月）	伙食费	三担六斗米（每月）
其他收益		衣着费	四斗米
		房租水电费	由校方（配给）
		子女教育费	三斗米
		医药费	一斗米
		杂支费	香烟一斗五升米
合计	三担米	合计	（每月）须四担五斗五升米
附录	衣着、教育、杂支等均未支出		

姓名	助教 4	职别	物理助教	家眷人口	3 人

经济状况			
收入		支出	
薪金	底薪一百二十元	伙食费	合米二石五斗
其他收益	无	衣着费	
		房租水电费	合米二斗
		子女教育费	
		医药费	
		杂支费	合米一石
合计	约合米三石七斗	合计	合米三石七斗
附录	本人在无锡工作，而家在沪，以无锡米价折价计薪更增经济困难程度		

姓名	助教 5	职别	化工系助教	家眷人口	二人

经济状况			
收入		支出	
薪金	120元	伙食费	50元
其他收益		衣着费	30元
		房租水电费	15元

续表

		子女教育费	
		医药费	5 元
		杂支费	20 元
合计	120 元	合计	120 元
附录			

姓名	助教 6	职别	数学助教	家眷人口	一妻一女

经济状况

收入		支出	
薪金	每月薪金约合米三担七斗	伙食费	约二担米
其他收益		衣着费	
		房租水电费	
		子女教育费	
		医药费	约五斗米
		杂支费	约一担二斗米
合计		合计	
附录	每月收入除伙食、医药二项而外,剩下者用于杂支常感不敷,对于衣着当然已经谈不上		

姓名	会计室人员 1	职别	会计	家眷人口	八口(父母,自己,妻,子二,女二)

经济状况

收入		支出	
薪金	五石四斗(每月)	伙食费	三石半
其他收益		衣着费	五斗
		房租水电费	二斗(住屋自己的)
		子女教育费	七斗(子一初中,女一小学)
		医药费	二斗
		杂支费	三斗
合计	五石四斗	合计	五石四斗
附录			

姓名	会计室人员2	职别	会计	家眷人口	父母亲,兄一、妹一、弟二,连本人计七人

经济状况				
收入		支出		
薪金	薪金合米三石七斗	伙食费	米六斗(本人)	
其他收益	无	衣着费	极少添置,无从统计	
		房租水电费	自己住校,供给家中者约米一石	
		子女教育费	供给两弟中学校学费用之一部分	
		医药费	无从统计	
		杂支费	除本人少数另置支出外,余全数贴补家用,计米一石一斗	
合计	米三石七斗之现金	合计	米三石七斗半余	
附录	每月之收入除自己节省日常开支外,余均供给家用			

姓名	医务人员1	职别	医务主任	家眷人口	四人

经济状况				
收入		支出		
薪金	五石五斗	伙食费	二石五斗	
其他收益	无	衣着费	一石	
		房租水电费	六斗	
		子女教育费	无	
		医药费	四斗	
		杂支费	一石	
合计	五石五斗	合计	五石五斗	
附录				

姓名	教辅人员1	职别	图书馆办事员	家眷人口	母妻子女共四人

经济状况				
收入		支出		
薪金	三石(每月)	伙食费	每月2石2斗(家中须6斗,本人6斗)	
其他收益	家中耕田六亩每年收益	衣着费	每月四斗	
	除工资,肥料、户水费缴纳	房租水电费		

续表

	公粮外多余米二石四斗	子女教育费	每月二斗
		医药费	每月五斗
		杂支费	每月五斗(本人也在内)
合计	三石二斗(每月)	合计	三石八斗(每月)
附录			本人在图书馆晚上工作二小时,每月加米7斗多(寒暑假中无),是本学期开始的。每月收入虽不算少,但因家母身体多病,前年又生一年多病,本人自己也一场伤寒病,小儿身体也常不舒服,平均每年医药费用超出上填数目,至今还是欠一大批药账及亲戚的米共15石左右。每年田间收入因此减少了许多,所以经济很为困难

姓名	教辅人员2	职别	教务处办事员	家眷人口	共二人(家母与本人)

经济状况

收入		支出	
薪金	一百元折合基数七十五元(折合白米计2.68125石)	伙食费	白米六斗(本人)
其他收益	家中尚有稻田$(1\frac{1}{2})$一亩田,收益至微	衣着费	约二斗半米(以本人计)
		房租水电费	
		子女教育费	
		医药费	
		杂支费	约一斗半米(以本人计)
合计	约二石七斗米(白米)	合计	约一石(白米)
附录	因家母在原籍(广东),本人薪金之收入除每月约用去白米一石以外,余均汇回家用,但因家乡物价(主要是食粮)往往比此间高贵一至二倍以上,所以家母生活只能量入为出,勉强可过,至于医药等费则无法预存		

姓名	教辅人员3	职别	文书组主任	家眷人口	妻一、子二(在学)、女三(二在学)

经济状况

收入		支出	
薪金	月薪合米四石五斗	伙食费	每月三石
其他收益	无	衣着费	
		房租水电费	每月约二斗
		子女教育费	每月平均一石
		医药费	

续表

		杂支费	每月约三斗
合计	四石五斗	合计	四石五斗
附录	每月收入在极节约下仅敷糊口,衣着医药费无余款支配		

姓名	教辅人员4	职别	办事员	家眷人口	岳母、妻、子,共四口

经济状况			
收入		支出	
薪金	三石六斗	伙食费	二石二斗
其他收益		衣着费	八斗
		房租水电费	
		子女教育费	
		医药费	二斗
		杂支费	四斗
合计	三石六斗	合计	三石六斗
附录	对于寻常之开支向有条理而颇节约,惟遇临时急要之需,在无办法中即以其中次要用途节省一些,设法移用以资抵补,俾免负债之累		

姓名	教辅人员5	职别	书记	家眷人口	妻一、子二、女一,连本人五口

经济状况			
收入		支出	
薪金	每月合白米二石九斗正	伙食费	本人伙食六斗,家属一石二斗正
其他收益	无	衣着费	每月估计二斗
		房租水电费	
		子女教育费	每月四斗
		医药费	
		杂支费	每月白米五斗
合计	每月合计白米二石九斗正	合计	每月支出白米二石九斗正
附录	本人住校,一子一女上小学,妻女在家		

姓名	教辅人员 6	职别	办事员	家眷人口	妻一、子二、女三、媳二、孙儿八,连本人共十七人

经济状况					
收入			支出		
薪金	130元,折合白米三石七斗	伙食费	平均大口每口四斗,小口每口二斗,统计五石二斗		
其他收益	无	衣着费			
		房租水电费			
		子女教育费	中学一人,小学三人,每月平均六斗		
		医药费			
		杂支费	每月平均三斗		
合计	三石七斗	合计	六石一斗		
附录	依照本人收入,每月应亏米二石四斗,由二子所得薪金项下补充				

姓名	教辅人员 7	职别	教务员	家眷人口	7人(父母、妻、子二、女一,连本人)

经济状况					
收入			支出		
薪金	4石1斗3升	伙食费	约3石(本人每月6斗,家属平均约4斗)		
其他收益	无	衣着费			
		房租水电费	约7斗(房租6斗,水电约1斗)		
		子女教育费	约6斗		
		医药费			
		杂支费	约5斗		
合计	4石1斗3升	合计	约4石8斗		
附录	每月约计负债七八斗,衣着无法添置,如有疾病即增加负债				

姓名	教辅人员 8	职别	事务	家眷人口	妻、母、子连本人四口

经济状况					
收入			支出		
薪金	三石二斗	伙食费	二石正		
其他收益		衣着费	二斗五升		
		房租水电费	三斗五升		
		子女教育费	二斗		

续表

		医药费	一斗
		杂支费	四斗
合计	三石二斗	合计	三石三斗
附录	不足之数,以衣着费及医药费做差额		

姓名	教辅人员9	职别	事务组	家眷人口	本人、母、妻、子三、女一,共计七人
经济状况					
收入			支出		
薪金	月薪米四石九斗	伙食费	米二石八斗(每人每月以四斗米计算)		
其他收益	无	衣着费	米七斗(每人最低每月以一斗米计算)		
		房租水电费	米二斗(房子自有水电每月最低二斗)		
		子女教育费	米一石(高中一人,初中一人,小学一人)		
		医药费			
		杂支费	米二斗		
合计		合计			
附录	本人及家属开支,惟恃薪给所入,收支相抵,实际不敷甚巨,如遇疾病,医药意外等支出,惟有紧缩衣着支出费,量入为出,勉资应付而已				

(根据苏州大学档案馆 长 17 文档整理,姓名隐去)

1950年度私立江南大学概况表(华东区高教表一、二、三)

一九五〇年度私立江南大学概况表　高教表一

1.正副校长或校委会负责人	详附表	2.校址	无锡后湾山	3.领导关系	华东教育部
					苏南行政公署
4.解放后变动情况	本校于解放后遵照政府法令改组,校委会由荣毅仁、沈立人继续担任正、副主任委员。一九五〇年七月荣主任委员辞职,校董会聘请沈立人为主任委员负责校务。本校原设文学、理工、农学三院,一九四九年八月呈准取消院名,分设数理、管理、化学工程、电机工程、机械工程、农产制造(现呈准改称食品工业)、植物生产七系及面粉专修科,原有教务处为试行教导合一制,于一九五〇年五月呈准改设教导处。一九四九年度,学生五百六十余人,教职员九十二人。一九五〇年度,学生五百六十一人,教职员九十四人。				
5.发展计划及重点	(一)本校总的培养目标在依据新民主主义思想教育及共同纲领之规定,培养一群勤劳勇敢,既有文化和技术,又有政治觉悟、学用一致的真正能为人民服务的专门有用人才。对于工农各系科都针对这个目标同等重视,平均发展,以求达到"为国储材"的目的。(二)由于本校历史甚短,目前存在的问题是各系科设备尚嫌不够充实,校董会经费艰困,无力筹拨巨款,现每月仅拨一千个上海单位,设备费不敷需用。				

续表

6.行政组织系统	详附表											

	数理系——金圣一			机械系——夏彦儒								
7.院系	管理系——夏宗辉			食品工业系——朱宝镛								
	化工系——张泽垚			植物生产系——郭守纯								
	电机系——金宝光											

8.专修科	面粉专修科——沈立人		9.研究所	

10.教学组织

全校性（不属各系科者）			属于各系科者				
名称	负责人姓名	参加人员数	名称				

11.本校及附校人数

总计	高教表二	高教表二附表	高教表三				附校						
	学生	学生	合计	教师	职员	工警	校名	总计	学生	教师	职工	入学程度	修业年限
714	561		153	72	22	59							

12.每月全校经费及来源

	总计	教学行政费总数	教师工资总数	职工工资总数	助学金总数	来源
当地现用单位	上海折实单位26,320	7,020	14,297	5003		校董会按月贴补18,000个上海折实单位,余由学杂费收入抵冲
折合人民币	131,600,000	35,100,000	71,485,000	25,015,000		

13.重要设备	详附表	14.附属单位	农场
			工场

备注	1.本校遵奉苏南行政公署刘季平副主任指示,本学期组织校务协商委员会代行校委会职权。
	2.教学行政费总数内包括农场490个单位及工厂750个单位。每一个上海单位以人民币5,000计算。

学校主要负责人　沈立人　　　　填表员　　　　　填表日期　12月22日

一九五〇年度私立江南大学学生人数统计表（第一学期）　华东区　高教表二

系科	总计			一年级			二年级			三年级			四年级			五年级			六年级			七年级			修业年限	入学程度	备考
	计	男	女	计	男	女	计	男	女	计	男	女	计	男	女	计	男	女	计	男	女	计	男	女			
总计	561	501	60	228	200	28	172	154	18	83	77	6	78	70	8											高级中学毕业或后期师范学校及高级职业学校毕业后有两年之服务证件者，或有人民政府教育行政机关工会及解放军团以上政治机关证明有同等学力者	另有机械系三、四年级学生十名借读之江大学，化工系三年级学生六名借读东吴大学，前经济系二年级学生一名借读金陵大学，数理系二年级学生一名借读大夏大学，均未列入计算
1)各系合计	473	413	60	194	166	28	148	130	18	53	47	6	78	70	8										四年		
管理系	147	112	35	44	31	13	31	22	9	35	30	5	37	29	8												
数理系	11	10	1	11	10	1																					
电机系	88	88		30	30		30	30		10	10		18	18													
机械系	63	63		33	33		30	30																			
化工系	59	50	9	24	18	6	26	23	3				9	9													
植物生产系	44	36	8	28	24	4	16	12	4																		
食品工业系	61	54	7	24	20	4	15	13	2	8	7	1	14	14													
2)专业科合计	88	88		34	34		24	24		30	30														三年		
面粉专修科	88	88		34	34		24	24		30	30																
3)研究生																											

学校主要负责人　沈立人　　　　填表员　　　　　　　　　　填表日期　12月22日

一九五〇年度私立江南大学教职员及工警人数表　华东区　高教表三

系科	教师人数													备考
	总计			其中女教师数	总数中									
	计	专任	兼任		教授		副教授		讲师		教员		助教	
					专	兼	专	兼	专	兼	专	兼	专任	
总计	72	53	19	5	22	13	5	3	2	1	2	2	22	
1.各系合计	62	45	17	5	20	13	3	3	1	1			21	
管理系	9	9		1	6		1						2	
数理系	9	8	1		1	1	1		1				5	
电机系	5	3	2		2	2							1	
机械系	12	7	5		2	4	1	1					4	
化工系	10	7	3	2	3	1		2					4	
植物生产系	10	8	2	2	4	2							4	主任委员一人，教导长一人，副教导长一人，总务长一人，均列入管理系。注册组主任列入数理系。面粉专修科有特约讲座二人，列入面专科教员兼任栏内。
食品工业系	7	3	4		2	3				1			1	
2.专修科合计	3	1	2						1			2		
面粉专修科	3	1	2						1			2		
3.共同课程合计	6	6			2		1					2	1	
政治课	3	3					1					2		
体育	2	2			1								1	
语文	1	1			1									
4.其他合计	1	1					1							
图书馆	1	1					1							

部门	职员及工警人数									备考
	职员				工警					
	总计	其中女职员数	总数中			总计	其中女工警数	总数中			
			行政人员	教学辅助人员	技术人员			技术工人	勤杂人员	校警	
总计	22	2	16		6	59	1	8	49	2	
1.行政部门合计	17		15		2	20		4	14	2	
主任委员办公室	1		1			1			1		
教导处											
注册组	2		2			2			2		
生活辅导组	1		1			1			1		
讲义组	1		1			1			1		
体育组											
图书馆	2		2			1			1		
总务处											
文书组	2		2								
事务组	3		3			12		4	6	2	
出纳组	1		1								
医务组	2	1			2	1			1		
会计室	2	1	2			1			1		
2.院系合计	5		1		4	22		4	18		
电机系	1				1						
机械系	2		1		1	7		4	3		
化工系						2			2		
数理系						1			1		
植产系	2				2	11			11		
食品系						1			1		
3.其他合计						17	1		17		
教职员宿舍						5			5		
学生宿舍						5	1		5		
学生膳团						7			7		

学校主要负责人　沈立人　　　　　统计员　　　　　　　　　填表日期　1950 年 12 月 19 日

（来源：苏州大学档案馆 永 15 001-003）

直接领导机关：苏南文教处、华东教育部

立别：私立

学校名称：江南大学

地址：无锡后湾山

1951年度第一学期报华东教育部、苏南行政公署概况表

（一）一般情况

正副校长或校委会全体负责人姓名	校长　沈立人
所设院系名称及主要负责人姓名	工业管理系　夏宗辉　　化学工程系　张泽垚 数理系　金圣一　　　　食品工业系　朱宝镛 电机工程系　金宝光　　农艺系　郭守纯 机械工程系　夏彦儒　　面粉专修科　朱宝镛
附属单位名称	机械工场　农场
教学小组名称	数理教学小组　　　　社会发展史教学小组　　无机化学教学小组 电工教学小组　　　　新遗传学教学小组　　　食品工业教学小组 英文教学小组　　　　机械动力教学小组 经济核算制教学小组　机械设计与生产教学小组

（二）本科学生数

院系（科）组别	一年级		二年级		三年级		四年级		五年级		六年级		合计	其中女生数	入学程度	规定修业年限
	秋季始业	春季始业	秋季始业	春季始业	秋季始业	春季始业	秋季始业	春季始业	秋季始业	春季始业	秋季始业	春季始业				
	(1)	(2)	(3)	(4)	(5)	(6)	(7)	(8)	(9)	(10)	(11)	(12)	(13)	(14)		
工业管理系	28		19		31		29						107	22		
数理系	9		1										10	0		
电机工程系	23		12		28		10						73	0		
机械工程系	22		27		27		6						82	0	高中毕业	四年
化学工程系	20		24		21		6						71	11		
食品工业系	26		20		13		8						67	9		
农艺系	18		21		14								53	11		
总　计	146		124		134		59						463	53		

（三）专修科学生数

科　别	一年级		二年级		三年级		合计	其中女生数	入学程度	规定修业年限
	秋季始业	春季始业	秋季始业	春季始业	秋季始业	春季始业				
	（1）	（2）	（3）	（4）	（5）	（6）	（7）	（8）		
面粉专修科			21		22		43	0	高中毕业	三年
总　计			21		22		43			

（四）学生家庭出身

	工人	职员	革命军人	小手工业者及小商小贩	自由职业者	私营工商业主	雇农	贫农	中农	富农	地主	其他	合计
	（1）	（2）	（3）	（4）	（5）	（6）	（7）	（8）	（9）	（10）	（11）	（12）	（13）
工业管理系	37	0		31	4	12	0	0	2	3	9	9	107
数理系	4	0		2	1	3	0	0	0	0	0	0	10
电机工程系	29	1		19	2	4	0	0	2	0	10	6	73
机械工程系	38	0		20	2	10	0	0	2	0	7	3	82
化学工程系	31	0		7	4	22	0	1	2	1	3	0	71
农艺系	18	1		12	3	9	0	3	0	1	4	2	53
食品工业系	28·	1		20	6	5	0	0	0	0	7	0	67
面粉专修科	20	0		10	2	5	0	0	0	0	5	1	43
总　计	205	3		121	24	70	0	4	8	5	45	21	506

附注：本校学生家庭出身于开学初即已调查统计，惟调查时将工人与职员并入"职工"一项，如现在所报者。目前一时又不易调查，且在同学思想中工人与职员又很难严格区分。总之，本校学生家庭出身属工人者为数极少，约不满 25 人。

（五）本科教师数

院系（科）组别	专任教师						兼任教师					
	教授	副教授	讲师	助教	合计	其中女教师数	教授	副教授	讲师	助教	合计	其中女教师数
	（1）	（2）	（3）	（4）	（5）	（6）	（7）	（8）	（9）	（10）	（11）	（12）
工业管理系	6	2		2	10				1		1	
数理系	2		2	4	8		1				1	
电机工程系	2			3	5		2				2	
机械工程系	4	1	1	4	10		1	1			2	
化学工程系	4	1	1	4	10	2	1	1			2	

续表

食品工程系	2			2	4		3			3	
农艺系	2		2	3	7	2	4			4	
总　计	22	4	6	22	54	4	12	2	1	15	

（六）专修科教师数

科　别	专任教师						兼任教师					
	教授	副教授	讲师	助教	合计	其中女教师数	教授	副教授	讲师	助教	合计	其中女教师数
面粉专修科	（1）	（2）	（3）	（4）	（5）	（6）	（7）	（8）	（9）	（10）	（11）	（12）
总计			1		1				4		4	
			1						4			

（七）公共必修课教师数

公共必修课程名称	专任教师						兼任教师					
	教授	副教授	讲师	助教	合计	其中女教师数	教授	副教授	讲师	助教	合计	其中女教师数
	（1）	（2）	（3）	（4）	（5）	（6）	（7）	（8）	（9）	（10）	（11）	（12）
政治		1		3	4	1	1			1		
英文	1	1			2							
俄文									1		1	
体育	1		1	1	3							
总计	2	2	1	4	9	1	1		1		2	

（八）职工数

职　员			工　警	
总　数	其中医务人员数	总数中女职员数	总　数	其中技工数
（1）	（2）	（3）	（4）	（5）
27	2	2	63	10

校长（校委会主席）姓名　沈立人　签章 ＿＿＿＿

统计负责人姓名 ＿＿＿＿ 签章 ＿＿＿＿

制表人姓名 ＿＿＿＿ 签章 ＿＿＿＿

填报日期　1951 年 11 月

（来源：江南大学档案馆 SLJD-1）

江南大学进行思想政治教育情况第一次汇报

（呈华东教育部、苏南文教处 一九五一年十一月十日）

一、"社会发展史"的教学内容、方法与组织等方面的情况：

（一）内容：

1. 遵照共同纲领的规定与钧部的指示，着重肃清在同学中存在着的封建的、买办的、法西斯蒂的残余思想，改造群众中非民族、非科学、非人民的思想，使之建立和发展工人阶级领导的、以工农联盟为基础的新民主主义思想，并进而使之为人民服务。

2. 使之确立唯物、历史观点、劳动观点、群众观点、阶级观点，使之理解阶级斗争的必然性，社会发展的规律性，明确认识社会的经济基础与政治建筑、思想意识三者的交互关系与作用，并从而认识中国革命的实际，使之为新民主主义社会建设的彻底胜利而努力，并进而为人类崇高的理想社会——共产主义社会实现而奋斗。（附"社会发展史"教学计划》）

（二）组织：

已成立"社会发展史"教学小组，但由于教师助教都系兼任（教师一人由教务长兼任之，助教三人并兼生辅组工作），都工作繁重，致未能定时研讨，而教学小组工作亦未能有计划的［地］展开。本学期一年级新同学共一百四十六人，分大小班两班授课，大班九十四人，小班五十二人，政治教师上大班，一位助教上小班。

（三）方法：

教学方法以课堂讲授为主，也有小组讨论，但次数不多。同学自学因人手缺乏致尚未进行适当地指导。

一般同学对"社会发展史"这一课程是比较有兴趣，比较重视的。授课者在工作繁忙中尽可能抽一部分时间来准备。但因师资实在缺乏，在教学效果上、同学理解程度上及同学的思想情况方面都了解不够。因而对教学方针的贯彻是受了一定的影响。

二、"政治讲座"的进行情况：

本学期"政治讲座"学习情况比上学期较好，表现在全体同学都出席听讲了，多数同学都记了笔记，但仍有部分教师不够重视。开学以来共已有过三次政治讲座，第一次系由苏南行署许副秘书长报告伟大祖国二年来的辉煌成就。第二次由苏南行署文教处高教科程科长报告目前形势与如何克服教育工作中的混乱现象。第三次由本校教务长讲本校本学期教学计划的问题。以上这些报告，一般反映良好，特别是许副秘书长的报告，使同学们更加明确了新民主主义社会制度的优越性与共产党、毛主席的正确领导。从本星期起，

"政治讲座"均由文教处统一布置。

但反映在另一方面,虽然同学们一般的对业务学习比过去是认真些了,但部分同学对时政却又有了不关心的倾向,现已引起学校的注意,正设法及早避免新的混乱现象。

三、爱国主义教育在各门业务中贯彻的情形:

通过上学期三大运动之后,一般教师在思想水平上都有了提高。本学期开学时教师们开展学习讨论教育部所颁关于纠正混乱现象及改善健康教育两文件及我校本学期教学计划,对于必须贯彻爱国主义到各业务课中去一般都有了明确认识,惟从个别教师反映中,知道这一要求还不能普遍展开。原因是否由于纯技术观点太重,抑尚有其他理由,须待教学进行至相当时间,方可得出结论来。

"社会发展史"教学计划

(一)范围·进度·要求

第一,学习的目的与方法(一星期:三小时)

要求:正确认识学习的目的和方法。

第二,从猿到人(二星期)

要求:建立劳动观点、群众观点。

第三,原始共产主义社会(一星期)

要求:认识无(产)阶级社会历史上存在过,今后应该也必然是无产阶级的社会。

第四,奴隶占有制度社会(一星期)

要求:了解阶级的必然产生与必然消灭及奴隶主对奴隶的残酷统治。

第五,封建社会(二星期)

要求:了解社会的起源,特点及崩溃原因及中国封建社会的长期停滞。

第六,资本主义社会(二星期)

要求:理解历史上三种私有财产制度的兴起与崩溃的原因,理解剥削的残酷性和阶级斗争的必然性。

第七,社会主义社会—共产主义社会(二星期)

要求:理解社会发展的规律性,确信社会发展的必然趋向;无剥削,无阶级社会。

第八,新民主主义社会——条条道路通向共产主义(二星期)

要求:坚定中国走向社会主义、共产主义的信心,并为其实现而努力奋斗。

第九,经济——政治——思想意识三者的交互关系与作用(三星期)

要求:认识 1. 生产力与生产关系 2. 阶级、国家、政治 3. 社会存在决定社会意识这三个重要问题,从而树立辩证的唯物观点和科学的历史观点。

第十,总结(一星期)

要求:检查各阶段教学的效果,并使之对社会发展史的学习作系统化、深刻化、明朗化的领悟。

(二)课本及参考书:

第一,课本:《社会发展史》(解放社)

第二,参考书:《历史唯物论·社会发展史》(艾思奇)

《辩证唯物主义与历史唯物主义》(斯大林)

《广义政治经济学》(许涤新)

(来源:江南大学档案馆SLJD-4)

江南大学"社会发展史"教学计划思想政治教育第二次汇报

(江南大学发文第 1734 号　1952 年 1 月 14 日)

呈华东教育部　抄呈苏南文教处一份

第二次汇报

一、关于"社会发展史"方面:

本学期"社会发展史"先由骆美轮、朱祖培二人分班担任后,因骆负责行政工作,教务长职务太忙,就在学期中途由行署许符实副秘书长完成了教学计划。讲授方法除重点讲授理论体系外,并着重联系革命实际。每次讲完后,由社会发展史教学小组拟发讨论提纲发各小组讨论,以同学学习小组为单位。政治课助教因只三人且均兼生辅组职务,故不能普遍参加小组讨论,不能很好掌握同学思想情况,主要依靠课堂讲授来提高同学的思想水平。如有些工商子弟因家庭经济情况不如从前,致甚为不满,也有些地主子弟思想上总有些别扭,通过学习现在的认识已经提高了。尚存在的问题:猿是什么变的?现在的猿是否还能变成人?有些基督徒根本不承认人是猿进化的,他说如果他们的宗教代表人说了人是猿进化的,他们就可以相信。

二、在政治讲座方面:

本学期由文教处负责,请专人报告,每间周一来,看是比上学期成绩好了,尤其是最近一次,由文教处朱少香秘书作增产节约动员报告,在全校师生员工的思想上起了一定的作用,因而此项运动已能初步展开。又由于文教处预先拟定(在开学之初)报告题目,不能针对学校中新发生的问题及时解决,在开展克服学校教学中的混乱现象而未能着重指出必须关心时政,提高思想水平,并产生了新的混乱现象,有忽视时政强调业务的倾向。待钻进书本子里去了,又强调师资设备不好,而引起调整院系之波动,非但同学学习情况骤然低落,且影响师生间的团结与校行政一系列工作之展开。现在部分同学鉴于调整院系不能立刻实现,就想借读他校,更有少数同学要求退学。最近听到三年级同学可以提前一年毕业的消息后,对于调整院系与借读的情绪似较缓和。由此可见,同学的政治思想水平是低的(当然领导上没及时或事先注意也有关)。全校师生普遍不理解好学校的伟大意义。

三、在爱国主义思想教育贯澈[彻]到各业务课程中的情形:

一般地说来由于教师们受思想水平的限制,有不知如何贯彻之感,如数理系数学小组提出"贯彻爱国主义思想教育的情况,因为缺少有关爱国主义材料所以实行上有困难"。现在各教学小组及各系正在作各项工作总结,详细情况须待下次再作汇报。

洪　一·十一

□　一·十一

(来源:江南大学档案馆SLJD-4)

私立江南大学一九四九年上学期总结报告

甲、一般情况:

一、教职员——九十二人

1.专任教师五七人。2.兼任教师一三人。3.职员廿二人。4.工友五六人。

二、学生数——五六四人。

三、班级数——七学系一专科。

四、图书——中西文书籍一六○八三册。

五、仪器——一九七种。

六、化学药品——一八八种。

七、标本:植物五二七八号,动物四橱。

八、农具:百余具。

九、行政组织(如附表)。

乙、行政工作:

这一学期的校行政工作由于师生员工政治觉悟的提高,认识了自己当家做主的思想,紧密团结,在一致提出办好学校的口号下,各方表现很好。经过校委会的领导推动,校行政有显著的进步,主要的有如下列各项:

一、调整院系课程:自解放以后深感过去各院系课程颇多不合实际需要,为适应环境,大量培植工农建国人材起见,经将原有文、农、理工三院课程分别调整,取消院名,改设七学系一专科。这一措施事前经过缜密考虑,征求师生意见,数度协商后,呈奉核准施行。

各系课程完全专材教育,并着重生产教育,以期造成实用人材。

二、延聘著名教师:过去延聘教师多由学校负责人单独主持,往往偏重情谊,不能顾到人材。本学期采取民主作风,新聘教师均授于系科主任负责,因此罗致国内著名教授颇多,如樊映川、张泽垚、闻诗、毕仲翰等。本学期教授阵容非常整齐,获得同学爱戴。

三、协商学费:本学期原定学杂各费四石五斗,经同学要求减低,初步协商决定先缴一石五斗,其余于入学后召集八方代表会商,减低至四石,同学方面未通过。延至十二月十九日第一次校委会议,荣主委为照顾同学本学期实际困难,改收三石五斗,并决定了下学期缴纳数额。这样民主协商,满足同学的希望,顺利解决了学费问题。

四、增添设备:本学期各系科设备分别增添充实,并增辟化工、物理、农产等实验室十二间。农场购进乳牛五头,又在后湾山校址附近价购山田地廿余亩,另辟农场,供学生实习。田地开垦实施勤工助学办法,补助清寒学子。化工系已筹划在下学期制造肥皂、牙膏等日用品,力求生产与教育结合。体育文娱方面设备亦经积极充实,学生课外活动情绪颇高。

五、健全校行政组织:学院中还存在着教职员工待遇的不平等和人力物力的浪费现象,经过校委会的商讨,决议组织经费审核、评议、生产节约各委会来负责主持各项任务,协助校委会推进校务,达到公平合理、精简节约的地步。各委会正相继组织座中生,下学期即将开展全面工作。

六、清寒助学运动:由于学费问题,迁延很久始告解决,米价直线上涨,影响一般同学缴费困难,若干个别同学也观望不缴,学校经费预算收到极大影响,经过校委会的决议,限期催缴。真正清寒同学另由教职员工、同学联合发起助学运动,申请清寒助学同学由学生会组织评议会,采取自报公议方式,并实地调查家庭经济状况,因此,许多不十分困难的同学,放弃了申请,设法缴纳。六十余位清寒同学得到助学金,解决了困难。另有少数同学则获得个别教授的奖学金(如沈立人、孙时中、邵子民三先生均设有奖学金名额),在这次清寒助学运动中,全体师生员工表现出无比的精诚热爱,加强全校的大团结。

校行政的获得初步成就,是由于这许多工作是符合大数人的要求,并遵照政府的指示执行。但一学期来,也发现若干缺点,主要的是同学对学校要求太高,爱护心不够,只知自己的困难,不顾到学校整个的困难。此外,学习情绪欠紧张,生产劳动的观念还未完全确立,使得校行政推行还不能尽如理想。

丙、教务工作:(照抄)

丁、生活辅导工作:(照抄)

戊、教师在职工学习:

己、总务工作:

庚、体育组工作:

附表：

私立江南大学行政组织系统

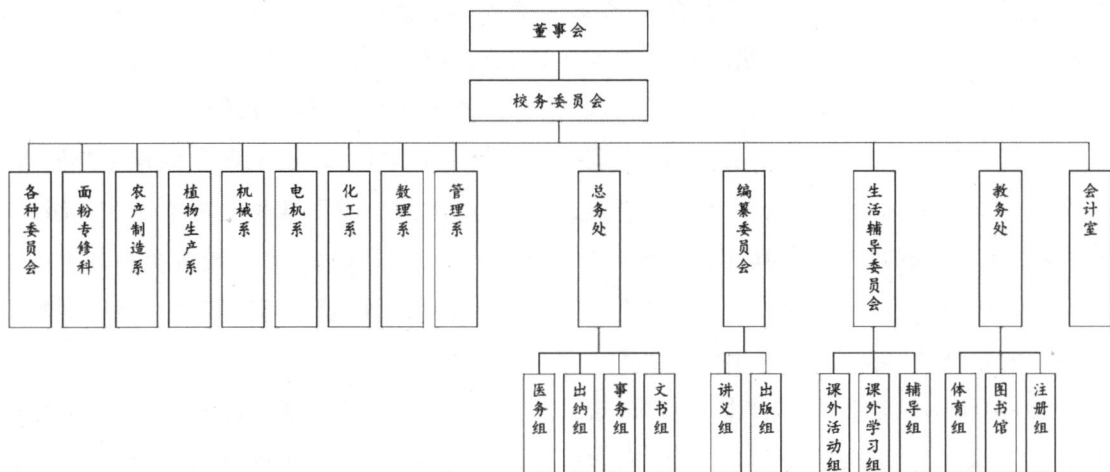

```
董事会
  │
校务委员会
```

各种委员会　面粉专修科　农产制造系　植物生产系　机械系　电机系　化工系　数理系　管理系　总务处　编纂委员会　生活辅导委员会　教务处　会计室

总务处：医务组　出纳组　事务组　文书组
编纂委员会：讲义组　出版组
生活辅导委员会：课外活动组　课外学习组　辅导组
教务处：体育组　图书馆　注册组

（来源：江南大学档案馆SLJD-4）

私立江南大学一九四九年度第二学期总结报告

甲、行政部分：

A. 在行政与教学领导上有些什么改进？

这一学期的行政与教学领导上，经过五月十一日全校校政检讨大会以后，存在着的某些缺点都已分别纠正，对于政治思想水平提高了一步，各部门工作作风有显著的改进，尤其是加强行政与教学上的领导表现了很大的成就。如教务处与生辅会的合并为教导处，试行教导合一制度。校委会的改组，并增加第二副主委一人，协助第一副主委推进校务，大大减少了校务迟滞的现象。改组后的校委会自五月十二日到放暑假为止，共开过十四次会议，决议了八十五案，均是最切要的重大问题。行政领导上，抱着遇事协商的态度，虚心采纳各方意见，一切决议案均根据此项精神作出，并贯彻执行。有决议案□形势未即执行，也有各委员推动的议案□行不免迟缓。大体上各议案□抓紧时间赶□执行。校内各种重要章则，尽先择要厘订，初步建立健全体制。总务处每月举行工作检讨会议，从而纠正缺点，提高工作效能，确立为人民教育而努力的观点。教学方面由于师生间的了解，进度颇快。其他如课程改革的会商计划、农事试验场地得增加了两处、工厂设备的购置，对于教学上均有很大的帮助与改进。

B. 有什么困难？

（1）本校经费全恃校董会津贴,学杂费收入仅敷月余经常开支。上学期每月经常费约合二万无锡折实单位。自本年二月六日上海遭匪机大轰炸后,校董会经营之纺织等工厂几全部停顿,本校经费来源受极大影响,全校预算始终未能确立,员工薪金不能按期发出,各种设施无法展开。师生情绪均极波动。直至五月份与上海申新系总管理处成立后,本校经费始列入申新社会事业经费项下,初步决定上海部分每月(自五月份起)贴补一万一千上海折实单位。最近连无锡部分已决定一万八千上海单位,教员工薪金折减后连同办公费用每月支出约为一万七千余无锡单位,收支仍属不敷。而下学年度可增加四年级一班,现有经费更不敷甚远。但目前工商业尚未基本好转,困难仍多,本校校董会有其困难,已尽极大努力,而目前教职员工薪金积欠,生活相当艰困,更待设法解决。由于经费艰困,影响了校务进展,更为此次学生发动延期大考的最大藉口。

（2）由于本校学生大部分来自农村,遭到严重的灾况,学费已成为严重的问题。每学期发生争执,学生方面希望尽量减低,入学后又往往拖欠短少,学校预算深受影响。本学期规定学杂费为九十个无锡折实单位,开学后缴清学杂者,只十分之一二。申请减免人数达百分之七十以上,更有一小部分学生既不缴费,又不申请,占住校中,增加了不少困难。由于申请人数过多,免费问题僵持甚久,不能解决。注册期限无法截止,学校经费更因此加重,延至六月上旬发动了全体教师协助免费评议工作,展开各小组自报公议。免费名额由校委会决议扩充到百分之廿四,减免费问题方始解决,注册日期得于六月十九日截止,学期开始办理的手续,到学期快要结束时办清,耽误了教务上许多规定工作。本学期欠缴学费尚有三千余无锡折实单位,甚难收取。下学期学费同学方面已提出意见要求减低,并采用宝塔式分年级收费办法,校委会一再开诚协商,荣主任委员并表示学费数字参照各私立大学及本校上学期收费数目,酌予减低,宝塔式收费各校无此先例,须加考虑。同学尚未同意,校中正在收集资料,在继续协商中。

（3）本校历史较短,基础未固,一切尚待充实,近因校董会经费艰困,校内各种设施,暂时无法展开,形成学生心里不满,同时学生对学校要求过高,依赖心重。对目前情况未能彻底认清,只强调自己困难,不照顾到学校困难,本学期来,学生情绪极度波动,始终不能安定,致连续发生许多问题,主要的如学生会组织之梅园护梅团与附近农民发生互殴事件,情势相当严重,经公安局调解平息,事后学生所护梅子果实无几,并未得到经济上帮助,而校中负担相当的医药费用;其次是转学东北去问题,学生会派代表赴沪与东北招聘团接洽集体转学东北去,此一行动有拆垮学校可能,幸经政府当局开讯,力予制止,苏南文教处陶处长并亲临校中报告,予以宝贵指示,方扭转了悲观局面,并掀起全校革新运动,校政获得显著进步。但由于各方面团结不够,不能推诚合作,经费困难又未能完全克服,致师生情绪仍不安定,终于本学期结束前又发生了延期大考的严重问题。虽经政府当局、学校主持人及各教师尽力劝导同学服从国家法令，按期大考，学校一切问题当负责解决，但学生方面始终坚持，未予接受，致学期考绩工作不能执行，严重地影响了学校行政，更加深了今后的困难。

（4）本校校董会鉴于经费艰困，力难负担目前校中开支，本学期来已积欠员工薪金两月约计三万四千余无锡折实单位，影响员工生活，引起情绪不安，致学校未能步入正轨。同时本校各系科学生人数除一年级外，其他二、三年级多则十余人，少只一人，学校负担过重，故拟就现有七系一科中，自下学期一年级起，择其性质课程相同之系科，酌予合并，以节经费而徐图充实。并为考虑本校在新民主主义教育上所负担之任务起见，亦有精简现在系科之必要。此案经校董会提出后，各方反映不良，则意见极难一致，但校董会限于经费，势在必行，时机迫促，即待协商解决。

C. 有些什么经验教训？

由于城市工商业处在调整与改造过程中，部分农村又遭到严重灾况，一般私立学校因此遇到一时的困难，本校更较他校为甚。因为经费来源完全恃校董会贴补，一旦来源受阻，困难之深自不待言。要渡过目前难关，必须师生团结一致与困难搏斗，始能克服。而本校师生各方表现不够，以致存在着许多问题，迄难顺利解决，主要的有着如下的经验教训：

（1）政治思想教育未展开——由于本校政治课程合班上课，每周只一次讲演，教师又系兼任，本学期缺课颇多，课外各小组学习，过去又未展开，直至六月上旬开始组织就绪，政治思想教育可说全未展开，因此学生思想意识模糊，对目前情势认识不清，只强调自己的困难，不能照顾到三方，又依赖心重，如要求宝塔式分年级收费办法、四年级贷学金等，表现着个人主义作风。部份［分］学生收到家中寄来学费就任意乱花，不去缴纳，学校经济困难置之不问，这种不负责任表现，完全是思想未搞通，所以学校困难也就无法获得解决。

（2）全校团结不够——本校常有人事纠纷，校行政推进困难，学校未能稳步前进，症结所在，全由于各方团结不够，存在着个人主义，彼此间不能推诚合作，团结一致，如本学期开学不久，校委会为了讨论人事问题，就发生了很大的冲突。以后经过五月十一日的检讨大会，全校行政部门展开了批评与自我批评，当时发生了若干偏向，但大体说来是有收获的，校政有了显著进步。然而事实说明各方面团结仍嫌不够彻底，不能化除私见，克服困难，在本学期最后一次校委会议中，仍发生意见，校中各方面意见又极复杂，因而更激动了。此次学生要求延期大考的风波，各方口头都是"搞好江大"，实际行动往往不能配合，问题就趋复杂。必须要抛弃个人主义的包袱，站在同一目标下，师生团结，克服困难，才会有光辉的前途。

（3）生产节约未展开——校中仍存着严重的浪费现象。主要的如校本部的电力电灯消耗数量,逐月在增加。(电力:二月份四三五;三月份八〇一;四月份一七五七;五月份一五八九;六月份一八八八。电灯:二月份六六三;三月份七九九;四月份一二二六;五月份一〇〇四;六月份九七七)个别同学常常使用电炉、电热器等,不肯节约。其次如讲义纸张的任意印刷及学生会经常领用大量纸张,均漫无限制。又如此次学生暑期实习领用了相当数量的药品滴滴涕等物品。由于精简节约委员会本学期只开过一次会,并未展开工作,全校节约无法推进。生产方面,除通过委员会组织大纲外,一切尚未进行。因此学校困难加深,不能克服。

D. 对中央人民政府财经统一规定的认识及执行的情形如何?

中央财经统一的规定是争取全国财政收支平衡、稳定金融物价、改造国民经济、建设新民主主义经济的一个非常重要的步骤,是中央人民政府成立后的最重大施政之一。在毛主席与中央人民政府正确领导下获得了显著的成效,如征收公粮、整理税收、发行公债、统一收支及现金管理、整编人事、开展节约运动、清理物资、调整工商业等工作的实施,对于平稳国家财政收支,稳定金融物价,起了有效的作用,使我们的财政情况开始好转,创造了工商业经济生产发展的先决条件,我们一致坚决为中央人民政府的这些英明决策的彻底实现而努力。但各级人民政府在执行统一财经决定过程中,也还发生了一些缺点和错误,如在税收、公粮、公债等工作中,有些地方存在畸重畸轻的现象及强迫命令的作风,虽已经分别纠正改进,今后仍须严加注意和警惕的。

E. 对华东教育部的批评与建议:

华东教育部于今年三月间正式成立,在短短的数月中,对华东教育领导上表现着很好的成绩,如本届公私立大专毕业生的统一分发、统一招生及统一分配暑期实习等工作,有计划地、有步骤地进行,照顾到各方面,减少许多困难。这些工作的表现创吾国教育行政之新纪录。本校在这一学期发生许多问题,幸蒙华东教育部及苏南文教处明确指示并莅校处理,热力维护,深为全校师生拥戴。预料今后本校困难尚多,希望政府多予指示,俾姿遵循。我们一致坚决为新民主主义教育而努力。

(来源:江南大学档案馆SLJD-4)

私立江南大学一九五〇年度第二学期工作总结

本学期来,我校已经很显著地在原有的基础上大大地提高了一步,无论在教学方面、团结方面或者行政组织方面都显示出这种提高的事实现象。分析起来,这种进步的获得,一方面固然是得力于校董会经费上的支持,而另一最大的因素实在是由于政府的英明领导大大地提高了全校师生员工的政治觉悟,纠正了小我的偏见,掌握了正确的方向,团结一致,有计划、有步骤地稳步前进。兹将本学期来的工作情况与意见,分作教务(包括政治教育与业务教育)、总务以及行政财务等三方面来总结如下:

教务总结

一、本学期工作概况:

(一)政治思想教育

甲、本学期政治思想教育概况:

上学期还是大多数"不靠拢的问题""来不来上课的问题",厕所写反动标语,政治教员身后有嘘嘘之声的情况,经过上学期参干运动及宿舍问题的解决等的教育,最重要还是形势的基本明朗。

本学期开始即呈现新气象,但还用保证上好政治课,参加各种大会为口号和挑战。但因毫无基础以及旧思想未加入新思潮起变化,以前的一切现象,更增加了工作的困难,如不发言、背后乱说等。因此整个工作着重是使他们来靠拢,了解政治教员,使他们对政治问题研究有兴趣,先使他被动地接受,然后转入主动列要求。

1.政治思想教育的几个方面:

政治课。

一年级一八七人,由骆美轮先生担任大班主讲,由沈祖洪、朱赓孙二位辅助。因白天讲课困难,改在晚上讲授。其余以前基础不足,又无时间重读,二、三、四年级□□,"新民主主义论"由刘天民、朱祖培二位分六个班,每班五十至六十人。

因为无基础,除遵照教部指示进程以外,先解决几个问题:个人与社会的关系问题;新旧社会明确对比问题;分析中国社会性质,解决三敌四友,必须革命的问题。期考改错题目频收效果,使同学了解必需体味精神,课程完全讲了,发给提纲及开列参考书单可自学。上课前按讲材提出一二个问题及根据当时同学提出的问题,力求主动。

收获:同学均引起了兴趣,自动地研究问题、考虑问题,能从大处着眼,建立虚心学习的态度,通过理论学习认识提高了,全校正气抬头,掌握原则进行批评。

缺点:本学期仍是讲演式的灌输方式,小组会未能掌握指导。有的流为形式,有的开不起来,分量前后不均,未曾按计划进行,思想情况掌握不够。

下学期动向。

拟以新生一年级为重点,集中力量搞社会发展史,好好学习运用,学习小组试行"习明纳尔"① 教学方法,每人领导一小班。

---

① "Seminar"的音译。指大学教师带领学生做专题讨论的研讨课。

2. 课外活动

可分三种方式：一种是通过事务处理中带有思想性，这方面由生活辅导组为主；另一方面，领导一个班级完成一项工作的；第三方面是各项活动。

减免费评议、请假问题等。

领导一个班级的活动。

（1）毕业班民主评议

因为毕业班同学填表，要政治教员提意见，一方面不可能完全了解，借此进行互评，通过这工作，可以提高并消除存在的问题，因为同学中存有对政治教员有错误看法，以为仅仅注意缺点或草菅政治面貌问题，经过思想动员确立评议态度，及使［时］掌握评议提纲的精神，展开得很好，每个同学均感觉提高和有兴趣。

通过评议的收获及缺点：

收获：同学们对"批评自我批评"有了准确认识，查出了缺点及优点，认识与自己认识了，帮助认识了学校对同学的责任，消除了一般对政治教员的错误看法。

缺点：在那基础上做一总结，必可更提高一步，惜乎当时未有抓紧时间做这工作，有少数同学在评议中发生问题，未能耐心说服和开导。

（2）淮河考察

领导毕业班去淮河考察，随时掌握实地情况，说明问题及决定计划总的方针是：

①过去和现在的比较，工农解放前后情况。

②与劳动模范谈话，使同学清楚工人阶级的品质及力量。

③一切计划将来工作方向，使认识新中国前途。

收获：对江大是一推动，这为服从统一分配起绝大作用，同学说："否则我对远地有些怕去，淮河之行认识到到处都很美丽，都有前途"。

缺点：因将结束未曾扩大影响，其他如各项中心运动的配合讲说，及文娱活动等各方面的推动等。

（3）个别同学问题的解决

几个检讨会：XXX 的逃兵动摇及对革命及参干的模糊认识，展开全校讨论，开大会检讨，在江大中提起了糊涂人的警惕心及认识这种错误；XXX 的用钱无度，弄得亏空欠学费，不重视纪律的大会检讨，小组订计划负责帮助，半年来有显著成绩；XXX 的不正确恋爱观，荒废学业，开大会检讨，提出了这问题，使同学们认识整个社会中的个人问题应该怎样来处理私人问题；其他同学犯错误的个别谈话及同学有问题来求解释或求指点处理问题的原则和方式方法等。

（4）通过半年教育同学思想的提高

①从谈话中看出先从全局上然后到个人的问题地看问题,且能批评自己,对自己要求逐步提高。

②号召的作用及大报告的情况

在以前大报告同学不感兴趣,人数常常不足,现在则无需多费力的号召了。劳动建校、治螟运动很容易动员,延迟放假,考试后搞运动,请假的人很少。

③从参干运动及毕业生的服从统配

参干运动在未动员前已有多数在动,报名人数达百分之二十八,多数均坚决要求。服从统一分配一〇七人中有一〇三人已无条件的服从。

④许多问题均可用检讨办法及群众正义的力量解决

⑤考试成绩平均在乙等以上。

乙、几点体验

1.政治教育是多方面的,往往小事件的处理,一句谈话能打通一个问题的思想,一个问题一通就起量变作用。

2.感情认识提高到理性的过程,是同学自己完成。现在的理论教育不过思想战争上一个作战战略,主要是他的思想展开要求时的提高,指点则有显著进步。

3.哪一个青年不要求进步?教育的方式以信任他的态度,诚恳地使他不生反感下进行,愈玩[顽]劣的愈易动,最后效果也愈大。

4.谈话时不需要说尽,倒要留一个余地,让他自己去完成,他便高兴自己的胜利。最无办法是无锐气的同学,因此要小心,不常用打击方式,使他生打败仗或产生自卑的感觉。

5.教育是不能用"力",当然用压力则可见动得快,实质上是一个细腻的工程,在他自然的道路上引导的工作,以表扬多于批评,常可实收教育的效果。

6.学工程及形式逻辑思想常是机械的,不灵活,如对半封建的社会性质问题研讨时,以为就是二分之一。

7.说例时能用同学熟悉的事件为例证,容易理会,故政治教师在原有学校性质中提取培养为佳。亦说明政治教师必须多方面发展,能有广博知识较为有力。

丙、几个问题

1.以前是同学展不开活动,有了条件以后,同学方面的工作是展开了,就产生单独行动与行政上不配合的问题。

2.先生领导同学及统一领导的问题。由于多数先生不动,造成同学领导先生,颇不顺,总要使先生能动起来,出来领导,才是基本办法,学校内仍应以师导生一体进行为妥,由于现在的三大群众组织步调不一,必须统一步调,共同商量交换意见,由校行政为总的领导。

3.因为先生中无组织,情况上处于被动,如先生中水平不够,先建外围组织或发展盟会等组织,在校中有统一战线的阵容,发展一些进步的、可培养的,有组织,即可保证号召亦可在组织中提高及解决些问题。

4．大班教育先生少。

5．本学期同学与附近农民关系搞得不好,基本上尚有轻视劳动人民的问题,未能全部获得解决,下半年决定加强知识分子必须与工农结合的思想教育,纠正部分同学轻视农民的不正确作风。

（二）课改

1．课改概况

遵照教育部指示,我校实行课改,以切实做到不超过五十学时为原则。由于我校以往开课繁重,没有切实参照高等课程标准草案,又因为补修英文课和政治课,所以各系科、各级课程都超过五十学时以上,有多至六、七十学时者。经过各系科反复研究,先将必修课程排定,再将必须补修之课程排入,其余个别班级如已修一学期,本学期已进行一部分者,亦予列入,大多数系级除补修政治课不计外,均已做到五十学时,其不得不超过之系级课程学时,亦最多超过一门功课。经呈准华东教育部,本学期已付诸实行(附各系级原来课程与精简后课程比较表)。

2．各系科重点与各系科四年课程标准计划

为了解决课改困难,本着四月间华东教育部工学院长座谈会会议精神,决定了各系科的重点,并根据已决定的重点由各系科拟订四年课程标准计划,呈送教育部审核,关于各系科的重点,已奉中央人民政府教育部核准。

3．教学小组已初步组织

教学小组上学期仅有会计一组,为了配合课改,使教学有收获,本学期经各系科先后成立了十四个小组(附表),但因成立较迟,尚未能积极展开工作,我们为贯彻课改计划,下学期当努力推动,列为中心工作。

4．设备之添置

本学期设备费一亿四千万元,分配重点在电机系,计三千万元,其余各系亦按缓急予以分配,分配情形如附表。各系科均已添置设备一批(见附表),又机械系机械实习工场之车床等件,均系价租,经成立建厂委员会拨款四千万元,利用现有机器工具,购置材料自行翻造,初步计划可完成车床五部、钻床一部等(附建厂计划书),又因重点确定,遵照部令造具设备预算,经呈部尚未奉批(见附表),此项预算是目前急迫需要者,至于比较理想的设备预算,俟下学期详细研究后编制报部。

（三）辅导事项

1．学习及生活公约的执行

刚一开学就着手修订学习公约和生活公约,以简明易行,不要求过高,在原有基础上提高一步为原则,所以多数同学尚能遵照执行。

2. 点名制度

本学期重行重视点名制度,生辅组按期将各系级缺席人数公布,各级级代表也能认真配合执行,其旷课同学在结算成绩时,再予扣分处分。

3. 严格执行考试制度

考试时同学舞弊情形大为减少,事后经说服教育,并各作深刻的自我检讨,在黑板报公布。

4. 领导同学进行改造 [……]

5. 会同工会、党团、学生会展开各项爱国运动

如做好"五·一"大游行的准备工作,做好镇压反命的工作,做好飞机大炮捐献工作等。

6. 领导同学进行减免奖助评议工作

经过同学普遍提意见,所以评议工作是在认真负责的基础上完成了。

7. 领导学生会体育部配合医务组做好体育卫生工作

每天早操百分之九十的同学都能经常出席。并与城中普仁医院洽妥,每日下午可为本校同学检查体格二十人。

本校并于四月举行全校运动会,选手达一百余人,女同学几全部参加,在无锡市运动大会获大专田径锦标苏南选拔赛中得排球冠军、篮球亚军,在上海五大学运动会中,我校临时参加十一人获第三名。

8. 本校图书馆购置费不多,月仅六百上海单位,为照顾各系,经妥当分配,各系科月可购图书二十万元,政治用书另拨六十个上海单位,其余均由图书馆购置一般参考书籍及订阅报章杂志。

二、目前存在的困难及下学期工作重点计划

1. 专任教师除外在外兼课者外,尚不能完全做到到校办公,以致师生接触机会不多,排功课表方面教师每有更动,以致注册组工作困难,下半年应切实改善。因政治活动关系占用上课时间,补课时间又不易排出,同时对于同学学习又不能有计划的帮助,是以影响学习收获与进度,下学期拟订定切实可行的教学计划,以十四周为准,由各教师自订内容进度,以达到教学要求,如时间仍有富裕,由教师再重点补充教授,同时并拟订检查制度,于学期终了时进行一次严格的检查,以便能吸取经验,改善缺点。

2. 政治活动太多,影响业务至巨,下学期除有特殊布置,进行政治活动以不影响业务为原则。

3.合理分班制度之推行,本学期以人手不敷,上大班影响同学学习,政治课、英语课每班均在百人左右,以致教学方面不能收到预期效果。下学期决定尽可能分小班上课,一年级基本课如微积分、物理等,决定按小班上课,要求不同之相同课目亦决定合理分班上课。

4.开展教学小组工作,本校教学小组成立较晚,工作尤[犹]未积极开展,该项工作当列为下学期中心工作,务期做到(一)课外帮助同学自学,提高自学能力,促使同学重视实习,做到理论与实际结合。(二)通过教学小组,加强师生团结,搞好学习。(三)提高教师政治水平,有效地改进教学方法,改善作风态度。(四)加强助教教学能力,培养师资。

5.改进考试制度,在学期中应多举行考试,使期中考试能有效地进行,根绝舞弊。

6.在可能条件下,普遍照顾清寒同学,除校方原有的百分之二十五的免费额外,关于扩大减免费及人民助学金的名额,将视实际情况呈请扩大范围,务使清寒同学、政治业务水平够标准的同学均能予以照顾。

7.加强体育活动,使每个同学每日均能参加体育活动,练好身体。设备方面在可能范围内,尽量补充,现已列入预算。

8.本学期学生会、党团支部、工会、教务处均与之联系不够,以致在布置工作方面,往往不能统一,困难滋多,下学期拟采取汇报制度,经常联系,巩固统一领导,有计划、有步骤地搞好教务工作。

9.本学期部分同学对于学校图书仪器尚不能竭力爱护,对水电方面亦不能尽量樽节,为培养爱护公共财产精简节约的作风,号召同学进行检查下学期并拟成为广泛群众性的运动,达至节约的目的。

三、总结

1.本学期学校教务方面肯定是有进步的。主要的章则制度业已建立,将来经济方面能略可好转,加强设备,学校可有发展前途。

2.本学期的进步由于同学认识的提高,但教师尚未能全部动员,同学部分的也缺乏信心,下学期应该通过在职学习和政治学习,努力动员加强信心,学校一定能搞好的。

3.过分强调政治活动,停课次数太多,并由于布置不统一,影响业务学习,下学期应纠正。

总务总结

一、本学期工作概况:

1.总务处现分文书、事务、出纳、医务卫生四组。一般的处理日常工作,每周举行总务会议一次,由总务长主席讨论有关总务重要事项。本学期对于文书的处理,经费的出纳,以及各种事务工作,大体上是都能完成本身任务的。

2. 关于水电的供应,本学期一般情况尚能正常维持,不过我们的打水马达使用已久,本身也有故障,现在打了十多分钟的水,就要发热,非停四、五点钟不能再打,所以对于全校用水的供应,就无法尽量地供给。

3. 校车在寒假中经过大修理,并改装木柴炉子,解决了无法购买汽油的困难,本学期校董事会又拨款买了新轮胎,所以行驶方面一般情况是良好的,并且订定了校车使用办法,各方面都能爱护使用校车。

4. 本学期校内组织了一个清洁卫生委员会,通过了一份清洁卫生实施方案,本校配合了这方案的规定,对于厕所的清洁、厨房的管理、垃圾的处置,都已有了逐步的改进。

5. 苏南行署拨下医药补助费:大米八千二百多斤,合人民币七百七十五万余元,依实际需要添购了必要的医疗设备和药品多种,在全校医务方面得到许多的帮助,本学期对于检查体格、X光透视、检验吸血虫病,以及种牛痘、注射防疫针,基本上都有相当的结果。

二、存在着的问题和改进意见

1. 打水马达因为发热,随时要停止打水,使全校用水难于正常供应,现在这情况逐渐严重下去,必须趁暑假中澈底检查或增加马力,或换新马达,或用蓄水池分两次打上水箱,使打水问题妥善解决,下学期再配合节约用水运动,使用水适量供给。

2. 房屋方面时时感到缺乏,宿舍不敷,必须更合理的分配,校内普通平屋太少,连必要用具都难于储藏,必须酌量添建新校舍,经过三年多,各处房屋,以及马路、电线、水管都需要大大的加以检查、修理。梅园宿舍人数渐多,必须开井以解决用水问题。

3. 精简节约的工作必须贯澈[彻]实施,执行预算是先决条件,在预定的经费范围内作最适当的支配,节约水电等必须发动全校师生员工,作成群众性的运动,其余如文具物品的请购和领用,必须规定更周密的办法,使一步步踏上精简节约的地位。

4. 清洁卫生影响全校师生员工的健康,过去的方案不过是实施的第一步,例如要做到捕蝇杀蚊这一实际工作,便要费相当大的人力物力,并且清洁卫生的范围很广,实施的项目很多,今后必须更具体更集中力量来干好这件工作。

5. 工友人数不多,本学期在本位工作已能提高一步,今后将在工会领导下进一步提高大家的政治思想和业务的学习,同时酌量增添人数,使在本位工作上更能提高,同时派在各部份[分]工作的工友,希望大家多提意见,以便检讨和改进工作。

行政财务总结

一、组织制度的改进:

我校于本学期奉令改行校长制。这是行政制度上一个极大的改革,因为我校的实际情况实在必须实行明确的民主集中制,可以扫除以往人人负责、人人不负责的情况,全校师生员工无不为这个制度的确立而兴奋庆幸。我校在奉令改制时,即根据去年华东高教会议所订定之各项高等学校行政组织草案重行组织在校长制中所应有的校务委员会,并通过校委会订立了全校的组织大纲、组织系统表,以及各项重要的规章等,共计十七种(附表),使行政上在处理各种问题时可以有尺度、有标准,目前所感觉困难的就是大部分的问题都要送给校长来做最后决定。而在问题发生之前,以及发生的过程,校长并不是完全处处都能事先明了的,所以当问题一来就必须先从各方面去了解一下,等到了解真相之后,始能将问题作一个合理的解决,这样各方面去一了解之后,就难免要耽搁些时间(半天或一、二天),而且无形中也就犯上了辛辛苦苦的事务主义了,同时因为没有能在问题发生之前,瞻得问题之将要发生,所以就不能事先来解决问题或减少问题,分析其原因,虽然是由于机构较大,事情较为繁杂,但是最大的原因还是由于汇报制度的没有确立,以及分层负责制的不够健全,所以下学期起预备尽全力来加强汇报制度与分层负责制。希望能够通过汇报制度做到问题一来,非但早已澈底了解情况,而且亦已及早有了解决办法的准备,同时比较小的问题在分层负责制的原则下,可由部门主管根据原则来自行处理,免得耽搁时间,以增进办事效率,此外行政上还存在着一个问题,就是争取主动得还不够。不能够发掘问题,而是等问题来了再解决,不是十分地能够人去寻事,而是常常有事来寻人的情形,这种情形实在由于缺少计划性或者计划得不够精细的缘故,当然因为经费有限制,使得计划不容易实施,也是原因之一,但是在原有的财力与人力上,所可能做到或者可能发生的事情,都应当预先估计到的,所以仍是属于计划不够精细明确,因此我校在下学期拟针对这个问题来加强计划性,希望能尽可能地争取主动,要人去寻事,不等事来找人。

二、行政上与工会、学生会及青年团的配合工作情形:

行政上与各群众团体(工会、学生会及党团)的配合工作情形,以本学期的一般情况讲来,确是比较上学期好得多,每当一个运动或者一个活动到来的时候,党团与学生会都能够起带头作用,号召同学掀起高潮,不过学生会与党团有些时候在搞运动的过程中,希望停课开会或者停考搞运动,尤其对于工作的布置,常有尚未事先与行政上商洽成熟,就将工作布置下去,或者已经将工作开展起来,以致影响了行政上原定的计划,这种情形在本学期中虽然是并不太多,但也是值得注意的,分析其原因完全是由于双方面联系不够的缘故,所以下学期预备加强统一领导,以行政上与教师来领导学生为主,多取联系以资改进,至于行政上与工会的关系,本学期亦已搞得好得多,遇事多取面谈,希望能够继续,通过学习提高认识,能够更好地发挥工人阶级的优良品质,更好地发挥应有的组织力量。

三、预决算执行中的经验及改进意见:

本校对于预算的执行部分的科目尚不能严格执行,像文具印刷、校车费用、体育费等,超出了原预算很多,主要的原因一方面是编列预算时未能作精密地估计,另一方面是意想不到的支出,如机械工场建厂费用、体育运动会费用等等,今后希望能于编造预算时多多注意,同时本校的经济委员会希望在下学期初能及早成立以利工作之进行。

四、关于管理预算外收支(医院、工场、农场等对外营业收支)的改进意见:

本校医务室无对外营业,仅规定数种特殊药品,对于学生方面酌收药费成本,药费收入每一星期汇交一次,本学期共收一一八一六○○元,作为其他收入医药费入帐[账],至于购办药品,本校另有预算,下学期拟将药费收入一并作为添购药品之用。

农场经费除本学期按月贴补四九○个上海单位外,力谋自己[给]自足,除稻麦出售及一小部份[分]牛奶售与附近机关学校外,其他瓜、桃、菜蔬、牛奶均平价供应本校师生员工,价款尚能按时入账。

工场除本校核定按月贴补七五○个上海单位外,无对外营业。

五、对于领导上的意见:

1. 对于所布置给我们的工作或者要我们完成的任务,时间方面常有估计得不够充分的情形,有时候甚至收到通知时业已限期期满,于是弄得大家手忙脚乱,连夜赶办,因此常有遗漏或不够精细的情况,希望领导上以后对于时间方面的估计能充分一些。

2. 对于要我们汇报的表格觉得太繁复或者甚至有重复的情形,这种繁复与重复,固然是有其客观上的需要,但是希望能够照顾到我们工作上的负担,尤其是内容重复的表格(虽然格式不同)最好尽量避免。

3. 各校人事调动应当绝对服从组织分配,这是已往数奉领导上通知在案的事情,但是现在仍然有部分学校私自在向我校个别教师进行接洽调动的情况,所以希望领导上强调并切实掌握这个服从组织的原则,对于个别未得组织上同意而已擅自行动的教师,绝对不予通融,以这种具体的事实来提高大家的觉悟,对于安定教学情绪方面一定可以收到很好的效果。

4. 我校地处无锡,有问题须请示领导上时,常有问教育部时,说是先去与苏南文教处谈谈,问文教处时又说是先与教育部去谈一下,这种情形虽然并不多,但也是值得提出,希望在这方面能有所改进。

5. 文教处与教育部所布置下来的工作,有时候两方面有不能一致的情形,譬如这次暑期,教育部通知我校有关的教师应当领导学生下厂实习,而文教处通知我校专任教师应当全体参加暑期教育研究会,因此学校行政上处理时就有困难,所以提出来希望领导以后布置的工作最好能完全一致,使得执行时可以更便利些。

私立江南大学一九五〇年第二学期设备费分配表

系	科	设备费	附记
数	理	300 万元	
工	管	800 万元	
电	机	3000 万元	
机	械	1200 万元	
化	工	1200 万元	
农	艺	1500 万元	
食	品	1800 万元	
面	专	200 万元	
		共计 10000 万元	

附记：另有机械实习工厂建厂费肆仟万元。

江南大学各系级原来课程与精简后课程比较表

系级别		原学时数	精简后学时数	精简课程
工管系	一年级	58	51	经济地理删,物理时数减少
	二年级	53	49	电工、统计、工业管理时数减少
	三年级	53	49	工程材料、工时研究时数减少
	四年级	72	54	会计制度设计、工作估值、工厂设计删,生产管制时数减少
数	一	61	49	普通化学删
电	一	61	54	工程画删
电	二	53	53	
电	三	53	49	电子管试验删
电	四	53	48	无线电删
机	一	63	48	工程材料、工程画删
机	二	55	50	工场实习时数减少
化	一	61	52	工程画删
化	二	50	40	金属工业工程材料删
化	四	51	40	专门工业删
农	一	56	39	动物、地质删
农	二	42	41	昆虫技术时数减少
食	一	52	47	工程画时数减少
食	二	53	50	物理时数减少

续表

系级别		原学时数	精简后学时数	精简课程
食	三	51	49	制茶学时数减少
食	四	58	46	营养与食物时数减少,面包工业、糖果工业删
面	一	67	51	物理、微积分、工程画、制粉初步时数减少
面	二	56	46	工程材料、有机化学时数减少,机械画删
面	三	55	44	机械工程删,机械设计时数减少

附注:二、三、四年级应补政治学 9 学时均不记在内;工管三年级工程力学 9 学时因与二年级并班上课,移后续修实感困难,并为以后排课方便故,仍予修习,该 9 学时未计算在内。

一九五〇年度第二学期校委会通过之各项章则

一、学生请假规程

二、贷学金章程

三、学生生活公约

四、学习公约

五、校务委员会规章

六、教务处组织规程

七、教务会议组织及议事规程

八、本校组织大纲及组织系统表

九、本校教职员工聘任暂行办法

十、教授副教授讲师助教升等办法

十一、教员工作待遇及兼职兼课暂行办法

十二、总务处组织规程

十三、总务会议组织及议事规程

十四、一九五一年度招生委员会组织细则

十五、教员技工薪给调整暂行办法

十六、职员工友薪资调整暂行办法

十七、会计室组织规程

江南大学教学小组名称及主任姓名表

教学小组名称	主任姓名	组员人数	备注
会计教学小组	胡立猷	四人	
数理教学小组	金圣一	八人	
化学教学小组	程寰西	九人	侧重无机化学、分析化学
政治课教学小组	刘天民	四人	
新遗传学教学小组	蒋涤旧	三人	
农作物教学小组	邵子民	四人	
农耕实习教学小组	郭守纯	十人	
生产管理教学小组	夏宗辉	七人	
机械实习教学小组	余人翰	四人	
机械设计教学小组	郭会邦	四人	
机械动力教学小组	夏彦儒	三人	
电工教学小组	金宝光	四人	

续表

教学小组名称	主任姓名	组员人数	备注
食品工业教学小组	陈陶心	二人	
英文教学小组	高昌运	三人	

江南大学机械工场建厂筹备委员会计划草案

一、江大机械工场之实际情况简述

（一）已有设备

1. 厂房

a. 金工场	占面积 70 × 39
b. 木工场	占面积 24 × 20
c. 铸工场	占面积 24 × 39
d. 锻工场	占面积 25 × 29

2. 机器及工具

a. 自有者

（i）木工用具 12 套	木工桌子 4 张
（ii）铸工用具 12 套	砂及其他酌备
（iii）钳工用具 10 套	钳床 11 只
（iv）车工用具酌备	锻工用具暂缺，因锻工场尚在建筑中

b. 租用者

（i）车床	4'—4 部　6'—1 部　8'—1 部
（ii）铇床	12 " × 8 "牛头铇床 1 部　8 " × 20 "龙门铇床 1 部
（iii）钻床	2 "—1 部　1 "—1 部

c. 借用者

（i）钳床 4 只（ii）打铁镫子 1 座

（二）现有员工

工场主任一人　技术员一人　车工（临时工）二人　钳工二人

木模工一人　铸工一人　锻工（临时工）一人　练习生三人

（三）经费及开支情况

经常费按月 750 上海折实单位，由校方拨给。

按月支出项目计

机器租金 200 单位　工资（临时工工资不在内）481 单位　电费 60 单位

其他车油、工具添制、肥皂、回丝等另用款项均无着落。

（四）学生实习情况及各方面反映

　　1. 本学期实习人数共计 260 人。

　　2. 机器及各工场之设备均感缺乏。

　　3. 指导人员（包括助教及校工等）均感不够。

　　4. 学生实际实习机会太少。

二、机械工场在本校以工学院各系为重点之情况下，所必需〔须〕达到之基本要求：

（一）下学期学生实习人数之预计

　　1. 实习班次

　　a. 机一　b. 电一　c. 化一　d. 食一　e. 机二　f. 电二　g. 化二　h. 面二　i. 管三

　　2. 实习人数之估计

　　一年级各班以 60 人计，二、三年级各班以 35 人计，合计 415 人，预计实际实习人数以八折计为 332 人。

（二）设备要求

　　预计木、铸、锻工以 60 人同时实习为标准；车钳工则以 40 人同时实习为标准。

　　1. 车钳工设备

　　a. 车床 17　b. 铇床 2　c. 钻床 2　d. 钳床 20

　　e. 铣床 1　f. 各机器工具均全

　　2. 木、铸、锻之设备

　　a 木工　桌子 5 张　工具 20 套

　　b. 铸工　笔铅粉（白炭灰）　米面（五十六 P.）

　　黑砂 3 吨　白砂 100 斤　砂箱 10 付　工具 20 套

　　洋钉及其他应用物件全备

　　c. 锻工　打铁炉 7 只　工具 7 套

（三）员工名额

　　工程司 1 人　技术员 1 人　管理员 1 人　车工 4 人　钳工 3 人　木工 2 人

　　铸工 2 人　锻工 2 人　练习生 4 人

（四）每月经常费用之估计（以上海单位计）

　　1. 工资　技工 110 练习生 30　2. 电费 90　3. 消耗品包括轫、车油、肥皂、砂布、回丝等 120 单位经常费，总计 1760 上海单位。

三、迫切要求筹建江大新工场

根据前列两者之实际情况相比较,且租用之一切机器在最近期内必须归还,江大工场在下学期开学前至少要达到之要求:

(一)设备补充

　　1.金工场

　　a.车床17　b.铇床2　c.钻床2　d.钳床20　e.铣床1　f.各机器工具均全

　　2.铸工场

　　a.白炭灰56P.　b.黑砂3吨　c.白砂100斤　d.砂箱10付　e.洋钉及其他应用物件均全　f.工具8套

　　3.木工场

　　a.桌子一张　b.工具8套

　　4.锻工场

　　打铁炉2只

(二)人员补充

　　工程师1人　管理员1人　车工4人　钳工1人　木工1人　铸工1人　锻工2人

(三)经常费之补充

　　每月需增加经常费1010上海单位

四、建成计划与估价

根据本草案第三项第一目设备补充所载,拟订筹厂计划及估价,本计划分两步骤完成,第一步骤为在三个月之时间内,自造部分实习用工作母机及添置各实习工厂之基本设备;第二步骤为继续自造部分工作机械及添置完成本计划之机械实习工场之设备补充。

(一)第一步计划

　　　　a.自造及添置设备之项目及估价

项目	数量	单价(元)	总值(元)	备注
1.4' 车床	5	6,000,000	30,000,000	自造另详单价分析
2.5 "钳床	10	300,000	3,000,000	购置
3.木工用具	8套	150,000	1,200,000	添置
4.铸工用具	8套	100,000	800,000	添置
5.铸工场设备			3,000,000	另详清单
6.1 "小钻床	1	2,000,000	2,000,000	另详清单
7.锻工场设备				
合计			40,000,000	

b. 自造机器设备之单价分析

1.4' 车床之单价分析

摘要	数量	单位	单价（元）	总计（元）	备注
1. 木料				300,000	
2. 生铁	500	磅	1,100	550,000	
3. 熟铁	150	磅	6,000	900,000	
4. 焦炭	120	磅	750	90,000	
5. 铜	20	磅	12,000	240,000	以上材料共计 2,080,000 元
6. 木工	25	工	30,000	750,000	
7. 车钳工	70	工	26,000	1,820,000	
8. 铣工				450,000	
9. 铸工	13	工	26,000	350,000	
10. 向外加工				500,000	
11. 运费等				50,000	以上工资计 3,920,000 元
合计				6,000,000 元	

2. 铸工场补充设备估价

摘要	数量	单位	单价（元）	总计（元）	备注
1. 白炭灰	56	磅		400,000	
2. 黑砂	3	吨	200,000	600,000	
3. 生铁	1/2	吨	2,200,000	1,100,000	
4. 焦炭				200,000	
5. 白砂				100,000	
6. 筛子	2	个		50,000	大小各一
7. 洋钉及其他				550,000	

合计 3,000,000 元

3.1"Sprindle 小钻床单价分析

摘要	数量	单位	单价（人民币）	总计（人民币）	备注
1. 木料				80,000	
2. 生铁	300	磅	1,100	330,000	
3. 熟铁及铜				100,000	
4. 木工	12	工	30,000	360,000	

续表

摘要	数量	单位	单价（人民币）	总计（人民币）	备注
5.铸工	7	工	26,000	182,000	
6.车钳工	25	工	26,000	650,000	
7.铣工加工				200,000	以上工资计1,392,000元
8.附件等				100,000	以上料费共610,000元

合计 2,002,000 元

（二）第二步计划

自造及添置设备之项目及估价

摘要	数量	单价（元）	总价（元）	备注
1.4' 台车床	2	4,000,000	8,000,000	购置半成品加工完成,如学校经济情形可能,应并于第一步计划中完成
2.10' 车床	1	40,000,000	40,000,000	添置八成新成品
3.8' 车床	1	30,000,000	30,000,000	添置八成新成品
4.6' 车床	8	10,000,000	80,000,000	添置八成新成品
5.8'×20" 龙门刨床	1	40,000,000	40,000,000	添置八成新成品
6.18"×12" 牛头刨床	1	10,000,000	10,000,000	添置八成新成品
7.2" 钻床	1	8,000,000	8,000,000	添置八成新成品
8.万能铣床	1	30,000,000	30,000,000	添置八成新成品

合计 246,000,000 元

五、建厂委员会之组织

（一）为完成本校机械工场建厂工作之任务起见,成立建厂委员会,其组织及工作如下:

主任委员正、副	各一人	总理一切建厂事务
公务委员	二人	负责执行施工计划,掌握进度及精度之检查,以及工务上之一切事务
采购委员	二人	负责采办一切所需材料
保管委员	一人	负责保管一切材料及半成品等
会计委员	一人	负责一切财务及会计事务

以上共计八人,由校委会通过及行使职权。

（二）领款及报销手续:领款及报销均以主任委员及会计之图章为凭,向学校出纳组领取款项及会计室报销。

江南大学各系设备预算计划表工业管理系所需设备

名　　称	容量	单价估计（元）	数量	出品公司	总价估计（元）	备注
无声摄影机		15,000,000	1		15,000,000	
手摇放影机（附剪接影片装置）		5,000,000	1		5,000,000	
微动作分析器		5,000,000	1		5,000,000	
普通摄影机		5,000,000	1		5,000,000	
立体摄影机		8,000,000	1		8,000,000	
测光度计		800,000	1		800,000	
工时测时器		2,000,000	1		2,000,000	
放大机		5,000,000	1		5,000,000	
银幕		500,000	1		500,000	
灯光设备		2,000,000	1		2,000,000	
电影软片		10,000,000	1		10,000,000	
十进位电表		2,500,000	2		5,000,000	
双进位电表		1,000,000	2		2,000,000	
计算机		3,000,000	1		3,000,000	
合计					68,300,000	

电机系最急迫需要设备、机件估计如下

名　　称	容量	单价估计（元）	数量	出品公司	总价估计（元）	备注
三相感应电动机	$7\frac{1}{2}$HP	1000万	2		2000万	
三相交流发电机	5 K.V.A	2000万	2		4000万	
□轫板（应同一切□□汇表□）		800万	1		800万	
Y △启动器		150万	2		300万	
单相变压器	5 K.V.A	1000万	3		3000万	
直流串激发电机	3 KW	3000万	1		3000万	
直流串激电动机	5 H.P	3500万	1		3500万	
合计					16600万	

机械系申请设备清单

名　　称	容量	单价估计（元）	数量	出品公司	总价估计（元）	备注
水管式锅炉 Boiler Water Tub	60 H	120,000,000	1		120,000,000	
15 匹马力蒸汽机 Steam Engine 15 HP	15 H.P	30,000,000	1		30,000,000	

续表

名　称	容量	单价估计（元）	数量	出品公司	总价估计（元）	备注
20 匹马力堪府斯透平 Mrbine 20 H.P Cartis	20 H.P	80,000,000	1		80,000,000	
6 匹马力 H 式笛塞耳机 Dissel 6 H.P. H	6 H.P	13,500,000	1		13,500,000	
20 匹马力 V 式笛式耳机 Dissel V–Med 20 H.P	20 H.P	50,000,000	1		50,000,000	
八成新汽车引擎 Gasoline Engine		6,000,000	1		6,000,000	
旧汽车引擎 Gasoline Engine		4,000,000	3		12,000,000	供拆卸实习用
示功器 Indicator		10,000,000	1		10,000,000	
测面器 Planimeter		1,800,000	3		5,400,000	
压力计 Pressure Gage		10,000,000	1		10,000,000	
高温测热计 Thermometer– Pyrometer		10,000,000	1		10,000,000	
量力计 Dynamometer water brake		3,000,000	1		3,000,000	
转速表 Techometer		2,500,000	1		2,500,000	
磅秤 Weighting Scale		2,500,000	1		2,500,000	
测热量计 Calorimeter		10,000,000	2		20,000,000	
合计					374900,000	

化工系化工原理实验设备预算

　　化工原理实验为化工系之实验课程,所以阐明各种单元操作之原理及各种关用机械之构造与性能。本校创设迄已四年,本年已有第一届毕业生,而于化工实验设备极应计划设置,以适应最低教学标准。兹特参酌本校经济情形及其他实际情况,拟具 1951 年度添置计划如次:

本实验室全部拟包括二十个实验

流体流动	4	气体吸收	1	压碎研磨	2
热的流动	4	干燥	1	浮选	1
蒸发	2	结晶	1	固体流化	1
蒸馏	2	过滤	1		20

　　其中蒸发、蒸馏、气体吸收、过滤等设备,费钱最多,可移至以后分期陆续添置。本年

先就简单而易于设置的,计划八至十个实验,所须设备及经费如下:

名 称	容量	单价估计(元)	数量	出品公司	总价估计(元)	备注
一般 3'Øx7' 锅炉热面约 90 平方呎		50,000,000	1具			
汽压 150 磅/方吋包括炉灶						
液体流动及热的流动						
$\frac{1}{2}$" 至 2" 标准管及紫铜管		10,000,000	约 300 呎			
管件		5,000,000	移用			
各种流量计(Orifice Venten Volumeter)		10,000,000				
唧筒马达		5,000,000				
测定仪器(Wattmeter, Potentiometer 等)		10,000,000				
压不斫磨(包括筛拆)						
球磨机一		15,000,000				
颚式粉磨机一		15,000,000				
辊磨机或种磨机一		15,000,000				
标准筛一		15,000,000				
总计					105,000,000	

(以上设备及材料均可在工场定制或购选)

以上设备,可供十一个实验之用,锅炉为基本设备,非有不可,其它视实际经济情况,稍分缓急,总期能在 1951 年度时完成此初步计划。

其他关于染料、工业化学、物理化学设备预算

名 称	容量	单价估计(元)	数量	出品公司	总价估计(元)	备注
真空厢式干燥机		15,000,000	1具		15,000,000	
超速离心机		12,000,000	1具		12,000,000	
硝化器(Nitrator)		8,000,000	1具		8,000,000	
磺化器(sulfonator)		8,000,000	1具		8,000,000	
柏克曼温度计(Beckman thermometer)		450,000	三支		1,350,000	
电解分析器(Electro––Analysis)		3,000,000	一套		3,000,000	
旋光计(Polariscope)		4,000,000	一具		4,000,000	
折光计(Able Refractometer)		4,000,000	一具		4,000,000	
合计					55,350,000	

食品工业系添购机器及设备

名　称	容　量	单价估计(元)	数量	出品公司	总价估计(元)	备注
Pumps： Vacuum pump	40 gpm		1	Worthington CO.	$1000	
Centrifugal pump	40 gpm		2	Worthington CO.	$1000	
Compressor	小型		1	Worthington CO.	$1000	
Evaporators： double effects	实验 室用小型		One Set	Swen Sonce	$1000	
Vacuum pan	实验 室用小型		1	Swen Sonce	$500	
Centrifuger			1			
Jap-suspended Centrifuger	实验 室用小型		1	Shriver CO.	$600	
Electronic PH meter			1	Central Scientific CO.	$200	
Saccharimeter				Baasch φ somh Patical CO.	$500	
Saybott viscometer				Baasch φ somh Patical CO.	$125	
Grinder（Sab、 sample grinder）				Sturtewent ec.	$500	
				Total as	$4665	
Boiler	小型 实验室用		1		人民币 8000000	
磨面粉设备	小型		1套			
				人民币	28000000	

（来源：无锡市档案馆 A 14 号全宗 1950、1951 年永久第 7 卷）

江南大学一九五一学年度第二学期综合报告

一、行政财务工作：

（一）行政方面：

1. 开学：我校本学期按照校历规定如期于二月七日开学，十二日正式上课，但因事先的准备不够充分，十二日那天虽已上课，然而仍有部分的师生于上课后二三日后方才络续到齐。

2.思想改造：为了搞好师生员工的思想改造运动，我校特于二月下旬由党团、校行政、工会三方面共同组织了"学习委员会"，由杨惟义同志为主任委员，以"五反"运动为起点的逐步开展起来。通过阅读文件、听报告、参观"五反"展览会以及个别教师的大组检查后，全校师生员工已经初步地展开了批评与自我批评，同时也划清了资产阶级的思想界限。现在"五反"运动已于四月底告一段落，从五月一日起，已经进入到"三反"运动的阶段了。

3.人事调动：本学期开学之初，原任教务长骆美轮先生请辞教务长职务，经研究后已予同意。接替人选经再三遴选，迄今尚未决定，现在教务长一职暂由注册主任金圣一先生兼代。本学期罗聚源先生请辞生活辅导组主任职亦经同意，现该组由副主任沈祖洪先生负责。其他人事进退与调动情况详见附表。

（二）财务方面：

本学期已开五次（第六次会议至第十次会议）

讨论事项：

（1）遵照文教处指示，公杂费每月节约百分之二十。

（2）兼任教员火车改为硬席票，另帖［贴］人力车资。

（3）催缴学费提请校务委员会讨论。

（4）在预备金中划拨二千单位，准备作黄石大码头修理用款。

具体工作：

（1）核定本学期预算，教职员工工资减少折扣半成。

（2）拟订《教职员工预借工资暂行规程》及《差旅费支用暂行规程》，并经校务委员会通过施行。

（3）稽核一、二、三三个月本校收支报销。

二、教务工作：

（一）本学期教学计划：本学期各系课程按照不超过五十四学时的规定及参照部分各系精简课程表而订定。所有各课的教材与进度均照部定高等学校校历制定。为了配合"五反""三反"运动学习及思想改造，把实证讲座的时间作为上项学习之用。更因教育部的指示，电机、机械、化工三系三年级同学应于今年暑假提早毕业，而工管、食品二系三年级同学及面专二年级同学结合本校实际情况曾先后呈准同样于今年夏提早毕业，对于该几级同学必须尽量把必修课程在本学期内授完，所以一方面把课程内容精简，重点讲授，一方面把本学期略予延长，分成两个阶段，使该几级同学之业务水准不致因提早毕业而降低。麦三同学因本学期课程总学时较少（总学时仅三十学时），而其中粉厂设计一课，有去工厂实习之必要，故将其余各课之学时数酌予增加，提早在四月中结束，其余时间分发到各工厂去实习。管四同学本学期所修课程之教材与进度,按实际情况于五月中可结束,五月中旬后到各工厂实习一个月。一般地说本学期开展"三反""五反"运动,学习及思想改造,教务处为了适当地减轻同学业务上的负担,曾决定把二次月考并作一次期中考试一次,而平时考试或测验的次数,平时课外做题等工作亦酌量适当地减少。

(二)一般教学情况

1.部分课程的教材内容已逐步将爱国主义教育贯彻进去。

2.各系科课程已做到不超出五十四学时之规定。

3.一年级英文课程同学一度要求将该课程停开或改为选课,经呈奉指示该课必须经过甄别试验后,始可免修,故于本学期中举行甄别试验一次,结果及格者约占全体四分之一,其余继续选读,惟同学对于该课之学习情绪不佳。

(三)各部门工作情况:

1.教学小组本学期仍为十组,数理教学小组、经济核算教学小组、普通化学及分析化学教学小组、动力教学小组、设计制造教学小组、新遗传学教学小组、电工教学小组、食品工业教学小组、英文教学小组、政治教学小组,但开展"五反""三反"学习及思想改造关系,一般地说教学小组开会次数较上学期少,有几个小组就没有开过会。会议的重点在于改进教材内容及教授方法,同学方面有课代表参加。

2.注册组本学期内最重要的工作系结算各系三、四年级及面专科二、三年级应届毕业同学之成绩,又因各系三年级、面专二年级本学期分成两个阶段,故对于该系级同学需办理注册两次。

3.生辅组在开学后很迅速地完成了清寒减免费及助学金的评议工作,并经常地推动课外活动工作及协助保健委员会开展全校性保健教育活动,在"五反"学习期内了解及协助工商子弟对于"五反"作实际的行动,此外又动员三、四年级应届毕业同学服从统一分配。

(四)关于体育方面:

1.早操在冬季时施行,课间操后改为每晨七时举行,住校师生员工参加者占有百分之九十以上。

2.会同生辅组、学生会、体育部、文娱部订定师生员工每人每天一小时体育活动,已经做到成为日常性的、集体性的体育活动。

3.以级为单位成立锻炼小组,由三个小组增加到十六个小组,订定锻炼计划,提高各种运动项目的水平。

(五)存在着的困难:

本校因历史较短,师资问题甚为严重,有许多重要课程的教师都是向他校洽商来此兼课,所以每到学期结束聘请教师成为一个很困难的问题。另外设备方面因校董会经费关系颇为简陋,虽于上学期承政府补助五亿元,各系都添置了一些设备,但是离最低限度设备标准尚嫌不够,以致一般同学对于学校表示不满。每次听到调整院系的消息就会发生波动,这是本校的一个基本的严重问题。

三、总务工作:

(1)文书工作仍能随到随办,毫不拖延,兼理邮政代办所出售邮票已划出文书组办理,星期日邮件亦能加以处理。

(2)学生伙食本学期仍由本处主办,另添管理人员一人(连前三人,一人负责会计内务,一人负责出纳保管,一人负责采购配菜)。膳管会方面,本处参加员工七人,同学仅参加二人,尽量减少同学工作,免致影响学业。本学期为适应同学需要,始终保持"分食"制度。储藏室已辟好,利用余料养猪三只。亦已开始为适应夏令卫生,厨工已做好白饭单,厨房改做绿纱窗,积极动员注意清洁卫生,豆浆亦照常供应,惟因人数减少,较感困难。

(3)水电供应尚能正常,打水马达自改装三十匹马力马达以后,虽因与水帮浦转速不符,未臻完善,兹已积极加以改进,由本校机工场员工研究设计,将水帮浦另行翻制,经试验后,已收相当成效。惟本学期水电用度因实验室用电加多,按月水电费颇有增加。

(4)水塔旁面大风雨后,水从墙上挂下,以致大礼堂前屋内发生漏水现象,颇为利害。经修理,并无效果。最近经仔细研究,查出漏水原因所在,重行改制水落,并用水泥涂敷,已见部分成效。又通山下机工场之黄石大码头,久经塌陷,尚未修理,兹经经费委员会通过拨款,俟查明责任问题后,即可动工兴修。

(5)公共财物如门窗、玻璃、校具等,过去颇多损坏,自号召增产节约后,假期中已将全校门窗玻璃酌加木板,一律改小,但本学期玻璃仍多损坏。校具因时常搬动,在每次文娱活动后,损坏尤多,电灯泡亦多损失。今后仍须结合思想改造,切实推行爱护公共财物工作。

(6)清洁卫生因天气渐热,更须注意本校饮水问题,因自来水直接自太湖,打上水箱未经沙滤,常于大风雨湖水浑浊时最感严重。目下因限于经费,尚难根本解决,已备若干水缸加以沉淀,先使饮用水澄清。各处垃圾仍按期清除,厕所切实注意清洁,学生宿舍旁水池已填塞,以防发生蚊虫。本校各处水沟均未完备,亦已着手检查,予以修置。

(7)医务卫生工作在以预防为主及增加同学健康的目标下,配合保健委员会积极工作。本学期全校已布种牛痘苗,现正进行体格检查,俟告一段落再至公立医院施行透视。全校防疫训练业已开始,鼠疫疫苗已开始注射。本学期文教处医药补助费已拨发,拟在以防御细菌为主添置必要设备及药品,调养室亦在进行布置。

(8)在结合"三反"运动中各单位开始清点资产,本处业已积极进行。又奉令清理全校积压物资,亦将由有关各单位商洽办理。

2—5 月份人事进退调动情况

荣楚保	学生伙食团管理员	2月份来校	
沈文郁	化工系助教	2月份来校	
姚益宏	医师兼医务组主任	2月份来校	
王世模	电机系兼任教授	2月份来校	
沈学源	食品系兼任教授	3月份来校	
杨违依	政治兼任教授	2月份来校　文教处特派来校	
丁伟	化工系助教	2月份来校　文教处统一分配	
忻介六	面专兼任教授	3月份来校	
王景曾	农场练习生	2月份离校	统一分配参加苏南保险公司工作
吴进石	农场练习生	2月份离校	
薛选仙	化工系助教	2月份离校　辞职	
曹惟庆	机械系助教	3月份离校　辞职	
陈志安	工管系兼任教授	3月份辞职	
刘天民	政治教授	2月份组织分配调他校工作	
金宝桢	机械系兼任教授	假期中辞职	
石鹗君	机械系讲师	假期中辞职	
蒋震同	农艺系兼任教授	本学期未来校	
徐正蛟	农艺系教授	本学期改兼任	
温文源	机械系助教	技术员改任助教	
骆美轮	教授兼教务长	专任改兼任教授	
陈陶心	食品系教授	专任改兼任	

（来源：江南大学档案馆SLJD-5）

江南大学调整委员会院系调整工作总结

一九五二年十月廿九日

（一）调整情况

（1）工作进程

七月十五日,苏南教育处陶处长来校作了华东区高等学校院系调整情况的报告。全校师生员工一直热烈表示拥护政府的英明措施,怀着无比兴奋来迎接新的任务。接着沈校长赴沪出席华东区高等学校院系调整委员会议,归来后宣布了华东区高等学校院系调整方案和有关文件,全校展开了热烈的讨论,充分做好思想准备。

根据苏南调整分会的指示,八月廿二日正式成立了江大调整委员会组织办公室,下设秘书、调配、图书仪器、迁运、保管各组,配备各组办公人员主持日常工作。各系科组织了调整小组,由系科主任负责领导。工作开展以后,许多老师都亲自参加清点物资、造册装箱等工作。

为了交流经验,及时解决问题,调委会建立了汇报制度,每周举行汇报。并拟定院系调整初步方案,除报请上级核备外,分别缮发各组遵照执行。由于江大是调出的学校,我会即主动派遣各系负责同志分别前往各有关院校接洽了解调整情况。

正当院系调整工作积极进行的同时,华东教育部布置了普查工作限期呈报并派员来校协助,我会当即抽调办公室部分人员并发动群众协助,分别调查统计、缮填表册,在短促的时间内完成了任务。一方面,院系调整工作仍照常进行,未受任何影响。

在九月的上旬和下旬,装箱工作已告完成的时候,后湾山校舍两度被作为招待所接待外宾,全校房屋均立时腾空,家具物资一律搬至山下机械工厂集中存放,师生员工也全部迁离,学校办公室迁移梅园,并重行规定办公人员。在这以后,工作进行极感不便,处于被动地位,招待所不开放就无法前往工作。同时,接收单位很多物资调发工作又极繁重,个别院校因为建设校舍关系,物资无处存放,迁延接收日期。因此工作进行受到一定的影响,不能按照预定计划进行。

现在决定采取突击办法,配合招待所方面抓紧机会抢运物资,直接运送接收单位,以便早日结束调委会工作,完成院系调整任务。

（2）人事调配情况

为了做好人事调配的准备工作,由调配组分别调查全体教职员工的具体情况和对于调配工作的意见,加以整理列表,报送上级,作为调配工作的参考。

全校教职员工听取了陶处长的报告后,在思想改造的基础上一致表示服从政府统一调配。九月廿七日调配名单发表后,全校充满愉快兴奋的气氛。教师部分,除公共课程教师外,做到了随系调整的原则,照顾了各人的志愿。职员部分,个别同志因为家庭人口多,负担较重,被调到中等学校后经济有困难,情绪波动。但经过调委会的说服教育,已消除顾虑,克服了个人困难,接受新的任务。工友同志极大部分分配在华东艺专,深深感到政府的照顾。

目前除留办结束工作人员外,其余均已愉快地走上了新的工作岗位,为人民教育而努力。

（3）物资调配情况

全校物资调拨、交接、迁运等工作自九月底开始进行以来,迄今已将一月,尚未全部完成,工作进行极为迟缓。调拨物资工作均经依照规定手续,会同接收人员暨监交人办理点交,工作完竣后由迁运组派员接洽运输机构负责启运。

由于接收单位颇多(共十一个),各单位又非同一地区,在办理交接手续之前又须经过一定的联系。个别院校也有争先前来接收的现象,但有些单位经过函电催促仍不迅速办理,致无法掌握工作进程。同时调整方案的更动,使得工作有时要停顿下来,有时重复进行,增加不少手续。因为变动得多就影响了搬运费预算的准确性。

物资调拨工作进行迟缓的主要原因是后湾山校舍的被作为招待所,一切工作遂完全陷于被动地位。目前等待交接的物资已属不多,我会已配备人员接洽好运输机构,一俟招待所方面可以前往时,即进行抢运工作,争取早日结束,完成任务。

(二)优缺点

甲、优点

一、江大调整委员会成立以后,办公室工作人员尚能分别负责完成任务。

二、调整委员会组织较大,工作人员亦多。自全体员工调配名单经苏南分会发表后,办理移交结束,人员即缩减为十五人,俟迁至梅园办公后,人员再行减少。工作人员能够配合需要再行决定人数,故并无冗员。

三、移交工作争取于十月底或十一月初全部结束,在时间上亦能经济。

乙、缺点

一、所有工作未能发动群众一起来干,不免集中在少数工作人员身上,不能更快地完成任务。

二、在留办移交人员中有个别人员未能前来参加工作。

三、迁运方面缺少经验,又少具体计划,以致临时不免有忙乱现象,例如:雇佣船只方面即不免有浪费现象。

四、经费方面,收支计划少正确性。原因如机械系机器原定运至南京工学院,临时改在无锡,故装箱费较巨而运输费大量减省;全校家具原有一部分预定拨交苏南师范学院,临时改变,以致节省四百吨吨位未运。这些都因装运发生变卦,影响收支计划正确性的减少。

五、因招待少数民族及国际友人,校舍为招待所借去,取运大受限制。且本校堆放东西之处,招待所临时开启住宿司机,以致箱笼被翻,标千[签]被撕,装置天平之箱亦被倒置,使本校在保管上大受影响。

六、化工仪器、药品及图书原已装好,因临时奉令改拨,以致重行开拆,再度装置。

七、各系科物资虽已分别造册移交,但有一部分未能与原始清册或财产目录核对。

八、物资移交后虽已运去多时,而部分学校仍未能将移交清册寄回,以致移交手续未能及早完成。

　　九、人事方面,个别教职员未能做好保密工作,以致引起不必要的误会。

　　十、人事调配未能周密考虑、深入了解,以致对员工方面未能做到全部照顾。

　　(三)经验教训

　　根据这次调整院系的经验,我们体会到凡是在行动之前做好思想准备的,在行动的时候所遇的困难就少,进行就顺利。而在推动工作的时候,如果找到窍门,争取主动,就进行得顺利,少走弯路。

(来源:江南大学档案馆SLJD-9)

私立江南大学一九五〇年八月份综合报告

(呈上海申新纺织厂总管理处)

　　(一)行政领导的更动——本校自荣毅仁先生负责主持以来,迄已一载有余,本学期起,荣先生辞去主任委员职务,此后将以校董身份协助推进校政。另由校董会聘请沈立人先生为主任委员、朱正元先生为副主任委员(朱正元先生现已辞职)负责校务。并为维持目前学校行政,在新校委会尚未产生以前,由校董会呈报组织临时校务协商委员会,聘请委员十五人(内学生代表一人)协同处理校务。已于八月十七日、卅一日先后召开了会议,商决若干重要问题。

　　(二)办理招生——本届招生事宜,均经遵照奉颁招生办法办理,事前组织招生委员会,拟具招生简章,报请核准招考管理、数理、电机、机械、化工、农产、植产、面专各系科一年级新生及二、三年级转学生,于八月六、七两日报名,九、十两日考试,分宁沪锡杭四区同时举行,报考人数以上海区最多,计五百余人,无锡、南京次之,杭州最少,只二十余人,总计八百余人。各科成绩尽速评定后,于八月十八日发榜,录取新生三百五十名。

　　(三)确定经费——校董会确定自本学期起,每月贴补经费一万八千上海折实单位,学校根据此项数字,在精简节约原则下,初步拟定了本学期概算。教职员工薪给依照本年二月份发薪基数,乘一.〇八个上海折实单位支给,较原标准减低二五折,其他办公费用等亦大事紧缩。

　　(四)协商学费——为照顾同学困难,本校学费每学期皆在递减。过去缴纳四石五斗,前学期减为四石,而实缴三石五斗,上学期改为九十个无锡折实单位,亦不足四石米之值。本学期上海各校仍多维持上学期标准,本校为尽力照顾同学,经协商会议决定减为七十五个无锡折实单位,即壹佰贰拾个上海单位,折米已不足三石,而且低于京沪杭各私立大学学费之平均数(约一百七十个上海单位)。

(五)洽商借读——为了减少开支,配合经费预算,学生人数过少的系级,如数理二、三,机械三、四,植产三、四,化工三,每级多则六七人,少仅一二人,在精简原则下,予以转学或借读他校。此项原则经提出协商会议讨论决定后,已分向各校院进行洽商,先后获得之江、东吴、南通等院校同意。各同学亦由校通知,先作思想准备,如期入学。

(六)充实工场设备——本校工场早经建筑完成,内部设备,由于经费艰困,一时筹措不易,尚付缺如。同学平时实习要借用荣巷申新三厂铸工部,颇感不便。嗣经校董会拨发专款到校,即交由机械系负责筹办购置各种器材,于短时期内完成木、锻、铸、工各部设备,并租借车床、钻床等十余部。八月上旬开始电一、化一同学暑期实习,于九月初结束,获得优良成绩。

(来源:上海市档案馆 Q193-1-1556 S00034-S00037)

私立江南大学一九五〇年九月份综合报告

(呈上海申新纺织厂总管理处)

(一)精简员工——由于本学期经费艰困,为维持整个学校,各方面均极力紧缩,如全校教职员工薪给的打七五折、学生人数过少的系级借读他校、总办公费用从四千余单位减低到三千单位等,因此员工方面也实行精简职员五人、工友七人。为照顾员工生活,每人发给遣散费三个月,并保证被精简人员得优先录用(工场成立后,职员孙素一已首先复职)。在双方兼顾的原则下,被精简员工同意了学校的措施。

(二)开学学习动员——为了发扬自觉精神与负责态度,达到民主团结、共同负责、克服困难、办好学校、树立优良传统、培养有用人才、配合新中国经济建设的需要,布置了开学学习动员。承政府当局的重视,派来工作同志多位,协助进行。事前召开全体教师会议,广泛交换意见,成立学习动员委员会为总的领导机构,制定学习计划和实施办法。预定学习十天,九月廿一日由文教处宋科长作初步动员报告,全校正式开始,以系为单位编组,由系主任领导,全体教师协助,阅读文件(必读文件为毛主席"六六"文告,及人民日报社论:《稳步改革高等教育》《整顿学风》等),结合漫谈小组讨论。廿五日由苏南行署刘副主任来校报告,说明建设新中国的艰巨任务,整理与维持方针,民主协商的原则,初步树立共同负责的决心,逐渐办好江大。廿九日由沈主委立人作检讨报告,并请文教处栾处长作报告。在学习过程中,最初几天同学学习情绪很低,新同学希望早日上课,老同学对学习无信心,认为不足重视,因此存在着自由散漫现象。经过刘主任的报告,各位工作同志及教师们的检查督促,同学们学习情绪普遍提高,各小组发言热烈。经过反复的漫谈讨论,明确维持与改造学校的思想,自觉到责任的艰巨与光荣,从而树立共同负责的决心。

(三)筹组校务协商委员会——遵照苏南行署刘副主任指示,结束临时校务协商委员会,在正式校务委员会未产生前,采取民主协商方式,先成立校务协商委员会,为全校最高领导机构。委员十九人(同学代表三人由同学会产生)由各教师小组提名,集中后再分发至各小组充分协商,最后决定为沈立人(主委)、毕仲翰(副主委)、庄智焕、张泽垚、夏宗辉、朱宝镛、夏彦儒、郭守纯、金圣一、金宝光、郭会邦、程瀛章、张震旦、叶尚瑾、沈祖洪、朱祖培、陶奕镇、邓鸿勋、蒋凌械等十九人,业经抄同全体委员名单于九月二十九日报请主管机关审核批准。新校务协商委员会成立后,即将讨论拟订本学期计划及土改教育等方案,加强政治思想学习,达到民主团结,共同负责办好学校。

(来源:上海市档案馆 Q193-1-1556 S00038-S00041)

私立江南大学一九五〇年十一月份综合报告

(呈上海申新纺织厂总管理处)

(一)劝募寒衣——本校为响应劝募寒衣号召,于十一月三日,师生组织了劝募寒衣捐委员会,预定目标寒衣壹百套,积极展开劝募工作。全校师生员工,一致踊跃捐输,情况热烈。在进行中,工友们首先捐出三日或一日所得,向全校挑战,各教师小组纷纷响应。助教叶尚瑾小姐,捐出衣服十余件,起了带头作用。教师和职员,大都捐出一日所得。同学小组,以化工第一组成绩最优。该组同学章联华捐出二十万元代金,造成全校同学个人最高记[纪]录。总计一周来,共捐得寒衣六十余套,代金四百四十余万元,超额完成任务。

(二)创立科学图书出版社——本校久有出版丛书之计划,因循未克实现。近奉校董会之命,创立科学图书出版社,办理本校教师编著出版事宜。首先着重自编教材,因目前国内大学各科教材,大都采用西文教本,不近国情,不切合实际,莫此为甚。将来本校自编教本出版后,于国内各大专学校裨益良多。该社组织直属校董会,经费独立,由校董会拨发,现已开始工作。

(三)充实各系设备——本校各系科设备,经历年添置,大体已敷需用。本学期为增进教学效能,力谋充实,虽学校经费极端艰困,教职员工薪金尚在减折发给,仍勉力筹拨设备费近壹亿元,分配各系科添置急需用品。现各系科仪器药品,已陆续装运到校,开始应用。各实验室中,挤满同学,情绪热烈。

(四)确立本学期预算——本学期预算,早经九月十九日临时校务协商委员会第四次会议决议,推定师生七人,组织预算编制委员会,从事编制。该委员会拟定后,提请校协委会讨论,并一再征求各方意见,始经十一月十七日第四次校务协商委员会决议通过。按照本学期预算,收支相抵,每月尚不足六千余单位,教职员工薪金七五折发放后,收支始告平衡。

(五)建立汇报制度——为检查各部门工作、推进校务起见,经第四次校务协商委员会议决定,各系科、各行政部门每半月须向校协委会汇报一次,现全校已遵照实行。

(六)机械实习工场开幕——本校过去无机械实习工场,同学实习,端赖开源机器厂,及申新各厂协助解决,深感不便。本年暑假,由校董会拨款,在校内筹备机械实习工场一所,可容七十余人同时实习,现已装备完成,特于十一月廿五日举行开幕典礼,到各工厂及校协会来宾卅余人,各代表相继致贺词。由沈主委行开车典礼,全场机器开始运转,并由机械系同学作各项工作表演。现工厂设备:计有车床五部,钻床、刨床各二部,铣床一部,柴油引擎一座。此外锻木工、钳工、铸工等设备均已充实,并仍在设法扩充中。

(七)时事学习——自遵奉政府指示,目前以时事学习为中心工作,及参加苏南时事教育会议后,即积极布置进行。首先召开了校协会扩大会议,邀请全体教师参加商讨时事学习实施办法,会上推定师生七人,组织时事教育委员会,在校协委员会领导下,负责计划、推动、检查与督促工作。由该委会拟定如下实施办法,于十一月廿日开始学习。

一、学习时间暂定一个月,以后视具体情况决定。

二、分四个阶段进行(一、仇视　二、鄙视　三、蔑视　四、总结),彻底认识美帝侵略暴行的真面目,树立抗美援朝、卫国保家的决心。

三、第一、二、三阶段,每阶段利用四个下半天,所有课程尽量设法调排上午。请文教首长来校报告一次,本校教师报告二次,其余时间阅读文件、小组讨论,并举行会报。

四、学习小组分别由系主任领导,各教师参加协助。

五、学习时间严格执行点名制度,及请假办法。

六、减少学生作业,各课程相机配合时事学习。

七、教职员工在职学习以时事学习为中心。

第一、二阶段,现已结束,一般学习情况较开学动员学习时稍好,但师生不去参加小组讨论,不去听报告的颇多。个别师生存在着纯技术观点,不重视学习,致学习情绪全校尚不够紧张。现第三阶段开始,布置如下:一、加强组织,成立六个大队,以系主任为大队长,各大队自行布置。二、建立汇报制度,由大队长向时事教育委员会汇报,同时交换情况,决定布置。三、组织教师研究会,以同学提出的问题,教师在规定时间研究。四、与文教学院交换经验,拟请张焕庭先生来对本校教师谈话,内容:"文教学院时事学习进行情况,及如何进行"作为推动本校教师的报告。五、自四日起,拟组织《原子弹问题报告》《介绍苏联》《我对时事学习的看法报告》。

(来源:上海市档案馆 Q193-1-1556 S00046-S00047)

私立江南大学一九五〇年十二月份综合报告

(呈上海申新纺织厂总管理处)

(一)纪念"一二·九"——十二月八日下午七时在大礼堂举行"一二·九"学生运动纪念会,到师生五百余人,会上发言热烈,情绪高涨。九日上午六时,同学二百余人,从后湾山步行去城,参加了无锡市学联主办之"一二·九"学生运动纪念大会。

(二)爱国运动蓬勃开展——自政府号召青年学生、工人参加国防建设后,本校掀起了爱国热潮。参加军干校同学,如雨后春笋,共有六十六名。十四日下午,举行庆祝平壤解放及抗美援朝保家卫国宣传委员会成立大会,全体师生员工六百余人,济济一堂。首由沈主任委员转达校董荣毅仁先生给同学们的信,其中特别指出目前需加强时事学习,及大力展开抗美援朝保家卫国运动的重要意义。最后为平壤解放而庆祝,一时鼓掌声与礼堂外爆竹声大作,连续达五分钟之久。接着由苏南文教处程科长报告军干校成立的意义。随后宣读已经决定参加军干校的同学名单,上台佩带[戴]了光荣的大红花。瞿莱珍同学说:"最初我顾虑自己快毕业了,且身体不好,有胃病,但后来当我想到在美帝侵略下,我们还能关着门和平建设吗? 我们愿意做刺刀下的工程师吗? 解放后千万被压迫的妇女都站起来了,现在已有女拖拉机手、女火车司机……我为什么不能到军干校去保卫祖国呢?"[……]不少同学踊上台去讲话,热烈的掌声中说出了自己的决心。杨季虎同学的话,更带来了会场的骚动,他激动地说:"……我有一个弟弟在台湾当空军,我也想学习空军,我想不久后我们可能在空中会面,他如敢于向人民放一颗子弹,我要坚决打他下来。"好多同学都感动得流下眼泪。接着沈主任委员也签了名,他说:"我虽年老,但为了祖国,我还是要报名。"同学们立刻把他抬了起来,会场上的人都站了起来,热烈地鼓着掌。最后并通过了致朝鲜人民军及中国志愿部队的慰问信和爱国行动纲领。

(三)捐献子弹——为了响应爱国运动,热烈支援前线,学生会首先发起一人一弹运动。全体同学相互挑战,踊跃捐献,章联华同学捐出子弹五十颗(折合代金拾万元),创全校同学个人最高纪录。工筹会接省号召一人一颗手榴弹,预定目标一百颗。沈主任委员个人捐献手榴弹五十颗(折合代金壹百万元)。全校员工共捐出三百六十余万元,超额完成任务。

(四)参加示威大游行——本月十六日,无锡市教育界举行抗美援朝保家卫国示威大游行。本校事前,全体师生员工莫不兴高采烈,积极准备参加工作,如腰鼓队、乐队、活报、漫画等应有尽有。面专科同学用巴车装置了收音机,沿途广播人民之声。十六日上午九时许,师生员工五百余人,由沈主委率领,步行十余里抵达社桥头文教学院集合。午后一时出发游行,雄壮的队伍,口号声响彻云霄,标志着新中国教育工作者无比的力量,为抗美援朝保家卫国运动而奋斗。游行至下午五时许,始散队返校。

(五)下乡宣传——本校七系一科同学,分四大队前往鼋头渚、东管社、徐巷、西管社、后湾等乡村,进行时事宣传,深为当地农民欢迎,获得美满成绩。刻正准备下厂宣传工作中。

(六)庄教导长病逝——本校教导长庄智焕先生上学期原任管理系兼任教授,深为同学爱戴。本学期特摆脱交大课务,专任本校教授兼教导长职务。暑期中在沪主持招生工作,并参加临时校务协商委员会议,规划教导事宜,颇著辛劳。开学时患肠出血症,住院治疗,输血 200 毫升,稍稍见痊,嗣以教导工作急待开展,遂抱病到校,勉力处理。十一月中旬病势转重,请假赴沪就医,迁延一月,竟于十二月廿日下午八时溘然长逝上海中山医院,存年仅五十。噩耗传来,全校震悼,痛失良师。现教导长职务,暂由注册组主任金圣一兼代。

(七)本校创办人逝世两周年纪念——本校创办人荣一心先生,于一九四八年十二月廿一日由沪乘霸王号机飞港,接洽纱布外销事宜,不幸飞机失事罹难。长材未竟,抱恨终天,不特本校受莫大影响,抑亦吾国实业界之一大损失。本月廿一日为逝世两周年纪念,全体师生员工素食一天,并于上午九时举行纪念会,到校董钱孙卿,来宾申新三厂厂长郑翔德,及申新三厂工会代表等多人。会上各方发言,一致认为纪念荣先生应结合当前抗美援朝保家卫国运动,发扬爱国主义,继承荣先生之遗志云。

(来源:上海市档案馆 Q193-1-1556 S00049-S00050)

私立江南大学一九五一年一月份综合报告

(呈上海申新纺织厂总管理处)

(一)欢送参干同学

为了做好欢送参干同学这工作,首先组织了参干同学筹委会,由校协委员会、保送委会、工会、学生会、宣传委会及党团等各单位代表担任筹委。并聘请了大批工作人员,分头进行布置工作。当荣获录取同学十七人的喜讯在八日晚会上发表后,校内顿时卷入热潮,锣鼓声、爆竹声响成一片。报喜队长率领了腰鼓队向荣获录取同学和他们的家长报喜,带来了崇高的敬意和热烈的欢欣。九日上午各系举行了惜别会。下午二时起,隆重的全校欢送参干同学光荣大会开始,到师生员工六百余人,参干同学擎着伍修权队队旗入会场后,胸前佩带[戴]了大红花,坐在光荣席上,引起全场春雷般掌声历久不息。会上首由筹委会秘书处宣读荣校董毅仁欢送参干同学电文和文教学院等校的贺函,接着沈主委及各单位代表先后讲话,对参干同学致以崇高的敬意,并勉以积极学习,为新中国国防建设工作而努力。参干同学陶奕镇代表讲话,指出参干的决心和说服家庭的经过,从坚强的语调中表现着酷爱祖国的热情,激动了每一个人的心弦。最后参干同学宣誓,坚决表示了钢铁般意志,并由各单位致送赠品,摄影散会。下午七时起举行惜别会,演出各种节目,热情横溢,直至深夜始散。全部参干同学于十一日下午二时,由校车送城集中,走上光荣的岗位。

(二)组织冬防委会开始冬防工作:

为了保护学校,严防匪特、防火、防偷起见,特成立冬防委员会。由总务处、教导处、学生会等单位代表担任委员,主持冬防工作。工友们首先发挥了主人翁态度,自愿自觉地组织了巡夜队。每夜分为两班,每班四人,彻夜巡逻。接着学生会号召同学参加巡夜。冬防队伍迅速地长大起来了,收到巨大效果。

(三)无锡市教育工会江大委员会成立:

本校教育工会筹委会于上年六月廿九日成立,推选筹委十一人负责进行筹备工作。当时以学期即将结束,会务未能迅速展开。暑期中,部分筹委参加了无锡市教育工会暑期训练班,返校后积极推进会务,发展会员,并协助学校开展各项工作,如领导教职员在职学习,劝募寒衣捐、手榴弹捐献,参加无锡市反美示威大游行等,起了很大作用,胜利地完成了任务。现该会已拥有会员一二三人,占全体教职员工百分之九十六以上。本月十六日举行了工会成立大会,到上级工会代表及各分支会来宾多人。会上票选首届工会委员十一人。中午叙餐后摄影,情况热烈。

(四)举行学期考试:

本学期考试日程经第七次校务协商委员会议决定,一月十九日至廿二日停课温课,廿三日至廿七日大考。注册组根据决议案公布了各系级考试科目日程,集中在大礼堂举行。全体同学事前进行有系统的温课,各授课教师随时指导,顺利地完成了学期考绩工作。

(来源:上海市档案馆 Q193-1-1556 S00052)

私立江南大学一九五一年二月份综合报告

(呈上海申新纺织厂总管理处)

(一)补修课程——本年寒假,管理系四年级一部分留校补读物理等基本课程。自一月二十八日开始,迄二月二十日修毕预定教材。

(二)借做化工实验——本校化工设备,虽经历年购置,尚嫌不足充实,四年级实验颇多开不出,爱经洽商浙江大学借做化工实验。寒假期间,由化工系张教授震旦率领化四同学九人前往浙大,在短促时间内做完一学期实验。

(三)办理开学事宜——本校于二月十九日开学,二十日至廿四日缴费、选课、注册,二十八日正式上课。由于社会经济尚未根本好转,为照顾同学缴费困难起见,特将注册期限展延至三月三日截止。本学期注册同学共四七六人，较上学期减少八五人。

（四）加强教导处人事——本校教导长悬缺，已由校董会报请华东教育部并得中央人事部同意聘请骆美轮接充。原兼代副教导长夏宗辉，以系务繁忙，恳辞兼职，另聘管理系教授胡钟京兼代副教导长职务。又聘请讲师罗聚源兼生活辅导组主任。并聘辅导员六人，协助推进辅导工作。

（五）增聘教师——本学期由于课程需要，各系教师续有增聘，计：机械系兼任教授王守则，化工系兼任教授汪汝霖，食品工业系兼任教授庄晚芳，专题讲座罗泽里及苏石，工管系兼任讲师蔡溥，电机系助教朱受天等七人。

（六）筹建校舍——本校校舍深感不敷需用，亟待计划建筑，业经第十二次校协委员会议通过成立校舍计划委员会，推请夏宗辉、郭会邦、金圣一、陆仁寿、许雍圻及工会代表、学生会代表各一人为委员，负责进行筹建工作。

（来源：上海市档案馆 Q193-1-1556 S00054）

私立江南大学一九五一年三月份综合报告

（呈上海申新纺织厂总管理处）

（一）继续开展爱国运动——通过上学期抗美援朝保家卫国运动，全校师生员工政治觉悟已较前提高。本学期开学后，继续开展爱国运动，工会、学生会配合校行政号召员工同学加强时事学习，以实际行动支援前线。首先发起救济朝鲜难民和一人一信运动，慰劳中朝人民前线部队，各小组立时掀起了热烈挑战的镜〔劲〕头。职员黄书意捐献金戒指一个及人民币二万元，又每月捐献五万元。沈立人、刘天民两先生认捐每天一颗子弹，至朝鲜战争结束为止。一工友小组捐出了六万四千元。教职员共捐献九十余万元、慰劳信数百封。接着举行了控诉大会，控诉日寇侵略暴行，血淋淋的事实，燃起了全体师生员工愤恨的火焰，一致表示绝不容许美帝重新武装日本。苏南人民电台连续三天的控诉广播大会，各小组踊跃收听并做笔记。三月二十六日，锡市教育工作者示威游行，全校员工除必要的留守人员外，都前往参加。管理系教授胡立猷病后尚未十分健全，血压颇高，行动不便，也坚决参加了游行队伍，高擎着红旗，表示无比的爱国热情，感动了每一个人的心。在游行大会上，通过了锡市教育工作者爱国公约。目前全校各系级同学也都已订立了爱国公约，我们相互保证实行，为彻底粉碎美帝侵略阴谋而奋斗！

（二）增拨经临费——本学期由于课程需要，教师略有增聘。同时学生人数较上期减少五六十人，在学校经济尚未能自给自足的时候，更加深了困难，致预算不能平衡。经向校董会商请增拨经费后，从每月一九〇〇〇个上海折实单位增至二万二千单位。此外又另拨设备费一亿元,分配各系科添购目前必需设备。

(三)筹建校舍——校舍筹建事宜由校舍计划委员会积极进行以来,已先后召集了数次会议,并作实地勘测。因小箕山校舍暂时借政府使用,影响了原定计划,现拟就梅园或校本部两处择一修建。是项计划业已绘图,估计工料,一俟校董会核定即可招标兴工。

(四)增设土木工程系——我校办学重点以工农为主,土木系为工学院应有系别,与电机、机械、化工各系均有密切关联,我校尚付缺如。目前国家需要大量土木人才,为配合新中国建设需要起见,拟于一九五一年度第一学期增设土木工程系。就我校环境、师资、设备各方面有利条件下,增设土木系可收事半功倍之效。刻已推请金圣一教授负责该系筹备事宜,俟呈奉核准,即行招生。

(五)健康教育实施情况——本学期的体育已逐渐由少数走向普遍化了。如早操,在体育组与学生会体育部共同组织学习小组的推动下,在校师生员工已有百分之九十五以上参加了早操。在体育健康第一的号召下,动员师生员工进一步了解体育的重要性,推进了各项体育活动。如田径赛队,篮、排、足球队及健身室、健康组等,都组织起来了。最近又规定每天下午五时二十分至六时二十分,全体同学都要去操场参加活动。三月份参加了无锡市学联会男女队篮、排球选拔赛,我校初步选定男子十人、女子三人为学联代表队。关于设备方面,本学期修筑篮球场三面、排球场两面,新筑跑道一条、跳远跑道一条、跳高场一面,健身室也添置了许多器具。这一切说明了我校体育活动正在普遍地蓬勃开展中。

(六)种痘工作——为了师生员工健康,预防天花起见,遵照政府指示布置全面种痘工作。由医务组前往锡市卫生局领取痘苗后,即于三月十三日起十六日止,展开了全面布种工作。在校行政及学生会号召下,布种同学达百分之八十以上。教职员及其眷属也同时进行布种,迅速地完成了任务。

(七)清寒减免评议工作完成——本学期的清寒减免评选工作已顺利完成。这学期困难学生比上学期要多,系评结果时,申请同学超过应有名额四十七名,复评时有的同学放弃了申请,有的减低了申请标准。现在虽然评定下来没有超过,但实际上有困难的同学还是很多。评定结果如下:全免四七人,免4/5 二七人,免3/5 三五人,免2/5 一九人,免1/5 一八人,此外教职员直系亲属全免八人,许显谟公宗祠子弟全免九人,总和全免一一七.八名,占全校学生总人数百分之二五。

(八)工读情况——为了照顾清寒同学,特订立了《工读生规章》,由工读委员会主持工读事宜。上项委员会由教导处二位先生及学生会代表三人组成之。每月工读经费以伍佰上海折实单位为限。本学期申请工读同学,业经评定约需三百五十个上海折实单位,即将按评定结果,分配至各部门协助工作。

(来源:上海市档案馆 Q193-1-1556 S00056-S00057)

私立江南大学一九五一年六月份综合报告

（呈上海申新纺织厂总管理处）

（一）响应"六一"号召，展开热烈捐献

自抗美援朝总会"六一"三大号召发布后，全校师生员工热烈响应。首先于六月十四日，由校行政、工会委员小组长及系级代表举行联席会议，商讨修订《爱国公约》，使内容切实、具体、简明，人人都能做到。十五日下午召开了会后师生员工大会，当场通过了全体性《爱国公约》，并立即公布执行。接着全校掀起捐献飞机、大炮热潮，沈校长带头捐献壹佰二十万元，各小组踊跃认捐，全校一次捐款共计五〇七五〇〇〇元。学生会号召同学一人一万元运动，教职员工们大部订立了计划，以增产或节约认捐每人每月一日所得，除第一次捐献不计外，从七月份起，连续六个月，更有部分员工认捐至朝鲜战争结束及台湾解放为止。同学们都提出保证按月捐献，并要以增产所得全部捐献国家。此外对优待烈军属工作，亦随时准备响应号召，做好这一工作。全校师生员工们一致为响应"六一"号召而奋斗。

（二）订立重要章则

我校各种重要章则有的已不适用，有的尚未订立。自新校务委员会成立后，连续召开了四次会议，会上讨论通过了许多章则，主要的有下列各种：本校组织大纲、组织系统、校委会规章；教务、总务两处组织规程；会计室组织规程；教务会议、总务会议组织及议事规程；教职员工聘任暂行办法；教授、副教授、讲师、助教升等办法；教员工作待遇及兼职兼课暂行办法。以上各项章则，均经过民主讨论决定，业已公布施行，健全了学校制度。师生员工在民主团结的基础上，为办好学校而努力。

（三）课改工作和存在的问题

我校一九五一年度第一、二学期各系科课程计划，经一再集会研讨，根据课改精神及高等学校课程标准草案，已初步拟定呈报在案。惟是项课程计划尚多不合理处，为了逐步研究改进，最近全校成立了十四个教学小组作为教研组的初级范型，积极展开研究改进工作。目前课程方面尚存在两个问题：（1）根据以往经验，一年级新生无阅读一种外国语能力，势须必修外国语课程（过去我校只开英文，下学期将添开俄文），自应排入一年级课程表内，则每周学时总数将超过五十学时的规定，此项困难拟请予照顾。（2）我校农艺系二年级上下学期课程计划，包括必修的政治经济学与俄文两课程，学时总数超过了五十学时，为符合规定，拟就两门必修课程精简一门，俄文课在该系规定修四学期，若二年级精简了俄文，只读一年俄文恐不能完成教学标准。我校之主观意见，拟将政治经济学精简。如仍应两课兼课[顾],亦拟请特予通融。

（四）办理毕业工作

我校本届各系科毕业同学共计一〇七人,遵奉政府指示,由中央统一分配工作。首先依照规定成立了协助毕业生分配工作委员会,向毕业班同学进行说服工作,打消思想上的顾虑,坚定了服从组织的信心。六月二十七日开始毕业考试,二十九日结束,三十日下午举行第一届毕业典礼,由沈校长主席。会上政府首长、校董、来宾及家长代表等均相继致词,指出"过去反动派统治时期毕业即失业,今天毕业同学由政府统一分配到各种工作岗位去,担负起建设新中国任务,生在毛泽东时代的青年真值得骄傲",一致为毕业同学庆幸。沈校长报告一〇七位毕业同学已有一〇三位同学不问待遇,不问地区,不强调个人兴趣,坚决服从分配,其余四位同学相信在思想斗争中,定可获得胜利。这说明了我校同学在政治思想上已显著提高,各同学将愉快地走上工作岗位,为建设新中国而努力。目前正在做必要准备,以便如期参加集中学习,听候分配工作。

（五）体育实施情况

我校田径队为了观摩技术,吸取经验,求得相互学习之机会起见,于六月十六日由体育组余主任率领赴沪参加复旦、同济、沪江、光华、江大五大学联合体育大会。我队虽受旅途劳苦影响成绩,但在竞技演出中,毫无疲倦松懈情绪,始终以坚毅果敢表现江大传统的精神。为了解和吸取其他四大学的体育开展经验,同学们分成小组访问和交换意见,获得不少帮助。十七日大会结束,各校互赠锦旗留念,在团结友爱融洽气氛中胜利闭幕。

（来源:上海市档案馆 Q193-1-1556 S00065-S00066）

江南大学三十七年六月份勤工助学金印领清册

学　号	姓　名	工作时数	每时工资	工资合计	实领金额	具领盖章	备考以照校定指数二五七·〇〇〇倍计算
三六九〇一	陈学烽	三小时	一角五分	四角五分	一一五·六五〇元	（章）	
三六八二〇	陈秉基[1]	五小时	一角五分	七角五分	一九二·七五〇元	（章）	
三六九〇四	杨燊生	一小时	一角五分	一角五分	三八·五五〇元	（章）	

---

[1] 1947年9月11日中共党员陈秉基奉上海地下党组织的指派,考进江大,成为江大的第一个学生党员。

续表

学号	姓名	工作时数	每时工资	工资合计	实领金额	具领盖章	备考 以照校定指数 二五七·〇〇〇 倍计算
三六九一九	赵正清	一一小时	一角五分	一元六角五分	四二四·〇五〇元	（章）	
三六九二五	潘法根	一三小时	一角五分	一元九角五分	五〇一·一五〇元	（章）	
三六四四〇	饶通	三小时	一角五分	四角五分	一一五·六五〇元	（章）	
三六九一〇	杜鑫翔	二一小时	一角五分	三元一角五分	八〇九·五五〇元	（章）	
三六九一八	章建南	九小时	一角五分	一元三角五分	三四六·九五〇元	（章）	
三六九二〇	陈宝琦	六小时	一角五分	九角	二三一·三〇〇元	（章）	
三六九一六	徐燮南	六小时	一角五分	九角	二三一·三〇〇元	（章）	
三六八〇四	胡良才	六小时	一角五分	九角	二三一·三〇〇元	（章）	
三六三一二	陈龙贵	三小时	一角五分	四角五分	一一五·六五〇元	（章）	
三六三一四	金燮荣	三小时	一角五分	四角五分	一一五·六五〇元	（章）	
三六八〇二	时际云	三小时	一角五分	四角五分	一一五·六五〇元	（章）	扣□
三六八二五	刘学悠	三小时	一角五分	四角五分	一一五·六五〇元	（章）	扣□
三六九二六	刘达夫	六小时	一角五分	九角	二三一·三〇〇元	（章）	
三六九一四	承念祖	六小时	一角五分	九角	二三一·三〇〇元	（章）	
合计	一七人	一〇八小时		一六元二角	四·一六三·四〇〇元	（章）	

总计国币肆佰拾陆万叁仟肆佰元正

副校长　顾惟精（印）

总务长　陆仁寿（印）

会计主任　许雍圻（印）

出纳主任　吴叔翚（印）

（来源：上海市档案馆 Q193－1－914 S00077－S00080）

江南大学三十七年六月份农夫工饷报核清册

差别	姓　名	月支工饷基数	在职日期	照核定指数二五七·〇〇〇倍 计算实领金额	具领人签章	备考
农夫	陆顺熙	二九元	全月	七·四五三·〇〇〇元	（章）	
农夫	何荣成	二八元	全月	七·一九六·〇〇〇元	（章）	
农夫	胡代宽	二六元	全月	六·六八二·〇〇〇元	（章）	
农夫	郑志有	二九元	全月	七·四五三·〇〇〇元	（章）	
合计	四人	一一二元		二八·七八四·〇〇〇元	（章）	

总计国币贰仟捌佰柒拾捌万肆仟元正

副校长　顾惟精（印）

总务长　陆仁寿（印）

会计主任　许雍圻（印）

出纳主任　吴叔羣（印）

（来源：上海市档案馆 Q193－1－914 S00097－S00099）

私立江南大学工友工作概况表

1950.3.校本部

职别	姓　名	上学期工作	底薪	本学期工作	底薪	到校年月
工友	华子达	校务委员会室、教务长室、辅导委员会室、教务处	40元	校务委员会室、管理系主任室、辅导处、教务处	40元	1948.8
工友	陈荣生	总务长室、总务处、文书组、会计室、收发邮件	41元	同上学期	41元	1947.9
工友	汤穆森	教授休息室、各系科办公室、农场办公室	40元	教授休息室、各系科办公室、电子管实验室	40元	1947.11
工友	谢锡南	物理实验室	41元	同上学期	41元	1947.9
工友	章善宝	化学实验室	41元	同上学期	41元	1947.9
工友	唐玉宝	化学实验室	38元	同上学期	38元	1947.10
工友	章柏英	生物实验室	41元	同上学期	41元	1947.9
工友	王坤才	图书馆	41元	同上学期	41元	1948.8

续表

职别	姓 名	上学期工作	底薪	本学期工作	底薪	到校年月
工友	陈国章	讲义室、出版组兼管印刷事宜	39元	同上学期	39元	1948.8
工友	钱永楠	管理教室九只	38元	同上学期	38元	1947.9
工友	孙振权	体育组、健身室、学生会、医务组、调养室	38元	同上学期	38元	1948.9
工友	周仁林	保管室兼外勤	41元	同上学期	41元	1947.10
工友	杨伯庸	敲钟、教室四只	41元	同上学期	41元	1947.10
工友	郑全兴	男生宿舍底层兼大厕所清洁	38元	同上学期	38元	1947.11
工友	汤兆希	男生宿舍二楼	38元	教职员宿舍及厕所清洁	38元	1947.10
工友	吴炳钧	男生宿舍三楼	40元	同上学期	40元	1947.10
工友	盛樟高	教职员宿舍	40元	礼堂内外、会议室兼管教室四只	40元	1947.9
工友	许春弟	女生宿舍	37元	同上学期	37元	1949.9
工友	杨培玉	女生宿舍	37元	同上学期	37元	1948.11
工友	谢天生	教职员膳堂、大膳堂及厨房四周清洁	37元	同上学期	37元	1948.11
工友	钱阿焕	工友厨房及烧水、劈柴等	38元	同上学期	38元	1947.10
工友	朱希曾	男生宿舍全部清洁及烧水、劈柴等	38元	男生宿舍二楼	38元	1949.11
工友	沈中明	大阅览室内外、大门内外、扶梯上下及礼堂整洁	38元	同上学期	38元	1949.11
工友	屠柏泉	学生厨房	40元	同上学期	40元	1948.9
工友	蔡士英	学生厨房	40元	同上学期	40元	1947.11
工友	许阿梅	学生厨房	40元	同上学期	40元	1948.11
工友	钱根兴	学生厨房	39元	同上学期	39元	1949.3
工友	徐俊生	学生厨房	38元	同上学期	38元	1947.11
工友	徐正林	学生厨房	38元	同上学期	38元	1949.9
工友	翁小和	老虎灶	39元	同上学期	39元	1949.6
工友	周祥宝	清洁夫（校本部全部厕所，男生宿舍二、三楼，盥洗室，全校校路）	38元	同上学期	38元	1949.5
司机	贾灿泉	校车司机	62元	同上学期	62元	1948.12
电工	俞筱庭	经管全校电灯	52元	同上学期	52元	1947.11
木工	戈文举	修建桌凳、木器、门窗等等	40元	同上学期	40元	1949.2

续表

职别	姓　名	上学期工作	底薪	本学期工作	底薪	到校年月
车夫	王志仁	包车夫兼做什务	47元	同上学期	47元	1948.1
花匠	陈阿南	种植、修剪、灌溉全校花木	40元	同上学期	40元	1949.2
荣巷第二院						
工友	华春昌	传达、看门、摇铃、收发信、邮件等	41元	同上学期	41元	1947.10
工友	郑焕根	厨司、烧水及图书馆教职员宿舍清洁	41元	同上学期	41元	1947.10
工友	荣耀宗	管理荣府	40元	同上学期	40元	1947.12
工友	王钧良	洋房楼下教职员宿舍及烧水	40元	同上学期	40元	1948.4
工友	杨锡安	洋房楼上教职员宿舍及什务	37元	同上学期	37元	1947.11
工友	章大经	洋房楼下教职员宿舍及伙食、烧水、什务等	39元	同上学期	39元	1949.3
梅园第三院						
工友	盛能力	收发信件兼管两幢房屋清洁	43元	同上学期	43元	1947.11
工友	梅根	挑水兼管厨房及屋舍清洁	40元	同上学期	40元	1947.12
校　警						
校警	杨锡荣	校本部警卫事宜	42元	同上学期	42元	1948.8
校警	张本元	校本部警卫事宜	40元	同上学期	40元	1948.8
校警	刘梓良	新宿舍警卫事宜	40元	同上学期	40元	1948.8
农　场						
农工领班	杨关福	田间工作	46元	同上学期	46元	1948.10
农工	缪有根	田间工作	42元	同上学期	42元	1948.8
农工	郑志有	田间工作	42元	同上学期	42元	1947.11
农工	施文明	田间工作	37元	同上学期	37元	1949.3
农工	孙澄水	田间工作	44元	同上学期	44元	1949.11
农工	张敖大			田间工作	1.5石	1950.3
农工	周阿兴			田间工作	1.5石	1950.3
练习生	徐士生		6斗		6斗	1949.12
练习生	吴进石		6斗		6斗	1949.12
练习生	王景曾				6斗	1950.2

（来源：江南大学档案馆 SLJD-2）

江南大学工友工资表

1951 年 4 月份

姓　名	底薪		实支单位	姓　名		底薪	实支单位
贾灿泉	62		97	许阿梅		40	63
俞筱庭	52		81	戈文举		40	63
王志仁	47		74	陈阿男		40	63
盛能力	43		67	刘梓良		40	63
杨锡荣	42		66	陈国樟		39	61
华春昌	41		64	章大经		39	61
郑焕根	41		64	钱永楠		38	60
谢锡南	41		64	孙振权		38	60
章善宝	41		64	郑泉兴		38	60
章柏英	41		64	汤兆希		38	60
王坤才	41		64	钱阿焕		38	60
周仁林	41		64	薛叔平		38	60
杨伯庸	41		64	徐俊生		38	60
陈荣生	41		64	周祥宝		38	60
王钧良	40		63	唐玉宝		38	60
梅　根	40		63	杨锡安		37	58
华子达	40		63	许春娣		37	58
吴炳钧	40		63	徐正林		37	58
屠柏泉	40		63	沈中明		37	58
蔡士英	40		63	朱希曾		37	58
				合　计			2543

江大农场员工薪资表

1951 年 4 月份

姓　名	底薪		实支单位
姜万福	90		97

续表

姓　名	底薪		实支单位
杨关福	46		72
姜万有	44		68
缪有根	42		66
郑志有	42		66
施文明	37		58
张鳌度	33		52
周阿兴	33		52
王宏林			42
徐士生			23
吴进石			23
王景曾			23
合　计			642

江大工场薪资表

1951 年 4 月份

姓　名	底薪		实支单位
陆根世			100
潘玉林			65
朱少卿			100
宣荣祥			100
董士兴			30
毕允昌			23
戈景房			23
合　计			441

（来源：上海市档案馆 Q193－1－914 308）

教研实习

民国三十六年度私立江南大学教员名册

职别	姓 名	备考
专任教授		
	唐君毅	兼教务长
	钱 穆	兼文学院院长
	顾惟精	兼理工学院院长
	韩雁门	兼农学院院长
专兼任教授		
	王文元	兼训导长
	钱清廉	
专任教授		
	倪则埙	
	张镇谦	
	杨惟义	
	杨荫渭	
	王 庸	兼图书馆主任
	陈 机	
	王淑瑛	
	陈 陵	兼体育卫生组主任
	牟宗三	
	金圣一	
	杨 晟	
	王效三	
专兼任教授		
	周葆儒	
	周同庆	
	李 笠	
	徐璋本	
	朱伯康	
	陆子芬	
	程修龄	

续表

职　别	姓　名	备考
	李吉行	
兼任教授		
	蒋庆曜	
专任副教授		
	姚志英	
	张载人	
	李夑文	兼文书组主任
	朱耀炳	兼注册组主任
专兼任副教授		
	沈制平	
讲师		
	唐至中	
	郑学弢	
	孙　湘	
	王景泰	兼事务组主任
助教		
	沈吟梅	
	屠仁溥	
	薛禹谷	
	潘超霖	
	朱青山	
	黄淑兰	
	陈湘荃	
	周模禄	
	程守源	
	费大经	
	顾　文	
	万迪生	
	吴　锷	

（来源：苏州大学档案馆　永 7 040－045）

江南大学教员任课时数表

（36年度第一学期）

（三十六年十月　呈校长室）

教员姓名	任课名称		演讲时数	实习时数	备注
陈　陵	文1、2、3、4	体育		1、1、1、1	
	理工1、2、3、4	体育		1、1、1、1	
	农1、2	体育		1、1	
	女生体育			1	全校合一班
李　笠	文1	国文	4		
	理工4	国文	4		
唐至中	文2	国文	4		
	理工2	国文	4		
	补习班	国文	2		
李吉行	文3	国文	4		
	理工3	国文	4		
蒋庭曜	文4	国文	4		
郑学弢	理工1	国文	4		
	农1	国文	3		
王效三	农2	国文	3		
	补习班	国学常识	2		
王淑瑛	文1	英文读本	4		
	补习班	英文	5		

续表

教员姓名	任课名称		演讲时数	实习时数	备注
沈制平	理 1	英文	4		读本
	文 2	英文	4		读本
	理 1	英文作文		1	
程修龄	文 3	英文	4		读本
	理 3	英文	4		读本
	理 3	英文作文		1	
姚志英	文 1	英文文法	2		
	文 2	英文文法	2		
	理工 1	英文文法	2		
	理工 2	英文文法	2		
	文 2	英文作文		1	
周保儒	理工 2	英文读本	4		
	文 3	英文作文		1	
	文 3	英文文法	2		
	理工 2	英文作文		1	
张载人	农 1	英文读本	4		
	农 2	英文读本	4		
	农 1	英文作文		1	
曹源松	文 1	英文作文		1	
	农 2	英文作文		1	
	农 1	英文文法	2		
	农 2	英文文法	2		
	理 3	英文文法	2		
朱伯康	补习班	三民主义	1		
	全校	伦理学	1		
	文选	经济学	3		经济系必读

续表

教员姓名	任课名称		演讲时数	实习时数	备注
钱清廉	文选	政治学	3		
唐君毅	文1	哲学概论	2		
牟宗三	文2	哲学概论	2		
	文1	论理学	2		
	文2	论理学	2		
钱穆	文1	中国通史	3		合班,暂由王庸代授
	文1	中国通史			
王庸	理工1	中国通史	3		合班
	理工2	中国通史			
	补习班	地理	2		
张镇谦	理工1	微积分学	4	1	
	理工3	微积分学	4	1	
陆子芬	理工2	微积分学	4	1	
	理工4	微积分学	4	1	
孙湘	文选	数学	3		
	经济系	数学	3		
	补习班	物理	3		
金圣一	机电	投影几何学		6	尚未开班,十一月十五日
	化工	投影几何学		6	
	补习班	数学	5		
周同庆	理工1	物理学	3	3	
	理工3	物理学	3	3	

续表

教员姓名	任课名称		演讲时数	实习时数	备注
徐璋本	理工 2	物理学	3	3	
	理工 4	物理学	3	3	
倪则埙	农产	化学	4	3	
	机电	化学	3	3	
杨 晟	化工	化学	4	3	
	数理农艺	化学	3	3	
	补习班	化学	3		
屠仁溥	机电	化学实验		3	
	化工	化学实验		3	
	补习班	化学实验	3		
薛禹谷	数理农艺	化学实验		3	
	农产	化学实验		3	
杨惟义	文选	生物学	2	3	
	农 1	动物学	2	3	
	农 2	动物学	2	3	
陈 机	农 1	植物学	2	3	
	农 2	植物学	2	3	
	补习班	生物学	3		
	补习班	化学实验		3	
韩雁门	农学概论		2		农院合班
朱耀炳	农 1	农场实验		3	
	农 2	农场实验		3	

续表

教员姓名	任课名称		演讲时数	实习时数	备注
周天健	补习班	历史	2		
李兑文	补习班	物理	3		
		学术讲座	2		全校
吴 锷	补习班	物理	3		全校
学术讲座			2		全校

（来源：苏州大学档案馆 永7 075-085）

江南大学训导处三十六年度第一学期工作报告书

（一）制定各种训导章则

1.学生请假规则；2.学生奖惩规则；3.学生宿舍规则；4.学生储藏室规则；5.学生缮厅规则；6.学生集会规则；7.清寒学生免费办法*；8.训育委员会组织规程；9.管理学生出版物办法；10.学生假期留校办法；11.学生寝室整洁检查办法。

以上各种章则均由本处拟定，经校务会议或训育委员会修正通过实施。

（二）举行各种训导会议

1.召开训导处处务会议

a.十一月十八日第一次处务会议，讨论如何筹组训导委员会、清寒免费生审查委员会以及一般训导工作之拟定与检讨；

b.十二月五日第二次处务会议，讨论学生用水用电之节约与管制问题以及一般工作检讨；

c.十二月三十日第三次处务会议，讨论年假学生之管理问题；

d.一月十三日第四次处务会议，讨论评定学生操行成绩之标准与提请校长召开训育委员会；

e.一月二十三日第五次处务会议，会评学生操行等第，议决计算学生操行之办法。

2.提请校长召开训育委员会

a.一月十七日第一次训育会议，修正通过各种训育规则，讨论惩处少数违规学生等事项；

b.二月二日第二次训育会议,审查本学期学生操行成绩,讨论如何处理少数操行过劣之学生等事项。

(三)办理新生入学手续与训练

1.举行新生口试与体格检查;

2.办理学生入学志愿书、保证书并对保事宜;

3.拟订新生训练日程;

4.讲解各种训育规则之要点,并举行精神训话。

(四)清寒免费生之审查及其准备工作

1.拟定清寒免费生暂行办法;

2.办理申请手续;

3.审查清寒证件、过去学业成绩并举行个别谈话;

4.整理以上资料,交清寒免费审查委员会审查决定;

5.发还清寒证件;

6.办理下学期免费生申请手续。

(五)生活指导事项

1.制定作息时间表;

2.与事务组商洽布置学生宿舍、自修室、储藏室等;

3.指导选举寝室室长与缮厅桌长;

4.学生床铺之登记、编号与调整;

5.指导学生筹组膳食委员会;

6.学生请假之核准登记与统计;

7.学生汇款之证明与登记;

8.假期学生离校或留校之登记;

9.分期举行全体各生个别谈话;

10.举行寝室整洁检查;

11.经常巡查学生宿舍与自修室;

12.学生日常生活之指导与训诫事项。

(六)课外活动事项

本学期未设课外活动组,其事项由生活指导组兼理。

1.率领全校学生参观梅园本校第三院及后湾山新校舍;

2.指导学生自治会之筹备与选举事宜;

3.学生自治会成立及召开大会时列席指导;

4. 学生出版壁报之登记与审查。已刊壁报有 a《江声》、b《原上草》、c《春潮》、d《晨曦》、e《江大新闻》等五种。

5. 学生团体活动之登记与指导：a 无锡县中等学校同学会、b 安徽同学会、c 江大学生助学会等申请备案。

（七）体育卫生事项

1. 制定各种体育规则；

2. 督促工人修建体育场；

3. 与事务组商洽购置各种运动设备与用具，并建筑浴室；

4. 组织各种球队；

5. 举行各种球类友谊比赛；

6. 自十一月三日开始每日早操，至十二月二十二日，因天气寒冷停止。

（八）特殊事件之处理

1. 补习班学生要求改为试读生，酝酿罢课，经本处训诫平息。

2. 本校学生与江南汽车公司发生纠纷事件，一面劝诫学生遵守秩序，一面会同总务处与汽车公司交涉，由该公司登报道歉。

3. 本校学生为九龙事件议决罢课游行，抗议英人暴行，本处派员随往，监督秩序。

（九）评定本学期操行成绩

1. 制定评定学生操行成绩标准。原定以教师考查操行成绩与本处考查操行成绩对平均而为实得成绩，但本学期未行导师制，经训育委员会议决，由本处负责评定。

2. 根据一月十七日训育会议所决定评定操行之原则，并一月二十三日处务会议议决之，计算操行之详细办法，评定本学期学生操行成绩。

3. 拟定学生操行成绩，提交二月二日训育会议讨论通过。

4. 将学生实得操行成绩抄录成册，送教务会填发通知单。

（十）寒假期内，本处议定韩王孙、刘诸元先生轮流住校。

（来源：苏州大学档案馆 永 7 067-074）

* 见规章制度

江南大学教务处卅六学年度第二学期工作报告书

（注册组部分）

本学期工作承接上学期，是以经常各项悉依原订进程办理，兹仍逐项分记如下：

一、办理第二学期开学

1．三月一、二日办理各院系学生注册；

2．注册学生计 219 名；

3．附读生 3 名。

二、排定各院系学程

1．参照部订科目表；

2．征求各教授意见；

3．参考各大学有关院系之科目；

4．全校共同必修科按人数平均分班；

5．兼任教授授课时间酌量集中排定；

6．如期公布排定课表；

7．征求新增科目教授意见。

三、办理各院系学生第一学期补考事项

1．三月三、四日办理补考；

2．登记补考成绩。

四、结算第一学期成绩总平

1．按照学业成绩规则结算总平均；

2．请学校核发学业成绩总平均在八十分以上乐匋、胡家琥两生奖金。

五、编定座次表及分发点名册、成绩单等

1．据第五次教务会议决议排定各科学生教室座次表，分送各教授并公布学生周知；

2．排定礼堂座次表；

3．除制就座次表外，仍照各科学生填制点名册，分送各教授备用；

4．分送各科成绩单。

六、编造报部表册

1．班级报告简表；

2．学生数报告简表：a 人数　b 籍贯；

3．休学学生名册及统计表；

4．退学学生名册及统计表；

5．各级肄业学生成绩表。

七、考勤

1．每周公布缺课或旷课时数；

2．学期终统计缺课或旷课总时数，公布一次，以凭扣除总平均分数。

八、教员请假统计

1. 每周统计教员请假时数；

2. 将缺课统计表分送校长室及教务长室备查。

九、举行教务会议

1. 三月八日下午三时举行第六次教务会议,通过附读规则、学术演讲办法及注册截止日期等案；

2. 六月八日下午三时举行第七次教务会议,通过转院系补充办法,补习班学期结束国文、英文考试竞赛办法等案；

3. 六月廿九日下午三时举行第八次教务会议,通过国文、英文考试竞赛成绩计算规则,英文成绩计算办法,附读办法补充各点等案。

十、举行学术演讲

1. 根据教务会议决议,本学期每周举行学术演讲一次,由教务长预约各主讲人,临讲时介绍并请校长室预告讲题；

2. 演讲时间为每周一上午十至十二时,在礼堂举行,全校学生全体出席,由注册组按排定学号座次查记缺席；

3. 本学期由顾惟精、钱穆、韩雁门、牟宗三、王庸、王效三、王文元、杨惟义、陈机、唐君毅先生等分别演讲十二次。

十一、举行分科教授会

1. 六月九日举行国文科教授会议,通过国文考试竞赛规则。

十二、办理国文、英文考试竞赛

1. 六月十四日举行国文考试竞赛,同月廿一日举行英文考试竞赛；

2. 公布国文、英文考试成绩最优学生各五名,并请学校发给奖金；

3. 登记成绩；

4. 六月九日举行英文科教授会议,通过英文考试竞赛规则；

5. 六月廿九日举行第二次英文科教授会议,通过英文考试竞赛成绩计算规则。

十三、唐蔚芝先生读文唱片播音

1. 五月十七日晚在礼堂播扬唐蔚芝先生读文唱片；

2. 分发唱片原文讲义。

十四、办理伪中等学校及未立案私校毕业生甄审事项

1. 四月七日公布教厅令文；

2. 填制甄审学生成绩单；

3. 按期请学校备文报厅。

十五、办理各院系学生休学、退学、转学等事项

1．本学期申请休学学生六名；

2．本学期申请转学学生一名；

3．本学期应令退学学生一名。

十六、办理各院系学生转院、转系事项

1．公布学生转院或转系规则，并限期办理；

2．收集转院系学生家长暨本人来函；

3．交填申请书；

4．将学生申请书连同各该生成绩册送原院长、系主任核批；

5．将学生申请书连同各该生成绩册送转入院长、系主任核批；

6．核准转院系学生在本学期成绩单上填明通知。

十七、办理补习班学期考试及结束事项

1．排定并公布学期考试日程；

2．排定并公布座次表；

3．请定监试人；

4．核验中学证件，收集报名单；

5．结算学期成绩，送招生委员会审核。

十八、学籍证明

1．请学校备文呈厅转部，请将学生资格证明文件早日核验发还；

2．在未发还前，学生有需要证件者，缴原收据，由本组换发正式收据，贴有本人像片并加校印，由校长、教务长签名盖章。

十九、办理学期考试

1．编排座位号码；

2．排定考试时间；

3．准备试卷；

4．请定监试人员；

5．缮印试题；

6．分发试卷；

7．交评试卷。

二十、登记学业成绩

1．各科月考成绩不及格学生由各教授填交本组，再由本组个别通知；

2．将学生学期成绩分别登记于成绩通知单、成绩簿、成绩总簿；

3．审核成绩过劣学生，照部令办理，计退学者一名、留级者八名；

4. 结算补习班学生成绩,送本校招生委员会审核;

5. 大考结束后,二周内即发出各生成绩通知单;

6. 结算各生学业成绩总评[平]均;

7. 学生操行成绩分别填入学业成绩通知单及成绩簿上。

廿一、拟订卅七年度各院系必修及选修科目表

1. 根据教务会议决议,分函各院长办公室,请拟订下年度一、二年级科目表;

2. 本组根据部颁大学科目表拟订各院系必修及选修科目表,备作参考。

廿二、拟订卅七年度教员人数

1. 根据部颁科目表,拟订一、二年级科目并估计班数拟订专任教人数;

2. 拟订各院系助教人数。

廿三、拟订面粉科科目表

1. 根据校长室交下面粉工业必修科目表,并参照电机工程学系一部分科目混合拟订;

2. 按教学进程,将科目划分三学年六学期。

廿四、办理招生事项

1. 寄发招生简章;

2. 筹划各项印刷纸张;

3. 拟订考试程序。

（来源：苏州大学档案馆 永 7 059-066）

请费大经、诸祖耿先生代授唐君毅、钱穆课程的聘函

发文江字第 491 号　民国 38 年 6 月 11 日

事由：为请台端代授唐君毅教授、钱院长所任课程由。

敬启者：

　　本校文学院唐教授、钱院长请假赴穗,已逾两月,现值交通梗阻,暂难返校,所任伦理学及哲学概论,秦汉史及中国通史课程久缺,亟待补授。兹请先生于本月十三日起代授。附奉课表一纸,敬希惠洽为荷。

　　此致

费大经、诸祖耿先生

主任委员　荣〇〇

（来源：苏州大学档案馆 长 14 028）

江南大学请蒋震同先生补授课程函

江南大学发文江字第 1667 号　　1951 年 12 月 6 日

敬启者：

　　台端所授农艺系课程，同学切盼补课。至祈拨冗，即日莅校补授，以慰同学渴望。无任公感。

　　　　此致

蒋震同先生

江南大学启

十二月六日

（来源：苏州大学档案馆　长 28 084）

卅六年度第一学期教授谈话会议

时间：卅六年十月廿七日下午三时

地点：会议室

出席者：蒋庭曜　韩雁门　王效三　杨　晟　王　庸　周葆儒　姚志英　张载人

　　　　郑学殷　陈　机　杨惟义　乐幻智　唐君毅　徐璋本　陈　陵　章渊若

　　　　陆子芬　李景晟　杨荫渭　朱耀炳　孙　湘　倪则埙　张镇谦

主席：唐君毅教务长

　　一、下星期十一月三日正式上课，本周作为新生训练周。

　　二、所有教务训导规程（暂行）待经过立法手续后正式公布。

　　三、免费暂时根据入学试验成绩、中学成绩单作为标准。其名额廿五名，操行乙上。

　　四、教职员子女免费，以一人为限，在本校一般免费名额□□，留校政会决定。

　　五、出席教务会教授代表每系一人。中文系李笠先生、外文系姚志英先生、史地系王庸先生、经济系朱伯康先生、数理系张镇谦先生、化工系杨晟先生、机电系徐璋本先生、农艺系杨惟义先生、农业推广部章鹏若先生、农产制造陈机先生。

　　六、选校务会议教授代表。文学院杨荫渭先生、理工学院倪则埙先生、农学院陈机先生。

　　七、教务会议第一次会议定于廿八日上午九时在本会议室举行。

　　八、请王效三先生拟定训导委员名单，再聘请。

卅六年度第一次教务会议

日期：十月廿七日四时半

地点：本校会议室

出席者：唐君毅　张镇谦　徐璋本　姚志英　陈　机　杨　晟　王　庸　杨荫渭

　　　　杨惟义　韩雁门陈机先生代

主席：唐君毅

记录：朱耀炳

　　一、主席报告：略。

　　二、通过及议决事项：

　　（一）机械开班，数理、机电、化工三系之化学授课以各系为单位。

　　（二）各院系应开课程由各该院院务会议商定后，教务会议及校务会议通过，交教务处办理。

　　（三）各院系共同必修课之英文、国学每周分别为一小时，文法二小时，作文一小时。

　　（四）由各院系分别拟定院所需之图书仪器，请校政会采购。

　　（五）通过教务会议规程。

　　（六）通过学业成绩规则。

　　（七）通过教室规则。

　　（八）通过试场规则。

　　（九）又学生申请转院或转系办法。

　　（十）又学生申请休学办法。

　　（十一）又学生申请复学办法。

　　（十二）又学生课外作业规则。

　　（十三）又图书馆阅览规则。

卅六年度第二次教务会议

日期：十一月十四日下午三时半

地点：本校会议室

出席人：唐君毅　张镇谦　杨惟义　陈　机　朱耀炳　韩雁门　倪则埚　杨　晟　杨荫渭

主席：唐教务长

记录：朱耀炳

一、主席报告学生申请转院系之原由。韩院长报告招生录取原则，机电平均成绩40（分）、文32（分）、农35（分），机电多余学生取入农产化工。

二、每系最高名额以五十人为限。

三、转入数理系以数学为重，转入化学系以化学、物理为重，转入机电系以物理、数学为重，转入农艺农产系以生物、化学同等重要，转入中文系以国文、史地为重，转入外文系以英文、中文为重，转入史地系以中、英文为重，转入经济系以数学、公民、英文、国文为重要主科，二科成绩合计至少四十分，其中一科不得少于20分，另一科不得少于10分。

四、备取生无转系优先权；试读生不能转院系。

五、有二人之主要科目成绩相等者，以总平均为标准。

卅六年度第三次教务会议纪录

日期：十一月廿九日下午一时半

地点：本校会议室

出席人：章鹏若　王效三　王　庸效三代　杨荫渭　陈　机　周同庆　杨　晟　倪则埙
　　　韩雁门

主席：唐教务长

记录：朱耀炳

一、主席报告：转院系学生，已照第二次教务会议所决定而进行，当时未注意第二志愿及成绩之标准，已由教务处照各系成绩标准办理，本校上课已过去学期三分之一，是否应予停止，又补习班学生要求升入试读生事，是否可以，请公决。

二、决议事项：

（一）转院系手续自即日起停止办理。

（二）补习班暂不举行甄别考试（本案不公布），理由：1. 已上课六周，且已月考，教学不便。2. 与原订补习班章程不符。

（三）试读生于第二次月考不及格科目占所修学程总学分三分之一者，退入补习班。

（四）补习班学生经过月考总平均成绩在80分以上者，可至本部一年级旁听，旁听生办法由教务处□□者。

（五）补习班学生经一次月考后，酌量实情分科。

（六）补习班分科后，应增教授，不另添聘，所增课程教授，提请校政会，增加待遇，请本校教授兼任之。

卅六年度第四次教务会议纪录

日期：十二月二十日下午二时

地点：本校会议室

出席人：钱　穆　杨　晟　韩雁门　杨惟义　陈　机　王效三　唐君毅　章鹏若
　　　杨荫渭　倪则埕

主席：唐教务长

记录：薛佩瑾

一、报告事项：补习班学生旁听办法亟须规定，又图书馆开放等问题，请在本次会议讨论决定。

二、决议事项：

1. 补习班学生旁听照前次会议规定标准办理，查月考成绩，既无人合格，一律不允旁听。

2. 补习班数学分组，甲组仍由金圣一先生担任，乙组由刘熙钧先生担任。

3. 本学期期考结束，以原定校历提前二日，至二月五日为止。

4. 下学期校历三月一日开学，七月十一日放暑假，照拟定通过。

5. 建议校政会分期拨款搜购图书。

6. 分别召开分科教授会议，讨论教材教法一切有关事项。

卅六学年度第五次教务会议纪录

日期：一月廿二日下午三时

地点：本校会议室

出席人：王效三　杨惟义　陈　机　韩雁门　姚志英　倪则埕　唐君毅　钱　穆

主席：唐教务长

记录：朱耀炳

一、主席报告：本学期将结束，举行第五次教务会议，拟请讨论数事如下。

二、决议事项：

1. 本届学期考试集中礼堂举行。试题请各教授于考试前四天送教务处缮印，散发及收集试卷试题由各任课教授亲自主持，座次以系为单位连续排号。请校长、处长、院长、教训两处组主任及助教监试。

2．各科成绩评定后，请各教授于二月七日以前送交教务处。

3．公布考试规则。

4．修正学业成绩第四条（4）增加：有连续性之学程，上学期不及格，下学期是否准予继续选读，由各院系课程纲要中规定，其补考不及格成绩在 50 分以上者，准予试读。

5．下学期三月一日开学，八日注册截止。

6．下学期开学时，暂不举行体格检查及口试。

7．第二学期注册须知全部通过照办。

8．补习班定于三月八日开学。

9．下学期各班教室排定座次表。

卅六学年度第六次教务会议纪录

日期：三十七年三月八日下午三时

出席人：钱　穆　姚志英　王　庸　韩雁门　陈代　陈　机　顾惟精　倪则埙　杨　晟　朱耀炳　唐君毅　杨惟义

主席：唐君毅

记录：朱耀炳

一、主席报告：略。

二、上学期因学业成绩不及格超过修读总学分二分之一，照章应令退学学生，其总平均在 55 分以上、操行在 70 分以上、其主课平均在 50 分以上者，可以随班附读，而无学籍。中国文学系主课：国文、史地、英文。外文系主课：英文、国文、史地。经济系主课：国文、英文、数学、经济、史地。史地系主课：国文、英文、史地。数理系主课：数学、物理、化学。机电系主课：数学、物理、化学、投影几何。化工系主课：同右。农艺农产系主课：动物、植物、化学、农业概论。

三、补习班学生因成绩过劣而退学者，照章执行。

四、机电、化工二系，中国通史照部章为选课。

五、每周一次之学术演讲，学生必须参加，缺席者照章扣学业总平均分数，讲题由教务处与各院长征得主讲教授同意宣布。

六、本学期注册以三月十日下午五时截止。

七、本学期拟举行学生各课论文比赛为课外活动，请训导处办理，各教授及教务处协助。

卅六学年度第七次教务会议纪录

日期：卅七年六月八日

出席人：杨惟义　杨　晟　王效三　王　庸　李　笠　杨荫渭　顾惟精　姚志英

　　　　倪则埙　韩雁门　钱　穆　陈　机　唐君毅　朱耀炳

主席：唐君毅

纪录：朱耀炳

主席报告：略。

一、转院系日期自六月十四日开始，二十一日截止。

二、各系各级最低学生名额由各院系自定。

三、本学期学期考试自六月二十九日开始，七月三日完毕，集中举行。

四、补习班本届学期考试自六月十七日开始，二十（日）完毕，由原教授出题评阅试卷。

五、补习班本届学期考试成绩作为入学考试成绩，其录取标准由招生委员会决定之。

六、补习班学期考试由招生委员监试。

七、为改进学生中英文程度，定于六月十四日十至十二时举行国文竞赛测验，廿一日十至十二时举行英文测验。以资鼓励，第一名奖金五百万元，第二名四百万元，第三名三百万元，第四名二百万元，第五名一百万元，其成绩拟定学期成绩三分之一。以后再召开国文、英文教授谈话会，征求各教授意见商定。

八、建议招生委员会提高中英文录取标准。

九、提高学生中英文程度，下年度增设中英文补习班。

十、英文读本、文法、作文三课成绩照学分数平均之。

卅六年度国文科教授会议纪录

时间：卅七年六月九日

出席人：李吉行　李　笠　王效三　唐至中　郑学弢　唐君毅

唐教务长报告：

教务会议决议在本学（期）结束前举行国文考试竞赛，成绩最优者由校酌予奖励。关于总考具体办法，请在本会讨论决定。

决议：

一、本届考试竞赛决定举行。

二、考试内容为作文及翻译,文言译白话。

三、考试成绩作学期成绩三分之一计算。

四、推李笠、李吉行二先生命题。

五、试卷分请国文先生评阅,各提出较优之五本共同评定,择最优之五名给予奖金。

六、考试日期十四日上午十一—十二时。

七、各教授记分标准不同,以共同评阅之试卷之分数为标准。

八、竞赛成绩与本课程其他试验成绩结算后,如不及格,下期应重读,并参加下年度竞赛,直至及格为止。但竞赛成绩不及格而本课程其他试验平均成绩及格,则本课程学分不作留级及退学之学分计算。

卅六年度英文科教授会议纪录

时间:卅七年六月九日

出席人:周葆儒　钱　穆　姚志英　杨荫渭　张载人　沈制平　王淑瑛

唐教务长报告:

外文系以系主任未请定,所以外文教学会议久未召开,兹为提高学生英文成绩起见,教务会议决议举行英文年终考试竞赛,成绩最优者由校酌予奖励。关于总考具体办法以及关于英文教学事项,请在本会讨论决定。

一、关于考试竞赛者

1.命题由程修龄、王淑瑛先生命题。

内容:a.词条　15分;b.填充　15分;c.改错　20分;d.Voice Change　10分;e.Conjugation　10分;f.阅读理解　30分。

2.考试日期:六月廿一日上午十至十二时。

3.弥封。

4.阅卷时间——定时会同一齐评阅。

二、下年度开英文预备班(Sub Freshman English)。新生中英文成绩较差者令读预备班,英文及格后方得选修本班英文。

三、入学试验英文成绩酌予提高标准。

散会。

卅六年度英文教授第二次会议纪录

七月廿九日上午十一时半

出席人：周葆儒　张载人　姚志英　沈制平　王淑瑛

本届英文竞赛成绩作为英文读本、文法成绩中五分之一，由教务处计算之。

卅六年度第八次教务会议

出席人：钱　穆　徐璋本　韩雁门　顾惟精　李　笠　倪则埙　陈　机　姚志英
　　　杨惟义　王　庸　杨　晟　唐君毅

主席：唐君毅

记录：朱耀炳

主席报告：略。

一、本校为提高学生中英文程度，规定每年度终了时举行中英文总考竞赛，其成绩最优者给以奖励，与课程成绩依比例计算。经补考后不及格者除依规程重读外，必须参加下年度统考。

二、学生中英文成绩因总考分数平均而不及格者，该课程学分不作退学或留级学分计算。

三、中英文总考学生非有重大事故不得请假。无故缺考者以零分计矣，并不得补考。其准予请假者下学期得参加补考，以补考作总考成绩计算。

四、本年度国文总考成绩作国文成绩 1/3 计算，英文统考成绩作 1/5 计算。

五、英文、读本、文法三课成绩平均计算、平均后及格者三课皆作及格；平均后不及格而有补考资格者，补考其不及格之课，补考后再平均仍不及格者，三课均重读。

六、修读学程不及格学分占该学期修读学分总数二分之一以上者，应令退学，但其总平均成绩在 55 分以上，主要科目成绩在 50 分以上，操行成绩在 70 分以上，休学一学期，但可在校附读，称附读生而不给学分。

七、附读生鲍录、华中立、孙同缤下学期准予复学。

八、第一学期学业成绩列入甲之乐甸、胡家琥分别发给奖金。第一名一千万、第二名八百万。

九、英文总考时舞弊学生［……］总考成绩以零计算。

十、下学期暂定九月十日开学，再参考他校校历后作决定。

卅七年度注册选课会议

日期：九月二十七日上午九时半

地点：本校会议室

出席人：周同庆　华汝明　姚志英　钱　穆　周怀衡　杨惟义　郭守纯　许雍圻

　　　　王文元　储元熹　杨　晟　李景晟　陆仁寿

主席：周教务长同庆

记录：储元熹

一、报告事项：

主席报告：诸位先生，今天请各位到此，主要的想和诸先生讨论讨论注册选课以及教务方面的种种问题，我们现在逐项讨论，希望诸位先生多多发表高见。

二、决议事项；

1．开学时公布新旧生入学注册程序单。

2．注册组改移楼下图书馆柜内临时办公。

3．体格检查、口试等皆在图书馆及其近旁举行。

4．选课地点择望在图书馆。选课时请三院院长邀同各系系主任或教授帮同指导新旧生选课。

5．学号（新生）自三七〇〇起，面专新生学号另编。

6．选课开始时，旧生成绩单送各院院长暂存，以资参考。

7．学生选修科目，每学期最多不得超过二十四学分，最少不得少过十四学分。

8．留级生在原则上必须重读，但其主要科目在七十分以上，其非主要科目倘及格者得各院系之许可，可免予重读（主要科目在七十分以下之留级学生必须重读）。重读科目之成绩以重读成绩为准。

9．关于讲义方面，原则上不印发，但各科教材因特殊情形，非印讲义不办者，得先与教务处接洽。

10．印发讲义须收讲义费，同时必置专人负责。英文方面必须备打字机一架。

卅七年度第一次教务会议纪录

日期：三十七年十一月廿三日下午四时

地点：本校会议室

出席人：夏炎德　李景晟　金善宝　郭守纯　储元熹　王文元　陈　陵　李　笠

列席：乐幻智

主席：郭代教务长守纯

记录：储元熹

报告事项：

主席报告：

诸位先生，今天举行本学期第一次教务会议。因为周教务长同庆本学期就任交大理学院院长，坚辞本校兼职，校政委员会最初请周怀衡先生代理，周先生谦辞，复命兄弟承乏，兄弟不自量力，暂时代理教务长职务。希望诸位先生多多帮助，多多赐教为幸。兹将开学以来各种情形分别报告如下：

1. 本学期自第二周起上课至今已为第九周，第一次小考正在陆续举行中。

2. 奉教育部令，"机电系"改称"电机系"。

3. 本学期因情形特殊：交通阻滞，京沪兼课各教授常不能按时来校上课，惟所缺课程大部已分别补授，注册组每周另有统计。

4. 目前全校已经注册之学生总数为四百三十八名，注册手续未完备者两名（陈XX、瞿XX）。

5. 图书馆中之藏书，理化方面所占百分比最高，文学院及农学院各科主要参考材料至为缺少，政治、法律、经济、社会各种参考书籍尤其缺乏，请各位先生多多绍介，至于经费如有不敷，当呈请校政委员会另行设法。

6. 图书馆除添置新书外，中西书籍目录之编订缮写现正在赶办中，本学期结束以前中西书籍之编目工作当可全部或一部竣事。

讨论事项及决议事项：

1. 中英文作文向例系在课后抑或在教室内作文……

议决：中英文作文向例应在课后作文，讲授时间尽可举行测验。

2. 各科成绩过去照例于每学期终了时结算，第一学期与第二学期不予平均计算，留级退学照部颁章则亦以一学期为标准，关于此项章程是否需要修改。

议决：照教育部颁订章程作硬性规定，即第一学期学生所选修之学程有三分之一以上不及格者第二学期即不予注册，仅可允许其随班听课。

3. 陈XX、瞿XX两生延不注册究应如何处理？

议决：限陈、瞿两生于三日内完成注册手续，否则即令其退学。陈XX承认其为电机系一年级，瞿XX由外文系转入经济系，由各该系系主任负责决定。

临时动议各案：

1. 李景晟先生提议：本校现有教室及实验室希作合理分配案。盖因下学期有机化学开班即缺少一实验室，究应如何解决。

议决：本案移交行政会议讨论。

2. 李笠先生提议：大一英文、国文各种问题希望由各担任教授召开一次会议来解决。

议决：由各该系教授分别召开会议。

3. 王文元先生提议：本学期文学院所开课程太少，致学生不能充分选课，应如何补救案。

议决：下学期应增加中英文功课，添开各系必修及选修学程。

4. 夏炎德先生提议：经济系第二年必修学程未照部章开齐，应亟谋补救；图书设备太差，应如何充实案。

议决：目前先设法充实经济方面之图书设备至该系，二年级必修学程如"货币银行"等，当于下学期谋补充。

卅七年度第二次教务会议

日期：卅八年二月廿五日上午九时

地点：本校会议室

出席人：杨　晟　郑学弢　李景晟　沈制平　胡立猷　陈　陵　蒋庭曜　郭守纯
　　　　朱青山　沈立人　费大经　陆仁寿　金善宝　唐　璜　殷力农

主席：沈教务长立人

记录：薛佩瑾

主席报告：诸位先生，今天举行本学期第一次教务会议。兄弟初来本校，希望各位多多指教。本处职务为承各院系暨全体教授意见，综合办理教务。举凡课程编订、教授分配等事，均照各院系及本会决定为依据。此次以开学匆促，同仁未能齐到，兹先将重要各项逐项报告并请讨论。

讨论及决议事项：

1. 本校是否收容借读生案

决议：本校以宿舍限制又各院系年级未全，借读生暂不收容。

2. 学生转院转系如何规定案

决议：修毕第一学年学程方可申请转系（第一学期终了不得申请），又本校文、理工、农三院入学实验科目及录取标准各不相同，是以不得转院，面粉专修科学生亦不得转入大学本部。

3．上学期提前结束，未及举行第二次月考之各学程定期举行考试案

决议：由各担任教师自行订期举行，尽三月底以前将第二次月考成绩掷交教务处，以便登记。

临时动议各案：

1．请充实图书及各项设备案

决议：图书购置、工场农场设备及实验室分配均由各院分别计划议订，尽四月底以前交本会讨论决定，请校方办理。

2．拟订本学期校历案

决议：以所拟通过实行。

3．本次会议出席人数未齐，决议各案如何实行案

决议：各案先付实行，以后由教务处征询未出席院系负责人意见，比较同意或否定之人数再行决定。

散会。

卅七年度第三次教务会议

日期：卅八年三月廿四日下午一时半

地点：本校会议室

出席人：郭守纯　顾惟精　王文元　李景晟　张云谷　夏炎德……陆仁寿　金善宝
　　　　钱　穆　吴大榕　金圣一　沈立人

主席：沈教务长

记录：金圣一

一、主席报告：略。

二、讨论事项及议决事项：

追认上次会议各议决案通过。本年度春假决定四月四、五、六日三天，请校务会议追认通过。本学期离职教授上学期未了功课决定如下办法：地质学由郭院长考核后再予成绩，其他各课由继任教授考核给予成绩，通过；学术演讲于每星期六十一时至十二时举行，除敦请校外专家演讲外，由各教授轮流讲演，通过；请各教授预算需要讲义多少，交教务处搜集、估价、收费，讲义一律用毛边纸印，通过；请各院系开列书单（分主要与次要），以资参酌购备；实验室分配议定农学院实验室为 101、102、103、104、105，原屋让与化工系，通过。

卅七年度第四次教务会议

日期：四月廿一日下午一时半

地点：本校会议室

出席人：沈立人　郭守纯　吴大榕　金善宝　李景晟　王文元　陈　陵　顾惟精
　　　　金圣一　陆仁寿

主席：沈教务长

记录：金圣一

一、主席报告：略。

二、讨论及决议事项：

1. 拟订上学期补考办法案

决议：上学期补考尽于四月底完成，日期由各教授自行指定。补考不及格与五十分以下之学生可随班试读，倘二学期平均及格，上学期毋须重读；倘平均分不及格而本学期及格，上学期仍须重读。

2. 修订学生请假暂行规则。

议决：通过。

（1）本大学学生请假，依照本规则办理之。

（2）凡学生因故不能如期入学注册者，应先期书面向教务处陈明理由申请给假，但至多不得超过两星期，并须于规定注册期内照章办理入学手续。

（3）请假学生均须向训导处陈明理由，填写请假单。

（4）凡因病因事得请病假或事假，因公得请公假。

（5）病假须经医师或医院证明，事假须经家长证明，公假须经训导处核准。

（6）、（7）、（8）、（9）条照旧。

（10）凡无故旷课以及核准请假之缺席钟点，均分别以绩点计算之。

（11）无故旷课一小时以三点计。

（12）事假每小时以一点计。

（13）病假经医师或医院证明免计。

（14）公假及亲丧假经家长或训导处特许者免计。

（15）凡积满十五点，扣除学业成绩总平均一分，以后每加一点，增扣每分五分之一（不满十五点者不计）。

（16）凡请假超过每学期上课时间三分之一者，无论其为公假、事假、病假，一律不准参与大考。

（17）学生因故不能参加规定集会者亦须请假。其缺席一次与缺课一小时同。

（18）凡学期考试间，若偶因疾病或骤遭大故不能参与考试时，需办理请假手续，嗣后与不及格学生同时补考，给分法亦同。

（19）照旧。

三十八年度新生、插班生评定审核会议

时间：三十八年九月一日上午九时

地点：会议室

出席：诸祖耿　蒋庭曜　杨　晟　胡立猷　沈制平　金圣一　郭守纯　吴功贤　沈立人　陆仁寿　顾惟精

主席：沈立人

主席报告：沪锡方面考试经过。

金主任报告：教务处注册组成绩统计情形。

讨论事项：

1．一年级新生录取名额暨二、三年级插班生名额正、备取合计以四百名为原则，各系分别订定标准。其中有主要科零分者列入备取。

2．语文、管理120分以上录取；数理、电机、机械、化工、农艺、农产、面专150分以上录取。

3．语文、数理两系考生不足原定设系学生数，录取各生通知转入管理及电机、机械、化工等系。

4．插班生：

二年级：语文系取三人转管理或植物生产系；机械系取一人；农产系取一人。

三年级：电机系取一人；农产系取一人转植物生产系。

5．酌收试读生若干名。

散会。

三十八年度第二次新生、插班生评定审核会议

时间：三十八年九月廿六日上午十一时

地点：会议室

出席：沈立人　郭守纯　顾惟精　陆仁寿　朱正元罗聚源代　金圣一　张泽垚杨晟代
　　诸祖耿

主席：沈立人

记录：金圣一

　决议事项：

　1.语文系录取标准：中英文每课均须在 15 分以上，总成绩须在 150 分以上。如该系录取人数不及开班人数，则停办。录取学生中成绩倘能合数理系标准，即转入数理系。

　2.数理系录取标准：数学与理化总成绩须在 60 分以上，总成绩在 150 分以上。

　3.植产系录取标准：生物、理化总分在 60 分以上，总成绩在 150 分以上。

　4.插班生数理系二年级生纪梦尹降入一年级植产系。

一九四九年度第一次教务会议

时间：一九四九年十月十二日下午二时

地点：会议室

出席：孙时中沈立人代　沈立人　金圣一　朱宝铺　周惠久顾惟精代　顾惟精　张勔新
　　朱正元　张泽垚　郭守纯

一、主席报告注册人数。

二、讨论及决议事项：

　1.转系问题。议决：俟搜集材料后再决定办法。

　2.月考问题。议决：在礼堂举行。时间于规定月考期内，由各教授指定，事先通知教务处，以便编排座次。

　3.选课、退课及调换课程问题。议决：至本月二十日截止。惟退修课程只限于选修课程，必修课概不得退修。

　4.补考日期。本月十七日至十九日由补考学生向各教授接洽题目，尽量由原教授拟就。

　5.政治课程。议决：俟向苏南行署请示后再定办法。

　6.体育课程。议决：早操必须参加并执行点名。一、二年级生每星期必须参加体育课二小时，项目及时间可由学生自由选择。

　7.工厂实习学分。议决：每学期以一学分计。

　8.编纂委员会组织法。议决：由每系推选二人为委员，其中系主任为当然委员，并添设讲义组。

　9.兼职教授及助教工作问题。议决：教务长、总务长及各系主任维持原状（即教务长、总务长以相当于三小时为限，系主任相当于六小时为限），农场主任及注册主任以相当于三小时为限，助教工作以相当于九学分至十二学分为原则，由各系主任分配之。

10. 实验课程计时办法。议决：实验三小时作一小时半，画图三小时作二小时。惟各担任教授亲自到场指导。

11. 助教签到及请假问题。议决：助教应至各所属系系主任室报到，如须请假，应先报由各系系主任转报教务长核准。

12. 各系设备问题。议决：（甲）请各系以一至三年级为度，目前必需之设备以美金为单位作估计，在星期六前交沈教务长带沪与校主接洽。（乙）各系分配周转金廿五（日）发。

以上议决案已呈报教育处备案。

一九四九年度第二次教务会议

时间：一九五〇年一月十日下午三时

地点：会议室

出席：郭守纯　顾惟精　沈立人　朱宝铺　朱正元　孙时中　张泽垚　金圣一

主席：沈立人

记录：金圣一

一、实验费问题

化工系所开各实验课程、物理系所开各实验课程、园艺系实验、生物实验本学期均须收费。其标准如右（按无锡折实单位计价）：

化学	定性分析：每星期一次实验者六单位；每星期二次实验者十单位
	定量分析：每星期一次实验者四单位；每星期三次实验者十单位
	工业分析：每星期二次实验者八单位
	无机实验：每星期一次实验者六单位
	有机实验：每星期一次实验十二单位；每星期二次实验三十单位
	工业化学：每星期一次实验八单位
	物理化学：每星期一次实验二单位（本学期未开班）
物理实验	一律二单位
生物及园艺实验	二单位

上项标准报请校务委员会审核后实行。

二、下学期各系课程问题

议决：甲、廿三日前将下学期须开课程送教务处。

乙、性质相同者可合班，但每班人数以不妨碍上课为原则。

丙、请各系将四年课程及所需设备速送教务处。

丁、化工系以外各系修化学者人数太多，能否用讲坛试验？请担任教授会同有关系主任及化工系主任决定。

三、转学生学分问题

议决：由各系决定。

一九四九年度第三次教务会议

时间：一九五〇年一月十一日下午一时半

地点：会议室

出席人：顾惟精　沈立人　朱宝镛　张泽垚　朱正元　孙时中　金圣一

主席：沈立人

记录：金圣一　郭守纯

继续讨论二次会议未了提案。

一、考试问题

议决：就（一）负责程度、（二）教授方法、（三）教材内容、（四）其他建议四项由教务处印成表格，请各级级长分发各学生，提供建议性的意见，再由各级级长负责搜集意见，交教务处。

二、面粉专修科改名问题

议决：面粉专修科改称面粉工程系。

三、请假核准后，学期考试补考给分问题

议决：修正旧案。学期考试外成绩以九折计算，限于一九四九年度第一学期起实行。

一九四九年度第四次教务会议

时间：一九五〇年一月廿四日

地点：会议室

出席人：朱正元　朱宝镛□代　郭守纯　孙时中　沈立人　金圣一

主席：沈立人

记录：金圣一

总结学生反映意见，供作考成之参考。

（以上教务会议、教授会议纪录均来源于江南大学档案馆SLJD-3）

第一次教导会议纪录

时间：一九五〇年六月二日

地点：本校会议室

出席者：周恩久　熊振平　闻　诗　顾惟精　诸祖荫　吴　锷　毕仲翰　夏彦儒
　　　　唐　璜　夏宗辉　陆仁寿　朱东润　朱正元　邓鸿勋暂代　陈陵　殷源之
　　　　苏明山　杨　晟　郭守纯　金圣一　诸祖耿　罗聚源

主席：毕仲翰

记录：诸祖荫

一、主席报告：（略）

二、讨论：

1. 教导处与各系科间之职责应如何划分案

决议：照教导处所提《教导处与各系科间职权划分办法草案》修正通过。

2. 各系学程应如何订定案

决议：成立全校学程委员会，由各系科主任、教导长及政治、国文、英文、体育教师代表各一人组织之。

3. 各系科课程应如何精简案

决议：交学程委员会同时研究。

4. 教导合一应如何实施案

决议：请校务委员会决定。

5. 各系科现有设备应如何沟通以期物尽其用案

决议：请各系科主任会商沟通使用办法，付诸实施。

6. 在各系科主任离校期间系务应如何推动案

决议：请各系科主任于离校前指定代理人，通知各该系科学生及教导处。

7. 本学期各系课程大半难达预定进度应如何补救案

决议：请各担任教师斟酌需要，分别补授。

8. 体育应否由教导处排课案

决议：本学期仍归体育组负责，下学期由注册组统筹办理。

9.《生活公约》及《学习公约》应如何贯彻实践以期建立团体纪律案

决议：除加强政治思想学习以外，拟定奖惩办法，透过小组学习征求反映，由教导处综合结果，提请校务委员会通过，切实执行。

10.政治思想学习及小组学习应否执行点名案

决议：通过。

11.生产劳动应如何发动案

决议：请校委会讨论。

12.农产系及管理系一年级工程画最近方始开班应否计算学分案

决议：于下学期继续开课，正式计算学分。

13.合班授课最大名额应否限制案

决议：提校委会讨论。

14.转学生学分应如何审查案

决议：由教导处商同有关系科审定之。

15.语文学系之地位应如何明白规定案（朱东润提）

决议：语文系应否招生向校董会请示办理，如校董会准予招生，请其另加预算。

16.植产系一年级试读生李志政学籍问题应如何解决案

决议：试读成绩及格后，应补行入学考试。入学考试及格后，下学期准予编为二年级正式生。试读成绩不及格，即取消试读资格。

17.本校转系办法应否修改案（朱正元提）

决议：在本校学则未正式修正以前，暂照"江南大学教务规则第五种"执行。

主席　毕仲翰

记录　诸祖荫

（来源：苏州大学档案馆 永 17 005－007）

私立江南大学各系教员工作概况表（1950.3）

管理系

职别	姓名	上学期工作	底薪	本学期工作	底薪	到校年月
教授兼系主任	夏宗辉	普通心理学三小时,工业心理学三小时,管理学概论二小时	4.5元[①]	管理学概论三小时,工厂实习三小时,工程材料三小时,工时研究三小时,工厂管理三小时	500元	1949.8
教授	胡立猷	经济学三小时,会计学（一）（二）各三小时,银行货币三小时	600元	经济学三小时,普通会计二小时,会计学二班各三小时	600元	1948.8
教授	汤心济	公司理财二小时,材料管理三小时,运输管理三小时	600元	企业组织三小时,行政管理二小时,契约法规二小时,计划经济二小时	600元	1949.8
教授	周恩久	统计学三小时,工程经济二班各二小时,工厂会计二小时	520元	统计学二小时,成本会计三小时,工程经济二小时,工厂会计二小时	520元	1949.8
兼任教授	庄智焕			工业化计划二小时		1950.3
副教授兼总务长	陆仁寿		500元	经济地理二小时	500元	1947.12
助教	吴世燕	会计（一）（二）,成本会计,统计,工厂会计	120元	会计（一）（二）,统计,成本会计,工厂会计,普通会计	120元	1949.8
助教	夏晴	管理学概论,心理学,工业心理学,工程经济（一）（二）	140元	管理学概论,工程经济,工时研究,工厂管理	140元	1949.8

数理系

职别	姓名	上学期工作	底薪	本学期工作	底薪	到校年月
教授兼系主任	朱正元	普通物理讲五小时,实习三小时,二年级物理讲六小时,实习三小时	600元	普通物理讲五小时,实验三小时,电磁学六小时,实验三小时	600元	1948.8
教授兼注册组主任	金圣一	微积分（一）三小时,微积分（二）四小时	400元	微积分（一）三小时,微积分（二）四小时	400元	1947.8

---

① 此处疑为每小时或每课4.5元。下同。

续表

职别	姓　名	上学期工作	底薪	本学期工作	底薪	到校年月
教授	闻　诗	物理(一)讲四小时,实习三小时,物理(二)讲五小时,实验三小时,理论力学三小时	600元	普通物理四小时,实验三小时,普通物理五小时,实验三小时,理论力学三小时	600元	1949.8
兼任教授	樊映川	微积分四小时,微分方程(一)三小时,方程式二小时,微分方程(二)二小时,高等微积分四小时	600元	微积分四小时,微分方程二小时		1949.8
副教授	苏明山	微积分四小时(兼任)	4.5元	微积分二班各四小时	380元	1949.8
讲师	罗聚源	物理(一)讲四小时,实验三小时,物理(二)讲五小时,实验三小时	220元	物理(一)讲四小时,实验三小时,物理(二)五小时,实验三小时	220元	1948.8
助教	吴　锷	物理讲四小时,实验三小时。自阅习题	150元	普通物理五小时,实验三小时。自阅习题	150元	1947.12
助教	许彦生	物理实验九小时,习题三十余本		迄未应聘		
助教	何新章	化工一、面专一、微积分习题八十余本,管理一、植产一、数学习题七十余本,物理一、微积分习题	140元	化一、面一、微积分习题;数理一、微积分习题;管理一、植产一数学习题	140元	1949.8
助教	许冠仁	物理实验九小时,习题六十余本	150元	物理实验六小时,习题三班	150元	1949.8
助教	张汝仁	物理实验九小时,习题六十余本	130元	物理实验六小时,习题三班	130元	1949.8
助教	忻鼎定	物理实验六小时,习题一百本。修制仪器	120元	物理实验九小时,习题二班,修制仪器	120元	1949.10
助教	万迪生	数理一微方程式论习题十余本,数理二高等微积分习题,化二、数二、机二、电二微积分方程习题	150元	机二、电二微积分方程习题,机一、农产二、微积分习题,电一、农产一微积分习题	150元	1947.11

电机系

职别	姓　名	上学期工作	底薪	本学期工作	底薪	到校年月
教授兼系主任	顾惟精	直流电机四小时,电工初步二小时	600元	直流电机四小时,电工初步二小时	600元	1948.2
教授	毕仲翰	电工原理三小时,应用力学五小时,电子学三小时	520元	电工原理四小时,交流电路五小时,电子学四小时,实验三小时	520元	1949.8

续表

职别	姓 名	上学期工作	底薪	本学期工作	底薪	到校年月
兼任教授	吴玉麟	交流电路四小时	5 元	输电配电学三小时	5 元	1949.8
兼任教授	秦宏济	电机实验三小时	4.5 元	电机实验三小时	4.5 元	1949.8
教授	金宝光			交流电机四小时,有线电工程五小时	520 元	1950.2
助教	胡文燦	辅助顾惟精先生之直流电机课程改题及电机实验	120 元	辅助顾惟精先生之直流电机改题,毕仲翰先生之交流电路及电机试验	120 元	1949.12

机械系

职别	姓 名	上学期工作	底薪	本学期工作	底薪	到校年月
教授兼系主任	夏彦儒	热工学四小时,机械设计原理三小时,机械设计画图六小时	600 元	热力工程(一)四小时,热力工程(二)四小时,机械设计讲三小时,画图六小时	600 元	1949.8
教授	郭会邦	应用力学五小时,测量讲二小时,实习六小时,水力学三小时	440 元	测量学讲二小时,实习三小时;力学三小时;应用力学二小时	440 元	1949.8
教授	殷源之			机动学(一)四小时,机动学(二)三小时,材料力学五小时	600 元	1950.2
讲师	方友鹤	投影几何二班各三小时,画图、工程画二班各三小时,机械图画三小时	260 元	工程画二班各画图三小时,机械画图六小时	260 元	1949.8
助教	陶祖愉	辅助夏彦儒教授之热工学、机械设计及机械设计画图改题改图	130 元	辅助夏彦儒教授之热工学、机械设计及机械设计图画改题改图	130 元	1949.8
助教	章臣樾	辅助毕仲翰教授之应用力学及电工原理及改题	120 元	辅助毕仲翰教授之电工原理及殷源之教授之材料力学改题改图	120 元	1949.2

化工系

职别	姓 名	上学期工作	底薪	本学期工作	底薪	到校年月
教授兼系主任	张泽垚	工业化学讲五时,实习三时;工业分析讲二时,实习六时;有机实验实习六时	600 元	工业化学讲五小时,实验三小时;有机化学讲三时,实验七时	600 元	1949.8
教授	程瀛章	物理化学讲四时,有机化学讲四时,工业计算讲二时	600 元	有机化学讲二小时,工业计算讲二小时,物理化学讲四小时,实验三小时	600 元	1949.8

续表

职别	姓　名	上学期工作	底薪	本学期工作	底薪	到校年月
教授	杨　晟	普通化学讲四时,实习三时;定性分析讲二时,实习三时;定性分析讲三时,实习六时;定量实验三时	460元	普通化学讲四小时,实验三小时;定量分析讲三小时,实验十二小时	460元	1947.8
教授	张震旦	普通化学一班讲四小时,实习三小时	460元	化工原理讲三时,化工机械三时,普通化学四小时,实验三小时	460元	1949.12
兼任教授	李懋观	普通化学二班各讲三小时,实习各三小时		已辞职		
兼任副教授	汪　巩					1950.3
助教	杨倩志	工业分析实验六小时(化三),普化实验三小时(植一、电一)	120元	定量分析实验三小时(农二),普化实验三小时(化一)三小时(电机、植产)	120元	1948.8
助教	尤冠群	总管储藏室工作,有机化学实验六小时(化二、三)	150元	总管储藏室一切工作,及有机实验六小时(化二)	150元	1949.8
助教	屠仁溥	工业化学实验三小时(化三),普化实验六小时(化一、数一、机一)	120元	工业化学实验三小时(化三),有机化学实验六小时(化一、三)	120元	1947.8
助教	熊振平	有机化学实验六小时(农二、三),普化实验三小时(面一、农一)	120元	有机化学实验六小时(面二、农三),普化实验三小时(面一)	120元	1949.10
助教	诸培南	定性分析计九小时(化二、三、面二、农二)	120元	定量分析实验九小时(化三)	120元	1949.11
助教	万　桢			物理化学实验三小时(化三),普化实验六小时(农一、教一)	120元	1950.2

植物生产系

（附注：本系田间实验在学期上课时间举行外,尚须于暑假内继续工作,各担任教授、助教于工作必要时均须留校,并不能与他系实验并论。）

职别	姓　名	上学期工作	底薪	本学期工作	底薪	到校年月
教授兼系主任	郭守纯	农学概论二小时,普通畜牧学讲三时,实验三时	600元	农业概论二小时,农场管理四小时	600元	1948.8

续表

职别	姓　名	上学期工作	底薪	本学期工作	底薪	到校年月
教授兼农场主任	张勔新	果树生理讲二小时,实验三时;园产加工讲二时,实验三时;农场实习三时	480元	普通园艺讲二时,实验三时;果树园艺讲三时,实验三时	480元	1949.2
教授	吴功贤	植物讲二时,实习三时;动物讲三时,实习三时	600元	动物学讲二时,实验三小时;植物学讲二时,实验三小时	600元	1949.2
教授	蒋涤旧	土壤学讲二时,实习三时;遗传学讲三时,实习三时;生物统计讲三时,实习三时	600元	作物育种学四小时,肥料学三小时,棉作学四小时,田间技术三小时	600元	1949.8
教授	苗雨膏	普通昆虫讲二时,实习三时;养蜂学讲三时	560元	普通昆虫讲三小时,实验三时;经济昆虫讲四时,实验三时	560元	1949.8
兼任教授	王鸣岐	植物病理讲三时,实习三时	5元	植物生理学讲三小时,实验三时	5元	1949.8
兼任教授	邵子民	麦作学讲三时,实习三时	5元	稻作学四小时	5元	1949.8
兼任讲师	殷力农	普通园艺讲二时,实习三时	4元	麻作物三小时	4元	1948.8
助教	邵达三	作物通论、麦作学、小麦学、普通园艺、农场实习	120元	稻作学、麻作学、普通园艺、领导学生课外农业生产	120元	1948.11
助教	黄维一	畜牧学、果树园艺、牛奶房、主任办公室	130元	果树园艺、植物生理、主任办公室、牛奶房	130元	1948.8
助教	叶尚瑾	生物统计、土壤学、遗传学、植物病理	140元	棉作学、田间技术、育种学、肥料学	140元	1948.8
助教	顾　文	动物学实验二、植物学实验二、普通昆虫学	130元	动物学、植物学、普通昆虫、经济昆虫	130元	1947.8

农产制造系

职别	姓　名	上学期工作	底薪	本学期工作	底薪	到校年月
教授兼系主任	朱宝镛	发酵工业讲二时,实验三时;农产加工讲二时,实验三时;有机化学讲三时,实验三时;农业微生物讲二时,实验三时	600元	农业微生物讲二小时;有机化学讲三小时,实验三小时	600元	1949.8
兼任教授	朱　雄			罐藏学讲三小时,实验三小时		1950.3
兼任教授	陈陶心			制糖学讲三小时,发酵工业讲二小时		1950.3

续表

职别	姓 名	上学期工作	底薪	本学期工作	底薪	到校年月
兼任讲师	王逸卿			制糖实验三小时,发酵实验三小时,农业微生物实验三小时		1950.3
助教	孔良曼	协助农产加工、发酵工业、农业微生物及植产系张先生所开园产品加工诸实验,并兼管农产实验室与农产系药品仪器贮藏室	140元	协助制糖、发酵及农业微生物实验,并兼管农产实验室与农产系药品仪器贮藏室	140元	1949.12

面粉系

职别	姓 名	上学期工作	底薪	本学期工作	底薪	到校年月
副教授兼系主任	孙时中	面粉工业讲三小时,实验三小时	400元	制粉学讲三小时,实验三小时	400元	1949.8
兼任教授	顾 复	小麦学讲二时,实验三时;作物通论讲三时,实验三时		未应聘		1950.2
兼任教授	李昌第			制粉初步三小时		1950.2
兼任教授	张季高			机构学二小时,工程材料二小时		1950.2
兼任教授	王克勤			有机化学讲三小时,实验三小时		1950.2

共同课程

职 别	姓 名	上学期工作	底薪	本学期工作	底薪	到校年月
校委会副主委兼教务长	沈立人	管理学概论三小时,成本会计三小时	600元		600元	1949.2
教授兼生辅会主任委员	诸祖耿	国文三小时	600元	国文三小时	600元	1949.2
教授兼体育组主任	陈 陵	体育	500元	体育	500元	1947.8
教授	朱东润	国文三班共八小时	600元	国文八小时	600元	1949.2
兼任教授	蒋庭曜	国文二班共五小时	4.5元	国文五小时	4.5元	1947.8
政治课兼任教授	汪海粟	政治课二小时	5元		5元	1949.11
副教授兼图书馆主任	诸祖荫	图书馆工作	400元	图书馆工作	400元	1949.2
副教授	姚志英	英文三班共九小时	460元	英文九小时	460元	1947.8
副教授	张载人	英文三班共九小时	360元	英文九小时	360元	1947.8

续表

职 别	姓 名	上学期工作	底薪	本学期工作	底薪	到校年月
兼任副教授	沈制平	英文四小时	4.2元	英文四小时	4.2元	1947.8
讲师	唐璜	体育	300元	体育	300元	1948.8
助教	朱青山	体育	100元	体育	100元	1947.8

（来源：江南大学档案馆SLJD-2）

私立江南大学各处组职员工作概况表（1950.3）

教务处

职 别	姓 名	上学期工作	底薪	本学期工作	底薪	到校年月
教务员	黄遵夏	办理注册，编排课程，记载学生成绩，撰拟关于教务各种文稿	180元	同上学期	180元	1948.8
办事员	黄书意	编排课室座位，点名，协助记载学生成绩，各种缮写工作	100元	同上学期	100元	1947.12

总务处

职 别	姓 名	上学期工作	底薪	本学期工作	底薪	到校年月
文书组主任	张宾侯	撰拟呈、函、布告、通告及各种证明文件，整理议程，担任重要会议记录，传达议决案，编记本校大事，汇编每月工作报告、各种应行呈报统计报表，整理文卷编目，归档保管兼办人事有关事项等	260元	同上学期	260元	1947.9
文书组书记	单鹤龄	公文函电总收发、登记缮写校对一切文件、填发教职员聘任书及各项证明书、保管印信，兼办邮政代办所等事宜	120元	同上学期	120元	1947.9
事务组主任	杨涵生	管理水电、交通、工友、工匠、工程、建筑、房屋布置及对内外一切接洽等事宜	300元	同上学期	300元	1949.3
事务员	钱莹生	管理工友、工匠；清洁、修理、种植；伙食、家具及各种杂务等	160元	管理物料之验收登记、编号、储藏、领用、请购、报废及其他事务工作	160元	1947.10

续表

职　别	姓　名	上学期工作	底薪	本学期工作	底薪	到校年月
事务员	高荣良	采购一切物品,管理车辆、工程建筑、房屋、家具及一、二、三院,并对外接洽等	110元	管理工友、工程建筑,伙食、种植、车辆、房屋、家具及一、二、三院等事务工作	110元	1947.9
办事员	浦维善	管理物件之验收、登记、编号、储藏、领用以及请购、报废,并分别登记账册等	140元	采购一切物品及其他事务工作,并对外接洽等	140元	1947.9
出纳组主任	吴叔羣	负责经费收支保管、现金领款、提现及发薪资并学生缴费、退费等	260元	同上学期	260元	1947.9
医务卫生组主任	华汝明	诊治内外科各症,兼理全校清洁卫生事宜	400元	(经第八次校委会议决议更换在案)		
护士	丁舜华	助理医师打针,配合各种药品及看护病人等	140元	同上学期	140元	1947.12

会计室

职　别	姓　名	上学期工作	底薪	本学期工作	底薪	到校年月
会计室主任	许雍圻	做传票,编造预算决算事项,经费筹划事项,计算员工薪资	360元	同上学期	360元	1947.8
会计员	李芍秾	登载日记账,过载总账,按月编造收支对照表,计算员工薪资	180元	同上学期	180元	1947.9
办事员	许世鉁	过载分户账,登记学生缴费,分户清册,按月编造支出计算书,缮写蜡纸,计算员工薪资	150元	同上学期	150元	1948.11

生辅组(原为辅导会)

职　别	姓　名	上学期工作	底薪	本学期工作	底薪	到校年月
办事员	孙文彦	协助主管办理有关辅导方面各种工作暨本会各种会议记录,经常一切例行文件、学生请假等各种事项	130元	同上学期	130元	1947.8
书记	李锡赓	襄理辅导方面各种工作,承办缮写、誊录辅导方面及学生课外学习、课外活动之各种文件	90元	同上学期	90元	1947.10
女生指导员	黄淑兰		120元	(经第八次校委会议决议裁减在案。)		

图书馆（主任：诸祖荫）

职 别	姓 名	上学期工作	底薪	本学期工作	底薪	到校年月
办事员	宋玉森	管理图书之流通（出纳、登记、统计），报纸之整理，卡片之助制	150元	同上学期	150元	1947.8
办事员	边绍良	管理图书之访购（采访、登录、验查、订购），杂志之整理，卡片之助制	95元	同上学期	95元	1948.11

讲义组

职 别	姓 名	上学期工作	底薪	本学期工作	底薪	到校年月
讲义组主任	薛佩瑾	各学科讲义分配、登记、收发、结算，日常及入学试题缮写、监印，协助注册组办理排课	280元	同上学期	280元	1947.9

农场

职 别	姓 名	上学期工作	底薪	本学期工作	底薪	到校年月
技士	金宏度			管理姚湾农场之一切作物、工友及技术上一切事宜	200元	1950.3
管理员	孙素一	管理荣巷农场作物、工友及三场购支事宜	100元	同上学期	100元	1949.11
牛棚管理员	姜万福	管理牛奶棚、乳牛及有关乳牛之一切问题	90元	管理牛奶棚、乳牛及有关乳牛之一切问题	90元	1949.12

工场

职 别	姓 名	上学期工作	底薪	本学期工作	底薪	到校年月
电子管实验室管理员	宋挹清			电子管实验室助理，并负责工场保管之责	90元	1950.3

驻沪人员

职 别	姓 名	上学期工作	底薪	本学期工作	底薪	到校年月
采购助理员	丁顺荣			协助钱宝钧先生采购本校各种仪器、物品、图书	90元	1950.3

（来源：江南大学档案馆SLJD-2）

私立江南大学植物生产系农产制造系施教情形①

本系因学校创办伊始,现仅有三年级,尚无毕业生。原有施教情形完全依照前国民党教育部之规定进行,深感所定之教育制度多有未能与实际配合之处。如正值生产时节,又因暑期,不能使学生实际从事田间之实习研究工作,致使理论与实际脱节,不能达到学做合一之效。兹以庆获解放,为求补救,并遵照我政府《共同纲领》所订定之教育政策,本系原有之学制拟于下学期开始实施改革,以期理论与实际配合,得使学做合一,而成为一健全之科学人才。并藉由田间实习从事生产工作,以达俭学勤工之目的。兹以实施之原则及步骤略述于后:

实施原则:农闲时自十月至翌年四月为授课时间(七个月,包括假期在内),于生长季节五月至九月(五个月)为学生从事田间实习工作时间。

学生所修之学程及学分暂仅照原规定,惟每学期授课时间,由原十七周缩短为十三周,而增加所授之课程及学分得减少四分之一授课时间,可酌量提早毕业年限。

配合学校学制,以不增加学校开支为原则。

凡必修科目应由专任教授担任。

教师应有坚志服务教育之热忱,学生亦应坚定志向,不可无故中途退学。

一年级新生因多属共同必修科目,仍照原定学制,不予变更。

学生从事田间实习工作所需费用由学校负担,惟酌情由实习生产项下扣回,剩余则全作参加实习学生之补助,以寓俭学勤工之意义。

实施方法:每一学程如原系二学分即改为三学分,原为三学分者即改为四学分,以补缩短时限之不足,学生须参加实习完毕后始给予学分。

每周授课时数由原十七小时增加至二十四小时。

每学期由原十七学分增至二十四学分,并应包括实习期之学分在内。

凡有联系之科目应相继连贯,不得中途变更,如遗传、育种、生物统计、田间技术、植物生理、植物病理等。

学生从事田间实习工作时,由有关老师分别指导。

学年期限:自十月一日起至十二月底为止为上学期,一月一日至十四日为假期;自一月十五日起至四月底为止为下学期,中以半月为假期,实习期间自五月一日起至九月底止。

(来源:苏州大学档案馆 长 28 003-006)

---

① 本文档为复 1950 年 1 月 5 日苏南行政区农林水利局公函内容。

介绍江大面粉专修科

席德清

为了补救面粉工业技术人员之缺乏，并谋新中国粉厂之扩展，所以在一九四八年三月间，全国粉联会举行第二次会员代表大会上，初步决定了创办"中国面粉工业专科学校"，以培植面粉工业之专门人才。

专科学校原定在沪设立，后因种种困难，拟附设在无锡江南大学内，定名为"江南大学面粉专修科"。

经三阅月之准备，粉联会决定委托无锡江南大学增设面粉专修科，修业期限定为三年，所有日常行政暨该科教职员之聘请，均由江大负责处理。另由粉联会设置监理委员会，作为监督与决策之机构。后来在八月间，全国粉联会负责人与江南大学学校当局，为了开办面粉专修科举行谈话会。出席者有荣一心、顾惟精、周同庆、荣毅仁、鄂森、席德柄和袁国樑等，决定了下列数点：

（1）粉联会本届保送之学生，以二十名为限。如超出二十名，则由校方举行临时测验，以甄别程度。

（2）凡保送之学生一切费用，由各该保送厂自行负担。并订定于九月二十日以前，由会将名单送校办理。

（3）专科主任由校方聘定之。经常费用则由校方编造预算送会。

报名投考的学生意外地踊跃，各区保送达五十二名之多，超出原额三十二名，足见各厂对专修科之重视及各厂需要该项人才之急迫。所以在十月一日举行甄别考试，录取了成绩优良的学生二十名。

关于校内一切情形，由荣常务理事毅仁书面详细函知粉联会。其经费采取基金制，并以筹募实物为原则；计第四区工会认筹一万包，其余各区共同认筹五千包。筹集方法，则按各区产量分配。此项基金之运用，由第三次常务理监事会议上决定，全部委托荣常务理事毅仁负责处理。学生方面，每学期除由粉联会保送学生二十名外，另由江南大学招收二十名。

面专之在中国，尚属初次创办，这是稀有的一种系科，全世界亦只美国甘萨斯州立大学设有面粉工程系，因此参照该校之情况而决定课程及学分如下：

第一学年

上学期：投影几何 2 国文 2 制粉初步 2 英文 3 物理实验 1
数学 4 化学实验 1 物理 4 化学 4

下学期：制粉初步 2 国文 2 物理实验 1 英文 3 化学实验 1

物理 4 工程画 2 化学 4 数学 4

第二学年

上学期：应用力学 4 机构学 2 直流电路 2 机械画 1

分析化学 4 植物学 2 工程材料 2 制粉实习 4

下学期：材料力学 4 会计学 3 交流电路 2 蒸气学 4

粉麦化学 4 粉路图解 2 制粉实习 工厂实习

第三学年

上学期：制粉工程 3 经济学 3 粉厂设计 2 工业管理 2

粉麦化验 电工机械 2 制麦品种研究

下学期：制粉工程 3 论文 2 烘焙原理 2 烘焙实验 2

电机实验 3 粉虫防范研究 2 小麦品级与市场 2

后因使所修课程适合中国粉厂之需要,略有更动(为使课程方面切合面粉工业之发展,现在尚在研究改进中)如下：

第一学年

上学期：投影几何 国文 小麦学 物理实验 英文 微积分 化学实验

物理 社会发展史 化学

下学期：制粉初步 国文 工程画 物理实验 英文 微积分 化学实验

物理 社会发展史 化学

第二学年

上学期：工程力学 制粉学 工程经济 机动学 有机化学 机械画

制粉实习 新民主主义论

下学期：工程力学 机动学 工厂管理 制粉学 粉厂设计 制粉实习

有机化学 工程材料 普通会计 新民主主义论

第三学年：

上学期：粉品化学 电工学 制粉工程 热机学 仓储学 机械设计

粉品化学实验 发酵化学 粉麦病虫及实验 成本会计

政治经济学(选修)

下学期：营养化学 电工学 制粉工程 热机学 机械设计 仓储学

烘焙原理 政治经济学(选修)

江大面专的第一任系主任,为茂新第二面粉厂厂长李昌第先生。在第一年中,开始灌输关于面粉方面的初步知识；当同学们对制粉过程有了初步认识后,及由其擘划,利用第一次暑假,分配至锡沪各面粉厂中实习,使同学们在理论的基础上与实际结合起来。

但是由于李先生本身业务的繁忙，未能时常定期至校讲授，故在一年后，改由茂新第二面粉厂工程师孙时中先生继任系主任，使同学们在面粉的智识上，更深入了一步。虽然在设备不够完善的环境下，却进行了数次与制粉有关的实验：①小麦麸皮之结构。②小麦运送、称重与储藏。③小麦及杂质体积之大小。④小麦杂质之鉴定。⑤小麦表面之摩擦系数。⑥小麦之蒲什尔重量。⑦小麦水分之测定。在第二次暑假时，一年级同学分配至各粉厂实习，二年级同学则集体至开源机器厂，由该厂工程师吴正若、沈潜两先生指导，以探求机械方面的智识。

第三学年开始，孙时中先生因政府开设新粉厂之需而赴北京。系主任乃由校长沈立人先生兼任，制粉课程方面，则由茂新第一面粉厂成恒德先生担任；并且由于面专同学的向学不倦，特邀请中国面粉界权威李凤哆先生时常来校作专题讲座，使每个同学得益非〔匪〕浅。

在以往数次运动中，面专同学亦表现得很不差，班级的集体学习，为其他各系级学生的模范；治蟛运动中，又获得了个人、小组、班级及系科的四项冠军；在参干运动中，更显得轰轰烈烈，有好几位同学，为了热爱祖国，抛弃了个人的包袱，踊跃地走入革命队伍中去。

面专开办迄今，已近三载，目前三班同学有八十人，而本系教授有成本会计专家沈立人，仓储专家于菊生及成恒德（制粉学），罗泽里（烘焙原理）。特约讲解的有中国面粉界权威李凤哆和李昌第。请他系开课的教授有朱宝镛（发酵化学）、张泽垚（有机化学）、金宝光（电工学）、穆光照（粉品化学）、王鸣岐和苗雨膏（粉麦病虫学）、金宝桢（工程力学）等数十位。实验方面，除上述七项外，更增添了小麦之比重、糙磨之括粉率、面筋质试验和灰分试验等。加以无锡市面粉厂之众多，同学们能够时常至厂中实地观摩，这是进修时唯一的有利条件。

过去我国的面粉工业，因为受着长期战争的影响，日寇、蒋匪对农村的掠夺，造成了农村经济的彻底崩溃，一般农民对机制面粉根本无力购买；加上美帝国主义利用"美援"的美名，将国内盲目生产下的过剩面粉，向我国大量倾销，因此我国的面粉工业将永远是受帝国主义者所侵略而不会有发展的前途。

解放以来，美帝国主义的势力，已全部逐出中国大陆，大部分地区，已进行了地土〔土地〕改革，提高了农民的生产情绪，农村经济已开始好转，人民的生活水准和购买力也在逐渐增强；并且由于我国以小麦为主要食粮的人口约 13000 万人，如全部食用机制面粉，每年约需十万万包，即需小麦五万万担左右，需要原有粉厂设备的四倍，才能全部加工为机制粉，所以面粉工业在新中国是有前途的。

当然，在经过三年锻炼，造就了首批三十位面粉方面的技术人员，在目前情况下是绝对不够的，在新中国建设的热潮中，这是稀有的一批人材〔才〕，他们将在繁荣建设新中国的口号下,起着骨干作用,为祖国的面粉事业而奋斗。

(来源:《面粉通讯》创刊号)

私立江南大学一九五〇年度第二学期教员名册(部分)

一九五一年七月

工业管理学系

职别	校长,工管系教授兼面专科主任
姓名	沈立人
性别	男
年龄	55
籍贯	浙江嵊县
简历	法国巴黎大学硕士,曾任国立商学院会计系主任,交大教授,大东机器厂厂长、会计师

职别	教授兼工业管理系主任
姓名	夏宗辉
性别	男
年龄	35
籍贯	浙江镇海
简历	复旦大学土木系毕业,曾任交大副教授,前教育部临时大学教授

职别	教授
姓名	胡立猷
性别	男
年龄	55
籍贯	无锡
简历	曾任北京、交通、北平、贵州等大学教授

职别	教授
姓名	周恩久
性别	男
年龄	吉林方正
籍贯	46
简历	东北大学法学士,广西大学、西北工学院、唐山工学院等教授

职别	教授兼代副教务长
姓名	胡钟京
性别	男
年龄	38
籍贯	安徽祁门
简历	美国本薛凡尼亚大学硕士,京沪沪杭甬铁路局站长,浙赣庞海铁路段长、课长,国立北平铁道管理学院教授,新中国法商学院管理系主任,浙江省府外事处长

职别	副教授兼总务长
姓名	陆仁寿
性别	男
年龄	49
籍贯	无锡
简历	前无锡县教育局局长,松江中学教员,前资委会中央机器厂总务科长,重庆大学副教授

职别	兼任教授
姓名	吴予达
性别	男
年龄	34
籍贯	镇江
简历	美国本雪文大学工商管理硕士,曾任光华大学、交通大学教授,申新纺织厂二、三、五厂总管处秘书,申新三厂调研处长

职别	兼任讲师
姓名	蔡溥
性别	男
年龄	28
籍贯	江阴
简历	交通大学、英国曼城大学毕业,申新二、五厂、申新纺织总管理处服务

职别	助教
姓名	夏晴
性别	女
年龄	24
籍贯	武进
简历	交通大学工业管理系毕业,全球保险公司会计

数理学系

职别	教授兼系主任
姓名	金圣一
性别	男
年龄	37
籍贯	吴江
简历	圣约翰大学理学硕士,曾任圣约翰大学讲师、副教授,前农林部农田水利工程第十队队长

职别	兼任教授
姓名	朱正元
性别	男
年龄	51
籍贯	南京
简历	美国加省理工大学物理系博士,国立中央大学教员,浙江大学教授、系主任

职别	副教授
姓名	苏明山
性别	男
年龄	45
籍贯	河南唐河
简历	国立中央大学数学系毕业,曾任前中央军校、前航空机械学校数学教官,四川省立技艺专校副教授

职别	讲师兼生活辅导组主任
姓名	罗聚源
性别	男
年龄	36
籍贯	江西吉水
简历	国立浙江大学理化系毕业,曾任浙大附中国立十四中学、兴义中学等教员

职别	助教
姓名	何新章
性别	男
年龄	34
籍贯	浙江诸暨
简历	政治大学统计系毕业,曾任贵州大学助教,浙江大学技术员、主计处专员等职

电机工程学系

职别	教授兼系主任
姓名	金宝光
性别	男
年龄	45
籍贯	武进
简历	英国马可尼学院毕业,前交通部上海无线总电台工程师,前汉口、贵州电信局工程师,西北工学院兼任教授

职别	教授
姓名	毕仲翰
性别	男
年龄	54
籍贯	安徽寿县
简历	英国马可尼无线电工程学院毕业,中央工专、重庆大学兵工学校大学部等教授,中央测校大学部特约讲座

职别	兼任教授
姓名	吴大榕
性别	男
年龄	41
籍贯	吴县
简历	英国麻省理工大学电机系毕业,曾任国立中央大学、重庆大学、中央工校教授兼系科主任

职别	助教
姓名	王同煦
性别	男
年龄	27
籍贯	无锡
简历	国立交通大学电机系毕业,曾任浙江省陈文港海塘工程局水电组工务员

机械工程学系

职别	教授兼系主任
姓名	夏彦儒
性别	男

续表

年龄	48
籍贯	四川江津
简历	美国普渡大学机械系毕业,曾任东吴、东北大学教授,东亚工程公司总工程师,中央机器厂协理,渔业物资管理处主任秘书,新一军军务处处长等职

职别	教授
姓名	郭会邦
性别	男
年龄	43
籍贯	江阴
简历	清华大学土木系工学士,叙昆滇缅铁路副工程司,东北中山中学教员,自贡技专教授,交通部测量总处正工程司

职别	兼任教授
姓名	周修齐
性别	男
年龄	
籍贯	
简历	同济大学毕业,曾任中央机器厂工程师、交通大学教授

职别	兼任教授
姓名	王守泰
性别	男
年龄	44
籍贯	苏州
简历	北平大学工学士,曾任前国民政府建设委员会设计委员,前资委会中央机器厂工程师,北洋大学、苏州工专教授

职别	兼任教授
姓名	金宝桢
性别	男
年龄	45
籍贯	河南开封
简历	美国密歇根大学硕士、博士,曾任东北国立大学,西北工学院,之江、中央、南京等大学教授

职别	兼任教授
姓名	王守则
性别	男
年龄	56
籍贯	苏州
简历	美国华盛顿大学毕业,曾任沈海铁路工程司,山东大学教授,昆明中央机器厂工程师,苏州工专教授

职别	副教授兼工场主任
姓名	方友鹤
性别	男
年龄	57
籍贯	无锡
简历	南京工业专门学校机械系毕业,曾任汉阳兵工学校教员,无锡实业学校、上海中华职校教员,无锡实业铁工厂工程师,无锡农具制造厂主任技师

职别	兼任副教授
姓名	苏长荪
性别	男
年龄	33
籍贯	苏州
简历	美国航空机械学校硕士,曾任浙江省立医学院教授、苏州工专副教授

职别	助教
姓名	曹惟庆
性别	男
年龄	30
籍贯	吴县
简历	国立厦门大学航空机械科毕业,曾任交通部民航局科员、航空工程研究室组员

化学工程学系

职别	教授兼系主任
姓名	张泽垚
性别	男
年龄	57

续表

籍贯	江西鄱阳
简历	美国阿海阿省立大学博士,北京工业大学、北京农业大学教授,中央工业试验所化学实验处主任,重庆大学系主任

职别	教授
姓名	程瀛章
性别	男
年龄	58
籍贯	吴江
简历	美国芝加哥大学哲学博士,曾任北京、浙江、暨南等大学教授、系主任、院长等职

职别	副教授
姓名	穆光照
性别	男
年龄	36
籍贯	无锡
简历	国立暨南大学化学系理学士,曾任允利公司、重庆化工厂、复兴化学工厂等工程师,宝鸡惠工中学校长,中国盐碱公司技术顾问等职

职别	兼任副教授
姓名	汪巩
性别	男
年龄	34
籍贯	安徽歙县
简历	国立暨南大学理学士,浙江省工业改进所技师、浙江纸业改进场工务科长、安徽屯溪工业职校教员

职别	助教兼储藏室管理员
姓名	尤冠群
性别	女
年龄	45
籍贯	无锡
简历	北京师范大学化学研究科毕业,北京女子大学、北京女师大附中、广西梧州高中、无锡忠勤高职等教员

职别	助教
姓名	诸培南
性别	男
年龄	24
籍贯	无锡
简历	国立复旦大学毕业,曾任无锡泾皋中学教员

农艺学系

职别	教授兼系主任
姓名	郭守纯
性别	男
年龄	63
籍贯	广东
简历	美国威斯康辛大学农硕士,曾任南通大学教授,上海贫儿院院长,南京临时大学、信江农专、中正大学等教授。

职别	教授
姓名	蒋涤旧
性别	男
年龄	51
籍贯	泰兴
简历	美国康乃耳大学农硕士,江苏省立高职校长,江苏省立教育学院、复旦大学教授,善后事业委员会机械农垦管理处处长等职

职别	兼任教授
姓名	邵子民
性别	男
年龄	51
籍贯	武进
简历	意大利皇家巴尔农科大学毕业,劳动大学、南通大学等教授兼农场主任,浙江省建设厅技师,无锡梅园管理处职员

职别	助教
姓名	顾文
性别	女
年龄	26

续表

籍贯	浙江嘉兴
简历	沪江大学生物系毕业,嘉兴明德女中教员、上海市立科学馆指导员

职别	助教兼荣巷农场及牛奶厂管理员
姓名	邵达三
性别	男
年龄	26
籍贯	武进
简历	信江农业专科学校农艺系毕业,无锡梅园管理员

职别	助教兼系主任室及农场管理
姓名	高煜珠
性别	男
年龄	33
籍贯	河南
简历	国立河南大学毕业,曾任河南大学助教、中原农工学院讲师、郑州园艺场场长

职别	助教兼女生指导
姓名	叶向瑾
性别	女
年龄	30
籍贯	天津
简历	南通学院农艺系毕业

食品工业学系

职别	教授兼系主任
姓名	朱宝镛
性别	男
年龄	46
籍贯	浙江海盐
简历	法国巴黎大学发酵系毕业,国立西北工学院、中央技专、四川大学、西北农学院、同济大学等教授、系主任

职别	教授
姓名	陈陶心

续表

性别	男
年龄	53
籍贯	福建闽侯
简历	美国路省大学硕士,曾任山东溥益糖厂总工程师,北京大学教授,中国酒精厂、华星化工厂总工程师,中央工业试验所技正

职别	兼任教授
姓名	顾毓珍
性别	男
年龄	46
籍贯	无锡
简历	美国麻省理工学院化学博士,曾任中央实验所所长、金陵大学化工系教授、国立同济大学教授

职别	兼任教授
姓名	庄晚芳
性别	男
年龄	43
籍贯	福建惠安
简历	国立中央大学农艺系毕业,协和大学教授、祁门茶叶改良场场长,现任复旦大学教授

职别	专题讲座
姓名	罗泽里
性别	男
年龄	35
籍贯	葡萄牙籍
简历	圣芳济大学毕业,沙利文面包部部长

职别	专题讲座
姓名	苏石
性别	男
年龄	32
籍贯	葡萄牙籍
简历	圣芳济大学毕业,沙利文糖果部部长

面粉专修科

职别	讲师
姓名	成恒德
性别	男
年龄	31
籍贯	盐城
简历	上海交通工学院毕业,曾任昆明F.A.T.C.汽车教练营通译

共同课程

职别	体育主任
姓名	余衡之
性别	男
年龄	59
籍贯	广东台山
简历	美国哥伦比亚大学硕士,曾任大夏大学体育指导、光华大学教授、暨南大学体育主任、圣约翰大学体育指导、税务专门学校代理校长

职别	语文教授
姓名	高昌运
性别	男
年龄	43
籍贯	无锡
简历	英国爱丁堡大学文科毕业,曾任北京中国学院、浙江大学讲师,国立师范学院、重庆大学、中央工校等教授

职别	教务长兼政治教授
姓名	骆美轮
性别	男
年龄	49
籍贯	浙江义乌
简历	交通大学机械系毕业,哥伦比亚大学研究(生),曾任前铁道部京沪路局工程司,交通部川康公路局长,赴美考察铁路,交通部驻英、欧专员

职别	政治副教授
姓名	刘天民
性别	男

续表

年龄	38
籍贯	常州
简历	国立西北大学、兰州大学、西北师范学院等地理系副教授,苏南行署文教处高教课课员

职别	副教授兼图书馆主任
姓名	诸祖荫
性别	男
年龄	46
籍贯	无锡
简历	光华大学经济系毕业,无锡中学教员、光华大学副教授、通讯学校教师、航空图书馆主任

（来源：江南大学档案馆SLJD-2）

江南大学一九五一年第一学期教学计划（草案）

——一九五一年十月廿四日第五次教务委员会通过

I 总的方面：

解放二年来,由于党和人民政府的领导及全校师生员工的努力,本校在各方面已取得了很大的成绩。全校师生员工在政治思想上已有了显著的提高,民主秩序也逐步地开始建立。教学工作方面也有了改进,但是不可否认的,我们校内还存在着一些混乱现象,这些混乱现象严重地影响了学校教育工作的胜利完成和进一步的发展,使我们祖国准备和培养建设人才的工作在进行中受到了一定的损失。所以克服混乱现象,把教育工作大力向前推进一步,是本学期教学的中心任务。为此我们今后必须加强统一领导,减少师生兼职,精简组织和会议,做好课改工作,加强健康教育,并适当地配合政治活动及课外活动,使提高同学们的政治觉悟、文化技术水平,为进一步完成新民主主义的教育方针,培养国家才德兼备、身心健康的建设人才而努力。

II 政治思想教育：

新中国的人民教育的领导思想,是无产阶级的思想,也就是马列主义和毛泽东思想,我们人民教育就是运用马列主义的立场观点和方法来教育青年学生,同时教育自己,也就是要加强爱国主义思想教育来彻底消灭封建的、买办的法西斯的思想,批判资产阶级、小资产阶级的坏思想,发展为人民服务的革命人生观。因此我们必须认识爱国主义教育是教育计划的基础,我们只有在爱国主义的基础上,才能保证做好教好教学的工作。为此：

（1）校行政必须配合工会，在教职员工中加强爱国主义思想教育，尤其是在职学习方面，首先应认真学习马列主义和毛泽东思想，只有自己在思想上武装起来，建立起革命的教育思想，才能保证完成办好学校、教好学生的基本任务。

（2）所有工会、青年团、学生会的一切活动，都应围绕着学校行政的领导，以保证搞好学习、保证完成教育工作为中心任务。

（3）各系科教学计划必须充分贯彻爱国主义的思想教育，从各方面来培养和提高同学的爱国主义思想，并巩固其为人民服务的革命人生观。

（4）上好政治课和政治讲座，必须纠正只有政治课才能进行爱国主义教育的观点。

（5）必须继续普遍地、深入地展开抗美援朝运动，坚决执行爱国公约，但须防止为了参加爱国社会活动而严重妨害了教学计划正常进行的偏向。

III 课程改革：

（1）共同必修基本课

①时事讲座

各系科、各年级、各学期必修课，结合国内外时事及政府的指示和号召，用大课报告、小组讨论方式，继续提高抗美援朝的爱国主义思想，分清敌友，站稳立场。

②社会发展史

各系一年级必修，一年期修完，着重于（一）了解社会发展史的规律性和必然性；（二）作系统的理论学系，联系实际，使它成为解决实际问题的思想武器；（三）端正立场观点，建立为人民服务的革命人生观。

③政治经济学

农艺系二年级，工管系三、四年级必修课，一年修完。在爱国主义的教育基础上，进一步研究马列主义的基本理论，从本质上认识美帝国主义必败、资本主义必亡的必然性，以及新民主主义的发展前途。

④外国语

工农各系同学，必须有阅读一种外国语文的能力，凡入学考试不及标准的，必须修读英（俄）文，工系同学修读英文，农系同学修读俄文。一年级学期终了时，经考试认为仍无阅读外国语的能力的同学，须继续修读至符合标准时为止。

⑤微积分（工管、数理、电机、机械、化工、食品各系）；物理（同上各系）；化学（化工、农艺、食品各系）。

一年级必修课，这是三门先修课程，若不打好基础，将来二、三、四年级的课程就很难学好。今年新生的高中数理化基础一般程度都较差，为了帮助同学学好这几门基本课，决定两个原则：（一）适当地分小班上课；（二）必要时得将 A 或 C 的重点酌量调配。

（2）学校的教学工作是全校师生的基本任务。教学的主要方式是校内的课堂教学,教师必须教好,学生必须学好。为了保证教师方面教好必须:

①各系科的课程严格遵照《关于实施高等学校课程改革的决定》及《高等学校课程草案》,并参考各系科根据重点所拟定的《四年标准课程》,进行精简和改进。各系科有因历史关系而尚存在的不合理的问题,不及于本学期彻底修正者,必须于本一年度内达到全部修正的目的。

②严守每周不超出 54 学时的规定。

③各系科必须根据重点、师资设备,拟定各该系科的教学计划,必须纠正因人设课的现象。

④教师必须将所任课程的教学大纲有计划、有步骤地拟订出来,预期在三年内将各课程的教学大纲分纲明目地整套编好,教学大纲必须表现各该课程的具体内容及重点,各系科首先应特别重视各该系科的重点课的教学大纲,选修课应尽量减少。

⑤教师必须首先把所任课程的教学计划进度表(照十七周拟)拟好,并保证其完成。

（3）为了保证同学学好必须:

①严格执行请假及点名制度。

②加强自学,各同学应有计划、有秩序地安排自修时间。保证贯彻 54 学时制,精简会议,上好夜自修。必要时在课代表领导下,组织集体学习,并邀请教师指导。

③建立课代表制度。课代表制度是加强师生联系,使学生对改进教学内容及方法起协助作用(的制度),所以各班级每个学习小组原则上均应选举产生课代表一人,课代表一般必须是成绩较好、工作积极负责,且能密切联系同学者担任。其主要工作是:(一)负责师生联系工作,起桥梁作用,所以必须经常向教师汇报同学学习情况,包括学习上的收获、困难、意见、建议等,以求改进。(二)在教师或教学小组的指导和帮助下,组织同学预习、复习、讨论等。

（4）成立教学小组。教学小组是保证完成教学计划,改进教材内容、教学方法,团结师生关系的重要组织形式,但是上学期还没有很好地推动起来,主要原因是:(一)没有先进的成熟经验可资参考。(二)师资缺乏。同一学课的教师不是人数太少,就是专任的太少。本学期必须有计划地、有步骤地摸索前进。先成立基本课及必修课的教学小组,个别学课如因教师人数太少,可就性质相近的课程暂时合并为一个教学小组,各教学小组之间应随时互相交流经验;另一个重要任务是培养师资,特别是对于助教,指导他们研究并适当地给他们授课机会。

教学小组的工作:(一)拟定教学大纲。(二)每四周举行会议一次,根据同学的程度讨论教学大纲实施的具体步骤、内容和方法,并检查前二周教学的效果,以便提高改进。

（三）加强与同学的联系，经常邀请课代表及同学列席会议。（四）有计划地培养师资。（五）有领导地帮助同学自学，帮助同学订好自习计划。

IV 健康卫生：

健康是革命的资本，是同学保证完成学习任务，并培养出有健康体魄的现代青年的重要因素之一，为此，校行政广泛依靠工会、青年团、学生会的合作与协助，加强全校师生对健康教育的认识，配合社团普遍地开展文娱体育活动，并在可能的条件下，改进健康卫生环境，为此做决定如下：

①建立保健委员会　由生辅组、医务组、青年团、工会、学生会各推代表一人组成之，由生辅组领导，研究有关全校师生的保健工作，改善学校卫生及医疗工作，有计划地进行卫生教育，养成良好卫生习惯。

②加强膳食管理　校行政与学生会共同组膳食管理委员会，减轻同学负担，改进同学营养。

③加强文娱体育活动　各同学每天必须参加早操和课外活动。课外活动由生辅组领导，体育组、学生会各社团配合，以二天文娱、三天体育为原则，要求每二周举行晚会一次，主要内容为放映电影、舞蹈晚会、国际舞会、音乐唱片、欣赏会、文娱晚会等。

④严格遵守作息时间　保证八小时睡眠时间，减少兼职，精简会议，以一人一职为原则，最多一人不得超过二职，二职以上者须得到生辅组核准（包括学生会、社团、青年团各级职务），每人每周不得参加二次以上会议（政治讲座及讨论，团课及讨论，团小组组织生活，学习小组会议不在内，但以上各种会议每周不得超过一次）。学生会、社团、青年团负责人，每周不得参加四次以上会议，会议时间一般不得超过二小时。任何会议不得占用上课、实验、早操、课外活动及睡眠时间，如占用以上时间，必须经生辅组核准。星期二、四夜自修时间，不得举行任何会议。星期一、三、五晚间举行会议，须于会前得到生辅组的核准。同时任何会议于举行前，须先拟定会议内容，并作充分准备。任何会议要做到有计划，有步骤，解决问题。

V 实施本学期教学计划的几个步骤：

（1）准备工作

开学后一个星期（九月十二日起，至二十日止）内必须把以下几个工作办完办好。

①注册、缴费、编排宿舍；

②清寒同学减免费的评议工作；

③排好各系科的功课表。

（2）检查工作

①教师把担任课程的教学计划进度表，按照十七周拟妥。一份送系主任，一份送教务

处。进度表内容须有重点,并须注出教本及参考书目。

②按照规定召开教学小组会议,开会时必须轮流邀请同学参加。

③经常举行测验,基本课每三星期举行一次,必修课每四星期举行一次,月考及期终考试照学历进行。

④教师缺课须照补,但须避免突击、赶课等现象。

⑤同学须自觉地做好自修,必须在教师的帮助下,订出自修时间的自修计划。教师须定期地参加自修时间的指导。

⑥同学可适当地采用学习小组方式进行集体学习,但须防止竞赛、开夜车的偏差,同学必须认识基本上必须依靠自学,才能搞好学习。

⑦助教须经常与同学接触,帮助同学解决问题,并须在教师的指导下有计划地、有目的地研究工作,系主任应适当地帮助助教以获至授课的经验和机会。

(3)总结

学期终了前须自下而上地通过各教学小组、各系科教务会议作一次学期教学总检查,并作出总结。

教学小组设立登记表

一九五一年度第一学期

系别	农艺系	教学小组名称	新遗传学	教学小组主任	蒋涤旧
参加各小组教师姓名: 蒋涤旧、叶尚瑾、高煜珠、郭守纯、邵达三、顾文				共计人数	六人
本教学小组包括各教学课程之名称: 新遗传学 进化论 作物选种				共计课程门数	三门
设立目的: 研究米邱林遗传育种路线					
设立经过: 本系根据教学小组规程于上年度开始组织,凡有关新遗传学、进化论、作物选种之教师、讲师、助教一律加入,商讨该课程教学内容,并排定一人执教,旋以暑假开始,未能多所发展。本学期(1951年度)曾开会讨论,再行拟订并充实教学内容,目前所教之内容,俱经全体本组同意的。					
今后工作内容的计划大纲及推行步骤: (1)拟定之教学内容如觉不洽合之处,随时由本小组商讨改进,并征得该班同学之同意。 (2)教学内容,在每学期开始拟定一学期的教学大纲,交教务处先行核定。 (3)教材力求配合新民主主义的教育,同时批评旧的理论之错误。 (4)教材力求理论与实践配合。					
备注:					

教学小组设立登记表

一九五一年度第一学期

系别	各系一年级	教学小组名称	社会发展史	教学小组主任	朱祖培
参加各小组教师姓名： 骆美轮、朱赓荪、沈祖洪				共计人数	四人
本教学小组包括各教学课程之名称： 社会发展史				共计课程门数	一门

设立目的：

研究和推进教学

设立经过：

本学期开始设立,曾订立教学计划与讨论政治思想教育汇报。

今后工作内容的计划大纲及推行步骤：

(1)研究教学计划外执行程度与改进方法。

(2)研究教师本身加强学习的具体步骤。

备注：

教学小组设立登记表

一九五一年度第一学期

系别	数理系	教学小组名称	数理教学小组	教学小组主任	苏明山
参加各小组教师姓名： 苏明山、朱正元、金圣一、罗聚源、许冠仁、何新章、吴全年、周万生、孙宝成				共计人数	九人
本教学小组包括各教学课程之名称： 普通物理 微积分				共计课程门数	二门

设立目的：

(1)商讨教材与进度。

(2)领导同学自修。

(3)了解学生学习情况。

设立经过：

本小组在教务处主持下,于一九五〇年第二学期成立,成立后即开展领导同学自修,因学生学习情绪不高,未有良好成果。

今后工作内容的计划大纲及推行步骤：

共同拟定教材内容及进度,领导学生自修。

互相观摩教学,交流经验。

备注：

教学小组设立登记表

一九五一年度第一学期

系别	电机系	教学小组名称	电工小组	教学小组主任	金宝光
参加各小组教师姓名： 金宝光、王同煦、孙文卿				共计人数	三人
本教学小组包括各教学课程之名称： 电工原理(电二) 电工学(面三,机三)				共计课程门数	二门

设立目的：
(1)选择适当中文教材。
(2)吸取教课经验,订立切合实际之进度表。
(3)协助学生自修。

设立经过：
本小组于学期行将终了时组织成立,本学期开始,因本系人事略有变动,重行改组。

今后工作内容的计划大纲及推行步骤：
(1)由任课教师决定采用教材,并拟订教学进度表提交小组讨论。
(2)以后每隔一个月进行检查一次,检查进度是否与进度表相符合。
(3)每星期内规定自修时间,由本组教师参加,协同学生自修。

备注：

教学小组设立登记表

一九五一年度第一学期

系别	工业管理	教学小组名称	经济核算制	教学小组主任	夏宗辉
参加各小组教师姓名： 沈立人、骆美轮、胡立猷、周恩久、夏宗辉、马家善、陆仁寿、蔡溥、凌家隽、 金行仁				共计人数	十人
本教学小组包括各教学课程之名称： 生产管制、成本会计、会计、工业管理概论、动作研究、工作法研究、时间研究、财务分析、工程经济、统计、人事管理、材料管理				共计课程门数	十二门

设立目的：
经济核算制在全国工业组织中已普遍推行,而获得效果,并产生实际经验,而本系各课程均与经济核算工作之内容有密切之关系。为明了各课在经济核算制中之作用与任务,特设立本小组讨论研究。

设立经过：
本系原已成立会计教学小组及生产管制教学小组,本学期又成立经济核算制教学小组,共计三组。会计教学小组由本系大多数教师参加,生产管制及经济核算制两组,由本系全体教师参加。为集中力量取得联系,易于支配讨论时间,经各教师讨论同意后,将其他二组均并入经济核算制小组讨论。

续表

今后工作内容的计划大纲及推行步骤:
将经济核算制所包括之内容,作全面性学习,并将分部内容由各相近性质任课教师予以研究分析,使大家环绕中心分头探讨,这样对于课间联系工作也可做好。
本小组推行的步骤如下——
(1)搜集有关经济核算制的理论与实际方面的资料。
(2)分析内容,座谈讨论。
(3)分别研究,分析。
(4)结合讨论。

备注:

教学小组设立登记表

一九五一年度第一学期

系别	化工系	教学小组名称	无机化学小组	教学小组主任	程寰西
参加各小组教师姓名: 张泽垚、张震旦、朱勉鋆、程寰西、穆光照、汪巩、尤冠群、诸培南、薛选仙、沙必时、蒋凌械				共计人数	十一人
本教学小组包括各教学课程之名称: 普通化学 定性分析 定量分析				共计课程门数	三门

设立目的:
改进化学教学的方法,以提高本系学生的技术水准和政治水准,对他系学生之选修本系学程者,亦希望在范围之内,能够帮助他们学得一些有关的化学知识,应用到他们的工作方面去。

设立经过:
本组成立于本年四月,初名化学教学小组,由本系全体教师参加。在第一次开会时,决定最近一年内专门讨论普通化学及分析化学的教学问题。本年十月第二次会议开会的时候,认为这名称太广泛,所以改用现在的名称——无机化学小组。

今后工作内容的计划大纲及推行步骤:
先就授课教师所拟定的学程内容及计划大纲提出讨论,并由全体教师襄助推行,在学期中间,遇有问题得随时提出讨论。到了学期终了,再作总结。每次开会,有学生代表出席提供意见,以作参考。

备注:

教学小组设立登记表

一九五一年度第一学期

系别	机械系	教学小组名称	机械设计与生产教育小组	教学小组主任	方友鹤
参加小组教师姓名: 夏彦儒、郭会邦、苏长荪、方友鹤、过祖焘、霍少成、沈祖安、过懋德、温文源、石鹗君				共计人数	十人

续表

本教学小组包括各教学课程之名称： 机械设计、机动学、机械画、应用力学、机工学、工场实习	共计课程门数	六门

设立目的：
遵照教育部关于实施高等学校课改的要求,应成立教学研究指导小组,在条件未成熟前,先组成教学小组,求取经验。

设立经过：
在机械系教师中,所担任教课,彼此有联系者,组成这一小组,暂由方友鹤为召集人,定于本月 12 日开第一次会议,产生小组主任。

今后工作内容的计划大纲及推行步骤：
均待召集第一次会议时讨论订定之。

备注：

教学小组设立登记表

一九五一年度第一学期

系别	食品工业系	教学小组名称	食品工业	教学小组主任	陈陶心
参加小组教师姓名： 陈陶心、朱宝镛、王鸿生、钱慈明、徐洪顺				共计人数	五人
本教学小组包括各教学课程之名称： 酿造工业、罐头工业、制糖、淀粉、油脂				共计课程门数	五门

设立目的：
本小组设立的目的在采用"习米奈而"方式,互相讨论食品工业教育之实施方法与发展途径。

设立经过：
本小组于 1951 年 7 月间成立。上学期曾开过小组会议一次。

今后工作内容的计划大纲及推行步骤：
本小组规定每二星期开会一次,讨论下列事宜：
(1)食品工业教育之实施方法。
(2)评论各种有关食品工业之书刊。
(3)培养师资。

备注：

教学小组设立登记表

一九五一年度第一学期

系别	机械工程	教学小组名称	动力	教学小组主任	夏彦儒
参加小组教师姓名： 袁友忠、曹惟庆、霍少成、夏彦儒、沈祖安、骆美轮、王守泰				共计人数	七

续表

本教学小组包括各教学课程之名称： 工程热力学、热力工程、机械学、汽轮机、机械工程（动力部分）、内燃机原理	共计课程门数	六

设立目的：

研讨教材、教授法。

设立经过：

上学期虽已设立，但并未积极进行。本期人事变动，重新改组如上。

今后工作内容的计划大纲及推行步骤：

本期拟开会三次交换意见，并吸收学生意见，以供参考。

备注：

教学小组设立登记表

一九五一年度第一学期

系别		教学小组名称	英文	教学小组主任	高昌运
参加小组教师姓名： 胡立猷、诸祖荫、骆美轮、高昌运				共计人数	四
本教学小组包括各教学课程之名称：英文				共计课程门数	

设立目的：

（1）商讨教材和教学方法与进度。

（2）协助同学自习；考核成绩。

（3）更好地了解同学学习情况。

设立经过：

由教务处主持成立。

今后工作内容的计划大纲及推行步骤：

（1）教师经常联系，交换意见（每周至少两次，不采会议形式）。

（2）提高学生自学兴趣，每周由教师亲自参加自修一次。

（3）至少每周举行小组会议一次，邀请每组同学一至二人参加，以便确实了解情状，在教学方面作适当的调整。

备注：

（来源：上海市档案馆 Q193－1－1556 S00099－S00112）

关于修习政治课程问题的请示

（呈华东军政部教育部文教处　一九五一年二月廿三日）

查本校本学期各级课程业经遵照规定开始编排。关于政治课问题亟待决定,兹谨将本校政治课一般情况暨请示各点报告如次:

一、政治教育情况

一九四九年八月才开始由汪海栗部长兼教授政治课,以社会发展史为讲授内容,以大课方式进行,但因为汪部长工作繁忙,一学期仅上了约二十余小时,以致社会发展史未曾教完。同时,同学中成分不好的多,及有单纯的技术观点,因此每次开讲,常常不足半数,故效果很差。上学期(一九五○年八月以后),以土改为中心,开学又迟于他校,上课约一个月,即展开抗美援朝爱国运动。

总之,以往系统教育根本未好好展开,计划在本学期展开系统教育,灌输必要知识,在课程中纠正错误,逐步确立正确的思想观点。

二、现在所发生问题

1. 二月六日在上海开会,要旨之一是严格执行每学期十七个学分,每周不得超过四四—五○学时,政治课及政治讲座的学时,约占 1/5,则其他业务主要课程,四年不克讲完。

2. 社会发展史是否需要重读?

三、请示事项

1. 工农学院,必修哪几门政治课,学时如何分配?

2. 三、四年级补修政治课用大课方式,学时不计在规定学时以内,是否可行?

3. 政治课是否与其他必修课相同,是三六九学时?

4. 社会发展史已经考试,实际并未讲完,即政治思想教育之效果并未收到,是否以重开来补救?

5. 毕业班不克修补两门政治课,是否准予毕业?

6. 按照教部一九五○年八月颁布高等学校课程草案,规定学分学时,排列已有超过政治课即属必修,势必超过更多,是否可以变通办理,准予超出?

上列各点理合备文呈报,仰祈鉴核示遵。

谨呈

私立江南大学校务委员会主任委员　沈立人

（来源:江南大学档案馆 SLJD-4 20-22）

华东军政委员会教育部关于修习政治课程问题的批复

（教高政字第0052094号　一九五一年三月十五日）

一、一九五一年二月二十三日江字第一〇四〇号文悉。

二、关于各院系各年级学生修习政法课问题，希即按照前所发布之《华东区大专院校政治课程暂行办法》研究实行。

三、政治课学时以三六九计算，即讲授三小时，自学与讨论六小时，统应计入五十学时以内。你校本学期如初设"政治讲座"，不及准备，学时发生问题，则"政治讲座"三学时本学期暂准不计入五十学时以内，但自下学期起，仍必须按照规定办理。

四、你校本学期四上年级学生政治课学分未依规定修足者，应设法按照规定令其补修。如学时确有困难，除修习"政治讲座"外，每学期至少补修一门政治课，直至毕业离校或政治课学分修满为止。

五、你校本学期应届毕业学生政治课学分未依规定修足者，则本学期除修习"政治讲座"外，至少须补修新民主主义论或社会发展史两门课程中之一种，如已修过新民主主义论、社会发展史而按规定应修政治经济学；而未加修习者，则仍应补修，但可精简该课程之内容，以四学分计算，每周上课四小时，于本年内修毕。

六、你校已修习社会发展史，并经考试成绩及格学生不必重修，但如教材未讲授完毕，则可精简内容，设法补授完毕。

七、按照上述各项实行，如学时仍有问题，则应设法精简业务课程。如精简时有所困难，希即将四年级课程表呈报本部再核。

部长　吴有训

（来源：江南大学档案馆SLJD-4 15、17-18）

苏南人民行政公署批复

署教人字第六二号

事由：该校学习委员会委员名单准予备案
主送机关：江南大学

一九五二年三月四日校字第六八四号报告及附件均悉。据报你校思想改造运动学习委员会委员名单，准予备案。希即知照。

苏南人民行政公署学习委员会委员名单

主任委员：杨违依

委员：沈立人　金圣一　金宝光　朱正元　朱宝镛　张泽垚　王守泰　高昌运
　　　罗聚源　蒋凌械　黄书意　邓鸿勋　尤　新　王叔良

（来源：江南大学档案馆SLJD-7）

江南大学致开源机器厂借仪器函

（江南大学发文江字第 594 号　民国 38 年 10 月 8 日）

径启者：

本校本学期增开测量学课程，关于是项仪器及用具正在采购中，现以急待需用，拟请贵厂惠予暂时借用，兹请教授郭会邦先生前来，即希察照赐洽为荷。

此致

开源机器厂

（校戳）启
年　月　日

（来源：苏州大学档案馆 长 20 0006）

私立江南大学植物生产学系棉花培养特种试验座谈会纪录

日期：一九五一年二月廿七日下午二时

地点：本校会议室

出席：沈立人　吴度民　章荣嵘（农科所）　郭守纯　高煜珠　叶尚瑾　蒋涤旧　张劭新
　　　金宏度　顾　文　邵达三

主席：沈立人

记录：顾　文　高煜珠

报告：沈立人先生介绍吴度民先生是人民创造性的科学家。他发明了白蕉素，现在又在亲身的观察中，体验出土壤的改良。此次来到咱们学校，就是想与本校植产系合作，继续进行土壤改良的伟大实验。吴先生对于宇宙事物的认识是比我们提高了很多，今年来同我们合作进行这样有意义的工作，我们不但感到庆幸并深致万分欢迎。现在就请吴先生将他的实验情形报告给我们。

座谈会开始：

· 273 ·

吴度民先生略谓他在研究芭蕉制造白蕉素的过程中,无意中体验出土壤处理法,因而就引起了实验土壤对象,增加农业生产的兴趣。第一年他用棉花作材料,先将土地于冬季举行深耕五至六寸,然后灌水 72 天,再将水抛出,待稍干燥,这时可将皂矾及吴先生本人所培养出来的一种细菌掺和撒入土内,每亩用皂矾三斤、细菌三磅。经过这样的处理后,播种棉花,则将来生长健壮,植棵高大,可是既不开花又不结果。第二年他又照这样处理,可是先把种子放在细砂内,保持滋润,等它发芽,不超过三分长时取出播种,这样棉花成熟后,枝棵肥大,花朵开了,可是果结不成。第三年改正了这样处理,一切土壤及种子砂内的办法照用,可是在棉田内种上了中、美两种棉花,待其生长一尺多高时,用靠接法嫁接成活后,用美棉作根系,中棉做枝干,所得到的成绩,果然提高了,枝棵仍然肥大,花开了,可是所结的果桃,花吐不出来。吴先生的实验就到了这样阶段,希望来到江大,与植产系合作,继续这样工作,并请诸位教授的协助,使这样有意义的实验找出科学理论,并能做到更好的成绩。

吴先生谈话后,引起了参加的拾位先生发出了很多的宝贵意见。最后决定了江大愿以最大诚心接受吴先生的指示:继续作出有价值的实验。至于吴先生所说的细菌,究竟是什么东西,更惹起全场的重视。农科所参加人章荣嵘先生也愿意回去与彭谦所长商量,将吴先生(所说的)这样的细菌继续做培养试验。座谈会于下午四时半结束。

(来源:上海市档案馆 Q 193 – 1 – 1557 001 – 002)

为机械系学生借做热工实验致南京大学公函

公函(52)校字第五九五号

我校机械系设备不敷教学需要,兹有该系二年级同学二十七人,由助教一人率领,拟于本届寒假(一月二十日至二月一日间)前往你校借做热工实验,特函奉商,敬祈惠允,以利学子。并请示知所须实验费用,无任企祷。

此致
南京大学

校长　沈立人
一九五二年一月十一日

(东南大学档案馆提供)

南京大学关于江南大学借做实验的复函

便函　南秘(52)字第九一号

一九五二年一月十一日(52)校字第五九五号公函敬悉。你校机械系学生拟于寒假来我校做热工试验,可以同意。最好请来助教二人主持实验,因我校教员工作甚忙,恐不能协助太多。至于费用,须视所作[做]之实验消耗而定,主要为材料消耗及折旧之补偿,食宿问题到宁后与本校总务处接洽。

此致
江南大学

南京大学　启
一九五二年一月十八日封发
（东南大学档案馆提供）

关于实习安排致上海申新纺织厂总管理处函

径启者:

本学期业已终了,开始暑假。本校各级学生,均拟利用暑期实习,以增学识。除少数学生实习厂所业已接洽就绪外,兹有各系学生约一百人,尚无相当实习工厂,深用焦虑。夙承关垂,热心作育人才,用特检同各系实习学生人数表一份,函请贵处转厂长会议,惠予分配各厂实习(于七月廿五日开始,八月二十五日止),以利学子,无任企感。并祈迅赐见复为荷。

此致
上海申新纺织厂总管理处

附实习学生人数表一份。

私立江南大学　启
一九五〇年七月十三日

私立江南大学实习学生人数表

系级	人数	实习科目
机械系二年级	八人	机工二十天,钳工十天
电机系二年级	十二人	机工十五天,钳工十天

系级	人数	实习科目
化工系二年级	七人	煅工十天,钳工十天,机工十天
面专二年级	三四人	木工、煅工、铸工、钳工、机工、热工各五天
机械系一年级	三八人	木工、煅工、铸工各七天

（来源：上海市档案馆 Q193-1-1554 084-086）

呈请上海申新纺织厂总管理处莅临江南大学实习工场落成典礼函

本校自创办机械工程系以来,虽有开源机器厂及申新各厂之协助,以解决暑期实习问题。惟深以校内无实习工场、设备为憾,故于本年暑期,由校董会拨款筹设机械实习工场一所,可容同学七十余人同时实习之用。今装备已大体告竣,特定于本月二十五日（星期六）下午二时举行落成开工典礼,届时略备茶酒,敬请惠临指导为荷！

此致

上海申新纺织厂总管理处

私立江南大学

一九五〇年十一月廿三日

兹因往返便利起见,特备专车迎送,站设：

	站　名	开车时间
1	光复桥堍	一点十五分
2	西门德新桥	一点卅分
3	小木桥	一点四十分
4	荣巷公益中学	二点

开往城区时间：五点卅分

（来源：上海市档案馆 Q193-1-1554 113-114）

私立江南大学致申新纺织厂总管理处实习函件

敬启者：

准五月二十八日申人发(51)第一二五三号大函,承惠允我校机械系一、二年级同学前往申九厂暑期实习,深用感荷。兹拟于七月十日开始分四批前来,每批十人。用特抄奉实习学生名单二份，敬祈察洽赐复为荷。

此致

上海申新纺织厂总管理处

附暑期实习学生名单二份。

私立江南大学　启

私立江南大学暑期学生实习名单

第一批：日期　七月十日至七月十九日

杨存曙　王作柯　叶　崇　刘宏才　边炳耀　许正名

谢　德　徐德骏　过馨葆　沈林生

第二批：日期　七月二十日至七月二十九日

许保庆　李敏宝　郑时优　叶惠元　马天行　金鹤鸣

陆哲明　李崇江　张永亨　王兆孙

第三批：日期　七月三十日至八月八日

徐俊华　唐裕源　章关锟　殷吉仁　丁训士　华庆嘉

张仁杰　沈康梁　秦永烈　蒋崇德

第四批：日期　八月九日至八月十九日

周国良　吴树源　薛君玉　冯祖昪　刘钟毓　唐裕源

林文德　蒋伯英　徐伯康　许良弼

江南大学印

1951 年 6 月 28 日

（来源：上海市档案馆 Q193-1-1571 222-223）

私立江南大学关于实习延期致上海申新纺织厂总管理处函

敬启者：

七月四日大函奉悉。我校机械系一、二年级同学前往申新九厂暑期实习，原定七月十日开始，兹因本学期结束日期业奉华东教育部通知延长至七月十五日止，我校第一批前来实习日期改于七月十六日起（第二批以下顺延）。特函奉达，即请察照转知为荷。

此致

上海申新纺织厂总管理处

私立江南大学　敬启

公元一九五一年七月七日

（来源：上海市档案馆Q193-1-1554 084-086）

化工系介绍

伟大的祖国建设中，化学工业无疑地是其中重要的一环。如石油、钢铁、冶金等都是目前最迫切需要发展的工业，因此化工人才的培植，是异常值得重视的；江大化工系正和其他院校一样，担负着这培植化工人才的任务。

江大化工系随着母校的创办到如今，整整四个年头。创办之初，即在国外订购了大批化学仪器，充实设备。当时创办人荣一心先生对江大是抱有宏图大志的，满想逐年扩充各项设备，期达国内驰名大学；可是在当时在国民党反动统治时期，一片黑暗，阻碍江大各科的向前发展，以致本系设备到目前为止，尚感到缺乏。另外因当时时局动荡，学生人数减少，因此本年首届毕业生，化工系仅九人；现在他们都抛弃了一切思想顾虑，坚决无条件服从政府统一分配，等待着祖国的召唤，愉快地走上光荣的建设岗位。系主任张泽垚先生为工业化学博士，学识的渊博，办事的负责与热心，深得同学们的爱戴。在他的苦心辟划下，实验室是扩充了不少。目前本系有普通化学验室一大间，可容一百四十人；有机验室二间；分析化学、物理化学、工业化学验室各一间，可容纳卅二至四十人；其他尚有天平间、物品室、准备室等多间。已开的实验有普通化学、定性、定量、有机、工业化学、工业分析、物理化学等，所用仪器设备均尚够应用；仅化工机械设备，因限于经费，自一九五一年起方开始购置，现正竭力想法添购中。

师资方面：有程瀛章教授，为化学界先进，于物理化学很有研究；张震旦教授，对化学工程有甚大心得；朱勉鋆教授，特长为钢铁冶金；副教授穆光照先生，兼任教授汪巩先生及助教五人。同学四班共六十人。

教育部对全国各大专学校均有重点发展的指示，故本系的重点，侧重于化工机械的设计。鉴于我国以往化学工业之未能迅速发展，除政治因素外，化工机械的不能自制，此亦为其主要原因。故本系拟在该方面努力发展，逐年购置设备，注重化工机械的设计，以培养该方面的人才，达到本国自制之目的。又本系为配合华东纺织染工业，将"染料与染色"列为本系第二重点。

课程方面：均按照教育部规定，以每周不超过五十小时为原则，业已分期排定。

工学院的学生，普遍地比较忙碌，化工系的四年课程，是相当繁重的。尤其做化学实验的时间，化［花］得很多；同学们大都非常用功，政治学习也很求进步。当你跑过化学实验室时，常有化学药品气味，刺激着你的嗅觉，实验室里经常有同学穿着雪白的外衣，在紧张而精细地工作着。系内的同学普遍地对有机制品很感兴趣，我们制成了数十种有机工业制品，如红汞、D.D.T.等，这次参加了苏南物产展览会展出，颇受外界注意。

为求"理论配合实际"，发展小规模的化工生产，去年起系内同学组成了一个"化工生产委员会"，制造小工艺制品及纯粹化学药品类。系内有一套制牙膏机器，经过好多次试制，"江南牙膏"首先在校内行销，当然品质方面还是亟需改善的。纯粹化学药品，主要的在研究制造一些分析化学药品。

依目前的情况而论，由于经费的限制，本系的发展，尚存在着若干困难，但确信在全系师生的团结努力下，一定能够克服困难，随着全国经济情况的好转，设备将有计划地扩充。在系主任的正确领导下，江大化工系是有其光辉灿烂的前途的！

（原载《一九五一年年刊》）

机械系概况

江南大学在成立之初，设立机电工程学系，一九四九年起，机械电机分设两系。机械工程系成立后，初聘周惠久教授为系主任，后改聘夏彦儒教授兼主任，直到现在。

教授方面：现有夏彦儒、骆美轮、方友鹤、郭会邦、余人翰、王守泰、王守则、苏长荪、金宝桢、周修齐等十位，助教四人。学生六十三人，应届毕业生四人。

课程方面：本系以配合理论与实际相结合的原则下，并根据全国高等教育会议议决的课程草案，以蒸汽动力为重点的编排，务期能培养出新中国建设事业中所需的动力工程师及动力设计工作者，除了一、二年级系各工学院基本课程之外，主要必修课有工程热力学、蒸汽机、内燃机原理、汽轮机、动力厂、机械设计原理及制图、金属材料及热处理、工程材料、材料试验、机械工程试验、工具试验、工业管理、生产计划等，选课方面有各种金工学、工具设计、工具机设计、金相学、高等动力学、高等材料学、流体力学、机车学，水力机械、汽车工程等。

本系设有实习工场一座，所有木工、铸工、车工、钳工等初具规模。本学期，在校方鉴于本校以工学院各系为重点之情况下，机械工场设备之充实，实为当务之急，在机械系全体员工大团结之下，组织了一个建厂委员会，由校董会拨专款，以现有工场之设备及人力物力为基础，自制若干工作母机。此项工作已正式开展，预计在下学期正式上课前可以完成。

此外与申新纱厂和开源机器厂，在彼此交流技术经验之原则下互助合作，譬如：在去年寒假中本系同学即曾为开源机器厂绘制若干图样，本校工场也曾屡次帮助各厂加工部分零件等；而本校学生，在假期中也去各厂实习或参观，以吸收实际经验，今年暑期，一、二年级学生即分赴上海申新九厂及无锡开源厂实习。

本系对今后发展的计划,在课程方面,希望积极地,按照既定教育方针完成。目下本系已筹组了三个教学研究小组,下学期并设法能新聘到教授,以补教学人数之缺乏。通过教育研究小组,师生共同研究,互相提供意见,藉以推进学习,把工作搞好。在设备方面,以现今所有之情形,尚须添置热工试验室及材料试验室之设备。为顾及学校经济具体情况,本系已拟定了一个逐步实行的充实设备计划,在有系统、有步骤、有重点的方针下,通过全系师生员工的劳动生产,逐渐充实设备。这样一方面可以照顾到学校行政经济的情况,一方面更使学生能得到最好的接近实际机会,从而获得理论与实际相结合的宝贵经验。

以江大机械系情形而论,是有了相当的基础,但是我们不能说已做到很合理想,为求今后充分发展,还必须大力展开工作。相信在全系师生员工大团结之下,我们是有办法,也有希望的。

（原载《一九五一年年刊》）

食品工业系介绍

一、沿革:本系前身为农产制造系。一九四七年秋,江大初创时,即设有本系。与农艺系同属于农学院,系务暂由院长兼代;一九四九年春,聘秦含章先生为系主任。未几,苏南解放,暑假后,秦主任辞职;改聘朱宝镛先生主持系务,二年来,确定课程,添置设备,延聘专家教授,本系规模粗具。由于江大地处工商业繁荣、粮食集散中心的无锡,去冬,奉中央教育部批准,并征得食品工业部同意,改为食品工业系,在全国各大学中尚属首创。

二、重点发展:食品工业涉及范围颇广,本系为配合学校所在地及校内的师资具体情况,并执行华东高教会议决策,按照中央轻工业部食品工业处意见,以发酵、制糖、粮谷加工为今后发展三重点。

三、系内一般情况:

（一）课程:除政治讲座、微积分、物理、普通化学、有机化学、定性、定量分析、微生物学、电工、机工、化工机械、营养化学等基本课程外;另设有专业课程:

1.制糖:甘蔗制糖、甜菜制糖、制糖原料、糖品分析、淀粉工业等。

2.发酵:发酵化学、发酵工业、特种发酵工业等。

3.粮谷加工:面粉工业、谷类加工、仓储学、烘焙原理等。

专业课程外,再开有专题讲座,如油脂、罐藏、干藏、制茶、糖果等,使同学不但有一门专长,同时对食品工业各方面能获得深切的了解。

（二）教授阵容：除朱宝镛先生对发酵有专门研究外，另有制糖专家陈陶心先生，化工原理及油脂专家顾毓珍先生，罐藏及干藏专家朱雄先生，茶叶专家庄晚芳先生等。

（三）教研小组推行工作：

因本系专任教员太少，且教研小组成立较迟，因此仅在六月底开过一次会议，决定今后系内加强研究工作，具体规定题目，辅导助教进行研究；另外，对教学方法及同学实验办法、帮助自修等加以具体讨论。

（四）设备：四年中，以往二年一无所有，最近二年中，始积极添购。现有者：除工业微生物培养、发酵、食品分析、食品工业普通仪器及设备外，设有酒精实验工厂，已于四月底开工；至于制糖仪器，面包及其他酿造工厂，进行发酵研究工作完善之全套设备，正在添购及筹备进行中。

四、解放后本系协助政府进行生产建设工作及与社会结合事例：

（一）清查大连工业研究所积存研究资料：中央重工业部以大连工业研究所，积存大批伪满时未发表之研究资料，决分别邀请专家十人，组成考察团前往实地清查。一九五〇年三月，中央重工业部来函邀请本系朱宝镛先生，经校方允准后，朱先生即会同各方面专家一同出关去大连工作。该研究所前身为南满铁路中央工业试验所，为东北规模最宏大之研究机关，系日寇侵略我国、攫取东北财富的神经中枢，有研究室六十余处，实验工厂三十余处，四十年来积存已发表及未发表之研究报告一千五百余篇，朱先生负责整理发酵农化部分之资料，计一百余篇，于二月内完成任务。该考察团全部报告共达三十余万言，后又由东北人民政府工业部招待参观鞍山、抚顺、安东、沈阳、锦州各矿厂，于五月底返校。

（二）指导制糖技术：一九五〇年六月中，东北人民政府招聘团请本系陈陶心教授赴吉林省怀德甜菜糖厂及松江省阿城糖厂，指导制糖技术，故在六月底功课结束后，陈先生即前往工作六星期，八月上旬胜利南归。

（三）主持西北糖厂厂址勘查工作：一九五一年三月中央轻工业部为发展华北西北地区甜菜糖业，组织糖厂厂址勘查团，借调陈陶心教授主持该项勘察工作，陈先生于三月下旬启程，至六月上旬始返锡。

（四）解决葡萄酒制造技术困难：东北国营辽东省通化葡萄酒厂，利用山葡萄为原料，制成品酸涩味重，酒精含量低、混浊、色深且有土烧酒味，虽数经改良，未见成效；五月十七日由东北人民政府派该厂蓝厂长携带样品来校，请本系加以研究改进，并学习酿造葡萄酒之必要知识与分析技术，历时一星期，在实验室试验，并结合系主任朱先生的以往工作经验，作出四点宝贵建议，俾该厂今秋获得复工，以利生产。

（五）参加展览会展出制糖发酵部分：本系应苏南区城乡交流物产展览会工业部食品工业馆之邀请，展出制糖、发酵、糖果、饼干等部分。通过这次展览，不但使观众增进了科学知识,并且认识到祖国的伟大、可爱,进一步发挥爱国主义热情,以实际行动来粉碎美帝封锁,争取解放台湾。

(六)协助酿造业改良制曲:由于展览会展出酱油种曲后,各地酱酒酿造业,对这新启示异常重视,纷纷书面或口头要求予以协助改良技术,因本系人手缺乏,故现仅在无锡个别酱园重点进行。

五、本系同学各方面的情形:

(一)学习及研究概况:四年级同学分组进行专题研究,如葡萄糖酸、没食子酸、柠檬酸、乳酸、醋酸、甘油、丙酮丁醇,乙醇丙酮等之发酵研究,搜集中西有关杂志书籍,并以实验进行新材料之钻研。其他若干专业课程由教授讲授新颖及扼要材料;普通制造过程及注意点由同学反复讨论,求得深入。

(二)实习参观方面:为了使同学进一步地获得理论与实际结合,本系今年开设酒精实验工厂,各同学均能亲手进行各项制造程序之操作。另外,至其他工厂实习,去年暑假,四年级同学曾分别至上海华星化工厂、益民酿造厂实习;今年春假期间,三、四年级全部赴上海沙利文糖果饼干公司实习,并至天厨味精厂、益民食品第一厂、怡和啤酒厂等参观。

(三)工作、文娱体育及各项运动中的表现:解放以来,本系同学一向积极参加学生会和青年团工作,在参干、捐献、示威游行各项运动中,起着一定的作用。文娱方面,舞蹈、平〔评〕剧人才颇多。体育普遍重视,本校首届运动会,除个人表演获得冠军者外,并得到集体的四百公尺接力赛及拔河冠军,这是一个很好的例子。

六、今后动向:必须使理论与实际结合,要求每个同学,非但有相当的理论水平,并且有实际经验,能改进旧方法,创造新科学,成为新的技术建设人才。因此,需要与各工厂保持密切联系,这一点是本系特别强调的,"向大司务小学徒学习",这是我们的口号。

(原载《一九五一年年刊》)

农艺学系介绍

农艺学系

农艺系在江大,它是一个比较特殊的系别,因为在学校八个系科内,其中的八分之七的是属于工程方面,只有本系肩负着发展农业科学的任务。本系是刚刚由植物生产系更名而来,这是我们为了响应政府号召,在明确岗位、重点发展的原则下,才把广泛的植物生产系改称今日的名字,以结合农业建设的政策,为祖国培养出最合需要的有用人才。

江大是以工农并重的原则向前发展,这一个光荣的使命,不仅受到教育当局的强调与指示,也正是符合了校董会创办江大的初衷。以原有的阵容来看,担当农业一面的只有我们农艺一系,任务是多么的艰巨,责任是何等的重大,承担这个千斤重任,似乎"力不胜任","常感恐慌"。经过年余来的教训,无论学校当局与本系师生,也都认识了这个缺点,想使本系发展得有声有色,只有在系内先行分组,再呈请添系;因此分组与添系是本系发展的中心计划。分组已获得了成功,根据原有的设备、师资的阵容,暂分作物与病虫害两组。添系问题正大力争取中,结合环境需要及已有的基础来说,以添园艺、畜牧两系最为合适,因为这两系与已有的农艺系关系最密切,彼此相助相长,正好像同胞的兄弟。添设园艺一系已蒙校委会同意,待教部批准后即可正式成立,拟争取在一九五一年度内能开始招生。

设备:提起了我们的设备,当然不能算是满足了要求,可是在刚刚诞生四年的江大来说,已经值得庆幸了,我们有显微镜十六架,有实验室三个,同时可容六十人进行实验工作,有四十多亩果园,其中包括一千多株不同的成形果树,有七八亩地的菜圃,将近五十亩的作物栽培区,有相当完备的牛奶棚;在短短的历史中,经过本系师生不断的奋斗与努力,能打下这样的基础及教学的环境,是值得使每个人高兴的。

师资:本校师资方面,系主任郭守纯先生,教授蒋涤旧、苗雨膏、张缅新、刘天民及兼任教授王鸣岐先生,助教四人,全系师资共十位。无论教学与研究工作尚能逐步展开。

课程及教学组织:

1. 课程:除政治课、俄文、植物学、普通化学、有机化学、进化论、气象学、植物生理学、新遗传学、土壤学、肥料学、蔬菜园艺、果树园艺、农业经济为全系共同修读外,分组专业课程计有:

作物组:食用作物栽培、作物选种学、特用作物栽培、农场管理学、农业统计学、农业机具学、土壤改良学。

病虫害组:昆虫及经济昆虫、病原学、植物分类、病虫药剂、植病方法、昆虫分类、昆虫方法等。

2. 教学组织:本系已成立的教研小组有三个,计新遗传学教研组、作物教研组、农耕实习教研组。

重点:我们是根据政府的指示、环境的需要、原有的设备三方面来确定了本系的重点、发展的方向。在作物组内以棉、麦、稻为主,尤其特别重视棉、稻两种,因为棉花占我国建设中的重要环节,虽然无锡不是棉花产区,可是经本系去年利用山地栽培的结果良好,今年正拟举行各种试验,以求推广。倘能将附近山地变为棉田,则对于国家建设,农村经济都会收到无比的获益。再者苏南为产稻中心,对于改良栽培、提高品质,都迫切地需要我们来完成这样伟大的使命,今年也拟进行各种选种试验,以求育成优良品种;在增产的目标下,不仅把产量增多,并且要做到品质的提高。在病虫害组内,我们集中力量以防治稻螟为主要,其他像棉麦等病虫害的防治与研究,也在不断的工作中。

今年我们为了收集各地优良小麦品种,指派专人分赴各地进行选穗,准备明年展开小麦育种工作,以求在原有的小麦品种上,对于产量和品质有更进一步的提高。这一个决定,承校方拨出专款,本系叶、邵两位先生于六月七日动身,分赴苏南、苏北进行工作,两周内完成任务返校。

农艺系通过了上边的介绍,使大家有一个明确的轮廓。农业增产,向自然争取是我们每一个农业科学工作者的责任,特别是米邱林学说教育了我们,坚定了我们为人民服务、替人类创造幸福、向自然斗争的必胜信心;本系的师生已遵循着伟大导师——米邱林——的指示与方向,时刻地努力,不断地争取。来吧!志向相合的同志们!我们靠拢一齐,大家携手,为光荣的任务奋斗到底!

(原载《一九五一年年刊》)

面粉专修科介绍

面粉专修科

面粉工业是我国创办较早的一种工业,在我国轻工业中,仅次于纺织工业,而居于第二位;但由于技术人才的缺乏,以及封建土地制度束缚着农村生产力,官僚资本长期地压迫,帝国主义疯狂地掠夺等各种原因,迄未能达到最高度的发展阶段。

一九四八年三月间,在全国粉联会举行第二次代表大会上,为了补救面粉工业技术人员的缺乏,并谋粉厂的扩展和技术的改进,初步决定创办"中国面粉工业专科学校",以培养面粉工业之专门人材。

专科学校原定在沪设立,后因种种困难,拟附设在无锡江南大学内,定名为"江南大学面粉专修科",修业期限定为三年,所有日常行政暨该科教职员之聘请,均由江大负责处理;粉联会则设置监理委员会,作为监督与决策之机构。后来在八月间,全国粉联会负责人与本校当局,为了开办面粉专修科举行座谈会,出席者有荣一心、顾惟精、周同庆、荣毅仁、荣鄂森、席德柄和袁国樑等,决定了下列数点:

(一)学生方面,每学期除粉联会保送学生二十名外,另由江南大学招收二十名;保送人数如超出二十名时,则由校方举行临时测验,以甄别程度。

(二)凡保送学生之一切费用,由各该保送厂自行负担。

(三)专科主任由校方聘定之,经常费用则由校方编造预算送粉联会。

并决定立即展开招生,各区保送之学生意外的踊跃,达五十二名之多,超出原额三十二名。在校方招收二十名学生时,投考的更争先恐后,超过了预定名额好多倍,足见各界人民和各厂对面粉专修科之重视及各厂需要该项人才之急迫。

关于校内一切情形,由荣常务理事毅仁书面详细函知粉联会。经费方面采取基金制,并以筹募实物为原则,计第四区工会认筹一万包,其余各区共同认筹五千包;筹集方法,则按各区产量分配。此项基金之运用,由第三次常务理监事会议上决定,全部委托荣常务理事毅仁负责处理。

面粉专修科是稀有的一种系科,它在中国,尚属初次创办;就是全世界,据我们现在所了解,也只有美国甘萨斯州立大学内,设面粉工程系,因此本科课程参照该校之情况,结合中国粉厂实际需要和切合面粉工业之发展,作初步之确定如下:

第一学年:

上学期:投影几何　国文　小麦学　物理　物理实验　英文　微积分　化学
化学实验　社会发展史

下学期:制粉初步　国文　工程画　物理　物理实验　英文　微积分　化学
化学实验　社会发展史

第二学年:

上学期:工程力学　制粉学　工程经济　机动学　有机化学　机械画
制粉实习　新民主主义论

下学期:工程力学　机动学　工厂管理　制粉学　粉厂设计　制粉实习
有机化学　工程材料　普通会计　新民主主义论

第三学年:

上学期:粉品化学　电工学　制粉工程　热机学　仓储学　机械设计
粉品化学实验　发酵化学　粉麦病虫及实验　成本会计
政治经济学(选修)

下学期:营养化学　电工学　制粉工程　热机学　机械设计　仓储学
烘焙原理　政治经济学(选修)

江大面专第一任科主任,为茂新第二面粉厂厂长李昌第先生。在第一年中,开始灌输关于面粉方面的初步智识。当同学们对制粉过程有了初步认识后,在荣毅仁先生指示和擘划下,即利用第一次暑假,分配至锡沪一带各面粉厂中实习,使同学们在理论基础上与实际结合起来。

由于李先生本身业务的繁忙,未能时常定期到校讲授,一年后,改由茂新第二面粉厂工程师孙时中先生继任科主任。虽然在设备不够完善的环境下,却进行了数次与制粉有关的实验:(一)小麦麸皮之结构。(二)小麦运送、称重与储藏。(三)小麦及杂质体积之大小。(四)小麦杂质之鉴定。(五)小麦表面之摩擦系数。(六)小麦之蒲什尔重量。(七)小麦水分之测定。在第二次暑假时,一年级同学分配至各粉厂实习,二年级同学则集体至无锡开源机器厂实习,由该厂工程师吴正若、沈潜两先生指导,深入探求机械方面的智识。

第三学年开始,孙时中先生因政府开设新粉厂之需要赴北京,系主任乃由校长沈立人先生兼任,并由茂新第一面粉厂成恒德先生担任制粉方面的课程,并特约中国面粉界权威李凤哕先生经常来校作专题讲座。

在爱国主义教育和运动中,在校中一切业务学习和各项活动中,面粉科同学表现得很积极、有朝气、有进步:班级的集体学习,为校中各系级学习的模范;治蝗运动中,又获得了个人、小组、班级及系科的四项冠军;在参干运动中更显得轰轰烈烈,好几位同学为了热爱祖国,抛弃了个人的包袱,踊跃地走入光荣的革命队伍中去;为了巩固和发展在各项运动中的胜利成果,在校中第一个订立了爱国公约并向各系级作[做]友谊的挑战!

面粉科开办迄今,已近三载,目前三班同学有八十人,而本科教授有成本会计专家沈立人,仓储专家于菊生、忻介六及成恒德(制粉学),特约讲座的有中国面粉界权威李凤哕和李昌第。请他系开课的教授有朱宝铺(发酵化学)、张泽垚(有机化学)、金宝光(电工学)、穆光照(粉品化学、营养化学)、王鸣岐和苗雨膏(粉麦病虫学)、金宝桢(工程力学)等数十位。实验方面,除上述七项外,更增添了小麦之比重、糙磨之括粉率、面筋质试验和灰分试验等。加以无锡市面粉厂众多,同学们能够时常至厂中实地观摩,这是进修中唯一的有利条件。

为了要使中国从事面粉工业的工作同志与同学们之间,能获得各人的理论与经验互相交流、逐步提高起见,在校董荣毅仁先生的赞助,无锡市面粉业工会及技术工作者协会面粉组的热烈支持,以及全体面专科师生的积极努力下,创办了本校第一本向全国正式发表的学术刊物《面粉通讯》,同时也是全国第一本面粉技术的刊物。虽然在创办过程中,经过了许多困难,但终于出版了,内容主要是有关面粉工业方面的理论智识、创造和经验介绍、生产情况、统计资料、制粉实验、报导本校面粉科的情况、商讨解决关于制粉方面的疑难问题。出版以后,得到全国各粉厂、粮食公司的一致赞扬,给予许多精神上的鼓励和经济上的帮助,并提出许多珍贵的意见。

本科因遵照教部重点发展指示,且性质方面与食品工业系中粮谷加工组相似,今年起决定停止招生。

(原载《一九五一年年刊》)

工业管理系介绍

当国家在大力建设工业、发展生产的过程中,对工业管理人才及生产计划人才的需要,是非常迫切的;本系就在这个要求下设立了,并且确定了本系的教学任务。

本系的教学任务,是灌输自然科学与社会科学的基本技术知识,结合工程原理与管理学识,以谋生产技术的改进,培植在工业化建设计划下,担任发展生产、减低成本的专门人才,使整个生产工作以最低代价,获得最大之生产效果。

配合上述的基本任务,我们要培植下列各项人才:

(一)生产计划与生产管理工作。

(二)经济核算工作。

(三)制定生产技术定额工作。

(四)生产设备之设计及人力配合之有效运用工作。

(五)有技术性的工厂管理工作。

(六)工业统计工作。

(七)生产成本核算工作。

课程方面除了共同修读的政治课外,工程学课有微积分、物理、物理实验、工程化学、工程画、工程材料、工程力学、电机工程、电工实习、机械工程、工具机、机工实习。

管理方面的课程有工业管理概论、会计、成本会计、统计学、组织学、心理学、工业心理学、生理学、动作研究、工作法研究、工时研究、工程经济、工作估值、工资制度、财务分析、品质管制、生产管理、材料管理、工厂安全及卫生、人事管理、经济核算、工厂保全。

通过上述各课程的相互联系,使根据生产工作之不同要求,在改良设备、布置工作环境、制定工作程序后,研究动作经济,改进操作方法,测定工作时间,使厘订生产技术定额与规格,制定生产计划,结合奖工制度,正确地组织劳动力,使劳动力得有效发挥,以提高劳动生产率,保证成品品质,并减低生产成本。

本系的师资教学问题,因为工业管理系是应在工学院之下设立的一个系,设立这个系应该有工程教学上的方便才好,由于本校有了电机工程、机械工程、化学工程、数理学系的设立,对于本系应开的工程教学上的课程,就请上述各系代开,并且有实验工场供我们实习,给予莫大的助力。

本系的师资方面有沈立人、夏宗辉、胡立猷、周恩久、胡钟京、吴予达、陆仁寿、蔡溥、吴世燕、夏晴等诸先生。我们为了交流教学经验,分别负责讲授,组织了会计教学小组及生产管理教学小组,由担任会计及生产有关课程的教师们组织成立,使讲授方面能够有系统、有计划地进行。

（原载《一九五一年年刊》）

数理系概况

本校数理系亦成立于创校之时,当时设该系之目的,认为工程之基础在乎数理,欲培养优秀之工程人才,必须有数理方面之良好师资。工程人才既为国家之迫切需要,数理人才当亦不可忽视,然目下一般大学内学习数理者甚少,以致供不应求,此种偏差急待加以纠正。

本系在草创之时,属于理工学院,未专设系主任。于一九四八年夏,始聘周怀衡先生主持系务;翌年周先生离校,由朱正元先生继任;至一九五〇年五月,朱先生被任为本校第二副主任委员,公务繁忙,无暇兼顾系务,乃改聘闻诗先生为系主任;是年夏,闻先生离校,乃由金圣一先生继任迄今。

本系因鉴于目前一般数理师资之缺乏,故以培养数理师资为首要重点。这样,不特于科学方面有所贡献,并可为国家所需之建设工程人才奠下一巩固基础。

至于师资:现在有教授三人,讲师一人,助教五人,将来级数增多,教师当须增聘。设备方面经四年之擘划,已有完备之普通物理实验室一所,电磁学实验室一所,其他如光学、热学、声学等仪器,亦粗具规模。希望在不久将来,高级物理试验仪器,亦能逐步设置。

课程方面:因本系系合并数学及物理二系而成,数学与物理固有其相联之关系,然在高级课程中,亦有其分歧之处,故拟于二年级始分为数组与理组,除共同课程外,每组每学期另设一二门专门功课,使同学能获得比较专门之学识。其共同课程有化学、微积分、高等微积分、复变数函数论、物理、理论力学、电磁学、理论物理、无线电等。数组之专门课程有射影几何、近世代数、微分几何、实变数函数论、数论、群论、微分方程论、积分方程论、黎曼几何、解析射影几何、拓扑学等。理组之专门课程有热学、物性学、光学、近代物理、电磁理论、分子运动论、声学、量子力学、相对论、原子核物理、波力学等。

综上所述,本系学生人数虽少,然对于将来发展已奠基础,尤其在目前数理人才缺乏之际,为国家建设前途计,亟应加以重视,使能充分发挥其所负之使命。

（原载《一九五一年年刊》）

电机系系史介绍

一九四七年十月,江大初创时,设三院九系。本系前身,乃理工学院中之机电系。翌年,校董会敦聘顾惟精先生为副校长,兼理工院院长,系务由顾先生兼代。同年秋,后湾山新校舍落成,机电系也随校迁入后湾山校本部,并请吴大榕先生为系主任;十月初,在校本部后面太湖边兴建工场二座,以备同学实习之用,俾使理论与实际相结合。

一九四九年暑假后,由于校行政改组,取消学院,乃正式将机电系分为电机工程和机械工程两学系,本系此时正式成立。并由前理工学院院长顾先生接任第一任电机系系主任,增聘吴玉麟、毕仲翰、金宝光、秦宏济诸教授来本系执教;是年冬,电子管试验室成立,电机实验室也基本成立,为本系奠定了良好基础。

一九五〇年秋,系主任顾惟精先生被淮南煤矿局聘为专家,辞系主任职离校,乃商请金宝光先生继任系主任;更添聘王守泰、汪世襄诸先生来本系执教,并增聘助教二人,本系至此,便在原有基础上逐渐巩固。

由于整个江大,在解放前及刚解放时,动荡不安,更由于本校创办人荣一心先生逝世,使本系不能蓬勃发展,在各方面常感经费不足,设备不敷。但自解放后,在人民政府正确领导下,全国财政经济及工商业获得基本好转,因之,本校经费亦已稳定。同时由于系主任金宝光先生的大力主持下,系务日趋发展,除师资方面尽力罗致国内名士外,设备方面现在有小型发电机一座及电动机数具;电子管实验室一所,可以自装各种实验用具;电机实验室一所,惟实验仪器尚感缺少,现正在设法补充中,准备于下学期增辟电工试验室一座。

本系同学在江大历史中,的确是占有不可磨灭和不可否认的光荣传统。各方面,本系同学均能起带头和模范作用,如在本学期的劳动建校中,规定二十天的工程,本系在六天中便首先完成了光荣的任务,速度超过其他各系一倍以上,得到了荣誉的"劳动模范"称号。

由于本校属于申新系统之事业,本校创办之宗旨,是培养建设新中国的有用人才。在理论和实际相结合的原则下,除了在教室内灌输理论知识外,并与申新系统之各厂——如申新三厂及开源机器厂等,有密切之联系,在学术及技术上的经验交流与互助,使同学们能多接近实际的机会。除一年级同学的木工、铸工等实习,在本校机械工场进行外,二年级的机工实习是利用暑假至开源机器厂实习。开源机器厂是全国除东北外,规模最大、设备最新、技术最好的机器厂,能制造各种工作母机,凡在该厂实习过的同学,在技术方面都有很好的提高。三年级的暑期电厂实习,在以往是大半在本市的各大纱厂的原动部门实习的,各厂均特设有实习指导员,负责指导和督促实习生如何来充分利用实习时间,使能得到最大的效果。一般实习期是三个星期。今年三年级同学的暑期电厂实习,已由华东教育部统筹办理,不必再由校行政向外接洽了。

我国正开始走向新民主主义的经济建设途径,要把落后的农业国发展为先进的工业国,然后走向社会主义社会,所以需要很大数量的动力,现在我国动力的数量,据统计不到二百万千瓦。以我国这样大的土地(占世界十三分之一的大陆)和世界第一位的人口(占世界总人口四分之一,据最近统计,我国人口已将近六亿),必须大量发展动力,才能达到工业化的目的；所以本系的目的专门培植电机工程方面的技术人员；同时，由于学校经费限制，电机方面设备简陋，勉可供电力组实验之用，所以本系重点是趋向电力方面发展。

本系今后之主要计划，是不求博而求精，务使理论和实践相结合。在新民主主义教育的培养下，要求每一个同学，都能有较高的政治水平和业务技术，同时，注意实习实验，创造实际经验，并且鼓励同学发挥创造性，使成为真正建设新中国的有用人才，符合校董会创办江大的宗旨。现将本系之主要计划，分述于下：

一、排定四年课程：本系重点既已明确规定，同时根据教育部的规定和指示，排定四年课程，消除以往因人设课的偏向，使其专门化而向电力方面发展。

二、成立教学小组：首先已成立电工教学小组，经常交换关于教学的经验，以及教材的研讨，并且领导学生自修，这样不但使同学的学习情绪增高，进度加快，并且还融洽了师生间的感情。

三、扩充实验设备：因为原有实验设备不足，急须充实起来，现在学校经费已经稳定，设备费也已有初步规定，目前正开列电机实验室设备表，分别缓急，待设备费拨下，即行购置。并且自下学期起，拟就电机实验室、电子管实验室和物理实验室原有设备，开设电工实验课程……

（原载《一九五一年年刊》）

教 辅 外 联

农林部中央农业实验所麦作系问询改良试验的笺函

江南大学收文总字第 96 号　　民国 37 年 2 月 19 日

敬启者：

前承贵校惠允合作举办之"卅六至卅七年各省改良小麦区域适应试验"关系当前粮食增产者至巨，故部方粮食增产委员会极为重视，即将指派高级技术人员实地视察。未知贵校对于该项试验已否播种，祈迅将播种日期及第一次田间记载报告表尽速寄下，以资参考而便编排视察日程（如或因故未能种植亦请示知）。相应函达，希烦查照赐复为荷。

此致

私立江南大学

农林部中央农业实验所麦作系（印）　敬启

卅七·二·十六

（来源：苏州大学档案馆　长 25 047）

江南大学关于加入中华农学会及汇费的笺函

（农学院、出纳组会稿）

江南大学发文江字第 221 号　　民国 37 年 5 月 12 日

径启者：

本校农学院前奉贵会致大函，祗悉一是，承嘱加入贵会为团体会员一节，自应照办。除入会费贰拾万元及常年会费壹百万元已交福裕钱庄汇上，至祈查收见复外，相应函达察照，并希将入会登记书及收据等件寄下为荷。

此致

中华农学会

（校戳）启

径启者：

按照本校第二次行政会议议决，本院应即加入中华农学会为团体会员，除已函请出纳组直接汇寄入会费二十万元及常年会费乙百万元至该会外，特请贵组函知该会，并请该会即日寄下入会登记表及会费收据等，以清手续为荷。

此致

文书组

农学院院长室启

五月十日

· 293 ·

呈副校长核示遵办　李粲奂文印

照办　顾惟精印　五·十

陆仁寿印

（来源：苏州大学档案馆 长 25 003-005）

中华农学会关于本校入会收据及寄刊物等的笺函

发文戌费字第〇九四五号

江南大学收文总字第 181 号　民国 37 年 5 月 18 日

摘由：兹掣奉入会费收据一纸，即希察收。嗣后本所出版刊物陆续寄奉，并祈随时赐教协助由。

　　承贵院加入本会为团体会员，并蒙惠纳三十七年度常年会费壹百贰十万元，除登记入册外，兹掣奉六五四号收据一纸，即希察入。嗣后本所出版刊物当陆续寄奉。尚祈随时赐教，予以协助，俾本会会务日臻开展，曷胜企盼。专此布覆，藉表谢悃。

　　此致

江南大学

　　附第 654 号收据一纸

中华农学会章　谨启

卅七年五月十七日

（来源：苏州大学档案馆 长 25 001-002）

农林部中央农业实验所麦作系关于"小麦锈病标本采集方法"的笺函

江南大学收文总字第 188 号　民国 37 年 5 月 23 日

敬启者：

　　查鉴定各产麦地区之锈病生理小种，可测定小麦品种对于各小种之抗病性，此项工作，本所拟与各农事机关及学校合作进行，将来以鉴定之结果分别报告，并可代为测定当地重要品种对各该小种之抗病性，以供研究改良之参考。如荷赞同，请照所附"小麦锈病标本采集方法"，即行采集标本，径寄"北平西郊中农所北平试验场病虫害研究室"收。除分函外，相应函达，希烦查照，惠予合作为荷。

　　此致

私立江南大学

附办法一份

农林部中央农业实验所麦作系（印） 敬启

卅七年五月二十日

（来源：苏州大学档案馆 长25 071）

小麦锈病标本采集办法

一、目的：鉴定各产麦地区之锈病生理小种，可测定小麦品种对于各小种之抗病性。

二、采集范围：试验田及农家田中条、叶、秆三种锈病，采集地区尽可能广大，隔一周一次，共采集两次，求其足能代表育种工作所在地之小种情形。

三、采集方法：每叶装一小纸袋，袋上注明采集地点、寄生品种、锈病种类、采集日期。

四、邮寄方法：采后随即将若干小袋装入信封，信面注明锈病标本，航空寄交北平西郊中农所北平试验场病虫害研究室。

五、费用：邮寄费由采寄机关自理，鉴定试验费用由北平试验场负担。

六、结果报告：鉴定结果将以书面分别报告，并可以代为测定当地重要品种对各该小种之抗病性。

中农所麦作系

（来源：苏州大学档案馆 长25 072）

为推农业代表复无锡县政府公函

江南大学发文江字第258号　民国37年6月21日

径复者：

准贵府戊建字第一四八九号公函开"为推行粮食增产，业经组织农业增产委员会并经召开第一次会议，嘱推派农业代表一人协助推广业务"等由，内附抄送会议纪录乙份。准此，自应照办。兹推派农学院长韩雁门为本校代表，相应检同履历表乙份随函奉达，即希查照为荷。

此致

无锡县政府

附韩院长履历表壹份

副校长　顾〇〇

请填简历便送县府农业推广委员会

姓名：韩雁门

年龄：52

籍贯：安徽太和

学历：法国国立南锡大学农学院毕业

经历：前国立劳动大学农学院院长兼教授

前江苏省立淮阴农校校长

前浙江农业推广人员善成所所长

国立浙江大学农学院农经系主任兼教授

现任职务：江南大学农学院院长兼教授

（来源：苏州大学档案馆 长 25 006-008）

农学院为租购农田呈校政委员会公函

江南大学发文江字第 324 号　　民国 37 年 9 月 15 日

事由：为据农学院报请在独月山周围租购农田一节，函请核议见复由。

　　查本校农学院学生实习农场，现虽有荣巷一所，以土地零星，且大部系水田，本不适用。本学期起，迁往新校舍后，学生往返，更形不便。故急需在新校舍附近物色农场一方，面积约百亩左右，须有水田二成、旱田八成，以备稻麦作、麻作、果园、蔬菜、树苗、畜牧、试验种植以及学生实习之用。前曾在新校舍附近察看，见独月山周围，其水旱田等尚可适用，惟接洽数次后，尚无眉目，其间或因人事之不臧。拟恳钧长指定专人，负责接洽租购事宜，以便早观厥成。如其他方面，有适当工地，亦望一并接洽，则更为妥善。是否之处，谨候裁夺。

　　谨上

校长顾

农院院长　郭守纯（印）

卅七年九月十四日

　　转

校政会

顾惟精印

卅七·九·十四

（来源：苏州大学档案馆 长 25 021-022）

农林部复小麦试验公函

设粮（卅七）年第 20864 号　中华民国 37 年 9 月 25 日发出

江南大学收文总字第 357 号　民国 37 年 9 月 29 日

事由：准函复小麦良种区域试验因雨水失调成灾，无绩录告一案，复请查照由。

案准贵校卅七年八月二十四日江字第 300 号公函，以卅七年度小麦良种区域试验因下种后，天旱与春雨为灾，致无成绩可资录告等由。既因雨水失调未获结果，自可免送报告至所。需下年度续办种子，已饬中农所麦作系径寄矣，相应复请查照为荷。

此致
江南大学

中华民国三十七年九月□日

农林部印

部长　左舜生

监印　殷士杰

校对　范学文

（来源苏州大学档案馆　长 25　061-062）

农林部中央农业实验所汇发小麦良种区域适应试验费的公函

孝字第九一四一号　民国 37 年 10 月 30 日

江南大学收文总字第 411 号　民国 37 年 11 月 3 日

事由：为汇发卅七至卅八年小麦良种区域适应试验费金圆券伍元，附上空白印领及短工单格式，希查照由。

案查贵校与本所合作之三十七至三十八年小麦良种区域适应试验，其三十七年度内经费业奉农林部核定，每一试验发给金圆券五元，以为补助短工工资及肥料等之用。除已将贵校应领之金圆券五元于本年十月廿六日另行汇奉外，兹附上该项空白印领一纸及短工单格式一份（如有肥料等单据，其抬头亦应写"农林部"），即希查收，并惠将印领及支出单据尽速寄下，俾便报销为荷。

此致
江南大学

附空白印领一纸、短工单格式一份

所长　沈宗瀚
监印　马家源
校对　□□

（来源：苏州大学档案馆 长 25 065-067）

为租借附近校址民田充作农场呈苏南行政公署函

民国三十八年七月

事由：呈请俯赐协助本校租借附近校址民田充作农场，仰乞鉴核示遵由。

　　窃查本校创立，业已两载，关于各院系设备，力谋积极充实，以期造就建国人才，配合需要。惟农学院原有农场，范围狭小，地势低湿，不适试验实习之用，且离校有八里之遥，往返需时，妨碍其他工课，故年来曾屡次向当地保长设法与地主农民接洽，拟以公允租价，商借毗连学校附近地田，结果毫无所成。揆其原因：（一）本校为民族资本家荣氏所办，故向附近地主收买或租借地田，非超出普通合理价格二三倍，无法成交。（二）当地农民不明农事试验推广对于其本身之利益，有极大之关系存在，故不愿帮忙。至本校农学院旨在：（一）谋当地农民福利，增加生产。（二）造就农业人才，从事研究推广，尤其注重配合本地农业需要，例如：（1）稻、麦、棉、麻种子之改良、试验、介绍优良新种。（2）利用山地栽种果木，并改良其品种及栽培方法。（3）试验及介绍猪、牛、家禽优良品种，并代农民防治家畜疫病，减少死亡损失，藉增生产。基于上述理由，非有广大农场，不克负此任务。为此呈请钧□俯赐派员协助，于两利条件下订约租借附近地田，本校当在可能范围内设法辅助失地佃户之损失。再沿锡宜公路，离城约廿公里之大雷渚，地滨太湖，有山地一千数百亩，前由当地人士购赠复旦大学，以不合用，荒芜迄今，现此地产权为前苏教厅所保管，可否将该地拨归本校经营，辟为本校经济示范农场，既资农民观摩，又增本地生产。如蒙赐准，关于该地详情，容再呈报。仰乞鉴核示遵。

　　谨呈

私立江南大学校务委员会主任委员　荣毅仁

（来源：苏州大学档案馆 长 25 039-041）

苏南行政公署答复租借民田的指令

教字第二二一号　一九四九年九月

江南大学收文总字第 562 号　民国 38 年 9 月 16 日

令私立江南大学

据该校呈请协助租借民田，充作农场等情，已令无锡市人民政府予以协助，仰即派员前往该市府接洽为要！此令。

主任　管文蔚

副主任　刘季平

校对、监印　纪正宪

（来源：苏州大学档案馆 长 25 036-038）

中和有限公司关于进口教育器材的致函

（卅八）中科九—三

江南大学收文总字第 554 号　民国 38 年 9 月 3 日

径启者：

顷接美国中央科学公司六月十六日来函，略称：尊订 CSC-158 器材，除前已运奉者外，剩余部分若全部装运约需一五〇六点〇五美元云云，查尊开第 P-8181 号信用状总额为二七〇六点〇七美元，扣去前运五箱器材贷款计一八〇八点九九美元后，目前只剩八九七点〇八美元。用特检附该公司第 E-8171-A 号估价单一份，请酌删减将货品总值减至七百美元以下，俾货价运费与包装费总数可不至超出八九七点〇八美元。倘删去部分亦拟订购，则当另外申请进口许可证以符规定。该项申请手续敝公司亦可代办。相应函达，尚祈垂察示复为荷。

此致

私立江南大学

中和有限公司科学教育工程器材部启

卅八·九·一

附件如文①

———————————

① 此附件为手写誊抄，年代久远，字迹不清，辨认不易，可能有误。

CHUN HO CO LTD

SHANG HAI CHINA

Due In   The following items are on back order and will follow when replenishing

Stock   stocks are received unless instructed to the contrary.

	1 +1590 Balance Analytical	3 ZI		16100
	2 5800 Balance Spring Flat Face	30 × 1/4 lb		
	151 G × 200 GM（REP 5300）	5 MI	550 EA	1100
7-6-49	2 74300 Crane Boom	6 FI	1820 EA	36 40
	6 73115 Meter Stick, Maple	10 MI	44 EA	2 64
	1 75575 Demons □ Balance	11 FI		68 80
	1 +74000 Young Modulus App	13 FI		68 80
	1 7500 Balance Specific Gravity	16 FI		127 00
	1 7508 Light Spring	17 CI		98
	1 77005 Hygsometer Sling Pagchrometer	20 FI		6 60
	1 77020 Dew Point Hygsometer	22 FI		16 50
	2 77936 Steam Generator	25 FI	770 EA	15 40
11-20-49	1 +76415 Boyle's Apparatus	28 FI		104 50
	1 76421 Stopcock Tube	30 CI		7 43
	1 +76440 Steam Bath and Hypsometer	31 FI		24 20
	1 72677 Caliper Vernier（Rep 72676）	36 Cwi		5 50
7-20-49	1 +72735 Cathetometer Cenco Simplified	37 CI		52 30
	3 72315-A Clamp Right Angle	42 FI	1 87 EA	5 61
	2 72015 Tripod Base	44 FI	1 65 EA	3 30
7-20-49	1 79860 Dynamo Analysis App	50 FI		71 50
7-20-49	1 82065 Galvanometer Tangent	51 FI		82 50
	1 +82075-B Galvanometer Ballistic	55 ZI		54 50
	1 82519-A Volt-Ammeter, Triple Range	64 ZI		32 76
	1 82529-G Volt-Ammeter, Triple Range	66 ZI		42 71
	2 82821-B Resistance Box Dial Pattern	67 ZSI	55 00 EA	110 00
	1 +83400 Potentiometer Students	75 FI		40 70
	1 78487 Magnetometer	81 CI		42 40
	1 78535 Steel Ring Sample	82 FI		29 20

续表

1-1-50	1 84285 Hyeteresis Apparatus	85 CI		27 50
	1 -87055-8 Prism	94 ZI		13 00
	2 85804 Carriage for Optical Bench	97 CI	4 13 EA	8 26
	2 72288 Clamp Lens & Mirror	98 FI	3 19 EA	6 38
	4 12190-β Clamp Tubing	106 FI	42 EA	1 68

US$ 1281.05

Estimated Export Packing 75.00

Estimated Transportation Charges 150.00

Total US$ 1,506.05

H 1-12-28　All orders and Quotations are subject to Prices prevailing at time of Delivery.

（来源：苏州大学档案馆 长 20 001-002）

中和有限公司关于报价单函

江南大学收文总字第 616 号　民国 38 年 12 月 18 日

径启者：

十二月六日江字第六三六号大函暨附仪器清单一份奉悉，除另函知美国中央科学公司照单配运外，相应复请查照，惟因目前外轮抵沪并无准期，经常在津卸货，机会较多，故在该单上改注天津交货（O.I.F. Tientsin），所有自津至沪等一切货运费用日后由贵校自理。此系适应环境变通办法，谅荷同意。兹附上函美副本（S/CS-49-85）及附清单各一份，藉供参阅，至祈察照为荷。

此致

江南大学

中和有限公司

一九四九年十二月十日

附件如文

（敝公司在津已设办事处，由津至沪货运手续亦可代办，请经与沪本公司接洽可也。）

Shanghai

S/CS-49-85

Dec.9,1949

Our Order CSC-158

Your Order No. E-8171-A

Kiangnan University

Wusih

Reference is made to your letter（BBB：aec）dated 6/16/49 to Luigi Yui with reference to above order. We now are in receipt of letter from our customer sending us their final revised balance order which we are enclosing for your execution.

The CIF limit of the new revised order, according to our estimate, will not exceed the outstanding balance of U.S.$897.08 in the L/C.

We are suggesting to our customer that you will effect shipment to Tientsin instead of Shanghai, as sailings from U.S.A. to the former port are more regular than latter one. Therefore, please proceed shipment accordingly, as soon as you are in receipt of the extension of L/C, which we now are applying.

VKW：Y   President.

Encl.

c.c. Kiangnan University

   Luigi Yui

   Chun Ho, New York

Shanghai

Our Order CSC-158 Your Order No. E-8171-A

Kiangnan University

S/CS-49-85

Order No. CSC-158

Reg. No. E-8171-A

Kiangnan University

Quantity	Cat.No.	Description	Amount U.S.$
1	743000	Crane Boom	18.20
6	73115	Meter Stick. Maple	2.64
2	7508	Light Spring	1.96
1	76410	Boyle's Law Apparatus	31.25*
1	72677	Caliper Vernier	5.50

续表

Quantity	Cat.No.	Description	Amount U.S.$
1	72735	Cathetometer Cenco Simplified	52.30
1	82145	Lecture Table Meter	93.75*
1	82540 B	Volt-Ammeter, Triple Range	56.25*
1	83420	Potentiometer, L.&N., Type K-I	312.50*
1	78487	Magnetometer	42.40
1	78535	Steel Ring Sample	29.20
1	87055 B	Prism	13.00
1	84285	Hysteresis Apparatus	27.50
1	12190 B	Clamp Tubing	.42
1	78258	Magnet Bar	.70*

U.S.$ 687.57

Approx. Export packing   41.91

Approx. Transportation   167.60

Estimated C.I.F. Tientsin U.S.$ 897.08

The items marked* are quoted by our estimated prices.

（来源：苏州大学档案馆 长 20 023-025）

关于进口日光灯申新总管理处致江南大学函

径启者：

　　查贵校前委托敝处国外区申请进口之日光灯一八七套一案，兹接华东区国外贸易局来函查询，当经敝国外区将经办情形拟成函稿，连同该局原函一并附上，至希察洽修正，即用贵校衔笺誊缮，限本月卅一日前径寄该局，并将副本一份赐寄敝处，以资查考为荷。

　　此致

江南大学

　　附件如文

　　附贸易局贸 473 收文来函一件

申新总管理处秘书室印　启

一九四九年十二月廿四日

（来源：上海市档案馆 Q 193-1-1554 317）

中和公司关于江字第六五七号函的复函

（50）中科一一六

径复者：

去年十二月廿九日江字第六五七号大函奉悉。兹附奉致交通银行申请信用状展期及改装天津函件副本一份，俟接银行通知应办手续及应付款项后，当再奉告，相应函复，即希察照为荷。此致
私立江南大学

附件如文

中和有限公司　张□□启

一九五〇年·一·四

S/CS-49-85

Dec. 9, 1949

January 4, 1950

Ref. 50-Sc-2

Foreign Division

Bank of Communications

Shanghai

Dear Sirs,

A/P 8181

a/c Kiangnan University

Wusih

The above A/P was opened through your esteemed Bank for an amount of US$ 2,706.07 on behalf of Kiangnan University and in favor of the Central Scientific Company to Cover shipments of Scientific Instruments and Laboratory Accessories. Against the A/P, a shipment valued at US$ 1,808.99 was drawn, thus leaving a balance of US$ 897.08.

We now are in receipt of letter from the Central Scientific Company, the beneficiary of A/P, that balance shipment can be released as soon as A/P is extended.

In view of the uncertainty in the present sailing situation between Shanghai and USA, our customer, Kiangnan University, suggests to change the port of entry from Shanghai to Tientsin. We request, therefore, that you will please（1）extend the validity of A/P up to June 30, 1950 and（2）amend the port of entry as Tientsin instead of Shanghai. Kindly advise your correspondents to this effect by cable at our cost.

For your information, the unused balance of the above A/P was duly registered with the Customs.

Yours faithfully,

VKW：Y

c.c. Kiangnan University

Wusih

Central Scientific Company

Chicago, I 11., U.S.A.

（来源：苏州大学档案馆 长 20 029-030）

中和有限公司抄录交通银行复函

江南大学收文总字第 666 号　1950 年 1 月 29 日

（50）中科一一七三

径启者：

　　元月四日中科一一六号函谅察阅，顷据交通银行一月廿六日交清字第三一号函略开，"查解放前交行开出江南大学名下之购买证 P-8181 号，早经于一九四九年一月卅一日到期，且前支行自解放后，与国外代理行失去联系，迄尚无从恢复连［联］络。目前本行已非指定银行，对贵公司函商各节歉难转洽办理。相应复请台洽并希转告贵客户为荷"等由。相应录函奉达，即希察照为荷。

　　此致

私立江南大学

中和有限公司

总经理　张□□启

一九五○·一·廿七

（来源：苏州大学档案馆 长 20 032-033）

公益中学为借农具致江南大学校务委员会函

径启者：

　　敝校为养成学生重视劳动、符合新教育方针起见，特就校中隙地及操场边围辟作农场,每日课外活动时间,俾学生习劳有所藉,收手脑并用之效。惟以农场设备向付阙如,本学期又因校董停止补助,一切支出胥赖学费,当无余力购置农具。窃以贵校亲在毗邻,情切同气,为特函恳俯赐便利,每日四时以后,准予借用农具。敝校幸甚,新民主义教育幸甚。

此致
江南大学校务委员会

公益中学校长　荣德生
公益中学校校长公章　民国三十八年十月廿五日
无锡县私立公益中学校钤记

复公益中学借农具函

江南大学发文江字第 610 号　民国 38 年 10 月 28 日

事由:函复本校农具不敷需用,难以借出,请查照由。

径复者:

顷准十月廿五日大函,以养成学生重视劳动起见,开辟农场,缺乏农具,嘱于"每日下午四时后借用,以资便利"等由。本应照办,惟本校所有农具在解放前经多次摧残,现存无几,本学期学生人数激增,实习时常感不敷支配,限于事实,歉难遵命,尚希亮察。相应函复,即请查照为荷。

此致
公益中学

（校戳）启
十月廿六日

农产、植产二年级学生张寿琦等为报考农林水利局呈郭守纯主任文

郭主任勋鉴:

寒假分别,迄今旬矣,未知先生近况如何?一切如意为颂。

兹恳者:生等在未离校前,曾有意前往农林水利局服务,惜因应聘条件不合,未能如愿。奈因生等皆为农村子弟,经济窘困,无力继续读书,故在未离校前承殷力农先生介绍前往农林水利局张世度先生洽谈,请求该局,谓生等虽应聘条件不合,但有志于此项工作,

皆愿不求待遇及职位高下,在局工作,从工作中学习、从学习中求进步。该局张同志曾答应生等在寒假中该局将招考大批农业工作人员,届时望本校同学前往报考,尽量录取云云。昨日(七日)《苏南日报》已登载了该项招考消息,但须母校介绍文件,故特恳请钧长姑念生等家庭经济困窘,能惠以农学院名义给予介绍书一件,俾持前往报考,以免失学失业之苦。施惠之处,永不忘恩也。限期不长,祈请早日赐下为盼。函寄"无锡长安桥前横街十号"可也。耑此,敬颂

公安

农产二学生　张寿琦、张福昌、李玉祝、陆绍椿

植产二学生　赵福臻、华国汉、蒋鸿勋

二月八日

批示:请文书组照办。即行寄去。

郭守纯(印)　上

二月十四日

(来源:苏州大学档案馆　长 28 014-015)

呈农林水利局介绍本校报考生农产、植产二年级学生张寿琦等函

江南大学发文江字第 696 号　　1950 年 2 月 15 日

事由:为函介本校农、植产系学生张寿琦等七人前来应考由。

径启者:

顷阅报载,敬悉贵局招考大批农业工作人员。兹有本校农产系二年级学生张寿琦、张福昌、李玉祝、陆绍椿,植产系二年级学生赵福臻、华国汉、蒋鸿勋等七人志愿前来应试。除由该生等办理报名手续外,相应备函介绍,即请查照为荷。

此致

农林水利局

(校戳)启

一九五〇年二月十五日

(来源:苏州大学档案馆　长 28 012)

为介绍经济困难学生就职呈食品工业部函

江南大学发文江字第 837   1950 年 7 月 18 日

径启者：

本校面粉专修科（现正呈请华东教育部核准改名面粉工程系中）开办业已两年，课程内容注重制粉工程方面，以期造就粉厂技术人员。兹以该科部分学生家庭经济困难，不能继续学业，申请设法介绍工作前来，用特抄同二年所读课程，函请贵部惠予考虑，就其所学，分配工作。如蒙俯允，即希示知需要名额。无任企祷。

此致
中央人民政府食品工业部
　　附表一份

（校戳）启
一九五〇年七月十二日

（来源：苏州大学档案馆 长 32 030）

中央人民政府食品工业部关于江南大学学生求职的复函

食秘人字八〇四号
江南大学收文总字第 898 号   1950 年 7 月 31 日

事由：函复江南大学关于面粉专修科部分同学请求介绍职业由。
受文者：江南大学
径启者：

顷接来函，谓"贵校面粉专修科有部分学生，家庭经济困难，不能继续学业，申请设法介绍工作"等由，经本部考虑如该生等确愿为人民服务，不计待遇，思想纯洁，政治上可靠，学业成绩优良者，本部粮食加工组拟录用四名，希将其姓名、履历、学业成绩、政治情况及思想总结鉴定等材料一并寄来审阅，嗣后再做具体答复。惟请该生等先作思想准备，即待遇仅能维持个人生活，不能携带家眷，来京路费要自行负责。

此致
江南大学

中央人民政府食品工业部（印）启

一九五○年七月二十六日

（来源：苏州大学档案馆 长32 026-028）

农学院受聘为华东区农展会计划布置委员会委员的函件及聘书

敬启者：

为了准备明年农业增产，使劳动农民与科学工作者，把农业的劳动生产和科学研究互相交流，为实现把农业生产提高一步，作思想与认识的准备，同时并教育广大市民，对农业建设的重要，加以深入的认识，我们认为农业展览会是最好的教育方式，因此发起华东区农业展览会。素仰贵院热心经济建设，故拟聘请贵院为计划布置委员会委员，并希鼎力赐助，共襄盛举，使展览会圆满成功。

此致
江南大学农学院

华东区第一次农展筹委会

华东区第一次农业展览会筹备委员会（印）

十一月廿五日

聘 书

兹聘

江南大学农学院为本会计划布置委员会委员。此聘。

华东区第一次农展筹委会

十一月廿五日

（来源：苏州大学档案馆 长25 011- 012）

呈苏南第一届农业展览会筹委会函

江南大学发文江字第 1052 号 1951 年 3 月 3 日

径启者：

顷奉苏南人民行政公署通知，以"三月四日召开苏南第一届农业展览会筹备委员会第一次全体委员大会，希届时出席"等因。兹请本校植产系郭主任守纯前来报到，出席会议。特函奉达，即请查照惠洽为荷。

此致
苏南第一届农业展览会筹委会

私立江南大学　启

三月三日

（来源：苏州大学档案馆　长 25 015-016）

苏南行政公署工商局接洽工作公函

江南大学收文总字第 574 号　民国 38 年 9 月 24 日

兹派本局赵克同志前往贵校洽借纺织、面粉二业资料，至希赐予接谈。借后准于十月十五日前送还，幸勿见诿是荷！

此致

江南大学

苏南行政区工商局印

局长　金逊（印）

副局长　逄雨亭

卅八年九月廿三日

（来源：苏州大学档案馆　长 20 0004-0005）

呈教育部驻沪图书仪器接运清理处函

江南大学发文江字第 618 号　民国 38 年 11 月 9 日

事由：为检奉中西文刊物一览表函复查照由。

径复者：

接准贵处大函，祗悉一是。本校现由校务委员会正、副主任委荣○○、沈○○负责。关于各系科设备，计化学实验室十、物理实验室三、生物实验室二、工场二、农场一，各项仪器本学期在继续购置中。兹检奉中西文刊物一览表各一份。复请查照为荷。

此致

上海市人民政府高教处接管教育部驻沪图书仪器接运清理处

附中西文刊物一览表各一份

（校戳）　启

一九四九·十一·八

（来源：苏州大学档案馆　长 20 0010）

私立江南大学图书馆期刊一览表（中文刊物）
无锡江南大学图书馆印

期刊名称	卷数	期数
世界知识	20	20
时代	第九年	28
展望	4	15
中苏文化	20	7
新华文摘	4	3
苏联介绍	1949 年 6 月号	24
新建设	1	4
中国青年	—	21
进步青年	—	216
学习	1	2
学习生活	2	6
科学	31	4
科学大众	6	3
科学画报	15	10
科学技术通讯	—	1
科学时代	4	3
化学世界	4	5
电世界	3	12
苏联医学	5	4
大众农业	2	4
农业生产	4	6
工程界	4	6
中国工业	新 1	6
小工业	—	1
纺织建设	2	9
中华教育界	28	9
活教育	5	7
现代铁路	5	2
无线电世界	3	1
新中国妇女	—	3

续表

期刊名称	卷数	期数
经济周报	3	7
国文月刊	—	81
中华英语半月刊	3	1
开明英文月刊	—	43
小说	3	1
翻译月刊	1	3
新华周报	3	7
新中华	12	20
文艺报	1	1
群众文艺	1	2
长江文艺	1	2
华北文艺	—	6
华中文汇	—	5
文艺复兴	—	下册
文艺劳动	1	3
苏南文艺	—	2
诗号角	—	7
东方红画报	—	创刊
华东画报	—	49
东北画报	—	53
中国人民爱国自卫战争华东战场第一年画刊	—	1
音乐评论	—	44
新音乐	8	3
火花	—	创刊
面粉工业	2	8
观察	6	1
影剧新地	—	7
大众医学	3	1
旅行杂志	23	10月号
争取持久和平争取人民民主	—	2

私立江南大学图书馆期刊一览表（西文期刊）

无锡江南大学图书馆印

期刊名称	卷数	期数
Unesco Bulletin For Libraries	3	3
The Atlantic	183	1
New Republic	120	18
Current History	16	93
Britain To-day	—	156
The Far Eastern Quarterly	7	3
Reader's Digest	53	319
Endevour	8	29
Proceedings of the Royal Society	192	1031
Journal of Research	42	4
Contributions from Boyce Thompson Institute	15	6
Journal of the Franklin Institute	247	1
Tranactions of the Faraday Society	94	12
The Journal of Philosophy	46	8
Philosophy of Science	15	3
Philosophical Review	58	4
Philosophy and Phenomenological Research	8	2
Proceedings of the Cambridge Philosophical Society	44	4
Science Digest	24	4
British Science	1	9
British Science News	2	16
British Abstracts	—	（Nov. 1948）
Nature	163	4151
Nature Magazine	42	5
The Review of Scientific Instruments	19	12
American Journal of Mathematics	71	2
The American Mathematical Monthly	56	5
Duck Mathematical Journal	14	4
Mathematical Reviews	9	11
Proceedings of the London Mathematical Society	50	7

续表

期刊名称	卷数	期数
Journal of Mathematics and Physics	27	4
Reviews of Modern Physics	20	3
The Physical Review	74	12
Journal of Applied Physics	19	12
Journal of the Optical Society of America	38	12
Journal of Polymer Science	3	6
Power	93	6
The Electrician	142	20
Electronics	22	5
RCA Review	9	4
Bell Laboratories Record	27	3
The Bell System Technical Journal	27	4
General Electric Review	52	3
Electrical Communication	26	7
Wireless Engineer	25	303
Proceedings of the I.R.E.	36	8
Journal of the American Chemical Society	70	12
The Journal of Chemical Physics	16	12
Chemical Reviews	43	1
Chemical Abstracts	42	18
The Chemical Age	60	1558
The Journal of Biological Chemistry	176	2
The Industrial Chemist	25	292
Journal of Chemical Education	26	4
Analytical Chemistry	20	12
Chemical Engineering	56	8
Chemical Engineering Progress	45	3
Industrial And Engineering Chemistry	40	12
Journal of the Society of Chemical Industry	67	12
The Journal of the American Oil Chemists' Society	26	3
The Journal of Organic Chemistry	13	6
The Journal of the Physical & Colloid Chemistry	52	9

续表

期刊名称	卷数	期数
British Plastics	21	240
Modern Plastics	26	9
The Journal of the Textile Institute	40	5
Society of Dyers and Colourists	65	4
American Miller	76	12
The Northwestern Miller	236	9
Journal of Applied Mechanics	15	4
Social Education	8	4
Journal of the Association of Official Agricultural Chemists	32	1
British Agriculture Bulletin	1	3
Experiment Station Record	87	6
China Trade	2	11
The American Historical Review	54	1
Geographical Review	36	1
The Geographical Journal	112	6
Bulletin of the Geological Society of America	55	3
China Weekly Review	115	10

无锡江南大学图书馆章

（来源：苏州大学档案馆 长 20 0012-0017）

苏南行政区农林水利局农字第一八二号公函

1950 年 1 月 3 日

江南大学收文总字第 628 号　民国 39 年 1 月 5 日

事由：函请将贵校今寒毕业生及在校实习生人数及所学科目等等见示，以便需要时斟酌征用由。

　　查苏南地区农林工作正值积极开展，惟农业人才尚感不敷应用，亟盼各农校今后予以有力协助。再者，本局亟须健全和加强农林基层机构，现正筹办短期农业人员训练班，加以行政管理及专门技术教育。即希贵校介绍校友来局受训，俾便展开工作。特此函请查照，将今年寒假毕业生或在校实习生人数、性别、年岁、学科、志愿等等，详细列表，于接信后一周内先行送局，以便录用，并希将贵校组织概况及施教情形一并惠予见告，以便今后取得联系为荷。

　　此致

江南大学农学院

　　　　　　　　　　　　　　　　　　　　　局长　胡杨

　　　　　　　　　　　　　　　　　　　　　副局长　谢邦佐

　　　　　　　　　　　　　　　　　　　　　校对、监印　王霖

批示：院创办仅有二年之历史，现尚无毕业生及实习生，并将植产、农产二系学生现有人数、姓名、性别、年岁、学科、志愿列表送去，并附本校组织概况及施教情形[*]。

　　　　　　　　　　　　　　　　　　　　　　　　　　郭守纯（印）

（来源：苏州大学档案馆　长28 001－002）

* 见教研实习。

中国科学院编行一九五一年文教年鉴公函

江南大学收文总字第915号　　1950年8月20日

江苏无锡私立江南大学秘书处：

　　中央人民政府文教委员会决定编行一九五一年文教年鉴，由我院负责编辑的科学篇的一部分中有一章是"各大学及私人的科学研究"。我院计划局对这方面的情况虽已掌握一部分资料，但还不够全面和具体。为此特普遍发出调查表格一种，请转知你校各系及各研究所，将一九四九年十月一日起到一九五〇年九月止的科学（包括自然科学及社会科学）研究情况按所附表格形式填就，并请在九月十五日以前径寄"北京文津街三号中国科学院计划局"，以便汇齐整理后编入年鉴。

　　此致

敬礼！

　　　　　　　　　　　　　　　　　　　　　　　中国科学院（印）启

　　　　　　　　　　　　　　　　　　　　　　　一九五〇年八月十八日

　　　　　学校　系研究所科学研究工作报告表（1949年10月—1950年9月）

研究题目[*]	进行状况	工作人员

　　* 请用中文写出。

（来源：苏州大学档案馆　长28 024－025）

苏南行政公署文教处派员来校调查的通知

江南大学收文总字第 1923 号　1951 年 11 月 22 日

兹介绍中央人民政府农业部汪冠群同志、中央人民政府教育部赵震普同志等来你校进行调查研究工作。希予接洽协助为荷！

此致

私立江南大学

苏南人民行政公署文教处

一九五一年十一月廿一日

（来源：苏州大学档案馆 长 28 031）

中央人民政府劳动部回复索书的公函（附书单）

江南大学收文总字第 2001 号　1951 年 12 月 20 日

江南大学：

十二月一日〈51〉校字第 518 号函悉，苏联专家谢米诺夫的演讲稿，我处已无剩余，至于其他有关资料，兹就现存部分列表附奉。如有需要，请见告所需种类、数量，当再照寄。

此致

敬礼！

启

中央人民政府劳动部总务处（印）

十二月十七日

批示：沈立人印　62,300—

根据抄来书单拟全部照购。价款陆万贰仟叁佰元，当由系中经费拨付。

辉

25/12/51

书　名	编者或著者	单价
工厂管理机构与计划机构	中央重工业部计划司编	5,000
苏联企业劳动组织与技术定额测定原理	中国人民大学教研室编	12,000
工业企业组织与计划之讲义	同上	2,700

续表

书　名	编者或著者	单价
苏联社会主义企业管理	库什尼卢克讲	1,100
社会主义企业的劳动组织问题	同上	1,800
苏联电业的劳动工资计划	谢利越斯托夫著	6,300
目前各地调整工资的情况及其主要经验	全总工资部编	3,000
劳动生产率的计划与核算,在经济核算条件下的劳动组织与工资	斯特列日编	700
技术定额测定工作参考资料之一	中央重工业部劳动定额测定科编	10,000
劳动工资工作参考资料之二	中央重工业部劳动工资处编	5,000
钢铁冶炼劳动组织讲义	斯特列日编	12,000
纺织工业技术定额测定法	中央纺织工业部编	2,700

（来源：苏州大学档案馆　长 28 066-067）

图书出版

诸祖荫报图书馆经费签呈

十一月七日

本校图书馆经费，现由学生所缴之杂费中提出一部分配列，但教员之教本以及各系所用之参考书等，亦均在此项图书费内开支，致名实既不相符，收支更不能平衡。依预算而言，每月经费一百万元，报纸杂志即占全额三分之二，所余者仅能购十余册书籍；依现状而论，开学来各系所开书籍，已超过一学期之经费。不购势所不能，续购力有不逮，事难两全，焦虑殊深。窃念学校图书，原属设备之一，大学图书，尤贵充实。本校创办不久，藏书欠丰，以往学生所交图书费，亦因学校经费支绌，颇有挪移之处。可否在最近经济情形略略好转之际，请校董会一次拨助图书设备费一千万元，藉补学生缴费之不足，使图书馆日趋于充实。迫切陈辞，敬乞鉴核！

　　谨呈
主委沈
　　转呈
校董会常委荣

图书馆主任　诸祖荫(印)

（来源：上海市档案馆Q193-1-1554 253-254）

汤心济报出版社经费等事签呈（含附件）

窃职前为恳请拨给经费事曾于去年十二月十九日签呈钧座，有所陈述。现各项工作正待分别展开，惟尚有以下各种事项急需早日解决，谨再分别陈述如次：

（一）本社前奉申新总管理处拨下之人民币壹千万元（系去年十一、十二两个月之经费），据闻由江大经费项下拨来，惟本社为直属于校董会之独立机构，关于以后经费问题，最好由校董会编为专案（此事已于去年十二月十九日签呈中详细陈述），直接拨交本社最为相宜。现已届一九五一年二月中旬，至希将去年十一、十二及今年一、二四个月之经费（每月经费为壹千上海单位，四个月共四千上海单位）全部同时拨下，以便拨还向江大所移借之十一、十二两月之款数。

（二）本社于去年十一月正式成立以来，即分别与国内各出版业取得密切之联系，并为争取稿件、发展江大出版事业起见，曾由本社汤主任秘书个别访问江大各教员征求意见。现上学期工作总结共收到各教员送来之著作登记表六张，计专门著作九种，正分别向各书

· 321 ·

局洽商出版。兹附呈一九五〇年十一月至一九五一年一月十五日工作报告书一份,敬乞俯赐,察核备查。

（三）本社为遵照政务院及中央出版总署之指示起见,刻正在赶办备案手续中。

凡此种种情形,理合签陈钧座鉴核,俯赐示遵,实为公便。

谨呈

副主委沈

职　汤心济（印）

一九五一年二月十五日

本社创立伊始,业务已渐见头绪,惟本社既系校董会直属机构,故经费问题必须请校董会另立专案。至于以往四个月份之经费共四千个单位,更属迫切万状,急不容缓,务请迅赐拨下为祷。

呈

荣主委

二、十七、

（来源：上海市档案馆 Q 193－1－1571 325－326）

江南大学科学图书出版社工作报告及今后工作计划

江南大学科学图书出版社工作报告一九五〇年十一月份

月　　日	工作情形说明	备注
	校董会负责人荣毅仁先生认为各大学所采用之西文教本缺点甚多,为配合中央教育部及华东区高教会议课改之决定,乃考虑有筹设江南大学科学图书出版社之必要,先请汤心济先生着手草拟工作计划书,经荣毅仁先生审阅之后,乃决定请汤心济先生负责筹备进行。	
十一月一日至五日	（一）由汤心济先生与各方面接洽有关社址及经费等问题。 （二）购置本社一切应用文具及租借设备。	
六日至十日	校董会决定汤心济先生为主任秘书,正式觅定无锡梅园乐农别墅为社址,于六日起开始办公,秘书徐永清亦同时到社工作。	
十一日至十五日	分函国内各出版业征求有关版税、版权之各项详细规程,并分别予以整理,以备咨询。	
十六日至二十日	（一）分函江南大学及各教员通知本社成立,并随函附送工作计划书各一份,广征各种著作及研究报告以及意见。 （二）汤主任秘书亲自访问江大各教员征求意见,并争取各种联系。	
廿一日至廿五日	书面或口头答复各教员询问有关交稿及排印等问题。	
廿六日至卅日	搜集政务院及出版总署颁布有关出版业之重要法规,以为配合国策,推进社务之参考,进一步并拟着手呈请备案手续。	
十二月一日至五日	本社出版委员会沈代主委立人先生致函校董会荣毅仁先生,报告本社开办以来之进展情形,嗣后并赴沪对本社经费等问题向荣先生有所请示。	

续表

月　　日	工作情形说明	备注
六日至十日	分函江大各教员对本社工作计划另作补充之说明,并随函附送著作登记表各一份,以便编成统计调查表藉供查考。	
十一日至十五日	(一)剪贴有关出版新闻以备查考。 (二)继续答复各教员询问有关出版问题。 (三)植产系蒋涤旧教授送来著作登记表,有《遗传学名词之译定及释义》一书,拟交本社接洽出版。	
十六日至二十日	(一)工管系教授沈立人先生送来著作登记表,有《成本会计》一书,拟交本社接洽出版。 (二)本社汤主任秘书为解决经费及呈请备案问题,特再签呈沈代主委有所陈述。	
廿一日至廿五日	详细研究各书局之出版规程,初步拟定《著作物让与契约》条文文稿。	
廿六日至卅日	(一)江大工管系同学黄文元、陈龙贵二君来社作非正式之访问,由汤主任秘书详告本社工作情形。 (二)植产系郭守纯教授送来著作登记表,有《普通畜牧学》《家畜鉴别学》《养马学》三书拟交本社接洽出版。 (三)机械系兼电机系教授王守泰先生送来著作登记表,有《蒸汽轮》一书拟交本社接洽出版。 (四)江大学生会学艺部代表徐鹤鸣、赵越樵二同学正式来社访问,由汤主任秘书亲自答复现在工作情形及今后工作计划。 (五)接受王守泰教授之委托询问有关绘制图表等问题,汤秘书拟于赴沪时与书局方面接洽。 (六)此外尚有朱勉鋆之《冶金学》、韩士元之《机械设计》、苗雨膏之《杀虫药剂》、秉志之《原始动物》等书正催洽中。	

江南大学科学图书出版社工作报告一九五一年一月份

月　　日	工作情形说明	备注
一月一日至五日	(一)致函上海《大公报》索取要目索引,以便检索有关参考资料,并分函各出版业询问最近科学书籍及刊物出版情形,顺便索取出版目录。 (二)工管系教授周恩久先生送来著作登记表,有《工程经济》《工厂统计》二书拟交本社接洽出版。	
六日至十日	(一)汤主任秘书赴沪接洽各项出版方面事务。例如: (1)各出版书局是否按照政务院之规定将理、工、农、医等科学书籍分工办法办理。 (2)各书局对于本校教员拟出版之书籍是否接受,有无困难或意见。 (3)对于翻译书籍之意见。 (4)交稿后出版日期及手续等问题。 (5)交换排印、校对及誊写上之各项意见。 (二)草拟各项对外之文稿。	

续表

月　日	工作情形说明	备注
十一日至十五日	（一）将与沪上各书局接洽之情形分别转告各教员，并相互交换意见以期解决当前出版上之各项困难问题。 （二）草拟及缮发对外稿件。	

本学期工作总结

（一）计收到著作登记表六张，共著作九种。

（二）最近可能接洽付印者有诸培南之《定性分析》（译本），王守泰之《蒸汽轮》。

（三）其余因稿件尚未送来或出版认为有困难（有重复或不合现代需要）。

江南大学科学图书出版社下学期工作计划

（一）向中央人民政府出版总署办理备案手续。

（二）催询已经登记之各种著作稿件，以便早日出版。

（三）进一步与出版界取得必要之联系。

（四）争取其他未登记之各教员，期能多从事著述，并积极协助其写作上之种种便利。

（来源：上海市档案馆　Q193-1-1556 S00067-S00074）

科学图书出版社呈中央人民出版总署鉴核备案函

事由：为呈报创设江南大学科学图书出版社，仰祈鉴核备案由。

　　窃查本校自创设以来，向以实施工农技术教育，培养国家建设人才为宗旨，历年以来，虽在学校经费万分困难之中犹仍勉力维持，力图改进。近者，鉴于中央教育部及华东区高教会议有课改之决定，本校校董会负责人荣毅仁先生为谋配合当前政府的科学的文化教育政策起见，爰创设江南大学科学图书出版社，专事办理本校各教授写作有关理、工、农科学之大学教本及各种专题研究报告等出版事宜，现已于上年年底筹备就绪，于本年一月份起正式开始办公。兹为遵守政务院颁布关于改进或发展全国出版事业之指示及规定，理合造具各项表册及本社工作计划书各二份，备文呈请钧署鉴核备案，实为公便。

　　谨呈

中央人民出版总署

江南大学科学图书出版社出版委员会主任委员　荣毅仁
一九五一年三月二日

（来源：上海市档案馆Q193-1-1558 S0003-S0004）

《一九五一年年刊》出版委员会敬请荣毅仁题词函

敬爱的荣毅仁先生：

　　本校由荣一心先生辛勤创办，迄今已四年。现在在你的支持下，首届学生即将毕业，正像一棵新树第一次结出丰美果实。今后每年均将有毕业学生走向社会服务，这是多么值得庆幸的事。因此自今年起出版《江南大学年刊》一种，一面将学校情况介绍社会各界，一面留志纪念。本刊拟于四月底集稿铸版，敬请惠赐宏文或题词，指示学校发展方向，毋任感激。此致

敬礼

江南大学《一九五一年年刊》出版委员会　敬启

一九五一年三月卅一日

（来源：上海市档案馆 Q193-1-1555 007）

《面粉通讯》出版委员会请荣毅仁、荣鸿仁赐稿函

毅仁、鸿仁先生伟鉴：

　　前曾拜谒，蒙允担任《面粉通讯》顾问，至深感荷。迩来本会工作进行顺利，征稿已有部分完成。无锡技术协会面粉组不日在城集会，本会也亦拟派员参加，商请协助，使刊物能早日问世。兹附上聘书二份，广告簿、捐簿共四册，至祈鼎力玉成。又前承毅仁先生允题《面粉通讯》封面，亦请与发刊词两篇一并掷下，藉光篇幅。专肃，敬请

筹安

江大《面粉通讯》出版委员会　张务达谨启

　　附《面粉通讯》封面字样及广告细则

一九五一年三月

（来源：上海市档案馆 Q193-1-1555 009-010）

荣毅仁《面粉通讯》顾问聘书

　　兹聘请台端为本刊顾问，敬希随时赐予指导。此致

荣毅仁先生

江大面粉科《面粉通讯》出版委员会

一九五一年三月廿三日

荣毅仁年刊名誉顾问聘书

兹聘请台端为本刊名誉顾问。此致

荣毅仁先生

江南大学《一九五一年年刊》出版委员会　敬启

一九五一年三月

（来源：上海市档案馆 Q193－1－1555 008、011）

汤心济聘请出版社委员兼顾问函

功溥吾兄惠鉴：

前上数函，谅邀台察。立人兄原定明日赴申，向总管理处有所接洽，兹以校务繁忙，不克前来。

兹有本社聘书 23 份[①]，业经立人兄核阅，特挂号寄请吾兄转呈毅人［仁］先生核阅。如荷同意，即请加盖私章再行寄还，以便分发各委员或顾问，因不久拟召开委员会议，藉可商讨出版工作之推进。

吾兄对于研究及出版工作经验宏富，本社素所推重，用特函请为出版委员兼顾问，至请惠允是幸。吾兄之聘书一经荣先生盖章之后，即请留下为荷。种切费神，至谢。专此，即请

公安

弟　心济顿首

一九五一年四月二十日

附聘书 23 份。

名单如下：

副主任委员	沈立人
出版委员	骆美轮
出版委员	夏宗辉
出版委员	蔡　溥
出版委员	金圣一
出版委员	朱正元

---

① 聘书有缺。

续表

出版委员	金宝光
出版委员	夏彦儒
出版委员	周惠久

汤心济关于备案及丛书出版报荣毅仁函

毅公主任委员钧鉴：

　　本社前向北京全国出版总署呈请备案事，顷奉苏南行署新闻出版处批答，准予备案，除将原文就近请沈副主委核阅并留存本社备查外，特抄录全文呈请钧察。

　　关于出版工作方面现正在顺利进展中，兹随函附呈拟陆续出版之江南大学丛书及工农小丛书目录各一份，敬请鉴核。专此，敬请

崇安

　　附件两种

职　汤心济（印）谨上
公元一九五一年五月三日

抄件

苏南人民行政公署新闻出版处批答

事由：如文　　　　　　　　　发文日期：公历一九五一年四月二十七日

批办：　　　　　　　　　　　发文字号：新（出）035

受文者：江南大学科学图书出版社荣毅仁　　附件：

　　（一）你处于三月二日送呈中央人民政府出版总署关于为创设江南大学科学图书出版社呈请备案事呈文及附呈之印模、计划书及职员名单等，业由出版总署转至我处。经我处审核后，准予备案，特此批复。

　　（二）你处出版物于出版后，初版书每种缴送样书三册，重版书缴送一册，重版书如有修订者仍须缴送三册，同一版的图书期刊而不同装订者（如皮面装、硬面装、平装等），不论初版、重版，每种装式至少送样本一册，用邮挂号寄北京东总布胡同十号出版总署图书期刊司收。每种另行寄赠两份至北京图书馆，寄两份至我处。

处长　徐进

江南大学大学丛书

编号	书名	作者姓名	备注
1	蒸汽轮	王守泰	
2	工程经济	周恩久	
3	航空工程材料	周惠久	
4	杀虫药剂	苗雨膏	
5	原生动物的天演	秉志	
6	纺织业成本学	沈立人	
7	交流电机	吴大榕	
8	结构学	金宝桢	
9	近世物理	张汝仁	
10	药用植物图谱	张东旭、张勔新	
11	生产计划及管制	胡钟京	
12	钢筋混凝土	王守则	
13	养马学	郭守纯	

江南大学工农小丛书

编号	书名	作者姓名	备注
1	造纸	汪巩	
2	西瓜栽培法	张勔新	
3	果树繁殖法	张勔新	
4	竹笋栽培法	张勔新	
5	葡萄栽培法	张勔新	
6	温床设计	张勔新	
7	工厂统计	周恩久	
8	会计学手册	马家善	
9	立式车床	开源机器厂集体著作	
10	蔬菜促成栽培	张勔新	

（来源：上海市档案馆 Q 193 - 1 - 1558 S 00009 - S 00015）

从我说到你们

沈立人

这是我校第一次的毕业纪念刊,我想把我从前读书毕业时的情形来作比较,以说明从前与现在有些什么不同之处。

我起初是读的农科,后来改读采矿,后来又改读造纸,最后再又改读会计与管理;一改再改,改了四次之多。所以这样改来改去的目的,坦白地说来完全是为了毕业后的出路问题。尤其是快要毕业离校的那一年,心中更是焦惶得不得了;一般[班]亲戚朋友都在眼巴巴地望着我。所谓"学而优则仕",这个仕倒不一定在乎做官,但至少应当有个职业,如果毕业后没有职业,或者没有较好的职位,好象[像]就可以反证我学得不优,也就是书读得不好;一个年青[轻]人在读书的时候,心理上就负担着这样一个包袱,其内心该是多么的痛苦!

分析这种心理之所以造成,实在是由于当时的社会环境所致,那时候政府对于学生的出路是一概不闻不问,于是同学们毕业后的工作问题就全凭自己活动。大家都晓得在旧社会中的职业是要托人情去谋,靠关系去钻,没有人事关系根本不得其门而人[入]。试想一个刚刚离开学校的青年学生,在社会上能有几个熟人,能有多少人情,叫他如何去谋!如何去钻!所以越是快近毕业,心里也就越加焦惶;而一些地主官僚阶级的子弟们,却适得其反,趾高气扬地正在炫耀着自己有某某几个机构在同时争聘,到底就那[哪]个机构现尚考虑未决,这该是多么残酷尖锐的对比!同时在学生的家庭方面,父兄们把子弟养育成人、培植毕业,所谓望子成龙,毕业之后的儿子好像是马上可以飞黄腾达,光耀门庭,做父母的可以靠儿子吃饭安享老福了。这样的一副家长重望,再加上职业是如斯的难寻,与官僚地主阶级子弟的相形之下又是如斯的令人难堪,使得一般同学们在没有毕业之前,就已经打下自卑、仇视等变态的心理(造成后来奴隶、官僚等不良作风),于是就逼得大家——同学们向出路好的某一科去读,读了一二年看见这一科出路渐渐不行了,就又赶快转读其他一科。这样转来转去,弄得一点没有计划。在学校方面呢?只要学生不怕学分吃亏,不怕耽搁时间,对于转科转系是悉听尊便。那时候办学校好像在开学店,学生缴学费来求学有如商店的上门主顾,当然是越多越好,至于国家到底需要什么人才,需要多少人才,政府既不考虑,学校自然更不考虑了。

学校对于同学的出路问题,按理是概不负责的,但是读了四年书,有了四年师生关系,所以在人情上,学校就有一种帮助同学想办法的义务。于是毕业生的出路问题,非但是同学们的一道大难题,同时也是校长、系主任以及各位老师的一道大难题。每当暑期快到,大家就都为这道难题在大伤其脑筋。有些投机的学校,就往往以出路有办法来号召,来招揽新学生;同时学校在聘请教师时,亦往往会拿对毕业生出路有没有办法来作为考虑的主要因素,这种请教授不从学术成就上着眼而从介绍职业上着眼的情形,真是荒唐到了极点!

以上是以往的情形,至于现在的情形呢? 大家都已经晓得了,毕业生的工作根本不成问题,政府老早已经有计划地在为大家统筹支配,同学们绝对不必再为此而烦恼;家长们也明了他们的子女是新中国的主人翁,毕业离校之后是光荣地来为人民服务,为全社会创造幸福;至于学校的老师们(包括我自己在内),也就不必再为毕业同学的出路问题伤脑筋,而是以一种极愉快、极兴奋的心情来欢送各位同学光荣地踏到工作岗位上去。

这一切的许多不同和进步,说明了一个什么问题呢? 这正是说明了我们新中国的政府是如何地在对人民负责,解除了大家的困难与忧虑;同时,也证明了我们新民主主义中国在全国性解放后短短的两年之中,是如何地正在飞跃地前进着。所以我们新中国的人民是应当热烈地来爱护我们的祖国,是应当坚决地来拥护我们英明的政府,响应政府各项号召,努力学习,提高认识,使大家能够迅速地来接近与达到那更美满、更幸福的社会远景。

(原载《江南大学一九五一年年刊》)

贺词

荣毅仁

本校创立于一九四七年,在过去四年中,经过了不少的困难,终于把学校的基础奠定了,这不能不归功于全体师生员工的精诚团结和协力合作。今天举行第一届毕业典礼,这表示了我们江大已有了初步的成就,和对于国家社会也有了一些贡献,确是值得我们高兴的事情。本人因为参加上海各种重要会议,不能抽身前来参加这个毕业典礼,非常抱歉。但是,我对于这个盛大的日子,也和各位一样地感到十分高兴,谨以最热烈的、最兴奋的心情,向本校全校师生员工表示最大的敬意,同时,对于各位毕业同学表示最深切的贺意。

本校创办的宗旨在培养技术专门人才,过去如此,现在如此,今后也是如此。但是,过去的目标只偏重于培养人才方面,而于培养出来的人才,如何能够使他们用其所学,好好地为人民服务,这一点,还嫌不够明确。今后我们应该清楚地认识到,大学教育的目的,不单单在于培养专门人才,而是在于如何领导这些人才为人民服务,这是非常重要的。不但学校方面应该有这一认识,全体在校同学和毕业同学也应该有这一认识。为什么呢? 因为大家都知道,专门人才并不是容易培养出来的,所以他们是一个国家也是全人类最可宝贵的,如果能够善为利用,对于个人,对于国家,对于社会,对于人民,对于整个人类,都是非常有利的。反转来讲,如果不能够善为利用,在个人方面,就会单纯地站在个人的立场来看自己的出路,而不是从服务的观点来选择自己的工作,结果,在不知不觉中养成了自私自利的心理,在国家社会方面,也就会失去了一批可用的人才,这是一个很大的损失。因此,我们主持教育的人,必须明确规定我们办学的宗旨,平日对于在校同学应该随时予以指导,引向为人民服务的路上。毕业的同学也应该体验到在校求学的目标,透彻地明了毕业以后为谁服务,如果不能够认识这一点,那是错误的。

这次政府对于专科以上毕业学生,统一分派工作,不仅是为了解决毕业学生的出路问题,而是为了如何使这些毕业学生能够好好地为人民服务,建设一个富强的新中国。在未分派工作之前,也许有部分毕业学生还在考虑自己的兴趣特长、待遇和分派地区等等问题,当然,这并不是完全不对的,但是我相信,政府在分派工作的时候,也一定会考虑到如何做到"人尽其才,才尽其用",这一点,是大家可以不必顾虑的。同时,我们也要认识清楚,政府在分派工作的时候,还考虑到如何配合我国目前的实际需要,所以我希望各位毕业同学必须绝对服从政府的统一分派。无论哪一种工作,只要你们能力所及和祖国需要你们去参加,你们就要以"为人民服务"的最大决心接受下来,和光荣地完成所分派的伟大任务。个人的待遇和所派地区固然不应计及,就是个人的兴趣和特长也不必坚持。我们要常常记得"祖国需要我们的时候,我们就要献身祖国"这一句话。不论参加经济建设工作也好,参加文化建设工作也好,参加国防建设工作也好,都是同样的为人民服务,同样的负起建国的任务。只有这样,才不辜负人民培养你们的恩惠,才不辜负国家对你们的期望,才不辜负你们自己四年求学的努力。

最后,我谨祝各位身体健康,前程远大。

(原载《江南大学一九五一年年刊》)

对毕业同学的一点小意见

骆美轮

亲爱的一九五一级毕业同学们!你们是我校第一届的毕业生,我首先祝贺你们快乐,预祝大家的前途光明。你们幸运地生长在毛泽东时代,毕业时又恰逢着灿烂祖国的新生,你们没有"毕业就是失业"的苦恼,更不需要"找门路""托人情"等不合理的痛苦,相反地,由政府妥为照顾,政府把你们当作了国家的宝贝、建设的栋梁,千千万万重要的光荣任务,热望你们去完成,伟大的祖国需要的是各色各样的人才,每一位同学也一定能在不同的岗位上,替大众热心服务,为人类造光明。旧社会内"学非所用"的畸形变态,在中国共产党领导下,永不会再复生。

同学们!你们太幸运了,我诚恳地盼望大家,不要辜负政府的照顾、国家的器重,要发扬爱国主义精神,全心全意为人民服务,为祖国的建设而努力。看吧!组织上的统一分配,已受到你们同学的热烈响应,这一点你们已经替江大争取了光荣。更希望你们坚持这个伟大的响应,"服从组织""依靠组织""信任组织",不要斤斤于地区的远近,待遇的高低,应当处处体会着国家建设的重要,人民的需要,拿出你们优秀的品质,为祖国的伟大前程而努力!同学们!分别在即,千言万语,无从说起,我时时刻刻都在渴盼你们每一个同学迅速走上光荣的岗位,我昼夜地想听到你们为建设而努力的光荣消息。同学们!江大的光荣需要你们发扬,国家的任务寄托在你们的努力。再会吧!珍重你们的身体,肩负着沉重而伟大的任务努力到底,奋斗到底!

(原载《江南大学一九五一年年刊》)

本校简史

一九四七年秋季,民族资本家荣德生先生及其子一心先生热心教育事业,配合苏南具体情况,以发展工业为宗旨,创办本校。当时临时校址在无锡荣巷,前边疆学校内辟为第一院,荣宅及梅园教职宿舍辟为第二、三院。另勘定太湖边后湾山,筹建新校舍。校董会组成后,聘章渊若先生为校长,另在校董会下,设校政委员会,由校董荣一心先生任主任委员,协助校长处理校务。是年十月,正式开学,设有文、农、理工三学院,文学院分中国文学、外国语文、史地、经济四系,农学院分农艺、农产制造二系,工学院分机电、化工、数理三系,并附设先修班,学生数共三百人,教职员计七十四人。

翌年春,章校长辞职,增聘理工学院院长顾惟精先生为副校长,代理校务。

一九四八年八月,新校舍落成,正式迁至后湾山。暑期招生,除原有院系外,复接受全国面粉业公会委托,添设面粉专修科,新旧同学增至四百四十余人,教职员八十二人。十一月,顾副校长辞职,校方正主持乏人之际,不幸,校董荣一心先生乘机飞南洋推广纺织业务,十二月十九日,在香港坠机罹难。噩耗传来,举校悲恸,学校更杌陧[陧]不安。至一九四九年春,始经校董会议决,由荣毅仁、钱孙卿、乐幻智三校董,同本校文、农、理工三院长及教务、训导、总务三处长,组成校务委员会,并进推定荣毅仁先生为主任委员,沈立人先生为副主任委员,驻校处理校务。

四月,苏南解放后,为适合新中国建设之需要,经呈准废院设系,并加以调整,分工业管理、数理、电机、机械、化工、植物生产、农产制造七学系及面粉专修科。

是年暑假,并添建女生宿舍及实习工场,在开学时落成,同学增至五百六十余人,教职员九十一人。校务委员会改组成立,仍以荣毅仁、沈立人先生为正副主任委员。

一九五〇年,上海"二六"大轰炸,申新各厂陷于停工,以致校董会经费不克按期拨下,校中情况,不免动荡,遭受极大困难。但在苏南文教处帮助下,校方正确掌握了维持与改造原则,得以渡过难关。后,全国财政经济状况基本好转,申新机构亦进行改组,本校经费数字确定,学校遂入初步稳定阶段。

暑假中,人事加以若干调整。七月,荣主委辞职,校董会改聘沈立人先生为主任委员,为维持学校行政,在新校委会尚未成立前,由校董会呈报上级,组织临时校务协商委员会,聘请委员十五人,协同处理校务。

九月开学,全校师生员工通过开会动员学习,大家团结一致,在办好江大的同一目标下,努力前进。十月呈准另组新校务协商委员会,协商校务展开事宜。至此,江大在维持的基础上得到进步。

在抗美援朝、保家卫国爱国运动中,全校同学经过政治学习、听报告、小组讨论,大家动员起来,运动蓬勃开展,尤以参干运动,这是抗美援朝的具体表现。五六十位同学,经过思想斗争,放弃个人利益及学习兴趣,踊跃报名。结果批准十三位,光荣地站到祖国最需要的国防岗位上去。通过这轰轰烈烈的运动,提高了全校师生的爱国主义思想,奠定了今后开展运动更有利的条件。

本学期开学以来,抗美援朝运动转入巩固深入阶段,通过镇压反革命运动、欢迎人民志愿军代表等,加强大家对反革命分子的仇恨,进一步认识到祖国的伟大、可爱。

四月下旬,遵照华东高教会议决策,明确了本校发展方向,各系亦先后确定重点发展内容,今后将更有计划地来培养各项专门人才。同时,校董会为加强领导,按部颁高等学校规程,呈准中央教育部,本校改为校长制,聘原任校务协商委员会主委沈立人先生为校长,同时组织校务委员会,沈校长任主任委员,教务长、总务长、各系科主任、图书馆主任、工会代表、学生会代表共十六人为委员,在四月廿六日正式举行就职典礼。本年暑假,第一届毕业同学一百零五人,百分之百的无条件服从政府分配,愉快地走上工作岗位,为新中国建设事业而努力。

本校地处湖滨,学习环境优美,创立仅四年,当然,校舍、设备各方面还是不够充实、齐备的。但深信在全校师生员工的团结努力、搞好江大的决心下,(在)人民政府的正确领导与协助下,这人民的新江大,一定能克服各种困难,担负起培养新中国建设人才的艰巨任务,贯彻新民主主义教育精神,稳步前进,发挥更大的作用。

(原载《江南大学一九五一年年刊》)

百分之百的无条件服从统一分配

我们的保证书

二年来,在新民主主义教育的培养下,我们的政治思想和业务技术有了很大的提高。我们不仅懂得要用马列主义和毛泽东思想武装我们的头脑,并且还要掌握建设祖国所必需的科学和技术。我们感到无限的兴奋和愉快,深深地体味到生长在毛泽东时代青年的幸福,我们应该以无限忠诚献出自己的一切,全心全意地为保卫我们伟大的祖国,建设我们伟大的祖国而奋斗到底。

同学们! 在以往的参干运动、捐献运动中,我们高度地发扬了爱国主义精神。今天,正当抗美援朝运动继续深入开展的时候,我们将结束学校的学习生活,走上各种不同的工作岗位,我们将和全国人民一道,为了祖国的经济建设,为了和平美好幸福的将来,贡献出我们的一切。

(一)我们坚决服从政府统一分配,并且自觉自愿地保证做到:

1.不强调个人兴趣;

2.不限地域远近;

3.不计待遇高低;

4.不择工作性质。

(二)在离校前切实遵守学校规则,不因工作而影响学习;到工作岗位上后,绝对服从领导,努力学习,团结群众搞好工作。

——1951级全体毕业同学——

(原载《江南大学一九五一年年刊》)

毕业前夕

席德清　邓寿奎

在以前,"毕业"这二个字,在一、二年级同学的心目中是羡慕,羡慕那学习的阶段已经告一段落,但在毕业班同学的心里是苦闷,苦闷着"毕业就是失业",将毕业的时候,就要愁着怎样才能想办法找到一个职业。这在旧社会里,每个求学的青年,都能深深地体验到。

但是,这种日子已经永远地过去了。今天的中国,已不再是一个半殖民地半封建的中国,广大人民已不再呻吟于帝国主义与封建主义势力的剥削压迫之下,青年学生也不再尝到"毕业即失业"的这杯苦酒,各种工作岗位在等待着你,在招呼着你,而且无论公私立学校的毕业同学,都由政府统筹分配,这是每个毕业同学的大喜讯。

教育部为了更好地做好分配工作,了解每个毕业同学的优缺点,所以在这学期刚开学不久的时候,同学们破天荒地进行了第一次班级的民主评议工作。

民主评议所根据的提纲为:(1)为人民服务的立场;(2)观察问题的观点和方法;(3)思想、意识、作风;(4)工作能力;(5)组织性和纪律性;(6)批评和自我批评;(7)群众观点和劳动观点。

在评议中,部分同学把评议工作看得太严重,往往不肯暴露自己的缺点,同时又不敢批评别位同学,以免被对方提出自己的缺点。后来由班级中拣出几位比较典型的同学,先进行了评议,以创造经验,初步掌握并运用了批评与自我批评的武器,结果二十六位同学,在短短的二天中,完成了这项艰巨的工作。经过了评议,每个同学都感到在思想上提高了一步,同时彼此间亦感到更亲密、更团结。

校方为了使每个毕业的同学,都能体验到祖国的可爱、劳动的伟大和群众的力量,以便将来踏上工作岗位时,能服务得更好,所以津贴了一大笔经费,让毕业同学到皖北去参观治淮工程。

在十三天中,沿着淮河两岸,参观了润河集、西淝河闸等工程,访问了凤台县的农民及淮南煤矿。那伟大的工程,民工们艰苦奋斗的精神,农民们热爱毛主席、热爱共产党的真挚感情,以及工人弟兄们热烈的生产竞赛情况,都使同学们感到非常激动,觉得我们的祖国真是与前大不相同了,我们祖国的面貌一天天变得更美丽、更可爱,人民的生活一天比一天美好,因此亦就觉得这样伟大可爱的祖国,更需要我们来保卫她和建设她。

而且这十三天中,无论在工地、在农村、在矿场、在学校,都受到热烈的欢迎和诚恳的招待,融融洽洽,亲如家人,使得同学们深深地体味到祖国真是一个可爱的大家庭,无论走到哪里,都感到亲切,因此亦就打破了从前同学们不正确的乡土观念。

在治淮参观中,同学们在思想上都提高了一步,更明确了祖国的可爱、劳动的伟大和群众的力量,对于任何事情亦不再拘泥于个人的利害得失,树立了全心全意为人民大众服务的信心。因为同学们深深地体验到,只有祖国有了前途,个人才有前途,个人的前途必须寄托在整个国家的前途上。尤其当祖国已经在全世界放射出万丈光芒的时候,如果个人竟还纠缠于自己利害得失的计算,那是绝对错误与羞耻的。现在祖国的建设正在欣欣向荣,各地都迫切地需要人才,唯有服从统一分配,到祖国最需要的岗位上去,才能更好地发挥个人的才能,更好地为祖国、为人民服务,

所以当政府发出服从统一分配的号召时,我们毕业级的同学,立即很快地响应了这个

号召,并且保证做到(1)不计地区远近;(2)不计待遇高低;(3)不择工作性质;(4)不强调个人兴趣。

祖国的一切建设都在飞跃前进,我们衷心感觉到生长在毛泽东时代的幸福,以及为人民服务的光荣。最后让我们举臂高呼,紧紧地团结在毛泽东旗帜下,为实现伟大的理想而奋斗吧!

(原载《面粉通讯》第二期)

我们一年来的工作检查

《面粉通讯》出版委员会

《面粉通讯》出刊至今已经有一周年了。当我们回忆起这刊物在财力、物力及各种困难的条件下生长出来的,再看到有今天这样成就的时候,那是感到多么地兴奋!我们在这里特别要感谢无锡市面粉工业同业公会给我们的帮助是使这刊物发展到今天这样成果的主要帮手,因为他们不但在情绪上鼓舞了同学创办这个刊物的信心,而且在经济上援助了我们。创刊号终于在一九五一年五月十五日那天问世了,由于经济的限制,故出刊仅有八百本,但当我们第一次看到这些劳动果实的时候,我们的信心更加强了。在第二期出版以后我们又发生了经济上的困难,当时我们很着急,是否会为了经济困难而使我们的刊物中途夭折?因此我们发出了呼援的启事,由于各地读者们热爱这本刊物,不久都纷纷来了捐款,在精神上亦给我们不少的鼓励,像有许多厂他们来信这样说:"为了使中国的面粉事业不断地在技术上、生产上进步提高,所以我们需要这本刊物,决不因经济关系而停刊下来,我们会给你们支持的。"这样一来使工作的同学们高兴极了,因此我们表示了决心,要拿出我们所拥有的力量,克服一切困难来搞好这个刊物。

一年来,《面粉通讯》在整个面粉工业中是起着一定的作用的,从各方面的报导[道],有些在生产上提高了产量,有些在技术上改进了缺点,但是由于这个刊物是同学们利用了课余时间来办的,为了不影响学习,因此始终不能定期出刊,并且在工作中也存在着很多的缺点。虽然在主观上努力,与读者不断的热诚关怀和指正下是有了些改进,但是缺点仍是存在的,总的检查可分三方面:

行政方面:负责领导的同学,不能很好地联系群众,对于各部分的分工也不明确,什么事都须要经过他的手才放心,因此使工作集中在一个人身上,严重地形成了官僚主义现象。忽略了通讯员的重要性,因此不能把各个生产工作单位的实际情况,通过本刊介绍出来。限止了本刊的内容。

编辑工作方面：因稿件大部分均由同学编写成，所以在内容方面不免偏重于理论，在文字上也不够通俗，不能适合工友同志们一般的要求，这点今后我们须竭力纠正，在排版上因只利用很少课余时间进行校对，因此发生错误的地方很多，这是由于我们工作的粗枝大叶。如有些原则性的问题，不加周密的钻研和考虑而刊了出来，如在第五期周恩久先生的一篇《面粉厂的成本会计》中间，造成很多错误的地方，在这里除编辑部作深刻检讨外，并对周先生表示歉意。

除此以外，个别同志或粉厂来信问有关制粉技术方面的问题，往往不能立即答复，而拖延了好些日子。虽然在客观情况上存在原因，但工作人员对自己的责任感不够明确和重视，也是主要原因之一。

发行工作方面：过去往往有个别单位或同志前来索取时，但终不能及时寄发，这充分说明了发行工作做得不够完善，但在另一方面也可以看出负责文书的同志和发行部联系不够，与实际情况不能配合，结果形成了迟发、漏发、多发、少发等现象。

除了上述概括的检查外，缺点还是存在很多，希望读者们为了爱护你们的刊物，多提出你们宝贵的意见，不吝指正和批评，让我们更好地来改进，充实内容，广泛深入，使《面粉通讯》在制粉工业中发挥起更大的效能。

（原载《面粉通讯》第六期）

一个取消漂白的建议

孙时中

为了响应毛主席增产节约的号召，我对于面粉厂的漂白方面提供一个意见，请予考虑！

我国的面粉工业，过去在帝国主义国家影响下发展起来的。因此有些地方，不知不觉地抄袭了资本主义国家落后的一套，面粉的漂白就是一个显著的例子。资本主义国家在盲目竞争中，为了求表面的好看，因此采取了漂白的方法，我国的电漂，就是这样的情形下搬来的。电漂就是在 $12000\,V$ 高压下，以风力将空气吹过距离约¼吋的电弧间，这样使空气中的氧和氮在高温下（约 $30000\,℃$），化合成过氧化氮（N_2O_4）吹入面粉搅拌机（和粉箱）后，与面粉中的水分结合，而放出游离氧[○]，以起漂白作用。这样的漂白，除了使面粉表面白一些外，很不容易再找出其他的益处来，但生成坏处却有以下三点：

一、漂白后遗留下来的氮化合物（Ni+ri+es）对于人的身体是有害的，就是美国最初采用时，也为了这事讨论过。坎脱琼司博士的《现代谷物化学》（*Modern Cereal Chemistry* by Dr. D. W. Kent Jones）第二百四十一页中有些说明，虽然同［认］为这氮化合物的含量尚少，对人身没有起显著的作用，但没有益处是肯定的，漂白过度时有害也是肯定的。

二、一般使用习惯，二十四小时产量每一千袋至一千五百袋的面粉，需用漂粉机一只，这样计算每一千袋至一千五百袋面粉，毫无益处地浪费了电力二四度（一般电漂粉机电流约六安培弱，因此每小时约耗电一度余）。就全国所生产面粉数量而言，这一笔浪费数字是相当可观的。

三、火花对面粉厂而言是有危险的，个别的粉厂也有因电漂火花引起灰份［分］爆炸和起火的事故，因此有火的东西应该尽量避免。

根据以上三点，同时根据苏联及其他国家的经验，我们知道，苏联的面粉根本就不漂白，而在捷克是禁止漂白的，此外如法国、比利时、瑞士、意大利、匈牙利等国也是禁止漂白的。因此我建议工业部根据具体情况研究，通令全国取消漂白。这样，既节省了国家的财富，又避免了身体和工厂有害的危险，这是值得立刻注意的事。

最后我觉得要说明的，希望禁止漂白绝对是全国性的通令，因为人民购买面粉的习惯是选择白的，假若全国都不漂白了，那时的色泽才是真正的本色，否则一两家或一两地取消了，造成了不合理的竞争是不好的。

（来源：《面粉通讯》第六期第 4 页 1952 年 7 月 1 日出版）

"江社"的成长

赵殿臣　吴学范

"江南大学京剧社"简称"江社"，在江大的每次文娱节目中，总占着很重要的地位。随着时代形势的变化，四年来从"江社"的生长到现在，也经历了一些沧桑变迁和改革。从一个狭隘的旧式社团，开始面向群众，演出人民所喜爱的京剧，这不能不说是今天新民主主义的教育下的收获结果。

介绍"江社"可分四个阶段来讲：

第一阶段：一九四七年，正当"江大"初生，学生自治会成立的联欢晚会上，一群爱好京剧的同学，合演了一出八幕时装京剧《捉汉奸》，内容是暴露和指摘卖国走狗们的无耻。自然，以戏的结构和中心内容而论，这是不足以言美的，但是我们由于意气相投，相互切磋的要求，于是正式组织了"江社"。下学期一九四八年的五月，又合演了一出《戏迷县》，也是时装京剧，演旧社会的青年整天迷迷糊糊地哼哼"西皮二簧"，不务上进，但是我们没有很好地暴露出这是当时反动统治下的结果，徒以花巧取胜，不免有些流于海派形式之感！

第二阶段：学校从荣巷迁到后湾山，自然，"江社"的组织是依旧存在的，可是由于我们组织时没注意到"江社"前途的发展，也没有好好定出计划，结果变成自由散漫，练唱的日期，社员大都不到，而且因为没人指导，大家旧调重弹，总依然故我，感到乏味。"江社"显得异常沉默，每次至多来几个清唱节目，这当然是不会引起顾曲周郎多大趣味的。

第三阶段：伟大解放时期的来临，也刺激了一下"江社"。为了庆祝立校二周年纪念，"江社"重振旗鼓，配合着反帝反封建意义，我们把《打渔杀家》改编了一下，合力演出了一出《新渔夫恨》，显然这次比上次进步得多了。同时由于锡市名票友来校指导，使社员们的艺术水平大为提高，首次彩排《武家坡》，颇博好评，而且在丁巷救灾义演；治螟庆功大会上，又上演了《苏三起解》。经过这几次的演出，"江社"声誉大增，社员也由十数人扩充到五十余人，组织也比较健全。除了正副社长外，下设研究组长、剧务组长和总务组长，配合着今后发展计划。国庆纪念会上，演出了师生员工合作的《打渔杀家》，立校三周年上，又演出了《黄鹤楼》《三娘教子》《群英会》三出京剧。显然地由于次数的增加，引起了广大同学的注意和兴趣。

第四阶段：时代是不断地前进的，今天人民所需要的是反映现实、面向群众的艺术，不少旧剧，都需要经过改革，方能负起时代教育的使命。当我们认识到这些缺点时，便研究如何上演一部富有革命意义的京剧。参干运动轰轰烈烈开展，为了欢送他们和配合当时的情况，"江社"上演了《新木兰从军》，这出描写木兰参加保家卫国的战争史实，充分发扬了爱国主义的精神。在三月中，锡市文联筹募基金义演，《新木兰从军》也就在城内演出，外界都一致好评。

随着"抗美援朝"运动的深入和发展，欢送毕业班同学的联欢晚会上，"江社""江大话剧团"和"三〇一室"又首次大规模地合力演出了时事讽刺新型京剧《纸老虎》，动员了空前未有的人力物力，历时半载，演来相当精彩，内容是粉碎美帝征服世界迷梦，暴露美帝侵略朝鲜阴谋。为了响应"六一"号召，捐献飞机大炮，《纸老虎》又在城内"中国大戏院"义演了二天。

从"江社"的生长到现在，不可否认的，是已有了相当大的进步，但这决不能满足的，更大的成就还得依靠每个社员的政治思想和艺术上的提高，来进一步地发挥创造性，为人民艺术而奋斗！

（原载《江南大学一九五一年年刊》）

参加苏南物展会

孙武亮　赵正清

为求得在经济上彻底摆脱对美帝的依赖,努力发展城乡物资的交流,做到打开土特产销路,指导工商业改善经营方向,全国各地在同一目标下,分别举行各种土特产展览会。苏南区城乡物产交流展览会,也就在这种伟大的意义下,从五月十日起,在无锡市隆重揭幕,共展出五十三天,到七月一日胜利闭幕。

江大各系的同学们,大都参加了工业部各馆的指导说明工作,其中面粉专修科同学,首先接受了大会的邀请,负责食品工业馆面粉组绘图及说明工作。后来,食品工业系又在食品工业馆参加展出制糖、发酵部分,并进行说明。跟着,电机系、化工系、机械系、工管系同学分别接受了电工馆、化工馆、机械馆、综合馆的说明任务。

同学们对这工作,是新鲜的、生疏的,但是大家都认识到这项新任务的艰巨性,是具体为人民服务的机会,是抗美援朝爱国行动的一部分,说明工作做得好,对展览会可起更大的作用,因此同学们都不辞劳苦,每天轮流地从郊外赶去服务。在说明方法与方式上,逐渐摸索到一些经验:

1. 分别对象,耐心详细地向观众解释:

对各阶层的观众,用不同的方式讲解,对于工农及文化程度较低的,就力求通俗,或用简单的譬喻介绍一全面的概念,尽量避免运用专门名词和术语;不仅如此,并且做到对象平均发展,不偏重于知识分子。

2. 新旧的介绍:

把呆板的展览品,通过每个人的说明,使(其)生动起来,当观众们看到了丰饶的物产和各种工业,更体验到祖国的伟大,认识到新中国的美丽远景。另外,每一种工业,从最早人工制造,介绍到现在机器制造,把它的效率、费用作出比较,使观众更认识到劳动创造世界的伟大意义。

3. 结合时政,进行宣传教育:

说明在国民党反动统治时期,中国的工业是怎样受帝国主义摧残,今天在共产党人民政府的英明领导下,中国的工业又是怎样地在蓬勃发展,这一个强烈的对照,更加强我们对新中国的热爱。可是美帝国主义,它不甘心我们如此做,就发动侵朝战争和强占我台湾。我们为了要保卫胜利果实,使抗美援朝彻底胜利更有保证,就必须积极生产,农民积极响应政府大生产运动,工厂中展开爱国主义生产竞赛。

同学们通过展览会,在自身来讲,是得到许多宝贵的知识和深切体验的。

1．充分认识到开好物展会，是扩大城乡互助，促进土产交流的重要方法：因为若干物产，过去长期遭受封建势力、帝国主义、官僚资本的摧残，不能很好地发展，使农村经济破产，城市工商业凋敝，广大人民生活无法改善；现在解放后，工农翻了身，通过展览会，使达到城乡工业品与原料的物资交流及畅销，并进一步注意到技术交流，改进规格，提高品质。

2．提高广大人民的科学知识及政治认识，加强为工农服务的信心：我们感觉到工人同志及来自农村的农民们，当他们听讲时，那种诚恳的态度、虚心学习的精神，对同学们起了很大的鼓励作用，足征他们在翻身当主人后，懂得做主人翁的道理，急需学习科学知识，因此我们必须进一步坚定面向工农，终身为工农大众的幸福前途而斗争。

3．理论与实际获得结合：若干现实问题，是我们在校学习时所不注意的，但是在展览会说明时，就有许多有实际工作经验的人，提出问题来讨论，使我们所学习的东西，能与实际相结合，进一步地充实我们的学习。

（原载《江南大学一九五一年年刊》）

重要变动

章渊若校长呈江南大学董事会请辞函

谨启者：

昨日上书，想承察及。谨查渊若受命之时，原曾坚辞。徒以本校初创，当时百端待兴，重承相推，未敢固违。当经郑重表示，暂为维持，一俟筹备就绪，开学有期，仍请另选贤能。现在开学已有定期，各项设施体制粗具，今后校务，当可渐入正轨。务乞体念下情，实以宿疾未痊，难任繁剧，准予辞去本校校长职务，俾便调养。伏乞赐准，无任感祷。渊若以格于病势，自本日起实不能到校视事。今后校务，应即由校务委员会负责，特再陈明，并祈鉴核。

谨上

江南大学董事会

〇〇〇谨启

卅六年十月十七日

（来源：苏州大学档案馆 永 5 102）

董事会为聘顾惟精为副校长呈教育部、江苏省教育厅文

民国 37 年 4 月 26 日 9 时　呈文

此文由校董会直接寄发。陆仁寿（印）　四月二十七日

查本校草创伊始，校务繁重，擘划措施，百端待举，为求推进校务起见，兹经遵照奉颁大学法第八条之规定，添设副校长一人，协助校长处理校务。业由会议决通过，聘请顾惟精先生为本校副校长，并已于四月十九日到校就职视事。除分呈外，理合备文呈报。仰祈鉴核备案，实为德便。

谨呈

江苏省教育厅

教育部部长朱

（全衔）董事长　吴敬恒

（来源：苏州大学档案馆 永 5 053）

教育部发文人字第 27221 号代电

中华民国 37 年 5 月 19 日

私立江南大学董事会四月廿六日呈悉,据呈聘顾惟精为该校副校长,应准备案。兹检附本部所属机关学校主管人员登记表一份,仰转知依式详填报部。

教育部印

附件如文

（来源：苏州大学档案馆 永 5 049）

江苏省教育厅教一字第 08654 号训令

中华民国 37 年 7 月 22 日发、29 日收到

事由：奉令核准该校由副校长全权处理校务,仰知照由。

令私立江南大学

查该校董事会前呈校长因病不能到校,所有校务由副校长全权处理一案,经呈奉教育部本年七月三日人字三六五三三号代电内开,"六月十九日教一字第〇六八六七号呈悉,据呈以私立江南大学董事会呈为该校校长因病不能到校,校务由副校长全权处理等情,应准备查。仰即知照,并转饬知照"等因。奉此,合行令仰知照。此令。

厅长 陈石珍

（来源：苏州大学档案馆 永 5 106–107）

呈董事会校务委员会简则草案函

发文江字第 444 号 民国 38 年 3 月 18 日

（邮寄华晋吉先生转呈）

事由：函送本校校务委员会简则草案,敬希查照赐核由。

敬启者：

本会经遵奉吴董事长指示组织成立,业已先后召开会议三次。由会公推沈委员立人为副主任委员。所有本会简则草案,业经提请本会第三次会议通过在卷。相应检同是项草案一份,函请察照赐核,以便施行为荷。

敬致

江南大学董事会

附送校务委员会简则草案一份*

（全衔）荣○○

* 见规章制度。

训导处撤销的布告

（1949.4.30）

本校自即日起，训导处编制撤销，所有生活指导及体育卫生两组，改隶教务处。请陈陵先生主持之，唐璜先生为副。特此布告周知。此布。

主任委员　荣○○

关于成立临时校务协商委员会呈苏南行署文教处文

查属校于本年七月卅一日学期结束后，旧校务委员会任务已告终了。在下学期新负责机构未成立以前，由属会聘请沈立人先生主持校务并组成临时校务协商委员会商讨校务问题一节，业经面呈钧处，并蒙裁可在案。兹拟订定《临时校务协商委员会组织章程草案》*及委员会名单各一份，呈请钧处鉴核。尚祈准予备案，实为德便。

谨呈

苏南行政公署文教处

附呈草案及名单各乙份

（私立江南大学董事会）　谨呈

一九五○年七月卅一日

私立江南大学临时校务协商委员会委员名单

一、沈立人兼主任委员

二、朱正元兼副主任委员

三、庄智焕（教导长）

四、陆仁寿（总务长）

五、毕仲翰、张泽垚、夏彦儒、朱宝镛、郭守纯、闻诗、夏宗辉、孙时中（各系科主任）

六、罗聚源（讲助会主席）

七、黄书意（职员学习会组长、教职员学习委员会主席）

八、薛汉民（同学）

（来源：上海市档案馆 Q193-1-1555 S00050、S00051、S00061）

* 见规章制度。

顾毓琇为推介骆美轮致荣毅仁函（1）

毅仁总经理仁兄大鉴：

违教多日，贤劳何如？江南大学教务主任庄智焕兄不幸逝世，谅需觅人替代，兹有至友骆美轮兄，系交大机械工程系毕业，后赴英国、美国各大学留学。抗战时曾任川康公路管理局局长，复员后曾任京沪、沪杭甬铁路局副局长，后奉派赴美国及欧洲各国考察铁路及工厂管理，解放时在香港，列名宣言即赴京。美轮与中共宣传部部长陆定一相交最厚，定一拟请其任铁路方面工作，美轮以自觉学习不足，故入华北革命大学政治研究院学习。在贵公司总管理处成立时，尔仁兄曾思延聘任适当工作，以美轮学习未毕，不能中途离院，现已于上月底结束学业，以老母多病，愿在江南工作。美轮之学识与干才弟所深知，兄如能罗致幕下，必能于兄之伟业有所臂助。江大教务工作不可一日无人主持，如能畀美轮以此项工作，必将有所报称。为兄荐贤，请赐考虑，示复为幸。此致

敬礼

弟顾毓琇　手书

十二·廿八[①]

沈立人兄均此致候。美轮前日由京来沪，如需要，当偕其奉访晤谈。

（来源：上海市档案馆 Q193-1-1555 S00041-S00044）

顾毓琇为推介骆美轮致荣毅仁函（2）

毅仁我兄惠鉴：

前函推介骆美轮兄，承允与沈立人先生商量，旋知沈先生征得兄之同意，先请无锡市教育处向北京革大了解骆君情况，培植厚意，弟亦同深感激。昨日骆君以母丧回沪，是否

---

① 按时间推算，此处应是 1950 年 12 月 28 日。

应嘱其趋谒吾兄，或应约期与沈立人先生一谈？请裁示为幸。渎神，不安之至。此致

敬礼

弟顾毓琭　手书

元·廿①

　　查江南大学教导长庄智焕因病逝世，其所遗缺额，亟待派员递补。兹有骆美轮同志系华北革大研究院毕业，曾担任交通行政管理多年，且曾在浙江大学工学院任教。经慎重考虑，该校教导长一职，拟请由骆同志担任。兹呈□该员详历乙纸，敬希核准示遵。再，下学期开学在即，学校教导行政不可一时缺人，并请赐予速办，实为公便。

　　谨呈

华东区教育部

　　附骆美轮同志履历乙纸

　　　　骆美轮　四十八岁　浙江义乌县人

　　　　上海交通大学机械工程学院毕业

　　　　英国茂伟制造厂实习生

　　　　美国司徒文制造厂练习工程师

　　　　浙江大学工学院讲师

　　　　浙江电话局工程师兼工务课长

　　　　京沪、沪杭甬铁路帮工程司事员主任等职

　　　　铁道部派赴日本考察铁路工厂

　　　　交通部雅富公路康青公路工程处总工程师

　　　　交通部川康公路局局长

　　　　交通部派赴美国考察铁路及工厂管理

　　　　京沪、沪杭甬铁路副局长

　　　　交通部派驻英国及欧陆专员

　　　　美国哥伦比亚大学工学院研究部研究员

　　　　苏北人民革命大学政治研究院毕业

（来源：上海市档案馆 Q193-1-1555 S00045-S00049）

---

① 按时间推算，此处应是1951年1月20日。

董事会拟请改为校长制呈苏南行署文教处文（副本）

查一九四九年度下学期江大因经济状况不佳，校方行政一度陷入紊乱状态。嗣于一九五〇年度上学期成立校务协商委员会开展江大维持与改造工作，略著成效，近来江大情况已渐次基本好转。由于校务协商委员会系一临时过渡机构，对于校务行政工作推动极不便利，而主任委员职权又不能随意拟定，以致变成人人负责、人人不能负责情形，于搞好江大前途颇有影响。为使江大行政进行顺利，拟请准予将学校制度改为校长制，以便由校长单一负责领导。同时成立校务委员会作为校方行政决策机构，共策校方行政进行，以免使校政推动方面发生阻碍。是否可行，敬祈鉴核批示祗遵，实为公便。

此呈

苏南行署文教处

私立江南大学董事会

一九五一年二月二日

（来源：上海市档案馆 Q193－1－1558 S00007－S00008）

沈立人为董事会立案、出版、骆美轮就任等事呈荣毅仁书

毅仁吾兄大鉴：

兹有下列数事奉陈：

（一）本校董事会立案事请从速办理，以免超逾教育部所规定之期限，呈稿及章程等前已拟就面交吾兄，请检出速办为荷。

（二）据江大科学出版社主任汤心济先生签陈工作报告及今后计划，具见该社业务已渐臻正轨，惟经费问题亟须请校董会提请总管理处另立专案，以便按月拨款。因该社上年十一、十二月份经费系由校方款项内暂垫，急待归还，而今年一、二两月份因校方无款再垫，非但该社业务无法推进，甚至员工薪俸亦难发放，尤当农历年关，苦况可以想见。务请吾兄大力设法先将该社十一、十二、一、二，四个月份之经常费共四千个上海单位，从速汇下为祷。附上该社工作报告及今后计划暨呈报出版总署备案之呈稿各一份，至祈查阅。

（三）骆美轮先生已于昨日到校就任本校教导长职务。

（四）上月间弟偕本校工会代表及校委会代表来申，承兄俯允即日拨款两千万元以为重点救济之用。此款迄未拨下，校中同人每日期望，务请尽速汇下为祷。此致

敬礼

弟　沈立人(印)谨上

一九五一年二月二十日

（来源：上海市档案馆 Q193-1-1571 318-319）

苏南行政署文教处关于校长制的通知

事由：为通知华东教育部同意将江南大学行政领导改为校长制，希将校长履历报凭核转备案。

受文者：私立江南大学董事会

（一）一九五一年二月二日呈悉。

（二）经呈奉华东军政委员会教育部批复如下：

"我部同意所请，将私立江南大学行政领导改为校长制，期求校政之统一与健全，即希将校长履历缮具两份报凭核转中央人民政府教育部备案为要。"

（三）希即决定校长人选，缮具校长履历三份报来本处，以凭核转备案。

（来源：上海市档案馆 Q193-1-1555 S00019）

董事会呈苏南行署文教处校长沈立人履历公函

事由：为呈送私立江南大学校长沈立人履历表三份，仰祈核转备案由。

（一）教高字第八二八号通知敬悉。

（二）本会兹经决定聘请沈立人先生为私立江南大学校长。

（三）附呈沈立人先生履历表三份，仰祈核转华东军政委员会教育部，转呈中央人民政府教育部准予备案，实为公便。

谨呈

苏南人民行政公署文教处

私立江南大学董事会

一九五一年三月九日

附件

私立江南大学呈请任命干部履历表

姓名	沈立人	曾用姓名	无	性别	男	年龄	55岁
籍贯	浙江嵊县	健康状况		尚健康，血压较高			

续表

学历	金陵大学毕业 法国巴黎大学毕业 英国会计师协会会员 上海会计协会会员 美国工业□□学会会员 美国全国成本会计协会会员 美国工协会会员	专长	成本及生产研究	著作	《高等会计学》 （1932 年出版） 《成本会计学》 （1934 年出版） 《会计制度设计》 （1935 年出版）
到校年月	1949 年 7 月	原任职务与课务	教授兼校务委员会主任委员	报请任命职务	校长

解放后经过何种学习与训练	1950 年苏南暑期研究班
何时何地参加何种党派团体现在□□□□	19 □□年 2 月参加民主建国会

经历	从何年何月	到何年何月	在任何机关（团体）任何职务	证明人
	1931.8	1934.7	上海私立光华大学教授	
	1932.8	1935.7	国立上海商学院教授兼会计系主任	
	1936.8	1944.7	国立暨南大学教授	
	1944.8	1949.7	国立交通大学教授	

报请任命学校意见	沈立人先生在国内各大学执教二十年,学识经验均甚丰富。在本校担任教授兼校务委员会主任委员二年,对各项校务改进颇多建树,校长一职必能胜任愉快。	报请任命机关意见	
备考			

填表　1951 年 3 月 8 日　填表人（或代填机关）　盖章

（来源：上海市档案馆 Q193-1-1555 S00016-S00017）

华东军政委员会转呈教育部照准沈立人为校长的通知

事由：为呈奉中央教育部拟复私立江南大学董事会聘请沈立人为校长事,准予备案,特转知照由。

受文者：苏南行署文教处

一、关于私立江南大学校董会拟聘请沈立人为该校校长事,前据你处转报到部,当经批复"应予照准",并转呈鉴核备案各在案。

二、倾［顷］奉中央人民政府教育部一九五一年四月十三日总人字第一一二〇号批复开"私立江南大学董事会聘请沈立人为私立江南大学校长,给予备案"等因。特转知照,并希转饬遵照为要！

部长　吴有训

抄致
私立江南大学董事会

校对　王□
监印　张岩

苏南行署文教处转呈奉华东教育部批准沈立人为校长的通知

事由：所呈沈立人为你校校长已呈奉华东教育部批准

受文者：私立江南大学董事会

教人字第1491号　一九五一年四月六日

　　本年三月九日呈悉，经呈奉华东军政委员会教育部三月卅日教高行字第二五四九号批复："所呈私立江南大学董事会聘请沈立人为校长事，应予照准，并经转报中央教育部备案。"特转行知照！

苏南文教处核对章

沈立人报校董会即将改组函

敬启者：

　　奉钧会本年四月十二日聘函开，"兹敦聘台端为本校校长，至希惠允担任，即日就职，进行改组，并将就职日期及改组经过，函报本会"等由，遵于四月十六日先行视事，并根据《高等学校暂行规程》进行改组，除改组经过另行报告外，特先函达。敬祈霭察。

　　谨致
本校校董会

私立江南大学校长　沈立人（印）
一九五一年四月十六日

沈立人关于改组致荣毅仁函

毅仁吾兄大鉴：

　　顷接文教处致校董会函一件，以校长事已呈奉核准，兹将该函附上，仍请由校董会备文，将原函转来本校，以便公布，并可着手改组为荷。此致

敬礼

弟　沈立人（印）谨上

一九五一年四月九日

（来源：上海市档案馆 Q 193 - 1 - 1555　S 00038）

沈立人校长关于校务委员会改组等事报校董会的呈文

校字第二二号

　　奉钧会本年四月十二日函开，"略以本校行政领导改为校长制，并聘请沈立人先生为校长，业经呈奉华东教育部核准，并经转报中央教育部备案，请即日就职，进行改组"等由，自应遵办。兹根据《高等学校暂行规程》第五章第二十六条规定，组织校务委员会，原有校务协商委员会自应同时结束。现定于本（四）月二十六日下午二时在本校大礼堂举行校长及校务委员就职典礼，除呈报苏南人民行政公署文教处及华东教育部外，理合检同校务委员会委员名单，备文报请察核备案。

　　谨致

校董会

校长　沈立人（印）

一九五一年四月二十六日

私立江南大学校务委员会委员名单

　　校长：沈立人

　　教务长：骆美轮

　　副教务长：胡钟京

　　总务长：陆仁寿

　　植产系主任：郭守纯

　　电机系主任：金宝光

化工系主任：张泽垚

机械系主任：夏彦儒

数理系主任：金圣一

食品工业系主任：朱宝镛

工业管理系主任：夏宗辉

面粉专修科兼主任：沈立人

图书馆主任：诸祖荫

工会代表：张泽垚　罗聚源　黄书意　章善宝　许冠仁　毕仲翰

学生会代表：邓鸿勋

（来源：上海市档案馆 Q193-1-1555 S00022-S00025）

委托江大增设面专报告事项

一、筹设经过：（略）

二、委托江大增设面专：

本会（监理委员会）本年八月卅日第一次座谈会中，议决以联会名义委函江南大学增设面专一案，经由该会以面宣字一三七号函委托该校代办，已获复函，准予照办。

三、筹缴基金：

联会先后以面□字第一二九、一三六号函请各区筹缴面专基金，并报各区之日出产量摊派之，计：

①西安区摊粉九百零五包

②重庆区摊粉五百十三包

③兰州区摊粉四十八包

④上海区摊粉一万包

⑤天津区摊粉一千五百四十八包

⑥昆明区摊粉五十二包

⑦青岛区摊粉七百十六包

⑧太原区摊粉二百五十七包

⑨汉口区摊粉九百六十一包——计共一万五千包

上列各区中，已经缴纳折计：

①太原区二百五十七包，折合金圆一八三七点五五元

②上海区之允福厂一○三包，折合金圆七三六点四五元

③上海区之成馀厂二二六包,折合金圆一六一五点九〇元

计共四一八九点九〇元,均系按照当日市价计值。

四、各区保送学生情形:

现各区学生,已经保送来会者,计西安区八名,上海区卅六名,汉口区一名,昆明区一人,共计四十六名。经审查上海区保送学生陈元康(见附表)、张务达二名之资格,似有未合,至可否适于保送,尚祈公决。

(来源:上海市档案馆 S399-4-16 20-21)

上海区面粉工业同业公会收文面(37)字第五九四号件

事由:为保送学生孙以贤等四名业经录取,函请转知各生如期到校办理入学手续由。

径启者:

查各区面粉工业同业公会保送面粉专修科学生业于十月一日举行甄别试验,各科成绩评阅完竣。兹查面粉工业全国联合会保送学生孙以贤等四名业经录取。相应检同录取通知四份,函请查照转知各该生如期到校办理入学手续为荷。

　　此致
上海区面粉工业同业公会

私立江南大学启

民国三十七年十月九日

(来源:上海市档案馆 S399-1-47-9 21-22)

上海区面粉工业同业公会收文面(37)字第五九五号件

事由:为准函保送学生薛汉民等十二名业已录取,希望转知各该生如期到校办理入学手续由。

径启者:

顷接西安区公会驻沪代表杜焕章函称,"顷奉江南大学来函及附寄各区面粉公会保送面专学员录取通知书十五份,除本会学员录取通知书三份留转外,其余通知书十二份检同函送贵会,希即查照转知各该学员如期前往江南大学报到入学为荷"等语。查本会保送江南大学应考学生,业已经正式录取者,计西安区陆元常等三名,上海区孙以贤等十六名,汉口区罗声云一名,计共二十名。该校以未将各该保送区域妥为分列,致误将薛汉民、周俊伟、刘宗英、李明善、臧金魁、陈琪德、吉军骥、洪希曾、许士鼎、朱天钦、张衡、孙受培等十

二人之录取通知书,递寄西安区驻沪办事处。相应代为纠正,检附该薛汉民等之十二名通知书,一并转送贵会,以便分列通知前往该校办理入学手续为荷!

此致

上海区面粉公会

中华民国面粉工业同业公会全国联合会　启

中华民国卅七年十月十一日

附件

(来源:上海市档案馆 S399-1-47-9 23-26)

江大教师关于系科重设致荣毅仁函

毅仁主任委员先生道席:

顷由校中宣布:(1)取销文学院;(2)取销理工学院数理系;(3)开办管理学院。值此提倡生产之时期,学校注重工商管理,以求生产事业之发展与时代需要相配合,同人等原无异议,惟管理学院之建立必以取销文理二院为条件,同人等职责所系,见闻较切,深恐本校积年之校誉毁于片时,不忍缄默,请为先生一详言之:

(一)就办学宗旨言

1. 筹办本校之初,设立院系曾经校主、校董及筹备委员等详细讨论,原有周密之计划,自非万不得已,不宜轻易取销,庶几符合人民政府稳步前进之宗旨。

2. 招收学生以后,学校即负有教育之全责,不能中途迫令转系,违反学生入学时之志愿。

3. 文理二学院原有二年之基础,遽行取销,物质、精神同受莫大之损失,即使日后有重行恢复之意,亦恐一经挫折,无可措手。

4. 或者又谓:改设管理学院,学生出路即可不生问题。不知大学以培养人才、研究高深学术为宗旨,并不专为出路设想,何况文理二院学生毕业而后,近之固可从事教育,远之亦可服务社会。专心于此者,本不自个人利益云以为不可者。

(二)文理二院如经取销以后,其他各院对于有关文理方面之课程,延聘教授即发生困难,优良之教授不独不愿寄生于原无关系之院系,同时因志趣相同之教授形势涣散,切磋无从,势必联袂而去。本校夙以第一流大学延聘知名教授,自负倘能考虑及此,即为其他各院着想,文理二院之存在亦有重大之意义。

(三)就学校经费言

1. 文理二院所开课程,如国文、外文、物理、数学等,大都为其他院系而设,即使取销文理二院,此项课程仍不能取销,此项教授仍不能不聘,斯则即就经费方面言之,取销文理二院所省亦复无几。

2.文理二院在设备方面已稍有基础,此后逐渐扩充其所需经费,亦不如其他学院之巨。在七月二日教授会议中,并有在原有院系未充实以前暂缓添设新院系之建议,同人等对新院系之添设并不反对,惟文理二院之不宜取销,显为公意。

(四)就学校行政言

1.本校对转院转系向有限制,读完二年级则不准转院,即准其转入相近之院系,亦须降低一年。南北各大学大都如此。今文理二院学生概行转入管理学院,日后学生援例要求任意出入,学校当局势将无法处理。

2.目前南北各大学未闻有取销文理二院者,将来联合政府成立,对于学制自有规定,文理二院学生修业二年期满转入管理学院,课程是否衔接,规章是否允许,俱不可知。倘有问题,学校当局责任所在,可能发生困难,同时学生家长如有责难亦恐难以应付。

(五)就社会观感言

1.教育人才为百年大计。如院系之废兴决于片时,则今年废文理二院者,明年安知不废其他各院?如此轻率更张,入学学生人怀戒心,如本大学之信誉何?

2.江大成立未久,此时内部院系突然变革,恐将动摇社会对于本校之信心。

(六)就学生人数言

1.目前文法诸科学生参加革命工作者较工农诸科学生为多,此为一时普遍之现象,各校无不如此。至于数理科学生,各大学人数向较工农为少,亦不独本校为然。

2.大学培植人才重在学理的探讨,不仅在应用的技能;重在质的优秀,不重在量的繁多,大学与专科学校之别在此。本校创办之初,其精神所寄托固有所在,今以文理二院学生人数一时减少遽行停办,似非当日创办之初心。

抑尤有进者,生产建设固为今日迫切需要,然整个新中国之建设需要各方人才之配合,文、理、工、农各有其本身之重要性。在联合政府尚未成立、教育方策尚未公布之前,文教主管机关不独无废止文理学院之明令,抑亦何当有此存心?北平为政治中心所在,而北平各大学招收文理二院学生一概如故,即南京、上海各大学院文理学院亦皆继续办理,足见政府之意旨,此则同人等对文理学院之存在所不能不加珍惜者一也。或者以为此次改制曾经校务教务联席会议提出,由校董会决定云云,殊不知教务会议对于院系之废建,原属无权过问,即就校务会议之职责言,此项重大之议案未经广泛征求同人等之意见,未经从长计议,未经提付表决,以报告形式提出即作为决议。校董会徒据提出之报告,信以为郑重商讨之结果,此项事实在七月二日教授会议席上,已由当日出席联席会议之同人加以承认,学术所系,本校前途所系,若干学生学业前途所系,岂可不慎重考虑?此则同人等对于文理二院之存在所不能不加珍惜者二也。同人等非不知缄默取容之道，而揆诸是非之大公，有不得不言者，用特不嫌辞费，尽情提出请对本校文理二院继续办理，则学术前途、本校前途、学生学业前途皆有利，赖临颖神越，诸维亮察。顺颂

道绥

  附：教授会第三次会议决议案乙份

   教授会研究小组会议记录乙份

本校文学院各学系、理工学院数理学系同人启

七月五日

诸祖耿 李 笠 周怀衡 朱正元 沈制平 郑学弢 王文元 束天民 朱东润

姚志英 费大经 罗聚源 阚仲元 黄淑兰 许彦生 陈毓秀 万迪生 张云谷

谢兆熊 陆子芬

教授会纪录撮要

  时间：七月一日

  地址：江大

  出席人数：二十四人

  讨论事项：

  一、朱正元先生提：关于本校院系调整，拟先确定原则如下：文学院与理工学院数理系归并为文理学院。改设文史地、数理、管理三系，至各系应否分组及具体实施办法，由本会推定研究小组提下次全体大会讨论。

  二、沈立人先生提：取销各院组织，以系为单位重行调整本校各学系。

  三、李笠先生提：调整各学系，在合并组织文理学院并增设管理学院之原则下研究具体办法。

  决议：

  （一）第一、二、三案合并研究。

  （二）推沈立人、朱正元、吴大榕、郭守纯、秦含章、李笠、王文元七位先生组织研究小组（召集人：沈立人），根据上列提案并参酌助教会及同学意见商拟方案，径送校董会参考，如有必要时再召开全体会议。

  四、郭守纯先生提：建议校董会尽先充实原有各系设备。如须增设新学系，应先确定该系设备费用，郑重办理。

  决议：通过。

[……]①

设实用院系即工、农及管理三院,未免与大学之体制与精神有违,并将贻本校非一完全大学乃一工商专科学校之讥。实际上,本校文学院及数理系之一部分同学仍愿继续学文理者,与无锡一班有志于精研文理为本校争光荣之青年,皆将因此而摒之于门外,殊为可惜,更无论矣! 荣府不惜巨资创办江南大学,如因此次改革而造成未办一完全大学,仅办一专科学校之结果,岂不更为可惜? 弟等为此再三研究,得一比较妥当之办法,即将文学院改为文理学院。为节省经费计,内中暂设二系,即一面将国文、英文、史地三系并为一系,名文史地系;一面将理工学院之数学系移入此院,再将经济系改为管理学院或管理专修科,原有之理工院改为工学院。若然,则理论与实用学科双方兼顾而特置重于适用科学,既不失为一完全大学,又能适合时势之需要,在经费方面,较之取消文理,所增亦有限。因即不办文理学院,而文理教授必须聘请也。区区愚见,未知果属妥当与否,尚祈垂察。如开董事会研讨此问题,复希代为提供参考是幸。再者,此问题已在校务与教务会议通过,弟等似不当再另发意见,惟以此问题与荣府创办大学之旨及江大前途皆大有关系,故敢破例补陈鄙意,此点并希谅察。敬祝

教安

教授兼史地系主任　王文元

同启

数理系教授　朱正元

六月廿日

（来源：上海市档案馆 Q193-1571 230-241）

拟改江南大学农产制造系为食品工业系的建议书

建议书
拟改江南大学农产制造系为食品工业系

（一）引言

农产物品范围广泛,种类繁多,举凡农林渔牧所生产之物品皆系农产,故广义之农产制造系指一切以农产物为原料,经过科学处理以增加其经济价值之工业而言,其内容除少数轻工业制品而外,其大部属于食品工业范围。

在大学课程中农产制造一项,向来列为农艺化学系之一组,民国二十八年国立中央技

---

① 这封信前半部原档缺失。

艺专科学校始单独设立农产制造系,以培养发酵工业及农产加工之技术干部,此后,国立西北农学院、四川省立教育学院、国立南昌大学农学院及私立江南大学等校先后成立农产制造系,大多以外国之食品工业系或农产加工系为蓝本。课程内容以食品工业为主,仅在选修课程中略开纤维植物、药材、木材干馏等应用化学课程,藉以扩大学习范围,使学生得到选课上之便利而已。

解放后,大学课程务必求其能配合人民政府之教育政策。高等学校的领导关系在东北及华北地区已逐渐改为双重领导。教育部及文教处仅负责各种学科的方针政策与计划制度方面的领导,至于经常的业务教育与日常行政则由政府各有关部门领导,以便与实际业务更加紧的联系,藉以分工合作培养能担任经济建设之专门技术人才。对于农产制造系关系最密切者莫过于食品工业部,自应获得该部之领导,互相联系方能使理论与实际完全一致,故现有之农产制造系似应放弃旧名,改称为食品工业系,以求名实相符。不特在领导上可与其他工业有一显明之区别,即在课程及设备上,易于集中人力物力,而收事半功倍之效。

(二)食品工业系之任务

本系任务,在培养学生以正确的观点、方法掌握食品工业及其他有关学科的基本知识,俾能担任经济建设所需要的食品工业研究与技术人才及中学以上学校的师资。

(三)本系内容

本系之研究对象包括下列八项,而以(1)(2)(3)(4)四项为重点:

(1)发酵工业

(2)淀粉及制糖工业

(3)食用油脂

(4)粮食加工

(甲)砻谷与碾米

(乙)面粉加工

(丙)大豆加工(发酵及油脂除外)

(5)食品贮藏

(甲)干藏(包括粮食仓库)

(乙)罐藏(包括园产加工)

(丙)冷藏

(6)畜产及乳制品

(7)嗜好品

(甲)茶

(乙)烟业

（丙）咖啡及可可

（8）食品工业系之课程与工厂实习

（四）本系课程

本系课程分为：

（1）共同必修课程：政治、体育及第一外国语。

（2）本系基本课程：除本系所开之基本课程外，尚包括他系为本系学生所开之课程，例如：数理系所开之微积分及大学物理，机械系所开之制图学，化工系所开之无机、有机分析及化工原理等课，皆在本系基本课程之列。

（3）专业课程：为养成有理论修养与一定科学水准的食品工业专门人才，故在三、四年级课程中排列各种使学生成为未来专家的专业科目，每一学生必须精读一种或一种以上之专业课程，以便毕业后立刻能参加生产工作。

（4）选修课程：为了学生将来工作的需要及成绩优秀学生之深造起见，酌设选修课程。

为求理论与实际结合起见，特定校外工厂实习为必修。此项实习规定于读完三年级后行之，期限定三个至六个月，实习在四个月以上者，得酌量减免其毕业前总学习时数。

本系课程名目内容及学习时数详见附录之各年级课程表草案（附录Ⅰ）。

（五）本系之设备

本系因基本课程之数理化部门及专业课程中之面粉工业部门皆由其他有关系科代为开设，故本系之主要设备着重于酿酵、制糖、食用油脂及食物贮藏四部：

（1）发酵及微生物研究设备

（2）制糖研究设备

（3）油脂研究设备

（4）粮食加工及食物贮藏研究设备

各部门之设备内容另详（附录Ⅱ）。

（六）本系之实验工厂计划

为配合课程内容及学生实习起见，本系设立半工业化之实验工厂研究学理，改良缺点，创造新法，使理论、技术与应用三者互相联系，藉以发展食品工业。各实验工厂之内容见附录Ⅲ。

附录Ⅰ

食品工业系课程表（1950 年度上学期）

年级	课程	授课	实验	自修	总时数	备注
一年级	化学	3	—	3	6	

续表

年级	课程	授课	实验	自修	总时数	备注
一年级	化学实验	—	3	—	3	
	微积分	4	—	8	12	
	工程画	2	3	—	5	
	动物	2	3	4	9	
	植物	2	3	4	9	
	政治	3	—	3	6	
	英文	—	—	—	—	选课
	国文	—	—	—	—	选课
二年级	物理	4	3	8	15	
	食品作物	3	—	3	6	
	有机化学	3	—	5	8	
	有机实验	—	3	—	3	
	定性分析	2	3	2	7	
	发酵微生物	3	—	3	6	
	微生物实验	—	3	—	3	
	工程画	—	—	—	—	选课
三年级	食品工业概论	2	3	2	7	
	化学工程	3	—	6	9	
	发酵工业	3	3	3	9	
	淀粉制糖	2	—	2	4	
	电工学	3	—	5	8	
	会计学	3	—	3	6	
	制糖原料	1	—	1	2	
	乳制品	1	—	1	2	
	粉品化学	—	—	—	—	选课
	物理化学	—	—	—	—	选课
四年级	发酵化学	2	—	1	3	
	特种发酵工业	1	3	1	5	
	食品分析	1	3	—	4	
	油脂工业	3	—	2	5	
	工厂管理	3	—	2	5	
	机工学	5	—	8	13	
	食品工业专题讲座	3	—	2	5	
	化工原理	3	—	6	9	
	粉品化学	—	—	—	—	选课
	制糖原料	—	—	—	—	选课

附录 II

食品工业系研究室设备计划

一、发酵研究室：主要设备如下

高压蒸汽杀菌器	蒸汽杀菌器	干热杀菌器
过滤杀菌器	恒温培养器	冷藏设备
氢离子浓度测定器	显微镜及各种附件	微生物研究各种仪器药品

二、制糖研究室设备

甘蔗榨汁机	渗透器	偏光器
压滤器	真空蒸发罐	糖度测定计
远心分离器	骨炭过滤器	糖品分析各种仪器药品

三、油脂研究室设备

各种榨油机	原料粉碎机	油脂抽出器
黏度测定计	各种油脂分析仪器	

四、粮食加工研究室设备

本研究室设备拟与面粉系合作。

附录 III

食品工业系拟设实验工厂草案

I 原则：

（一）本计划应就事实之需要，分年按步逐渐实施。

（二）本计划务求配合本系教学内容，使理论与实际联系。

（三）各厂自成一生产单位，一切开支力求自给自足。

（四）各厂生产计划应配合当地社会环境，俾有助于地方经济之发展。

II 项目：依创办之先后为序

（一）酱油厂（已在筹办中）

制造酱油、辣油、豆瓣酱、甜酱及酱菜等。

（二）酒精厂（已在筹备中）

制造纯酒精、火酒及乙醚等。

（三）酿酒厂

制造黄酒(绍兴酒)、白酒(高粱酒)、啤酒、葡萄酒以及其他酒类。

（四）酿醋厂

制造食醋、醋酸等。

（五）淀粉厂

制造纯淀粉、淀粉糖等。

（六）饴糖厂

制造麦芽、麦芽糖及酱色等。

（七）油厂

榨炼及精制动植物油脂。

（八）食品厂

制造面包、饼干、罐头食物等。

（九）粮食加工厂

碾米、磨粉以及粮食贮藏等。

（来源：教育部办公厅档案处）

华东军政委员会教育部为改变系名呈中央人民政府教育部文

教高行字第〇〇〇五〇五号　一九五一年一月廿三日

事由：为同意苏南文教处转报私立江南大学拟改植物生产与管理两系为农艺系及工业管理系事转请核示由。

受文者：中央人民政府教育部

前据苏南人民行政公署文教处一九五〇年十二月二十二日处教高字第三四〇二号呈称，"据私立江南大学江字第八三八号呈称，'本校植物生产系原名农艺系，缘于去年调整院系课程时拟将农艺系扩充，划分动物生产与植物生产二系，旋因经费关系，动物生产未能成立，原农艺系虽改称植物生产系，而课程因[内]容，亦因经费、设备、师资等关系，未获有所变更，兹为求名实相符，拟恢复原名，仍称农艺系。又本校管理学系课程着重工程管理，为使各方易于明了该系内容及本质起见，拟改称工业管理系'等情，经本处派员了解后，认为该校植产、管理二系仍以改为农艺系与工业管理系为宜，所请拟予同意，是否有当，理合呈请鉴核示遵"等语。当经批复转知该校将管理系教学任务及课程内容详报各在卷。顷据该校呈报前来，经我部审查与考虑，认为以该校现有条件及切合需要起见，同意该校所呈将植物生产系恢复农艺系原名，及管理系改为工业管理工程系之请求！当否？仍祈鉴核示遵！

　　谨呈

中央人民政府教育部

　　附呈江大管理系教学任务及课程内容

华东军政委员会教育部部长　吴有训

管理系教学任务及课程内容

　　本校管理系的任务系在《共同纲领》上的教育政策下，培养工业管理工程技术人才，在民主管理及负责制的基础上，厘订各项必需课程，关于工厂生产计划，经济核算各项定额工作，改善操作方法，发挥生产组织基本效用，提高劳动生产率，灌输生产工程必需技术，使所培养人员必须具有工程与管理的基本学识，顺利地参加工业建设并搞好生产工作。本校自有管理系以来，课程实施均系按照上述原则进行。为当初系名太简化，不够明确，拟改为工业管理工程系。现在要使系名更明确起见，请改为工业管理工程系。兹将该系课程内容详细列后，俾作参考。

华东军政委员会教育部校对之章

一年级

课程 ＼ 学期	第一学期	第二学期
政治	3——0——3——6	3——0——3——6
政治经济学	2——0——2——4	2——0——2——4
会计学	3——0——5——8	3——0——5——8
物理	4——3——6——13	4——3——6——13
微积分	4——0——6——10	4——0——6——10
工程书	2——3——0——5	2——3——0——5
经济地理	2——0——2——4	2——0——2——4
共计	20——6——24——50	20——6——24——50

二年级

课程 ＼ 学期	第一学期	第二学期
工程化学	3——0——3——6	—
工业化学	—	3——0——3——6
工程力学	3——0——5——8	3——0——5——8
工业管理概论	3——0——5——8	3——0——5——8
工业心理学（上）	2——2——2——6	—

续表

课程	第一学期	第二学期
统计学	3——0——5——8	3——0——5——8
电工学	3——0——5——8	3——0——5——8
机械原理	3——0——3——6	3——0——3——6
共计	20——2——28——50	18——0——26——44

三年级

课程＼学期	第一学期	第二学期
工程经济	2——0——4——6	2——0——4——6
成本会计	3——0——6——9	3——0——6——9
材料管制	2——0——2——4	—
机构学	3——0——3——6	—
工具机	—	3——0——3——6
工业心理学(下)	3——0——3——6	—
机工实习	—	0——3——0——3
工程材料	—	3——0——3——6
工时研究	—	3——0——3——6
工作估值	2——0——2——4	—
共计	15——0——20——35	14——3——19——36

四年级

课程＼学期	第一学期	第二学期
生产管制	3——0——6——9	3——0——6——9
高成本会计	3——0——6——9	—
会计制度设计	3——0——3——6	3——0——3——6
财务分析	3——0——3——6	—
经济核算	3——0——3——6	—
人事管理	—	3——0——3——6
工资制度	—	2——0——2——4
工厂安全卫生	—	2——0——2——4
品质管制	—	2——0——2——4
生产合作	—	2——0——2——4
共计	15——0——18——33	17——0——23——40

选修课程：		
运输管理	机械设计	专题讨论
车间实务	工厂调查研究	市场分配

华东军政委员会教育部校对之章

（来源：教育部办公厅档案处）

中央人民政府教育部关于改变系名的批复

高三字第一二七号　五一年二月廿日

事由：为同意私立江南大学植物生产与管理两系改为农艺系及工业管理系由。

发往机关：华东军政委员会教育部

华东军政委员会教育部：

　　一月二十三日教高行字第○○○五○五号呈及附件均悉。关于私立江南大学拟将植物生产系恢复旧称为农艺系及改称管理系为工业管理系各节，我部同意。希即转知该校。

部长

一九五一年二月　日

中央人民政府教育部印

（来源：教育部办公厅档案处）

华东军政委员会教育部复一二七号函

　　关于私立江南大学拟将植物生产系恢复旧称为农艺系，及管理系改称为工业管理工程系各节，经于一月廿三日以教高行字第五○五号呈报钧部在卷。顷奉二月廿四日高三字第一二七号复批开："关于私立江南大学拟将植物生产系恢复旧称为农艺系及管理系改称为工业管理工程系各节，我部同意"等因。查，"工业管理系"下无"工程"两字，未知系不同意所拟称之"工业管理工程系"，抑系缮写时遗脱"工程"两字？不敢悬揣之，用函特请赐函裁答为盼！此致

中央人民政府教育部高教司

华东军政委员会教育部　启

一九五一年二月廿六日

（来源：教育部办公厅档案处）

规章制度

江南大学招生委员会组织简章

卅六年八月

一、本会遵照教育部章组织之。

二、本会设委员五人,由本校筹备会秘书处聘任之,并指定其中一人为主席委员。

三、本会会议随时由主席委员召集之,以委员过半数之出席为法定人数。

四、本会会议如主席委员因事不能出席时,得由委员中公推一人为临时主席。

五、本会设命题委员、阅卷委员及监试委员各若干人,由本会聘请之,分任命题、阅卷及监试事宜。

六、本会设总务干事、考试干事及成绩干事各若干人,由本会聘请之,商承本会办理关于总务(文书、会计、庶务)、考试(报名、试题、试卷、试场)及成绩(审核、保管、计算、编制)等事务。

七、本简章经本会之议决通过后施行之。

(来源:苏州大学档案馆 长3 029)

私立江南大学组织规程(草案)

一、卅六年七月廿六日暨九月一日先后呈报教育部备案

二、奉教育部卅六年十一月四日高字第五九三六九号代电修正

三、卅六年十二月六日遵电修正呈部备案

第一章　总则

第一条　本校依大学组织法及大学规程组织之。

第二条　本校定名为私立江南大学。

第三条　本校遵照中华民国教育宗旨及其实施方针,以砥砺德行、发扬文化、研究高深学术、培养专门人才为宗旨。

第二章　编制

第四条　本校设下列各学院系:

甲、文学院　设中国文学系、外国语文学系、史地学系、经济学系。

乙、理工学院　设数理学系、化学工程系、机电工程学系。

丙、农学院　设农艺系、农产制造系。

第三章　行政

第五条　本校设校长一人,总理全校校务,由董事会选任之。

第六条　本校校长室设秘书一人至二人,处理校长交办事宜,均由校长派任之。(注:校长室得视事务需要分设文书、人事两组,各设主任一人。)

第七条　本校设下列各处室:

一、教务处　设教务长一人,由校长就专任教授中遴呈教育部核定后聘请兼任之,处理本校教务及学术设备事宜。教务处设注册出版组及图书馆,分别设主任一人。组员、馆员、办事员若干人均由校长派任之。

二、训导处　设训导长一人,依照部颁修正专科以上学校训导人员资格审查条例办理。训导处设生活指导及体育卫生两组,分别设主任一人,训导员、办事员若干人均由校长派任之。

三、总务处　设总务长一人,由校长就专任教授中遴呈教育部核定后聘请兼任之,秉承校长处理总务事宜。总务处设事务、出纳、保管、医务等四组,分别设主任一人,组员、办事员、药剂生、护士若干人,均由校长派任之。

(注:本校为应事实需要,增加效率,节省经费起见,暂不设校长室及总务处,以秘书处兼摄校长室及总务处各项业务,俟将校务发展后遵照规程调整。)

四、会计室　设会计主任一人,由董事会聘派之,办理本校岁计、会计事宜。会计室设会计员、佐理员若干人,由会计主任提请校长派任之。

各处、室组织细则另订之。

第八条　本校各学院各设院长一人,处理各该院院务,由校长于各该院专任教授中聘任之。

第九条　本校学校各学系各设系主任一人,办理各该系教务,由各学院院长提请校长于各该系教授中聘任之。

第十条　本校得设左列各种委员会:

一、研究委员会　审议有关学术研究事宜;

二、经费稽核委员会　审议有关经费事宜;

三、其他各种委员会。

各委员会组织另订之。

第四章　会议

第十一条　本校设左列各种会议:

一、校务会议　由校长、教务长、训导长、总务长、会计主任、各学院院长、各学系系主任及教授代表（每十人至少选举代表一人）组织之，以校长为主席审议左列事项：

1. 本校预算；

2. 本校院系之设置、变更或废止；

3. 本校各种机构之设置、变更或废止；

4. 本校各院学系学程；

5. 本校各种规程章则；

6. 各处及各委员提议事项；

7. 校长交议事项。

二、教务会议　由教务长、各学院院长、各学系系主任及各该处各主任组织之，以教务长为主席。

三、院务会议　由各学院院长、各该院系主任、专任教授组织之，以院长为主席。

四、系务会议　由各学系系主任分别召集之。

五、本校设训育委员会，以校长、训导长、教务长、总务长、各系主任为当然委员，并由校长选聘专任教授三人至十五人，遵照部颁规程组织之，以校长为主席，训导长为秘书，讨论全校训导事项。

第五章　附则

第十二条　本规程自呈报教育部核准后施行。

第十三条　本规程如有未尽事宜，得由校务会议议决修正，并报教育部备案。

（来源：苏州大学档案馆 永2 018-025）

江南大学董事会组织规程（草案）

一、卅六年七月廿六日呈报教育部

二、卅六年八月十二日，奉部令修正

三、卅六年九月一日遵令修正呈部

四、奉教育部卅六年十一月四日高字第五九三六九号代电修正

五、卅六年十二月六日遵电修正呈部备案

一、本董事会定名为私立江南大学董事会（以下简称本会）。

二、本会以维持及发展本校校务为宗旨。

三、本会会址设于本校。

四、本会设董事五至十五人,并推定一人为董事长,三人至五人为常务董事。除创办人为当然董事,第一届董事由创办人聘请外,均由董事会推选之,任期两年,连选得连任。(注:本校创办伊始,为求推校务进起见,暂设副董事长二人。)

五、本会设秘书一人处理本会决议事项,由董事长提请本会派充之。

前项秘书得由本校职员兼任之。

六、本会之职权如左:

甲、选任或改选校长,并呈报教育部认可;

乙、校务进行计划之审核;

丙、呈请本校立案;

丁、筹划本校经费及资产;

戊、审核本校预算、决算;

己、监察并保管本校财产;

庚、议决董事建议或校长提议事项。

七、本会每年开常会一次,于学年开始前定期行之。必要时,得由董事长或董事五人以上提议、召开临时会议。

八、本会开会以董事三分之二出席为法定人数。

九、本规程得由董事三人以上之提议,经董事会过半数以上之出席决议修改之。

十、本规程呈报教育部备案后施行,修改时同。

(来源:苏州大学档案馆 永2 026-028)

江南大学校政委员会简则

卅六年十二月六日呈部备案

一、本简则根据本大学董事会之决议组织之。

二、本委员会设委员三人至五人,并互推一人为主任委员,一人为副主任委员,除校长为当然委员外,余均由本校董事会聘请之。

三、本委员会秉承本校董事会,执行左列任务:

甲、计划及审议本校重要施政事项;

乙、计划及督导本校校舍之建筑及各项仪器设备之购置;

丙、审核本校教师及重要职员之资历;

丁、审核本校各种重要规程;

戊、审核本校预算及决算；

　　己、其他董事会交议或校长提议事项之处理。

四、本委员会设秘书二人,由会聘请之。

五、本委员会每月举行常会一次,必要时得由主任委员召开临时会议。

六、本简则如有未尽事宜,由本会提董事会修正之。

七、本简则由董事会核定后施行。

（来源：苏州大学档案馆 永2 029-030）

江南大学附设补习班学生甄审考试简则

无锡江南大学教务处印

（一）资格：曾在公立或已立案之私立高级中学或同等学校毕业,或具有高级中学毕业之同等学力者。

（二）报名手续：

学生须缴验下列各件：

1.毕业证明文件；

2.同等学力者,须缴原肄业学校贴有相片之肄业证明书及第一、二两年之成绩单；

3.最近半身脱帽二寸相片一张；

4.报名费及试卷费等一万元（录取与否,概不发还）。

（三）报名日期及地点：

1.日期：十月十六日上午八时至十时

2.地点：无锡荣巷本校

（四）考试日期及地点：

1.日期：十月十六日上午十时至下午四时

2.地点：无锡荣巷本校

（五）考试科目：国文、英文、数学

（六）考生注意事项：

1.考试结果,分函通知；

2.补习班所授科目,以高中主要科程为限；

3.补习班修业期限定为一年,期满及格,给予成绩单；

4.补习班学生均为自费生,其所缴各费如下：

    a. 学费壹佰壹拾万元

    b. 杂费贰拾万元(包括体育费、图书费、医药费等)

    c. 储备费拾万元

以上合计壹佰伍拾万元。

5. 补习班学生无本校学籍,不得享有本校大学部学生之一切权利,但应遵守本校一切规则;

6. 补习班学生膳宿,以自理为原则;

7. 补习班学生欲入本校一年级者,仍须经过入学试验,不得以成绩优异而请求免试。

(来源:苏州大学档案馆 长 3 027)

江南大学教务规则

1947 年 12 月 24 日　第一次校务会议通过

一、教务会议规程

第一条　本规程依照本大学组织规程第十条订定之。

第二条　本会议由教务长、各学院院长、各学系主任、教授代表及教务处各组主任组织之,以教务长为主席。

第三条　本会每学期开会二次,必要时得召集临时会议。

第四条　本会议开会时,须有过半数人员之出席,其决议须经过出席人员半数之通过。

第五条　本会议之职权如左:(一)审议本校教务计划;(二)计划各学院及各学系之联络与发展事项;(三)审议各学院学生共同必修学程;(四)审议教务方面各项章程;(五)审议学生毕业成绩及毕业论文;(六)讨论校长或校务会议交议事项;(七)讨论教务方面之其他重要事项。

第六条　本会议对于本校关系部分如有咨询事项,得请其主管人员列席说明。

第七条　本规程经校务会议通过后施行,修正时同。

二、学业成绩规则

(一)学分　1. 学程以每周授课一小时,满一学期作一学分为原则。实验学程,以每周上课二小时,满一学期作一学分为原则。但其他学程经教务会议另行规定者,不在此限。

2. 学生每学期应按照院系及年级所规定学程学分修习,至少不得少于十二学分;经系主任核准者,得酌减学分数。应届毕业学生,其应修学分尚差一至四学分,而非必修学程者,经系主任核准,得与本系教授接洽,离校补修,其学士学位,应于修满学分后授予。3.留级学生,在次学期修习学分中,应减修三至六学分。

(二)试验 1.临时考试:教员得随时考验学生成绩,作短时间之试验。2.小考:每学期至少举行二次以上之小考。3.学期考试:学期考试于每学期终举行之。4.毕业总考:应届毕业学期,在期终考试前,应按照部章规定,就各院系主要学程三门,举行毕业总考。

(三)成绩 学期成绩,包括下列成绩之总平均数:1.平时成绩,包括例题演习、教室口试、作文习验及阅读报告等。2.小考成绩,包括临时考试。3.学期考试成绩。

(四)成绩计算 1.学生学业成绩之记分,采用百分法,以六十分为及格;五十分以上而不及六十分者,得补考一次;不及五十分者,应重修之。2.每学程之学期总成绩,以平日成绩与小考成绩共占百分之五十,学期考试成绩占百分之五十。有练习或写作之学程,平日成绩占百分之五十,小考成绩占百分之二十,学期考试成绩占百分之三十。3.学期成绩,以每学程之学分数,乘该学程所得之分数,为学分积;以学分数总和,除学分积之总和,所得之商数,为学期学业成绩平均数。4.有连续性之全年学程,必须读满一年,该项学分始予承认。如其中有一学期不及格,须将此一半学程重修。上学期不及格,下学期是否准予选读,由各院系课程纲要中规定,其补考成绩在五十分以上者,准予试读。5.一学期内,如有某一学程,缺课占上课时间三分之一者,不得参与该学程之学期考试。6.修读学程,而未经参加学期考试者,不予承认该学程之学分。

(五)补考 1.学生合于下列条件之一者,得予补考:甲、学期成绩不及格科目之学分总数,不满该学期修读学分总数三分之一,而其成绩在五十分以上者;乙、于考试前因病或重大事故,确不能参加考试,于事前具有证明,经核准者。2.补考以一次为限;补考仍不及格者,应令重读。3.补考时间,由教务处规定,逾期不再举行。

(六)成绩优良之奖励 1.学业成绩名列每系前数名,其成绩总平均在八十分以上,操行在乙等以上者,经校务会议通过,给予奖学金。2.学业成绩总平均在八十分以上者,经校务会议通过,分别给予奖状。

(七)留级、退学、警告 1.修读学程,不及格学分占该学期修读学分总数三分之一以上者,应予留级。2.修读学程,不及格学分占该学期修读学分总数二分之一以上者,应令退学。3.每学期学业成绩,总平均不及六十分者,警告一次。连续两学期受警告者,应予留级;连续三学期受警告者,应予退学。4.学生留级后,次学期修读学程,不及格学分又占该学期所修学分总数三分之一以上者,应令退学。5.学生修读学程,不及格学分占一学期修读学分总数三分之一,而该生主系学科成绩特别优良,总平均成绩又在六十分以上者,应免予留级。

(八)毕业及学位 修毕规定学程,其品行优良,并具备左列条件者,由本校依照所习学科,颁给学士学位:1.修满八学期,其学籍经部令核准者。2.修满规定学分及学程,毕业总考及格者。3.毕业论文依时呈缴,经指导教授及系主任认为及格,并经教务会议通过者。

（九）本规则经校务会议通过后,由校长公布施行,修正时同。

三、教室规则

（一）学生准备至教室上课,不得拥塞各教室之出口。在教室内原有之班未退出以前,不得任意推门闯入,并不得在门上敲击或喧扰。

（二）教室内及各甬道中,绝对不得吐痰及吸烟。

（三）学生在教室内,必须脱帽。

（四）教员入教室及退出时,学生必须起立致敬。

（五）教员向学生发问及点名时,学生必须起立作答。

（六）教员点名时,学生不得代人答到。

（七）教室座位经指定后,学生即须遵守,不得擅自移动。

（八）教员迟到十五分钟以内,学生须在教室静候。

（九）学生不得于黑板上或教室内各处涂写。

（十）学生在上课时,不得阅读课外书报。

（十一）教员未令学生退席以前,学生不得擅自退席,或作催促教员下课之任何表示。

（十二）凡违反上列各条者,除由各教员当面训诫外,并由教务会议斟酌情形之轻重,予以处分。

（十三）本规则经教务会议通过后施行,修正时同。

四、试场规则

（一）学生受试验时,应照教务处编号或教员所指定之座位就坐,不得任意变动。

（二）学生入试场时,须带注册证,以便查验。

（三）学生须按时到场受试,不得迟到。

（四）学生除携笔墨外,非经教员特许,不准携带他物。

（五）学生应听从主试教员及监试员之命令,不得喧哗。

（六）学生如欲暂时出场,须得主试教员或监试员之许可。

（七）学生受试时,不得夹带偷看、抢替传递,或有他种舞弊行为。违者除取消该学程之成绩外,并予严重处分。

（八）试题答毕,应即交卷出场。

（九）学生应准时连同题目纸交卷,逾时不收。

（十）学生如有违犯本规则情事,主试教员或监试员得令其出场,并由校务会议根据教员书面报告,予以处分。

（十一）凡专用本国文字作答之试卷,以用毛笔缮写为原则;用外国文字作答之试卷,以用墨水笔缮写为原则。各卷字迹不得潦草,并不得用铅笔缮写。

（十二）除本校规定考试由本校备试卷外,其他各种临时考试,及平时练习与作文,概由学生自备试卷。

（十三）本规则经教务会议通过后施行,修正时同。

五、学生申请转院或转系办法

（一）本办法参照部颁《专科以上学校学籍规则》第三章订定之。

（二）学生如认为所入院系与本人志趣不合,经家长或监护人之证明,得请求转入他院或他系肄业。

（三）申请转院或转系,以学籍经部令核准者为限。

（四）申请转院转系,限于二年级开始以前办理,均以一次为限。

（五）学生转院或转系,须于每学年未结束前一个月申请之。

（六）申请转院或转系之学生,必须呈缴下列各件:1.本人报告。2.家长或监护人证明书。3.原肄业院长或系主任证明书。4.转入院长或系主任证明书。

（七）转院转系学生,必要时须经考试,及格后始准照转。

（八）未经核准转院或转系之学生,不得预修其他院系之课程。

（九）复学生遇有转院或转系时,得按本办法申请之。

（十）转院系学生,其未能修满所规定之课程者,应延长其修业年限。

（十一）本办法经教务会议通过后施行,修正时同。

六、学生申请休学办法

（一）本办法参照部颁《专科以上学校学籍规则》第四章订定之。

（二）学生因疾病或家庭之特殊情形,经家长或监护人之证明,得申请休学,必要时得请求继续修学,惟休学时间总计不得超过二学年。

（三）休学之学生,必须呈缴下列各件:1.本人报告。2.家长或监护人证明书。3.本人注册证。4.本人二寸半身相片一张。

（四）申请休学及休学年限,须经教务处长转呈校长核准后,方得发给休学证明书。

（五）休学生遇有申请继续休学时,必须呈缴下列各件:1.本人报告。2.家长或监护人证明书。3.原发休学证明书。

（六）申请休学或继续休学之学生,应于每学期开学前一个月申请之。但在校肄业学生,得于学期未结束前申请之。

（七）休学时期成绩尚未结束者,复学时仍在原级肄业。

（八）休学生其学籍未经部令核准者,必须呈缴高中毕业证书,以便转报学籍。

（九）休学生申请复学时,其办法另订之。

（十）未遵校章,不办休学手续,而辍学之学生,以自动退学论。

（十一）休学逾期之学生,不得请求复学或借读,但学籍经核准者,得申请发给肄业证明书。

（十二）本办法经校务会议通过后施行,修正时同。

七、学生申请复学办法

（一）本办法参照部颁《学籍规则》第四章订定之。

（二）休学期满之学生,得请求复学,惟以前后休学期间不超过二学年者为限。

（三）未经核准休学之学生,不得请求复学。

（四）请求复学,应于学期开始前一个月,用书面申请,经校长核准,获得通知书后,方得复学。

（五）复学时,必须与原肄业之院系及学科相衔接。不衔接者,不准复学。

（六）复学时,学籍未经核准者,必须呈缴高中毕业证书,否则不准注册。

（七）复学时,须转院系者,应按照转院系之规定办理。

（八）复学时,必须缴回休学证明书。

（九）本办法经校务会议通过后施行,修正时同。

八、图书馆阅览规则

（一）本校学生在图书馆阅览室阅览者,须凭注册证借书,阅毕交还书籍。

（二）学生在阅览室,应遵守下列各项:1.务宜肃静,不得高声朗读、重步偶语。2.不得吸烟、随地吐痰。3.陈列之图书、杂志、报章等,不得携出室外,阅后并须归还原处。4.图书阅览未毕,因事外出时,必须将所借图书交还后,始可外出。

（三）学生借阅图书时,应遵守下列各项:1.勿污损。2.勿圈点批评或作任何符号。3.勿蘸口水翻页,勿折角。如有上项情事,应责令照市价赔偿。

（四）图书馆开放时间另订之。

（五）本规则由教务会议通过后施行,修正时同。

（原载《荣德生与兴学育才》）

江南大学训导规则

1947 年 12 月 24 日　第一次校务会议通过

一、江南大学训育委员会组织规程

第一条　本规程依据《大学法》第二十五条订定之。

第二条　本会以校长、教务长、训导长为当然委员,并由校长聘请专任教授三人至十五人组织之。

第三条　本会以校长为主任委员,训导长为秘书。

第四条　本会之职掌如左:(一)部颁训育法令实施办法之订定;(二)本校训导计划之决定;(三)学生操行成绩之评定;(四)学生风纪之整饬;(五)协助与指导训导处各项工作;(六)其他校长及校务会议交议或训导处建议事项。

第五条　本会每学期开会二次,必要时得召集临时会议。

第六条　本会开会时,训导处有关组主任得列席会议

第七条　本规程经校务会议通过后施行,修正时同。

二、学生请假规则

第一条　本大学学生(以下简称学生)请假,须依照本规则办理之。

第二条　学生请事假在一天以内者,须向训导处陈明事由,登记入册。

第三条　学生请事假在一天以上或离校者,须缮具报告,向训导处陈明事由,并呈验证明文件。

第四条　学生请病假,须经本校校医证明。

第五条　学生请公假,须经主管人员证明。

第六条　学生因病,不能亲自请假者,得由同学代为请假。但事后补行请假者,作旷课论。

第七条　学生请假期满后,须亲至训导处销假。

第八条　学生未经核准请假,而藉故不上课者,作旷课论。

第九条　学生请假期满而不上课者,作旷课论。

第十条　核准请假之缺席钟点,作为缺课。

第十一条　住校学生于星期日或其他例假日出外者,必须于当晚回校住宿。但家长或保证人预先申请准其外宿,经训导处准许者,不在此限。

第十二条　学生于星期日或其他例假日外出,因急病或他种重大事故,当晚不能回校

住宿者,须经家长或保证人备函证明,否则作未告假离校论。

第十三条　本校定期考试期间,除临时重病或骤遭大故外,学生不得请假。

第十四条　学生因亲丧或重病经证明者,本校得给特假,不作缺课论。但特假假期不得超过两星期。

第十五条　学生旷课一小时,作缺课三小时论。

第十六条　学生旷课每一小时,扣学业平均分数一分。

第十七条　学生请假超过每学期上课时间三分之一者,不论其为特假、公假、事假或病假,一律不准参加学期考试。

第十八条　学生因故不能参加规定集会者,亦须请假,不请假而缺席者,每次与缺课一小时同。

第十九条　学生因事或因病不能如期入学注册者,应先期照章交纳各费,并以书面向教务处陈明理由,申请给假。

第二十条　本规则经校务会议通过后,由校长公布施行,修正时同。

三、学生宿舍规则

第一条　本大学学生取得入舍证后,方得搬入宿舍,其铺位须依照编定号数,不得擅自更动。

第二条　床铺务求整齐清洁,除睡眠需用之被、枕外,不得放置他物。

第三条　铺位下不得堆积杂物或不洁衣袜,重大行李须送存学生行李储藏室。

第四条　学生每日起息时间,须依照作息时间表之规定。

第五条　宿舍内不得高声喧哗,追逐嬉戏。

第六条　宿舍内外不得随地吐痰及抛弃果皮等物,尤不得污损墙壁。

第七条　宿舍内绝对不许容留外人住宿。

第八条　违禁物品不得携置宿舍。

第九条　宿舍内电灯启闭,均有定时,不得私自燃点灯烛,另接电线,或另用强光灯泡,装置电炉及收音机等。

第十条　男生不得擅入女生宿舍,女生不得擅入男生宿舍。

第十一条　本规则经校务会议通过后,由校长公布施行,修正时同。

四、学生行李储藏室规则

第一条　本大学学生储藏行李,依照本规则办理。

第二条　储藏室由训导处派员,会同学生代表一人,共同负责管理。

第三条　管理储藏室之学生代表,由各寝室室长轮流担任,每人轮值一周,在轮值期间,须住宿于储藏室内。

第四条　寝室室长如因故不能按规定轮值时,由副室长代理之。

第五条　训导员及轮值之学生代表,不得离开储藏室,并不得引他人入室或寄宿。

第六条　学生行李存入储藏室,以箱子、网篮为限。

第七条　学生储藏行李,须请管理人员登记入册,编定行李号码,并领取存放行李号码证,其行李号码一经编定,不得请求更动。

第八条　每日下午三时半至五时,为储藏室开放时间。如学生有特殊事故,经呈训导处准许者,不在此限。

第九条　学生入储藏室取物,须向管理人员呈验编号证及注册证。

第十条　学生如因疾病及其他事故,请人代向储藏室取物,除呈验编号证及注册证外,并须由该室室长证明。

第十一条　本规则经校务会议核准后,由校长公布施行,修正时同。

五、学生膳厅规则

第一条　学生得依规定时间进入膳厅,不得争先喧扰。

第二条　进膳厅后,各人按编定席次就坐,不得紊乱秩序。

第三条　学生进膳时,不得谈话、击碗、争吵及发出其他怪声。饭菜如有不适宜之处,各学生不得哄扰,应由学生代表负责解决之。

第四条　学生碗筷须亲自揩洗,并放置指定之处所。

第五条　本规则经校务会议通过后,由校长公布施行,修正时同。

六、学生集会结社规则

第一条　学生集会结社,除部颁《学生自治会规则》别有规定外,依本规则办理之。

第二条　学生组织团体,应以研究学术、砥砺德行及联络感情者为限,绝对不得有任何政治性之组织。

第三条　学生发起组织团体,须将组织章程及发起人姓名、院系、年级报告训导处,经训导处长核准后方得筹备。正式成立时,亦须报告训导处备查。

第四条　学生团体如有修改章程或改选职员事,须于一周内详呈训导处备查。曾受记过处分,或操行、学业不及格之学生,不得当选为学生团体职员。

第五条　学生团体如有集会活动,须于事前由负责人报告训导处,核准后始得举行,并得由训导处派员指导。

第六条　学生团体有违反其原定宗旨,或妨碍学校秩序之行为时,训导处得随时取缔,或命令解散之。

第七条　学生上课时,不得举行任何集会。

第八条　学生团体借用本校校舍举行集会时,须事前呈奉训导处核准。

第九条　学生团体邀请外宾演讲时,应于事前呈奉训导处许可。

第十条　学生团体之通告,须于事前呈准训导处,方得公布。

第十一条　凡违反上列各条之一者,由训导处酌情轻重,对学生团体负责人予以处分。

第十二条　本规则经校务会议通过后,由校长公布施行,修正时同。

七、学生奖惩规则

第一条　本校学生之奖惩,除《教务规则》另有规定外,依本规则办理之。

第二条　奖励分左列三种:(一)嘉奖;(二)奖状;(三)奖物。

第三条　惩戒分左列五种:(一)当面申诫;(二)书面警告;(三)记过(三小过等于一大过);(四)勒令停学;(五)勒令退学或开除学籍。

第四条　本校学生有左列各款之一者,予以嘉奖:(一)学业成绩在七十五分至八十分之间,而为同级、同系之冠者;(二)操行成绩在七十五分至八十分之间,而为同级、同系之冠者;(三)热心公众服务著有成绩,或有其他德行,足为同学表率者。

第五条　本校学生有左列各款之一者,予以奖状或奖物:(一)学业成绩在八十分以上,而为同级、同系之冠者;(二)操行成绩在八十分以上,而为同级、同系之冠者;(三)学业、操行成绩,俱在八十分以上者;(四)对于体育、演讲、辩论或写作,有特殊成绩者;(五)服务公众,有特殊成绩,而学行兼优者。

第六条　本校学生犯左列各款之一者,予以申诫或警告:(一)对于教职员失敬者;(二)不遵师长劝告者;(三)妨害公共秩序者;(四)妨害公共卫生者;(五)侮辱同学者;(六)于公众服务意图规避者;(七)旷课满三次者;(八)毁坏校物者(并责令按照市价赔偿);(九)训导长认为应加申诫或警告之事项。

第七条　本校学生犯左列各款之一者,应予记小过:(一)曾受警告而再犯者;(二)受任何警告满三次者;(三)对师长傲慢无礼者;(四)拾物隐匿不报,意图占为己有者;(五)违犯校规,而情节尚轻者。

第八条　本校学生犯左列各款之一者,应予记大过:(一)曾受记小过处分而再犯者;(二)有侮辱教职员之言行者;(三)有殴辱同学之行为者;(四)妨害公共秩序或卫生而再犯者;(五)男女学生擅自互入宿舍者;(六)未经请假或请假未准,而住宿校外者;(七)违犯考试规则者。

第九条　本校学生犯左列各款之一者,应令停学一学年:(一)记大过满二次者;(二)

操行成绩不及格者;(三)违犯校规情节虽重,而尚非不堪造就者。

第十条　本校学生犯左列各款之一者,应勒令退学或开除学籍:(一)操行成绩不及格,在五十分以下者;(二)记大过满三次者;(三)聚众滋事,破坏学校秩序者;(四)有殴打同学之行为,而情节严重者;(五)损害学校名誉,而情节严重者;(六)侮辱教职员,而情节严重者;(七)违犯考试规则,而情节严重者;(八)有赌博行为,而情节严重者;(九)有偷窃行为者;(十)参加与学术无关之特殊活动者;(十一)经法院判处徒刑以上之犯罪者;(十二)违犯校规而情节严重者。

第十一条　学生记大过一次,扣操行成绩十五分;记小过一次,扣操行成绩五分;警告一次,扣操行成绩二分。

第十二条　学生应受奖惩,由训导处提请训育委员会决议后执行之。

第十三条　本规则经校务会议通过后,由校长公布施行,修正时同。

八、运动器具借用规则

第一条　学生借用运动器具,依本规则办理之。

第二条　运动器具除体育课外,限于课外运动时借用之。

第三条　体育课借用运动器具时,应由各级体育干事填写借物簿,并呈缴其本人注册证后领取之。

第四条　课外运动时,借用运动器具,由各队队长填写借物簿,并呈缴其本人注册证后领取之。

第五条　在借用时间以外,有必须借用之情形时,须经保管员认可后,方可依照规定借领之。

第六条　借用运动器具之时间,每次定为两小时,并不得转借与他人。

第七条　运动完毕,或所借钟点届满时,须将所借运动器具缴还,不得将所借器具私藏寝室或他处。

第八条　学生借用运动器具,逾借用时间后缴还者,体育组得予以警告。经三次警告者,得停止其本学期之借用。

第九条　学生借用运动器具,如有故意损坏或遗失者,除公布其姓名缴训导处酌扣操行分数外,并责令照市价赔偿。

第十条　学生借用之球类,如有破线情形,应立即缴还。

第十一条　学生所借运动器具,如有损坏时,应立即缴还,不得抛弃,否则须照价赔偿。

第十二条　如遇雨雪,管理员得斟酌情形,暂时停止借用。

第十三条　体育组于必要时,得将借出之运动器具立即取还。

第十四条　本规则经校务会议通过后,由校长公布施行,修正时同。

(原载《荣德生与兴学育才》)

清寒学生免费暂行办法

1947 年 12 月 24 日　第一次校务会议通过

第一条　本校为救济清寒学生,特设清寒学生免费额。

第二条　清寒学生免费额分左列两种:(一)全免费生额,免交学费之全部,其名额规定为十名。(二)半免费生额,免交学费之半数,其名额规定为二十名。

第三条　本校学生具有左列各项条件者,得申请免费:(一)在校肄业之正式学生。(二)家庭确系清寒,持有原籍县市主管教育行政机关之家境清寒证明书者。(三)品行端正、学业优良者(操行成绩在乙等以上,学业成绩平均在八十分以上)。(四)未受学校任何惩戒者。(五)未受校内外其他奖学金、助学金或贷学金者。

第四条　凡一年级新生申请免费,除须具第三条之(一)(二)(四)与(五)各项条件外,并审查其入学试验成绩,及高中各年级之学业成绩与操行成绩,以定品学之优劣。

第五条　凡申请免费学生,须于每学期开始时,向训导处呈缴家境清寒证明书,并填就免费申请书。一年级新生并须呈缴高中各年级之学业、操行成绩单,由训导处提请免费审查委员会审核之。

第六条　审核时,依成绩次第,分别核给全免费或半免费,其名额不得超出规定。

第七条　凡在本校服务之专任教员及职员,其子女肄业于本校,得有一人申请为半免费生;如其具有第三条第三项之条件者,得申请为全免费生。此等免费学生,不在规定名额中。

第八条　本办法如有未尽事宜,得随时修正之。

第九条　本办法经校政会议通过后,公布施行。

(原载《荣德生与兴学育才》)

江南大学职员服务规程

1947 年 12 月 25 日　第一次校务会议通过

一、本大学职员自到职之日起薪,离职之日止薪。

二、本大学职员每日办公时间规定八小时,作息时间另订之。

三、星期例假停止办公,但总务、训导、教务、医务各处室,须分别派员轮值。如有急要事项,不论星期例假,得由主管指定人员办理之。

四、寒暑假内,各职员仍须照常工作。如有特殊情形,得酌给假。

五、职员因事或病不能到职时,须请假。一次请假逾两星期者,须请代理。每年请假日数以一月为限。

六、全年未曾请假且忠于职守者,得优予奖励。

七、连续旷职三天以上,或请假过多及办事不力者,得予以罚薪或解职处分。

八、职员因故辞职,须经校方同意,俟交接办竣后,方可离校。

九、本大学职员不得兼任校外职务。

十、本大学为明悉各职员是否胜任起见,得试用一月至三月。试用期间,薪给照支。

十一、本规程经校政委员会核定后,公布施行之。

(原载《荣德生与兴学育才》)

江南大学教员服务规程

1947 年 12 月 25 日　第一次校务会议通过

一、本大学教员分教授、副教授、讲师、助教四级,由校长提请校政委员会核定后聘任之。

二、教员接到聘书后,务须于两周内寄还"应聘书"。

三、本大学教员以专任为原则,兼任者依其资历及所任科目而定其待遇。

四、本大学教员在聘约期内,均有担任导师及其他之委托任务,如编辑刊物、招考新生、旧生补考、出席会议、领导参观等。

五、教员须按照聘约内钟点而排定之课程准时讲授。

六、教员于授课时间外,须随时考查学生品行及指导学生研究、考察等。

七、教员须检查学生出席、缺席,定期举行各种考试,对学生成绩严格考核,将成绩单按时送交注册组。

八、助教一律专任,必要时校长可请其兼任其他职务。

九、教员每年薪俸之计算,专任者十二个月,兼任者十个月。惟专任与在校内兼任职务者,不另兼薪。

十、专任教员授课时间,每周九小时至十二小时。但兼任校内行政职务或从事研究者,得减少之。

十一、指导实验及实习,钟点之计算照讲授钟点折半之。

十二、教员因病因事不能到校授课者,须预向教务处请假。逾一周者须补课,两周者须请代课,其人选须征得系主任、院长、教务长之同意,其薪资由请假教员自理。

十三、在聘约期间,教员因故而拟解约者,须于三个月前,以书面通知校方,经校长提请校政委员会同意后,方得解除之。

十四、凡教员因特殊原因,本校认为不便继续其职务者,校长得提请校政委员会适当处理之。

十五、本规程经校政委员会核定后,公布施行之。

(原载《荣德生与兴学育才》)

私立江南大学组织大纲草案

1948 年 2 月 24 日　第六次校政会议通过

第一条　本校定名为私立江南大学。

第二条　本校以研究高深学术、养成专门人才为宗旨。

第三条　本校置校董会为本校最高机构,由校董五人至十五人组织之。

《校董会章程》另订之。

第四条　本校得由校董会之决议设校政委员会(校长为当然委员),经常负责处理左列各项校务:(甲)计划及审议本校重要施政事项;(乙)计划及督导本校校舍之建筑及各项仪器设备之购置;(丙)审核本校教师及重要职员之资历;(丁)审核本校各种重要规程;(戊)审核本校预算及决算;(己)其他校董会交议或校长提议事项之处理。

《校政委员会简则》另订之。

第五条　本校置校长一人,秉承校董会之方针及校政委会之决议,综理校务。必要时并得设副校长一人,辅助校长处理校务。校长、副校长均由校董会选任。

第六条　本校分设文学、理工及农学三学院。

第七条　本校各学院设置各学系如下:(甲)文学院,中国文学系、外国语文系、史地系、经济系;(乙)理工学院,数理系、化工系、机电系;(丙)农学院,农艺系、农产制造系。

第八条　本校得设各种研究所,其规则另订之。

第九条　本校设教务、训导、总务三处,置教务、训导及总务长各一人,秉承校长分别主持全校教务、训导及总务事宜。由校长就本校教授中遴选兼任,提请校政委员会通过后聘任之。

第十条　教务处分设注册组及图书馆,各设主任一人,组员及馆员若干人。

第十一条　训导处分设生活指导及体育卫生两组,各设主任一人,组员若干人。

第十二条　总务处分设文书、出纳、事务、保管[①]、医务五组,各设主任一人,组员若干人。

第十三条　本校各组、馆主任及组员、馆员均由教务、训导或总务长分别商请校长,提送校政委员会通过后聘任之。

第十四条　本校设校长室,置秘书一人,由校长提请校政委会通过后聘任之。

第十五条　本校设会计室,置会计主任一人,助理员若干人,秉承校政委员会之规定,并受校长之指挥,办理本校岁计、会计事宜。其人选由校政委员会主任委员会同校长聘任之。

第十六条　本校各学院各置院长一人,综理院务。由校长就各该院教授中遴选兼任,提请校政委员会通过后聘任之。

第十七条　本校各学系各设系主任一人,办理系务。由院长就各该系教授中遴选兼任,商请校长提送校政委员会通过后聘任之。

第十八条　本校教师分教授、副教授、讲师、助教四种,由院长、系主任商请校长提送校政委会通过后聘任之。

第十九条　本校得因教学实习及研究之需要,分别附设各种实习或实验机构,其细则另订之。

第二十条　本校设校务会议,以校长、教务长、训导长、总务长、各学院院长、各学系系主任、会计主任及教授代表组织之,以校长为主席。

第二十一条　校务会议审议左列各项:(一)预算;(二)建议院系之设立、变更与废止;(三)各院系学程;(四)教务、训导及总务上之重要事项;(五)本校内部各种规章;(六)校长交议及其他重要事项。

第二十二条　本校设行政会议,以校长、教务长、训导长及各院院长组织之,校长为主席,处理左列各项:(一)审议经常校务兴革事项;(二)解决各部分间相互有关事项;(三)审议各种重要计划;(四)临时发生事件之处理;(五)校务会议交办事项。

第二十三条　本校设教务会议,以教务长、各学院院长及各学系主任组织之,教务长为主席,讨论教务上重要事项。

第二十四条　本校各学院分设院务会议,以院长、各学系主任及本院教授、副教授代

---

① 该年三月十一日,荣一心与乐幻智联名复批函中第二条:"保管组暂不设立",以力求撙节。

表组织之,院长为主席,讨论本院学术、设备及其他有关院务事项。各学系设系务会议,以系主任及本系教授、副教授、讲师组织之,系主任为主席,讨论本系教学、研究及其他有关系务事项。

第二十五条　本校各处分设处务会议,以各处主管人员及各组、馆主任组织之,各处主管人为主席,讨论各处主管重要事项。

第二十六条　本校设训育委员会,以校长、教务长、训导长为当然委员,并由校长聘请教授三人至十五人组织之,校长为主席,训导长为秘书,规划有关训导之重要事项。

第二十七条　本大纲经校政委员会通过后,报请校董会备案,并公布施行。

(来源:苏州大学档案馆 永 8 032-036)

江南大学卅六学年度第二学期学生注册须知

江南大学发文江字第 147 号　民国 37 年 2 月 28 日

教务处、总务处、会计室、出纳组会稿

一、日期:三月三、四日上午八时至十一时,下午二时至四时半。

二、地点:本大学办公室

三、报到:凭注册证向注册组换取注册程序单、成绩簿、学生状况调查表。

四、缴费:凭程序单向出纳组领取缴费凭证,再至指定银行缴费,并领回缴费凭证。

选课注册:

1.凭缴费证,至注册组领取空白选课表及学程证。

2.随带空白选课表、学程证,至主管学院院长室选课。

3.凭交费凭证,将选课表、学程证呈缴注册组查验盖章,并领回选课表及学程证,此证须于第一次上课时呈缴任课教员,迟缴者以缺课论。

4.凭缴费凭证将学生状况表、成绩簿呈缴注册组,并领回注册证。

5.凭缴费凭证至训导处,领取入舍证。

6.凭缴费凭证至总务处领取校徽。

附注:

学生填写学生状况调查表、选课单及学程证,务须将应填各项一一详填,不得潦草,学程名称尤不得简称,学分数目必须准确,各学程组别亦应填明。

无锡江南大学教务处印

(来源:苏州大学档案馆 长 26 106)

江南大学学生勤工助学办法

1948.4.9 校政委员会第七次会议决议

一、本校为扶助清寒学生,提倡勤工助学,特订定本办法,并设置勤工助学委员会办理之。

二、勤工助学委员会设委员七人至十五人,以训导长为主任委员,教务长、总务长、各院院长及各系系主任为当然委员。

三、勤工助学生每月工作不得超过四十小时,每小时酬报一角五分。

四、勤工助学之主要工作,暂设左列四种:甲种,写讲义、画图表及打字等;乙种,工场工作;丙种,农场工作;丁种,杂务工作。

五、本校清寒学生如须勤工助学者,可向勤工助学委员会申请登记,由勤工助学委员会考核及格后,推荐至各部门,酌派工作。

六、写讲义、画图表及打字办法:1.各院讲义,以各该院选读各该学程之学生缮写为原则;如该院无人缮写,亦可由他院学生缮写。2.西文讲义,每一张蜡纸算一小时。3.中文讲义,每一张蜡纸算一小时半。4.打字一张,算一小时。5.画图表另议。

七、工场工作办法:1.工场工作,以理工学院学生选习工场实习者担任为原则。各院学生如确具制造或修理该项指定仪器或零件之能力,并经考核及格者,亦得担任工场工作。2.制造或修理各种仪器、零件之工作,包括下列各项:木工(包括木模之制造);翻砂;钳工;锻工;机械工(包括车工、刨工、铣工等);装配并试验;修理;其他。3.制造或修理各种仪器、零件,以一小时为工作单位(于必要时,工场指导员得限定制造或修理仪器、零件之时日,如有逾限而尚未完成者,得视其轻重,核减其报酬)。4.工场指导员于决定制造或修理某项仪器、零件后,应预先估计某单位仪器或零件所需之时数,呈请主管单位核准,然后登记学生,开始工作。

八、农场工作办法:1.农场工作,以农学院学生选习农场实习者担任为原则。各院学生如确具农场工作能力,经考核及格者,亦得担任农场工作。2.农场工作包括下列各项:农艺(食用及特用作物);园艺(蔬菜、庭园及苗圃);畜牧(饲养及管理);农产加工;农用药剂;各种农业标本及模型等。3.农场工作以一小时为单位。4.农场指导员于决定作物之种植、收获、调制、家畜饲养或农产加工等后,应预先估计单位工作所需之时数,呈请主管单位核准,然后登记学生,开始工作。*

九、勤工助学报酬,每月结算一次。

十、本办法经校政会议通过后施行,修正时同。

* 校政委员会第七次会议决定,在"农场工作办法"后应增加"杂务工作办法",原文缺。

(原载《荣德生与兴学育才》)

江南大学导师制实施细则

1948.4.9 校政委员会第七次会议决议

一、本校为训教合一,发挥教育功能起见,特制订本细则。

二、各院系学生以十五人至二十人为一组,每组设导师一人,由校长聘请教授担任。

三、在学期开始时,由训导处公布每组学生及担任导师之姓名。每组导师及学生,各学期应尽可能减少更动,俾导师与学生有长时间之接触。

四、各组导师对于学生之思想、行为、学业及身心修养,均应体察个性,依据学校训育方针施以训导。

五、导师除对学生个别训导外,并可利用课余及例假时间,集合本组学生,举行谈话会、讨论会、远足会、交谊会,以及其他有关团体活动之训导。

六、导师对于学生之性行、思想、学业、身体状况等项,均须加以记载,并针对学生缺点,提出改进意见,每学期报告训导处一次。如平时发现学生不良习性或其他特殊事项,并须随时通告训导处。

七、导师认为学生不堪训导时,可请求校长准予退训,由学校另行聘请导师训导。如再经退训时,即由学校核予惩处。

八、训导处每月召集训导会议一次,由各组导师出席,汇报各组训导实施情形,并研讨关于训导之共同问题。

九、训导会议由校长担任主席,校长缺席时,以训导长为主席。

十、导师应于学期终结时,将该组学生之操行评定等第与评语送交训导处,作为评定学生操行分数之参考。

十一、本细则经校政会议通过后施行,修正时同。

(原载《荣德生与兴学育才》)

教育部立案私立江南大学招考一年级新生简章*

中华民国三十七年六月

* 见图片部分。

江南大学招生委员会组织规程

卅七学年度（教务处拟）

一、本校为遵照部颁招生办法，办理招生事宜，设置招生委员会。

二、本会以正副校长、教务长、训导长、总务长、文学院长、理工学院长、农学院长为当然委员，另由校长加聘任五至七人为委员共组织之。

三、本会会议以校长为主席委员，如主席委员因事不能出席，得由主席委员指定委员一人，担任临时主席。

四、本会会议随时由主席委员召集之，以委员过半数之出席为法定人数。

五、本会设命题委员、阅卷委员及监试委员各若干人，由本会聘请之，分任命题、阅卷及监试事宜。

六、本会设总干事一人，干事各若干人，商承本会办理关于总务（文书、会计、庶务）、考试（报名、试题、试卷、试场）及成绩（审核、保管、计算、编制）等事务。

七、本规程经校务会议决通过后施行之。

（来源：苏州大学档案馆 长3 030）

江南大学校务委员会简则草案

1949年3月19日呈董事会

一、本简则根据本大学董事会之决议组织之。

二、本委员会设委员九人，由董事会推举董事三人参加，会同本校三院院长、三处处长组织之。除主任委员由校董会指定外，副主任委员一人由本委员会推定之。

三、本委员会执行左列任务：

　甲　计划及审议本校重要施政事项。

　乙　计划及督导本校校舍之建筑及各项仪器图书设备之购置。

　丙　审核本校教师及职员之资历，由主任委员处理任用解聘事项。

　丁　审核本校各种重要规程。

　戊　推进教务训导设施及员生生活改进事项。

　己　审核本校预算及决算。

　庚　其他董事会交议或各院处提议事项之处理。

四、本委员会设秘书一人由会聘请之。

五、本委员会每月举行常会一次,于每月第二星期周末举行之。必要时得由主任委员召开临时会议。

六、本简则如有未尽事宜由本会提董事会修正之。

七、本简则由董事会核定后施行。

(来源:苏州大学档案馆 长 14 041)

私立江南大学教职员工评议委员会组织大纲

一九五〇年一月十三日校务委员会第六次会议通过

第一条　本会定名为私立江南大学教职员工评议委员会。

第二条　本会以健全校内各工作部门,求得教职员工待遇之公平合理,并提高工作之积极性,使学校得迅速地充实发展为宗旨。

第三条　本会直属于本校校务委员会,以审查资历,考核工作成绩,及评议待遇为职责。

第四条　本会暂以左列各部门推选代表充任:

甲、各系务会及科务会各推举教员一人(包括语文系),又普通课目教员合选一人。

乙、各系会、各科会各推举学生代表一人。

丙、教授会、讲助会、学生会、工友会各推代表一人,职员会推代表二人。

丁、为取得紧密联系起见,校务委员会得推选代表一人,但不得当选为本会主任委员。

戊、本校各部门主管人员,不得当选本会委员。兼任教员有选举权,无被选举权。

第五条　本会评议范围,根据第二条、第三条之规定,得为左列各项:

甲、审查教职员工之资历。

乙、考核教职员工之本位工作及成绩表现。

丙、评定待遇阶级。

丁、审核工作繁简,及其他有关人事之重大事项。

评议会规程,由本会正式产生成立后,由会员共同拟订,经校务委员会通过后施行。

第六条　本大纲于校务委员会通过后有效。

(来源:苏州大学档案馆 永 16 024)

· 394 ·

私立江南大学教员聘任待遇暂行规程

一九五〇年六月九日第二十次校务委员会通过

第一条　本校教授、副教授、讲师、助教(统称教员)之聘任及待遇,依照本规程办理。

第二条　专任教员之聘任期第一次定为一年(其于学年之第二学期起始聘任者得为一学期)。第二次续聘为一年,以后续聘得为二年或一年。兼任教员之聘期,为一学年或一学期。

第三条　在聘约有效期间,除违反聘约之规定外,非有重大事故而提出事实证明,经评议委员会审查、校务委员会通过、呈奉教育行政主管机关核准者,不得解除教员之聘约。

第四条　在聘约有效期间,教员非经学校同意,不得中途辞职。

第五条　续聘书应于聘约期满一个月前发出。

第六条　专任教员之薪俸暂定如左:(元为单位)

等别　　　月薪　等别	助教	讲师	副教授	教授
第一级	220	340	460	600
第二级	200	310	430	560
第三级	180	280	400	520
第四级	170	260	370	480
第五级	160	240	340	440
第六级	150	220	310	410
第七级	140	200	280	380

薪俸已满六百元而曾任教授满七年并著有成绩者,其薪俸得在六百元以上但以八百元为最高额。其超过六百元之数,亦不得多于二十元乘其已支六百元以后之年数。

第七条　兼任教员之薪俸,按本人资历,比照专任教员之薪级及其每周担任课程之时数比例支给。

第八条　新聘教员应交由评议委员会审查,以自最低级起薪为原则,曾在他校任教提出证明者,得由评议委员会根据教员资格审查薪给评定暂行规程,决定其薪级。已在本校任教、著有成绩者,亦得交由评议委员会按同规程审查后酌予晋级。

第九条　教授、副教授年功加俸,以二十元为原则。讲师年功加俸,以十五元为原则。助教年功加俸,以十元为原则。

第十条　教员以专任为原则,专任教员应常川驻校,非有特别情形,经商得学校同意者,不得在校外兼课或兼职。

第十一条　专任教员薪给,全年以十二个月计算,半年以六个月计算。新任者在开学后一星期内到校,聘约为全年者,以全年计;聘约为半年者,以半年计。在开学一星期以后到校者,以到校之月起薪。在十五日以前到校者,支全月薪;在十六日以后到校者,支半月薪。离职在学期考试以后者,支全薪;离职在学期考试以前者,以离职之日止薪。兼任教员之薪给,每学期以五个月计算。其起讫薪办法,与专任同。上述各项待遇有特殊情形者,学校得考虑具体情况斟酌办理。

第十二条　专任教授、副教授、讲师授课时数每周以九小时为原则。担任行政事务,或实际上须以充分时间从事实验或研究,经校务委员会通过者,得酌量减少授课时间。教学实验之时间以两小时作一小时计算。担任语文改作课程者,以改作一班为原则。超过者,每加一班加钟点费一小时。专任教员任课时数超过规定者,照兼任教员待遇增酬。

第十三条　教员服务规程及优待办法另订之。

第十四条　本规程经校务委员会通过后施行,修正时同。

(来源:苏州大学档案馆　永16 085-087)

化工系实验器材暂行管理简则

一九五○年六月十日第廿一次校务委员会议通过

一、本系为便于管理实验器材起见特订本简则。

二、本系有关实验各室储存器材之管理由系主任或系务会议所公推之一人为主管人,并由储藏室、用品室及各预备室负责人分别负责管理。

三、关于储藏室部分:

本室负责人应行负责及注意之事项如左:

1. 本室管理负责登记保管本系一切实验器材。

2. 本室以供应本系各部分教学需用器材为原则,不与系外发生关系。

3. 系外商借实验器材须由本系主任(或公推之主管人)签字方得借出。借据由本室保存到借出期满时,应向借用部分索还,报告系办公室注销。

4. 本室存放实验器材地点除学校行政人员因公查看外,任何人不得本系主任(或公推之主管人)许可不得入内。

5. 各实验室添购实验器材须经通知本室开单,交系办公室,会同总务处购买。

6. 各实验室所用实验器材须有具领条注明用途,向本室领取,如有特殊情形,得请本系主任（或公推之主管人）签名后，再行付给。

7．各预备室、用品室之实验器材用后应随时归还，向各部分收回。

8．所有木箱及药品盛器不论空实，均由本室整理保管。

9．每月五日前须将上月购入及发出（注明发给部分名称）之仪器药品及一切实验器材之种类、名称、数量及价值列表报告系办公室。

10．每学期终了时须将仪器药品及一切实验器材收发情形列表（分〈一〉原存〈二〉新添〈三〉损坏或消耗〈四〉现存四项）报告系办公室。

11．每学期终了时须将现存仪器药品及一切实验器（材）分种类、名称、数量及价值列表及损坏或消耗报告系办公室。

四、关于用品室部分：

本室负责人之职责如左：

1．管理各实验室之启闭及整理公用器材，如水缸、水柜、瓦钵、铁器、木器等物。

2．保管及供应学生实验器材，除储藏室外，不与其他部分发生直接关系。

3．每月五日前，应将上月向储藏室收支仪器种类及数量列表报告系办公室。

4．每学期终了时，应将本学期内向储藏室收支仪器及种类及数量列表报告系办公室。

5．每学期终了时（二周将），应将学生损失仪器种类、名称、数量及价值列表报告系办公室。

6．每学期终了时，应将各学程所有消耗酒精、木塞及滤纸数量种类价值列表报告系办公室。

7．每学期终了时，除应归还储藏室者外，应将现存仪器名称及数量列表报告系办公室。

五、关于各预备室部分：

各预备室由主管人委托一人或数人负责管理下列事项：

1．保管实验器材登记收支账目。

2．预备各课实验及管理有关实验之公用器材。

3．每月五日前，应将上月向储藏室收支仪器药品种类名称及数量列表报告系办公室。

4．每学期终了时，应将一学期内向储藏室收支仪器药品种类名称及数量列表报告系办公室。

5．每学期终了时，应将一学期内所损坏之仪器种类、名称及数量以及各学程所用药品之种类、名称及数量及价值列表报告系办公室。

6．每学期终了时，应将现存之仪器药品名称、种类、数量及价值列表报告系办公室。

六、本系各部实验器材非得各该室负责人之同意不得借出。

七、本系对本校其他部分遇有暂借交换或分让实验器材时应由双方主管人协商办理。

八、本简则经系务会议通过后呈报校务会议审定后公布施行，修改时同。

（来源：苏州大学档案馆 永 15 042－043）

私立江南大学生产委员会组织大纲

一九五〇年六月十日第廿一次校务委员会议通过

一、本会定名为私立江南大学生产委员会。

二、本会属于本校校务委员会。

三、本会以利用校有农田及半实习、半生产之农场、工场，联合实验与生产，藉熔生产与教育于一炉，而收实际生产与生产自救之效（限投资最低能自给自足者）为宗旨。

四、本会由下列人员组织之：

凡有农场、工场之各系及管理系，各推代表一人，教授会、学生会、讲助会、职员会、工友会各推代表一人，共若干人组织之。

五、本会设主任委员一人，由全体委员互推之。

六、本会为基金之筹划及保管，得设基金保管委员会，其规则另订之。

七、本会于每月举行常会一次，必要时得召开临时会议。

八、本会职权在有关本校生产事业之计划、实施、管理、改进与考核。

九、本大纲经校务委员会通过后施行，修改时同。

（来源：苏州大学档案馆 永 15 039）

私立江南大学招生简章

一九五〇年七月

（一）招考学系科：

1.管理学系　2.数理学系　3.电机工程学系　4.机械工程学系　5.化学工程学系　6.植物生产学系　7.农产制造学系　8.面粉专修科

（二）招考年级（男女兼收）：

各学系一年级新生　二、三年级插班生　面粉专修科一年级新生

（三）投考资格：

1.曾在公私立高级中学有毕业证书或升学证明书者。

2．曾在后期师范学校毕业有毕业证书及毕业后服务满二年之证件者。

3．曾在公私立高级职业学校或中等技术学校毕业有毕业证书及毕业后服务满二年之证件者。

4．凡具有高级中学毕业的同等学力有左列证明之一者：

（1）修满高中二年并有一年以上之自修持有证件者。

（2）县以上人民政府或市人民政府教育行政机关之证明。

（3）县以上工会或解放军团以上政治机关之证明。

5．曾在公私立专科以上学校一年级或二年级肄业期满得有转学证书者，得投考性质相同之学系二年级或三年级。

（四）报名手续：

1．填写报名单。

2．呈验第三项所规定投考资格之各项证件或转学证件。

3．缴纳最近二寸半身相片三张，相片后注明姓名、年岁、籍贯。

（五）报名日期及地点：

1．日期：八月六、七两日

2．地点：无锡（省立无锡师范）、上海（建国西路二九六号）、南京（国立南京大学）、杭州（国立浙江大学）

3．通信报名应函寄拟应考地区之报名处，至迟须于考试前两日挂号寄到。

（六）考试日期及地点：

1．日期：八月九、十两日

2．地点：与报名地点同，但上海区考场在西康路新闸路口大同大学。

（七）考试科目：

月	日	8:00～9:50	10:00～11:50	1:30～3:00	3:30～3:50
八	九	数	英	国	政
	十	理	史地	化	

（来源：江南大学档案馆SLJD-11）

私立江南大学临时校务协商委员会组织章程草案

一九五〇年七月卅一日呈苏南行政公署文教处

一、本年七月卅一日学期结束后，原有校务委员会任务亦随同结束。在下学期新负责机构未成立以前,由校董会聘请一人主持一切校务并组织临时校务协商委员,会以备咨询而便商讨校务问题。

二、本委员会由委员十五人组织之,设正副主任委员各一人,均由校董会聘请之。

三、下学期新负责机构成立时,本委员会即行撤消。

四、本章程呈准苏南行政公署文教处备案后施行。

（来源：上海市档案馆 Q 193－1－1555 S 00060）

私立江南大学一九五〇年度上学期校务实施大纲

一九五〇年十月十一日校务协商委员会第二次会议通过

一、基本方针

第一条 遵照高等学校教育宗旨,针对本校各学系的目的性,加强政治思想学习,提高思想水准,达到民主团结,共同负责办好学校,并为初步改造课程做好准备,同时注意改进教学方法,以求教好及学好业务,主要在:

（一）开展全校师生土改反封建学习,为本学期中心工作和维持改造学校的基本环节。

（二）各学系业务教学应求理论与实际一致,并在条件许可的情况下,与土改教育相机配合。

二、组织领导

第二条 校务委员会为本校行政及教学的统一领导机构,在校务委员会正式产生前,以校务协商委员会代行职权,并彻底实行民主协商原则。

第三条 校务委员会职责如下:

（一）领导本校一切行政及教学事宜。

（二）商决本校教职员工的进退事宜。

（三）通过并公布本校预算决算。

（四）通过并公布各种重要制度及规章办法。

（五）通过并公布各系教学计划及教学大纲。

（六）研讨并议决本校重大兴革事宜。

（七）议决有关学生的重大奖惩事宜。

校务委员会详细规章另订之。

第四条 校务委员会下得设各种专门委员会,其详细规章另订之。

三、经济公开

第五条　本校经费收支应编造预算严格执行,并将收支实况经审查后按期公布。

四、土改教育

第六条　土改教育为本学期中心工作,在校委会统一领导下,建立有关土改教学的组织,拟定具体实施计划,彻底执行。

第七条　土改教育为全校教师的共同任务,以系主任为首实地参加学生小组的指导及督促工作。

第八条　各级政治课一律教土地改革问题,其他课程相机配合,并须运用各种方式,通过各种活动,激发学生情绪,提高学生兴趣,彻底打通土改思想。

第九条　政治课教学时间,采一般分散、重点的集中原则,其他课程时间的支配为便利土改教学适当加以调整。

土地教育具体实施计划另订之。

五、教职员工在职学习

第十条　本校正式工会未成立前,应在校务委员会下,成立教职工在职学习委员会,其任务如下:

(一)拟定教职员工在职学习计划。

(二)负责布置、检点、督促及总结教职员工在职学习工作。

(三)汇报教职员工在职学习情况。

第十一条　全体教职员工以处系为单位,并照顾人数多寡,编成若干学习小组,以个人自学、小组讨论为基本办法,并确立正确的学习制度。

第十二条　教职员工在职学习,本学期以土改学习为中心,提高政治觉悟,端正立场观点,明确业务方针,发展为人民服务的思想。

第十三条　适当展开批评与自我批评,彻底打破学术与政治无关的纯技术观点。

教职员工在职学习具体实施计划另订之。

六、课程教学

第十四条　在校务委员会领导下,教导处应联系各系办理下列各项:

(一)研究及制定课目的教学计划及教学大纲。

(二)审查课目的教材教法。

(三)检查教师的教学及研究工作。

(四)领导与组织学生的自修、实验、参观、实习及讨论。

(五)听取与讨论教师关于教学计划、教学大纲的实施和总结报告。

第十五条　教学内容要适当精简,并按照学系及不同年级,明确重点任务,教材要逐步做到一律用本国语文。

第十六条　教学方法必须适合对象,照顾学生接受程度,并适当掌握理论与实际结合的原则,教学方式以教师讲授及指导学生自修为主,指导学生实验、参观、实习及讨论为辅。

七、民主纪律

第十七条　为加强集体生活,建立民主纪律,健全学习组织,各系学生分编为若干小组。

第十八条　建立必要制度及学习生活公约、请假规则、点名制度等,并通过表扬与批评纠正学生自由散漫的风气。

第十九条　各种制度的确立,必须经过自下而上的讨论,在自觉自愿的基础上,保证执行。

各种制度的详细办法另订之。

第二十条　本校专任教职员工一律以住校本部为原则,指导学生生活及课外学习。

八、生产节约

第二十一条　全体师生员工展开劳动生产,发扬爱劳动、爱护公共财物的思想作风。

第二十二条　由本校农场划出一部分地区,供做劳动生产,并做到精耕细作,分组负责,分区指导。

第二十三条　合理执行财物、水电节约,提倡废物利用。

九、其他

第二十四条　本校工会(工筹会)、学生会、青年团等,应团结师生员工,协助学校完成教学行政计划并推动全校师生员工的政治与业务学习。

第二十五条　本大纲如有未尽事宜,由校务委员会随时修正之。

（来源：苏州大学档案馆 永15 017-020）

私立江南大学工读生规章

一九五〇年十一月八日第三次校务协商委员会议通过

一、本校各部门在工作上人手不敷时,得酌择品学兼优、力能胜任、家境清寒之学生为工读生以资协助。

二、工读生以不妨碍其本人学业为原则,故申请登记时必须取得其本系系主任之书面认可。

三、本校各部门工读生名额须经校委会通过决定并公布之。

四、愿为工读生之学生应先向各有关部门申请,由各部门主管视工作上之需要,暨学生之能力是否胜任,审核登记之,经汇送辅导组,会同学生会就各部门工读生之名额民主评定,提出意见后,再由各部门主管分派工作并报请校委会备案。

五、工读生担任工作时,校方酌给酬劳(编入预算),其酬劳系按工时计算,每一工时定为壹个上海折实单位(每工时中应行完成之工作由各部门决定,报请校委会核定),每人每月之酬劳总数以不超出贰拾个上海折实单位为最高限度,在工读生报到工作日起开始计支。

六、工读生担任工作之期限自派定之日起至工作终了之日止(酬劳费亦同时停止)。每学期开学时须按照上列第四项之规定办理。

七、工读生在担任工作时期内因故请假须请人代理,其代理人必须得主管人同意。

八、工读生在担任工作时期内,如有怠忽工作、无故旷工,或连续请假(不论病假、事假、婚假暨已请代理人)逾七天以上,以及其本系系主任认为因功课加重,已妨碍学业,或其服务部门主管认为力不胜任,或工作不宜时,均可由所服务部门之主管随时中止其所任工作,酬劳费亦同时停止支给,并报请校委会备案。

九、本校工读生名单与各生之酬劳数,由校方通知减免费评议委员会,以为评定清寒学生减费或免费时之重要参考资料。

十、各部门有生产收入及另有预算余额者,可另定办法送请校委会核准办理。

十一、本规章于校务委员会核议通过之日起实施,以前之工读办法即于该日起废止。

十二、本规章得由校务委员会之决议修改或补充之。

(来源:苏州大学档案馆 永18 021)

江南大学学生请假规程

一九五一年三月廿三日校委会通过

第一条　本大学学生请假依照本规程办理之。

第二条　凡学期开始,学生因故不能如期入学注册者,应先期书面向教导处陈明理由,申请给假(假期至多不得超过二星期),并须于规定注册限期内托人代办入学手续(在规定注册限期内不完成注册手续者,不拘请假与否,统以休学论)。

第三条　凡平时请假,必须书面申述理由,透过小组长之签注意见,取得生辅组主任之核准。

第四条　凡因病或因事得请病假或事假,因公得请公假。

第五条　凡请病假须经校医医院或医师证明,请事假须有有关函件证明,请公假须有学生会或有关主管部门之证明。

第六条　凡有特殊原因本人不能进行请假手续时,得书面委托他人于事前依照本规程代为请假,不得事后补假。

第七条　凡请假期满必须亲至生辅组销假,期满而不销假者,其逾假之日期统以旷课论。

第八条　凡未经请假或请假而未经过核准而缺课者,以旷课论。

第九条　凡请假期满未经续假而不到校者,其逾假之日期统以旷课计算。

第十条　凡请假时间超过全学期上课时间三分之一或以上者,无论其为病假、事假,一律不准参加大考或补考,但公假经系主任同意、教务长核准,而缺课不逾上课时间二分之一以上者,不在此例。

第十一条　凡一学期内旷课时数在三十小时或以上者,不准参加大考或补考。

第十二条　凡缺席学校规定之各种集会,以各该种集会所历之时间计算缺席时数。

第十三条　凡月考、大考除骤遭大故或因病经医师证明者外,不得请假,不请假而缺考者不予补考。

第十四条　统计旷课及缺课一律以积点计算,其办法如左:

一、病假或大故假每误课五小时为一点。二、事假每误课一时为一点。三、旷课每一小时为五点。四、公假不计点。

第十五条　凡一学期因旷课或病假、事假积满十五点者,扣每科学期成绩一分,满三十点者扣二分,余依比例类推。

第十六条　本规程由教导处拟定,经校务委员会审定后公布施行,修正时同。

(来源:苏州大学档案馆　永19 109)

生活公约

一九五一年四月十一日第十四次校务协商委员会议通过

1. 遵守作息时间,按时学习,按时休息。

2. 尊重学校各项制度及章则,爱护学校公物,不随地移动校具。

3. 服从集体纪律,培养爱好劳动及运动的习惯。

4. 身上、室内经常保持整洁。

5. 虚心接受人家的批评。

6. 不随处涂写及张贴。

7. 绝对禁止赌博及类似赌博的行为。

8. 绝对禁止在宿舍中使用电炉、电气熨斗,及其他超出学校规定用电以外之电力装置。

9. 绝对禁止在宿舍中烧饭、煮菜等炊事行为。

10. 禁止在宿舍中招待外人住宿,如必要时得先取得本室同学及生辅组同意。

11. 绝对禁止偷窃的行为。

12. 绝对禁止妨害附近农民生产事业及生活安全的行为。

13. 相互督促实行本公约。

(来源:苏州大学档案馆 永19 119)

学习公约

一九五一年四月十一日第十四次校务协商委员会议通过

1. 努力学习,认真听讲,不旷课,不迟到,不早退,不喧哗。

2. 当天学习的材料,尽量在当天学习完毕,绝不因循推诿下去。

3. 课外作业必须自己认真做并如期完成,绝不抄袭,绝不敷衍。

4. 图书馆、实验室、教室等公共学习场所,绝对保持安静与清洁,决不妨碍他人专心学习。

5. 学习理论做到联系实际,贯彻行动。

6. 发扬集体思想、互学互助精神,尽量组织互助小组共同研讨。

7. 考试决不作弊。

8. 积极参加集会及一切课外活动,开好小组会。

9. 有问题、有意见即提出讨论研究,最后得请教师总结。

10. 相互督促实行本公约。

(来源:苏州大学档案馆 永19 120)

江南大学贷学金章程

一九五一年四月十一日校务协商委员会第十四次会议通过

1．目的：用少数借贷方式，帮助清寒同学解决在校经济上所发生的部分困难。

2．基金来源及数字：

（1）1950年度上学期一年级同学之清寒减免费余额1968个上海折实单位。

（2）1950年度上学期清寒减免费余额153.6个上海折实单位。总数2121.6个上海折实单位。

3．支配办法：

（1）本贷金自1950年度下学期起，分三学期平均分配之。（如每学期清寒减免费有余额，当用于贷学金。）

（2）凡已取得清寒减免费，扩大减免费权利的同学，不得申请贷学金。

（3）凡已取得贷学金而未偿清者，不得再申请。

（4）毕业班同学可贷每学期贷学金总数的60％，三年级30％，二年级10％。

4．种类：甲等，学费的2/5；乙等，学费的1/5。

5．申请与评议的步骤：

（1）填写借贷申请书及保证书。

（2）由系级干事会评议。

（3）奖贷减免评议委员会评议且公布结果。

（4）凭对保后之保证书向会计处领取准贷金额。

6．归还日期：凡得贷学金者，均须于一年内负责偿清，在规定时期内不偿清者，由保证人负责如数偿还。

7．本章程经校务委员会通过后施行。

（来源：苏州大学档案馆 永19 121－122）

私立江南大学校务委员会规章

一九五一年五月十六日第一次校务委员会议通过

（一）本规章根据本校组织大纲第七条订定之。

（二）本委员会受校长领导，由教务长、副教务长、总务长、各系科主任、图书馆主任等以及工会代表四至六人,学生会代表二人组成之,校长为当然主席。

(三)本委员会的职责如下:

1.审查各系科及教研组的教学计划、研究计划及工作报告。

2.通过预算和决算。

3.通过各种重要制度及规章。

4.议决有关学生重大奖惩事项。

5.议决全校重大兴革事项。

(四)本委员会每学期至少召开会议三次(开学时、学期中及学期结束前)。必要时得由主席或委员五人以上之请求召开临时会议。

(五)本委员会以全体委员三分之二之出席为法定开会人数。

(六)本委员会得设常务委员会及各种专门委员会,其规章另订之。

(七)本委员会得视情况之需要,请有关人员列席本会共同讨论,惟列席人无表决权。

(八)凡提案应于常会开会前三日送交本会,议程须在会议前二日发出。

(九)本委员会如有未尽事宜,得依据中央人民政府教育部所颁布《高等学校暂行规程》及《私立高等学校暂行管理办法》之规定处理之。

(十)本规章经本会通过,校长批准,并呈报行政主管机关核准后施行,修改时亦同。

(来源:苏州大学档案馆 永20)

私立江南大学教务处组织规程

一九五一年五月十六日第一次校务委员会议通过

第一条　本规程依本校组织大纲第五条订定之。

第二条　教务处设教务长、副教务长各一人。由校长就教授中遴选适当人选,呈主管机关核准,转报中央备案。

第三条　教务长对校长负责,并根据校长批准之校务委员会决议案,综理全校教务事项。

第四条　副教务长协助教务长处理一切有关教务事项。

第五条　教务处设(1)注册组;(2)出版组;(3)生活辅导组;(4)体育组。各组分设主任一人(必要时得增设副主任)。均由教务长遴选适当人选,提请校长聘任之,分掌各该管事项。各组主任对教务长负责。各组得视业务之需要分股办事。

第六条　教务处及所属各组,因事务之需要得设办事人员各若干人,由教务长遴选适当人选,提请校长任用之。分别秉承该主管办理各项事务。

第七条　教务处办事总则及各组办事细则另订之。

第八条　教务处设教务会议,研究并规划有关全校教务方面之重大事项,其组织及议事规程另订之。

第九条　教务处因业务之需要,得设各种委员会或增设其他工作组,由教务处长提请校务委员会决定之。

第十条　本规程经校务委员会通过并经校长批准后公布施行,修正时同。

(来源:苏州大学档案馆　永20)

私立江南大学教务会议组织及议事规程

一九五一年五月十六日第一次校务委员会议通过

(一)本规程依教务处组织规程第八条订定之。

(二)教务会议之出席人为教务长、副教务长、注册组主任、各系(科)主任、各教研小组主任、政治思想教育研究组主任、图书馆主任、体育组主任、出版组主任、生活辅导组主任及学生代表一人,以教务长为主席。

(三)本会议讨论下列各事项:

(1)教务处各项重要章则之订立及修改事项。

(2)各系科课程教材之复核事项。

(3)课程之改进事项。

(4)教材供应事项。

(5)教学计划及内容之复核事项。

(6)教学设备之筹划及充实事项。

(7)教学方法改进及提高效率事项。

(8)教务上偶尔发生之重要事项。

(9)其他有关教务事项。

(四)本会议每学期开会三次(开学时、学期中及学期结束前),必要时得由主席召开临时会议。

(五)教务会议开会时须有规定人员过半数之出席,其决议须经出席人员过半数之通过。

(六)本规程经校务委员会通过并经校长批准后施行,修正时同。

(来源:苏州大学档案馆　永20)

私立江南大学组织系统表

一九五一年五月廿二日第二次校务委员会议通过

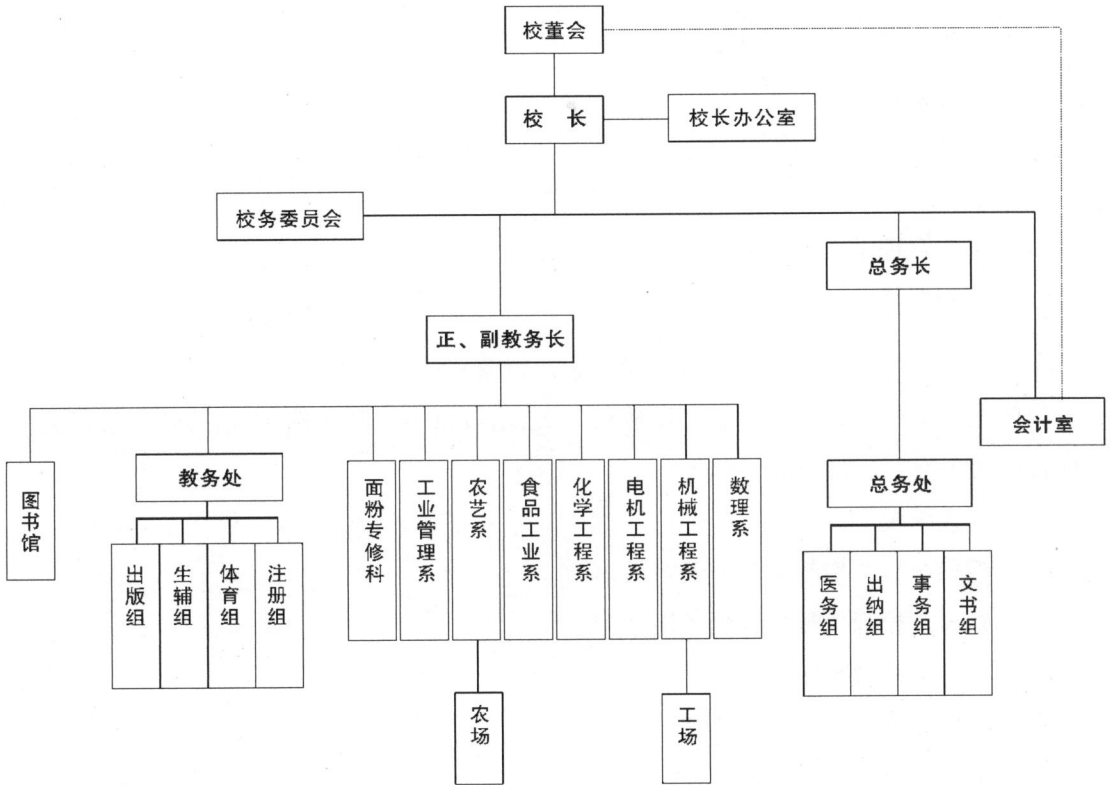

校董会

校　长 —— 校长办公室

校务委员会

总务长

正、副教务长

图书馆

教务处
出版组　生辅组　体育组　注册组

面粉专修科　工业管理系　农艺系　食品工业系　化学工程系　电机工程系　机械工程系　数理系

农场　　工场

会计室

总务处
医务组　出纳组　事务组　文书组

（来源：苏州大学档案馆　永 20）

私立江南大学组织大纲

一九五一年五月廿二日第二次校务委员会议通过

第一章　总则

第一条　本校定名为"私立江南大学"。

第二条　本校遵照《中国人民政治协商会议共同纲领》的规定，以理论与实际一致的教育方法，培养具有高深文化水平、掌握现代科学的成就、全心全意为人民服务的高建设人才。

第二章　编制

第三条　本校以培植工农人才为发展重点,视需及条件有计划地徐图充实。现设下列各系科,其修业期限,除面粉专修科为三学年毕业外,其余各系均为四学年毕业。

（一）数理系

（二）机械工程系

（三）电机工程系

（四）化学工程系

（五）食品工业系

（六）农艺系

（七）工业管理系

（八）面粉专修科

第三章　行政

第四条　本校采校长负责制。设校长一人,由校董会遴聘人选,报请行政主管机关核准转报中央备案,其责任如下:

（一）代表学校。

（二）领导全校一切教学研究及行政事宜。

（三）领导全校师生员工警的政治学习。

（四）任免全校教师职员工警。

（五）批准校务委员会的决议案。

第五条　本校设左列各处室:

（一）教务处　设教务长、副教务长各一人,对校长负责,由校长遴聘人选,报请行政主管机关核准转报中央备案。其职责为计划、组织、督导、检查全校各系科、各教研组的教学工作以及全校各系课的科学研究工作,在校长缺席时得代行其职务。

（二）总务处　设总务长一人,对校长负责,由校长遴聘人选,报请行政主管机关核准转报中央备案。其职责为主持全校行政事务工作。

（三）会计室　设会计主任一人,由校长聘任,报校董会备案,处理本校一切会计、岁计等事宜。

（四）校长办公室　设主任一人,对校长负责,由校长聘任之,处理一切校长交办事项。

各处、室的组织规程及办事细则另订之。

第六条　本校各系科设系主任或科主任一人,由校长遴聘人选,报请行政主管机关备案,受教务长领导。其职责如下:

（一）计划并主持本系的教学行政工作，督导本系教学计划。

（二）领导并检查本系学生的自习、实验及实习，考核本系学生成绩。

（三）总结本系教学经验。

（四）提出有关本系教职员的任免意见。

各系科的组织规程及办事细则另订之。

第七条　本校图书馆设主任一人，对教务长负责，主持图书馆一切事宜，由校长聘任，报请中央教育部备案。图书馆的组织规程及办事细则另订之。

第八条　本校在校长领导下设校务委员会，由校长、教务长、副教务长、总务长、各系科主任、图书馆主任等以及工会代表四至六人、学生会代表二人组织之，校长为当然主席。校务委员会的职责如下：

（一）审查各系科、各教研组的教育计划、研究计划及工作报告。

（二）通过预算和决算。

（三）通过各种重要制度及规章。

（四）议决有关学生重大奖惩事项。

（五）决议全校重大兴革事项。

校务委员会得设常务委员会及各种专门委员会。校务委员会之决议案须经校长批准后方始生效，如校长不同意时，原则上照校长之意见办理。

第四章　会议

第九条　本校得设左列各种会议：

（一）教务会议

（二）总务会议

（三）系（科）务会议

（四）因事实需要之其他各种会议

各种会议之规章另订之。

第五章　附则

第十条　本大纲如有未尽事宜，得根据中央人民政府教育部所颁布《高等教育暂行规程》及《私立高等学校管理暂行办法》之规定处理之。

第十一条　本大纲由校务委员会通过，经校长批准并呈报行政主管机关核准后施行，修改时亦同。

（来源：苏州大学档案馆 永20 016-019）

江南大学教职员工聘任暂行办法

一九五一年六月六日第三次校务委员会议通过

一、本校教职员工之聘任,须根据教学与工作上的确实需要及照顾目前本校经济困难的原则,在规定员额内聘任之。

二、聘任教职员必须慎重负责,注意选择学问笃实、确能担任教学与工作而能称职并力求进步者。

三、拟聘之教师须填具拟聘人员简历表,由各科系主任提交系务会议讨论通过,经教务长审查,提请校长批准后聘任。

四、拟聘之职工亦须填具拟聘人员简历表,由各该行政组织负责人签具意见,送经总务长提交总务会议审查通过,提请校长批准后聘用。

五、每年五月至七月为办理下年度聘任事项之时间。拟聘人员简历表,讲师以上教师,组、馆主任以上职员须填二份,一份于每学期开学前一个月内,随教职员名册汇呈华东教育部及苏南文教处备案。

(来源:苏州大学档案馆 永20)

江南大学教授、副教授、讲师、助教升等办法

一九五一年六月六日第三次校务委员会议通过

一、为了培养师资,提高教学效率和工作热情起见,特根据华东高教会议所提出的《关于高等学校教授、副教授、讲师、助教升等问题的暂行办法草案》拟订本办法。

二、助教升讲师需具备下列四项条件:

1. 工作年资:需具备左列条件之一者。

甲、继续担任助教四年以上者。

乙、担任助教一年以上,曾在国内外大学研究院毕业或研究二年以上而成绩优良者。

丙、担任助教一年以上,曾在高中或同等学校担任与该系科直接有关课程,或在专门业务机关从事与该系科课程有关工作四年以上者。

2. 工作精神:对新民主主义有正确的认识,在帮助同学、处理系务、协助教授工作上表现高度热忱与负责精神者。

3. 教学能力:具有单独担任一门课程之能力者。

4．研究成绩：曾进行有计划的研究工作，研究成绩经所属教研组或系务会议之认可者。

三、讲师升副教授需具备下列四项条件：

1．工作年资：须具备左列条件之一。

甲、继续担任讲师四年以上者。

乙、担任讲师二年以上，曾在国内外大学研究院毕业而成绩优良者。

丙、担任讲师二年以上，曾在专门业务机关担任与该系科课程有关工作四年以上而有成绩者。

2．工作精神：对新民主主义教育有正确的认识，在领导同学学习，改革教育内容与方法上表现高度热忱与负责精神者。

3．教学能力：具有单独担任一门以上专门课程者。

4．研究成绩：在其所担任课程方面有专门论著，或在研究工作上有贡献，经所属教研组或系务会议之推荐者。

四、副教授升教授需具备下列四项条件：

1．工作年资：须具备左列条件之一。

甲、继续担任副教授四年以上者。

乙、担任副教授二年以上，曾在专门业务机关担任与该系科课程有关专门工作四年以上而有发明或贡献者。

2．工作精神：对新民主主义教育有正确之认识，在改革教育内容和方法，领导同学学习，与助教或研究生进修上，表现高度热忱与负责精神者。

3．工作能力：具有领导教学并从事专门研究之能力者。

4．工作成绩：在其所担任课程方面有创造性著作，或在研究工作上有重大贡献，经校内或校外审议机构郑重推荐者。

五、凡教师在研究工作上有特殊成就，学术上有特殊贡献或发明者，不受上列条件限制。

六、升等程序：

由本人申请或教学小组、系主任提出，经系务会议审查、教务长同意，提请校委会（必要时得组织特种机构办理审查事宜）审定，呈报教育部核准。

（来源：苏州大学档案馆 永20）

江南大学教员工作待遇及兼职兼课暂行办法

一九五一年六月七日校务委员会第三次会议通过

（一）教授、副教授、讲师每周授课时数以九小时为原则（实验实习及体育二小时作一小时计，再讲课与实验以同一教师担任为原则）。

（二）教授、副教授、讲师兼任本校其他行政工作者不另支薪，得比照下列规定酌量减少授课时数：

校长得不授课；

教务长、总务长每周授课为三小时；

各系科主任每周授课六小时；

各组室馆主任（如系教员兼任者）每周授课三小时；

工场主任、农场主任（如系教员兼任者）每周授课六小时；

如有兼任二种或二种以上职务者，其授课时数以兼任一种职务计算。

（三）在本校授课钟点超出以上（一）（二）两点规定者，超出时数得按原薪实支数比例支超钟点费。

（四）教授、副教授、讲师其授课钟点不足规定者得由本校分配其他分量相当的工作。

（五）教授、副教授、讲师以专任为原则，但为照顾其他机关学校工作及教学上的需要，必须前往兼职兼课者，统须经系主任、教务长及校长同意后，其兼课钟点每周不得超过六小时。

（六）本校专任教授、副教授及讲师不论在校内超钟点授课或在校外兼课，每周总时数不得超过六小时，兼任教授、副教授及讲师在本校兼课不得超过六小时（如有特殊困难，经校务委员会议通过者不在此限）。

（七）助教不得在校外兼职兼课。

（八）专任教员每年以十二个月计薪。新聘教员均不付旅费，其起薪日期按下列规定办理：

（1）……单位须至七月份，则自八月份起薪。

（2）新聘之教员如原在私立学校或私营企业机关任专职者，须有原服务单位行政上及工会对其止薪日期之证明函件，如原单位止薪日期为七月份以前者，则自八月份起薪，于八月份之后止薪者则上下衔接照发。

（3）原为本校兼任教员，学期开始改为专任者，上学期则自八月份，下学期则自二月份起薪。

（4）新聘之教员如原为失业人员，则以校长批准聘任之日起薪，在月之十五日以前批准者，自月之一日起薪，十五日之以后批准者，自月之十六日起薪。

（5）凡教员在学期结束前离职者，自离职之日止薪。开课之后聘任者，起薪日期则如到差之日在上半月者，自月之一日起薪，到差之日在下半月者，自月之十六日起薪。

（九）兼任教员及本校超钟点之教员每学年以十个月计薪（自第一学期九月份起，至第二学期六月份至［止］），学期中途聘任者以到职之月起薪，上半月到差者，自月之一日起薪，下半月到差者，自之十六日起薪。

（十）兼任教员支薪办法得由本校据其资历订定底薪，再按第三条的规定计算。

（十一）本暂行办法经校务委员会通过，校长批准，公布实施，并呈报教育部备案，修改时亦同。

（来源：苏州大学档案馆 永 20）

私立江南大学总务处组织规程

一九五一年六月七日校务委员会第三次会议通过

第一条 本规程依本校组织大纲第五条订定之。

第二条 总务处总务长一人，由校长遴聘人选，报请行政主管机关核准转报中央备案。

第三条 总务长对校长负责，主持全校行政事务工作。

第四条 总务长因事物需要设（1）文书组；（2）事务组；（3）出纳组；（4）医务组。各组分设主任一人，均由总务长遴选适当人选，经总务会议通过，提请校长任用之，分掌各该管事项，各组主任对总务长负责。各组得视业务之需要分股办事。

第五条 总务处所属各组因事务之需要得设办事人员若干人，由总务长遴选适当人选，经总务会议通过，提请校长任用之，分别秉承各该主管办理各项事务。

第六条 总务处办事总则及各组办事细则另订之。

第七条 总务处设总务会议，检讨研究并规划有关总务方面之兴革事项，其组织及议事规程另订之。

第八条 总务处因业务之需要得设各种委员会，并得增设其他工作组，由总务长提请校务委员会决定之。

第九条 本规程经校务委员会通过并经校长批准后公布施行，修正时同。

（来源：苏州大学档案馆 永 20）

私立江南大学总务会议组织及议事规程

一九五一年六月七日校委会第三次会议通过

第一条 本规程依《总务处组织规程》第七条订定之。

第二条 总务会议之出席人为总务长，文书组、事务组、出纳组、医务组各主任及办事人员，工友代表二人及学生代表一人，以总务长为主席。

第三条 本会议讨论下列各事项：

（1）总务处各项重要章则之订立及修改事项。

（2）各组工作之进行事项。

（3）全校行政事务之改进事项。

（4）总务事宜之提高效率事项。

（5）总务事宜之规划及充实事项。

（6）总务上偶然发生之重要事项。

（7）其他有关总务事项。

第四条 本会议每两星期开会一次，必要时得由主席召开临时会议。

第五条 总务会议开会时须有规定人员过半数之出席，其决议须经出席人员过半数之通过。

第六条 本规程经校务委员会通过并经校长批准后施行，修正时同。

（来源：苏州大学档案馆 永20）

中国教育工会江南大学委员会执行人事抗议标准（草案）

1951.6.7校务委员会第三次会议通过

一、本会对于本校人事进退依据《中华人民共和国工会法》第廿一、二条之规定，必要时得提出抗议，爰订定本标准以资遵循。

二、凡校方执行人事进退不依照《中华人民共和国工会法》第廿一、二条之规定先期通知本会者，除依法提出严重抗议外，一概不予追认。

三、本会对于本校聘用员工如有左列各项之一者，应予抗议。

1.超越本校预算中员工名额规定者。

2.无实际需要，经本会认为徒耗公币者。

3.名义或薪给不合本校一般标准者。

4．未经履行本校用人法定程序而私行决定者。

5．抵触政府法令或本校各项用人规程者。

6．用非所学或所长者。

7．劣迹昭著或能力难望胜任,本会同人或会员提出检举经本会认可者。

8．其他凡本会能提出充分理由者。

四、本会对于本校解聘、不续聘、辞退或解雇各项员工,有左列各项之一者,应予抗议:

1．不能提出充分理由,或提出理由而无事实证明者。

2．未经履行本校辞退员工法定程序而私行决定者。

3．维护本会利益或遇事主持正义因而不能见容者。

4．无精简之必要而托词精简者。

5．违反大众意向者。

6．抵触政府法令、工人解雇条例或本校各项用人规程者。

7．其他凡本会能提出充分理由者。

五、解聘、不续聘、辞退或解雇各项员工,凡无左列各项之一或虽有而不能提出事实证明者,均不得认为具有充分之理由,统应提出抗议。

（甲）关于教员方面：

1．思想反动或行为不检,由校方提出人证或物证经本会调查属实者。

2．学力不能胜任,经有关方面提出意见。

3．事假（公假、病假例外）、缺课超过授课时间三分之一以上,怠荒学生学业,经有关方面提出意见,由本会调查属实者。

（乙）关于职工方面：

1．思想反动或行为不检,由校方提出人证或物证经本会调查属实者。

2．能力不能胜任或负责不力,怠荒职守,经有关方面提出意见经本会调查属实者。

3．贪污有据,经本会调查属实者。

六、依据本标准所提出之各项抗议,如校方不予同意而形成争议时,统依据《中华人民共和国工会法》之规定,由劳动争议决定程序处理之。

七、校方如解聘、不续聘、辞退或解雇本会委员时,依据《工会法》第十一条之规定,应事先取得本会之同意,并由本会转请上级工会委员会批准后,方得实行。

八、本规程由本会委员会通过呈准上级工会后施行,修正时同。

（来源：苏州大学档案馆 永20）

职员工友薪资调整暂行办法

一九五一年七月四日校务委员会第四次会议通过

一、申请调整之职员须具备申请书,填报调整理由及希望调整之等级,并附必要之资历证件,经单位主管(组、馆、室、场等下同)审核,转送教、总务处或由单位主管签请调整。

二、单位主管申请调整,其手续同第一条,并送教、总务处审核或由处长签请调整。

三、申请调整之工友须具备申请书,填报调整理由及希望调整之等级,分别由主管部门审核,转送教、总务处或由主管部门签请调整。

四、教、总务处长经审核认为理由充足,应备之证件齐全,平日工作良好,各方面无不良反应者即签具意见,拟定调整之薪资数送请校长决定之。

五、在全校教职员工待遇办法未修订前,以本校《职员待遇规程草案》《工友服务及待遇规约草案》作处理调整薪资之标准。

六、薪资调整最高不得超过三级,一般调整薪资除校长临时批准者外,一律自本年八月开始施行。

七、现支薪资经审核已超过其应得之薪资者不予调整,须至与一般标准相符时再行调整。

八、此次调整后和将来教职员工待遇须照教部草案,修正时则须按新标准增减,不得援用第七条办法办理。

九、本办法由校务委员会通过,经校长批准后施行。

(来源:苏州大学档案馆 永20)

私立江南大学教职员工宿舍分配暂行办法

一九五一年六月七日第三次校务委员会议通过草案
一九五一年十月廿四日第五次校务委员会议通过本案

一、本校教职员工宿舍(以下简称宿舍)依房屋形式分为教职员及工友两种。

二、单身(不带家眷者)员工,本校必须供给其住宿之宿舍。每间所住人数,定为教授一人,副教授或讲师二人,助教或职员三人,工友六人。(依房间大小,并得酌量增减)

三、员工家属户口不在学校宿舍户口内者,分配房屋时不得计算在家属人口之内。

四、兼任教员以合住为原则,但需根据其来校授课(时)间作适当之配合。

五、员工欲带家眷居住宿舍者,需向学校填交申请房屋登记表。

六、分配房屋以一夫一妻得大屋一间为标准,不成年(不满十六足岁)之儿童二人包括在内;一夫一妻有成年(满十六岁)直系亲属一人以上或未成年三人以上者,分配一间半。成年二人以上或未成年五人以上者,分配二间(直系亲属自维生活者,及平日寄宿肄业学校者,均不计算在内)。

七、分配宿舍时,依下列项目计算分数,分别其先后:

(1)到校之先后,满半年得五分。

(2)底薪之多少,满二十单位得一分。

(3)申请登记之先后,最先者得最多分,依次递减一分。

凡同样分数之教职员或工友,因房屋不敷分配时,以抽签决定其先后。

八、同样分数之教职员或工友,其同类房屋因条件不同(如房屋大小、位置远近、方向南北、楼上下等)者,以抽签决定之。

九、经学校分配宿舍后,如家眷迟不迁来,超过其应到日期一个月者,不再保留其房屋,并另行分配别人居住。倘有特殊情形经房屋分配委员会同意者,不在此限。

十、工友居住家属之宿舍,限于工作地点(校本部、二院或三院)附近。

十一、员工家属因不能分得房屋,租住校外,其地点在本校范围(后湾山、荣巷、梅园附近)以内者,每月由学校津贴下列两项:

(1)电费十度,以学校缴付电费数为计算标准。

(2)房租依第六条规定,教职员每间四个上海单位,工友每间三个上海单位,超过一间者以此类推。

十二、凡学校已分配规定之宿舍,而员工本人认为不能满意而另行租住校外者,每月电费及房租学校不予津贴。

十三、居住本校宿舍者,酌借应用木器家具标准如下:

教职员——小写字台一张、椅子一张、大床一张(单身无)、铁床一张、方桌一张、方凳四张、书架一个、箱架一个。

工友——床一张、方桌一张、长凳二张、箱架一个。

如因家属人过多数时,商得学校同意,于可能范围内,得行酌加数量。租住校外者,学校于可能范围内,亦应酌借家具。

十四、二院及三院眷属宿舍,得酌设公共厨房供众应用。

十五、教职员有眷属之宿舍与单身之宿舍,于可能范围内设法划开。

十六、凡用女仆者,由学校设法房间,集体居住。

十七、本办法公布前,所在房屋超过标准者,学校于必要时,得向其商请让还一部,其不及标准者,得向学校申请,于可能范围及时间内,由学校设法调整。

十八、本办法各项规定,由总务处切实执行。

十九、本办法征求工会同意,经校务委员会通过,校长批准后公布施行,修正时同。

(来源:苏州大学档案馆 永20)

私立江南大学工友升职暂行办法

一九五一年七月四日校务委员会第四次会议通过第一稿
一九五二年一月三日校务委员会会议通过本稿

一、工友升职须合于下列条件:

1. 思想前进,品德优良。

2. 对本位工作有特殊表现。

3. 在本校工作三年以上。

4. 本校确有任用职员之必要。

二、由总务处或派驻部分提出,经相互同意后签请校长核准。

三、名义为练习员。

四、待遇暂定为:

1. 高中程度,月薪六〇元,实支九八沪单位。

2. 初中程度,月薪五五元,实支九六沪单位

3. 高小程度,月薪五〇元,实支九四沪单位。

五、练习一年至二年,确有成绩,经主管推荐,由总务处签准升为正式职员,月薪数另行规定。

六、本办法由校务委员会通过,经校长核准后施行,修正时同。

(来源:苏州大学档案馆 永21 042)

私立江南大学差旅费支用暂行规程

一九五二年五月六日校务委员会第八次会议通过

一、本校教职员工因公支用差旅费,依照本规程办理。

二、出差不受时间性限制者,不特地出差。同期有两人出差时,应酌量并派一人出差。

三、差旅费分:旅费(指外埠)及短途旅费(指本埠及当日可返者)两项。

四、教职员工出差本埠者,须经各单位主管核定,其出差外埠者,并须签请校长同意。

五、短途旅费以乘坐公共汽车为原则,必要时得乘人力车或三轮车。

六、短旅如必须在外用膳者,以普通客饭标准(午晚餐五千元,早餐减半)报销。

七、出差外埠交通费,以火车、公共汽车、轮船为限。乘坐火车以硬席票为标准。如因年老体弱等特殊原因必须照顾改乘软席者,须经校长批准。如携带公有器物,得支报行李费。其在当地旅费,依照第五条规定办理。

八、出差外埠伙食费,如派至机关、企业、学校等工作者,须在该处搭伙,以所搭该处普通伙食标准报销。其他伙食费,依照第六条规定办理。

九、出差外埠,有机关学校可住宿者,一律在机关学校住宿,其必须住旅馆者,以住宿普通房间为限,房费应取据实报实销。

十、出差外埠,如于上第七、八、九各条外支用杂费(例如茶水)及特别费(例如电话),得于旅费报告表中实报实销。

十一、出差返校,短旅应于隔日报销。外埠旅费,至迟于一星期内报销。

十二、本规程由经费委员会订定,经校务委员会通过,校长核定后施行,修改时同。

(来源:苏州大学档案馆 永21 045)

私立江南大学教职员工预借工资暂行规程

一九五二年五月六日校务委员会第八次会议通过

一、本校教职员工如因经济困难须向学校预借工资时,依照本规程办理。

二、预借工资,以后列各项事由为限:

1.直系家属婚嫁丧葬;2.子女学费;3.医药用费;4.其他特殊重要事项。

三、预借工资以不超过本人在校半个月之工资(超钟点费不计)为原则。

四、预借工资,以预借后二个月内(即分四期)平均扣清为原则。有特殊情形者,经校长核定,得再延长一个月。

五、前借尚未扣清,如有特殊情况须续借者,所借总额,仍以不超过第三条规定为限。

六、预借工资,须填具收据,注明事由、额数、扣还时期,送请所属单位主管核签后,再经校长核定。

七、预借工资数额及扣还时期超过第三、四条之规定时,须由本人另备"签报",经经费委员会通过,校长核定后,再行借支。

八、预借工资,如学校经费有困难时,得予酌减或停止。

九、本规程由经费委员会订定,经校务委员会通过,校长核定后施行,修改时同。

(来源:苏州大学档案馆 永21 044)

私立江南大学农场练习生管理规则草案

一、本校农场为培养农业基本干部,得录用练习生,其管理办法悉依本规则办理之。

二、练习生得择定业务上应用之主要课程,在校听课时间由农场主任随时通知之。

三、练习生于修习主要功课外,仍应视场务之需要协同工人一体工作,以锻练田间实际技能。农场主任并得指定担任特种事务。

四、练习生待遇按月由校津贴伙食(约折计白米六斗),不给工资。

五、练习生于星期日例假得休息之。但练习生因事因病必需请假者,至多不得超过七天,逾期不到者应扣算其伙食费。

六、练习生练习期间以三年为限,满期后,经考试及格得升充职员。

七、本规则提经校务委员会议通过后施行之。

(来源:苏州大学档案馆 永 15 041)

私立江南大学农场管理农工规则草案

一、本校农场农工应以加强劳动观点、增高生产效率为前提,与一般校工性质不同,所有管理办法悉依本规则办理之。

二、农场农工之工作时间,每天以不少于九小时为原则,其起讫依季节随时调整之。但遇农场忙时,或作业紧要必须告一段落时,其工作时间不受前项限制,应尽量延长之。

三、农工非遇必要事故不得请假,遇必须请假时应填写请假单,叙明原因、假期,报请主任核准后始可离场,遇有疾病时例外。一次请假在十日以上者,必须由请假人另觅妥当替工,报经主任许可后替代本人工作。所有替工之工资及替工有不合于场规之一切行为,概由请假人负其全责。替工工作不合农场要求时,得由主任随时通知调换之。替工并不得要求升充常工。

四、农工每月各给例假两天,但各工友应互为先后,不得同时休息。遇工作紧要时,由主任随时通知改变休息期间。

五、农工如有违背场规或不听指挥者,经管理人员劝告无效时,应即报由主任提请校务委员会核议,予以相当之惩处。

六、农工对于农具及其他一切公物,必须加意爱护,如有恶意损坏或未尽保……

七、本规则有未尽事宜得随时修改之。

八、本规则经校务会议通过后施行之,修正时同。

(来源:苏州大学档案馆 永 15 040-041)

私立江南大学经费审核委员会规程（草案）

一、本会定名为私立江南大学经费审核委员会。

二、本会由本校教务长、总务长及教授会、讲助会、职员会、学生会、工友会（各推代表一人）共七人组织之。

三、本会由全体委员互推主任委员一人，负责召集开会等事宜。

四、本会属于校务委员会，为该会咨询及建议机构。

五、本会下设稽核、预算两组：

甲、稽核组：由本会全体委员担任，并请会计主任列席。

乙、预算组：除本会全体委员为当然委员外，并请各系科主任、编纂委员会主任委员、会计主任、辅导主任、体育主任、农场主任、工场主任、图书馆主任等为委员。

六、本会职权如下：

稽核组：1.稽核经常费及设备费之报销。

2.稽核各种经费支出是否与预算符合。

3.稽核各种经费支出是否核实。

4.稽核各种经费支出是否合于精简节约原则。

5.其他稽核事项。

预算组：1.确定经常费之预算。

2.确定设备费之分配。

3.确定建筑费之预算。

4.其他预算事项。

七、各组开会得邀请有关方面列席或参加协商。

八、本会每月于中旬举行常会一次，于必要时得召集临时会。

九、本会议决案须提请校务委员会核定通过后，再交学校执行。

十、本规程经校务委员会通过后施行，修正时同。

（来源：上海市档案馆 Q193-1-1554 129）

私立江南大学职员联谊会简章

一、本会定名为江南大学职员联谊会。

二、本会以联络感情、互助合作、努力进修学习提高工作热情、增进会员福利为宗旨。

三、凡本校专任职员均得为本会会员。

四、本会设常务委员五人，并就其中推定一人为正主任委员，一人为副主任委员，下设秘书一人及总务、福利、学习三组，各设组长一人，任期一学期，连选得连任。在次一届人选未产生前仍应继续负责。

五、本会秘书及各组职掌如左：

甲、秘书 1.本会印信典守事项；2.文稿撰拟、会议纪录、缮写等事项。

乙、总务

1.会费收入及开支事项；

2.关于一切庶务事项；

3.关于交际事项；

4.其他。

丙、福利

1.会员生活互助事项；

2.会员生活改善事项；

3.推展生产事项；

4.其他。

丁、学习

1.学习现阶段革命理论；

2.展开会员间互相批评与自我检讨事项；

3.关于设置图书流通站事项；

4.其他。

六、本会每月开常务委员会一次，每两个月开全体大会一次。必要时得召开临时会议。

七、本会会费由全体会员共同负担，其数目临时决定之。

八、本简章呈报校务委员会备案后施行。

九、本简章如有未尽事宜，由全体大会修改之。

（来源：苏州大学档案馆 永14 017-018）

江南大学面粉专修科会会章

一、定名：本会定名为江南大学面粉专修科科会。

二、宗旨：本会以联络感情、砥砺学业、发扬互助精神为目的。

三、会员资格：凡本校面专同学均为本会当然会员。

四、组织：

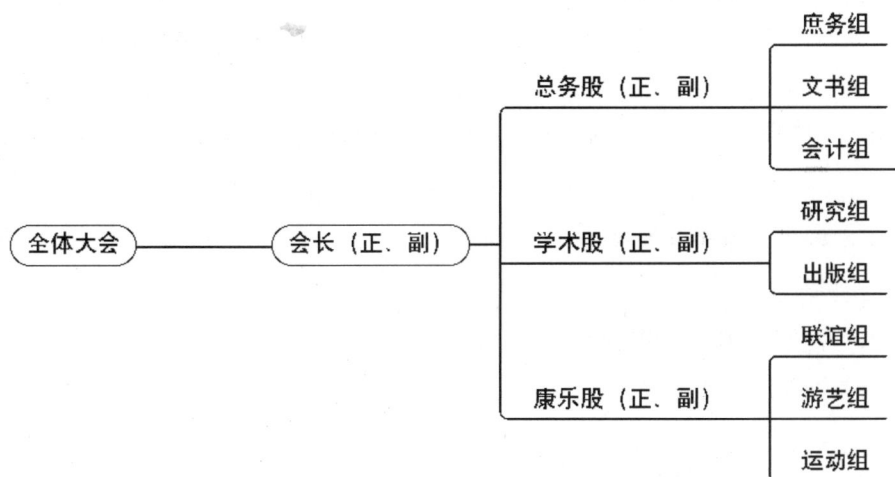

五、会长、股长、组长、干事之任务产生方法及任期时限。

A. 任务：

甲、会长、副会长负本科会对内外一切事宜之责。

乙、股长负各该股股务推进之责。

丙、组长、干事负各该组事宜之责。

B. 产生方法：

甲、正副会长、股长由全体大会选举产生之。

乙、组长、干事由各股组长负责聘请之。

C. 任期时限：以一学期为限。（其任期迄下届科会成立后为止）

六、会员之权利与义务。

A. 权利：凡本会会员均得享受本会一切之权利（包括选举、复决、创制、罢免及被选举权等）。

B. 义务：

甲、凡本会会员均应遵守本会会章，服从大会决议。

乙、凡本会会员均应如期缴纳会费。

丙、凡本会会员对本会会务之推进发展，均应协力同心，不得借故推诿责任。

七、会期：

A. 常会——每学期召开常会二次，报告工作状况并讨论一切事宜。

B. 临时会议——有特别事故时，得由会长或二分之一以上会员要求召开之。

八、会费：

A. 经常费——由每学期第一次大会议决征收之。

B. 特别费——必需时得由大会议决征收之。

（来源：上海市档案馆 S399-4-16-11 13-15）

会 议 纪 录

江南大学第一次董事会议程[①]

甲、报告事项

    1. 筹备委员会报告

    2. 招生委员会报告

乙、讨论事项

    1. 关于本会章程案

    2. 关于推选本会正、副董事长案

    3. 关于推选本会常务董事案

    4. 关于设置校务委员会案

    5. 关于选任校长案

    6. 关于教职员待遇标准案

    7. 关于学费标准案

    8. 关于本年度预算案

    9. 关于年度经常费案

    10. 关于本校基金案

    11. 关于校务推进计划案

    12. 临时动议

（来源：苏州大学档案馆 永 1）

江南大学第一次校政委员会会议纪录

时间：三十六年九月十二日下午四时

地点：上海永嘉路三八七号

出席者：荣一心　唐熊源　乐幻智　章渊若　荣毅仁

列席者：郑翔德　钱宝钧

主席：荣一心

记录：郑翔德

---

① 据大事记记载，该会议时间为 1947 年 9 月 10 日。

甲、报告事项

一、章委员渊若报告校董会召开经过及各项重要决议。

二、荣委员一心报告本会组织之宗旨及其简则。

乙、讨论事项

一、请推定正副主任委员案

议决：公推荣委员一心为本会主任委员，乐委员幻智为本会副主任委员。

二、本年度收费标准如何确定案

议决：参考苏州东吴大学收费数额，由章校长及本会正副主任委员会商决定之。

三、本校免费学额如何规定案

议决：免费学额规定原则如下：

1. 免费学额以二十名为限，所免部分以学费为限。

2. 以入学考试成绩优异，而家境清寒者，为免费选择之标准。

3. 以上免费金额之来源，由本委员会设法募集之。

4. 上项办法之实施，由章校长起草章程，经通过办理之。

四、教职员待遇如何标准案

议决：依照现拟薪律标准来办理，以后调整办法，按月由本会商议决定之。

五、本校《组织大纲》应予修正通过案

议决：《组织大纲》草案修正通过。

六、本会应即聘请秘书办理一切案

议决：聘请郑翔德、钱宝钧二先生担任本会秘书。

七、《校政委员会简则》应予修正案

议决：修正后提请校董会备案。

八、本年度预算案

九、本年度经常费案

十、本校基金案

十一、聘请本校名誉校董案

十二、聘请本校财务委员案

议决：以上五案，保留至下届会议讨论之。

（来源：苏州大学档案馆 永 8）

江南大学第二次校政委员会会议纪录

日期：九月廿七日
地点：西爱咸斯路荣公馆
出席者：荣一心　荣毅仁　唐熊源　乐幻智　章渊若
记录：钱宝钧

报告事项：

乐幻智先生报告上次会议决议，特别指出两点：（一）关于教职员人数，原则上力求节省；（二）教授待遇，上次修改后，标准为最高近六百万元，以后随时由校政委员会讨论调整。

讨论事项：

甲、关于教务者

1．开学日期案

校长报告：根据教务处呈报，工程进度与预期者稍差，十月十日恐不能如期开学，拟改十月廿七日报到，二十八、九日口试及体格检查（第一次考试时，本无口试规定，现拟遵教务及训导会议决议，修正加入）。三十、三十一日选课，一日开学，三日上课。

荣毅仁委员提议，开学日期应尽量提早，以十月廿五日为最迟期。

荣一心委员提议，十五日报到，二十日上课。

决议：十月十五日至廿日报到，廿一日至廿二日注册，廿三日开始上课。

2．农场案

章校长报告，公益农场尚有佃户正在使用，应如何转拨本校案。

决议：就近与荣德老接洽。

3．考生请托及请求补考案

决议：第二次招考，决以闪电方式举行，招考前五日登报一天，前三日报名两天。第一次招生所录取之试读生，一律列入补习班。

4．特务学生，口试时特别注意，并由保证人负责。

5．讲义问题

决议：原则上取消，必要材料须印制者除外。

乙、会计问题

6．预算：校长报告，需四亿五千万，最低需三亿五千万。

决议：照三亿五千万编制，不足之数，随时商决增加。

7. 经费支领

决议：（a）应先三日通知申三付款数额，到期领即期款。

（b）学校再开行庄零用往来户。

8. 代收学费

决议：代收学费由新华及上海两银行在校本部办理，收得成数交刘厚坤存放生息。

9. 待遇标准

决议：教授最高薪给约六百万元；差额金取消；薪水载聘约上，倍数等不列入。

10. 校长俸给

决议：由校政委员会其余委员商决。

11 至 13 筹备委员津贴

决议：创办人昆仲不记；担任教授者，在八月以后不计，八月以前酌贴；不参加本校职务者另贴。

确数：章、乐二先生津贴，由校政委员会其余委员商决；余由章、乐二先生决定。刘亚农先生津贴酌定。

14. 学费及杂费定额

决议：学费一百二十万元，宿费二十五万元，杂费二十五万元，储备费十万元，合共一百八十万元。实验费另加。

丙、总务

15. 交通工具

决议：相机置备吉普车一辆；暂备交通车一辆，接送教授。

16. 文具津贴

决议：办理江南大学供应社，不给津贴。

17. 校徽问题

决议：仅用"江南大学"四字，不另点缀。

18. 校旗：由下次会议或校务会议商议。

19. 人事：（a）聘书，一年为期；（b）理工学院院长，请周同庆先生暂代理工学院职务。

20. 教职员名额编制：教授、副教授及讲师，卅人；助教，十人；职员，秘书、总务合一。

21. 规章

决议：由章、乐二先生整理，暂时施行，然后印装分发各委员。

22. 面粉专科

决议：本年筹备，明年开设，三年毕业。

23. 教授资格审核于下次会议时举行。

（来源：苏州大学档案馆 永 8）

江南大学第三次校政委员会会议纪录

日期：十一月七日

地点：上海高恩路荣公馆

出席者：荣一心　唐熊源　乐幻智　荣毅仁　章渊若

列席者：钱宝钧　韩雁门　郑翔德

主席：荣一心

记录：钱宝钧

讨论事项：

一、确定本校经常、临时各项经费预算案

决议：先请章校长编制经常、临时各项经费预算书，交本会秘书处，印送各委员研究，俟下次会议时确定之。

二、核定本校教职员待遇标准案

议决：

（甲）薪给计算，不包括研究费、差额金及其他津贴。

（乙）薪给计算方法，按底薪乘基数，乘职员生活指数，乘某一分数。

（丙）兼任分二种：a. 授课满九小时，或经学校特许少任钟点，但仍在他校兼教者，薪给照专任教授折半支给。b. 授课不满九小时者，依兼任教授每周应授课九小时比例支给。

例如：

$$薪给 = \frac{专任薪给}{2 \times 9} \times 钟点数$$

（丁）研究费、办公费及其他津贴，参酌一般国立大学所定办法办理。

（戊）八、九月专任教授研究费发五十万元，专兼教授发廿五万元。十月份专任教授研究费发一百万元，专兼教授发五十万元。

（己）员工出差旅费，分甲、乙、丙三等，实报实销。甲等，校长、训导长、教务长等；乙等，组主任、组员等；丙等，工友。

备注：上项薪给计算办法，由会计主任许雍圻先生，会同郑秘书翔德，先行计算列表，送呈主任委员审核，于十一月起开始实行。

三、本校教职员应即办理聘任手续案

议决：

（甲）已聘请之教授及重要职员，补送履历证件、著作等，送经本会议予以追认。

（乙）新聘教授及重要职员，须先由校长提经本会议审议通过后，再由校长聘请之。

四、本校奖学金名额如何规定案

议决，规定办法如下：

（甲）全免费生额，免缴学费之全部，其名额规定为十名。

（乙）半免费生额，免缴学费之半数，其名额规定为廿名。

（丙）上述免费生额，以操行成绩在乙等以上、学业成绩在平均八十分以上者为合格。

五、荣主任委员提交台湾大学参考资料，以供参考案

议决：请章校长、教务长、训导长详予研究，参酌改订本校章则，在下次会议时讨论之。

六、本校教职员服务规则提请通过案

议决：先请章校长审查后，于下次会议时讨论通过之。

七、预算本年度应用校具、图书、仪器，以便从速购置案

议决：先请章校长编制预算书，送经本会议审议通过后，校具交郑秘书整个采办，图书、仪器请钱秘书统一采办。

八、确定本会开会日期案

议决：每月第一个星期五日为本会会期，各委员如有提案，请先三日送交本会秘书处汇定议事日程。

（来源：苏州大学档案馆 永8）

江南大学第四次校政委员会会议纪录

日期：卅六年十二月八日

地点：无锡西门外申新三厂

出席者：荣一心　唐熊源　乐幻智　荣毅仁　章渊若

列席者：钱宝钧　郑翔德

主席：荣一心

记录：郑翔德

决议事项

一、章委员提：经常费预算案。

二、荣主任委员提：根据上次会议决议，请讨论本校经常、临时各项经费预算案。

决议：

（甲）许会计主任雍圻、郑秘书翔德，会同拟订之《教职员薪津计算标准》通过，自十一月份起实行。

（乙）经常费照章委员原提预算表通过。

三、荣主任委员提：根据上次会议议决，请审核本校已聘教授、教师及重要职员之履历证件及著作，以便追认聘请案。

决议：

（甲）照名单追认聘请，以后聘请教师及重要职员，须提请本会审议通过后，再行聘请。

（乙）请章校长造具教师及重要职员之履历服务年数，现在所任教职及职务、所支薪津等交送本会备查。

四、荣主任委员提：根据上次会议议决，请审核本年度应用校具、图书、仪器预算，以便采办案。

五、章委员提：关于本校校具、图书等，前经决议统购统置，拟请依照预定日期交件，以利校务案。

六、章委员提：请拨专款购置图书，以利教学案。

决议：

（甲）仍依本会第三次会议第七案及早办理，并为顾全外汇及交货日期起见，各院开列图书、仪器时，应多列欧洲各国出品。

（乙）由各院开列最急要图书、仪器清单，请章校长汇交钱秘书，商承主任委员采办。

七、乐副主任委员提：根据上次会议第五项决议，请参酌台湾大学参考资料，先将本校《组织大纲》予以订定案。

决议：

（甲）系统表修正通过。

（乙）大纲留待下次会议讨论。

八、荣主任委员提：本校因事实需要，总务长一职未便久悬，拟请郑秘书翔德兼任，并请陆仁寿先生担任副总务长，以专责任案。

决议：请陆仁寿先生代理总务长职务。

九、章委员提：教授宿舍用具设备应如何决定标准，请公决案（另附教授宿舍已备用具清单一纸）。

决议：请章校长斟酌办理。

十、章委员提：请计划兴建后湾山第二期舍以应将来需要案。

十一、章委员提：现任教职员生工役宿舍，请照附表分配标准，提早筹建案（另附教职员生工役宿舍分配预计表一纸）。

　　十二、章委员提：明年度教职员工宿舍，请照现任教职员工宿舍预计数增建案。

　　十三、章委员提：明年度男女新生宿舍，请照附表第二项预计标准，分别等建案。

　　决议：请章校长将现有校舍妥为配置利用，如确属需要添建时，再定计划，送会讨论。

临时动议

　　一、章校长提：本校教职员希望薪津自每月十五日提早为每月十日发给，请公决案。

　　决议：每月十日发薪。

　　二、章校长提：京沪方面兼课教员火车票价，应如何津贴案。

　　决议：每次津贴二等对号票来回票价，自十一月份起实行。

　　三、荣主任委员提：清寒学生应以勤工助学为原则，不受奖学金奖励可否，请公决案。

　　决议：请章校长拟勤工助学办法，提交下次会议讨论。

　　四、章校长提：本校教职员希望，对于面粉及布匹得有配给实物机会，请公决案。

　　决议：缓办。

（来源：苏州大学档案馆　永 8）

江南大学第五次校政委员会会议纪录

日期：三十七年二月十二日

地点：上海高恩路荣公馆

出席者：荣一心　乐幻智　唐熊源　章渊若　荣毅仁

列席者：钱宝钧　郑翔德

主席：荣一心

记录：郑翔德

讨论事项

　　一、主任委员提：本会为推进校政，拟请副主任委员驻校督导，请公决案。

　　决议：通过。

　　二、荣委员毅仁提：本校理工学院院长拟请顾惟精硕士担任，请公决案。

　　决议：通过。

　　三、副主任委员提：本会历次会议议决案，应请详细检讨，以利校政案。

　　章校长提：请确定本校图书经费数目案。

　　章校长提：教职员详历各一份，送请备查案。

章校长提：清寒免费生名额可否增加，请公决案。

决议：（一）议决案应由各方自行检讨，切实办理。

（二）请章校长酌减职员及工役人数，其工作由清寒学生分任之；又《勤工助学办法》，仍请章校长拟具草案，于下次会议讨论之。

（三）奖学金名额照旧办理。

（四）本校理工科图书购置有限，以后应注意充实。

（五）购到图书由校方指定人员负责签收。

（六）以后各院所需图书、仪器购置费，本会于学年开始前指拨专款，由章委员通知各院，开列图书、仪器清单，以便购置。

（七）第四次会议纪录第三案乙项，请章委员于下次会议时提交本会备查。

四、章校长提：请积极兴建后湾山教授宿舍案。

决议：尽量利用梅园等处现有房屋应用，如确属需要添建时，再定计划，送会讨论。

五、章校长提：北平静生生物调查所，愿以植物标本廉让本校，需款两亿元，可否照购，请公决案。

决议：请钱宝钧先生审核后，再行决定。

六、章校长提：荣鸿元先生介绍任乃赓先生为本校教授，应否照聘案。

决议：先行登记，俟需要时再聘。

七、章校长提：聘吴锷先生为物理助教，请追认案。

决议：通过。

八、章校长提：请规定本校下学期学杂等费标准案。

决议：调查上海各校收费情形，于下次会议决定之。

九、主任委员提：本校学风亟应及早整饬，应如何办理，请讨论案。

决议：（一）本校应争取主动，指导学生走入正轨。

（二）积极推行导师制度。

（三）多聘专任教师，加严学业，造成学术研究风气。

（四）补习班学生退学标准，应照章办理。

十、主任委员提：本校各种重要章则，依照本会简则第三条丁项之规定，应由本会审核，请章校长迅即拟送，以便核定公布案。

决议：（一）本校《组织大纲》草案未列校董会、校政会、校长等项，请各委员先行详细研究，于下次会议讨论。

（二）各种章则于大纲确定后，请章校长拟具送会。

（三）本校现有教职员，请章校长就所任职务造成简表，于下次会议时送会。

（来源：苏州大学档案馆 永8）

江南大学第六次校政委员会会议纪录

日期：三十七年二月二十四日

地点：上海永嘉路 387 号荣公馆

出席者：荣一心　乐幻智　唐熊源　荣毅仁　章渊若

列席者：钱宝钧　郑翔德

主席：荣一心

记录：郑翔德

讨论事项

一、章委员提：请规定下学期学杂费标准案。

议决：规定本校下学期收费标准如左：学费，五百五十万元（查学费已商准核减为四百八十万元。渊，三·十一）；杂费，一百万元；宿费，一百万元；储备费，五十万元；化学实验费，六十万元；物理、动物、植物、生物实验费，三十万元。

二、乐副主任委员、章委员提：本校农学院院长韩雁门先生，因院务忙碌，不克兼顾训导长职务，拟请本校特约教授王文元先生担任训导长，请公决案。

议决：通过。（已照聘。渊）

三、乐副主任委员提：本校教授王效三先生，下学期专任教职。王先生所兼之生活指导组主任及补习班主任职务，请章鹏若先生担任可否，请公决案。

议决：通过。

四、主任委员提：本校创办伊始，诸待建设，下学期预算，务须紧缩编制，以求搏节案。

议决：请章校长迅即紧缩编制，重订预算，于下学期开学前商定之。

五、主任委员提：请讨论本校《勤工助学办法》案。

议决：请章校长迅即拟具办法，在开学前商定实施。

六、主任委员提：请讨论本校《组织大纲》*案。

议决：修正通过。

七、章委员提：请增加免费学额案。

议决：规定学生总额百分之二十为免费学额。

（来源：苏州大学档案馆　永 8）

* 见规章制度。

江南大学第七次校政委员会会议纪录

日期：三十七年四月九日

地点：无锡申新三厂

出席者：荣一心　乐幻智　唐熊源秦宏济代　荣毅仁

列席者：顾惟精　唐君毅　韩雁门　许雍圻　陆仁寿　王文元　郑翔德　钱穆

主席：荣一心

记录：郑翔德

甲、报告事项

一、郑秘书报告本会上次会议（第六次）议决案办理情形。

二、郑秘书报告关于校政推进事宜。本会主任委员、副主任委员于三月十一日提出意见七项，由许会计主任送请章校长办理后，于三月十五日补列意见八项，函请章校长查照办理。当由章校长于三月十七日，以校长室名义函复本会。

三、章校长书面报告，关于裁减校工事，已由总务处遵照所订标准，切实办理。

乙、讨论事项

一、章校长书面提：《勤工助学办法》*业经训导处拟定，应否公布，请公决案。

议决：1.原办法应行修正各项如左：（1）第三条"酬报"，一律为每小时一角五分，依本校教职员生活指数计算；（2）第四条"工作"，应增加杂务工作一项；（3）第八条下，增"杂务工作办法"一条。2.原办法条文文字由校方补充后，提下次会议。3.即日先行实施。

二、章校长书面提：《教务规则》*《训导规则》*《导师制实施细则》*业经拟定，亟待公布，请公决案。

议决：教务、训导及导师制各项规则，推请乐副主任委员审查后，即行公布。

三、章校长书面提：关于裁减人员、紧缩编制案，兹照校政会裁减九人之原则，并根据各处检讨之结果，拟定名单，请公决议。章校长另以书面提说明要点两点。

议决：1.紧缩编制之对象，为裁减不授课之教师及闲散冗员，各处、组工作可采互助合作之办法，统筹处理。2.以前送会教职员名册中，未曾列名之职员，校方认为服务成绩优良者，应补办手续。3.校长不支薪公各费一节，应毋庸议。

四、章校长书面提：关于紧缩预算案，业经会计室拟定，可否照办，请公决案。

议决：1.办公购置及学术研究等费照列。2.加列"勤工助学费"项目，就各处工饷因勤工办法实施而核减款额，参酌实际需要，拟定预算数字，提下次会议。3.俸薪工饷，应根据编制,拟定预算;编制并应迅由校方拟就,限一星期内完成。

五、章校长书面提:唐教务长、钱院长、王教授等建议,以二亿元收购日本印行之《大正大藏经》及《续藏经》全部,应否照购,请公决案。

议决:1.《藏经》决定购置。2.由校迅即拟具图书馆保管及借阅书籍详细办法,以便商请大公图书馆开放。3.各院系急需图书、仪器清单,仍请校方依照本会历次议决案,从速开送。

六、章校长书面提:校长室秘书未便久悬,目前既裁减人员,无法添人,拟请杨教授宜之兼任秘书职务,应否照调,请公决案。

议决:接洽后再办。

七、章校长书面提:关于被裁减员工善后问题,值兹物价飞涨之际,拟请体念生活艰难,发给遣散费及回籍旅费,应如何办理,请公决案。

议决:俟裁减人员案及编制预算案依照议决案办理后再议。

八、章校长书面提:教授会拟请提早发薪,并酌量配给布匹、面粉,是否可行,请公决案。

议决:1.薪俸于每月十日发出。2.本会对薪俸计算方法,于前次会议已有决定,以后仍密切注意当地生活情形,审慎确定。3.配给布、粉,在社会上尚未普遍实施配给制度之前,暂从缓议。

九、章校长书面提:杨教授荫渭曾于三月八日将聘书退还,应否照准,请公决案。

议决:杨教授现已授课,前退聘书,准照唐教务长函提办法办理。

十、主任委员提:章校长旧病复发,三月十八日函有"经医诊治,嘱即调养"等语,拟给假三月,以资休养,请公决案。

议决:通过。

十一、主任委员提:本校《组织大纲》第五条有设置副校长之规定,现因事实需要,似可即日聘请,以重校务,请予通过案。

议决:通过。

十二、主任委员提:本校理工学院院长顾惟精先生,学望俱富,拟由本会提请校董会聘任为本校副校长,请予通过案。

议决:通过。

(来源:苏州大学档案馆 永13)

*见规章制度。

第一次校务会议纪录

时间：三十六年十二月二十四日下午二时—五时

地点：第一院会议室

出席：章渊若　钱穆　杨荫渭　许雍圻　陈机　陆仁寿　唐君毅　韩雁门　倪则埙
　　　钱清廉

列席：朱耀炳　钱之江　华汝明　钱穆　王景泰　吴叔翚　章鹏若　王庸

十二月二十五日下午二时—五时

倪则埙　唐君毅　杨荫渭　陆仁寿　陈机　韩雁门　许雍圻　钱清廉　章渊若

主席：章校长

记录：张宾侯

（甲）报告事项：

　　一、主席报告：

　　（一）出席本会议之人员与人数。

　　（二）本校各学院系主任尚未聘定之原因。

　　（三）本校教授代表之人数。

　　二、唐教务长报告：

　　（一）最近召开教务会议之经过。

　　（二）希望充实本校图书馆之设备。

　　（三）出版组须设立并向校政会建议宽筹常年经费，以便早日出版本大学学术刊物及丛书，以发扬本大学之精神，而增进本校在教育文化界之地位。

　　三、韩训导长报告：

　　（一）关于本处各种规则，因事实需要，已先签请校长公布施行在案。

　　（二）本处有添设课外活动组之需要。

　　（三）依据部颁规程，本校应有训育委员会之设置。

（乙）讨论事项：

　　一、关于教务会议规程案

　　决议：修正通过。

　　二、关于教务处各种规则案

　　决议：通过。文字交教务处，会同秘书长整理。

三、关于训导处各种规则案

决议：

（一）训育委员会组织规程修正通过。

（二）运动器具借用规则，原则通过，文字交训导处，会同秘书长整理。

（三）学生请假规则、学生宿舍规则、学生行李储藏室规则、学生集会结社规则、学生奖惩规则，修正通过，文字一并请唐教务长、韩训导长、钱秘书会同整理。

主席宣布：本日时间已晚，不及讨论，明日下午二时继续开会。

四、关于本校教员服务规程案

决议：修正通过。

五、关于本校职员服务规程案

决议：修正通过。

六、关于本校各处室组织细则案

决议：修正通过。

七、请增设课外活动组案（训导处提）

决议：该组暂不设置，其编制准予列入各处组织细则，其业务仍由生活指导组兼办。

八、关于本校第二学期校历案

决议：修正通过。

九、补考应否收取补考费案（教务处提）

决议：不收补考费。

（丙）临时动议：

唐教务长提：本校图书经费数目拟由校务会议建议校政会请予确定案。

决议：通过。并由教务处拟订计划。

散会。

渊　十二月廿六日

（来源：苏州大学档案馆 长2 002－010）

第二次校务会议纪录

时间：三十七年五月十四日下午二时

地点：第一院会议室

出席：顾惟精　陆仁寿　王文元　韩雁门　钱穆　许雍圻　杨荫渭　唐君毅　倪则埙

主席：顾副校长

记录：张宾侯

（甲）报告事项：

主席报告：

（一）出席本会之教授代表不符法定人数应加商讨。

（二）本学期经费预算情形。

（乙）讨论事项：

（一）依照部颁大学法十九条规定，本校教授代表人数不够，应如何增加案。

决议：除上学期原有三代表外，再增加六人（农学院加推一人、理工学院加推二人、文学院加推三人），由文书组缮发名单，交各学院教授，用记名法票选。

（二）五月二十日，大总统及副总统就职，应如何庆祝案。

决议：本校应悬旗结采[彩]，并休假一天以志庆祝。

（丙）散会

精 卅七·五·十四

（来源：苏州大学档案馆 长 2 011-013）

第三次校务会议纪录

时间：三十七年五月二十一日下午二时

地点：第一院会议室

出席：顾惟精 许雍圻 韩雁门 王文元 倪则埙 杨荫渭 钱 穆 唐君毅 陆仁寿 陆子芬 王 庸 杨惟义

主席：顾副校长

记录：张宾侯

（甲）报告事项：

主席报告：

本会议增加教授代表，业经依法票选产生，今日除少数代表因故未能出席外，到会人数已合法定，可以开会。

（乙）讨论事项：

一、本校下年度招生应如何决定案。

决议：（一）名额：二百名。

（二）地点：无锡及京沪两处择一。

（三）日期：依照部颁规定日期（七月十五日至八月十五日）。

（四）组织招生委员会，其组织规程由教务处拟具施行。

（五）担任招生职务人员酌给酬劳。

二、本校补习班学生签请结业成绩及格后，请予优待免试直升大学部肄业一节应如何决定案。

决议：（一）补习班学生成绩优良者，准予直升大学部肄业，其成绩标准由招生委员会审查决定之。

（二）补习班学期考试特别严格，其成绩备作将来审查重要根据。

三、学业操行成绩优良，学生请予奖励案。（教务处提）

决议：暂缓办理。

四、本校原有各种规则应如何整理案。

决议：请唐教务长、王训导长、陆总务长会同整理后，提校务会议通过施行。

五、学生国文英文成绩过劣者应如何补救案。（钱院长、唐教务长、杨教授提）

决议：（一）本届一年级学生举行总考，其详细办法由教务会议决定。

（二）增加课程钟点问题由教务会议商讨决定。

六、拟请印行本校校刊，每两周一次，约需经费一千万元，可否请公决案。（王训导长提）

决议：提校政会议可否增加预算以利进行。

（丙）散会。

精　卅七·五·廿一

（来源：苏州大学档案馆 长 2 014-018）

第一次行政会议纪录

时间：三十七年三月十九日下午二时三十分

地点：本校会议室

出席者：顾惟精　钱穆　陆仁寿　唐君毅　王文元　韩雁门

主席：唐教务长

记录：张宾侯

甲、报告事项：

主席报告：

（一）章校长因病赴沪调养，曾嘱遇有要事可开行政会议。

（二）校中当前有数个问题待决定，因召开本会议。

乙、讨论事项：

（一）本学期部定春假适逢星期日，本校放假日期应如何确定案。

决议：四月五日起六日止，放春假二日。

（二）本校因紧缩预算裁减工役十人，要求发给遣散费，应如何处置，请公决案。（总务长提）

决议：由总务长斟酌情形处理。

（三）关于补习班学生证章应否发给案。（训导长提）

决议：补习班学生证章另行制发；证章背面注明"补习班"字样以资识别。

（四）日晷渐长，学生晚餐时间应否更改案。（训导长提）

决议：于春假后再行改订。

（五）拟请校方另辟学生排球场所案。（训导长提）

决议：由总务处设法。

丙、散会。

君毅

（来源：苏州大学档案馆 永9）

第二次行政会议纪录

时间：三十七年五月七日下午五时

地点：本校第二院

出席者：顾惟精　钱穆　唐君毅　陆仁寿　韩雁门　许雍圻　王文元

主席：顾副校长

记录：张宾侯

甲、报告事项：

主席报告：

（一）本校创办迄今瞬将一载，关于本校《大事记》亟应编制。现经文书组草拟恐有遗漏，应请各处指示增列。

（二）本校请拨双发机旧飞机，业已向空军供应司令部洽领装运到校，应妥筹保管办法，以备他日理工学院实习之用。

（三）本校新校舍即将落成点交，关于水电设备亦将动工敷设，应请总务处预筹保管办法。

（四）本校长话专线直接装至新校舍，材料均已备齐，即将动工装置。

乙、讨论事项：

（一）奉教育部催报本校付编教育年鉴资料，关于本校行政系统应如何编列呈报案。

决议：遵照部颁《大学法》，参酌本校实际情形编制列报。

（二）本校下学期招生问题亟待呈报应如何决定案。

决议：召开校务会议商讨决定。

（三）请提高农工待遇案。（农学院提）

决议：由总务处依照《调整校工待遇办法》，酌量增加。

（四）请决定本校农学院应否加入中华农学会为会员案。（农学院提）

决议：应即加入。

（五）学生储备金将来发还时币值变动将如何补救案。

决议：每生预借伙食周转金三十万元，由储备金项下动支。

丙、散会。

顾惟精

卅七·五·七

（来源：苏州大学档案馆　永9）

第三次行政会议纪录

时间：三十七年九月十四日上午九时

地点：第一院会议室

出席者：顾惟精　周同庆　陆仁寿·许雍圻　王文元　郭守纯　钱穆

主席：顾副校长

记录：张宾侯

甲、报告事项（略）：

乙、讨论事项：

一、请规定本校校庆日案。

决议：规定十月廿七日为本校校庆日，并放假一日以志纪念。

二、请规定本校卅七学年度第一学期校历案。

决议：照教务处拟表通过。

三、开学通知发出日期案。

决议：俟奉校政会核定学费数额后即行发出。

四、清寒免费审查如何决定案。

决议：（一）旧生于开学时召开清寒免费审查委员会议核定公布。

（二）新生以中学成绩、入学考试成绩及第一次月考成绩为审查标准。

五、交通工具如何决定案。

决议：请校政会尽量设法在校车未到校前,暂以现在之大卡车应用。

六、备取生入学问题案。

决议：正、备取学生一律通知限于规定注册日期内到校。如因故不能准期来校者,应向训导处请假,但不得逾二星期。

七、请确立本校预算案。（会计室提）

决议：照会计室拟定预算表通过。

八、本校校董会召开在即,本校应否提送工作报告案。

决议：由各处室暨学院编列后汇报。

九、准联合国教育科学文化组织中国委员会函嘱推选一人为候选委员,应如何推定案。

决议：推顾副校长为本校候选委员。

丙、散会。

顾惟精

卅七·九·十四

（来源：苏州大学档案馆 永9）

第四次行政会议纪录

时间：三十七年十月二十二日下午二时

地点：校本部会议室

出席者：顾惟精　王文元　陆仁寿　钱穆　周同庆储元熹代　郭守纯　许雍圻

主席：顾副校长

记录：张宾侯

甲、报告事项：

主席报告：

（一）本校卅七学年度第一学期经常费预算已送请校政会核定。

（二）本人希望各同仁互相密切联系，求内部健全，完成任务。

教务处报告：

本学期课程已开齐，少数教授因事请假尚未到校者，所有课程均由处设法调上。

乙、讨论事项：

一、十月廿七日为本校校庆应如何庆祝案。

决议：

（一）训导处主持游艺节目：一、国术表演　二、乒乓球及排球赛　三、歌咏　四、出特刊。

（二）总务处负责布置会场。

（三）来宾以本校有关各方及教职员为限。

（四）推定王训导长、陆总务长、许会（计）主任负责筹备。

（五）游艺经费规定三百元。学生膳食每桌津贴三元，工友每桌二元，教职（工）中午加餐以二百元为限。

（六）油印通知本校校董及校政会，各教职员请莅临参加。

二、请扩大体育经费案。（体育卫生组提）

决议：

（一）添购球类用品依照预算乙千二百元核支。

（二）特殊器械设备费转请校政会核发。

三、学生讲义用纸应如何决定案。

决议：由教务处布告学生，俟学期终了后统计纸张油墨费用，在学生储备费项下扣算。

丙、散会。

顾惟精

（来源：苏州大学档案馆　永9）

江南大学校务委员会第一次会议纪录

中华民国三十八年二月

时间：二月十八日下午五时

地点：上海高恩路荣公馆

出席：王文元　乐幻智　郭守纯陆代　钱穆　陆仁寿　荣毅仁

列席：华晋吉　许雍圻

主席：荣毅仁

报告：

一、顾副校长请辞全权处理校务后，校董会积极遴聘校长，但因时局荡动，物色不易。校董会不敢草率，故为应付现实起见，特请示董事长，经商定组织校务委员会，处理一切，副校长不再设置。

二、校务委员会之组织，系临时过渡性质，校董会仍在继续物色适当之校长人选。兹经决定，由校董钱孙卿先生、乐幻智先生暨本人，会同校内三院长、三处长，完成校务委员会，本人担任主任委员，副主任委员希望在六长中推任之。

三、今后本校之开展，希望能在安定中求进步，过去缺憾，在共同意志下逐求改善，可以公开接受教职员及学生之建议，吾人自当乐于研讨并答复之。校董会更当努力经费之稳定，创办人以一贯精神，维护学校之前进，决不停留与灰心。

四、吾人将诚勉学生，努力学业，养成研究学术风气与良好品性。本学期开学，姑以宽恕而寄重望于未来。教务方面，则希望专任加紧课程，由教务处统盘计划，并注重考试制度。

五、前校政委会主任委员荣一心，苦心发创，本校建创之精神，筹措之艰难，为吾人所共知，渠离沪前犹谆谆以学校为念，对于环境布置、花木培植，均一一指示。不幸罹难，吾人当继其遗志，发扬光大，并望诸位协力赞助。

六、兼教务长郭守纯先生，因体力不逮提请辞职，今已聘请沈立人先生担任。

七、本日会议，顾院长、郭院长未能出席，希望到会诸位发表意见。

钱宾四先生提供意见：

一、希望权责分明：在分内者，应负全权，各尽范围，勿侵犯他人职权。

二、希望健全组织，人事勿多变动。

王文元先生意见：

一、可以废止训导制。

二、加强生活指导组织。

讨论事项：

议决要案如次：

一、定二月二十一日开学，二十二日至廿七日缴费，廿五日至廿七日缴费注册，廿八日正式上课。

二、规定学费白米三石；杂费（包括医药、图书、体育等项）一石；宿费五斗；实验费、化学等二千元；物理、生物等一千元（于注册时缴清）；膳费二石五斗。以上按无锡隔日白粳门售市价收取,开学时先收半数。

三、即日通知全体教职员于二十一日到校。

四、即日通知开学函内强调本校宗旨。

（来源：苏州大学档案馆 永9）

江南大学校务委员会第二次会议纪录

时间：三十八年二月廿七日上午十一时

地点：本校会议室

出席：钱孙卿　乐幻智陆代　顾惟精　郭守纯　王文元　荣毅仁　陆仁寿　沈立人
　　　钱穆

列席：许雍圻　陈陵　华晋吉

主席：荣主委

记录：张宾侯

报告：

（一）上次会议纪录不再宣读。

（二）请教务处报告注册经过。

沈教务长报告：

（一）本校于廿五日起注册,截止现在尚有少数学生未到齐。

（二）教务处当遵照过去一切规则办理。

（三）上次教务会议出席人数不多,关于学生转系、借读、学生课业成绩、各院扩充计划等均经议决记录在卷。

讨论事项：

一、请就本校三院院长、三处处长中推定本会副主任委员案。

决议：公推定沈教务长为副主任委员。

二、请商讨确定本校本学期经、常费预算案。

决议：

（一）根据上学期经常费预算规定,每月基数为贰万贰千四百元。通过。

（二）每月薪金、工资分五号及廿号两次如期发放。

三、关于少数教授因故提请辞职如何办理案。

决议：授权各院院长及系主任恳予挽留,如需改聘,请提出人选会商教务长,再经主任委员□□提请教务委员会追认之。

四、请决定本会常会日期案。

决议：定每月之第二星期六召开常会一次，必要时由主任委员召集临时会议。

五、请推定起草本会章则人选案。

决议：请华晋吉先生草拟，提交下次常会讨论之。

六、关于学生缺课问题案。

决议：由教务处派员点名，严格执行，每周统计公布，并希各教授随时检阅，以资考核。

七、关于教授补课问题案。

决议：规定每日八时至十二时，一时至五时为补课时间。

八、沈教务长提请规定学生自修地点案。

决议：规定图书馆及大饭厅为自修地点。

散会。

荣毅仁

（来源：苏州大学档案馆 永9）

江南大学校务委员会第三次会议纪录

时间：三十八年三月十二日上午十一时

地点：本校会议室

出席：钱孙卿　荣毅仁　沈立人　郭守纯　顾惟精　陆仁寿　钱穆

列席：许雍圻　陈陵　华晋吉

主席：荣毅仁

记录：张宾侯

甲、报告事项

（一）本会第二次会议纪录，业已缮发不再宣读。

（二）开学二周来教务实施情形。

（三）本校图书馆主任，业经聘定诸祖荫先生担任，昨已到校视事。

（四）本校事务主任一职，由总务处提出，经核聘请杨涵生先生代理。

乙、讨论事项

一、请通过本委员会简则案。

决议：照拟定草案修正通过并报请校董会核定施行。

二、本校王训导长文元恳辞兼职,拟请陈陵先生兼任训导长案。

决议:通过。

三、许会计主任提议上学期结余经费二十七万余元,如何处置请予商讨案。

决议:滚入本学期经费内。

四、陈训导长提:本校战区学生经济来源断绝,如何救济案。

决议:(一)学杂宿费暂予缓缴,俟第一次月考后审核成绩再行定夺。

(二)励行勤工助学办法以资救济。

五、许会计主任提请确定第二期缴纳学杂费日期案。

决议:通函各生家长第二期学杂各费,尽四月底前缴纳。

六、沈教务长提:本校少数教授及助教既未请假又未到校,应如何处理案。

决议:(一)由各院长决定另行物色人选,提会聘请之。未到校者,去函解聘。

(二)助教未到校者概行停聘,备函知照。

七、钱郭两院长提:拟请增聘文学院专任教授二人、兼任教授二人,农学院教授二人案。

决议:请荣主任委员核定后聘请之。

八、郭院长提:拟请租用镇山田地为本校农场案。

决议:由总务处积极进行。

九、陈训导长提:拟请开辟简化游泳池案。

决议:俟购地定夺后,再行办理。

十、沈教务长提:本校学生可否向他校借读案。

决议:不准向他校借读。

十一、沈教务长提:本校可否招收旁听生案。

决议:宿舍不敷,一概拒绝旁听生。

十二、陆总务长提:关于校车行驶问题案。

决议:除每日经常接送教职员外,凡关于学术性质者,由各院与总务处洽定,其他事故不得行驶。

十三、许会计主任提:本学期代收一部分学生膳费,计一百五十名,每名一石二斗五升,合计一百八十七石五斗。该项膳费,系以隔日米价收取,合计收到金圆一百八十九万另二百五十元,惟适逢物价暴涨,已无法购到合乎数量之食米。兹为顾及学生实际生活起见,所有代收学生膳费,拟请即以实物划付,所有亏蚀提请加入本校存米成本中计算,可否请公决案。

决议:通过。如拟办理。

（十四）陆总务长提：上学期欠缴膳费者应如何办理案。

决议：由陆总务长会同陈训导长商拟办法，提交下次大会讨论。

（十五）许会计主任提：请审核本学期二月份经费报销案。

决议：经审核通过，再由校呈报校董会备核。

郭　卅八·三·十五

（来源：苏州大学档案馆　永9）

校务委员会第四次会议纪录

时间：三十八年四月九日上午十时

地点：本校会议室

出席：荣毅仁　顾惟精　沈立人　陆仁寿　郭守纯

列席：许雍圻　陈陵　华晋吉

主席：荣主委

记录：张宾侯

报告事项：

　主席报告：

（1）本会第三次会议纪录已分别缮发，不再宣读。

（2）钱院长及唐君毅教授暂时请假一月，所缺课程回校后再补授。

（3）进行聘请学者来校讲学。

　沈教务长：

（1）教务处实行点名后学生缺课渐少，并拟就教室门上玻璃改善。

（2）学生自修座位已会同训导处拟定。宿舍电灯依时启闭。

　陆总处长：

（1）自修室日光灯全部装好，且光度极佳。

（2）最近工友调整待遇，经核准……

　陈训导长：本校学生一般情况较前良好，战区同学仍盼积极救济。

　郭院长：镇山农场租地尚未办妥，现正会同总务处加速进行。

讨论事项：

（一）上学期学生欠缴膳费应如何处置案。

　决议：

（1）以欠缴膳费卅三元折合当时米价作价为白粳壹斗。

（2）欠缴同学即于本校第二期收费时补缴白粳壹斗，照隔日门售市价缴款。

（3）该项膳费收取后拨充勤工助学经费，以增加勤工助学生收入，校中不再收回垫款。由助学委员会商讨详细支配方法。

（二）荣一心先生的铜像筹建委员会函本校推请代表参加担任委员案。

决议：请陆总务长仁寿担任筹备委员，并复函查照。

（三）助教联谊会建议发薪办法及增加学术研究费案。

决议：

（1）薪金仍分两期发放，日期尽可能予以提早。

（2）学术研究费在下学期重编预算时再行决定。

（四）训导处提请商讨国语、英语演讲竞赛暂行办法案。

决议：照拟定办法修正通过。奖金决定为第一名给银元三元，第二名银元二元，第三名银元一元。

（五）陈训导长提外面学生时来本校开会，应如何处理案。

决议：非经本校同意，不得借用开会。

（六）请审核三月份经费报销案。

决议：经审查通过，再由校呈报董事会备核。

（七）荣主委提拟请华晋吉先生担任本委员会秘书案。

决议：通过。

散会。

沈立人

（来源：苏州大学档案馆 永9）

临时校务委员会议纪录

时间：三十八年四月廿七日上午十时

地点：会议室

出席：顾惟精　沈立人　陆仁寿　郭守纯　陈陵

列席：许雍圻　李笠

主席：沈副主任委员

记录：张宾侯

报告事项：略

讨论事项：

一、本校宜兴同学要求借用汽车赴宜兴一次，应如何处理案。

决议：在此非常时期汽车需用颇殷，本校备有汽车一辆，碍难借出。

二、本校经济来源受阻，教职员工生活应如何维持案。

决议：

（一）以现存白米及茂新面粉一百袋分配教职员工。

（二）教职员每人暂配面粉一袋，工人每人白米贰斗（以现在校者为限）。

（三）暂时实物记账，俟发薪时按照隔日市价扣还。

散会。

（来源：苏州大学档案馆 永9 033）

私立江南大学临时校务委员会议

时间：三十八年五月十日下午二时

地点：本校会议室

出席：沈立人　钱穆李笠代　郭守纯　陆仁寿　顾惟精

列席：陈陵　许雍圻　杨涵生钱代　金圣一薛代　阚仲元　胡立猷　谢锡南　屠柏泉

　　　黄淑兰　杨晟

主席：沈副主任委员

记录：单鹤龄

主席报告：筹借本校经费经过。（略）

讨论事项：

一、本校教职员工四月份下半月份薪津如何规定、计算、发放方案。

决议：暂按□□月每一元基数合米三点五七五升，折发人民币以每石 3300 元为标准。所有借领各款及实物如数扣除。

二、工友借支是否按例如数扣还案。

决议：除借领每一元基数合人民币卅三元之款暂不扣还外，其余借款如数扣还。

三、苏南行政公署向本校暂借荣巷第一、二院房舍交由苏南公学应用应如何处理案

决议：拟商请吴功贤先生与沈副主任委员前往苏南行政公署请求免借。

散会。

校、教务联席会议纪录

时间：三十八年五月二十五日下午一时半

地点：会议室

出席：许雍圻　陈陵　金圣一　陆仁寿　沈立人　吴大榕　顾惟精　王文元　李景晟
　　　金善宝　郭守纯

主席：沈副主任委员

记录：张宾侯

报告事项：

　　一、五月份下半期薪金发给标准案。

　　决议：仍以基数一元合米〇点〇三五七五石计算。

　　二、各学系四年级课程应请迅予编送教务处案。

　　决议：限本月底送交教务处。

　　三、第二学期学费缴收日期案。

　　决议：

　　（一）自五月廿八日起六月三日止，放假一周。

　　（二）六月四日缴费注册，六日正式上课。

　　（三）逾期不缴费注册者以自动放弃学籍论。

　　（四）欠缴第一学期学费应予补缴姓名如左：（略）

　　（五）分函通知各家长请予协助学校准期缴费。

　　四、本学期教师缺课如何补授案。

　　决议：俟教师到校后，于放暑假前设法补授其不足之数，俟下次开会讨论。

　　五、考试应如何采取严格办法案。

　　决议：

　　（一）月考由担任教授严格执行。

　　（二）大考集中在大礼堂举行，由授课教师监试。

　　（三）发现考试作弊概作零分，并视情节轻重分别予以记过或勒令退学。

　　六、校中汽油存量不多，应如何节省案。

决议：除课程有关暨接送教师使用校车外，其他参观等事故一律暂行停驶。

散会。

（后附：查欠缴第一期各费之学生名单）

沈立人

（来源：苏州大学档案馆 永9）

校、教务联席会议第二次会议纪录

时间：三十八年六月十七日下午二时

地点：会议室

出席：沈立人　顾惟精　李笠　郭守纯　张云谷　金圣一　陆仁寿　王文元　李景晟　秦含章　荣毅仁沈立人代

列席：陈陵　许雍圻

主席：沈副主任委员

记录：张宾侯

甲、报告事项：

本校教职员工六月上期薪金不久当可汇到，现暂酌发若干备用。

乙、讨论事项：

一、本校第二学期欠费学生甚多如何处置案。

决议：

（一）除核定清寒免费生外，一律须缴纳学费。

（二）缴费至六月二十日，截止后尚未缴纳者，届时再商处置办法。

（三）通函学生家长催缴。

（四）函知清寒免费学生家长本校免费情形。

二、请商讨本校教授下学年度聘书发出日期案。

决议：教授聘书定七月二十日至七月卅日发出。

三、向校董会建议增改本校各学院系课程案。

决议：

（一）理工学院改为工学院，设电、机、化工、土木四学系。

（二）农学院设农产制造、动物生产、植物生产三学系。

（三）文学院改设管理学院，设工业管理、财务管理、运销管理三学系。

（四）面粉专修科继续开办。

四、清寒免费自下学期起改为奖学金案。

决议：（一）奖学金名额俟向工商界征求决定后公布之。

（二）申请下学期奖学金以本学期总成绩为标准。

五、学生江宝枢、龚世华、施勗生、王友茨、杨霞民、陆文华等六名学业总成绩均在八十分以上，应如何奖励案。

决议：提前给予本学期奖学金以资鼓励，惟以本学期第二次应缴学费为限。

六、本校向系借用校董会钤记应否刊置校钤案。

决议：刊置本校钤记乙颗并报校董会备案。

七、学生申请发给休学证书或肆业证书应否办理离校手续案。

决议：（一）须先领离校手续登记表，办清一切手续，方准发给。

（二）每人限发证明文件乙纸。

八、本校教职员应积极组织学习小组案。

决议：（一）本校分荣巷、梅园、校本部三区，每区组织学区小组。

（二）每星期至少学习两小时。

（三）各区召集人：荣巷顾院长、梅园郭院长、校本部沈教务长。

九、学生损坏公物如何赔偿案。

决议：学生损坏物品于离校时应一律照价赔偿。

十、郭院长提：农场存稻应如何处置案。

决议：作为校中收益，拨入经费内开支。

散会。

陆仁寿

（来源：苏州大学档案馆 永9）

校务委员会第一次会议纪录

时间：一九四九年十二月十九日下午三时

地点：本校会议室

出席：荣毅仁　沈立人　顾惟精　吴锷　诸祖耿　张泽垚　朱正元　杨钧泰

列席：华晋吉　马天元　陆仁寿　许雍圻

主席：荣主委

记录：张宾侯

甲、报告事项：

主席报告：本会委员九人，经呈奉苏南行署核定，今日举行第一次会议。委员全体出席，并请总务长、会计主任列席。

（一）沈立人先生报告：本会议应先建立会议程序，每一提案先说明案由后归纳各方意见，提付表决，以少数服从多数为原则，是否请公决。

乙、讨论事项：

（一）组织评议委员会案

决议：推举朱正元、诸祖耿、杨钧泰三位为筹备委员，先行组织小组搜集有关参考材料，草拟组织大纲，再行提会讨论通过后组织之。

（二）组织财务委员会案

决议：①定名为经费审核委员会，下设预算、稽核两组。

②推举总务长，教务长及教授会、补助会、学生会、职员会、工友会（各推代表一人），共七人组织之。以总务长为该会召集人。各小组开会应邀请有关方面参加协商。

（三）决定本会常会会期案

决议：本会常会定每月两次，于每月一日、十五日举行。主任委员如不能出席时，由副主任委员主持会议。

（四）关于本学期学费问题案

决议：本学年每学期学、杂、宿费原则定为四石米，但本学期为照顾同学事实困难起见，暂行改收三石五斗。由同学会发动传达，尽一九五〇年一月五日前一律缴清。

（五）关于实验费、讲义费、赔偿费案

决议：①实验费先行征收，由教务会议商定缴纳数目公布之。

②讲义费、赔偿费于本学期大考前核实征收之。

主任委员意见：

1.同学中无力缴清学费者，由同学会发动互助运动，以有力者帮助无力者，这是尊重学生的自尊。惟旧欠部分，也希望同学会把它弄清楚。

2.教职员和工友提出调整待遇，原则上表示同意。请将各方面参考材料汇集后，下次会议协商。在目前学校困难情况下，我们要照顾多方面，在可能范围中，一定要想法把待遇合理化的。

丙、散会。

下午六时卅分

沈立人代

（来源：苏州大学档案馆 永16）

校务委员会第二次会议纪录

时间：一九五〇年一月七日下午一时半

地点：本校会议室

出席：沈立人　张泽垚　顾惟精　吴锷　诸祖耿　马天元　杨钧泰　朱正元

列席：陆仁寿　许雍圻　杨锡荣

主席：沈副主委

记录：张宾侯

甲、报告事项：

　　1．主席报告：在未讨论本会议案前请先就此次征收学费情形作一商讨。

　　2．许会计主任报告：本学期学费应收九百石，现仅收到二百十石，欠数达六百九十石之巨。

　　3．杨钧泰报告：同学缴纳学费是应尽义务，当然很明了，但目下同学方面经济深感困难，生产服务又以种种关系未能展开，故已有一小部分同学离校。我们为了整个学校自应尽力帮助解决，发动清寒助学运动和勤工助学，同时希望扩充清寒免费学额来协助解决。

乙、讨论事项：

　　一、关于本学期欠缴学费应如何处置案

　　决议：

　　（一）维持第一次会议之决案。

　　（二）限本月十六日前一律缴清，逾期不缴不得参加大考，并以自动放弃学籍论。

　　二、本学期奖学金空额应如何处理案

　　决议：拨充本学期清寒助学金。

　　三、关于教师聘约先期发出案

　　决议：一俟苏南行署核定，尽速发出（拟聘任下学期教职员全部名单已送出）。

　　四、关于调整本校教职员工待遇案

　　决议：本案留交下次会议讨论。

丙、散会。

　　下午四时四十分

沈立人

（来源：苏州大学档案馆 永16）

校务委员会第三次会议纪录

时间：一九五○年一月八日上午九时

地点：本校会议室

出席：沈立人　张泽垚　顾惟精　吴锷　诸祖耿　朱正元　马天元　杨钧泰

列席：陆仁寿　许雍圻　杨锡荣

主席：沈副主委

记录：张宾侯

甲、报告事项：（略）

乙、讨论事项：

一、关于调整本校教职员工待遇案。

决议：本案留交下次会议讨论。

二、折实公债已经发行，本校为苏南区最高学府之一，应如何积极推动踊跃认购案。（顾委员惟精提）

决议：全校预定最少认购数字如下：

教授会四百五十分；讲助会一百七十五分；职员会一百二十五分；工会五十分；同学每人一分。请各单位积极推动踊跃认购。

三、本校下学期学、杂、宿费已规定四石米，应如何改收无锡折实单位案。

决议：改收无锡折实单位玖拾个。计：学费陆拾捌个单位，杂费拾柒个单位，宿费伍个单位。

四、拟请规定本校教职员工待遇条例案。（朱委员正元提）

决议：推请朱正元先生、樊映川先生、毕仲翰先生、蒋涤旧先生拟订草案，提交本会议通过后施行。

丙、散会。

下午四时

沈立人

（来源：苏州大学档案馆 永16）

校务委员会第四次会议纪录

时间：一九五〇年一月九日下午一时半

地点：本校会议室

出席：沈立人　张泽垚　吴锷　顾惟精　马天元　朱正元　诸祖耿　杨钧泰

列席：许雍圻　杨锡荣

主席：沈副主委

记录：张宾侯

甲、报告事项：（略）

乙、讨论事项：

（一）关于调整本校教职员工待遇案

决议：迅予搜集资料，拟具方案，再行提会讨论。在未有决议以前，一月份薪暂照旧基数之整数（十元）乘苏南折储单位支给，决议后多退少补。

丙、散会。

沈立人

（来源：苏州大学档案馆 永 16）

校务委员会第五次会议纪录

时间：一九五〇年一月十一日下午三时

地点：本校会议室

出席：顾惟精　张泽垚　杨钧泰　吴锷　诸祖耿　沈立人　马天元

列席：陆仁寿　许雍圻

主席：沈副主任委员

记录：张宾侯

甲、报告事项：（略）

乙、讨论事项：

一、经费审核委员会之预算、稽核两组委员应如何分配案

决议：本会第一次会议议决之，委员七人全体参加稽核组，并加教授会代表二人，讲

助会、学生会代表各一人,共有稽核委员十一人;预算组委员由教务长、总务长、各系科主任、编纂委员会主任委员、会计主任、辅导主任、体育主任、农场主任、工场主任、图书馆主任及学生会代表二人担任之。

一月十二日下午一时半继续讨论。

二、请通过经费审核委员会规程案(草案)

决议:修正通过。

三、请讨论第二次教务会议决议之征收实验费标准案

决议:依照教务会议提议之征收标准分别征收如左:

实验科目	甲、教务会议拟定数		乙、本学期实收数	丙、下学期实收数
定性分析	每星期一次实验者	六单位	二单位	三单位
	每星期二次实验者	十单位	三单位	五单位
定量分析	每星期一次实验者	四单位	一单位	二单位
	每星期三次实验者	十单位	三单位	五单位
工业分析	每星期二次实验者	八单位	三单位	四单位
无机实验	每星期一次实验者	六单位	二单位	三单位
有机实验	每星期一次实验者	十二单位	四单位	六单位
	每星期二次实验者	三十单位	八单位	十单位
工业化学	每星期一次实验者	八单位	三单位	四单位
物理化学	每星期一次实验者	二单位	一单位	一单位
物理实验		二单位	一单位	一单位
生物及园艺实验		二单位	一单位	一单位

丙、散会。

下午四时四十分

沈立人

(来源:苏州大学档案馆 永 16)

校务委员会第六次会议纪录

时间:一九五〇年一月十三日下午一时

地点:会议室

出席:吴锷 诸祖耿 沈立人 顾惟精 杨钧泰 朱正元 马天元 张泽垚

主席:沈副主委

记录：张宾侯

甲、报告事项：

乙、讨论事项：

（一）请确定学生讲义费及损失赔偿费案

决议：本学期为照顾同学经济困难起见，讲义费暂不收取。下学期讲义费及损失赔偿费均预收无锡折储单位两个（学期结束时计算，多退少补）。

（二）请通过教职员工评议委员会组织大纲（草案）案[*]

决议：修正通过。

（三）从事教育工作者子弟请求免费案

决议：本校并未奉到教育工作者子弟免费办法，无所依据，应另行办理清寒免费申请。

（四）革命子弟请求免费案

决议：依照政府法令办理。

（五）本校二、三两院带眷教职工之宿舍电灯需否规定度数案（总务处提）

决议：规定每月拾度，超过数照市价收费。自一月份起实行。

（六）请推请起草生产委员会章程人选案

决议：公推张泽垚先生草拟，提会通过后组织之。

（七）请推请起草精简节约委员会章程人选案

决议：公推吴锷先生草拟，提会通过后组织之。

（八）请推定起草本会章程人选案

决议：公推朱正元先生、诸祖耿先生、马天元同学草拟，提会通过后施行。

丙、散会。

下午四时

沈立人

（来源：苏州大学档案馆 永 16）

[*] 见规章制度。

校务委员会第七次会议纪录

时间：一九五〇年一月廿四日上午九时

地点：会议室

出席：朱正元　沈立人　张泽垚　诸祖耿　吴锷　杨钧泰　马天元　顾惟精

主席：沈副主委

记录：张宾侯

甲、报告事项：（略）

乙、讨论事项：

（一月廿五日上午九时继续讨论）

一、关于调整本校教职员工待遇案

决议：依照朱委员正元、诸委员祖耿、吴委员锷会同拟订之支薪基金数表，每基数壹元乘〇.九个无锡折实单位为本校暂时发薪标准。自一九四九年十二月份起实行，但以后遇有每一无锡折实单位不足中白粳米之四升价格时，或学校经济好转时，再行商议调整。

附基数计算办法：

一、底薪叁百元及叁百元以下者：

$60+（S-60）\times\frac{3}{10}+20$，例如底薪为 300，则基数为 $60+（300-60）\times\frac{3}{10}+20=152$

二、底薪在叁百零壹元以上者：

$60+（S-60）\times\frac{3}{10}+20\times\frac{600-S}{300}$ 亦即 $152+\frac{222-152}{600-300}\times（S-300）$，例如底薪为 600 者，则基数为 $152+\frac{70}{300}\times（600-300）=222$

上式之 S 代表底薪。

二、拟请讨论植物生产学系教学实施计划案（植物生产系提）

决议：原则通过，由植物生产学系详订实施办法，提交本会核议施行。

三、请就本会委员中推定评议委员会本会代表案

决议：公推吴委员吴锷担任。

丙、散会。

沈立人

50-1-25

（来源：苏州大学档案馆 永 16）

校务委员会第八次会议纪录

时间：一九五〇年一月廿七日上午十时

地点：会议室

出席：沈立人　诸祖耿　吴锷　张泽垚　杨钧泰　顾惟精　朱正元　马天元

主席：沈副主委

记录：张宾侯

甲、报告事项：

乙、讨论事项：

一、本校今后聘请教师应如何逐步做到"常川驻校"原则案

决议：

（一）重申专任教师常川驻校原则。

（二）教授、讲师以专任为原则，倘有不得已聘请兼任时，亦须以其本身专任职务不妨碍本校兼任职务为条件。倘兼任教授、讲师有因其本身专任职务而妨碍本校兼任职务，或以本校兼任职务而妨碍其本身专任职务时，应酌予改聘。

二、学生会提请更换校医案

决议：通过。

三、学生会提裁减女生辅导员案

决议：通过。

丙、散会。

沈立人

（来源：苏州大学档案馆 永16）

校务委员会第九次会议纪录

时间：一九五〇年三月十一日上午九时

地点：会议室

出席：沈立人　顾惟精　朱正元　吴锷　诸祖耿　张泽垚　杨钧泰

主席：沈副主委

记录：张宾侯

甲、报告事项：（略）

乙、讨论事项：

一、本学期因事实需要增聘机械系教授殷源之，电机系教授金宝光，面专科兼任教授李昌第、张季高、王克勤，农产系教授朱雄，管理系兼任教授庄智焕，化工系助教万桢，新农场技士金宏度，采购助理员丁顺荣，工场管理员宋挹清等十一人，请予追认案。

决议：准予追认。

二、本学期改聘夏宗辉先生为专任教授兼管理系主任，苏明山先生为专任副教授，请予追认案。

决议：准予追认。

三、副教授陶煜镇先生、兼任讲师程毓秀先生辞职请通过案。

决议：通过。

四、数理系专任教授樊映川辞职，改为兼任教授，请通过案。

决议：通过。

五、本学期免费办法如何规定实施案。

决议：

（一）免费种类分为全免、半免、免三分之一及免四分之一四种。

1. 全免学费之学生人数占全校学生总人数百分之六。

2. 半免学费之学生人数占全校学生总人数百分之十二。

3. 免学费三分之一之学生人数占全校学生总人数百分之十八。

4. 免学费四分之一之学生人数占全校学生总人数百分之廿四。

（二）免费之条件以清寒为主，但学习成绩及平时操行亦为审核标准。

（三）组织免费评议委员会由该会拟定免费资格取得之标准，调查学生家境，审查学生学业成绩、平时操行，以核定其应免与否。

（四）免费评议委员推请诸祖耿、金圣一、陈陵、杨晟、唐璜、罗聚源、薛佩瑾、黄书意、杨锡荣、谢锡南、马天元、任初兴、薛汉民、刘国华、赵正清、卢康媛、华湘翰、陆文华、蒋凌械担任之，以诸祖耿先生为该会召集人。

六、农产系拟增聘兼任教授陈陶心、兼任讲师王逸卿两先生请通过案。

决议：通过。

七、请推定经费审核委员会主任委员案。

决议：公推沈副主任委员担任。

八、请通过精简节约委员会组织大纲（草案）案。

决议：修正通过。

丙、散会。

下午四时半

沈立人

50－3－11

（来源：苏州大学档案馆 永16）

校务委员会第十次会议纪录

时间：一九五〇年三月十二日上午九时

地点：会议室

出席：沈立人　朱正元　顾惟精垚代　张泽垚　吴锷　诸祖耿　杨钧泰

主席：沈副主委

记录：张宾侯

甲、报告事项：（略）

乙、讨论事项：

一、本校本学期学生人数锐减，校董会经费艰困，每月津贴有减至四百石之表示，应如何紧缩开支俾资维持案。

决议：

（一）本日议程第五案——教职员工座谈会建议从速确定本学期预算案，与本案合并讨论。

（二）1. 迅速编制下列四项材料，交预算委员会及精简节约委员会编定本学期详细预算，同时将四项材料分送各单位研究，以便向该两会提供意见而收集思广益之效。

（1）上学期每月各项收支详细数目。

（2）上学期教职员工所担任之工作与其待遇。

（3）本学期教职员工所担任之工作与其待遇。

（4）本学期现在收入与支出情形。

2. 请校董会迅派代表来校协商学校经费问题。

二、关于改组校委会增加校委名额案。

决议：校委会重新改组，呈请苏南行署准予增加校委名额为十五人。正副主任委员、教务长、辅导主任四人为当然委员，教授代表四人、讲助代表二人、学生代表三人、职员代表一人、工友代表一人。

三、张委员泽垚提议：每节上课时间改为四十五分钟案。

决议：本案保留。

四、教职员工座谈会建议：在目前经济困难状况下，暂时冻结各种临时添置设备费用案。

决议：在新校务委员会未产生以前，各种临时添置暂时冻结，如因实验需要必须零星购置时,每系亦以不超过五十折储单位为限。

五、讲助会提:在目前经济困难状况下,各部门如须增加人员,必须经过校委会通过始得发给聘任书案。

决议:通过。

六、学生会提请分期缴纳学杂各费,照顾经济困难同学案。

决议:凡学生一时无力缴清学杂各费者,准于注册前先缴三十四个折储单位,其欠缴部分须有切实保证,必须于四月底(三十单位)及五月底前(三十单位)分两期缴清。

散会。

下午六时

沈立人

50-3-12

(来源:苏州大学档案馆 永16)

校务委员会第十一次会议纪录

时间:一九五〇年三月廿五日上午九时

地点:会议室

出席:张泽垚　朱正元　沈立人　诸祖耿　吴锷　顾惟精　杨钧泰

主席:沈副主委

记录:张宾侯

甲、报告事项:

主席报告:

一、学生报到人数截至廿四日正,共436名。注册人数191名,尚有245名同学未办理注册手续。为便利同学起见,暂准照常上课。

二、本日议程共计八案,除第七案关于三月份薪金问题拟不作讨论外,应付讨论者计七案。此外,临时动议如时间许可再为讨论。

乙、讨论事项:

一、兼任化学教授李懋观辞职,另聘兼任副教授汪巩接充请通过案。

决议:通过。并请化工系主任设法商请专任。

二、机械系提请增聘专任教授一人、助教二至三人、技工二人案(与学生会提第三案:机械三年级教授问题案合并讨论)。

决议:(一)准予增聘专任教授一人。

（二）助教请系主任酌开功课名称、班数、人数，再报校委会通过。

（三）技工二名由系主任拟具工场计划，一并提会讨论。

三、各系请求添聘教员案。

决议：凡准备开班而仍缺教员者，得由系主任商承教务长先行洽聘，再交本会通过后发给聘书。

四、请就本会委员中推举精简节约委员会代表一人案。

决议：公推张泽垚先生担任。

五、原聘机械系主任周惠久先生久未到职，改聘夏彦儒教授兼任机械系主任通过案。

决议：通过。

六、讲助会提请经费审核委员会稽核组从速进行上学期经费稽核工作，并供给材料作为本学期经费预算时之参考案。

决议：通过。

七、请通过本校教员聘任待遇规程草案案。

决议：先交评议委员会研究后再行提会通过。

八、学生会提请重新考虑学费问题案。

决议：交免费委员会详细研究后再行提会讨论。

九、学生会提：电机三胡家琥同学家境清寒，原赠献廿四史一部（计580册）于学校，并请求免掉学杂费至毕业时止，可否请公决案。

决议：通过。

十、教授会提：校委会议案请于每次开会前先行公布案。

决议：议案于开会前三日提交本会，于二日前公布之。

散会。

下午四时廿分

沈立人

（来源：苏州大学档案馆 永16）

校务委员会第十二次会议纪录

地点：上海康平路荣宅

时间：一九五〇年四月十三日

出席人员：荣毅仁　沈立人　顾惟精　朱正元　吴锷　张泽垚　蒋德舆　诸祖耿　邓鸿勋

主席：荣主委

（一）目前校中经费极端困难，亟需设法以济眉急，应如何办理案。

荣主委报告：

甲、关于薪工部分：

本月十三日可寄校三千万元；

下星期一（十七号）再寄三千万元；

下星期内（廿三号前）再寄四千万元，专作发清三月份薪工之用。

乙、办公费：另行筹寄。

（二）若干学生学费尚未缴清问题应如何解决案。

议决：仍照第十一次校务会议第八案办理，但免费比率暂不另作决议。

（来源：苏州大学档案馆 永 16）

校务委员会第十三次会议纪录

时间：一九五〇年四月廿六日下午一时半

地点：会议室

出席：吴锷 诸祖耿 顾惟精 沈立人 张泽垚 蒋德舆 邓鸿勋 朱正元

主席：沈副主委

记录：张宾侯

甲、报告事项：（略）

乙、讨论事项：

一、增聘专任教授范兆伦，兼任教授姜芝塘、黄蕴元、朱勉鋆请通过案。

决议：通过。

二、职员会提请重新考虑撤换校医案。（原案内另附同学签名单一纸）

决议：请学生会调查同学签名经过情形，再行提会讨论。

三、生辅会提请增设讲、助方面辅导委员二人案。

决议：通过。并为该会委员人数凑成单数起见，另增学生代表一人。

四、学生会提：各生产单位之工作如无技术性者，拟请该管各单位交学生会，由清寒同学优先工作以利助学案。

决议：通过。

丙、散会。

沈立人

50－4－26

（来源：苏州大学档案馆　永 16）

校务委员会第十四次会议纪录

时间：一九五〇年五月十六日下午三时半

地点：会议室

出席：沈立人　毕仲翰　张泽垚　熊振平　邓鸿勋　蒋德舆　朱正元　诸祖耿

主席：沈副主委

记录：张宾侯

甲、报告事项：（略）

乙、讨论事项：

一、请规定本会常会日期案。

决议：本学期每星期开会一次，于星期二下午一时半举行，不另通知。

二、本会第一、二副主委职权应如何分配案。

决议：第一副主委负责经费筹划、设备充实及对外代表事宜。第二副主委商承第一副主委办理对内一切校务。

三、正、副教导长职权如何分配案。

决议：正教导长负责教务；副教导长商承教导长办理辅导事宜。

四、本校各项章则如何制定案。

决议：推请张泽垚先生（召集人）、朱东润先生、杨晟先生组织章则起草委员会起草各项章则，交本会讨论，必要时并得由该委员会另聘委员分别参加起草。

五月十七日下午一时半继续讨论，沈副主委因公缺席，由朱副主委执行主席。

五、教导处下增设生活辅导、学习辅导两组，并增设女生辅导员以利工作进行案。（教务处提）

决议：（一）准予增设。

（二）人选由各组正、副主任及女生辅导员由教务处就在职教职员中遴选，提请学校负责人聘请之。

（三）报酬在辅导费项下动支，其总额不得超过一万折储单位。

六、学校存款暨教育处借款应如何分配案。

决议：请朱副主委商同教育处孙同志决定办法，付诸实施。

七、请确定三月份发薪标准案。

决议：根据三月廿四日拟订之薪俸计算新草案，照三月十日及廿五日之平均折实牌价发给。

丙、散会。

朱正元

（来源：苏州大学档案馆 永16）

校务委员会第十五次会议纪录

时间：一九五〇年五月十八日下午二时

地点：会议室

出席：朱正元　毕仲翰　熊振平　邓鸿勋　蒋德舆　诸祖耿　张泽垚

主席：朱副主委

记录：张宾侯

甲、报告事项：

一、聘定陈陵先生任生活辅导组主任，罗聚源先生为副主任，杨倩志先生任女生辅导员，吴锷先生任学习辅导组主任，熊振平先生任副主任。

二、中午就膳时间改为十一时五十五分，晚餐改为五时四十五分，自十九日起实施。

三、学校存款及教育处借款已商定办法如次：

（1）专任教职员每人发拾五万元；

（2）兼任教员拾万元；

（3）工友拾五万元；

（4）农场练习生伍万元；

（5）转款发放三月份欠薪。

四、总务处紧急支付约需壹千壹百数拾万元。

乙、讨论事项：

一、总务处紧急开支应如何办理案。

决议：暂准保留陆百万元作为紧急开支。

二、拟请规定兼任教师每学期按五个月计薪案。

决议：兼任教师薪给及专任教师超钟点费每学期一律照五个月发给，但到校在开课之后者，其薪给自到校之日起算；离校在期考之前者，其薪给算至离校之日止。

三、三月份兼任教师钟点费及专任教师超钟点费如何折扣案。

决议：兼任教师薪给照九折计算；专任教师超钟点费照八折计算。

四、校医问题如何解决案。

决议：仍维原议，由校另行聘请，在未聘定以前，向城内大医院接洽医师，暂行来校兼任。

五、在本月十一日校政检讨大会上，对农场、总务处反应不良，本会应如何处理，拟请公决案。

决议：

（一）1.组织农场清查团，由各单位（教、讲、学、职、工各会）代表一人，及校委会代表两人，共七人组织之。

2.校委会代表推熊振平先生、邓鸿勋同学担任。

3.请熊振平先生为召集人。

（二）1.组织总务处、会计室调查研究组。

2.其任务为调研以往缺点及帮助确定今后工作方针。

3.由经费审核委员会、评议委员会各推代表两人，校委会代表一人，共五人组织之。

4.推定蒋德舆同学为本会代表，并为召集人。

5.教导处拟定之生活辅导组、学习辅导组正副主任及女生辅导员酬报每月共计壹佰零伍个折储单位，超出规定之数计有五单位，可否追认案（教导处提）

决议：准予追认。

散会。

下午六时

朱正元

（来源：苏州大学档案馆 永16）

校务委员会第十六次会议纪录

时间：一九五〇年五月廿三日下午一时半

地点：会议室

出席：诸祖耿 张泽垚 蒋德舆 熊振平 邓鸿勋 毕仲翰 朱正元

主席：朱副主委

记录：张宾侯

甲、报告事项：

（一）植产系助教叶尚瑾先生来函声明自动减薪至每月叁拾折储单位。

（二）评议委员会函告同意推选总务处、会计室调查研究组代表,拟再函请照推。

（三）沈副主委昨由沪来电话,嘱开列各项紧急费用表及下学年概算等件,以便于明日返校后带沪向总公司洽商。

（四）住校外教职员电灯费较本校收费为高,应作如何决定,仍以十度之实付价目为限。

（五）机械系函请提高方友鹤先生等级待遇,即函评议会讨论。

（六）会计室请示如何公布账目、改进记账方式事项仍交会计室拟具办法,再行提会讨论。

（七）农场报告最近作物时有失窃情事。

（八）学生有向学校要求退还宿费事,应规定退费办法。

（九）教导处报告本学期编排课程时间略有不合理之处。

（十）昨日各系师生商谈学费问题,尚有一二系同学尚未全体谅解。

乙、讨论事项:

（一）请改推各委员会之本会代表案。

决议:改推如次:

（1）经费审核委员会诸祖耿先生;

（2）精简节约委员会张泽垚先生;

（3）评议委员会熊振平先生。

（二）招生事宜如何筹备案。

决议:（1）成立招生委员会,推请毕仲翰先生（主任委员）、诸祖耿先生（副主委）、夏宗辉先生、闻诗先生、顾惟精先生、夏彦儒先生、张泽垚先生、郭守纯先生、朱宝镛先生、孙时中先生、朱东润先生、姚志英先生、金圣一先生共十三人组织之。

（2）招收各系一年级新生及二、三年级插班生。

（3）采用考试制与成绩审查制（分函各成绩优良之中学,保送成绩优良之学生,经审查方式决定去取）。

（三）请规定月考日期案。

决议:本学期原定两次月考,兹因特殊原因,第一次月考又无法举行,所有本学期月考改为期中考试一次,定于下周举行（本月十九日至六月三日）。

（四）总务处提请任用马骏驷医师为校医案。

决议:（1）准予任用。

（2）待遇三百捌拾元,五月份下半月起薪。

（五）朱委员正元辞数理系主任兼职，改聘闻诗教授继任案。

决议：通过。

（六）教导处提：陈陵先生已调兼生活辅导组主任，递遗体育组主任一席，拟请以唐璜先生暂代案。

决议：通过。

（七）孙时中主任提聘请成恒德先生为兼任讲师案。

决议：通过。

（八）机械系提增聘助教一名案。

决议：通过。

丙、临时动议：

一、如何发动和平签名运动案。

决议：推请诸祖耿先生召集各单位（教、讲、学、职、工各会）负责人迅速商讨办法。

丁、散会。

下午五时半

朱正元

（来源：苏州大学档案馆 永 16）

校务委员会第十七次会议纪录

时间：一九五〇年五月廿五日下午三时

地点：会议室

出席：诸祖耿　毕仲翰　熊振平　蒋德舆　邓鸿勋　沈立人　张泽垚　朱正元

主席：沈副主委

记录：张宾侯

甲、报告事项：略

乙、讨论事项：

（一）减免学费如何迅速解决案。

决议：1. 定于明日上午九时召集各学习小组进行免费自报公议之初步讨论，并请全体教师参加。

2. 由本会分函各教师定于明日上午八时集会，请其参加各小组，并协助进行自报公议事宜。

3. 公布各小组之自报公议初步结果,再征求各方意见,然后由免费评议委员迅速作初步评定,再经公告方式征求各方意见后,作最后决定。

(二)本学期一部分同学为照顾学校经济困难勉力缴清学费,足征爱校心切,应如何表扬以昭激劝案。

决议:由本会公布已缴清学费同学姓名,并公告表扬。

(三)教导处提:教导会议如何组织案。

决议:由校委会主任委员、副主任委员、教导长(主席)、副教导长、总务长、各系主任、每科系教授代表一人,教导处、各馆组主任、副主任,及学生会代表一人组织之。

丙、散会。

朱正元代

(来源:苏州大学档案馆 永16)

校务委员会第十八次会议纪录

时间:一九五〇年五月卅日下午一时半

地点:会议室

出席:朱正元　熊振平　蒋德舆　邓鸿勋　毕仲翰　诸祖耿　张泽垚

主席:朱副主委

记录:张宾侯

甲、报告事项:

一、本人今晚拟赴沪,对于欠薪问题有所接洽,请毕教导长暂行代理校务。

二、荣主委来函告知因公赴京出席会议,主任委员职务请沈副主委代理。

三、奉苏南行署通知,规定七月十五日为本学期暑假开始日期,已由教导处公布周知。

四、关于行署通知停课治螟捕卵一事,已由教育处孙同志请示,本校可以暂缓。

五、减免学费问题已获得初评结果并经公布,即请免费评议委员会从速着手,最后决定。

六、下学期学费问题希望在最近研究妥善办法,予以规定。

七、参加总务处会计室查研组之评议委员会代表已推定陶祖愉先生、曹庆农同学担任,参加农场调查团之教授会代表已选定朱东润先生担任。

乙、讨论事项:

(一)本校经费来源迄未确定,应如何办理案。

决议：除请沈、朱二副主任向校董会切实交涉外，再由本会全体委员向教育处请求协助解决。

（二）免费评议委员会之组织应否改组案。

决议：除原有组织外另行加入生活辅导、学习辅导两组正副主任。

（三）机械系增聘助教一人已调数理系忻鼎定先生担任，递遗数理系助教一席，另聘江乃霁先生继任，月薪壹佰肆拾元，五月份下半月起薪，请公决案。

决议：通过。

（四）拟请整饬学风案。

决议：通过。教导处拟订之生活公约、学习公约之初步意见，定期发交各小组详细讨论，由教导处综合结果订定正式公约，付诸实施。

（五）学生分组学习，除由教导长、副教导长，生活辅导、学习辅导两组正、副主任及女生辅导员巡回参加外，拟请各系主任发动各系教师分别出席指导案。

决议：通过。由教导处函请各系主任于本星期四以前将参加小组之教师名单送教导处统筹办理。

（六）教导处与各系之间关系应如何确定案。

决议：由教导处拟定职权划分办法，提请教导会议讨论后，交本会通过施行。

（七）农产制造系提：请以徐洪顺同学任实验室助理案。

决议：准予任用为实验室助理，月薪肆拾元，五月份起薪。

（八）请确定本校人事编制，以便计划下学期人事案。

决议：推请张泽垚先生（召集人）、毕仲翰先生、熊振平先生设计人事编制方案，提会讨论。

散会。

阅

毕仲翰印　代

五〇·五·十一

（来源：苏州大学档案馆　永16）

校务委员会第十九次会议纪录

时间：一九五〇年六月八日上午九时

地点：会议室

出席：沈立人　诸祖耿　朱正元　蒋德舆　毕仲翰　张泽垚　熊振平垚代　邓鸿勋

主席：沈副主委

记录：张宾侯

甲、报告事项：

（一）医务组新旧交替手续已办竣，并造具移交清册存查。关于华汝明医师三、四月份在校工作时期酌给临时雇用费两月。

（二）奉政府通知规定，薪资收入自四月份起按金额千分之三贴用印花。

（三）准中央重工业部公函借调朱宝镛先生参加大连考察团工作，离校期间薪给仍由本校支给。

（四）全校路灯已装好，同学宿舍门锁即可购办。

（五）清洁饮水问题已由事务组办理清洁水箱及挖深进水龙头等工作。

（六）治螟事政府已催促发动，应请农系教师迅速计划实施。

（七）为谋增进教职员工、同学福利起见，拟与无锡普仁医院订立特约优待医药费用。

（八）兼农场主任张勋新先生自三月中以来已五次函辞兼主任职务，又兼机械系主任夏彦儒先生刻亦函辞兼主任职务。

（九）本校电灯电力消耗近来月有增加，应设法节省。

乙、讨论事项：

一、拟聘请政治教师两人加强政治思想教育案。

决议：通过。

二、治螟运动应如何实施案。

决议：推请张勋新、苗雨膏、陈陵、唐璜、吴锷、顾文六位先生及曹庆农同学共七人组织治螟委员会，迅速设计推动，以张勋新先生为该会召集人。

三、张勋新、夏彦儒两先生请辞兼职，如何处理案。

决议：甲、张勋新先生所兼农场主任职照郭主任签注之意见仍请暂时维持。

乙、夏彦儒先生所兼系主任职挽留继续担任。

丙、散会。

沈立人

（来源：苏州大学档案馆 永16）

校务委员会第二十次会议纪录

时间：一九五〇年六月九日上午八时

地点：会议室

出席：沈立人　毕仲翰　张泽垚　蒋德舆　邓鸿勋　诸祖耿　朱正元

主席：沈副主委

记录：张宾侯

甲、报告事项：（略）

乙、讨论事项：

（一）如何增进本会议事效率案。

决议：各委员会、各单位提出之议案均应附加说明及办法，以利讨论。议案提出之时，如已在议程编印之后，概列入下次会议议程。

（二）拟请改定本会常会日期案。

决议：改拟每星期三下午一时半举行。

（三）拟请核定本学期减免学费同学姓名，以便公布案。（免费评议会提）

决议：通过。免费评议委员会审查结果之名单予以公布（附名单一份）。计免费学生一三九名中，全免者 46 人，免 4/5 者 16 人，免 3/5 者 18 人，免 2/5 者 38 人，免 1/5 者 16 人，免 1/2 者 2 人，免 1/3 者 1 人，免 3/10 者 1 人，免 24 个单位者 1 人。

（四）拟请规定缴清本学期各费日期及注册截止日期案。

决议：限本月十九日前缴清欠费，完成注册手续。

（五）以前各学期同学欠费应如何处理案。

决议：缴清本学期费用者准予注册，以前欠费应责令分期缴清，在未缴清以前，凡足以证明其学籍之文件，一概不发。

（六）下学期人事应如何从速确定案。

决议：本校人事应于六月廿五日前确定呈送教育处核准后，尽六月底以前发聘。

（七）拟请从速征询各方意见以便及早聘任下学期教职员工案。（学生会提）

决议：各会各行政单位如有意见，须于本月十七日以前以书面提供具体意见交各系科、各部门主管签注意见，汇交本会参考。

（八）请通过本校教员聘任待遇暂行规程（草案）＊案。

决议：修正通过。

丙：散会。

沈立人

（核定公布的免费名单）①

计开

全免　四十六名

金振铎 面二 三七〇〇二　邱善塥 面二 三七〇〇九　陆锡华 面二 三七〇一四　孙武亮 面二 三七〇〇一

项华同 面一 三八〇二九　严　莹 管三 三六三〇五　时从德　　　　　　　陈炳生 管三 三六八〇五

钦令仪 管三 三六四二八　王振贤 管三 三六四三〇　孙增明 管三 三六四一二　陈龙贵 管三 三六三一二

陈励清 管三 三六四一一　胡菊华 管二 三七三〇一　张京晖 管二 三七三〇六　黄菖年 管二 三七二一一

郑志远 管二 三七四四一　徐鹤鸣 管二 三七四三八　潘启华 管一 三八四三九　姚汉卿 管一 三八四四三

杨盘泉 管一 三八四三七　蒋伯勤 数一 三八五一九　郦希元 植三 三六九二一　华国汉 植二 三七八二一

赵福臻 植二 三七八一三　方勤胜 化一 三八七〇六　潘法根 农三 三六九二五　郭贤良 农三 三六九〇二

张福昌 农二 三七九〇九　周川成 械二 三七六二四　李永康 械二 三七六二一　吴文楠 械二 三七五〇二

李元鑫 械二 三七五〇八　倪龙富 械一 三八三二六　褚洪绶 电二 三七六二九　陈绎之 电二 三七六〇六

王绍尧 电二 三七六二〇　蒋皎然 电一 三八六二八　施兴祥 电三 三六六五三　吕小鹏 电三 三六六二一

孙文卿 电三 三六六二五　蒋慕蔺 电三 三六六五一　张金槐 电一 三八六三一　王培炤 电一 三八六二三

王清缨 植一 三八八二〇　吴　醒 电三 三六六五二

4/5免　十六名

邓寿奎 面二 三七〇一二　宋永才 面一 三八〇二七　史贯之 管三 三六四三三　曹倩影 管二 三七四二七

卢康媛 数二 三七五〇六　王应梧 数一 三八五一一　石文斗 植一 三八八一一　刘国华 植二 三七三〇三

江宝枢 化二 三七七〇七　钱慈明 农三 三六九〇三　沈梅生 农三 三六九二八　蒋国仁 农一 三八九二七

胡道德 械二 三七六二八　郭家榕 数一 三八五〇六　蒋德舆 电二 三七六一八　周华樵 电一 三八六三三

3/5免　十八名

熊立仁 面一 三八〇四五　薛　镜 面二 三七〇四五　赵殿臣 管三 三六四一五　郑琪仙 管三 三六四二一

陆必成 管三 三六二一二　贡仲祺 管二 三七四〇七　胡韫玉 管一 三八四二九　张伟仁 数一 三八五一〇

张　序 农三 三六九一二　周柏松 农一 三八九一九　王凤林 农二 三七九〇一　郜定江 械一 三八三三九

李　英 械一 三八三三八　杨浩忠 电一 三八六三〇　程允文 电一 三八六三九　邓鸿勋 电二 三七六一〇

张龙孙 化一 三八七一五　陈柏生 农一 三八九二六

2/5免　三十八名

李则选 面二 三七〇一五　孙鸿达 面二 三七〇一三　周博仁 面二 三七〇〇六　冯维铭 面二 三七〇一六

周俊伟 面二 三七〇四四　王毓琪 面一 三八〇二〇　薛镐年 面一 三八〇一五　吴组纶 面一 三八〇三七

---

① 名单按姓名、专业年级、学号次序。学号前两位为该生进入私立江南大学的年份。

华景辛 管三 三六四二七　瞿茉珍 管三 三六四四五　王振之 管三 三六四三九　赵越樵 管三 三六四三八

钮定国 管二 三七一一一　陆新民 管二 三七四二八　冯绍之 管二 三七九一一　秦荣祺 数一 三八五〇三

徐景华　　　　　　　刘嘉辰 植二 三八八六一　张柏寿 化三 三六七二〇　王崇德 化三 三六七三〇

华湘翰 化三 三六七二一　屠尧卿 化三 三六七一二　戎盛棠 化一 三八七一四　金慕伦 化二 三七七一三

林连发 化二 三七七〇五　孙景春 化二 三七七二七　沈霆祥 化一 三八七〇七　陆哲明 械一 三八三四一

邓中和 械一 三八三〇七　梅曼生 械一 三八三四四　是筱勤 械二 三七六二六　华芝根 械二 三七六二三

蔡志锷 械三 三六七三二　周国栋 电三 三六六二二　张钟寅 电三 三六六二四　周维扬 管三 三六四四四

金行仁 管三 三六六三九　王瑞栋 电三 三六六二三

1/5 免 十六名

田春申 面一 三八〇二八　席德清 面二 三七〇〇七　魏健诚 面二 三七〇〇五　董金华 面一 三八〇四二

须　灏　　三八七二六　徐鹤龄　　　　　严文溥 农三 三六九一七　尤新宝 农二 三七九〇三

陶鼎文 械三 三六六一六　朱鉴明 电一 三八六三七　庄嘉寿 电三 三六六〇九　吴经柔 植二 三七八〇九

冯祖异 械一 三八三一一　郑　鹏 农三 三八八六二　冯慧娟 管二 三七四二三　刘育义 管二 三七四〇三

其他 五名

王宗麟(免去所欠二十四单位)管二 三七四三七　　吴乃华(免1/2)管二 三七四三二

陈子榕(免1/2)数一 三八五一七　王明鉴(免1/3)电二 三七六二二　钱润圻(免3/10)电二 三七七一二

共一三九名

（来源：苏州大学档案馆 永16）

* 见规章制度。

校务委员会第廿一次会议纪录

时间：一九五〇年六月十日上午十时

地点：会议室

出席：朱正元　诸祖耿　张泽垚　邓鸿勋　蒋德舆　毕仲翰

主席：朱副主委

记录：张宾侯

甲、报告事项：(略)

乙、讨论事项：

（一）通过生产委员会组织大纲草案*案。

决议：修正通过。

（二）通过《化工系实验器材暂行管理简则》*案。

决议：修正通过。

（三）饮水如何消毒案。（教导处提）

决议：交总务处商同化工系办理。

（四）可否于新宿舍隙地盖造低廉草房供女生膳炊之用案。（教导处提）

决议：交总务处计划,俟经费有着落时再办。

（五）凡本校同学或过去曾为本校同学而本学期未曾依限（六月十九日前）办理入学手续者,应如何办理案。（教导处提）

决议：

1.凡非本校同学一律限于三日内离校。由总务处商同教导处负责执行。

2.凡曾为本校同学而未依限（六月十九日前）办清入学手续,复未声明特殊原因经学校认可者,一律照甲项办理。

（六）学生晚间自修拟请规定集中在饭厅及图书馆两处,是否可行案。（教务处提）

决议：通过。俟饭厅灯光装置后施行。

（七）关于教职员学习委员会隶属问题案。（教职员学习委员会提）

决议：隶属于校务委员会。

（八）关于本校工友学习问题案。（教职员学习委员会提）

决议：交总务处办理。

（九）请规定学生退费标准案。

决议：学生入学应照章缴纳之各项费用,中途不拘任何原因,除代管费外一概不退。

（十）拟请从速评定教职员工之职衔及薪级案。（学生会提）

决议：请评议委员会尽速评定教职员工之薪级以便确定下学期人事,如在本月廿五日以前不能将评定结果送交本会时,得由学校负责人商同各系主任或部门主管人拟定后,提交本会决定之。

（十一）请确立各行政部门汇报制度案。（学生会提）

决议：各行政部门汇报制度应予确立,先由章则起草委员会拟定办法,提交本会议决定施行。

（十二）拟请各行政部门预拟下学期工作计划以便实施案。

决议：通过。

（十三）教导处提请审定生活公约及学习公约定期实施案。

决议：两公约修正通过。

（十四）会计室拟定按月收支账目办法请通过案。

决议：照原拟办法通过施行。

附办法：每逢下月之十一号,会计室将上月收支对照表及支出计算书连同支付凭证送请总务长核阅,十二、三日送请校委会副主委核阅,十四日送请经费审核委员会审核后正式公布。

（十五）请确定旅费支给标准案。（经费审核委员稽核组提）

决议：由稽核组拟具办法,提会讨论。

（十六）图书馆夜间加工津贴应否照旧发给案。

决议：在新办法未确定以前,暂照旧案办理。

丙、散会。

下午四时卅分

朱正元

（来源：苏州大学档案馆 永16）

* 见规章制度。

校务委员会第廿二次会议纪录

时间：一九五〇年六月十四日下午一时半

地点：会议室

出席：朱正元　毕仲翰　诸祖耿　蒋德舆　熊振平　张泽垚

主席：朱副主委

纪录：张宾侯

甲、报告事项：

（一）治螟运动今日开始。全体师生热烈参加,各组成绩良好。

（二）明日本人前往出席无锡市人民代表会议,请华先生代理主持对内校务。

（三）十九日起,作息时间略有更改,已由教导处另行缮发时间表。

（四）教员资格审查薪级评定暂行规程及实施细则,应即审定通过,以便及早评定薪给而利发聘。评议委员会如不能及时完成此项工作时,照本会第廿一次会议决议,应由学校负责人商同各系主任、各部门主管人拟定。但有些应行特别升降之人事,极费斟酌,拟由会发给表格,请各同人自报薪级,以便作一参考。

乙、讨论事项：

（一）本校办公时间应如何规定案。

决议：办公时间规定上午八时起，十二时止；下午二时起，六时止。校车开行时间，除星期六得提早一小时外，其余于下午六时开出。

（二）教导处提第一次教导会议议决各案请审议案。

决议：第一次教导会议之决议案（1）（2）（3）（5）（6）（7）（8）（9）（10）（12）（14）（16）（17）各案准予备案，但（16）案中文字修正如下：试读成绩及格后，应补行入学考试，入学考试及格后，下学期准予编为二年级正式生；试读成绩不及格，即取消试读资格。（15）案中文字修正如下：语文系应否招生，向校董会请示办理。如校董会准予招生，应请其另加预算。

（三）管理系提请改称工业管理系案。

决议：通过。

（四）植物生产系提请恢复原名，仍称农艺系案。

决议：通过。

（五）请通过本年度招生简章案。

决议：修正通过。

丙、散会。

朱正元

（来源：苏州大学档案馆 永17）

校务委员会第廿三次会议纪录

时间：一九五〇年六月十五日下午一时半

地点：会议室

出席：张泽垚　蒋德舆　熊振平　朱正元　诸祖耿　毕仲翰

主席：朱副主委

记录：张宾侯

甲、报告事项：（略）

乙、讨论事项：

一、招生委员会第一次会议决议各案请审议案。

决议：第一次招生委员会议之决议案：（1）（2）准予备案；（3）另案办理；（4）（5）准予备案；（6）第一项决议备案，第二项保留。

二、请审议评议委员会通过之《教员资格审查薪给评定暂行规程及其施行细则草案》案。

决议：函请教授会、讲助会提供意见，交会讨论。

三、请解决本学期本校同学属于申茂新范围内子弟之免费问题案。（学生会提）

决议：通知申茂新各厂，自本学期起凡申茂新职工之子女由该厂职工会出具正式证明文件者，概予免学费之半。（福新各厂方面俟与本校之关系调查明确后，再行另案办理）

四、请决定下学期学费问题案。（学生会提）

决议：下学期学杂费问题应在本学期内解决，俟各方意见反映后再行讨论。

五、请审议章则起草委员会拟定之《校务委员会规程草案》案。

决议：分送教授、讲助、学生、职员各会反映后，再行讨论。

丙、散会。

朱正元

（来源：苏州大学档案馆 永17）

校务委员会第廿四次会议纪录

时间：一九五〇年六月廿一日下午二时

地点：会议室

出席：沈立人　毕仲翰　张泽垚　诸祖耿　蒋德舆　熊振平　邓鸿勋

主席：沈副主委

记录：张宾侯

甲、报告事项：

（一）吴锷、熊振平、杨倩志三先生报告本会，决定将本学期五、六、七三个月担任辅导工作部分之薪酬，移作奖励学生课外活动之用，即交有关部门动用。

（二）关于本校各员工同人前次救灾捐款，尚未送出，现准捐献救灾经办人张勋新、吴锷两先生报告，按总会通知，该项捐款可移作救济失业工人之用，应请学习委员会转各小组反映意见。

乙、讨论事项：

一、学生黄菖年、李英、陆必成三同学逾限申请注册，应如何办理案。（教导处提）

决议：黄菖年因公出席人民代表会议，欠费并已缴清，姑予照准。李英请假回家取款缴费，临时生病，应令取具医师证明书，再行核办。陆必成理由不充分，碍难照准。

二、在此次限期注册未公布以前，同学请假离校，未及依限办完注册手续者，应如何办理案。

决议：1.凡同学在本月九日以前请假，而至十九日尚未满期者，应于假满三日内办完注册手续。2.凡于本月九日以前未经请假离校，迄今尚未办理注册手续者，一律不予通融。

三、学生缴费往往请教职员担保，增加教职员困难，应如何办理案。

决议：以后关于学生欠费担保，一律请校外人担任，本校教职员担保，概不生效。

四、校董会示意本会精简系科，应如何办理，请公决案。

决议：由本会致函校董会陈述不能并系原因，推请诸祖耿、毕仲翰两先生起草，并函教育处反映此项意见。

五、本校下学期各系科主任应规定常川驻校案。（学生会提）

决议：1.系科主任不得在外兼职。2.每星期留校时间，除星期日外，不得少于五天。

六、各系科聘请兼任教师，应否加以限制，请公决案。（学生会提）

决议：1.每一系科至少有担任教课之专任教员二人。2.每系科开四班者兼任教师以二人为限，不及四班者以一人为限。

七、植物生产系提：请升任实验室工友章伯英为实验室管理员，并仍兼任原有工作，而待遇能否酌加抑仍照旧，请公决案。

决议：碍难通过。

八、治螟委员会提：请订定治螟工作奖惩办法案。

决议：交学习辅导组拟具办法，提交本会讨论。

九、学生会提：为照顾本校四年级同学实际困难，完成大学学业起见，请求校方设立贷学金案。

决议：组织贷学金筹划委员会，推请沈副主委负责主持，详细办法另定之。

丙、散会。

（来源：苏州大学档案馆 永17）

校务委员会第廿五次会议纪录

时间：一九五○年六月廿三日下午三时

地点：会议室

出席：毕仲翰　张泽垚　熊振平　蒋德舆　诸祖耿　朱正元

主席：朱副主委

记录：张宾侯

甲、报告事项:(略)

乙、讨论事项:

（一）关于本校下学期人事问题案。

决议：分两批名单呈送教育处核准。第一批名单包括化工、电机、数理、农产、面粉语文各系科专任教师,于六月廿五日送出,其余名单于六月卅日前送出。

（二）拟改聘庄智焕、王鸣岐、樊映川三位先生为专任教授案。

决议：通过。

（三）学习辅导组提：请审议治螟工作奖惩办法案。

决议：照原拟办法通过施行并举行庆功联欢晚会。奖旗、奖章费用由学校负担,晚会费用由吴锷、熊振平、杨倩志三位先生捐出之辅导工作部分薪酬项下动支。

丙、散会。

朱正元

（来源：苏州大学档案馆 永 17）

校务委员会第廿六次会议纪录

时间：一九五〇年七月三日下午二时

地点：会议室

出席：朱正元 蒋德舆 诸祖耿 毕仲翰 张泽垚 邓鸿勋陶奕镇代

主席：朱副主委

记录：张宾侯

甲、报告事项:

一、接学生会函,以校委邓鸿勋同学离校期间由陶奕镇同学代理。

二、本学期期考日期已公布,下学期开学日期照政府法令办理。

三、同学申请免费事,以后统请诸副教导长审核。

四、奉华东教育部通知,本学期工作总结应于七月十五日前报部,应请各系科部门遵照办理。

五、本学期实验费即通知会计室公布催缴。

六、同学欠缴牛奶费除已由教导处布告代催外,即由农场派人个别催收。

乙、讨论事项:

（一）本校下学期学杂各费如何规定案

决议：请朱副主委综合本会意见，赴沪向校董会洽示，再行办理。

（二）面粉专修科请改名面粉工程学系案

决议：原则同意，俟呈准华东教育部后再行改称。

丙、散会。

朱正元

校务委员会第廿七次会议纪录

时间：一九五〇年七月七日上午十时

地点：会议室

出席：朱正元　毕仲翰　张泽垚　诸祖耿　蒋德舆　邓鸿勋 陶奕镇代

主席：朱副主委

记录：张宾侯

甲、报告事项：

一、下学期学费问题，业经在沪与荣主委接洽，据荣主委表示：本学期学费六十八个单位中，下学期可减掉八个，杂宿费可减掉二个，收费采宝塔式办法须考虑。学校经常费校董会已决定每月津贴乙万八千个上海折实单位。

二、沈副主委日内即可返校处理校务。

三、校董会函知本会关于处理欠薪办法，即行公告周知。

四、校董会对本校并系问题将有书面表示。

乙、讨论事项：

（一）学生会提：拟请延期举行大考以便解决本校重大问题案。

决议：此项重大问题超出本会权力范围，急电荣主委克日来校负责解决。万一荣主委不能如期来校致影响期考时，全体校委引咎辞职。

丙、散会。

朱正元

私立江南大学临时校务协商委员会第一次会议纪录

时间：一九五〇年八月十七日上午十时

地点：苏州乐乡饭店

出席：沈立人　朱宝铺　夏宗辉　夏彦儒　庄智焕　郭守纯　薛汉民　罗聚源　黄书意

　　　张泽垚（张震旦代）　朱正元

主席：沈主任委员

记录：张宾侯

甲、报告事项：

　　苏南行署文教处于上月底会同本校校董、各系主任及学生代表等召开会议，会上决定在本校旧校务委员会已告结束，新机构尚未正式产生以前，先组织临时校务协商委员会讨论校务。已由校董会聘定全体委员呈报政府备案，俟新校委成立，本会任务即告终了。今天举行第一次会议。

乙、讨论事项：

　　（一）请规定本校开学日期案

　　决议：九月十日开学。十一、十二两日旧生报到、缴费注册；十三至十六日政治学习；十七日至十九日温课；二十日至廿三日旧生补考及新生报到、口试、体格检查、缴费注册；廿五日起新旧生政治学习。

　　（二）请通过本学期概算案

　　决议：照曾经呈报教育部文教处之概算表原则通过。其要点如下：

　　①本学期起一切收支以上海折实单位为计算标准。

　　②专任教职员工之薪给照二月份发薪基数乘一·〇八个上海折实单位支给之，并于聘任书上注明实支单位数字。

　　③校董会每月贴补一万八千个上海折实单位全部用于薪给。

　　④学费收入拨充总办公费（每月暂定四千八百个单位）及薪给之一部分，如有余，再拨作设备费。

　　⑤办公用费及水电等项应力求节约，以期收支平衡。

　　（三）请确定借读或转学之级别案

　　决议：①每级在十人以下者设法借读或转学。②由校备函向左列各校院接洽。

之江——机械三、四年级	大同——数理二、三年级　化工三、四年级 机械三、四年级
震旦——化工三、四年级	南通学院——农艺三、四年级
金大——化工三、四　农艺三、四年级	东吴——化工三、四　数理二、三年级

（四）请通过本学期开设课程之原则案

决议：①依照政府规定，每周上课讲授时间不超过二十小时，实验学习总时数不超过五十小时。

②共同课程以尽量上大班为原则。

③各系教授统筹开课。

④各系应开课程须由他系代办者，应由两系洽定担任教员人选后，通知教导处备案办理。

⑤各系课程依照规定尽量用国文教授为原则。

⑥国文、英文甄别及格者免读，不及格者必修。

（五）职员、工友应如何精简案

决议：①职员拟精简六人，由各主管部门根据具体情况讨论决定。

②工友拟裁减十二人，交总务处办理。

③被裁减员工生活困难者，援上年例酌给一月至二月遣散费。

（六）请规定本学期学杂各费案

决议：学杂各费定为一百二十个上海折实单位（学费九十六个、杂费二十四个），于入学时一次缴清始得注册，但上学期核准免费者得缓缴其所免之部分（例如免2/5者得缓缴卅八．四个单位），俟免费评定后应即补缴。

（七）请规定实验费及实习费案

决议：请有关部门依据实际支出状况订定标准，由校公布征收之。

（八）请规定试读办法案

决议：①凡经过入学考试不及格学生申请试读者，酌予试读机会。试读一年，成绩及格，并须经过下届入学考试及格，方得为正式生。

②凡未经参加入学考试而请求试读者，开学前须经过甄别考试，及格后得为试读生，待一年成绩及格，并须经过下届入学考试及格方得为正式生。

（九）请组织校舍分配委员会案

决议：推请教导长、总务长及各系主任为委员组织之，并以总务长为该会召集人。

（十）请规定兼任教师待遇案

决议：兼任教师待遇每小时定为四至六元（无车膳津贴），每一元折合一.〇八个上海折实单位。

（十一）请确定专任教职员底薪案

决议：①讲助底薪暂照上学期校委会通过之条例会同各系主任调整之。

②教授底薪除必要者外暂不调整。

③职员底薪由职员同人自动民主评定。

丙、散会。

用于新生

径启者：

本校一九五〇年度第一学期，遵奉苏南行署指示，改定于九月十五日开学，十六日至十八日办理新生入学手续（入学时须缴验学业证件），二十一日起政治学习一个时期后再正式上课。如因故不能如期入学者，应于十八日前先照章缴纳各费，并以书面向教导处陈明理由，申请给假，其假期不得逾两周。本学期应缴各费规定如下（均以上海折实单位为准）：

（一）学费：九十六个单位。

（二）杂宿费：二十四个单位。

（三）实验费、实习费如附表。

（四）讲义费、损失赔偿费各三个单位，均多退少补。

（五）膳食自理，由学生会代办，每月约食米四斗。

以上各费依照当天上海折实牌价计算，家住上海者，可向上海江西路上海商业储蓄银行凭开学通知缴纳，再行到校报到注册。相应函达，即希查照为荷。此致

学系

同学

附实习／验费细数表

实习／验细数表（上海折储单位）

系别	化学	物理	工厂实习	动物	植物	合计
电机	十二个	三个	五个	—	—	二十个
机械	十二个	三个	五个	—	—	二十个
化工	十二个	三个	五个	—	—	二十个
管理	十二个	三个	—	—	—	十五个

续表

系别	化学	物理	工厂实习	动物	植物	合计
植产	十二个	一	一	三个	三个	十八个
农产	十二个	一	一	三个	三个	十八个
面专	十二个	三个	一	一	一	十五个
数理	十二个	三个	一	一	一	十五个

私立江南大学启

一九五〇年九月四日

贵家长台鉴敬启者：

本校创立倏经三载，迄今已进入第四学年，规模粗具，大学体制于焉完成，回溯本校创办人苦心发轫，为国储材之志，略可告慰于社会。夫培养青年责任綦重，其成功条件，学校教育固属重要，而父兄之督教与夫同学自身之努力关系尤大，必学校与家庭密切联系、相互辅导，庶收事半功倍之效。今届开学之际，待将本校最近情况奉陈如次，幸祈垂察。

（一）年来社会经济普遍困难，本校情形当亦不能例外。因之，学校一切设施受经费影响未能尽合乎理想，诸同学爱校心切，要求不免过高。对于学校行政亦有未能谅解之处，而有求全之责，致上学期发生延期大考之举。在诸同学此种表示固为爱护学校而发，但学校考试为政府法令所规定，不容违背。校务艰巨，其有关经费方面又非咄嗟可以解决，青年易犯急躁病，往往遇事不择手段急欲达到目的，此种心理亟应纠正，故本校全体教师暨政府当局再三劝导，终未为同学接受，开解放以来违背政府法令不举行考试之先例，影响校誉滋深。本学期开学后应即补行考试，以图补救而贵考核成绩。

（二）本校校董会虽在经费艰困之情形下，为继续维护教育事业，仍勉力维持每月筹款贴补一万八千个上海折实单位，实属已尽最大努力，较之一般私立学校纯以学费收入维持者，相去不可以道里计。在此环境困难之下，惟有精简节约，例如限制用水用电，禁用电热器，少用校工，提倡自己劳动。紧缩办公用费，均须师生团结共同克服困难，本校始有前途。

（三）为照顾同学困难，本校宿杂学费每学期皆在递减：过去缴纳四石五斗米，前学期减为四石，而实缴三石五斗；上学期改为九十个无锡折实单位，亦不足四石米之值；本学期上海各校仍维持上学期标准，而本校则减为七十五个无锡折实单位，即一百二十个上海单位（学费九十六个，宿杂费二十四个），折米已不足三石，而且低于京沪杭各私立大学学费之平均数（约一百七十个单位），实已一减再减。同时，减免名额上学期即已扩充至百分之廿四。本校照顾清寒同学，惟力是视，亦已极尽绵薄，学费收入实在不能再予减低，以免严重影响学校之维持，此节当为贵家长所鉴谅。

（四）再本校设备虽经历年购置，尚待充实，各实验仪器药品每学期耗损颇巨。从前实验费仅收之十分之一,纯为照顾同学负担,本学期不得不酌予增加以资维持,但所收费用仍较其他各校为低,亦望予以谅解为幸。

（五）更有言者,学校以学业及纪律为重,同学来校自须勤奋学业、遵守纪律、师生团结打成一片,学校始能于安定中求进步而发扬光大。本校上学期始终未能安定,忽而聚众与乡民互殴,忽而大批要求转学东北,忽而不遵时考试造成纷乱,弁髦法纪,视学校规章若具文不特,虚糜岁月,学业无成,抑且贻本校负误人子弟之责,有乖办学之旨,实不胜慄慄。国家亦何贵乎有此等学校而年费巨款以培植之耶? 同学意见欢迎反映,但亦不能强制学校必须采纳,此种观念亦属偏差,亟应纠正。

用是不惮辞费,掬诚奉达,敬希贵家长惠予合作,交相督勉,俾诸同学学成有用之材,为他日国家社会效力建设工作,则本校尽其应负之职责,当亦为贵家长所乐观成也。敬布微忱,诸祈朗察,伫候明教。

私立江南大学谨启

一九五〇年九月五日

（来源:苏州大学档案馆永 17 信及图表参考上海市档案馆 Q193－1－1550 00026－00029）

临时校务协商委员会第二次会议纪录

时间:一九五〇年八月卅一日下午二时

地点:苏州

出席:沈立人　朱正元　郭守纯　庄智焕　陆仁寿　夏宗辉　罗聚源　黄书意　张泽垚
　　　夏彦儒　杨叔艺　薛汉民　朱宝镛

主席:沈主委

记录:张宾侯

甲、报告事项:

（一）本会今日举行第二次会议。在开学前因时间关系可能不再开会,现有许多问题应尽速商定。

（二）关于上次会议第三案向别校借读或转学一案已先后接获各校回信,多数表示同意借读,同学方面亦有反映,尚应予以说明。

（三）关于各系教授统筹开课问题是否在借读或转学基础上考虑。

乙、讨论事项:

一、请规定各学程之实验费、实习费案。

决议：暂定缴纳标准如左。

定性分析	一次	十二单位	作物病害防治	四单位
定性分析	二次	二十单位	作物虫类防治	四单位
定量分析	一次	八单位	发酵微生物学	五单位
定量分析	二次	十五单位	酵素化学	五单位
工业分析	一次	十单位	食品分析	十单位
无机化学	一下午	十二单位	油脂实验	五单位
有机化学	一下午	二十单位	制糖实验	五单位
工业化学实验	一次	十五单位	酿造	十单位
物理化学	一下午	三单位	特种发酵工业	五单位
物理	—	三单位	食品工业	五单位
动物	—	三单位	论文实验	—
植物	—	三单位	农场实习	五单位
土壤	—	四单位	—	—

工场实习：

一年级上学期	铸工三小时	五单位
一年级下学期	锻模工六小时	十五单位
二年级上学期	机钳工六小时	十五单位
二年级下学期	机钳工六小时	十五单位

电工实验费俟开学后另定。

二、薛委员汉民提：上次会议规定之学杂宿费 120 折实单位请加以考虑案。

决议：仍照上次决定 120 个折实单位暂收，俟开学后根据实际支出状况编制详细预算，经过协商后多退少补。

三、开学日期应否更改案。

决议：改定九月十一日开学。十二至十四日新生办理入学手续；十五日、十六日旧生办理入学手续；十七日至卅日政治学习；十月一日至三日旧生温课；四至七日补行考试。新生十月二日起上课，旧生九日起上课。

四、不能一次缴清各费之学生应否准许入舍注册案。

决议：至少应先缴学杂宿各费之一半，其余部分得申请缓缴，但须取具店保（以无锡地区工商业户为限），经过对保手续后始准入舍注册。担保时期一月为限，到期不缴，请法院向担保人追缴。

五、上学期欠费同学应否准其注册案。

决议：应先缴清上学期欠缴各费，再行办理本学期入学手续。

六、本学期旧生申请减免学费手续如何规定案。

决议：（1）申请免费，应取具当地区级以上人民政府清寒证明文件。

（2）杂宿费及实验费等全部照缴。

（3）经过民主评定后，除减免部分外应限期缴清。

七、工友会提请分别轻重处理减薪案。

决议：本校减薪后工友待遇并不低于苏南各校标准，应维持原议。

八、农产系提请改称食品工业系案。

决议：通过。俟呈报政府核准后改称。

九、请确定职员底薪起薪标准案。

决议：初中毕业70元起薪，高中毕业100元，大学毕业140元。年资以每年有成绩者加十元为标准。

十、请通过《教师暂行服务要则》案。

决议：通过。

十一、庄教导长提：请调整本校专任教授底薪案。

决议：任教本校满一年者，底薪一律加二十元。但为照顾学校经费困难，实支折实单位仍照旧底薪支给之。

十二、校舍如何分配案。

决议：（1）尽先支配教室。（2）小饭厅改为新生宿舍。（3）男生宿舍三楼、二楼尽先由旧生居住。（4）向公益中学索回本校一院房屋。（5）详细规定于开学前召开校舍分配委员会决定。

丙、散会。

（来源：苏州大学档案馆 永17）

临时校务协商委员会第三次会议纪录

时间：一九五〇年九月十三日下午二时半

地点：本校会议室

出席：郭守纯　朱宝铺　杨叔艺　黄书意　夏宗辉　万桢　宋云旃　薛汉民　夏彦儒

　　　沈立人　陆仁寿　金圣一　庄智焕沈代

主席：沈主委

记录：张宾侯

甲、报告事项:

（一）今天本会举行第三次会议,主要议程是讨论政治学习如何计划实施问题,请各位委员发表意见。

（二）本会副主任委员朱正元先生切恳辞职,业已返杭,经再三挽留无效。关于继任人选,经商得荣先生同意,拟聘毕仲翰先生担任。业已面洽,尚在谦辞中,请各委员表示意见。

乙、讨论事项:

一、夏彦儒先生提:本人正式建议由本会敦请毕仲翰先生为本校副主任委员案。

决议:通过。

二、本校政治学习如何计划实施案。

决议:（1）了解同学的政治理论水平、思想情况及要求,并请夏彦儒、夏宗辉、朱宝铺三位先生负责草拟。（2）教师们在政治与思想学习期间,主要任务为领导学生进行政治学习,通过领导工作同时进行自己的学习。于十八日开始动员组织。（3）全校正式学习廿一日开始。（4）注册期间,半天业务、半天学习。（5）十五日下午二时开会,通知各教师列席,共同研讨政治学习计划。（6）政治学习的组织领导在新校委会未产生前,由校务协商委员会统一领导。以系科为单位（照原来系科名称）具体进行,全体先生参加领导,下面再分小组。搜集资料及整理材料等工作由教导处负责。（7）职员工友因业务关系,学习时间另订。

三、申请试读学生如何办理案。

决议:（1）定本月十八日上午八时起一律举行甄别试验。（2）收取考试手续费一万元。（3）甄别试验及格得为试读生,试读一年成绩及格并须经过下届入学考试及格后方得为正式生。（4）申请试读,以本校有关机关及教职员介绍者为限。

丙、散会。

（来源:苏州大学档案馆 永17）

临时校务协商委员会扩大会议纪录

时间:一九五〇年九月十五日下午二时

地点:会议室

出席:沈立人　宋云旃　毕仲翰　陆仁寿　夏彦儒　刘天民　郭会邦　朱宝铺　薛汉民
　　　诸祖荫　郭守纯　张勋新　胡立猷　殷力农　许冠仁　章臣樾　诸培南　邵达三
　　　沈祖洪　叶尚瑾　胡钟京　夏宗辉　方友鹤　金圣一

主席:沈主席

纪录：张宾侯

甲、报告事项：

主席报告：

（一）今天本会举行扩大会议，邀请各位教师出席，商讨政治学习实施问题，希望多多发表意见。关于学习动员现分两部分：教师们先动员，廿一日起全体师生一起学习。

（二）拟组织学习动员委员会委员十九人，另列席委员两人，推动全校政治学习。

（三）奉华东教育部通知，华东高教会议于十月初举行，届时本校应推选代表出席。现已将原文公布，请各同仁提供意见，以便提出。

乙、决议事项：

（一）组织学习动员委员会推请沈立人（主委）、毕仲翰（副主委）、张泽垚（副主委）、程瀛章、金宝光、殷源之、汪海粟、罗聚源、夏宗辉、夏彦儒、郭守纯、朱宝镛、杨叔艺、金圣一、成恒德、周恩久、方友鹤、薛汉民、陶奕镇、宋云旆（列席）、刘天民（列席）为委员。

（二）十六日至十八日，一面注册，一面阅读文件，了解同学情况，开展学习动员计划准备。

（三）十七、十八日每日上午八时至九时在会议室举行会报。

（四）了解同学情况，以系为单位举行各种类型会议，听取意见。

（五）十九日下午二时开会商讨实施计划，做最后决定。

（六）温课考试及上课日期，看具体情况再行决定。

（七）阅读文件由总务处分发。

丙、散会。

（来源：苏州大学档案馆 永 17）

临时校务协商委员会第四次会议纪录

时间：一九五○年九月十九日上午九时

地点：会议室

出席：薛汉民　金圣一　沈立人　陆仁寿　朱宝镛　夏宗辉　张泽垚　夏彦儒方代

　　　成恒德代　蒋涤旧代郭守纯　黄书意

主席：沈主委

记录：张宾侯

甲、报告事项：（略）

乙、讨论事项：

一、请规定本校工读生办法案。

决议：推请庄智焕先生、陆仁寿先生及学生会代表一人拟订方案，提交下次会议讨论。

二、本年春间去东北之学生荣兰荪、龚世华、蒋逸静、展国俊、方幹卿等五人申请复学，如何办理请讨论案。

决议：蒋逸静同学上学期已注册并办过休学手续，姑准复学，参加本校补行大考，成绩及格得升入二年级。其余四人碍难照准。

三、关于编制本校预算案。

决议：拟请许雍圻先生（召集人）、陆仁寿先生、周恩久先生、蒋涤旧先生、方友鹤先生、薛汉民同学及学生会代表一人共七人组织预算编制委员会，草拟维持与改造原则下的预算，在九月底前提会讨论。

四、本学期医药费应否收费案。

决议：除医务室公布之普通药品外，其余药品一律按照成本收费。

五、拟请申新总管理处常年会计师审查本校上学年度经费案。

决议：通过。

六、部分新同学申请缓缴学费如何办理案。

决议：以一次缴清为原则。特殊困难者得由该生家长具函申请缓缴，并遵照本会第二次会议第四案决议"至少应先缴学杂各费之一半，其余部分得申请缓缴，但须取具店保（以无锡地区工商业户为限），经过对保手续后始准入舍注册。担保时期一月为限，到期不缴请法院向担保人追缴"之规定办理，于九月二十五日前先缴一半以上，逾期作为自动放弃名额论。

丙、散会。

（来源：苏州大学档案馆 永17）

私立江南大学校务协商委员会第一次会议纪录

时间：一九五〇年十月五日下午二时

地点：本校会议室

出席：郭守纯　金圣一　庄智焕　沈立人　叶尚瑾　朱祖培　沈祖洪　陶奕镇　夏彦儒　　蒋凌棫　朱宝铺　郭会邦　夏宗辉　程瀛章

主席：沈主任委员

记录：张宾侯

甲、报告事项：

主席报告：

（一）今天本会举行第一次会议。委员十九人，因事请假五人，出席委员十四人。

（二）关于今天提案报告一下，请各委员先作思想准备。

宋云旉同志讲话：

（一）每次会议要有一个中心问题，抓住紧要问题，力量全放在这上面。会议前必须要有准备，先发通知各部门提问题先考虑意见。

（二）凡有关原则性的主要问题要翻［反］覆讨论。通过思想领导，从分歧到统一。无原则的纠纷，闹成见，这是不团结。会议也不是一团和气不讨论。

（三）会议不能做详细及具体决议，而做原则上的决议。执行时具体化，不可违反原则，有困难再行讨论。

（四）1.十二日前打通教师思想，使不妨碍学校工作。用交换意见研究问题，主要精神是积极的领导同学。2.土改教育具体步骤是《土地法大纲》→刘主任动员报告→刘少奇报告→饶主席报告→陈伯达《地主罪恶的解释》一三五章→《参考资料》一五辑→《封建罪恶二辑》→光明远景。3.订出教导方针，要培养学生那［哪］些思想观点。通过那［哪］些中心活动经常活动。4.本学期计划土改教育方案等希望于下次会议（十一日）提出讨论。5.订出学习生活及纪律（包括课内、课外）。

乙、讨论事项：

（一）组织免费评议委员会案。

决议：推请夏宗辉先生、沈祖洪先生及同学代表七人组织之，以夏宗辉先生为该会召集人。

（二）关于仪器设备统一管理案。

决议：原则通过。交总务处拟具详细办法（包括验收物品），提会讨论。

（三）请规定兼任行政工作教授每周授课时数案。

决议：（1）主任委员、副主任委员全免；（2）教导长、副教导长、总务长三小时；（3）注册主任、农场主任、工场主任三小时；（4）系科主任六小时；（5）图书馆主任全免。

（四）一年级新生申请转系如何办理案。

决议：一年级新生不得转系，如已办理转系手续者一律无效。

（五）部分学生申请试读应如何办理案。

决议：为照顾青年失学，准于十月九日上午八时再举行甄别试验一次。

（六）工友工资折扣标准拟请酌予提高案。（总务处提）

决议：本校工友待遇并不低于苏南各校标准，抑且事关变更概算，碍难照准。

（七）申请减免费同学无法取得区以上人民政府证件时如何办理案。

决议：由校备函，请政府予以证明。

（八）化工系四年级同学报到不满十人应否开班案。

决议：化四同学原系十人，现一人转学，致不合标准人数，惟开学已久，接洽借读时间过迟，为照顾事实困难，姑准开班。

丙、散会。

（来源：苏州大学档案馆 永18）

私立江南大学校务协商委员会第二次会议纪录

时间：一九五〇年十月十一日上午九时

地点：本校会议室

出席：沈立人　程瀛章　朱宝镛　夏彦儒　庄智焕　郭会邦　朱祖培　沈祖洪　郭守纯

　　　夏宗辉　成恒德　陶奕镇　毕仲翰　金圣一　金宝光　叶尚瑾　张震旦

主席：沈主委

记录：张宾侯

甲、报告事项：（略）

乙、讨论事项：

（一）请通过《一九五〇年度上学期校务实施大纲（草案）》案。

决议：修正通过。

（二）请通过《土改教育实施计划（草案）》案。

决议：修正通过。

（三）请协议本校《一九五〇学年度预算（草案）》案。（总务处、会计室合提）

决议：由本会通知预算委员会将是项预算草案详细研究审查后，于十月廿日前送会讨论。

（四）请通过本校《仪器设备统一管理办法（草案）》案。（总务处提）

决议：请各系反映意见后再行讨论。

（五）工友工资折扣拟请复议酌予提高案。（总务处提）

决议：工友工资折扣仍维原议。自十月份起，每人每月津贴九二米一斗。工资折扣恢复八五折时,津贴即行取销。

丙、临时动议:

(一)各系二、三、四年级原定十月十二日起正式上课,兹因上期补考未曾终了,拟请延迟一天上课案。(注册组提)

决议:通过。自十三日起正式上课。

(二)关于植产系课程每学年拟分为三学期授课问题,请讨论案。(庄教导长提)

决议:本学年度作为准备时期,仍分为两学期授课。

(三)工场主任规定每周授课三小时,请予复议案。(夏委员彦儒提)

决议:准予复议工场主任全免。(各班工厂实习不另计钟点)

(四)一年级补习英文、国文应否给予学分案。(金委员圣一提)

决议:给予学分。

(五)请规定本会常会日期案。

决议:每月召开常会两次,于每星期三举行。

丁、散会。

(来源:苏州大学档案馆 永18)

私立江南大学校务协商委员会第三次会议纪录

时间:一九五〇年十一月八日下午一时半

地点:本校会议室

出席:庄智焕 金圣一 朱祖培 叶尚瑾 张震旦 金宝光 蒋凌械黄代 郭守纯 陶奕镇 朱宝镛 沈立人 邓鸿勋 郭会邦 沈祖洪 夏宗辉 张泽垚

主席:沈主委

记录:张宾侯

甲、报告事项:

主席报告:

(一)宣读上次会议录并报导决议案执行情形。

(二)本学期已经文教处批准之新聘教职员计有:胡钟京、余衡之、高昌运、吴大榕、周修齐、王守泰、金宝桢、顾毓珍、杨善济、韩士元、苏长荪、穆光照、刘天民、沈祖洪、朱祖培、高煜珠、过懋德、曹惟庆、吴全年、缪瑞丹、过祖燊、王同煦、马家善、李丛等二十四人。

(三)本学期专任教授超钟点情形。

（四）图书馆职员浦维善、工友王坤才书面报告自动放弃夜间工作加班费；又秘书马家善担任会计学课务，亦声明愿尽义务，均应予表扬。

（五）上学期七月份欠薪已向校董会接洽请尽速拨发。

（六）成立科学图书出版社，直属校董会，经费亦由校董会拨发。该社即将展开业务，为各教师服务办理出版工作。

（七）各系级政治课上课情形进步多少不同，希望较差的逐步赶上去。

庄教导长报告：华东高教会议总结报告

一、理论与实际结合：（一）应与当前建设人民需要相结合。（二）院、系、科培养人才有目的性，使课程要相符合。（三）科学与技术造就能配合需要，过时的不要。（四）生产实习要注重，但不取主要课程而代之，只作证明。

课程反对为学术而学术及狭隘的实用与经验主义、教条主义。

二、高教向工农开门：困难在人少，水平低，照顾不方便。应有克服困难的办法，设补习班（东北）教育改造工农。

三、课程改革：四四—五〇小时，有人以为不科学，有困难，但教授方法、教材及教授本身改造后可保证成功，东北已试行有效。此制度不能修改，可用逐步实现办法。年制改良问题有计划有步骤地改。课改组委员会作重点研究，谋改革。学生或工会可提意见，仍由行政当局决定，以免搞乱及编[①]差，不同意见可向上提出。

四、教研组应估量当前条件，少而精，慎重办理，由华东教育部批准实行。

教学小组则应普遍设立。教研组织办法只可参考苏联方法逐步实行。教研组领导不作机械规定，苏联教务长及系主任为双重领导，组主任可由系主任兼。组长授课钟点不减少，为学生服务，师长应多牺牲。

五、培养师资：助教工作改善，事务工作只适当减少。教师进修应为权利，亦是义务，政治学习仍属主要，进修以不妨碍教学为前提、为原则。教育部可考虑补助有成就的教授。

六、学生健康：预防为主，治疗为辅。精简课程及活动，入学检查严格，每年可行检查。提倡体育活动、改善营养，各校自力更生想办法。有病学生以休学治疗仍是好办法。医务所改善并与当地卫生机关联系。

七、领导关系：主动争取合作。欢迎业务部门委托代办培养人才，但要业务部门有补助。

八、私校管理：对校董应予奖励。政府必照顾。外国人不能办学，但原有外人仍可参加校董会，必遵守政府法令。

---

① 此处疑为刻印错误，应为"偏"。

九、定员定额：不合理中求合理。教授仍九小时授课。房屋必要增加，并照顾通学生。工厂、医院及农场应企业化。自给自足可办到，逐步实现。

十、薪级标准：现在最高、最低距离太近，要逐步改进。注意当地整个情况。教授非学校同意不准走。

十一、评薪评级：有人以为年资成份太高，无政治标准，但波动面应力求小，年资较可靠，政治标准易起斗争。

十二、工作待遇及兼课兼职。国校超钟点问题可再考虑。

唐部长对各校以为：

子、树立全局观念，整体观点，统一调配。

丑、防止过分心急毛病，以稳步前进为主。

寅、反对平均思想，反对绝对民主化。

卯、在困难中想办法，统一掌握调配。

辰、团结问题，各校内部要力求团结。

乙、讨论事项：

（一）本会议提案应请附具说明办法并请将有关议案资料先期分送以利讨论案。

决议：通过。

（二）请通过本校一九五〇年度上学期预算（草案）案。

决议：下周三召开本会议专门讨论预算，再作决定。

（三）化二、农二学生申请分期缴纳实验费案。（学生会提）

决议：实验费在二十个单位以下者一次缴清，二十个单位以上者分两期缴纳。第一次至少缴二十个单位，其余限一九五〇年年底以前缴清。

（四）请规定粉品化学实验费案。（张委员泽垚提）

决议：十个单位。

（五）请通过工读生规章*（草案）案。

决议：修正通过。

（六）本校交通车请设法改装木炭车或白煤车节省经费案。（郭委员会邦提）

决议：暂缓改装。请总务长研究其他交通办法（改用酒精、马车、汽船），提会讨论。

（七）关于大班上课超过额定人数八十名以上请重予调整案。（郭委员会邦提）

决议：请庄教导长、金注册主任于下次会议时将上大班课具体情况反映后，再行决定。

（八）关于会计室暂付款项应请饬令限期办理案。

决议：限本（十一）月底一律结清。

（九）申请清寒免费同学无区级以上人民政府证件如何办理案。（夏委员宗辉提）

决议：仍照本会第一次会议决议，由校备函，请政府予以证明。

（十）借读他校同学申请减免费如何办理案。（夏委员宗辉提）

决议：照在校同学一样办理，并请借读同学先行互评，将结果送减免费评议委员会参考。

（十一）请停课进行减免费评议工作案。（夏委员宗辉提）

决议：定星期二、三两日下午停课举行。日期确定后另行公布。

（十二）请规定本学期期中考试数次案。

决议：期中考试以两次为原则。由各教师视具体情况决定。凡考一次者，须与第二次期考同时举行。

（十三）如何做到真正的经济公开案。

决议：按月由经费审查委员会审查账目，予以公布。学期终了，再请校董会派会计师来校审查。

（十四）请组织经费审查委员会案。

决议：推请工会代表三人，学生会代表二人，共五人组织之，以工会代表一人为该会召集人。

（十五）组织章则整理委员会案。

决议：推请毕仲翰（召集人）、张泽垚、庄智焕三位先生将各项旧章则加以搜集整理后，提会讨论，以便交章则编审委员会编订。

丙、散会。

下午五时二十分

（来源：苏州大学档案馆 永18）

* 见规章制度。

私立江南大学校务协商委员会扩大会议纪录

时间：一九五〇年十一月十五日下午一时半
地点：会议室
出席：余衡之　诸祖荫　黄菖年　夏彦儒　叶尚瑾　刘天民　庄智焕　金圣一　陶奕镇
　　　张震旦　苗雨膏　胡钟京　周恩久　沈立人　邓鸿勋　沈祖洪　朱祖培　张泽垚
　　　夏宗辉　高昌运　毕仲翰　黄书意　郭守纯　陆仁寿　金宝光　苏明山　张勔新
　　　朱宝铺　都祖荣　钱慈明　尤　新　陆新民　沈孝伟　程瀛章　谢玉成　罗聚源
主席：沈主委

甲、报告事项：

主席报告：今天本拟讨论预算问题，但有比预算更重大的问题待讨论，故举行扩大会议，请全体教授、工筹会、学生会及青年团代表大家出席。今天讨论的是时事教育问题，也就是关系国家存亡问题。我们要讨论，认清楚时局，作思想准备，预定时间一个月，请各位参加意见。我想把两天来时事教育会议所听到的报告请庄先生传达一下。

庄教导长报告：刘主任在第一天时事教育会议上作了详尽的报告，我现在简单地报导如下："美国侵略朝鲜，已到我国边境，飞机屡次扫射杀伤我国人，同时侵略台湾。从缴获美帝及南韩李承晚等的文件看来，美帝有更大阴谋，企图要进一步侵略中国，控制世界。现全国发动抗美援朝卫国保家的运动，每个中国人要有认识：不能惹火上身，而是火已上身如何扑灭问题。朝鲜是我国邻国，受日帝国主义侵占奴役数十年，解放建国不过两年，全国尚未统一。我们为正义感，为了唇亡齿寒，不能不理，同时，援朝要与解放台湾结合着。侵朝是美帝第一步侵略中国与世界的准备，可由历史证明。现在要制止侵略，不许他发展。许多人都害怕美国人，怕这运动发起会引起世界大战。我们这个运动要使美帝知难而退，假如美帝果真引起大战，我们也不怕，因为世界和平阵营力量比帝国主义力量大。苏联、中国、各新民主主义国家，连同朝鲜、菲列宾、越南，共有二千万陆军，美帝能作战的只有十个师。他们想建立三百万陆军，但即使赶快动员也不能在短期内达目的。原子弹不能解决战争。美帝国内建军因主观及经验主义不重视陆军，故只有海军、空军，现在动员陆军不可能。我们和平阵营将欧亚两洲联合一起，他们帝国主义要包围捆紧我们不可能。他战线很长，运输困难，专家估计每一士兵要有七吨半运输力。如动员多，则帝国主义的船舶不够供应，而且帝国主义者都已腐朽，所以即使发动大战也是要失败的。我们要阻止战争，如果美帝疯狂发动战争，我们也有力量战败他。战争初期我们可能有困难，但不会长。人民解放军力量是向上发展的，可从历史证明。我们这运动是要和平，但我们也不怕战争。现在和过去的二战时不同，美帝要取巧不可能。我们保卫和平、阻止战争，如果有战争，美帝必定失败，也将是帝国主义者彻底的失败。最低限度是欧亚非三大洲的解放，也可能是全世界人民的解放。"

夏代副教导长报告：

昨天陶处长在会上报告如何在各级学校进行时事教育问题，现简单报导如下：

（一）土改教育与时事教育的结合。这学期土改教育是必要的，时事教育也是必要的。时事教育准备有一个月在思想上作准备，要认清时局真相，发扬爱国英雄主义。

（二）具体问题。（1）要懂得美帝是中国的敌人，是全世界的敌人。（2）树立仇视敌人的态度，惧美心理要纠正。（3）使同学晓得我们一定可以胜利。虽有困难，可以克服。

（三）教育方法。（1）教育内容问题。（2）方法要深刻，要多样化，课程精简。除上课外可采取不同的竞赛。（3）时事教育应有系统地来进行，各行政负责人自己先树立研究风气，尽量与时事给［结］合。

（四）领导问题。（1）在校长或校委会统一领导下订立进行计划，希望民主集中，不要过分民主、过分集中，建立健全组织。（2）城市中小学校集中地区应建立时事教育研究会。（3）校委会配合工会、学生会、青年团各单位力量进行时事教育。

（五）建立会报制度。在进行中，每一阶段的进展或困难情况，经常会报文教处。

（六）如何进行并贯彻时事教育问题。（1）教师不要放松减低效力。（2）土改教育中有把农村中办法搬来引用，我们要引以为戒。须因地制宜，视实际情况妥为运用。

最后陶处长总结：总的要求，使课外活动每天保证一小时半学习时事（每星期总的时数在十二至十四小时）。（1）减少同学负担。（2）增加历史课程，减少其他课程。减少原则为①不影响同学健康；②减少课程须确能减少同学负担；③其他课程相机配合时事教育；④期考、月考延期举行，至时事教育告段落时，与时事教育一并举行考试；⑤教职员工在职学习每天要有二小时学习，以时事学习为中心问题。

乙、讨论事项：

（一）本校实事教育如何展开案。

决议：（1）推请沈主委、庄教导长、夏代副教导长、政治教师刘天民先生、工筹会主席张泽垚先生、学生会主席蒋德舆同学、青年团支部书记尤新同学共七人，组织时事教育委员会，负责计划、推动与检查等工作。（2）关于停课问题，由时事教育委员会向政府请示后，拟具实施办法，公布施行。

（二）请规定截止注册日期案。（金委员圣一提）

决议：新生十一月廿二日截止，旧生十一月底截止。不如期完成注册手续者，一律以自动放弃学籍论。

（三）请修正申请清寒免费同学无法取得政府证明文件手续案。（邓鸿勋同学提）

决议：为照顾同学困难准予修正。凡申请清寒免费同学，确实无法取得政府证明文件者，可先由小组互评，再经过系级评议后，公布同学姓名，如无反对，准予申请。

（四）拟定本周五召开本会讨论预算案。

决议：通过。

散会。

下午五时廿分

（来源：苏州大学档案馆 永18）

私立江南大学校务协商委员会第四次会议纪录

时间：一九五〇年十一月十七日下午一时半

地点：会议室

出席：沈立人　郭守纯　黄菖年　叶尚瑾　陶奕镇　金宝光　庄智焕　沈祖洪　夏宗辉
　　　程瀛章　朱祖培　张泽垚罗代

主席：沈主委

记录：张宾侯

甲、报告事项：

　　主席报告：

　　（一）今天主要讨论预算问题及前次会议未及讨论之议案。

　　（二）希望各行政部门、各系科建立会报制度。

　　（三）关于工筹会催发旧欠事已接校董会函复，正在设法筹拨中。

乙、讨论事项：

　　（一）毕仲翰先生辞章则整理委员会委员，如何处理案。

　　决议：一致挽留，请毕先生勉力担任。

　　（二）请各行政部门、各系科建立会报制度案。

　　决议：各行政部门、各系科每两星期须向本会会报一次。

　　（三）请讨论本校一九五〇年度第一学期预算（草案）案。

　　决议：照原拟预算修正通过。

　　（四）本校兼任教授火车票津贴拟请改为软席车票案。（金委员宝光提）

　　决议：通过。自本月廿日起施行。

　　（五）请设立女生厨房案。（学生会提）

　　决议：由总务处会同学生会女同学部长，拟具最经济预算，提会讨论。

　　（六）关于过去校委会及临时校务协商委员会之决议案及领导之一切组织，应如何处理案。（学生会提）

　　决议：推请张震旦（召集人）、罗聚源、张宾侯三位先生，及蒋德舆、邓鸿勋两同学整理后，提会讨论。

　　（七）如何解决本学期学费案。

　　决议：根据本学期预算，确定学杂宿费为 120 个上海折实单位（学费 96 个单位、杂宿费 24 个单位）。

散会。

（来源：苏州大学档案馆永 18）

一九五〇年秋季经常费支出预算书

一九五〇年八月起至一九五一年一月止，一九五〇年十一月十七日第四次校务协商会议通过

科目			每月预算数（上海折实单位）	备　注
款	项	目	名称	
1			经常费每月预算数	33,020	
	1		奉给费	26,500	薪资如照七五标准发，按月节省 6700 单位，预算数为 19800 单位。
		1	奉薪	22,700	俸薪如照七五标准发，按月节省 5800 单位，预算数为 16900 单位。
		2	工资	3,300	工资如照七五标准发，按月节省 900 单位，预算数为 2400 单位。
		3	工会费	500	
	2		办公费	3,040	
		4	文具印刷	240	
		5	邮电	400	
		6	消耗	120	
		7	租赋	40	
		8	修缮	160	
		9	旅运	360	
		10	水电	1520	
		11	杂支	200	
	3		购置费	480	
		12	器具	340	
		13	其他物品	140	
	4		特别费	1760	
		14	图书费	400	
		15	体育费	160	
		16	医药费	200	
		17	校车特殊费	500	

续表

科目				每月预算数 （上海折实单位）	备　注
款	项	目	名称		
		18	校刊印刷费	100	
		19	辅导费	100	
		20	其他特别费	300	
	5		农场费用	490	1．除农场本身收入之外按月贴补数。2．农工工资包括在内。
	6		工厂费用	750	3．工厂技工及学徒工资、机器租金、电费等包括在内。

江南大学一九五○年秋季收支预算书

一九五○年八月起至一九五一年一月止，一九五○年十一月十七日第四次校务协商会议通过

收入：	上海单位	支出：	上海单位
校董会每月贴补经常费	18,000	俸给费每月平均支出	26,500
校董会每月贴补设备费	1,000	总办公费（包括办、研、特）	5,280
上学期经费结余每月抵充设备费	2,000	设备费	3,000
学杂住费收入每月平均数（估计）	8,320	农场费用	490
520 人计 学费　　　96 单位 × 520 人 = 49,920 减免 1/4　　　　　　　－12,480 　　　　　　　　　　　37,440		工厂费用	750
杂住宿费 　　　240 人 × 24 单位 = 12,480			
合计　　　　49,920 ÷ 6 　　　　　= 8320			
		29,320	
差额（不足数）	6,700		
合计	36,020	合计	36,020

注：如俸给暂照七五标准算，每月可节省 6700 上海单位，收支适平衡。

许雍圻印

（来源：苏州大学档案馆　永 19 042－044）

私立江南大学校务协商委员会第五次会议纪录

时间：一九五〇年十一月二十四日下午一时半

地点：本校会议室

出席：郭守纯　程瀛章　张震旦　邓鸿勋　黄菖年　沈祖洪　金圣一　朱宝镛　夏宗辉　宋云旆　沈立人　张泽垚张代　叶尚瑾

主席：沈主任委员

甲、报告事项：

主席报告：本会第三次会议第八案决议关于会计室限期结清暂付款案，现距限期甚近，拟请会计室报告办理情形。

许会计主任报告：（一）关于暂付款项，包括备用金及员工借支部分，共计六千七百万元左右。（二）结清办法，（1）员工借支约四千余万元，于发七月份薪时扣还。（2）合作社股金二百万元转入校资产。（3）招生费不足数二百余万元转入特别费项下。（4）解聘教员学习费、旅费等一千余万元作为应收款项请校董会拨发。（5）上学期教授代表赴沪旅费六十余万元拟请教授会通知会计室向各教授扣还。（6）许彦生借支八十余万元，拟请校去函工商技术学校追缴。

各部门工作汇报

校委会主任委员：

（一）本学期临时校务协商委员会及校务协商委员会议决各案，已组织委员会者由委员会办理，此外已照案执行。

（二）关于聘任教职员未经校委会商决，不合规定，但如果不及早决定，必增加困难。所以文教处及工筹会均已谅解追认，希望本会亦予追认。

教导处：（一）配合师生劝募寒衣运动已超额完成任务。（二）减免费评议过程分三阶段。（1）拟定评议办法草案。（2）小组讨论，系级讨论。（3）评议工作现因展开时事学习，尚在第二阶段进行中。（三）工读生工时计算办法已请各单位抄送教导处。

图书馆：（一）上学期胡家琥同学捐赠本校之"廿四史"已运校。（二）薛焕曾同学捐书待运。（三）成立学习资料室，材料不多，尚待扩充。（四）失窃书籍事已不发生，惟常有冒借书籍事情。（五）时事学习参考资料已做好索引。

注册组：（一）办理各项呈报表册。（二）本学期各系课程已开齐。（三）截至现在，注册人数达五百十六人。

体育组：（一）参加无锡市体育会举办之足球联赛。（二）健身室开放时间改为每日上午九时至十一时半。（三）实行早操。（四）参加无锡市寒衣救灾足球义赛。

总务处：（一）每星期举行员工工作检讨会一次。（二）向申三洽拨经费。（三）担任本校寒衣劝募捐会秘书工作。（四）与会计室编定本学期经费预算。（五）与人民医院续订师生员工医疗合约。

文书组：（一）编缮华东教育部苏南文教处十月份综合报告。（二）汇编呈报高等教育调查表及教职员名册等件。（三）担任校协委会议纪录及收发议案通知等。（四）编记本校大事记。

事务组：（一）协助成立布置合作社。（二）协助机械实习工场建筑房屋事宜。（三）改装自来水管帮浦。（四）会同保管室验收工场物品。（五）调配各系科新聘教师宿舍。

出纳组：（一）逐日编造现金表。（二）发放十一月份上期薪津。

医务组：诊治师生员工疾病，调配药方。

又总务处报告：奉校协委会通知，研究改装校车及女生厨房估价等报告如次。（一）关于校车改装酒精及改用马车、汽船等，已详细研究，拟具说明，请予考虑。（二）建筑女生厨房两间估计需款六百万元。

会计室：（一）公布八、九月份收支账目。（二）催缴欠费。（三）公布实验费数字。

管理系：（一）业务方面——出版工管半月刊。（二）学习方面——从平时学习到时事学习，一般情况良好。

农产系：（一）课程已开齐，学习总时数不超过五十小时之规定。（二）实验已全部开出。（三）助教XXX久不到校，已另有他就，此间手续未办，请校委会处置。（四）新聘助教王鸿生请予追认。

数理系：（一）本学期本系助教略有更动。（二）陆续添购仪器。（三）本系概况已填就。

植产系：（一）所开课程照既定计划进度讲授。（二）农场方面力求收支平衡。（三）农场种稻三六亩，计收稻谷约一百七十余担，现稻田已全部播种小麦。（四）牛奶每天产54磅左右，校内销售约五分之四，客户五分之一。（五）拟在小箕山修建牛奶棚。（六）姚湾农场有桃苗1500棵，拟向外推销，预计每棵可售米二升。

面专科：（一）过去偏重机械课程，现已调整酌加食品工业课程。（二）已请到面粉专家李凤哕先生及劳模于菊生先生来校讲授。

乙、讨论事项：

（一）各系主任因事离校应请代理负责人案。

决议：请各系主任将因事离校时代理负责人名单于下周三前送会，以便公布。

（二）如何处理本校新聘教职员案。（学生会提）

决议：本学期已聘教职员准予追认。

（三）农产系助教XXX久不到校，已领八、九两月份薪金，如何处理案。（朱委员宝铺提）

决议：函XXX任职机关，请予追缴归还。

（四）校务实施大纲及校务协商委员会决议如何保证实施案。（学生会提）

决议：(1)每月召开师生员工代表大会以一次为原则，由各部门报告工作状况及工作计划。(2)代表大会由全体校委、工筹会、学生会全体执委及小组长组成。(3)日期由本会决定后公布之。

（五）拟请提早下午上课时间案。

决议：自下周一起，每日下午上课时间改为一时至四时五十分。

（六）请重行规定减免费评议工作日期案。（夏委员宗辉提）

决议：改定星期五、六两日下午停课举行，日期确定后另行公布。

丙、散会。

（来源：苏州大学档案馆 永18）

私立江南大学校务协商委员会第六次会议纪录

时间：一九五〇年十二月十三日下午一时半

地点：本校会议室

出席：沈祖洪　朱祖培　金圣一　郭守纯　夏宗辉　朱宝铺　叶尚瑾　金宝光　沈立人
　　　杨钧泰　张泽垚　邓鸿勋

主席：沈主任委员

甲、报告事项：

主席报告：

（一）本人此次在沪看到沪上各校抗美援朝卫国保家运动非常热烈。交大二千多同学，参加军干校的有六百多。复旦参加军干校的有八百多。希望本校同学热烈响应政府号召，踊跃参加。

（二）向华东教育部接洽增聘政治教师、加强政治课问题，据教育部表示，现在各校多需要政治教师，不敷支配。希望各校教师自己来担任政治课比较适合。对于目前各校课程，要尽量减轻学生负担，搞好时事学习。

（三）荣先生深切关心本校时事学习，要大家动起来，并希望按期报告他本校时事学习进展情况。

（四）本周四（十四日）上午举行校协委会扩大会议各系系会,下午庆祝平壤解放暨抗美援朝卫国保家宣传委员会成立大会。周五（十五日）上午文教学院访问团来校访问,下午文娱活动。周六（十六日）参加无锡市教育界反美示威大游行。

（五）关于本会决议案尚未推动工作的计有:（1）章则整理委员会。（2）过去校委会临时校协委会决议案整理委员会。（3）经费审核委员会。希望各委员会尽速推动工作。（4）仪器统一管理办法,各系意见尚未提出。

乙、讨论事项:

（一）本校下学期减免费评议工作拟在本学期结束前完成,以简化下学期注册缴费入学等手续案。（减免费评议委员会提）

决议:（1）下学期减免费评议工作准在本学期内完成。（2）一年级同学家境困难者,一律准予申请。（3）减免费名额为全校学生总人数之百分之廿五。（除清寒免费外,包括教职员子女、军工烈属及许显谟公宗祠免费名额在内。申茂新各厂职工子女免费另列项目。）（4）仍请原减免费评议委员会办理下学期减免费评议工作。各委员中如有缺额时另行补充之。

（二）请规定申茂新各厂职工及本校教职员工申请免费之直系亲属范围案。（学生会提）

决议:（1）直系亲属以已婚夫妻及子女为限。（2）其他亲属关系应另行办理清寒免费申请。

（三）请组织下学期预算编制委员会案。

决议:通过。除总务长、会计主任为当然委员外,另推请毕仲翰、罗聚源、顾文三位先生及同学代表二人组织之。以许会计主任为该会召集人。

（四）请根据工读规章第四条成立工读委员会案。

决议:通过。推请沈祖洪（召集人）、朱祖培二位先生及同学代表三人组织之。

丙、散会。

（来源:苏州大学档案馆 永18）

私立江南大学校务协商委员会扩大会议纪录

时间:一九五〇年十二月十四日上午九时

地点:本校教员休息室

出席:夏彦儒 郭守纯 诸祖荫 郭会邦 高昌运 叶尚瑾 张汝仁 张勔新 苏明山

苗雨膏	金圣一	张泽垚	高煜珠	王振之	徐炳麟	尤　新	钦令仪	钱慈明
周恩久	许保庆	胡钟京	杨钧泰	朱宝铺	薛佩瑾	沈祖洪	陆新民	陆仁寿
夏宗辉	金宝光	蒋涤旧	黄书意	马骏驷	张震旦	黄遵夏	高荣良	孙文彦
顾　文	罗聚源							

列席：徐嗣山　程剑鸣

主席：沈主任委员

记录：张宾侯

甲、报告事项：

主席报告：

（一）今天举行校协委会扩大会议，邀请全体教职员及同学代表出席，希望在会上产生宣传委员会江大支会。

（二）本人此次去沪，向华东教育部汇报本校三周来时事学习情况，并交换意见。本校过去时事学习不够紧张，时事学习委员会有错误，没有事先发动工会、学生会来领导，中间脱了节。时事学习要配合各方进行，不单是学习委员会的事情。今天请各位来发动组织一个时事宣传委员会。我们现在认清了美帝仇恨，还要去宣传给每一个人知道。

乙、决议事项：

（一）成立宣传委员会江大支会。下设学习、宣教、组织、总务四部。各部委员七人，互推正副部长各一人。各部人选推定如左：

学习部：胡钟京先生、朱祖培先生、夏彦儒先生、叶尚瑾先生、章善宝先生、许保庆同学、钦令仪同学。以胡钟京先生为第一次召集人。

宣教部：黄书意先生、刘天民先生、诸祖荫先生、夏宗辉先生、沈祖洪先生、薛汉民同学、陆新民同学。以黄书意先生为第一次召集人。

组织部：张泽垚先生、周恩久先生、罗聚源先生、顾文先生、尤新同学、王振之同学、徐炳麟同学。以张泽垚先生为第一次召集人。

总务部：陆仁寿先生、杨涵生先生、夏晴先生、高荣良先生、章柏英先生、钱慈明同学、陈劲秋同学。以陆仁寿先生为第一次召集人。

（二）推请沈立人先生为宣传委员会主任委员，毕仲翰先生、杨钧泰同学为副主任委员。

（三）本日下午举行庆祝平壤解放暨抗美援朝保家卫国宣传委员会成立大会，以宣传委员会正副主委及各部部长为大会主席团。

（四）通过爱国行动纲领如左：

（1）积极鼓励青年学生参加军事干部学校,学习军事技术知识,加强国防建设。

（2）坚守岗位,改进教学。贯彻爱国主义和国际主义教育。

（3）减轻课程,反对纯技术观点,加强时事学习,分清敌友,肃清亲美、恐美思想。不听美国之音,粉碎谣言。

（4）大力开展反美爱国时事宣传,深入工厂乡村,特别是向家长宣传。

（5）紧密团结,以各种方式积极支援朝中部队。

（6）严密冬防,防止匪特破坏,保护学校。

（7）协助政府稳定物价,反对囤积居奇,反对抢购物资。

丙、散会。

（来源：苏州大学档案馆 永18）

私立江南大学校务协商委员会第七次会议纪录

时间：一九五一年一月十日下午一时

地点：会议室

出席：郭守纯　张泽垚　沈祖洪　金圣一　夏彦儒　朱宝镛　黄菖年　杨钧泰　沈立人
　　　夏宗辉　叶尚瑾

主席：沈主任委员

记录：张宾侯

报告事项：

决议：本日会议议程计十六案,其中相互有关个案拟合并讨论,以资便捷。

讨论事项：

（一）学生会提：拟请取消XXX先生学籍案。

决议：XXX同学曾任上学期农产系实验室助理,并未注册,亦未参加小考,应予取消三年级上学期以后学籍。

（二）沈主委提：请各系科主任拟定各学年必修及选修课程案。

决议：限本月十三日前送交教导处审核后提会通过。

（三）教导处提：请规定本学期考试日程案。

决议：一月十八日前各系科课程酌情结束,进行温课。十九至廿二日停课温课。廿三日至廿七日考试。廿八日开始寒假。

（四）学生会提：本学期通学生之宿费应如何解决案。

决议：依照上学期杂宿费比例计算，本学期宿费合为五.四五个上海折实单位，应予退还通学同学。

（五）沈主委提：原聘数理系吴助教克华及电机系胡助教文灿均经辞职，拟聘顾期百、蒋启迪两先生分别接充，请公决案。

决议：通过。

（六）教导处提：关于大班次上课人数，请重予考虑案。

决议：各系科课程以上大班为原则。由教导处商同各系科主任，根据课程性质，照顾预算，斟酌决定。

（七）教导处提：部分同学欠缴实验费，如何办理案。

决议：本学期欠缴实验费需缴清后，下学期始准注册。

（八）学生会提：贷学金问题如何解决案。

决议：（1）贷学金自下学期开始，由贷学金委员会负责办理。

（2）贷学金基金以本学期减免费总额剩余约计廿八.六免费名额金拨充之。

（3）贷学金分配比例为：四年级60%，三年级30%，二年级10%。

（4）二、三、四年级清寒同学均可申请，详细办法另订之。

丙、散会。

（来源：苏州大学档案馆 永18）

私立江南大学校务委员会第八次会议纪录

时间：一九五一年一月十七日下午一时
地点：本校会议室
出席：程瀛章　叶尚瑾　黄菖年　金圣一　朱宝镛　杨钧泰　朱祖培　郭守纯　张泽垚
　　　张震旦　夏彦儒　沈立人　夏宗辉　郭会邦　金宝光　沈祖洪　邓鸿勋
主席：沈主任委员
记录：张宾侯

甲、报告事项：

本日议案较多，拟将有关时间性的先付讨论。

乙、讨论事项：

（一）沈主委提：庄教导长病故后之薪金如何处理案。

决议：照原聘约发至本年七月份止。超钟点费不计。

（二）夏委员宗辉提：关于面专科二、三年级同学申请贷学金比例如何确定案。

决议：面专三年级照四年级贷学金比例办理,面专二年级仍照二年级贷学金比例办理。

（三）学生会提：请于每次常会讨论之先,检查以前决议之各项工作案。

决议：通过。

（四）金委员圣一提：本年度寒假应否招收插班生案。

决议：俟向苏南文教处请示同意后,招收一、二、三年级插班生。

（五）化工系提：化工四年级同学于寒假期间前往浙大借用化工实验设备,所需旅杂材料等费拟请拨发案。

决议：（1）学生旅费自理,实验费不收。（2）教授旅费四十万元及助教津贴六十万元。又下学期每周两小时实验钟点费照支。（3）实验材料费凭浙大账单实报实销。（4）上项垫支旅杂材料等费,在化工系下学期设备费项下冲回。

（六）沈主委提：请组织贷学金委员会案。

决议：推请教导处二人、学生会三人组织之。由教导处召集。

（七）沈主委提：本学期欠缴学杂费应如何处理案。

决议：本学期欠费缴清后,下学期始准注册。

丙、散会。

（来源：苏州大学档案馆 永18）

私立江南大学校务协商委员会第九次会议纪录

时间：一九五一年一月十八日下午一时

地点：本校会议室

出席：夏彦儒　金宝光　金圣一　叶尚瑾　邓鸿勋　黄菖年　郭守纯　沈立人　夏宗辉　张震旦　张泽垚张震旦代　朱祖培　朱宝镛　杨钧泰　沈祖洪

列席：罗聚源　苏明山　黄书意

主席：沈主任委员

记录：张宾侯

甲、报告事项：

准本校工会函知推派苏明山、罗聚源、黄书意三先生代表工会列席本次会议。

乙、讨论事项：

（一）预算编制委会提：请核议下学期预算案。

决议：请预算编制委会依照左列各点重编后，再行提会讨论。

（1）专任教授授课时间暂定为九至十二小时（以十小时为平均数），超钟点不得过三小时。三小时以上不计薪。

（2）薪金七五折取消。

（3）实验课由教师担任者支实验钟点费（以两小时作一小时计），由助教担任者不计薪，但预算仍照旧编列。

（二）夏委员宗辉提：请推定本校行政代表冬防委员案。

决议：推请夏宗辉先生为本校行政代表冬防委员。抄同各单位冬防委员名单，函请无锡市冬防委员会批准。

（三）食品工业系朱主任提：关于XXX取消三年级上学期以后学籍一案请予复议案。

决议：不予复议。

（四）沈委员祖洪提：关于XXX先生学籍一案，各方有缺点，请作检讨后再行提会讨论。

决议：通过。

丙、散会。

（来源：苏州大学档案馆 永18）

私立江南大学校务协商委员会第十次会议纪录

时间：一九五一年一月十九日上午十时

地点：本校会议室

出席：郭守纯　朱宝镛郭守纯代　金宝光　夏宗辉　沈祖洪　朱祖培　邓鸿勋　黄菖年
　　　杨钧泰　金圣一　沈立人　叶尚瑾

主席：沈主任委员

记录：金圣一

甲、报告事项：

乙、讨论事项：

（一）关于XXX学籍案。

决议：根据XXX同学在会上自认错误，四年级上学期所读学分姑予承认；三年级下学期应办休学手续，所缺学分应予补足。以后章则确定后，绝不通融。至于助理一职应取消,以后得申请工读。

（二）沈主委提：本校工场主任兼授课程应如何计薪,请复议案。

决议：同意复议。工场主任应免六小时。按照超钟点向例计算,自九月份起支。（合班作一班计算）

（三）学生会提：秘书马家善先生未向本会提出已聘为兼任教授,并支钟点费,应如何处理案。

决议：（1）推请夏宗辉、夏彦儒、朱宝镛、邓鸿勋、朱祖培五委员组织委员会,拟订主任委员与校务委员职权分限。（2）马家善先生钟点费同意支取。

（四）学生会提：寒假期内组织校务协商委员会常务委员处理会务案。

决议：通过。

（五）沈主委提：请推选代表赴沪与荣校董协商预算案。

决议：通过。推请校委会及工会代表各一人。校委代表由夏委员宗辉担任。

（六）夏委员宗辉提：管理系拟于寒假内补修基本课程案。

决议：通过。

（七）夏委员宗辉提：下学期清寒免费申请工作,限于本月廿七日截止。补缴证件,下学期开学后一星期完成。评议工作,下学期开学一星期后展开,十天内完成。

决议：通过。

（八）夏委员彦儒提：机械三、四年级同学是否仍旧借读之江案。

决议：继续借读,由校去函接洽。

（九）夏委员彦儒提：借读之江同学缴费手续如何处理案。

决议：照以往手续办理。

（十）夏委员彦儒提：机三借读同学请自下学期返校如何处理案。

决议：继续借读之江。

丙、散会。

（来源：苏州大学档案馆 永18）

私立江南大学校务协商委员会第十一次会议纪录

时间：一九五一年一月廿六日下午一时

地点：本校会议

出席：夏彦儒　叶尚瑾　朱祖培　黄菖年　金圣一　夏宗辉　张泽垚　程瀛章　杨钧泰　　郭守纯　邓鸿勋　金宝光

主席：夏宗辉

记录：张宾侯

甲、报告事项：

（一）沈主委在沪洽商经费尚未返校。本次会议希望将本校学则讨论通过，俾资执行。

（二）本人代表本会与工会代表罗聚源先生赴沪与荣校董洽商预算问题，以校董会经费艰困，希望本校同人同学勉渡难关。

乙、讨论事项：

（一）请通过本会告全体师生员工书案。

决议：通过。

（二）夏委员宗辉提：上海各校团体于本月廿八日在沪开会追悼庄故教导长，本校如何致送奠仪案。

决议：用本会及全体师生员工名义致送祭帐二个。

（三）本学期本校在外借读学生缴费问题应如何提早解决案。

决议：借读学生暂照本学期减免标准向借读学校缴纳，其差额由本校于各该校缴费截止期前汇到。下学期各同学减免费数字评定后，多退少补。

（四）机械系夏主任提：拟聘王守则先生为兼任教授，请公决案。

决议：如工会无意见，本会亦予通过。

（五）化工系张主任提：拟聘汪汝霖先生为兼任教授，请公决案。

决议：如工会无意见，本会亦予通过。

（六）化工系张主任提：拟请改聘朱勉鋆先生为专任教授，穆光照先生为专任副教授，请公决案。

决议：通过。

（七）教导处提：请核议本校学则案。

决议：修正通过。

丙、散会。

（来源：苏州大学档案馆 永 18）

私立江南大学校务协商委员会第十二次会议纪录

时间：一九五一年二月廿一日下午一时

地点：本校会议室

出席：朱宝镛　张泽垚　叶尚瑾　杨钧泰　夏宗辉　朱祖培　夏彦儒　金圣一　金宝光
　　　张震旦　郭会邦　骆美轮　胡钟京　郭守纯　沈立人

主席：沈主任委员

记录：张宾侯

甲、报告事项：

乙、讨论事项：

（一）沈主委提：本校新聘教导长骆美轮先生由校董会呈报教育部，并经中央人事部同意，业已到校就职，请予同意案。

决议：通过。

（二）沈主委提：兼代副教导长夏宗辉先生以系务繁重恳辞兼职，另聘胡钟京先生暂代，请予同意案。

决议：通过。

（三）本校工会来函："建议结束校务协商委员会，成立校务委员会，在校委会未成立前，工会出席校协委会代表四人"请公决案。

决议：同意工会代表四人列席本会议。

（四）沈主委提：请成立校舍计划委员会案。

决议：推请郭会邦先生、夏宗辉先生、金圣一先生、陆仁寿先生、许雍圻先生及工会代表、学生会代表各一人，共七人组织之。以郭会邦先生为召集人。

（五）体育组提：拟请增聘体育教授一位，请公决案。

决议：通过。

（六）沈主委提：本校七月份旧欠校董会尚未拨发，现拟以学费收入尽先垫发，依照发薪日当天苏南折实单位结算，借支部分照借支日单位结算，请公决案。

决议：通过。

（七）学生会提：本学期工读申请即将展开，校内各部门工作如需人而可由同学担任者，拟请尽先由工读同学担任案。

决议：各部门工作如需人时，须通知工读委员会说明工作性质及人选条件，由该委员会根据申请同学之能力及条件分配担任之。

（八）学生会提：贷学金申请、评定与归还各办法尚未订定，拟请确定原则交由贷学金委员会起草提会通过后实施案。

决议：凡申请贷学金以未取得各项免费之同学为限。评定标准依照清寒免费原则办理。

（九）食品工业系提：拟聘庄晚芳先生为兼任教授，罗泽里、苏石两位先生为专题讲座，请公决案。

决议：如工会同意，本会亦予同意。

（十）教导处提：生活辅导组组织刻不容缓，组主任应免教课时数，以其职务繁重，可否免六小时案。

决议：通过。

（十一）沈主任提：请规定本校超钟点时数案。

决议：超钟点以六小时为限，六小时以上不计薪。上项办法俟定员定额确定后执行。

（十二）教导处提：拟请将各系实验费分户存储存备用案。

决议：通过。

丙、散会。

（来源：苏州大学档案馆 永18）

私立江南大学校务协商委员会第十三次会议纪录

时间：一九五一年三月廿三日下午一时半

地点：本校会议室

出席：郭守纯　骆美轮　夏彦儒　张震旦　张泽垚张震旦代　黄菖年　许保庆　朱祖培　金圣一　胡钟京　夏宗辉　叶尚瑾　沈祖洪　邓鸿勋

列席：罗聚源

主席：骆美轮

记录：张宾侯

甲、报告事项：

（一）沈主委赴沪接洽经费，本次会议由本人代理主席。

（二）宣读上次会议纪录。

乙、讨论事项：

（一）管理系夏主任签请拟聘吴予达先生为兼任教授、蔡浦先生为兼任讲师，已得工会同意，请通过案。

决议：通过。

（二）电机系金主任签请拟聘朱受天先生为助教，已得工会同意，请通过案。

决议：通过。

（三）会计室许主任签请拟任用蔡润华先生为会计员，已得工会同意，请通过案。

决议：暂缓任用。由其他部门职员调充，调用职员原任工作由工读生担任。如无法调用时，再行提会讨论。

（四）机械系夏主任签请兼任教授韩士元辞职他往，拟聘余人翰先生为兼任副教授，已得工会同意，请通过案。

决议：通过。

（五）教导处生活辅导组主任请罗聚源先生兼任，因该组工作繁忙，已先行办公，请追认案。

决议：同意追认。

（六）沈主委提：拟请于一九五一年度第一学期增设土木工程系，并停办数理系，请讨论公决，以便呈部核准施行案。

决议：

1．数理系名称保留，招生问题另行决定。

2．同意增设土木工程系呈部核准，但须在不妨碍各系科原应发展之条件下再开办土木系。

（七）沈主委提：拟请于一九五一年度第一学期加强食品工业系食品加工重点，使投考面粉专科同学可投考食品工业系，原面专一、二年级仍继续办理案。

决议：本案保留。

（八）奖贷减免评议委员会提：请通过本校贷学金章程（草案）案。

决议：本案撤销。

（九）工读委员会提：请决定本学期工读生经费案。

决议：本学期每月工读经费以五百上海折实单位为限列入预算。

（十）机械系夏主任提：上期工厂实习费请暂照下列百分数收取案（机一：三分之二。机二：二分之一。电一、二：三分之二。管四：全数。化二：全数）。

（十一）植产系郭主任提：上期面粉科二、三年级粉麦病虫实验因时间关系未做完，拟请退还实验费三个半单位案。

决议：十、十一两案合并讨论。由有关各系科及工厂主任、各系级代表会商后再行提会决定。

（十二）总务处提：本校校车破旧不堪，拟请酌予限制使用，以免影响经常交通案。

决议：以接送教职员为主。其他事故使用校车时，由总务处酌夺办理。

（十三）总务处提：请审定本校新证章图样，以供教职员工佩用案。

决议：

1．同意原拟式样。长方形，白地红字，克罗味边。

2．最好采用毛主席字体。

3．证章费由校垫支，换发时扣还。

（十四）学生会提：请组织校刊编辑委员会案。

决议：本案保留。

（十五）政治副教授刘天民签请拟聘朱赓荪先生为政治助教，已得工会同意，请通过案。

决议：通过。

（十六）教导处提：请审定学生请假规程（草案）*案。

决议：修正通过。

丙、散会。

下午五时二十分

（来源：苏州大学档案馆 永18）

* 见规章制度。

私立江南大学校务协商委员会第十四次会议纪录

时间：一九五一年四月十一日下午一时半

地点：会议室

出席：金宝光　沈祖洪　许保庆　沈立人　张泽垚　张震旦　胡钟京　郭会邦　邓鸿勋　黄菖年　夏彦儒　朱宝铺　骆美轮　金圣一　夏宗辉　郭守纯　程瀛章　叶尚瑾

列席：罗聚源

主席：沈主任委员

记录：张宾侯

甲、报告事项：

（一）建筑新校舍已经校董会核准。在校本部男生宿舍旁边建造假三层宿舍一幢，可容纳学生一七六人，估计全部工料需款一亿七千万元之谱。现先拨发二万二千个上海折实单位，不久即可兴工。

（二）本学期预算已商请校董会准予增拨经费，从每月一万九千个单位增至二万二千个单位。校董会表示：同仁待遇目前暂难提高，当逐步设法改善。

（三）本学期设备费一亿元，校董会已先汇七千万元到校，分配各系科应用。

（四）本校教导处改称教务处，正副教导长改称正副教务长，已报请政府备案。

乙、讨论事项：

（一）奖贷减免评委会提：请规定试读生（包括教职员直系亲属、许显谟公宗祠子弟及军工烈属子弟内之试读生）可否申请减免费、奖助金、贷学金及扩大减免费案。

决议：试读生不得申请减免费及贷学金，但可申请奖助金及扩大减免费。

（二）奖贷减免评委会提：请审核贷学金章程（草案）案。

决议：修正通过。

（三）体育组余主任签请拟聘张嘉夔先生为体育指导，已得工会同意，请通过案。

决议：通过。支讲师待遇。

（四）会计室许主任签请拟任用蔡润华先生为会计员案，请予讨论案。

决议：同意任用蔡润华先生为会计员。

（五）荣巷农场工友三人要求发给奖金案，已提请工会讨论，现准工会复称请本会根据实际情形核议，请公决案。

决议：不予通过。

（六）化三借读东吴同学六人要求下学期回校读书，又机三借读之江六人，以上借读他校同学，下学期本校能否开班准其回校，请讨论案。

决议：由化工、机械两系照现有经费开支范围加以研究是否增加后，再行决定。

（七）教务处提：上次会议第十、十一案决议召集有关各系主任及各系级学生代表，商讨应否酌退上学期实验费问题，迄未召开。现植产系又提请退还一部分，请讨论案。

决议：由教务长召集各系主任、工场主任、农场主任及各系学生代表讨论决定。

（八）总务处提：请通过校车使用暂行办法案。

决议：修正通过。附办法。

1．本校校车以接送教职员到校授课及办公为主。

2．其他与教育有关之实习、参观等，由同学缴付车资，概照半价收费。

3．对外表演、比赛及出席代表性会议等，由各单位缴付车资，概照半价收费。

4．其他事宜使用校车收取全费。

5．校车乘坐人数以四十人为原则。

6．校车收费以木柴、机油为计算标准。司机离校时伙食由使用者负担。轮胎及车轮折旧均不计在内。

7．使用校车均以来回一次计算（空驶亦须计算），事前须填校车使用单，送经总务处同意。

8．本办法经校务协商委员会通过后施行。

（九）胡兼代副教务长提：请成立房屋分配委员案。

决议：推请教务处一人、总务处一人（召集人）及校舍建筑委员会一人组织之。

（十）胡兼代副教务长提：生辅组暂兼辅导员需否发聘书，请公决案。

决议：先发草约。

（十一）教务处提：请审定本校学生生活公约及学习公约（草案）*案。

决议：修正通过。

丙、散会。

下午五时二十分

（来源：苏州大学档案馆永18）

* 见规章制度。

私立江南大学校务委员会第一次会议纪录

时间：一九五一年五月十六日下午一时半

地点：本会议室

出席：郭守纯　毕仲翰金宝光代　金宝光　诸祖荫　骆美轮　黄菖年　朱宝镛　许冠仁
　　　金圣一　陆仁寿　沈立人　张泽垚　罗聚源　章善宝　夏宗辉　黄书意

主席：沈校长

记录：张宾侯

甲、报告事项：

（一）今日召开改组后第一次校务委员会议。在未讨论议案之前，本人先将五月十一日苏南技术教育会议上管主任的报告简单的报导如下，以供同人参考：

"（甲）过去一年来由于各校开展政治思想教育，通过抗美援朝保家卫国运动，提高了一般政治水平，在现有基础上，要开展技术教育，但反对纯技术观点，要在马列主义思想基础上发展教育。配合新中国建设需要有四个条件：

1. 防止美帝疯狂战争，争取出席联合国，收回国土台湾。

2. 新中国建设资金完全靠增加生产，充裕税收，一方面开展节约运动。

3. 中国现有六万万人口，希望大家投入生产，建设就有办法。

4. 技术决定一切，但不是少数人的技术，而是多数人的技术。

（乙）在培养技术人才上，苏南区责任很大，除了本区以外，还要负担华东和中央的委托。苏南发展重工业不可能，只有发展轻工业：一、丝；二、纺织；三、食品工业；四、电化；五、淡水水产；六、农业技术；七、医药卫生。

（丙）对于培养新中国建设人才要有思想准备：一、只要学得好，有技术，不怕没有出路。二、要有统一整体的观念。三、要有组织观念。四、技术要在政治基础上发展，反对纯技术观念。"

（二）校委会现有工会代表参加，增加了很大力量，宝贵意见必定很多，希望尽量提供。现在讨论本校重要章则，请各委员会发表意见。

乙、讨论事项：

（一）沈校长提：请通过本校组织大纲（草案）及组织系统表案。

决议：暂予保留。

（二）沈校长提：请通过校务委员会规章（草案）＊案。

决议：修正通过。

（三）教务处提：请通过教务处组织规程（草案）＊案。

决议：除"图书馆"及"政治思想教育研究组"尚待讨论决定外，其余修正通过。

（四）教务处提：请通过教务会议组织及议事规程（草案）＊案。

决议：修正通过。

（五）教务处提：一九五一年度第一学期各系级不足十人者是否仍予开班案（包括化工、机械两系借读生返校问题）。

决议：1. 化工、机械两系根据上次校务协商委员会议决案，已由化工系、机械系主任报告，下学年教员薪给费用不超过本年"教员薪给费用"者，由教务处审核确属实在，可允借读生返校。

其他各班在十人以内者亦同样办理。

（六）教务处提：本校面粉专修科应否即并入食品工业系请讨论决定，以便呈报并办理归并手续案。

决议：1. 下学期停止招生。

2. 本会并主张一年级同学转入其他各系。请科主任进行说服，但仍以尊重同学意见为原则。

散会。

下午五时二十分

同意　沈立人

51-5-17

（来源：苏州大学档案馆　永20）

＊见规章制度。

私立江南大学校务委员会第二次会议纪录

时间：一九五一年五月二十二日下午一时半

地点：会议室

出席：黄书意　沈立人　胡钟京　诸祖荫　骆美轮　张泽垚　毕仲翰　郭守纯　罗聚源
　　　陆仁寿　金宝光　章善宝　夏彦儒　黄菖年　许冠仁　邓鸿勋　黄菖年代　夏宗辉

主席：沈校长

记录：张宾侯

甲、报告事项：

本校毕业班同学原来是要求旅行苏州，请校董会贴补旅费。荣校董认为毕业生即将离校为人民服务，在离开学校之前，如有机会对祖国伟大建设工作去作一次参观，可以更深切地认识新中国的可爱，提高政治觉悟，所以，荣校董不同意去旅行苏州，而同意同学去参观治淮工程，并辅助同学以一部分旅费便能成行。现在因为治淮工程将在五月底以前完成，所以本校毕业班同学已在本月廿一日组织参观团启程前往了。

乙、讨论事项：

（一）教务处提：拟请于一九五一学年度起增添园艺、畜牧两系案。

决议：（1）畜牧系缓议。

（2）增设园艺系原则同意。应将园艺系四学年教学计划、经费及设备情况等详细计划送请校董会同意，并增拨添设该系所需全部经费后，再报请政府批准开办。

（二）机械系夏主任提：通过机械工场建厂计划草案第四项第一目所载之第一步计划及第五项建厂委员会之组织案。

决议：第一步计划及建厂委员会组织修正通过。上项建厂经费请校董会另拨专款（附第一步计划及建厂委员会组织）。

第一步计划

自造及添置设备之项目及估价

项目	数量	单价（元）	总值（元）	备注
1.4' 车床	5	6,000,000	30,000,000	自造，另详单价分析
2.5" 钳床	10	300,000	3,000,000	购置
3.木工用具	8（套）	150,000	1,200,000	添置
4.铸工用具	8（套）	100,000	800,000	添置

续表

项目	数量	单价（元）	总值（元）	备注
5. 铸工场设备	—	—	3,000,000	另详清单
6. 1" 小钻床	1	2,000,000	2,000,000	另详清单
7. 锻工场设备	—	—	—	—
合计			40,000,000	

建厂委员会之组织

（一）为完成本校机械工场建厂工作之任务起见，成立建厂委员会，其组织及工作如下：

主任委员　正副各一人　总理一切建厂事务。

工务委员　二人　负责执行施工计划，掌握进度及精度之检查以及工务上之一切事务。

采购委员　二人　负责采办一切所需材料。

保管委员　一人　负责保管一切材料及半成品等。

会计委员　一人　负责一切财务及会计事务。

出纳委员　一人　负责出纳事务。

以上共计八人，由校委会通过后行使职权。

（二）领款及报销手续——领款及报销均以主任委员及会计出纳之图章为凭，向学校出纳组建厂专款项下领取款项及会计室报销。

（三）请通过本校组织大纲（草案）*及组织系统表*案。

决议：修正通过。

（四）教务处提：关于精简课程国文一课，经请示文教处决定精简。至英文课，必须补修以能阅读外语书籍为合格。如一年级补读结果不能达到要求，二年级仍应补读。请公布周知案。

决议：修正通过如下。

关于精简课程国文一课，经请示文教处决定精简。至英文课，必须补修以能阅读外语书籍为合格。如一年级补读结果不能达到要求，应继续补读。由教务处布告周知。

（五）总务处提：请购置25 H.P. 马达一只以备打水案。

决议：（1）请购置马达一只，实属需要。惟目前经费无着，请总务处设法列入下年度预算。

（2）由学生会会同生辅组及总务处发动节水运动，以减轻现有打水马达之负担，以免损坏。

（六）总务处提：请明确规定校车使用暂行办法第三条半价收费办法案（附原办法第三条：对外表演比赛及出席代表性会议等由各单位缴付车费，概照半价收费）。

决议：请总务处酌夺办理。

（七）总务处提：请通过工友服务及待遇规约（草案）案。

决议：本案保留。

（八）工会提：精简课程后超钟点薪金应照实际超出钟点计算，以求合理撙节开支，请讨论案。

决议：（1）兼任教师维持原得薪金，不受课程精简影响。

（2）专任教师原超过四小时，精简后不及四小时者，以超四小时支薪。自五月份下半月开始。精简课程经同学要求准予继续授课者，仍照常支薪。

（九）学生会提：请设立下学期预算委员会案。

决议：推请会计主任、总务长（二人为当然委员），教务处，工会及学生会各一人共五人组织之，以会计主任为该会召集人。

散会。

下午五时

沈立人

51-5-22

同意

（来源：苏州大学档案馆 永20 011-024）

* 见规章制度。

校务委员会第三次会议纪录

时间：一九五一年六月六日下午一时半

地点：会议室

出席：骆美轮　郭守纯　金宝光　诸祖荫　邓鸿勋　黄菖年　陆仁寿　金圣一　胡钟京
　　　许冠仁　夏宗辉　毕仲翰黄书意代　黄书意　张泽垚　罗聚源　朱宝铺

主席：骆美轮

记录：张宾侯

甲、报告事项：

沈校长因公去沪，尚未返校，本次会议由本人代理主席。

乙、讨论事项：

（一）骆教务长提：本学期各系科功课多有未能授完者，本学期暑假开始日期可否酌予延迟案。

决议：定于七月七日放假，并报请苏南文教处批准。

（二）沈校长提：查一九五〇年六月九日第廿次校务会议曾议决未缴清欠费以前，凡足以证明其学籍之文件一概不发。本届毕业同学积欠学杂费者为数颇多，如毕业时不能缴清应否照案办理，请讨论公决案。

决议：

1．本学期欠费在毕业前必须缴清。

2．本学期以前欠费，在毕业后半年内必须先还清两石米，其余尾欠尽毕业后一年内缴清。在未缴清欠费之前，毕业文凭暂缓发给。

3．各同学在自行规定期限不超过规定者，照自愿办理，并即向会计室办理保证手续，其超过规定期限之同学，亦应在规定期限内办理手续。

（三）沈校长提：请审议本校教职员工聘任暂行办法*（草案）案。

决议：修正通过。

（四）沈校长提：请审议教授、副教授、讲师、助教升等办法*（草案）案。

决议：修正通过。

原议案第二条第二项："在未缴清欠费之前，毕业文凭暂缓发给"一节，本人不同意外，余均同意。

沈立人印　六·八

七日上午八时继续讨论

出席：沈立人　罗聚源　骆美轮　郭守纯　夏彦儒　诸祖荫　胡钟京　陆仁寿　黄书意　许冠仁　章善宝　黄菖年　夏宗辉　邓鸿勋　张泽垚　朱宝镛　金圣一

主席：沈校长

甲、报告事项：

一、本校校董会现已改组就绪，原定校董名额十五位，兹先决定十位，其余五位，以后补充。校董人选如下：

董事长：荣德生

副董事长：钱孙卿、荣毅仁

董事：吴中一、汪君良、陈品三、秦德芳、荣鄂生、郑翔德、顾毓琇

二、本学期设备一亿元，前已由校董会汇下七千万元，余三千万元亦已拨发到校。

乙、讨论事项：

（五）沈校长提：请审议教员工作待遇及兼职兼课暂行办法*（草案）案。

决议：修正通过。（第六条最后一句保留，下次会议再提出讨论）

（六）请规定本届毕业生考试日程案。

决议：六月十六日停止上课，十八日起温课，廿二日至廿六日考试。

（七）总务处提：请通过总务会议组织及议事规程*（草案）案。

决议：通过。

（八）总务处提：请通过总务处组织规程*（草案）案。

决议：修正通过。

（九）请通过一九五一年度招生委员会组织细则案。

决议：修正通过。

（十）工会提：请确定本校教员等级（教授、副教授、讲师、助教之外教员、指导员如属需要请明文确定）案。

决议：推请骆美轮、陆仁寿、毕仲翰三位先生为《教职员工职位等级待遇规程》起草委员（以骆美轮先生为召集人），提交下次会议讨论。

（十一）工会提：本校教职员工一律订定底薪，按规定支薪案。

决议：通过。自下学期起实行。

（十二）工会提：请实行年功加俸办法，其个别底薪有不合理处应于调整案。

决议：

1．年功加俸办法由"教职员工职位等级待遇规程委员会"拟定，提会通过后实施。

2．个别底薪有不合理处，由各单位主管提出理由，经教务长、总务长核转校长，广征意见后决定之。

（十三）拟请推定人选作出本会决议案执行检查总结案。

决议：推请本会主任委员于每学期终了时或学期开始时作出总结，提会通过。

散会。

议案第六条可由教务长拟定，经校长同意后公布施行，无需列入议程。

沈立人印 六·八

再议案第十二条第二项"广征意见后"五字无须特别写明，盖任何事项之决定无不应广征有关方面意见也。

沈立人印 六·八

（来源：苏州大学档案馆 永20 025-042、永21 013-020）

*见规章制度。

校务委员会第四次会议纪录

时间：一九五一年七月四日下午二时

地点：会议室

出席：郭守纯　夏彦儒　骆美轮　金宝光　金圣一　黄菖年　胡钟京　夏宗辉　诸祖荫　许冠仁　张泽垚　陆仁寿　罗聚源　邓鸿勋　朱宝镛

主席：骆美轮

记录：张宾侯

甲、报告事项：

一、沈校长因公赴沪尚未返校，本次会议由本人代理主席。

二、校委会全体委员名单已呈奉苏南文教处，批复转呈奉华东教育部准予备案。

三、沈校长由沪来电话通知：教职员工薪给取消折扣问题，校董会可予考虑，惟须请工会调查华东区各私立大学待遇情形，抄送校董会参考。

乙、讨论事项：

（一）请审议教员技工薪给调整暂行办法（草案）案。（教务处提）

决议：修正通过。

（二）总务、教务两处合提：请审议职员工友薪资调整暂行办法*（草案）案。

决议：修正通过。

（三）教务处提：同学请求转学，经审核批准后，发给转学证书即等于在本校退学，不得再回校就读。在教育部未有其他规定前，经已请示华东教育部及苏南文教处，得照本项办法处理，请通过案。

决议：通过。

（四）关于本校同学降级投考其他学校一年级新生问题案。

决议：（1）公布华东教育部指示，并请学生会协助教务处进行说服工作。

（2）凡未经办理退学手续，降级投考其他学校，一经发现，本校得分别通知统一招生委员会及分配之学校取消其入学资格。

（五）会计室提：请审议会计师组织规程（草案）案。

决议：修正通过。

散会。

同意

五日上午十时继续讨论

出席：骆美轮　金圣一　夏宗辉　陆仁寿　诸祖荫　罗聚源　邓鸿勋　许冠仁　郭守纯
　　　黄菖年　张泽垚　胡钟京　黄书意　朱宝镛

列席：许雍圻

主席：骆美轮

讨论事项：

（六）金委员宝光提：拟请重行规定同学补考、补读问题案。

决议：（1）考试成绩在四十分以上补考，四十分以下补读。

（2）全年学程上学期不及格，下学期仍可修读。其及格与否，视二学期平均分数是否及格为定。惟下学期不及格者，不得与上学期平均成绩计算。

（七）教务处提：关于教员工作待遇及兼职兼课暂行办法第六条最后一句如何决定案。

决议：最后一句决定为："如有特殊困难，经校务委员会议通过者不在此限。"

附第六条全文：

"本校专任教授、副教授及讲师不论在校内超钟点授课或在校外兼课，每周总时数不得超过六小时，兼任教授、副教授及讲师在本校兼课不得超过六小时（如有特殊困难，经校务委员会议通过者不在此限）。"

（八）预算委员会提：请审议本校一九五一年秋季预算（草案）案。

决议：先请会计室另编经费增减比较表，加具说明，提会讨论。

散会。

同意　沈立人
51-7-10

（来源：苏州大学档案馆 永21 021-027）

*见规章制度。

校务委员会第五次会议纪录

时间：一九五一年十月二十四日下午一时半

地点：会议室

出席：沈立人　王叔良　龚炳铮　朱宝镛　章善宝　陆仁寿　金圣一　骆美轮　张泽垚

　　　　夏宗辉　罗聚源　夏彦儒　郭守纯　诸祖荫　许冠仁　黄书意

列席：许雍圻

主席：沈校长

记录：张宾侯

甲、报告事项：

　　一、明确本校本学期的任务：（1）继续深入抗美援朝运动，提高政治思想教育；（2）课改和完成教学计划并要建立检查制度；（3）纠正混乱现象并随时进行检查；（4）实施健康教育。以上这些任务是华东教育部交给我们的，我们应当负担起来。本人对政治思想教育负责，希望同仁做好课改工作和完成教学计划；同时健康教育任务要教务处来完成。总务方面要完成清洁卫生任务，并做到精简节约，以免浪费人民财力。对于纠正混乱现象，本人要随时检查，必须做好这一项工作。

　　二、本人前向校董会接洽，增加经费预算，据校董会表示，须召开校董会议决定。一方面希望学校要企业化，经费来源不是无限制的，必须要用的［得］确当，对同学有益处。为了稳定师资，增高待遇是必要的；但教师也要改造思想，负起人民教师的责任。

　　三、今天是开学后第一次校委会议，主要是讨论两大计划：第一、教学计划；第二、预算。希望各位委员争取时间，完成本次会议议程。

乙、讨论事项：

　　一、教务处提：请通过一九五一年度第一学期教学计划（草案）*案。

　　决议：修正通过。

　　二、教务处提：本校个别教师在校内超钟点授课，或在校外兼课时数每周超过六小时规定，拟请照顾师资困难，予以同意案。

　　三、教务处提：教师超过钟点授课，超过六小时以上之时数应否照样支薪，请公决案。

　　决议：以上两案暂予保留。

　　四、总务处提：请通过教职员工宿舍分配暂行办法*（草案）案。

　　决议：通过。

　　五、沈校长提：为贯彻分层负责制，减少兼职起见，本校房屋分配委员会似应取消，嗣后房屋分配事宜由总务处负责处理，请通过案。

　　决议：通过。

　　六、总务处提：请组织经费委员会案。

　　决议：推请校长、总务长、会计主任、工会代表三人及学生会代表三人，共九人组织之。

　　七、沈校长提：根据华东教育部六月七日的指示，本校组织大纲第一章总则第二条应更改为："本校遵照《中国人民政治协商会议共同纲领》的规定,以理论与实际一致的教育方法,培养具有高深文化水平、掌握现代科学的成就和技术,全心全意为人民服务的高级工农建设人才为任务。"请通过案。

决议:通过。

八、沈校长提:本校科学图书出版社原系属校董会,为配合教学计划出版中文教材起见,现已并入本校组织范围内,故本校组织大纲第五条应改为"本校设左列各处、社、室",并在该条例增列一项:"(三)科学图书出版社正、副社长各一人,对校长负责。由校长遴聘人选,报请行政主管机关备案,处理工农方面大学教材之编译出版及有关资料之收集与整理事项。"该条原列第(三)(四)项应改为"(四)(五)项"。该条最后一行应改为:"各处、社、室组织规程及办事细则另订之。"请通过案。

决议:通过。组织系统表内出版组取消,讲义股列在注册组下面。

九、预算委员会提:请通过本学期预算(草案)案。

决议:修正通过。

十、总务处提:请通过工友升职章则(草案)案。

决议:本案保留。

十一、沈校长提:本学期助教课按讲师初级薪支薪,此为培植师资的一种重大兴革事项,请补予讨论案。

决议:同意支讲师初级薪。

十二、沈校长提:拟请组织保健委员会案。

决议:由生辅组、医务组、青年团、工会、学生会各推代表一人组成之,以生辅组代表为该会召集人。

十三、沈校长提:为完成教学计划起见,拟请建立检查制度案。

决议:推请校行政、工会、学生会各一人草拟教学检查制度方案,提会讨论。

丙、散会

下午五时半

同意 沈

51-10-26

* 见教研实习及规章制度。

(来源:苏州大学档案馆 永21 028-035)

校务委员会第六次会议纪录

时间：一九五二年一月三日下午一时半

地点：会议室

出席：王叔良　龚炳铮　章善宝　夏彦儒　陆泽垚　郭守纯　骆美轮　陆仁寿　金圣一　诸祖荫　许冠仁　金宝光　黄书意　罗聚源　朱宝镛　夏宗辉

主席：骆美轮

记录：张宾侯

甲、报告事项：

（一）沈校长因病不能出席，本次会议由本人代理主席。

（二）奉华东教育部通知，嘱即造报一九五二年暑期招生计划。

（三）本学期教学计划检查提纲业已分发，希各有关单位进行检查总结，汇报教务处。

乙、讨论事项：

（一）注册组提：管三同学朱剑明因患肋膜炎病，自十一月四日起请假，至十二月卅一日止，已缺课三分之一，可否准予参加学期考试，请讨论案。

1. 决议：

修改学则第廿七条为：（1）事假不得超过三分之一。（2）公假、病假及事假总数不得超过二分之一。（公假及病假须有证明文件）

2. 朱剑明同学可否参加学期考试依照学则规定办理。

（二）生辅组提：关于旷课扣分办法案。

决议：

1. 不扣实验实习分数。

2. 实验分数由担任教师点名，根据旷课多寡决定成绩。

3. 其他各科扣分办法照旧。

（三）工会、总务处合提：请通过本校工友升职暂行办法案。

决议：通过。

（四）总务处提：请通过本校工友服务及待遇规约案。

决议：本案保留。

（五）总务处提：请修订校车使用暂行办法第二、三两条，取消半价收费；及第六条收费标准应包括折旧在内，请讨论案。

决议：1.取消半价收费办法。2.请总务处、学生会（黄菖年）及工会各推代表一人协商校车使用办法及折旧收费问题。

（六）教务处提：根据机械系要求，该系三年级同学因设备不足、师资缺乏，下学期功课如流体力学、内燃机等可能无适当师资，请分函交大、同济、浙大、南大、之江等校洽商借读案。

决议：建议校长将机三要求及本校机械系下学期可能办到的师资课程与设备情况反映苏南文教处，请求指示。

（七）教务处提：奉华东教育部通知，嘱造报一九五二年暑期工学院各系科招生计划，请讨论案。

决议：各系招生名额拟定如下：化工系卅名，电机系卅名，机械系卅名，工管系卅名，食品系卅名，数理系卅名。

（八）教务处提：工读生制度（除讲义股必须继续维持外）应否予以取消，以免影响教学计划并节省学校开支案。

决议：请生辅组会同工读委员会研究改进工读办法。

（九）教务处提：同学迄未缴清本学期欠费者为数尚多，应如何办理案。

决议：请总务处会同会计室通告催缴并向欠费保证人追缴，如有延不缴清者，照过去校委会决议案办理。

（十）教务处提：其他各系如有要求向他校借读时，应如何处理案。

决议：俟奉到苏南文教处关于机三同学借读问题的批复后，再作处理。（密）

丙、散会。

下午五时四十分

同意　沈

52-1-5

（来源：苏州大学档案馆　永21 036-045）

校务委员会第七次会议纪录

时间：一九五二年三月五日下午一时半

地点：会议室

出席：沈立人　夏宗辉　金宝光　诸祖荫　张泽垚　罗聚源　余衡之（列席）　宋同文　卢玉祥　朱正元　夏彦儒　朱宝铺　王同煦　黄书意　金圣一

列席：许雍圻　章善宝　陆仁寿　杨违依

主席：沈校长

甲、报告事项：

（一）宣读上学期工作总结。

（二）上学期本校设备费及校董会拨发经费，均超过以往任何一个学期，但由于偏重业务，致政治思想教育还做得不够。本学期承苏南文教处杨违依同志到校协助，我们相信本校的思想改造学习一定会获得巨大成绩。

乙、讨论事项：

（一）经费委员会提：请通过本学期预算（草案）案。

决议：修正通过。

（二）教、总务处合提：本学期提前毕业班及在本学期第二阶段攻读的同学所有学费、实验费、杂费如何计算案。

决议：（1）第二阶段学费免缴。（2）实验费照各系拟定数缴纳。（3）第二阶段杂费缴七个上海折实单位。

（三）教务处提：请规定本学期教师待遇案。

决议：（1）专任超钟点及兼任教师教一个阶段支四个月薪。

（2）专任超钟点及兼任教师教连续两个阶段支七个月薪。

（3）专任教师在暑假内授课，超钟点费亦以九小时以外之超钟点计算。

（四）机械系提：拟请轮流调派本校教师至各工厂工作，增进实际经验，以利教学案。

决议：请教务处会同各系科主任研究实施办法，提会讨论。

（五）学习委员会提：学习委员会办公费如何列支案。

决议：请学习委员会拟具预算，除学习资料外，一般办公用费在本校预算内开支。

丙、散会。

下午五时

同意

沈 52－3－6

（来源：苏州大学档案馆 永 21 046－049）

校务委员会第八次会议纪录

时间：一九五二年五月六日下午一时半

地点：会议室

出席：沈立人　诸祖荫　朱正元　许冠仁　陆仁寿　宋同文　卢玉祥　罗聚源　金宝光
　　　朱宝铺　王同煦　章善宝　金圣一　夏宗辉　张泽垚　郭守纯
列席：余衡之　许雍圻　杨违侬
主席：沈校长
记录：张宾侯

报告事项：略。

　　讨论事项：

　　（一）经费委员会提：本学期同学欠缴学费甚巨，影响本校经费预算，应如何催缴案。

　　决议：（1）希望同学们在思想改造的基础上迅速自动缴清欠费，如延不缴纳，即分函同学家长催缴。

　　（2）请生辅组会同学生会向各系级欠费同学了解具体情况，协商催缴办法。

　　（3）提前毕业班级于本学期第二阶段注册时，必须缴清本学期欠费。

　　（4）已毕业同学欠费，先向其服务机关了解，根据其经济能力，酌定归还期限。

　　（二）经费委员会提：请通过教职员工预借工资暂行规程（草案）案。

　　决议：修正通过。

　　（三）经费委员会提：请通过差旅费支用暂行规程*（草案）案。

　　决议：修正通过。

　　（四）会计室提：奉华东教育部通知规定，自五月份起将员工工资折为工资分计算，本校发薪根据何地工资分值牌价计算，请讨论案。

　　决议：（1）按照苏南财经委员会公布之三月份每一上海折实单位折合工资分之折合率二二七四分，将本校教职员工工资折合为工资分。

　　（2）根据苏南人民银行每月十日、廿五日公布之工资分值牌价，为本校每月上下半月发薪计算标准。

　　（五）总务处提：请通过工友服务及待遇规约（草案）案。

　　决议：请重行考虑后，提下次会议讨论。

　　散会。下午五时

同意　沈　52-5-7

* 见规章制度

（来源：苏州大学档案馆　永21 050-053）

校务委员会第九次会议纪录

时间：一九五二年七月廿八日下午二时

地点：本校会议室（物理实验室）

出席：沈立人　郭守纯　朱正元　许保庆　曹朔年　张泽垚　许雍圻　余衡之　金圣一
　　　罗聚源　陆仁寿　朱宝镛　金宝光　诸祖荫　章善宝　许冠仁　王同煦

列席：许雍圻

主席：沈校长

记录：陆仁寿

报告事项：

　　主席报告：华东区高等学校院系调整各项办法，业已印发，先请诸位仔细研究。今日开会集中讨论此事，请各委员提出意见以便八月二日本人出席华东院系调整委员会时，提出讨论。

讨论事项：

　　（一）各系对于院系调整，提出意见如下：

　　农艺系提出：农场乳牛如何处置。

　　朱宝镛先生提出：各系迁出时所需运费装箱费，为数甚巨，应请示教育部如何支拨。

　　张泽垚先生提出：木箱可先制造，以免临时局促。

　　金宝光先生提出：小组提，个人行李限 40 公斤，似属不够。又个人书籍，是否由学校代运。

　　郭先生守纯提出：小组提，江大供给家具，调整院系后，如无家具，可否酌带一部。

　　朱正元先生提出：调整时人事、设备、书籍之调配，是否须经核准后实行。

　　诸祖荫先生提出：已经预订而未出版书籍，如何办理。

　　决议：各系所有意见，用书面提出，经整理后，由沈校长带沪，于开会时提出。

　　（二）本校同仁工资，前以校董会经费困难，学校预算不敷，暂行折扣支给。现在本校经费就校董会所给预算，既有结余，应将工资减折部分，尽量补发。其步骤先将本学期之工资十足补给，以后再将以前各学期之减发数补足之。（朱正元先生提）

　　决议：通过。

　　（三）本学期同仁工资折扣发放请确定补发办法案。（罗聚源先生提）

　　决议：1. 先将二月份至七月份上半月欠发数，于七月底前十足补发。

2．如现款不敷，可将七月份下半月之工资酌量延期至八月上旬发放。

3．兼课教员，凡一九五一年八月份以前所聘之兼任教员，本学期缺课不超过十分之一者，照补。

4．超钟点教员及助教支讲师薪者，一律不补。

（四）请讨论工会于一九五一年十二月廿七日函校行政"拟请学校对于底薪已满六百元之教授，订定加薪办法，早日公布施行"案。（郭守纯先生提）

决议：依照本校教员聘任时待遇暂行规程第六条，"薪俸已满六百元而曾任教授满七年并著有成绩者，其薪俸得在六百元以上，但以八百元为最高额。其超过六百元之数，亦不得多于二十元乘其已支六百元以后之年数"之规定，及各人所交证件，由人事组审查后，拟具意见，送请校长批准，呈报教育部备案，并备文通知新调整机构，以资参考。

散会。

下午六时

因八、九月份经费须编预算，请教育部核补，故（二）（三）两项决议应先向教育部请示。七下工资仍在七月底发给。

沈立人　52－7－30

（来源：苏州大学档案馆　永21 054－059）

校务委员会临时会议纪录

时间：一九五二年九月廿八日下午二时

地点：图书馆

出席：沈立人　金宝光　朱宝镛　夏彦儒　金圣一　罗聚源　陆仁寿　郭守纯　许冠仁
　　　诸祖荫　黄书意　夏宗辉　章善宝

列席：方友鹤

记录：张宾侯

报告事项：（略）

决议事项：

一、工场技工补发折扣从1951年八月份改底薪时起补发六个月。

二、普通工友从七月份起补发七个月。

三、教职员从九月下半月份起补发四个半月。

散会。

沈

52-9-28

（来源：苏州大学档案馆 永21 060-062）

新校舍房屋安排讨论会

三十六年十一月六日

出席者：王庸　杨惟义　周葆儒　韩雁门　唐君毅　孙湘　华汝明　王绫盒　杨晟
　　　倪则埙

　　教室三面黑板加讲台；东部下层作化学实验室，化学实验室装备；上层作生物实验室；中部下层作生物实验室；西部下层作物理实验室；实验室无内装水管、电力线头。

（来源：江南大学档案馆SLJD-3）

私立江南大学举行讨论房屋问题会议纪录

时间：三十八年五月十二日上午十时

地点：本校会议室

出席：沈立人　郭守纯　李笠　顾惟精　杨晟　李景晟　胡立猷　华汝明　周怀衡
　　　费大经　薛佩瑾　张载人　吴功贤　杨荫渭　诸祖荫　诸祖耿　许雍圻　陈陵
　　　唐璜　郑学斅　万迪生　朱青山　陆仁寿　高荣良　单鹤龄　金善宝

主席：沈副主任委员

纪录：单鹤龄

主席报告：前往苏南公署请求免借本校荣巷第一、二院房屋经过情形。（略）

讨论事项：

　　一、苏南公学借用本校荣巷第一、二院房屋应如何决定案。

　　决议：将第一院房屋暂借苏南公学应用。住于第一院同仁及家属于本日下午即行移往第二院，尽量充实空房。

　　二、第二院住屋请重行分配案。

　　决议：陈陵先生暂住陆子芬住房。薛佩瑾先生住大公图书馆旁二间。费大经先生住前李兑文住房。其余由总务处分别斟酌调整。

　　散会。

陆仁寿印

（来源：苏州大学档案馆 永24 020）

本校房屋分配委员会第一次会议纪录

日期：三十八年九月二十三日下午二时

地点：本校会议室

出席者：沈立人　郭守纯　杨晟　陆仁寿　顾惟精　王宗和纯代　朱正元　孙时中沈立人代

主席：陆总务长

记录：浦维善

一、报告事项：

主席报告：本校原有房舍，以往勉足敷用。本学期开始，已增三年级，因女生宿舍完成，教室及宿舍幸已配置就绪。惟因教授聘请较迟，住宅支配虽经详密安排，尚感不敷，今后再请教授，已无余屋可住，至为困难。所有支配及计划各项，敬请多多讨论商决。

二、议决事项：

1. 二院及三院空屋，如何支配新聘教授居住案。

议决：总务处预定支配图，已极适当，一致通过。

2. 万迪生先生现住楼上房屋如何确定案。

议决：请朱正元先生向万先生说明学校困难，请其迁回楼下原处。

3. 已派房屋中尚有未经迁空者如何办理案。

议决：由事务组分别请其即日迁让。

4. 如房屋不敷支配时如何办理案。

议决：将梅园读书处及二院大厅分别布置，又请校董会将乐农别墅拨归学校作用。

散会。

陆仁寿印

（来源：苏州大学档案馆 长2 045-047）

江南大学第四次工作会报纪录

时间：三十七年二月三日下午三时

地点：本校第一院会议室

出席者：章渊若　韩雁门　唐君毅　朱耀炳　许雍圻　陆仁寿　章鹏若　吴叔翚
　　　　钱之江　李奂文　王景泰　华汝明

主席：章校长

记录：张宾侯

甲、报告事项：

（一）唐教务长报告：

1.注册组方面：（1）厘订各种教务规章；（2）办理各院系学生申请转系事；（3）呈报学籍；（四）编排各院系课程。

2.图书馆方面：（1）工作成绩尚欠美满；（2）图书待充实，现有书籍大部分登记完竣，开始出借。

3.关于下学期事项：（1）希望有投影几何专门教室。（2）扩充图书阅览室。（3）增设学术讲座。（4）设清寒助学生缮写讲义。（5）补习班学生成绩二分之一不及格者应否照章退学。（6）学生自由选课问题。

（二）韩训导长报告：

甲、本处工作报告正在编制中，此时不拟多述。

乙、关于训导工作方面略有感想：（1）工作尚未彻底做到；（2）最近早操因天雨停止后，对学生训话机会较少，下学期应恢复早操；（3）寒假中须清理各处；（4）管制灯火与节约水电问题。

（三）陆总务长报告：

1.本校水电消耗殊巨，应设法节约。

2.新校舍建筑于春假时可完成圈地工作，现请县府派员协助进行。

3.新校舍房屋分配问题。

4.校车问题正设法解决中。

5.本校家具财产拟彻底整理清楚。

主席报告：

1.半年来各同仁刻苦耐劳努力从公，本人对诸同仁服务精神深表欣慰，并应致谢忱。

2.寒假期间各处应办事项应及时妥为筹划支配，尤须注意治安、警卫、消防各问题。

3.今日各处工作报告甚详，希望分别检讨。

乙、检讨事项：

主席指示：以下可复印分送各处。 渊 二·四

一、教务方面：

（一）图书馆应力求充实。

（二）投影几何专用教室及扩充阅览室二事交总务处办理。

（三）讲义仍照原定方针的发补充材料。

（四）勤工助学、缮写讲义等项已由训导处计划，但如何实施，仍应慎重考虑。扩充免费生名额可提校政会讨论。

（五）补习班成绩二分之一不及格学生如何处置，可参照操行成绩，由教务处会同训导处办理。

（六）自由选课在学年度内，不便变更，应由教务处办理。

二、训导方面：

（一）早操仍应恢复，操场由总务处计划修理。

（二）导师制提训育会议商决。

（三）对于各处工作联系问题，全校同仁为一有机体，希望彼此密切联系，从分工合作做到和衷共济。

（四）寒假各处应加检查清理，由训、总两处会办。

（五）灯火管制，由训、总两处会办。

三、总务方面：

（一）水电节约由总务处切实负责办理。（十二月总超电力消耗尤多，应加注意）

（二）新校舍房屋分配应另召开会议。

（三）交通车由总务处筹办。

（四）财产编目已由保管组赶办中。

（五）消防、警卫、治安各事，应特别注意。

四、一般方面：

（一）寒假期间，各处、室、组应派员轮值办公，并即日列表呈报备查。

（二）寒假期间，各同仁如须离校，应将通讯地点、电话及职务上有关各件如图章、钥匙、簿册资料等件交代清楚，以便联系。

（三）本人离校期间，关于一般校务，请唐教务长、韩训导长轮流代理。

（四）寒假期间，总务工作最为重要，应由总务处特别注意。

散会。

渊　二·四

（来源：苏州大学档案馆　长 2 025-032）

江南大学第五次工作会报纪录

时间：三十七年三月二日下午三时

地点：本校第一院会议室

出席者：章渊若　韩雁门　唐君毅　王文元　王庸　钱穆　王景泰　王效三　许雍圻
　　　　华汝明　钱之江　朱耀炳　陆仁孝　吴叔翚

主席：章校长

甲、报告事项：（略）

乙、检讨事项：

　　主席指示：

一、教务方面：

（一）关于学业成绩有二分之一不及格者，照章应令退学。但其中有操行成绩特佳者，可否由教务处召开教务会议，拟具补救办法，并修订原有教务规则。

（二）图书问题：不论教与学，均属切要。惟本校草创，在在需款，一时大量购置，殊感困难，可分期选购，渐求充实。

（三）学术讲座：可先请本校现有教授轮流担任，所有各项办法及讲题，请即草拟。

二、训导方面：

（一）本期加强训导工作，可采取导师制度。至加强训委会问题，应留待训委会从长讨论。

（二）以教务配合训导，可分组举行中英论文比赛、演说比赛及其他各种学科比赛，藉以提高学生研究兴趣，造成优良学风。

（三）清寒免费生名单亟待决定，可于今晚召开清寒免费审查委员会议，讨论决定之。

（四）清寒免费审查委员应加聘理工学院顾院长及陆总务长两位。

（五）清寒免费生名额，已申请者有四十余名，照百分之二十计算，尚有余额，究应如何分配，应留待清寒免费审查会议讨论决定之。

（六）审核免费学生，应本"清寒为主，学行为副"之原则办理。在未核定前，仍应先缴费。

（七）本期学生到校，应由训导处切实注意，如查有已令退学而仍到校之学生，应令迁出。

三、总务会计方面：

（一）灯火管制，可会同训导处办理，并研究切实有效办法。

（二）核发入舍证人员，可与收费人员一处办公，以资联系，而求便利。

（三）关于紧缩预算，由总务长会同会计室先拟草案。

四、一般方面：

（一）关于裁减员工，可由教务、训导、总务各处室先拟名单候核。

（二）各项校务，应本分工精神，由各处分层负责。

（三）各单位工作人员，应切实联系合作，必要时可互相调用。

（开学之初,教务、训导工作较忙,可酌调人员协助。）

散会。

渊 三·三

（来源：苏州大学档案馆 长2 033-038）

谈话会议纪录

时间：三十八年二月廿七日下午二时

地点：本校物理实验室

出席：钱孙卿　金善宝　钱　穆　李景晟　华汝明　吴大榕　姚志英　陆仁寿　郭守纯
　　　周怀衡　黄遵夏　金圣一　宋玉森　王文元　费大经　杨　晟　张宾侯　顾惟精
　　　孙文彦　胡立猷　许雍圻　单鹤龄　沈立人　周广周　高荣良　陈　陵　李　笠
　　　黄书意　许彦生　荣毅仁　薛佩瑾

列席：华晋吉

主席：荣主委

纪录：张宾侯

报告：今日得与诸位教授同仁在此会谈,深为欣幸。希望各位尽量发表意见。现在先请钱孙老发表。

钱孙老报告：

一、本人参加江大创办经过。

二、本校组织校务委员会之经过与所负使命。

三、本校环境优美,希望认真教学,严格考查学生课业,创造树立读书风气。

顾院长：

一、本人就任理工学院院长及辞兼全权处理校务经过。

二、今后希望充实理工学院设备。

沈教务长：

一、教务处为学校中单位之一,与训、总两处共负推进学校行政责任,在校同仁职位容有大小,所负之使命则一。

钱院长：

一、学校人事屡有变动,引起不安定状态。

二、希望职权划分清楚,专心任事,本校前途亦能发扬光大。

三、本校教授、学生在此优良之环境下,一般情形非其他国立大学所能及,此可告慰于校主及校董会诸君者。

四、本校学生向学心切,一年半来,从无罢课等情事发生。

五、应检讨过去错误,切实觉悟,团结一致,创造光明前途。

荣主委:

一、校董会负极大决心创办本校,非到万不得已,决不中辍。

二、学校不安定之症结,今后当尽力改革,总体学生安心学业。

三、学校经常费业已确立,同仁最低生活决可维持。

四、关于人事问题,以后不致有何变动。

五、希望全体同仁通力合作,向前迈进。

郭院长:

一、江大诞生未久,同人处于保姆地位,应尽力保护,使之壮大。今后希望化除私见,通力合作,本校前途必定光明。

陆总务长:

一、希望全校职员努力本位工作。

二、总务处供应容有不周处,希望同仁予以谅解。

钱孙老:

一、校务委会职权确立后,须集体运用,人事纠纷容可不致发生。

二、个人应负起责任,一切为江大努力。

散会。

（来源：苏州大学档案馆 永 24 012-017）

私立江南大学经费审核委员会第一次会议纪录

时间：一九五〇年一月五日上午九时

地点：会议室

出席：沈立人　顾惟精　杨锡荣　黄菖年　薛佩瑾　陆仁寿　方友鹤

列席：许雍圻

主席：陆仁寿

记录：薛佩瑾

报告：（略）

决议事项:

一、一致推选陆仁寿先生为本会主任委员。

二、本会规程草案修正通过,提请校务委员会通过后施行。

三、建议校方以后材料验收,应由保管组与请购使用部分会同验收(物品仍由保管组单独验收)。

四、以前校董会拨付经费,未将经常费与设备费划分清楚,以致双方账册登记互异,至多不便。建议请将一九四九年已支经费作一阶段结束,自一九五〇年起重立预算,将经常费与设备费分开,自一月起,至七月底止。

五、建议请会计主任根据本学期经费收支情形,试编一九五〇年上期经常费预算。

六、建议本年上期预算单位一律采用无锡折实单位。

七、建议请校董会确定本年上期设备费数额后,再由各部门共同会商分配使用。

八、建议一九四九年八至十二月报销,仍由校方送呈校董会。本会自一九五〇年一月份报销起开始稽核工作。

九、学期结束前再定期召开会议一次,日期由主任委员斟酌确定。

(来源:苏州大学档案馆 永23 063-064)

教授会理监事第四次联席会议

时间:一月十三日

地点:作物实验室

出席:郭守纯 朱宝镛 朱东润 陆仁寿 汤心济 吴功贤 蒋涤旧 樊映川 朱正元

列席:诸祖荫

主席:汤心济

记录:蒋涤旧

主席报告:(略)

诸祖荫先生报告福利问题:(略)

朱正元先生报告校务委员会讨论关于评议会组织及教授员工增薪等问题经过:(略)

提议案:

一、校务委员会规定本会同仁胜利公债为四百五十分应如何分配案。

决议:

(一)请本会会计樊映川先生照本会教授、副教授全体人数一个月实得基数平均分配。

（二）各同仁应认购之数目由十二月份调整后增加之薪津扣除，不足之数在一月份内补足之。

（三）额外认购，多多益善。

提议案：

二、本校清贫同学本年学费已成问题，明年缴费问题当更形严重，本会应如何发动助学金以完成清贫学生学业案。

决议：推定汤心济、朱正元、蒋涤旧三位先生，与讲助会、职员会、学生会、工友会接洽，筹组本校清贫助学金事宜。

（来源：苏州大学档案馆 永24 066）

清寒奖学金审查会议纪录

时间：一九五〇年三月七日

地点：本校会议室

出席：沈立人　顾惟精　郭守纯　夏宗辉　张泽垚

主席：沈副主任委员

纪录：张宾侯

甲、报告事项：

主席报告：今日应当讨论的问题有二点：一、审阅上学期申请清寒助学金同学名单。二、本学期免费办法。请大家交换意见。

乙、讨论事项：

一、上学期申请清寒助学金同学业经学生会核定，应否重行审核案。

决议：既经学生会办理，不再审核。

二、本学期清寒奖学生应如何确定案。

决议：（一）以成绩与清寒为审核资料。（二）名额分全免、半免、三分之一三项。总免费额为全校学生总人数百分之廿。全免占免费额百分之廿、半免百分之三十、三分之一免占百分之五十。（三）名额分配以各系、各年级人数为比例。（四）以上各项向校务委员会建议执行。

丙、散会。

（来源：苏州大学档案馆 永24 055）

经费审核委员会稽核组第二次会议纪录

日期：一九五〇年五月卅一日下午三时半

地点：会议室

出席人：万迪生　黄菖年　杨钧泰　杨锡荣　方友鹤　薛佩瑾

主席：方友鹤

纪录：薛佩瑾

决议事项：

一、本稽核组初查组稽核工作至五月十五日止告一段落，应交复查组进行复查，初查组续查上学期账目。

二、由方友鹤、万迪生、薛佩瑾三委员起草本组办事细则草案。

三、建议校务委员会：订定出差费标准，改善核准付款办法，并通知会计室按月公布收支清单，发给各委员会图章。

四、稽核工作进行中应随时由组内多数人同意向黑板报作有关之报导，遇有牵涉各单位事项，各单位有书面解释者同样投黑板报披露。

五、每星期五下午三时半本组举行例会。

散会。

（来源：苏州大学档案馆　永 23　065）

苏南人民行政公署教育处陶处长五月九日来校讲话纪要

本人今天主要讲的有两个问题：

（一）同学东北去问题。

政府对私立学校是维持的原则。在维持的原则（下）达到改造的方针。江大是有大前途的。我们要贯彻这个方针。关于江大同学要到东北去，有两事要说明：①上次东北招聘团到江大来招考江大同学，是错误的。招聘团到无锡，我们没有知道，是沈副主委在校长会议上报告后知道的。这不是维持方针，而是拆台方式。江大是民族资本家办的，我们要坚决维持下去，中央人民政府是维持方针，不是拆台方针。②江大同学派代表到上海，坚决要去东北，先来见我，我极不赞同，那时刘主任在上海开会，我就托同学带一封信给刘主任。当然同学到东北去，我们不阻止，青年有个人完全的自由，但是招聘团的做法有研究。如有人来责问我们，如何答复。我们坚决执行政府的方针，我们反对招聘团这种作风方针。江大代表在上海遇到教育处的代表,这是很巧的。因此江大同学见到招聘团上午答应,下午就不答应,以为这是教育处在反对,在阻止。我们是没法申辩的。江大同学去东北,今天是东北的资本,但明天怎样呢? 它拆垮了江大,这是极大的损失,这是杀鸡取蛋的方式。我们要照顾到明天,不能以同学今天的利益牺牲政府的决策。东北极端缺乏技术人才,今天西北更加缺乏,西北工业发展不如东北,东北已有基础。周总理在北京,有一次报告讲我们许多人有依赖性,依赖苏联。予取予求,这是殖民地思想,我们要自力更生。希望同学安心求学,我们要照顾今天东北的需要,更要照顾明天的需要。

(二)江大本身改造问题。

一部分同学热情要到东北去是有原因的,主要的是对江大前途没有信心,要到有希望地方去。青年们愿向好的方面发展,这一点,我们很了解。我们希望同学安心学习,不要浪费光阴,应该努力改造使安心在这里学习,就是说江大本身上要改造。听到同学在外面谈到江大前途而流泪,这表示对学校很爱护。江大全体师生员工要共同努力,这个努力,不仅是同学的希望,也是政府的希望。江大目前困难是有的,在经费的困难,是和全国经济的困难是分不开的,民族资本家今天有困难这是一方面,另一方面目前政治情况好转,但仍存有若干困难。江大是有条件的,首先是荣主委表示决心要办下去,这是任何私立学校没有的条件。同时江大设备确是比较便利的,江大先天条件很好,江大教师们有决心,这是不容易的,这是次要的条件。同学方面的目标□向发展前途的,这是原动力。目前有缺点:①在行政领导上不是强有力的,学校经费问题没有精确预算,政治思想教育没有搞通,生产节约没有展开,组织不够健全。教师任劳任怨是很好的,但内部团结欠差,不是全心全意为学校而自有争执。②在同学思想方面是有研究的。同学有些是灰心失望,师生精诚合作只作空话,是没有用的,应当设法克服困难,来利用基础改造。③总的方面:A. 贯彻政治思想教育,展开生产节约;B. 行政组织要健全起来,教导处必需健全起来,我们愿意在短时期内协助解决。各种组织要发生行政作用,不是形式问题。C. 要订立精细预算,每一笔钱要用得值得。同学、教师加强团结,精密订出预算,克服经费困难。D. 希望教师要同甘共苦办好学校,必要有信心,同学亦要如此,大家要确立主人翁的思想。E. 目前迫切需要问题是学费问题,希望在本星期内解决,设法简单化。九十单位已经缴过的可不再生问题,不必谈了。下学期学费提早解决,至迟放假以前要决定。希发动,望教师互助,上海各校已在发动,有力量同学希望快缴,从速解决这个问题。乙、基本的一环:如何来加强行政,我们决定来协助解决。至于申新清理物资,希望努力争取。现在江大有两个前途:一、善于运用原有条件,再创造新条件。二、如不努力改造,就趋没落。希望要争取第一条件,整个精神:克服困难。各方对行政组织提意见,集中起来,大家一起来努力。

(来源:苏州大学档案馆 永24 025-027)

其 他

江南大学关于派用新雇员的发文

江南大学发文江字第 116 号

签呈于体育卫生组　民国 36 年 12 月 18 日

中华民国卅六年十二月廿九日发出

谨陈者：

　　查本组人手原甚缺乏，工友亦未奉指派。各项工作，过去皆本诸本校紧缩政策，一人兼数人之事。助教朱青山先生原已兼理其他事务颇多，现且调校产保管组服务。陵每周除授课十三小时以外，又兼任一部分训导工作。关于本组一切比赛记录表格、早操缺席登记，及保管运动器具、球场画线等类工作，势难一人面面顾到。长此以往，误学误公，何堪设想！为工作推进计，亟需添人协助。兹有黄书意君，曾在国立中正大学及江西省立赣县中学等校任职多年，经验丰富，书法端秀，现已来锡。拟请准以雇员派用，月支薪水伍拾元，以利公务，而免贻误。谨检同黄君证件，陈祈察准施行。

　　谨呈

训导长　韩[①]（印）

　　转呈

校长　章

附呈证件三份

黄书意印

兼体育卫生组主任　陈陵（印）谨呈

月支底薪四十元，准以书记名义任用　渊

奉谕十二月廿日起

（来源：苏州大学档案馆 永 5 098-099）

江南大学复无锡县政府戊军情第 2541 号代电

江南大学发文江字第 246 号　民国 37 年 6 月 8 日

无锡县政府徐县长渊若勋鉴：

　　五月二十六日戊军情第 2541 号代电敬悉。查近来各地学潮迭起，扰乱社会秩序，亟

---

① 即韩雁门。

应严为防范,本校现仅有一年级生,分子尚纯粹。近以学期即将结束,各生潜心学业,预备大考,校内秩序安定,暂时似无派员驻校协助之必要。准电前由,除遵嘱密切注意并与贵府随时取得联络外,相应电复察照为荷。

私立江南大学副校长　顾○○　已(虞)印

(来源:苏州大学档案馆　永 10 042)

陆军独立战车第二营致江南大学战二湘字第 839 号代电

驻地:无锡荣巷鸿桥　民国 37 年 10 月 2 日

江南大学收文总字第 377 号　民国 37 年 10 月 5 日

事由:函知到营视事日期,请查照由。

一、奉陆军装甲兵司令部(三七)年九月二十八日□络字第(5340)号训令略开:"着调本部第三处第四科中校科长刘明湘一员,原级代理独立战车第二营营长。"

二、兹遵于十月一日到营视事。

三、尔后,本营官佐士兵如有违反军纪之事情发生,请随时赐知,俾便纠正。

四、敬请查照,并请贵校时赐联络指导,藉获精诚团结,完成戡乱建国之使命。

营长　刘明湘

(来源:苏州大学档案馆　永 10 058)

新华储蓄银行函

中华民国 36 年 9 月 24 日

(江南大学收文江字第 9 号　民国 36 年 9 月 25 日)

径启者:

大函奉悉。承委托敝行代收贵校文、农学院学生学费,无任荣幸。一俟贵校定有收费日期,自当派员到校办理。至在校内经常设立服务处代理收付费事宜一节,敝行亦愿竭诚服务。相应函复,即请察洽为荷。

此致

江南大学校

新华信托储蓄银行无锡分行(印)启

中华民国卅六年九月廿四日

(来源:苏州大学档案馆　长 26 130)

财政部江苏区直接税局无锡分局印花税公函

锡三（37）字第371号　中华民国37年6月28日发出

（江南大学收文总字第231号　民国37年7月2日）

事由：为员工每月总收入额在四百万元以上，其薪酬收据应依法每万元贴用印花税票拾元，函请查照办理由。

　　查印花税法于本年四月三日经国民政府第八次修正公布施行在案。其第十大条税率表第三十五目劳务报酬收据簿折规定，按金额每万元贴印花税票拾元，每月总收入未满四百万元者薪酬收据免贴印花。除分函外，相应函达，即希查照办理为荷。

　　此致

私立江南大学

局长　桂省吾

（来源：苏州大学档案馆　长 26 016）

上海商业储蓄银行无锡分行函

江南大学收文总字第250号　民国37年7月25日

径启者：

　　查贵校上年度学杂等费均承委由敝行代收。兹者本届秋季开学为期不远，敝行素以服务社会为宗旨，对贵校本学期学杂费自应竭诚继续办理，惟开学及缴费日期暨学生人数各节尚请早日示知，俾便预为准备一切。专此函洽，即希惠复是荷。

　　此致

私立江南大学

上海商业储蓄银行无锡分行　陈尺彪印　启

中华民国三十七年七月廿四日

（来源：苏州大学档案馆　长 26 074）

江南大学校政委员会核定学生纳费数额致顾副校长函

政字第十七号　中华民国37年9月14日

江南大学收文总字第317号　民国37年9月15日

事由：为核定本校本届学生纳费数额复请查照办理由。

接准卅七年九月九日江字第三一八号公函：略以"本校三十七学年度第一学期学生缴纳数目，业□参酌本校上年度收费情形及上海私立专科以上学校本学期收费标准，拟定学费60□、杂费10元、宿费5元、储备费5元，合计八十金圆。另化学实验费10元，物理、生物等实验费每□各5元。函请核议示复，以便办理"等由，准此，尊拟各项收费数额至为合理。相应复请查照，即请公布办理为荷。

　　此致
副校长顾

江南大学校政委员会（印）

乐幻智（印）　荣一心（印）

（来源：苏州大学档案馆　长 26 085）

关于携银元返籍事宜致无锡市人民政府函

江南大学发文江字第 510 号　　民国 38 年 7 月 8 日

事由：函请惠予出具本校教职员携带银元返籍证明书，以利遄行由。

敬启者：

　　前以本校朱、罗二教师携带旧存银元返籍，经依据华东军区金银管理办法第四条之规定，业准贵府出具证明书过校，殊用感荷。兹尚有一部分教职员存有少数银元，拟于最近暑假期间，携返原籍储存，相应抄同名单乙纸，派员赍送。至希查照，赐洽惠予分别，以利遄行，至纫公谊。

　　此致
无锡市人民政府

　　附名单乙纸（略）

（校戳）启

年　月　日

（来源：苏州大学档案馆　长 15 09）

一九四九年开学伊始布告

江南大学发文江字第 574 号　　民国 38 年 9 月 20 日

　　兹以开学伊始，为便利新旧师生认识起见，经制备彩色纸条三种，上书姓名，分发佩带（淡绿色——教职员，红色——旧生，白色——新生）。特此布告周知。

此布。

附式样三纸

主任委员　荣○○

副主任委员　沈○○

（来源：苏州大学档案馆 长 28 033）

教育部高字第五○五二○号关于甄审合格教员的代电

中华民国 37 年 9 月 15 日

事由：为未及参加甄审合格教员请审教员资格办法电仰知照转知由。

私立江南大学：

　　查各院校未及参加甄审合格教员前来请审教员资格者尚多，为谋补救起见，准由各该员现任职学校校长、院长及系科主任联名签署出具证明书。如该员确因特殊原因未及参加甄审，并于抗战期间无任何与敌伪相关活动，得以此项证明文件替代甄审证书请审教员资格。特电仰知照转知。教育部　印

（来源：苏州大学档案馆 长 12 068）

教育部关于收复区毕业生补行甄审的训令

发文高字第六五八六七号

事由：令发收复区专科以上学校毕业生补行甄审办法由。

令私立江南大学

　　查收复区专科以上学校毕业生补行甄审办法业经公布在案，除分令外，合亟检发该项办法，令仰知照。此令。

　　附发收复区专科以上学校毕业生补行甄审办法一份。

中华民国 37 年 12 月 6 日

部长　朱家骅

《收复区专科以上学校毕业生补行甄审办法》

　　一、教育部（以下简称本部）为办理收复区敌伪专科以上学校毕业生尚未参加甄审者办理补行甄审，特订定《收复区敌伪专科以上学校毕业生补行甄审办法》（以下简称本办法）。

二、收复区敌伪专科以上学校毕业生之补行甄审事宜,由本部设立收复区专科以上学校毕业生甄审委员会办理,其组织规程另订之。

三、收复区敌伪专科以上学校毕业生补行甄审登记日期自三十七年十二月十五日起,至三十八年五月十五日止。

四、收复区敌伪专科以上学校毕业生尚未参加甄审者,应于前条规定期限内向本部收复区专科以上学校毕业生甄审委员会申请登记。

五、收复区敌伪专科以上学校毕业生于在学期间内或毕业后违犯国家法令,具有汉奸行为者,不予审核。

六、收复区敌伪专科以上学校毕业生申请补行甄审时,应填缴登记表、保证书、原校历年成绩单、毕业证书、自传、最近脱帽二寸半身像片二张暨研读国父遗教(包括《三民主义》《建国方略》《建国大纲》)与总统所著《中国之命运》之读书报告各一份,其能缴验服务机关服务成绩证明书者得免缴读书报告。前项申请登记表及保证书由本部制印备用。

七、收复区敌伪专科以上学校毕业生补行参加甄审合格者,由本部发给证明书,证明其学历相当于专科以上学校之毕业资格;审查不合格者,得按其成绩准予投考相当学校,入相当年级肄业。

八、收复区敌伪专科以上学校毕业生补行参加甄审结果,随时分别通知。

九、本办法自公布日起施行。

(来源:苏州大学档案馆 长 12 070-072)

转报高教联筹委员会秘书处通知

顷准苏南区高教联筹委员会秘书处通知:"无锡市文化教育工作者发起组织工会,上月三十日发起人会议决定,于本月十二日上午八时在连元街小学举行代表会议,正式成立文化教育工作者工会筹备会,并决定每二十人产生代表一人。凡无锡市各校以薪水为主要生活来源者均可参加文教工作者工会。请就贵校教职员工友中按比例选出代表。代表名单务请于六日前寄交总工会筹备会"等由。准此,相应通知即请查照。于四日前按比例选出代表,将名单送交文书组,以便转报为荷。

此致
教授会、讲助会、职员会、工友会

私立江南大学启
二月二日

(来源:苏州大学档案馆 长 27 025)

解放前夕荣毅仁与沈立人等书

谨启者：

顷接廿一日大函，详悉一切。本当即日到校，面聆教益，只以杂务蜗集，校中经济亦急待筹措，未克于日内到锡为憾。方今国事如斯，亦只能静以观变，事实如此，非敢强言镇定也。下列诸点并请即日示知为幸：

一、教授、同事、同学、工友决定留校、离校者，请分别调查清楚，以备统筹。

二、校中现存日用生活必需品尚有若干，应再添备者若干，以一个月为标准。

三、同学膳食，嘱即自行准备一月之粮，以免临渴掘井。

四、女生宿舍即嘱华盖监工严催营造厂赶建完工，急需于月内交屋，以备必要时各院同人集中之用。

毅仁一待经济调度妥当，当再到锡面商，校中任何集体意见均盼随时赐知，俾便参考。毅仁职责所在，自不敢追随诸君于之后也。诸同学并盼转告，继续安心上课为本。专此布复。

此致

沈立人　顾惟精　郭守纯　陆仁寿　陈陵　许雍圻先生公鉴

荣毅仁谨启

中华民国 38 年 4 月 21 日

（来源：苏州大学档案馆　永 14）

解放前夕江南大学学生自治会应对局势的发文

径启者：

为顺应环境，确保学校财产暨师生员工警安全起见，发起筹组应变会。特于昨晚七时半，假 110 教室召开助教工警学生联席座谈会，广泛征求意见，商谈结果。决定由校务委员会、教授会、助教会和职员工警诸单位各派代表二人，连同学生代表七人，共同组织筹备会，积极展开工作，以免临变混乱，并拟定于今日午后正式成立筹备会等事，纪录在卷。除分行外，相应函达，即希查照，并请尽今日（四月二十二日）午前推定代表二位，将名单掷交本会理事会，俾便及时进行筹备会议。事关整个学校生存暨全体师生员工警之安全，祈勿拖延为荷。

此致

校务委员会

江南大学学生自治会　谨启

四月二十二日

（来源：苏州大学档案馆 永14）

解放前夕江南大学教授委员会应对局势的发文

敬启者：

兹以时局日趋紧张，经济情形日趋紊乱，同人等惴惴不安。爰于四月廿日下午二时，在本校会议室举行全体教授临时谈话会，商讨结果，提出下列数事奉达钧会，时机迫切，予以裁夺：

（一）请速确定应变计划，包括应变机构之组织、应变经费之准备、应变物资如粮食燃料等之购储、交通工具之增添与保管等。盖以军事威胁迫于眉睫，本校行政由校务委员会负责，主任委员经常在沪，副主任委员亦有时离锡赴沪，万一事变突来，京沪交通阻隔，如不早为之计划，不特全校一切之措施遭受停顿，而全体员工之生活安全亦将不堪设想。

（二）请将现行发薪办法加以修正。每月初按上月底指数发薪全月，俟本月指数发表时，即随时依该指数从速补足薪金全额。请按指数发表时当天上海银圆价之平均数折成银圆或径发银圆。若发现钞时，则按当时银圆与金圆券之比值发放。盖近三次发薪，均用划线支票，同人等取支票到手时，均以未能当日兑款而商店拒收，未便购买物品，致较发表指数时贬值达百分之五十以上（附表呈阅）。

（三）请将现行待遇予以调整。同人等薪金之基数（包括研究费、办公费等），过去系照国校同等级增加百分之五十计算，近月币值贬落，该基数似已不能适合。依国校教授待遇，即以研究费、办公费而言，已增至教授八十八元、副教授七十八元、讲师六十八元、助教五十元为基数，办公费则院、处长各九十八元，系主任六十八元为基数，发薪日期大抵提前数日一齐发放。敢请依照此比例加以调整，庶符同人等接受聘书时本校教授待遇至少高于国校教授同等百分之五十之诺言。专此。谨请校务委员会主任委员荣毅仁先生、副主任委员沈立人先生钧鉴。

江南大学教授委员会　无锡江南大学教授会理事会（印）启

四月廿二日

（来源：苏州大学档案馆 永14 007–009）

私立江南大学日志

（1949.4.20—1949.5.4）

四月廿二日：局势相当严重。

廿三日：上午教授开会，商应变问题。下午因附近军警均已撤尽，荣巷、梅园大部分教职员眷属均迁至校本部。

廿四日：第二期收费今日开始，但无人做缴纳。

廿五日：向申茂新办事处取到现钞壹千万元，全体员工每人平均分发陆万元，备作零用。

廿六日：照常上课。教职员眷属开始分别迁回荣巷、梅园。沈副主委暨陆总务长等进城接洽校务及经费等事。

廿七日：城中派员来校调查一切。眷属全部迁竣。

廿八日：上午举行临时校务委员会议（到、在校校务委员），商决：教职员每人发面粉一袋，工友每人发食米二斗。运回存茂新一厂食米六十石。

廿九日：上午举行清寒学生免费审查委员会。

卅日：商定垫发下月上期伙食米，教职员每人三斗，工友每人二斗二升五合。

五月一日：校警步枪三支缴出，运回茂新一厂面粉一百袋。

二日：沈副主委暨陆总务长进城至申新三厂及申茂新办事处洽商经费事宜，并访校董荣德老及钱孙老。员工食米及面粉开始发给。

三日：全体教职员工进城听讲。

四日：五四节日放假。学生开会纪念。

（来源：苏州大学档案馆 永14 013-014）

转发奉苏南行政公署教师节安排的布告

江南大学发文江字第 485 号　民国 38 年 6 月 6 日

奉苏南行政公署通告（载六月六日《苏南日报》），"六月六日为教师节。决定苏南地区公私立各级学校均于是日放假一天，以便各校教师庆祝其自己的节日"等因。奉此，特此布告周知。此布。

主任委员　荣○○

（来源：苏州大学档案馆 长28 039）

校务委员会关于宿舍安排的通知

中华民国卅八年拾月拾三日发出通知

径启者：

本校本学期学生人数激增，致原有男生宿舍已不敷容纳，只得临时将教职员小饭厅暂作宿舍。惟适在厨房上层，每日午后三时许，即烟雾迷［弥］漫，极感不便，晚间大小便更无妥善解决办法，困难重重，无法克服。现拟搬至女生宿舍楼下居住，女同学方面已表示同意，惟提出建议一点，"希望女教职员及女同学全部住楼上，楼下分配给男教职员及男同学，以资便利"等由。特此通告，征求贵会意见，并希照顾学校困难，予以解决为荷。

此致
讲助会、职员会

校务委员会主任委员　荣○○

副主任委员　沈○○

（来源：苏州大学档案馆 长27 049－50）

苏南行政公署关于学生缴费问题指令

（教会字第二八二号　一九四九年十月十日）

令江南大学

九月十九日江字第五七二号呈悉。关于该校本学期学生缴费问题，兹核复如次：

一、同意组织由各方代表参加之经费预算研究委员会商讨决定。

二、该校教职员工之待遇、学生收费之标准，可以本署颁布《本学期公立学校经费方面暂行规定》即目前上海各私立大学所协商确定之收费标准作为参考。

三、经费预算研究会商讨结果，应即呈报，并须附具收支预算书以凭核定。

以上三点，仰即遵照！此令。

主任　管文蔚

副主任　刘季平

（来源：苏州大学档案馆 长26 044）

苏南行政公署教育处继续开展教育人员在职学习的通知

中华民国卅八年拾月廿四日发出

案奉苏南行政公署教育处十月廿一日关于继续开展教育人员在职学习的意见，"六、关于开学以来的学习情况与暑期自学成绩报告，尚未缴来者，均限于十一月一日以前寄来本署，以便研究总结"等因。奉此，相应通知，即请将"开学以来的学习情况与暑期自学成绩报告"于本月底前送文书组汇集转报为要。

此致

全体教职员

附《暑期自学的指示》通告乙份

校戳

（来源：苏州大学档案馆 长 27 052）

苏南行署复江南大学呈请办公人员迁出二院的训令

教字第二六九号　　一九四九年十一月

事由：为私立江南大学呈请令饬开原区人民政府办公人员迁出该校二院训令速办由。

令无锡市人民政府

据私立江南大学呈称"……本学期添招新生，加聘教师二十余人，均有眷属，深感房屋不敷分配。乃前有开原区人民政府工作人员未经本校同意迁来第二院居住（原荣德生住宅），复令附近居民两户（一业商、一业警）一并住入，并扬言必要时勒令教授限期迁出。经本校推派代表函请无锡县人民政府劝令迁让，未准示复。兹该区政府工作人员又有二三十人自由迁来第二院居住、办公。此去彼来，扰乱秩序，且深夜歌呼，寐旦喧吵，随处便溺，乱投烟烬，甚或乘室无人越窗而入。本校同仁深受感胁，不惶宁居，妇女婴孩尤深惶骇。如此情形已非一日……"等情。查原呈形容各点颇多意气之处，实非所宜。然彼此不和，亦未始无因，且学校校舍根本不应自由占用。仰即派员查收，并转令设法迁让，具报为要。此令。

主任　管文蔚

副主任　刘季平

（来源：无锡市档案馆 B2 号全宗 1949 年永久第 18 卷）

苏南行署派员来校调查教职员经济状况的通知

1949.12.7

顷奉苏南行政公署教育处派员来校调查各教员经济状况,以便报告北京全国教育行政会议作为参考资料等因。相应检附调查表*二份,务请详细填列。于明日下午五时前送交文书组汇转。事关重要,祈勿延为荷。

此致

诸位先生

私立江南大学

（来源：苏州大学档案馆 长 17 001）

* 所填表格（部分）见报表总结。

关于江大经费呈荣毅仁文

关于江大经费事件,尔仁先生在锡已召沈立人先生谈话,希望在现行各厂经济困难之下,厂内薪津亦在一再降减(例如申二、五及总处人员,如同意再减七折时,则连前已减五点九折),若欲继续维持原有经费补助,则与情与理,均觉不妥。故决定下列办法：

1. 校内教职薪津,以先减一半为度；

2. 校内一应费用,即编列预算,经审核后再由各厂分摊；

3. 校方应力求自力自给办法,例如增收学费、节约膳食及纸张文具开支、减少车马费津贴、开垦荒地、减添设备等等,以求自给之道。

上列办法,已由沈先生带回校内广泛检讨中,至于申三所欠过去之经费,在二月份仍希拨足,三月份似暂定定额配给制试行。

申二、五　　原负一六〇〇〇单位,减为六千单位
申三　　　　原负一六〇〇〇单位,减为一万单位　＞减一半
茂新　　　未详

前述办法是否可行,拟请核后试行。

呈

毅仁先生

职　上

三月九日

（来源：上海市档案馆Q193-1-1554 213）

沈立人为校事致荣毅仁函

毅仁先生大鉴：

　　日昨两度电话，均未获亲聆教言，至深怅惘。自陶处长来校讲话后，各方反映极好，情绪高涨，热烈展开全面性讨论，并于昨日午后召开师生员工检讨大会，各行政部门深刻检讨，展开批评与自我批评。教育处同志连日在校了解情况，努力协助推进校务，现新校委会人选已呈奉核定（正副主委：诸祖耿、朱正元、毕仲翰、张泽垚、熊振平；及学生代表：蒋德舆、邓鸿勋等九人；并以朱正元为第二副主任委员）。并准将教务处与生辅会合并为教导处，聘毕仲翰为教导长，诸祖耿为副教导长，业经公布周知。各方表示深切拥护，学校前途顿现蓬勃气象，可为欣慰。惟学校新生之机虽萌，经费困难仍在，现已非言语所能生效，必须有实际行动表示。务乞迅赐筹汇三千万元，发清三月份薪金及办公费积欠，以救眉急，而安人心。临颖不胜企祷之至。专肃，敬颂

筹绥

弟　沈立人（印）拜启

五月十二日

　　同人等之经济状况附函可表示之。

　　附函件。

立人先生：

　　全校的教授都快饿死了，都等到您兑现，我自己早已不能买小菜，今天午饭就无菜下锅，您有什么办法没有？假如您不敢擅专借办救济，可否请向新校务委员会提出讨论？

　　此致

敬礼

夏彦儒

五·十一

（来源：上海市档案馆 Q193-1-1550 151-154）

沈立人关于校事六件致荣毅仁函（稿）

（一九五〇年九月十六日付邮）

毅仁先生大鉴：

兹仅报告校中情形如次：（一）校中平定，截至现在，尚无实际倒乱情形，今日，新旧学生陆续来校办理入学手续，颇形忙碌。（二）文教处派来工作同志两人，协助推进政治学习工作，现定十八日起教师先动员学习，廿一日起全体正式开始学习，详细实施方案在拟订中。（三）申三八月份贴补经费目前只领到四千单位，日前曾向谈厂长解释，请予协助，渠表示须至沪了解情况，因此连九月份上期在内，已结欠壹万贰仟单位。（四）上海总管理处九月份上期经费，应付五千五百单位，但扣去代垫大华仪器费用八百余万元，实领不足二千万元。弟意大华费用应在壹千单位设备费项下支付，现又在经常费中扣抵，弟曾担保按期发薪，安定教职员工生活，但三厂未付，总管理处将设备费由经常费下扣除。（五）部分未续聘教师，仍占居荣巷宿舍，用各种方法对学校行政责难，无适当办法处置。嗣与文教处商讨，拟请他们进革大学习，澄清他们思想，但须由校津贴三个月学习费，预算得需贰仟多万元。在此情形之下，亦等于培植人才。弟不揣冒昧已应允文教处如此办理。尚祈赐予鉴谅。（六）李昌第先生已来沪，请即洽商面粉科主任事，务请其屈就为祷。专肃。敬颂

筹绥

弟　沈××拜启

九月十六日

（来源：苏州大学档案馆 长 27 066-067）

沈立人关于校事十五件致荣毅仁函

毅仁先生大鉴：

前上芜简，谅荷霭察。开学以后，新旧学生报到，颇形踊跃，一般情绪，极为良好。兹将最近情形报告于左：

（一）第二次新生考试成绩，业已评阅完竣，今日会议决定录取标准及人数，共计报考人数九十七人，录取数理、植产两系五十六人，语文系仍无法设立（附表一纸）。

（二）学费尚待协议调整，校董会出席代表，亟盼早日函示，以便联系。

（三）校务委员会主委提名先生继续担任，尚未奉批，但可无问题，祈勿为念。

（四）编纂委员会主委已聘定顾老兼任。

（五）新旧学生截止［至］今日，已报到四百五十八人，内新生二百五十人，旧生二百另八人。第二次录取新生，已即日开始报到。

（六）截止［至］现在，共收入学费二二，七九四，五〇〇元。九月份上期薪津，除未到校教授外，业已发清。

（七）注册手续大致完成，兹定廿八日上午补行开学典礼，二十九日正式上课。

（八）兹遵照苏南行署颁发校务委员会组织办法规定，本校已发出通告，请推定教授代表三人、学生代表二人、讲助代表一人，以便连同当然委员提名呈请核定。

（九）郑学弢先生已由中国文学院正式来函退还聘书，函述理由系因院务甚忙、无暇兼顾云云。

（十）陶煜镇先生已报请核定讲师待遇，尚未奉批，谅可无问题，拟请转促到校。

（十一）孙时中先生建议制造小型磨粉机，已由开源铸造，约需米一百石。

（十二）戚墅堰电厂通电问题已洽商就绪，计款一百八十余万元，不日即可动工敷设杆线。

（十三）农场问题，由人民政府协助租借附近田地，可能有希望办到。

（十四）学生沈小舫准予试读面专，请烦转知。

（十五）弟拟于星期六（十月一日）夜车返沪面陈一切。

专肃奉陈，敬颂筹绥。

弟　沈立人（印）拜启

九月二十六日

第二次新生成绩统计

系科	投考人数	科目种数	三〇〇分以上	二〇〇分以上	一九〇分以上	一八〇分以上	一七〇分以上	一六〇分以上	一五〇分以上	累计
语文系	17	5	0	3	0	1	2	0	5	11
数理系	50	5	2	23	2	4	4	3	2	40
植产系	28	6	2	11	1	0	2	2	2	20

另有投考化工学生一名，总分 204 分（内理化 34 分）。

（来源：上海市档案馆 Q193-1-1554 299-304）

沈立人汇报政治学习致荣毅仁函稿

一九五〇年九月二十七日下午付邮

毅仁先生大鉴：

关于本校政治学习,开展情况报告如次:(一)十五日至廿一日,文教处同志与学校讨论学习进行办法,一面办理学生缴费注册事宜。(二)廿一日至廿四日,学习动员委员会成立,宋云旂科长作报告,以系为单位进行编组,每小组约十人左右,共分卅一小组,由系主任领导,各教师互助,进行漫谈。一般性的问题,同如何开好学习小组,这一阶段情况较差,因学习小组未搞过,开始时非常困难。(三)廿五日,行署刘副主任季平来校对师生员工作报告,内容深刻,意义非常重要,报告后学习情绪比较好。廿五日起廿八日止,专讨论刘主任报告为学习中心。附上刘主任报告学习提纲三份,请察核。(四)截至本日(廿七),学习总结可分为:(甲)新同学情绪比旧同学高。(乙)管理、农艺、农产、机械四系学习情绪较其他系高。(丙)目前情绪比较低落的是电机、化工两系,尤其是高年级生。(丁)昨日下午起,工作同志有八位均集中力量,检查学习情绪,进行纠正各年级偏向。(五)刘主任报告中提出数点非常重要:(甲)校董会有决心要整理与维持学校是对的。(乙)以前措施未能完全民主是应纠正的。(丙)要办好学校必须要有共同负责的决心。(丁)办好学校的基本方法是逐渐提高思想。(戊)文教处上年度集中力量来办好文教学院,本年度已有决心要办好两个学校:一江大;一江苏医学院。并声明负责来办好。(己)要成立正式校务协商委员会(临时性的),用民主协商方式提名呈报文教处批准后,以前校委会及临时校务协商委员会即行取消,最后成立校务委员会(现正用民主协商方式,产生校务协商委员中)。(六)几天来与工作同志一起进行思想学习,弟获益颇多,对于同志们工作精神、毅力、决心,异常佩服,深受感动,极力设法提高自己思想,向他们看齐,为办好学校而努力。专肃。

敬颂

筹绥

弟　沈〇〇拜启

另告:校中现有 20 H.P. 马达两只,已函请物资清理委员会调换 30 H. P. 30 H.P. $7\frac{1}{2}$ H.P. 马达三只,请特恳为祷。

弟又及

(来源:苏州大学档案馆 长 27 078-080)

沈立人关于师资、经费致荣毅仁函稿

十月四日付邮

毅仁先生大鉴：

　　敬启者，弟昨晨偕同庄智焕先生返校，参加庆祝国庆暨学习总结晚会，学生情绪颇好。明日起新生开始上课。关于前日所谈面粉科教授事，亟待解决，务请洽商李先生，如不能上课，或采取小组专题讨论等方式，一切均可遵照李先生意旨办理。可拟请现在粮食公司任职之某先生担任仓库学，即祈设法洽聘为祷。开课在即，弟深感焦虑，恳请鼎力物色，俾得如期上课。再申三方面经费已积欠乙万二千单位，并望洽催，无任感盼。专肃。敬颂

筹绥

弟　沈○○拜启

十月四日

（来源：苏州大学档案馆　长 27 081）

沈立人请迅赐急款致荣毅仁函稿

一九五○年十二月十五日荣巷邮寄

毅仁先生大鉴：

　　昨寄芜函，谅邀霭察。校中今发放十二月份上期薪。前借三厂乙千万元，业已扣还，发薪已不够，乃商请三厂担保向上海银行借得二千万元，始能发清薪金。目前校中库存无几，需款孔急，务请迅赐筹拨二千万元汇下，以资应付，不胜感盼之至。专此，敬颂

筹绥

弟　沈○○拜启

十二月十五日

（来源：苏州大学档案馆　长 27 76）

荣毅仁请求追加补助致管理委员会文（副本）

申秘发(51)字　第□46 号

　　兹据江南大学报告："上海申新总管理处成立后，虽正在克服困难中，不断补助本校经费，使校务由维持而至进展阶段，全校师生莫不感激。政府方面颇为重视，社会方面亦

· 573 ·

极赞佩,足征申新之光荣历史不仅在生产事业之扩张,亦且在文化教育事业之倡导与协助。本校自承上海申新总管理处每月补助一万一千折实单位以来,师生均能安心研求,校务日有进展,其进展情形,前曾迭次报告在案。兹为配合本校今后之需要与发扬学术之精神,拟请准予参照下列各款补助经费,实深感荷。

一、追加预算

拟请每月增加七千六百折实单位,由申三与总处比例分摊。(详见附表)

二、设备费

本学期各系实验仪器设备最少需三亿元,除由本校将六十KW发电机一座委请总处物清会代售(约可得一亿六七千万元)备抵外,其不足之数尚待筹措,惟现开学已久,亟待购置发电机,未售出前拟先抵借七千万元。

三、交通车车胎

本校因僻处郊区,交通车为不可或缺之工具,惟原有车胎均已破裂,无法应用,拟请拨款三千万元以资添购"等由。

查该校所称确属实情,而本处财务情况已见初步好转,拟本过去于推进生产之余,协助文化教育事业之初衷,仍请俯念该校创业之不易,培养建设人才之重要,拟请准予照上列各项由本处补助。如何之处,敬祈审议。此上

管理委员会

荣毅仁(印)

公元一九五一年三月十六日

(来源:上海市档案馆Q193-1-1571 157-159)

董事会关于预算汇费致申新纺织厂总管理处公函

敬启者:

前接申财〈51〉字第〈801〉号通知,敬悉我校本学期预算已蒙通过,兹有数事奉陈如下:

(一)本学期预算较上学期预算每月提高五,六〇〇单位,尊处摊负该数11/19,自本年二月一日起至四月十五日正,共两个半月,计应补拨我校八,一〇五单位,按每一单位五,二二〇元计算,合人民币四二,三〇八,一〇〇元。

(二)我校购置汽车胎八只,价三千万元,尊处摊负该数11/19,计人民币一七,三七〇,〇〇〇元。

(三)折实单位米价差价自二月一日起至四月十五日止共二三,二九五,〇七五元,尊

处摊负 11/19,计人民币一三,四八六,六二二元。以上三项共计人民币七三,一六四,七二二元。至祈迅赐拨交本会,以便由会汇江大为荷。

此致

申新纺织厂总管理处

上海申新纺织厂总管理处付讫章□九,四六二元

私立江南大学董事会

（来源：上海市档案馆 Q 193-1-1571 175、177）

江苏省苏南人民行政公署教育处关于印花税通知

处教秘会字第 1053 号

江南大学收文总字第 737 号 1950 年 5 月 3 日

准江苏省苏南税务局一九五〇年四月廿二日南税一字第一五二〇号公函,略开:"奉华东区税务管理局一九五〇年四月十七日东税政字第九〇六号指示,'学校收取学杂费收据,应依银钱收据例贴花'等因,自应遵照,本局一九四九年规定各级学校对学生收取学杂等费之单据,免贴印花税票一案,应属无效。各级学校对学生收取学杂费之单据,应自本年五月一日起,按银钱收据例照金额千分之三贴花……"希即遵照办理,并转饬所属各级公私立学校一体遵照办理。

右通知

各专署教育处

无锡市教育局

各县市教育局(科)

各级公私立直属学校

一九五〇年四月廿九日

（来源：苏州大学档案馆 长 26 009-010）

江苏省苏南行政公署文教处关于处理外国寄来不明文件的通知

江南大学收文总字第 834 号 1950 年 7 月 1 日

处教秘字第一四八一 一九五〇年六月廿八日

一、准行署办公厅六月廿四日通知:"顷接上级电示,据新华社华东总分社报告,六月二日南京市民主妇联收到南斯拉夫铁托集团寄来内容荒谬反动的文件十份,既不请示,又

不详细辨认,而误为捷克斯拉夫反法西斯联合会文件,分发包括教会学校在内的各妇女团体后,经金陵女子大学某教授发觉提出,但仅收回八份。此外,南京市总工会新华社南京总分社也曾收到由香港、伦敦等地寄来的文件、广告和宣传品。根据上述情形,显系帝国主义特务分子有计划的阴谋行为。"

二、希各级学校进行检查,有无此类事件,如发现外国寄来不明文件,不要散发或公布(已散发或公布的应立即收回),随即寄来本处为要。

右通知

公私立各级学校

(直属学校由本处通知,其余由各专署转市文教科局转知)

处长　刘季平

（来源：苏州大学档案馆　长 32 022）

江苏省苏南行政公署文教处关于胜利公债的通知

处教秘字第 1492 号　1950 年 6 月 28 日

江南大学收文总字第 833 号　1950 年 7 月 1 日

事由：转知华东教育部关于捐献胜利公债应一律婉谢的通知。

奉华东军政委员会教育部教秘字第三四八五号通知转知华东军政委员会关于捐献人民胜利折实公债应一律婉辞谢绝的通令,兹抄附原文,希即知照,并转饬知照为要。

右通知

各专署文教科

各直属市文教局

各县市文教局

各直属学校

附抄原通知一件

处长　刘季平

抄华东军政委员会教育部的通知

教秘字第三四八五号　一九五〇年六月廿三日

奉华东军政委员会通令开："一、查本委员会财政部曾先后发出两次通知,第一次为四月十三日所发出的财发(50)会字二五一号,对各级政府机关团体工作人员捐献人民胜利折实公债,规定代收保管办法;第二次五月二十九日所发出的财发(50)会字第四〇一号,关于华东各地政府机关团体工作人员如有捐献公债者,应出于自觉自愿,不必发动捐献运动,以免有碍公债发行政策等。这二次通知,均是错误的,除将有关负责人员另行议处外,上述二次通知,着即作废。二、今后凡捐献人民胜利折实公债者,应一律婉辞谢绝。各单位如已收受者,即退还捐献者本人。希即遵照,并转饬所属一体遵照执行为要。"

希即知照,并转饬知照执行。

部长　吴有训

（来源：苏州大学档案馆　长 32 022——025）

中苏友好协会苏南分会通知

友协字第二三〇号　1950 年 11 月 18 日

江南大学收文总字第 1055 号　1950 年 11 月 20 日

径启者:

本会为介绍苏联,促进中苏友谊,宣传国际主义,并根据中苏友协总会通知,决定全国友协由一九五〇年至一九五一年年底在全国范围内发展会员两千万之要求,拟即迅速在本市全面展开组织工作,早日在各工厂、机关、学校、团体建立支会、支分会机构,以便本会所有各种活动能有组织地进行推动,为特函请贵□惠赐协助,配合活动,并希即行转知所属各工厂、各机关、各学校、各团体与本会密取联系;至建立组织具体办法前已奉上,谅荷台察。倘有组织上之困难,请随时与本会联系为荷!

此致
江南大学

中苏友好协会苏南分会　启

（来源：苏州大学档案馆　长 28 027）

华东军政委员会教育部通知

教秘字第〇〇四〇二九号

江南大学收文总字第 1334 号　1951 年 4 月 20 日

摘由:通知各校学生会不许直接向各使馆商借书籍、影片等资料由。

奉中央人民政府教育部函略开:"查近有个别院校学生会备函直接向各使馆商借书籍、影片等资料情事,既于手续不合,复违反中央人民政府政务院文化教育委员会关于文教机关(团体)对外文化联络工作关系第八条之规定,设若每个学校学生会许其直接向某一使馆商借资料,则使馆亦将不胜其烦,亟应予以纠正。希即通知各校学生会一体遵照"等因。特此通知,希转知你校学生会遵照!

　　右通知

华东区公私立大专院校

华东军政委员会教育部印

（来源：苏州大学档案馆 长 28 065）

私立江南大学移交江苏师范学院会计部门清册

（一）银行存款

账号	户名	存款余额（元）	存款银行名称	备注
七五一〇	江南大学机关往来户	四七·八九〇四三〇	中国人民银行西德路办事处	于一九五二年十一月廿九日汇拨江苏师范学院
三一〇七	江南大学	八·〇〇〇·〇〇〇	中国人民银行西德路办事处	于一九五二年十一月卅日汇拨江苏师范学院

（二）银行存款支票存根

项目	性质	所属时期	册数	备注
人民银行机关往来户	专用支票	一九五一年八月至一九五二年十一月	七	
人民银行团体往来户	转账支票	一九五一年十一月至一九五二年十月	一	
人民银行活期存款户		一九五一年二月至一九五二年十一月	八	
人民银行校舍建筑商户		一九五一年六月至一九五一年十月	一	
人民银行实验专保证金户		一九五一年十一月至一九五二年二月	一	
通商银行活期存款户		一九五二年六月至一九五二年十一月	二	

（三）货币管理收支计划

时期	份数	备注
一九五一年十一月至一九五二年十一月	二十一份	

续表

（四）账册簿籍

类别	所属时期	册数	备注
现金出纳登记簿	一九四七年九月至一九五二年十二月	六	
现金日记簿	一九四七年九月至一九五二年十二月	十	
分录簿	一九五一年二月至一九五二年十二月	八	
总分类账	一九四七年九月至一九五二年十二月	九	
明细分类账	一九四七年九月至一九五二年十二月	七	
开办费现金日记账	一九四七年九月至一九四九年六月	一	
开办费总分类账	一九四七年九月至一九四九年六月	一	

（五）空白账页及零星文具

名称	单位	数量	备注	名称	单位	数量	备注
传票	本	一五		单据黏存页	张	四〇〇	
分类帐页	张	五〇〇		尺	麦	二	
算盘	把	一		铝丝盘	只	一	

移交人　江南大学校长　沈立人（印）

接收人　江苏师范学院筹建委员会　主任委员　吴天石

副主任委员　童润之（章）

点交人　许雍圻印

点收人　林礼润印　李秭礼印

监交人　张士铮印

（来源：苏州大学档案馆　永22 001－003）

江南大学教职员工调整名单

系　科	职别	专任或兼任	姓　名	性别	年龄	籍贯	调整至何处
工业管理系	校长 教授	专	沈立人	男	56	浙江嵊县	上海财经学院

续表

系　科	职别	专任或兼任	姓　名	性别	年龄	籍贯	调整至何处
	系主任教授	专	夏宗辉	男	37	浙江镇海	上海财经学院
	教授	专	胡立猷	男	58	江苏无锡	上海财经学院
	教授	专	周恩久	男	47	松江方正	上海财经学院
	教授	专	胡钟京	男	37	安徽祁门	上海财经学院
	副教授	专	陆仁寿	男	50	无锡	调华东政治进修班学习后再分配工作
	副教授	专	马家善	男	41	浙江嵊县	上海财经学院
	科学图书出版主任、教授	专	汤心济	男	50	江苏武进	上海财经学院
	助教	专	金行仁	男	23	浙江绍兴	上海财经学院
	助教	专	凌家隽	男	31	长沙	上海财经学院
数理系	系主任教授	专	朱正元	男	52	南京	苏南师范学院
	教授	专	金圣一	男	38	吴江	苏南师范学院
	教授	专	苏明山	男	46	河南唐河	苏南师范学院
	讲师	专	罗聚源	男	37	江西	苏南师范学院
	讲师	专	许冠仁	男	33	无锡	苏南师范学院
	讲师	专	何新章	男	35	浙江诸暨	苏南师范学院
	助教	专	吴全年	男	28	武进	苏南师范学院
	助教	专	周万生	男	26	浙江嵊县	苏南师范学院
	助教	专	孙宝成	男	25	福建	苏南师范学院
电机工程系	系主任教授	专	金宝光	男	46	武进	南京工学院
	教授	专	王守泰	男	45	苏州	南京工学院
	助教	专	王同煦	男	28	无锡	南京工学院
	助教	专	孙文卿	男	25	江阴	南京工学院
	助教	专	朱受天	男	25	南京	南京工学院
	助教	专	沈杏苓	女	26	浙江慈溪	南京工学院
机械工程系	系主任教授	专	夏彦儒	男	49	四川江津	南京工学院

续表

系　科	职别	专任或兼任	姓　名	性别	年龄	籍贯	调整至何处
	教授	专	郭会邦	男	44	江阴	南京工学院
	教授	专	霍少成	男	35	浙江长兴	南京工学院
	副教授	专	方有鹤	男	58	无锡	南京工学院
	助教	专	过祖焘	男	32	无锡	南京工学院
	助教	专	过懋德	男	35	无锡	南京工学院
	助教	专	沈祖安	男	32	吴县	南京工学院
	助教	专	温文源	男	26	无锡	南京工学院
化学工程系	系主任 教授	专	张泽垚	男	58	江西	华东化工学院
	教授	专	程寰西	男	59	吴江	华东化工学院
	教授	专	张震旦	男	40	浙江仙居	华东化工学院
	教授	专	朱勉鋈	男	59	安徽怀宁	华东化工学院
	副教授	专	穆光照	男	37	无锡	华东化工学院
	副教授	兼	汪巩	男	35	安徽歙县	华东化工学院
	讲师	兼	尤冠群	女	46	无锡	华东化工学院
	助教	专	诸培南	男	25	无锡	华东化工学院
	助教	专	蒋凌棫	男	22	无锡	华东化工学院
	助教	专	沙必时	男	25	苏州	华东化工学院
	助教	专	丁伟	男	21	无锡	华东化工学院
农艺系	系主任 教授	专	郭守纯	男	64	广东潮阳	苏北农学院
	教授	专	蒋涤旧	男	52	泰兴	苏北农学院
	教授	专	徐正蛟	男	40	浙江镇海	苏北农学院
	农场主任 讲师	专	金宏度	男	55	江西浮梁	苏北农学院
	讲师	专	高煜珠	男	34	河南 南阳	苏北农学院
	助教	专	顾文	女	27	浙江	苏北农学院
	助教	专	邵达三	男	27	武进	苏北农学院
	助教	专	叶尚瑾	女	31	河北天津	苏北农学院
食品工业系	系主任 教授	专	朱宝镛	男	47	浙江海盐	南京工学院

续表

系　科	职别	专任或兼任	姓　名	性别	年龄	籍贯	调整至何处
	教授	兼	李颖川	男	49	无锡	南京工学院
	教授	兼	沈学源	男	44	浙江德清	南京工学院
	助教	专	王鸿生	男	28	上海	南京工学院
	助教	专	钱慈明	男	27	无锡	南京工学院
体育	体育组主任教授	专	余衡之	男	60	广东台山	拟请华东调配
	指导	专	张嘉夒	男	37	无锡	苏北农学院
	助教	专	缪瑞丹	男	47	江阴	苏北农学院
英文	教授	专	高昌运	男	44	无锡	留苏南任中学语文教师
英文	图书馆主任教授	专	诸祖荫	男	47	无锡	苏北农学院任图书馆主任
俄文	讲师	兼	朱□萱	男	34	宜兴	苏南师范学院俄文专修科
政治	助教	专	朱祖培	男	29	宝应	苏南师范学院
	助教	专	朱赓荪	女	31	安徽泾县	苏南师范学院
	生辅组副主任助教	专	沈祖洪	男	31	武进	苏南师范学院
校长室	人事组主任	专	薛佩瑾	男	42	江苏涟水	苏南师范学校
注册组出版组	办事员	专	殷翔远	男	30	江苏无锡	苏南师范学院教务处课务科工作
注册组	教务员	专	黄遵夏	男	40	江苏无锡	苏南师范学院教务处课务科工作
注册组	组员	专	陈允升	男	27	吴江	苏北农学院教务处工作
讲义股	股长	专	浦维善	男	36	无锡	苏南师范学院总务处印刷科工作
生辅组	办事员	专	李锡赓	男	46	无锡	苏南工专任事务员
生辅组	办事员	专	黄书意	男	29	广东揭阳	苏南师范学院政治处宣教科工作
图书馆	办事员	专	宋玉森	男	52	江苏盐城	苏南师范学院图书馆工作人员
图书馆	练习员	专	王坤才	男	36	江苏江阴	同上
文书组	主任	专	张宾侯	男	49	江苏宜兴	苏南工专任校长室办事员
文书组	办事员	专	单鹤龄	男	37	江苏无锡	苏南师范学院总务处事务科工作

续表

系 科	职别	专任或兼任	姓 名	性别	年龄	籍贯	调整至何处
事务组	主任	专	杨涵生	男	42	江苏无锡	苏南工专任事务员
	事务员	专	高荣良	男	38	江苏无锡	苏南蚕专任事务员
	事务员	专	钱莹生	男	38	江苏无锡	江苏医学院任事务员
饮食	管理员	专	张正勤	男	33	南京	江苏医学院任膳务科人员
	管理员	专	周仁林	男	27	无锡	江苏医学院任膳务科人员
	管理员	专	荣楚宝	男	45	无锡	苏南蚕专任伙食员
医务组	主任医师	专	姚益宏	男	36	靖江	苏南师范学院医务组工作
医务组	护士	专	赵 莹	女	29	句容	同意本人申请至庆丰纱厂工作
出纳组	主任	专	吴叔翠	男	43	武进	苏南丹阳中学
会计室	主任	专	许雍圻	男	41	无锡	苏南师范学院财务科工作
	会计员	专	李芍秋	女	32	无锡	苏南无锡师范
	会计员	专	蔡润华	男	46	江阴	苏南师范
数理系	技术员	专	斯颂乐	男	25	浙江诸暨	苏南中学数理教师
数理系	物理实验室练习员	专	谢锡楠	男	34	无锡	江苏医学院任仪器药品管理科办事员
电工系	技术员	专	龚闻韶	男	23	无锡	南京工农学院
机械工场	管理员	专	丁独醒	男	42	浙江绍兴	南京工农学院
农场	管理员	专	姜万福	男	25	南通	苏北农学院
农艺系	练习员	专	章伯英	男	31	无锡	苏北农学院
化工系	练习员	专	章善宝	男	27	无锡	华东化工学院
校长室	工友	专	华子达	男	50		华东艺专
总务处	工友	专	陈荣生	男	56		苏南工专
保管室	工友	专	沈中明	男	31		华东艺专
化学实验室	工友	专	唐玉宝	男	27		华东工学院工作
讲义股	工友	专	陈国璋	男	26		苏南工专
体育组	工友	专	孙振权	男	45		华东艺专
图书馆	工友	专	屠柏泉	男	37		苏南工专
教室	工友	专	钱永楠	男	25		华东艺专
敲钟	工友	专	杨伯镛	男	44		苏南工专
礼堂	工友	专	徐正林	男	44		华东艺专

续表

系　科	职别	专任或兼任	姓　名	性别	年龄	籍贯	调整至何处
烧水汀	工友	专	杨锡安	男	29		苏南工专
男生宿舍	工友	专	朱希曾	男	30		华东艺专
	工友	专	吴炳均	男	51		华东艺专
	工友	专	汤兆希	男	31		苏南工专
女生宿舍	工友	专	许春娣	女	36		苏南工专
学生厨房	工友	专	许阿梅	男	57		华东艺专
	工友	专	蔡士英	男	38		华东艺专
	工友	专	梅　根	男	39		华东艺专
	工友	专	章大经	男	26		华东艺专
	工友	专	薛叔平	男	37		华东艺专
	工友	专	郑泉兴	男	25		华东艺专
	工友	专	徐俊生	男	54		华东艺专
校车	司机	专	贾灿泉	男	34		苏南师范学校
校车	司机助手	专	袁绿松	男	26		华东艺专
电工	工友	专	俞筱庭	男	46		华东艺专
木工		专	戈文举	男	49		苏南工专
包车	包车夫	专	王志仁	男	34		华东艺专
花匠	工友	专	陈阿南	男	32		华东艺专
老虎灶	工友	专	周虎南	男	56		华东艺专
工友厨房	工友	专	周振英	男	26		华东艺专
男生宿舍	工友	专	钱阿焕	男	54		华东艺专
校警	工友	专	杨锡荣	男	50		华东艺专
校警	工友	专	刘梓良	男	53		华东艺专
门房	工友	专	华春昌	男	57		华东艺专
老虎灶	工友	专	郑焕根	男	52		华东艺专
老虎灶	工友	专	王钧良	男	49		华东艺专
清洁	工友	专	钱根兴	男	25		无锡工业技术学校
清洁	工友	专	盛樟高	男	27		华东艺专
食品工业系	实验室工友	专	毛盘荣	男	24		南京工学院
清洁	工友	专	汤穆森	男	38		华东艺专
医务组	工友	专	杨培玉	女			华东艺专

续表

系　科	职别	专任或兼任	姓　名	性别	年龄	籍贯	调整至何处
打水间	工友	专	沈阿燮	男			江苏医学院
厨房	工友	专	吴君谟	男			苏南工人技院
木工场	木模技工	专	陆根世	男			苏南工人技院
翻砂工场	翻砂技工	专	宣慕祥	男			苏南工人技院
金工场	技工	专	程敬尧	男			苏南工人技术学校
金工场	技工	专	龚浩发	男			苏南工人技术学校
钳工场	技工	专	潘玉林	男			苏南工人技术学校
车钳工场	练习生	专	华元昌	男			苏南工人技术学校
	练习生	专	戈景房	男			苏南工人技术学校
	练习生	专	吕荣兴	男			苏南工人技术学校
锻工场	技工	专	戴荣发	男			苏南工人技术学校
锻工场	助手	专	周纪度	男			苏南工人技术学校
电机系工场	技工	专	杨阿锡	男			苏南工专
农场	工友	专	杨关福	男			市人民政府
	牛奶棚工友	专	姜乃友	男			苏北农学校
	工友	专	缪有根	男			无锡市人民政府
	工友	专	郑志有	男			无锡市人民政府
	工友	专	施文明	男			无锡市人民政府
	工友	专	张敖度	男			苏北农学院
	工友	专	周阿兴	男	23		市人民政府
	工友	专	王宏林	男	30		苏北农学院
	练习生	专	徐士生	男	24		苏北农学院
	工友	专	周金昌	男	21		无锡市人民政府

（根据江南大学现存资料整理）

私立江南大学教职员工工资转移证

转移单位　苏北农学院

姓　名	在本校担任职务	每月工资				已发至月份	备注
		底薪	工资分数	八、九月份教部发给上海单位			
郭守纯	系主任、教授	600	662	288	外加米差金	9	
蒋涤旧	教授	600	662	288	外加米差金	9	
徐正蛟	教授	460	564	246	外加米差金	9	
金宏度	农场主任讲师	260	417	182	外加米差金	9	
高煜珠	讲师	240	399	174	外加米差金	9	
顾　文	助教	200	364	159	外加米差金	9	
邵达三	助教	150	319	139	外加米差金	9	
叶尚瑾	助教	180	346	151	外加米差金	9	
陈允升	注册组组员	140	310	135	外加米差金	9	

说明：本校因经费困难，上列教职员工资分系九一折实发数，工友系九六折实发数。

上列人员奉华东区高等学校院系调整委员会苏南分会教调字第二十七号通知调入你校，特填发工资转移证。送请

查照　此致

江南大学调整委员会主任委员兼办公室主任　沈立人（印）

办公室副主任　王守泰（印）

1952 年 9 月 30 日

（来源：扬州大学档案馆）

私立江南大学教职员工工资转移证补充说明

兹寄奉我校教职员工工资转移证补充说明，即请查照为荷。此致

苏北农学院

江南大学调整委员会

一九五二年十月廿六日

姓　名	在本校担任职务	一九五二年七月所得工资	
		按折扣暂发工资分数	补足折扣实发工资分数
郭守纯	教授兼系主任	662	727
蒋涤旧	教授	662	727
徐正蛟	教授	564	620
金宏度	讲师兼农场主任	417	458
高煜珠	讲师	399	439
顾　文	助教	364	400
邵达三	助教	319	351
叶尚瑾	助教	346	380
陈允升	注册组组员	310	341
姜万福	牛奶棚管理员	274	300
张伯英	农艺系练习员	234	257
姜万友	牛奶棚工友	177	185
张敄度	农场农工	147	153
王若林	农场农工	143	149
徐士生	农场练习生	102	106

（来源：扬州大学档案馆）

成立苏北农学院建校委员会的通知

事由：为成立苏北农学院建校委员会希各知照由。

发往：

　　为加强苏北农学院之建校工作,特决定成立苏北农学院建校委员会,由冯焕文、王秉华、郭守纯、王伯谦、张乃康、夏永生、张谷生、高煜珠、钱淦庭、吴达璋、葛启扬、季婷十二位同志为委员；并以冯焕文同志为主任委员,王秉华同志为第一副主任委员,郭守纯同志为第二副主任委员。自即日起开始办公,特通知各有关单位知照。

主任　惠浴宇

一九五二年九月二日

打字　周先梅

校对　王文清

监印　马永明

苏北人民行政公署印

（来源：扬州大学档案馆）

中华人民共和国高等教育部任命书

(57)干达字第 123 号

苏北农学院发文院字第 306 号   1957 年 5 月 23 日

转告国务院任命冯焕文等四人职务事

苏北农学院:

1957 年 4 月 29 日国务院全体会议第 47 次会议通过任命冯焕文为苏北农学院院长;郭守纯、成克坚、夏永生为副院长。特此通知。

中华人民共和国高等教育部

1957 年 5 月 16 日

抄致:江苏省委文教部、江苏省高教局。

(来源:扬州大学档案馆)

刊 物 报 道

江南大学明日开学

【本报讯】私立江南大学已于十月二十三日开始办理新生报到及注册手续,定二十七日在无锡荣巷临时校址举行首届开学典礼。闻届时董事长吴稚晖,副董事长戴季陶、荣德生及各董事,均将莅校主持;并柬请有关各方参加观礼,教育部亦将派员致训。又闻该校章渊若校长日前因公赴京转沪,已于二十三日返无锡。

《大公报》一九四七年十月二十六日

私立江南大学招生

(一)收招院系—— 文学院:中国文学系、外国语文系、史地系、经济系;理工学院:数理系、化工系、机电系;农学院:农艺系、农产制造系一年级新生。

(二)报名手续—— 填缴报名单、学籍证件、二寸半身相片四张,报名及试卷费五十万元

(三)报名日期—— 八月四日至六日

(四)报名地点—— 无锡学前街省立无锡师范

(五)考试日期—— 八月十日至十一日

(六)考试地点—— 无锡学前街省立无锡师范及县立中学

(七)简章—— 附邮函无锡荣巷本校招生委员会索取

《申报》中华民国三十七年七月三十日—八月二日

在江南大学开校典礼上致词

章渊若

今天本校举行开学典礼,承各位贵宾出席指导,本人觉得无限光荣,同时也觉得无限惭愧。在隆重的典礼上,回忆过去筹备经过,瞻望今后发展,感想万千。数日来本人筹备仓促,能力薄弱,今天要向各位简单地讲:

一、祝望本校者

本校创立宗旨,在以兴学树人为始基,救人救国救世为目的,乃所以为天地立心,为生民立命,为往圣继绝学,为万世开太平。倘欲完成此使命,有两大艰巨的任务:其一为文艺复兴,其二为生产革命。惟吾人之文艺复兴与欧洲历史上之文艺复兴不同,乃以恢复我国民族固有的文化创造力为起点,以发扬中国王道文化的优性,改革西洋文化的流弊,挽

救目前世界的祸患为过程，而以创造世界新的合理的文化为目标。生产革命之意义，亦与西方产业革命迥异，乃以改进我国落后的生产技术为起点，以求工业农业之机械化、现代化为过程，而以利用厚生、谋大众生活之康乐均足为目标。文艺复兴的任务，主要的应由文学院负起；生产革命的任务，则应由理工学院、农学院共同负起。

二、期勉同学者

默察现代中国青年心理，不外两点：一方面热烈，一方面烦闷。但徒恃感情固不能成事，烦闷彷徨，更易误入歧途。本校同学应特别认识本校使命，先由完成自我做起，然后始能完成救国救世之任务。完成自我之道，首须发展智、德、体的优性，完成智、仁、勇的达德。简言之，一须力学，二须敦品，三须自强。析言之，（甲）就智言：应（一）求实学，须刻苦精求，不可浅尝即止。（二）求真理，须有真知灼见，如只求一知半解，一切似是而非，不合国情、不合人群进化原则之理论主义，适足以病民误国。（三）求创造，要谋思想文化之独立自由，不可为感情支配，盲从剽窃。（乙）就德与仁言：（一）须有合理的生活，革除一切因循苟且、零乱怠惰的习惯，从个人生活合理化做到社会的合理化，然后始能求社会之安定进步。（二）要养成和平合作的德性，此乃仁之精义所在。社会进化之原则，乃为克鲁鲍特金之互助论，而非偏激的阶级斗争，故互助合作为人类最可贵之德性，尤为现代一个真正前进的青年应具备之德性。（三）要有正义明道的精神。重正义，轻私利，有所不为，独立不惧；为道奋斗，始终不渝。（丙）就体与勇言：则本校体育方针，非在养成运动选手，与人较一日之短长。（一）须锻炼自强不息的精神，要振作精神，勇猛精进。（二）寓生产于体育，为人群服务。理工学院学生须至工厂工作，农学院学生须至农场工作，文学院学生须至社会工作，须有摩顶放踵以利天下之精神。（三）要有勇敢牺牲的精神，要果敢、牺牲、冒险、无畏，有百折不挠的毅力，见义勇为的精神。

三、策励自己者

本人受命参主校政，力辞不获，只有竭尽愚忱，为校服务，谨揭四义，用以自勉。一公：本人行能无似，惟向抱无我利他的人生观，尤提倡义务本位，今后应更自策勉，一切开诚布公，为学校前途谋发展。二诚：本人赋性愚诚，不善敷衍，当诚诚恳恳，坦坦白白处理校务，一切只知直道而行，绝不矫饰，不妄语，绝不用手段。三劳：朝乾夕惕，夜以继日，决不懈怠，决不取巧。尤以草创之初，应一日毕两日乃至数日之事，一人做两人乃至数人之事。四谦：居心下人，自譬校仆，克己服善，唯善是师，不矜不伐，尽其在我。

最后复勉本校同学，入学之日，应认清本身使命之重大，力求自觉自新，而自誓为一新青年。本校之创立，乃欲以修齐治平之一贯大道，作一重大试验。今后人心之振靡，国运之隆替，以及全人类之祸福，胥视此种试验之成败如何而定。

《江苏民报》一九四七年十月二十八日

荣德生兴学　江南大学部准立案

·奇·

　　无锡实业巨擘荣氏筹创之江南大学,前经决定创办后,即由创办人聘定国内名流为筹备员,于上月在沪西摩路举行会议,成立委员会。当经推定荣德生氏为主席委员,荣鸿元为副主席委员,荣一心为秘书长,章力生为副秘书长,委员则聘定秉农山、张海珊、薛明剑、荣毅仁、唐熊源诸氏担任。月来积极筹备,首由校董会呈请教育部办理校董会立案手续,兹悉教部方面对江大校董会业已准予立案,批示日内即可到锡。该校筹备处现已迁锡,拟暂假学前街国学专修学校为办事处,将于本届着手办理招生事宜。又悉校舍新建筑部分,亦已开工及周云。

《导报》民国三十六年八月十二日

祝：江南大学

可亭

　　在无锡时,曾与参谋员某君谈起,无锡目前最缺少的,不是人才,不是金钱,而是一所完整的大学,某君深以为然。犹忆谈话时适在参议会会场上,其时彼正在慨叹二区电信局长安钟瑞之死于疯犬所伤,而惜人才之难得。并对大学之事谓:非得二十年之努力,无锡欲得一完善之大学,恐不易奏效。今未及一年,而私立江南大学以开始招生闻,余虽离无锡,然夙愿得偿于转瞬,当深为锡人庆,兼为江南大学祝焉。

《导报》一九四七年八月二十日

江南大学的建筑费

芸芸

　　在各大学纷纷招考声中,江南大学的巨幅招生广告,也已在京沪锡各地的日报上发现了。江南大学位在太湖风景地区,环境幽美,足使莘莘学子在课余流连而陶醉,不若上海若干大学的偏处市区,车马声喧,足以扰人心志也。

　　江南大学校舍的建筑,是由陆根记营造厂承包的。陆根记以造上海百乐门大饭店成名,其后又建国民大会堂,凡政府方面之工程,遂与陶桂记成分庭抗礼之势。战后内迁,因陆根记老板陆根泉与戴雨农的密切关系,声势更凌驾乎陶桂记之上。此次江南大学的一笔工程,据说除由校方供给一部分材料外,造价是法币六十亿元。可见目下兴学,真不容易,光是一笔建筑费,便大足惊人了。

《导报》一九四七年八月二十三日

江南大学投考踊跃

新生六人中可取一名

私立江南大学,昨假学前街国专省锡师县中等三校,举行文学、理工、农学三院新生入学考试。应考男女学生共一千三百余人,七时正,各生凭证入场。所考课目,上午为数学、国文;下午为公民、中外史地、中外历史。今日仍继续考试,上午考试课目为物理、英文;下午为化学、中外地理、生物等。据该校负责人称:此为该校第一次招考,预定录取学生二百名,按照上项投考人数比较,每六人中可取一人云。

《锡报》中华民国三十六年八月二十六日

江南大学校长已内定章渊若

本邑江南大学第一次招生后,日内即可发榜,该校并订于本月二十日在锡举行第二次招生。校董会已定于十日左右,在沪举行首次会议。闻该大学校长人选,已内定邑人章渊若担任。章氏号力生,现年四十四岁,留法,历任国立劳动大学院长、宪政促进会常务委员、广东省设计委员会主任委员等职,江大筹备工作,即由章氏主持办理。又该校开学日期,决在双十节云。(工讯社)

《锡报》中华民国三十六年九月七日

江南大学二次招生停止

本邑江南大学首届校董会,昨日在沪举行,通过聘请章渊若为校长,并由校董会方面推定荣一心等五人协助校务进展。原定二十日举行第二次招生,业经决定停止,就第一次招考之一千三百人中,遴选四百名,日内即可发榜。章氏暨各教授本日由沪返锡,积极筹备开学。梅园太湖饭店原址,预定为教授宿舍,已加布置。前边疆学校部分,亦大事刷新。后湾山新建部分,正加紧进行中。

《锡报》民国三十六年九月十一日

朱部长莅锡参观江南大学

昨游览名胜下午返京

江南大学业已开学,教育部长朱家骅,对此新生学府,极为重视,特于上月三十一日,由京莅锡,亲临该校参观,当由该校荣副董事长德生、章校长渊若,赴站欢迎。下午四时,朱部长莅临荣巷该校临时校址。章校长即召集全体学生,于该校大礼堂,恭聆朱大部长训话,意谓"江大在无锡创立,地点适中,条件优越,实能适应教部希望,及配合国家教育政策,故对学校方面及诸位同学,实有深切之希望"云云。讲毕后,由章校长陪同参观该校后湾山新校舍。该地依湖傍山,与鼋头渚仅一水之隔,新建之校舍,规模宏伟,掩映于湖光山色中,其自然环境,堪为全国之冠。朱部长于参观之余,伫立良久,赞美不置。闻朱部长此次来锡,因不愿惊动各界,故事前均无所闻,昨日(一日)于游览太湖名胜后,下午即返京。

《锡报》中华民国三十六年十一月二日

江南大学首脑梅园举行春宴

江南大学于本月一日开学,周内正式上课。校董会副董事长荣德生氏,校政委员会正副主任委员荣一心、乐幻智于前日(二日)假座梅园诵幽堂,宴请校长章力生、理工学院院长顾惟精、文学院院长钱穆、农学院院长韩雁门、教导长唐君毅、训导长王文元、总务长陆仁寿等,并请邑人钱孙卿、薛明剑、郑翔德、谈家桢、陈子宽、华洪涛、华晋吉、钱钟汉等作陪。宴毕,举行茶话,钱孙卿氏发表意见,江大今后之努力,着重学课之认真与校风之整饬,以期树立良好风气,培植优秀青年。章校长即席表示接受。会毕已五时。(工讯社)

《锡报》民国三十七年三月五日

知识青年的出路

——江南大学四位教授的意见
旁观者

在现代的知识青年,谈到出路,真是不堪设想。国家的战乱,科学的落后,迫得他们无用武之地,"毕业就是失业",造成教育的空前一个大问题,也可以说是整个国家的危机。由于这一点,江南大学学生自治会学术股,便举办一个座谈会,邀请各教授同学参加。出席教授钱穆、王庸、王文元、郑学弢等,同学刘学悠等三十余人,对此问题,作郑重的讨论。

首由学术股长说明召集这座谈会的动机,接着各同学发表意见、疑问,最后由教授发表宏论。

钱穆:这问题的症结,不是职业问题,而是思想的问题,做人的态度问题。若单就职业方面讲,因为青年是纯洁的,背后无种种问题的牵引,一旦感到这问题严重,便讨论得紧张、热烈,但是,一出校门,有的谋得职业,便腐化了,把空气冲淡了,便不讲这问题,于是这一问题一直不能解决。不过这个问题,永远是搁在青年的肩上,这是青年的哲学。现在一般青年的通病,是不愿接受思想,而要去躲避思想,以为理论是空泛无用的,而喜欢向技术实用方面发展。这样下去,非常危险。应该用冷静的头脑,忍耐的态度,客观的立场,去思想,来研究、观察,慢慢地用思想可发生行动,希望学术界能提倡爱因斯坦的"纯理论"的探讨。若是只讲个人的出路,就没有出路,因为私人的问题容易解决,欲谋共同的问题解决,就非抱研究的态度不可。现在一般的错觉,求知识即为找职业。要知道大学是研究学术的机构,根本不是谈职业的。若是真要讲到职业,教育制度非改革不可,普遍设立简单明了的职业学校,大学举办文科、理科,前者专门解决职业,后者专门用思想去研究,那这问题就可解决了。

王庸:智识程度浅薄的,对职业看得严重,如果到大学里来,专门注重于职业,直捷[截]了当的[地]说:是没有出息的。因为职业总能找得到,不过甜苦好坏一点而已。只要自己有志趣,肯争取,对这问题绝对不必担忧的。每人应该在职业之外,根据各人的志趣,即所谓"志业"去研究,切不要随社会的恶劣环境,而牺牲各人自己发展的天才。这是我对青年的忠告。要知道,职业与自己兴趣应该分开的,前者专为吃饭赚钱的,后者是不计报酬的,也可说是消遣。自己切实考虑,向各方面试验,最后的成就,可能比自己的职业大。这样,国家社会培植青年,方才不冤枉。

王文元:每个人一定要有大思想,才能担任一种大事业,这话均有深远的根据。如外国的伯拉图、中国的孔子,是很好的例子。还有杜威的"先分析,然后加结论"的方法,给中国一个极大的影响。所以,每个青年要有科学方法的思想,正确的思想对象,合乎历史地理的情形,表现思想的能力,有了这四个因素,我可以保证,绝对没有会失业的(若是真的会失业,那末,他至少缺少一二个条件)。中国的希望即寄托在这种青年的身上,我们中国大学所想要造成的,也就是这种青年。反之,就没有出路。

郑学弢:我对这问题的看法,就是坚持自己的道路,"干本行"三个字。当然,靠了介绍、牌头,可能得到别行的职业,生活得更美满,但是情愿忍受着苦痛,守住本位,依着现成的道路前进,终有出头的一天,因为智识青年的出路,就是国家的出路。

因为这是第一次座谈会,且这个问题是有关整个国家社会的问题,当然,材料的不丰富,不容易讨论出绝对的解决办法来,但是,至少可以说:对智识青年的出路,已有了启示！

《锡报》民国三十七年六月二十六日

江南大学膳食问题解决

　　江南大学前因物价狂涨，全校师生之膳食，发生恐慌，几有断炊之虞。最近物价下泻，此项威胁已告解除。该校校政会副主委乐幻智昨日到校召开膳食团、学生自治会联席会议，谋得圆满解决。据云：校方可拨二万元购物资贮存，备不时之需，目前可将农场产谷，先碾后应付；其他宜兴订购之米已在运锡，县府配米正在切实交涉中，柴油盐菜均源源有所供应。希望各同学继续研求学问，安心上课云。

《锡报》中华民国三十七年十一月十六日

纪念荣一心氏　湖滨筹建铜像

　　工业家荣一心先生，于去年因公赴港，搭乘霸王号飞机，不幸罹难，海内闻之，同声追悼。兹悉全国棉纺业公会，暨苏浙皖京沪区机器棉纺织工业同业公会、江苏省工业会、私立江南大学无锡县商会、申新茂新天元合丰开源公司总管理处各单位，联合组织委员会，筹建荣氏铜像，并征印纪念专刊，以资永垂不朽。□委会办事处将设立本邑学前街四十一号，铜像地址确定在湖滨江南大学广场，即日进行，可能于三个月内完成云。（工讯社）

《人报》中华民国三十八年三月

江南大学校务会议

　　江南大学开学以来已将三周，前(十二)日为国父逝世纪念及植树节，该校举行纪念仪式。上午十时，全体集合大礼堂，由校务委员会主任委员荣毅仁主席首先报告后，即由校董钱孙卿演说学生于集体生活中严守纪律，农学院院长郭守纯演说植木树人之意义。十一时，全体学生举行植树。当日荣主委领导首植龙柏，各院系次序遍植数百枝于后湾山一带。下午校务委员会举行第三次会议，全体委员出席，讨论重要施政之提案如次：一、加紧各院系必修科及选科，由教务处统筹，并增加聘新教授。二、充实图书馆参考书及杂志，并聘请诸祖荫担任主任。三、增开镇山农场，扩展运动场，设计游泳池，均着手进行。四、学生第二期应缴之学杂费，通函各生家长，四月底前一律缴清云。

《人报》中华民国三十八年三月

· 597 ·

荣一心先生简传

华晋吉

荣伊仁先生,字一心,江苏无锡人,年三十七岁,实业家荣德生先生之三公子也。性温厚,体魁梧。幼就读荣巷公益小学,毕业后,即入荣氏自办之公益工商中学。会革命军兴,学校改组,一心先生昆季辈均于梅园读书处专攻国、英、算学科,课余即至申新等三厂工厂实习。先生敏于学而慎于言,苦心精研纺纤之学,渐有心得,遂求深造。民国十八年赴美攻,入罗威尔大学。廿一年归国后,即主持申新三厂。德生委以全权,先生则宏展长才,有条不紊。抗战军起,申三困于环境,未能内迁,不幸遭敌骑纵横,损失甚重,尤以厂房建筑拆毁几尽。一心先生时在沪寓,幸策励员工,侧加保护。然被敌加以运用,从事生产,亦无如何。不得已,暂舍此,而在沪渎另设合丰纱厂、经纬麻厂,规模虽不宏大,但发扬滋长,已重奠复业之基。先生复亲赴陪都,创办公益铁工厂,专制母机及军需品,不遗余力。卅四年,抗战胜利,举国欢腾,先生之复厂计划,早已熟筹,遂倾全力,向国外购买纱锭,回锡重建厂房及栈房,悉心经营。不二年,申新三厂之新车间与栈房设备次第完成,为京[宁]沪之冠。纱锭亦增设将及十万锭,较战前反增。先生之魄力见地,实有过人之处。比年复为职员、女工扩地建筑宿舍,又于蠡桥旁创开源机器厂,不分昼夜筹划之。先生鉴于国内工业人才之缺乏,无锡无大学之设施,毅然发起创办江南大学,承其父德生老先生之意,择后管社山,于前年建新舍,置图书,办仪器,规模已具。今有教职员七十余人,学生两级四百余人。以私资办大学,而具识见者,求之国内,颇为罕见。平日处理肇划,集责任于一身,不甫推诿,大志未成,殊可憾也。

先生现任苏浙皖京[宁]沪区机器棉纺同业公会理事,平日热心会务,勇于负责,待人接物,诚笃可亲。年来代表民营纱厂,参加外销委员会及美援棉花委员会,对争取纺织品国际市场、充裕外棉来源,及维护同业公会福利,卓著劳绩。今夏,曾冒暑赴荷印接洽吾国纱布外销事宜。返沪后,迭与各有关方面暨同业间缜密研讨。卅七年十二月一日,再度飞港,转赴荷属各地,即为完成上项任务,不幸遇"霸王号"飞机失事罹难。呜呼痛矣!先生不仅为荣氏之损失,无锡之损失,实为全国纺织界之重大损失。先生之殁,其夫人华氏,无锡华艺珊先生之女公子,闻讯痛绝。遗有一子六龄,女六人,夫人怀孕待产。

呜呼,盛年不禄,举世所悲,非命之逝,尤感意外。致此之由,安知非国政梼杌,使才智之士,栗碌海外,为国家资源,致其荩虑。君未负国,国乃负君,令人不免长太息矣。谨传。

(原载《江省工业会会务通讯》第三期,1948 年 1 月 10 日出版)

在江南大学第二学年开学暨新校舍落成典礼上的讲话

荣一心

今日为我江南大学第二学年之开学典礼,亦即我江大诞生一周年之纪念佳日,且适逢新校舍落成迁居之始。际此良辰,欣忭无似!本人谨以校政委员会之地位,揭橥今后校政之方针数端,以告于诸同学之前。

窃以移风易俗,端赖教育,而大学学府,更居领导社会之地位。昔曾涤生以为风俗之淳厚硗薄,视乎一二人之心之所向,并举"云从龙,风从虎"以为喻。无锡自晚明东林以降,士节昭励,向冠江南,风被全国,至今遗风逸响,犹未脱尽规范。吾校为无锡之最高学府,诸君宜如何砥砺人格,恢宏士气,秉承并光大比弥可珍贵之传统,由修身律己而推之移风易俗,俾我江南大学在气节之修养上,确能领导江南。夫气节之砥砺与弘扬,在乎明辨是非,择善而从,威武不屈,富贵不淫。我江大为研究学术之机关,应有其独立之风格,纯粹精洁,坚定自持,不为外铄所浮沉。夫如是,然后在校得安学问,毕业后可领导社会。如何养成此学术独立之风格与气节,为我校政委员会所期望之首着。此其一。

我校新舍,面临太湖。太湖广袤三万六千顷,揽七十二峰之胜,包孕吴越,灌溉江浙,鱼米所产,活人亿万,历史文物,居我国五湖之冠。此湖也,实为一胸襟阔大、满蓄活力之新生命之象征。我校董会择地于此,艰苦缔造,至具深意。诸君居此胜区,宜如何养其浩然正气,充其生活之力,并时时以"活人亿万"为己任。今为桃李,他日栋梁,地灵人杰,永载斯誉而勿堕。我国饱经战乱,建设之道,经纬万端,前途之障碍与困难,乃意料中事。我江大同学,务须效此湖水,不择细流,满储活力。俾三年后,每一社会角落,均有江大同学在披风霜、斩荆棘,耕耘播种,邪许相应,伟大力量,将用之不竭。此种气魄之培养,校政委员会愿列之入本校教育之方针,以睹其成功。此其二。

我国之病,其病在贫。而致病之源,则在缺乏学术人才,致货弃于地,宝藏诸山,既无学术以研探之,更无人才以发掘之,率全国之众,群趋分利之途而不事生产,则国安得不贫而不病!大学为研究学术之最高学府,无锡尤为全国有数之工商巨埠。诸君处此环境,宜如何远瞩国事之坎坷险阻,探讨今后工商建设之实际需要与可循之途径,苦攻勤学,获得专门学识,而蔚为建设之人才,以开发宝藏,救贫裕国。挽世以来,裕国之道,多流空谈,我江大以努力建设为己任,自当一扫空谈之弊,登高自卑,行远自迩,求是求真,务冀切实。校政委员会今后设施,当就如何使学校趋于"是""真"之途研探而实行之。此其三。

迩来四郊烽火,民不聊生,莘莘学子,流亡载道。吾人际此动乱,犹能揖让进退,弦歌弗辍,实不知叨何天幸!敬希诸君珍惜此宝贵之机会,益以自荷,俾我江南大学得为社会尽其更高之贡献,则校政委员会当更竭尽绵力,以谋我校精神上与物质上之进步。风雨如晦,鸡鸣不已,愿与诸君共勉之。

(原载《江苏工业会会务通讯》第三期"纪念荣一心先生遇难专辑"一九四九年一月十日)

江南大学招生

(系科):管理、数理、电机、机械、化工、植物生产、农产制造各系一年级新生,二、三年级转学生及面粉专修科一年级新生。(报名):八月六七两日。(考期):八月九十两日。(报名及考试地点):上海建国西路二九六号,无锡省立无锡师范。(简章):函无锡小箕山本校或报名地点,附邮即寄。

《大公报》1950年8月3日

江南大学举行首届毕业典礼

江南大学首届毕业生一百零七名,于六月三十日下午一时,在该校大礼堂隆重举行毕业典礼。出席有政府首长、校董、家长、来宾、毕业班及全校师生员工七百余人。首由校董会副董事长钱孙卿致辞,他希望同学离校后"面向群众,与工农结合,服从组织,搞好工作"。继由沈校长讲话,他从以前自己读书时身受到的痛苦,说到新中国毕业同学的幸福前途。他希望同学们离校后,在"为人民服务"的正确目标下,努力工作。他当众宣称:这次一百零七名毕业同学中,已有一百零二人愿意无条件服从政府分配,参加祖国的建设工作。

华东教育部曹未风处长、苏南文教处陶白处长、校董吴中一先生、毕业同学家长及来宾朱彤教授等相继发言,希望大家到工作岗位后,忠诚地为人民服务。

最后,毕业同学代表蒋凌械致谢词。他首先对人民、政府和师长的栽培,表示感激。接着他说:"只有祖国有前途,个人才有前途,所以我们坚决保证无条件服从统一分配,绝不辜负大家的期望,决心为建设伟大祖国而奋斗!"散会后,首长、教师及全体毕业同学摄影留念。

(摘自《苏南日报》一九五一年七月十日)

附 录

私立江南大学学生名册

三十六年度第一学期 1947.9

文学院中文系

李　赐	赵炳焘	徐曾祚	施守礼
姚崇攸(女)	吴君谟	乔利澄	蔡志锷
时文普	韩文兴	谢慧君(女 试读生)	陆颖华(女 试读生)
杨稚华	陈霖孙(女)	杨光前	

文学院外文系

王爱华(女)	陆必成	毛子淇	王　瞿
章瑞瑜(女)	唐玉英(女)	曹攸同	瞿茉珍(女)
李寿康	孙永安	吴景沅(女)	杨继洲
周维杨	贺道森	荣宝俊	周光熙
李贵卿	顾雪雪(女 试读生)	鲁庭珍	蒋秋芝(女)
王友艾	侯世蓁(女 试读生)	张公亮	王恩兰(女 试读生)

文学院史地系

刘家和	马天元	杨秀峰	严　莹(女)
李　亮	鲁介福	谈鹏飞	刘启光
须玉康	卢兴初	陈龙贵	夏菊生(女)
金燹荣	宁枢南	华蕴秋(女)	

文学院经济系

时从德	冯锡章	戴立顺	钱舜娟(女)
徐巽华(女 试读生)	胡静彬(女)	陈世震	秦寿容
高锡椿(试读生)	缪天一	陈励清	孙增明
王立猛	邵根山	赵殿臣	周士殷
程同辉	嵇正良	程匡一	向　頫(女 试读生)
郑琪仙(女)	谢乐仁	陆哲齐	吴敏仿
朱　润	冯秉毓(女)	华景辛	钦令仪(女)
张　鹏	王振贤	江之光(试读生)	张正邦

史贯之	吴士楠(试读生)	孙同缤(女 试读生)	潘志洪(试读生)
沈梅森	赵越樵	王振之	饶 通
顾月琴(女)			

理工学院数理系

丁 伟	王道冶	吕富龙	叶智修
施兴祥	徐子铨	刘申曾	沙福圻
蒋 劢	董中文	程宽中	黄鹤庚
华襄文	谢基鲁	杨光前	

理工学院机电系

王培智(试读生)	邹富祥[①]	袁龙年	钱 拙
王震华	陶奕镇	孙汉阶	姜树昌
庄嘉寿	顾胜世	宋挹清	龚世华
陆文华	浦鸣涛(试读生)	曹和祥	陶鼎文
杨钧泰	潘根敏(试读生)	陈德奎	丁剑翘
吕小鹏	周国栋	王瑞栋	张钟寅
孙文卿	乐 匋	诸均安	王学诚
陈路易	胡家琥	苏鸣瑶	朱伟君
朱如源	张怡年	薛晓凡(休学)	刘辰年(女)
俞勤德	陆任远	金行仁	都祖荣
费正生	徐柏年	王自强	杨志纲
徐世仁	孙逢道	梅启渭	凌永定
任初兴	沈德顺		

理工学院化工系

黄文达	蒋凌械	范文元(试读生)	戴孟浩
吴德琪	杨秉道	李玉书(试读生)	曹伟国
蒋慕蕳	谈仲伦	葛 普	屠尧卿
戚财兴	侯克强(试读生)	孙家杰	吴荣邦
丁文仁	章志育	张柏寿	华湘翰
秦云鹏	吴学范	吴 醒	段铁民

---

① 1949年3月,中共地下党江大学生支部调整,由邹富祥任书记,冯秉敏为组织委员,范为霖为宣传委员。

胡家琦　　　　　陈士美　　　　　龚楚珍（女）　　　顾起熊

王崇德　　　　　华如春　　　　　孙景春　　　　　华萃康

鲍　录　　　　　潘嘉煜（试读生休学）

农学院农艺系

唐叔勤　　　　　时际云　　　　　曹庆农　　　　　胡良才

陈炳生　　　　　许尔焕　　　　　席明轩（试读生休学）　高丽珍（女）

沈梅生　　　　　陈宗源　　　　　王国忠　　　　　吴嗣隆

胡佩珏（女）　　周寿林　　　　　刘　苏（女）　　许大良（试读生）

韩锦棠（女）　　吴　俊（试读生）　钟艺青（女）　　陈秉基

李家荣（试读生）　蒋寿英（女）　　薛月婵（试读生）　徐景华

刘学悠

农学院农产制造系

陈学烽　　　　　郭贤良　　　　　钱慈明　　　　　杨燨生

陈永楠　　　　　徐洪顺　　　　　顾雪梅（女）　　黄先纬

史济时　　　　　杜鑫翔（试读生）　荣锡瑞　　　　　张　序

华萃庆　　　　　承念祖　　　　　吴德枢　　　　　徐燨楠

严文溥　　　　　章建南　　　　　赵正清　　　　　陈宝琦

郦希元　　　　　钱建奇　　　　　章学忠　　　　　陆永馨

潘法根　　　　　刘达夫（试读生）　章学政

三十六学年度第二学期

文学院中国文学系

李赐　　　　　　赵炳焘　　　　　姚崇攸（女）　　乔利澄

时文普　　　　　韩文兴　　　　　谢慧君（女）　　陆颖华（女）

陈霖孙（女）

文学院外国文学系

王爱华（女）　　陆必成　　　　　毛子淇　　　　　王　瞿

章瑞瑜（女）　　唐玉英（女）　　曹攸同　　　　　瞿茉珍（女）

李寿康　　　　　孙永安　　　　　吴景沅（女）　　杨继洲

周维扬　　　　　贺道森　　　　　荣宝俊　　　　　周光熙

顾雪雪(女)	鲁庭珍	蒋秋芝(女)	王友艾
张公亮			

文学院史地学系

刘家和	华蕴秋(女)	严 莹(女)	李 亮
鲁介福	刘启光	须玉康	卢兴初
陈龙贵	夏菊生(女)	金燊荣	

文学院经济学系

时从德	冯锡章	戴立顺	钱舜娟(女)
徐巽华(女)	胡静彬(女)	陈世震	秦寿容
高锡椿	缪天一	陈励清	孙增明
王立猛	邵根山	赵殿臣	周士殷
程同辉	嵇正良	程匡一	向 頫(女)
郑琪仙(女)	谢乐仁	陆哲齐	吴敏仿
朱 润	冯秉毓(女)	华景辛(女)	钦令仪(女)
张 鹏	王振贤	江之光	张正邦
史贯之	潘志洪	沈柏森	赵越樵
王振之	饶 通	顾月琴(女)	马天元
沙福圻			

理工学院数理学系

丁 伟	王道治	吕富龙	叶智修
施兴祥	徐子铨	程宽中	谢基鲁
华襄文			

理工学院机电学系

王培智	邹富祥	袁龙年	钱 拙
王震华	陶奕镇	孙汉阶	姜树昌
庄嘉寿	龚世华	陆文华	曹和祥
陶鼎文	杨钧泰	潘根敏	丁剑翘
吕小鹏	周国栋	王瑞栋	张钟寅
孙文卿	乐 匋	诸均安	王学诚
陈路易	胡家琥	苏鸣瑶	朱伟君

朱如源	张怡年	刘辰年(女)	俞勤德
陆任远	金行仁	都祖荣	费正生
徐柏年	王自强	杨志纲	徐世仁
孙逢道	梅启渭	凌永定	任初兴
沈德顺			

理工学院化工学系

黄文达	蒋凌械	范文元	吴德琪
杨秉道	李玉书	曹伟国	蒋慕蔺
谈仲伦	葛 普	屠尧卿	戚财兴
侯克强	孙家杰	吴荣邦	丁文仁
章志育	张柏寿	华湘翰	秦云鹏
吴学范	吴 醒	段铁民	胡家琦
陈士美	龚楚珍(女)	顾起熊	王崇德
华如春	孙景春	华萃康	蔡志锷
刘申曾	黄鹤庚	徐曾祚	

农学院农艺学系

唐叔勤	时际云	曹庆农	胡良才
陈炳生	高丽珍(女)	沈梅生	陈宗源
王国忠	吴嗣隆	胡佩珏(女)	周寿林
刘 苏(女)	许大良	韩锦棠(女)	吴 俊
陈秉基	李家荣	蒋寿英(女)	徐景华(女)
刘学悠			

农学院农产制造学系

陈学烽	郭贤良	钱慈明	杨燊生
陈永楠	徐洪顺	顾雪梅(女)	黄先纬
史济时	杜鑫翔	荣锡瑞	张 序
华萃庆	承念祖	吴德枢	徐燮南
严文溥	章建南	赵正清	陈宝琦
郦希元	钱建奇	章学忠	潘法根
刘达夫(试读生)	章学政		

(来源:苏州大学档案馆 长6 学号及细节略)

三十七学年度第一学期

系别	年级	男生数	女生数	每级人数
中国文学系	1	10	4	14
中国文学系	2	4	4	8
外国文学系	1	14	3	17
外国文学系	2	13	6	19
史地学系	1	10	2	12
史地学系	2	7	3	10
经济学系	1	40	6	46
经济学系	2	29	9	38
数理学系	1	8	1	9
数理学系	2	2	0	2
机电学系	1	35	0	35
机电学系	2	40	1	41
化工学系	1	26	1	27
化工学系	2	25	1	26
农艺学系	1	22	5	27
农艺学系	2	11	4	15
农产制造学系	1	14	4	18
农产制造学系	2	27	1	28
面粉专修科	1	48	0	48
合计		385	55	440
	1	227	26	253
	2	158	29	187

文学院中国文学系一年级

廖锡英(女)	沈 鼎(女)	尹法声	潘学孝
徐锡昌	董献镐	许文栋	张祖锟
赵 琦(女)	李继芬(女 同等学力)	钮定国	王振鹏
刘孟白(同等学力)	李素彬		

文学院中国文学系二年级

李 赐	赵炳焘	姚崇攸（女）	乔利澄
韩文兴	谢慧君（女）	陆颖华（女）	陈霖孙（女）

文学院史地学系一年级

胡菊华（女）	范传培	刘国华（女）	邱仞之
杨性初	张京晖	翁寿元	任 钰
董 周	程方巩	陈福章	汪永清

文学院史地学系二年级

刘家和	华蕴秋（女）	严 莹（女）	李 亮
鲁介福	刘启光	须玉康	陈龙贵
夏菊生（女）	金燮荣		

文学院外国语文学系一年级

张宁杰	李润田	程德淦	黄文光
顾国粹	须 明（女）	杨岫臣（女）	陈显斌
曾 益	王其祥	黄菖年	李贵卿（复学）
张梓祥	陶伯楚	李天厚	蒋则忠
顾爱贞（女）			

文学院外国语文学系二年级

王爱华（女）	陆必成	毛子淇	王 瞿
章瑞瑜（女）	唐玉英（女）	曹攸同	孙永安
吴景沅（女）	杨继洲	贺道森	荣宝俊
周光熙	顾雪雪（女）	鲁庭珍	蒋秋芝（女）
王友艻	张公亮	葛新冶（借读）	

文学院经济学系一年级

尤永清	邱功安	刘育义	王廷贵
施佐康	桂承铎	贡仲祺	张玉阶
苏福生（同等学力）	马家骊（女）	余浩宽	王应涛
童增祺（同等学力）	邓冠清	季涤尘	许云钦
金坚行	方衍鑫	虞耀麟（同等学力）	许志浩
冯鹏年	汪顺龙（同等学力）	冯慧娟（女）	毛士英（同等学力）

杨维雄	管棣华	曹倩影(女)	陆新民
孙毓材	许锡钰	沈鸿渐	吴乃华
何宏坤(女)	陈　令	张镇海	张振东
王宗麟	徐鹤鸣	徐瑞荣	陈惠鹏
郑志远	叶智修(转系)	饶　通	孙同缤(女 复学)
胡静彬(女)	黄鹤庚(转系)		

文学院经济学系二年级

时从德	冯锡章	戴立顺	钱舜娟(女)
徐巽华(女)	秦寿容	高锡椿	缪天一
陈励清	孙增明	邵根山	赵殿臣
周士殷	程同辉	嵇正良	程匡一
向　颎(女)	郑琪仙(女)	谢乐仁	陆哲齐
朱　润	冯秉毓(女)	华景辛(女)	钦令仪(女)
王振贤	江之光	张正邦	史贯之
潘志洪	沈柏森	赵越樵	王桭之
顾月琴(女)	马天元	沙福圻	周维扬
黄文元(借读)	瞿茉珍(女 转系)		

理工学院数理学系一年级

何泽诚	吴文楠	王峻明	沈锡麟
蒋仲铭	卢康媛(女)	郑熙华	李元鑫
宋开欣			

理工学院数理学系二年级

吕富龙	徐子铨

理工学院电机学系一年级

朱畅宏	冯一平	山　樑	周麟昌
卢明儒	陈绎之	巫光弼	冯绍松
张显林	邓鸿勋	郑肇庆	包荣庆
钟　瑜	金沧粟	王祖霖	陆礼照
黄志杰	蒋德舆	李修斌	王绍尧
李永康	王明鉴	华芝根	周川成

杨家琳	是筱勤	浦鸣涛(复学)	胡道德
褚洪绶	朱元钊	王道冶(转系)	谢基鲁(转系)
卢兴初(转系)	沈复中	曹昌裕(借读)	

理工学院电机学系二年级

邹富祥	袁龙年	王震华	陶奕镇
姜树昌	庄嘉寿	龚世华	陆文华
曹和祥	陶鼎文	杨钧泰	潘根敏
丁剑翘	吕小鹏	周国栋	王瑞栋
张钟寅	孙文卿	乐匋	诸均安
胡家琥	苏鸣瑶	朱伟君	朱如源
张怡年	刘辰年(女)	俞勤德	陆任远
金行仁	都祖荣	费正生	徐柏年
王自强	杨志纲	孙逢道	梅启渭
任初兴	沈德顺	蒋慕蔺	吴醒
施兴祥			

理工学院化工学系一年级

马剑涛	许士颐	廖品钧	周友萼
林连发	虞以同	江宝枢	浦其昌
杨霞民	张耀峥	汪杰	钱润圻
金慕伦	施晁生	王之江	庄应丽(女)
张纪成	周孟劳	殷福棠	朱仲伟
金铭	潘嘉煜	裴乃骏	丁伟(转系)
鲍录(复学)	曹伟国	孙景春	

理工学院化工学系二年级

蒋凌械	范文元	吴德琪	李玉书
谈仲伦	葛普	屠尧卿	戚财兴
侯克强	孙家杰	吴荣邦	丁文仁
张柏寿	华湘翰	秦云鹏	吴学范
段铁民	胡家琦	龚楚珍(女)	顾起熊
王崇德	华如春	华萃康	蔡志锷
刘甲曾	徐曾祚		

农学院农艺学系一年级

谢家桐	王震亨	王之骅	秦镇九
李学健	蒋鸿勋	郑伯玉	张宁任(女)
吴经柔(女)	萧鸿娟(女)	颜宝度	范为霖
赵福臻	汪炳烈	龚公度	顾智祥
范铁生	杨成梅(女)	邢健生	刘湘云
华国汉	徐海光	李平明	秦 骊
平茂兰(女)	许整意	宁顺庆	

农学院农艺学系二年级

唐叔勤	时际云	曹庆农	陈炳生
陈宗源	王国忠	吴嗣隆	胡佩珏(女)
刘 苏(女)	韩锦棠(女)	吴 俊	陈秉基
李家荣	徐景华(女)	刘学悠	

农学院农产制造学系一年级

王凤林	郭渭濠	尤新宝	楼皓明(女)
熊 黎(女)	陆绍椿	李玉祝	夏振华
张福昌	张寿琦	冯绍之(女)	毛海椿
杜保中	范允实	徐绍鉴	杨佩乙
邵光日	秦浣春(女)		

农学院农产制造学系二年级

陈学烽	郭贤良	钱慈明	杨燹生
陈永楠	徐洪顺	顾雪梅(女)	黄先纬
史济时	杜鑫翔	荣锡瑞	张 序
华萃庆	承念祖	吴德枢	徐燹南
严文溥	章建南	赵正清	陈宝琦
郦希元	钱建奇	章学忠	潘法根
刘达夫	章学政	沈梅生	周寿林

面粉专修科第一年级

孙武亮	金振铎	王志楠	李宪梧
魏健诚	周博仁	席德清	吴嘉禄

邱善塏	顾中振	秦耀海	邓寿奎
孙鸿达	陆锡华	李则选	冯维铭
张善益	窦履豫	高承平	强生元
罗声云	刘丕烈	高大明	陈家贤
陆元常	马秉铨	薛汉民	孙受培
张务达	臧金魁	吉军骥	许仁昌
李明善	许士鼎	刘宗英	张 衡
沈念刘	沙奎圻	孙以贤	陈琪德
洪希曾	沈洪裕	周俊伟	薛 镜
陈路易	朱天钦(同等学力)	蒋肇铭(试读生)	吴福临(试读生)

（来源：苏州大学档案馆 长 9 学号及细节略）

三十七学年度第二学期

中文系一年级

沈鼎(女)	尹法声	徐锡昌	董献镐
许文栋	张祖锟	赵 琦(女)	李继芬(女)
钮定国			

中文系二年级

李赐	姚崇攸(女)	乔利澄	韩文兴
陆颖华(女)	谢慧君(女)		

外文系一年级

李润田	程德淦	须 明(女)	杨岫臣(女)
陈显斌	曾 益	黄菖年	李贵卿
陶伯楚	李天厚		

外文系二年级

王爱华(女)	陆必成	王 瞿	章瑞瑜(女)
唐玉英(女)	曹攸同	孙永安	吴景沅(女)
杨继洲	贺道森	荣宝俊	鲁庭珍
蒋秋芝(女)	王友茭	张公亮	葛新治

史地系一年级

胡菊华(女)	范传培	刘国华(女)	邱仞之
杨性初	翁寿元	董 周	陈福章
汪永清			

史地系二年级

刘家和	华蕴秋(女)	严 莹(女)	李 亮
鲁介福	刘启光	须玉康	陈龙贵
夏菊生(女)			

经济系一年级

尤永清	刘育义	王廷贵	施佐康
桂承铎	贡仲祺	苏福生	马家骊(女)
余浩宽	童增祺	邓冠清	李涤尘
许云钦	方衍鑫	许志浩	冯鹏年
冯慧娟(女)	毛士英	杨维雄	曹倩影(女)
陆新民	沈鸿渐	吴乃华	张镇海
王宗麟	徐鹤鸣	徐瑞荣	陈惠鹏
郑志远	叶智修	胡静彬(女)	黄鹤庚
张振东			

经济系二年级

时从德	冯锡章	戴立顺	钱舜娟(女)
徐巽华(女)	秦寿容	高锡椿	陈励清
孙增明	邵根山	赵殿臣	周士殷
程同辉	嵇正良	程匡一	向 顺(女)
郑琪仙(女)	谢乐仁	朱 润	冯秉毓(女)
华景辛(女)	钦令仪(女)	王振贤	江之光
张正邦	史贯之	潘志洪	沈柏森
赵越樵	王振之	顾月琴	马天元
沙福圻	周维扬	瞿茉珍(女)	黄文元

数理系一年级

何泽诚	吴文楠	王峻明	沈锡麟

卢康媛(女)	郑熙华	李元鑫	

数理系二年级

吕富龙

电机系一年级

朱畅宏	冯一平	山　樑	周麟昌
陈绎之	巫光弼	冯绍松	张显林
邓鸿勋	包荣庆	钟　瑜	金沧粟
王祖霖	陆礼照	黄志杰	蒋德舆
李修斌	王绍尧	李永康	华芝根
周川成	杨家琳	是筱勤	胡道德
褚洪绶	朱元钊	王道治	谢基鲁
卢兴初	沈复中	陈路易	曹昌裕

电机系二年级

邹富祥	袁龙年	王震华	陶奕镇
庄嘉寿	龚世华	陆文华	曹和祥
陶鼎文	杨钧泰	潘根敏	丁剑翘
吕小鹏	周国栋	王瑞栋	张钟寅
孙文卿	胡家琥	张怡年	刘辰年(女)
俞勤德	陆任远	金行仁	都祖荣
费正生	徐柏年	王自强	杨志纲
孙逢道	任初兴	沈德顺	蒋慕蔺
吴　醒	施兴祥		

化工系一年级

马剑涛	周友萼	林连发	江宝枢
浦其昌	杨霞民	张耀峥	钱润圻
金慕伦	施晨生	王之江	庄应丽(女)
张纪成	殷福棠	金　铭	潘嘉煜
丁　伟	鲍　录	曹伟国	孙景春

化工系二年级

蒋凌械	范文元	吴德琪	李玉书

葛　普	屠尧卿	戚财兴	侯克强
孙家杰	吴荣邦	丁文仁	张柏寿
华湘翰	秦云鹏	吴学范	段铁民
胡家琦	顾起熊	王崇德	华如春
华萃康	蔡志锷	刘甲曾	徐曾祚

农艺系一年级

谢家桐	秦镇九	李学健	蒋鸿勋
张宁任(女)	吴经柔(女)	萧鸿娟(女)	范为霖
赵福臻	龚公度	杨成梅(女)	邢健生
刘湘云	华国汉	徐海光	汪炳烈
平茂兰(女)	许整意	宁顺庆	

农艺系二年级

唐叔勤	时际云	曹庆农	陈炳生
陈宗源	王国忠	吴嗣隆	胡佩珏(女)
刘　苏(女)	韩锦棠(女)	徐景华(女)	刘学悠

农产系一年级

王凤林	郭渭濠	尤新宝	熊　黎(女)
陆绍椿	李玉祝	夏振华	张福昌
张寿琦	冯绍之(女)	毛海椿	杜保中
范允实	徐绍鉴	杨佩乙	邵光日
秦浣香(女)			

农产系二年级

陈学烽	郭贤良	钱慈明	杨燹生
陈永楠	徐洪顺	史济时	杜鑫翔
荣锡瑞	张　序	华萃庆	承念祖
吴德枢	徐燹南	严文溥	章建南
赵正清	郦希元	钱建奇	章学忠
潘法根	刘达夫	章学政	沈梅生
周寿林			

面专科一年级

孙武亮	金振铎	王志楠	李宪梧
魏健诚	周博仁	席德清	吴嘉禄
邱善堨	顾中振	秦耀海	邓寿奎
孙鸿达	陆锡华	李则选	冯维铭
张善益	窦履豫	高承平	强生元
罗声云	刘丕烈	高大明	陆元常
马秉铨	薛汉民	孙受培	张务达
臧金魁	吉军骥	许仁昌	李明善
许士鼎	刘宗英	张　衡	沈念刘
沙奎圻	孙以贤	陈琪德	沈洪裕
周俊伟	薛　镜	朱天钦	蒋肇铭
吴福临			

（来源：苏州大学档案馆　长 10　学号及细节略）

一九四九年秋季

管理系一年级

孙振东	蒋祖澄	宋同文	范士元
曹星鸿	王荫槐	王公权	陆源仁
过漪元（女）	王珮瑜（女）	江毓津	许国柱
秦同澧	陈临龙	苏其恕（女）	施秀真（女）
徐新云（女）	沈庆徽（女）	丁秀南（女）	孙国涵
陆维一	严浥芬（女）	郑蓉葩（女）	谭修舫（女）
陆明荷（女）	唐礼民	陆鸿生	唐镒千
胡韫玉（女）	杨品端（女）	查春寿	展国俊
冯麒祥	黄理平（女）	刘泉培	萧耀祖
杨盘泉	陈继珍（女）	潘启华	毛瑞棠
张长凤	姚汉卿	汤延芬（女）	华发江
陶妙卿（女）	王学麟	华克昌	沈百歆
张施安	胡聿先（女）	朱良才	

管理系二年级

徐锡昌	董献镐	许文栋	张祖锟
钮定国	陈显斌	曾 益	黄菖年
李贵卿	陶伯楚	李天厚	胡菊华(女)
张京晖	汪永清	尤永清	刘育义
王廷贵	施佐康	贡仲祺	苏福生
童增祺	邓冠清	季涤尘	许志浩
冯鹏年	冯慧娟(女)	毛士英	陆新民
吴乃华	张镇海	王宗麟	徐鹤鸣
郑志远	胡静彬(女)	龚公度	曹倩影(女)
冯绍之(女)	徐绍鉴	费定一	张汉璋

管理系三年级

谢慧君(女)	曹攸同	吴景沅(女)	杨继洲
荣宝俊	鲁庭珍	张公亮	严 莹(女)
鲁介福	刘启光	陈龙贵	夏菊生(女)
时从德	冯锡章	戴立顺	钱舜娟(女)
徐巽华(女)	高锡椿	陈励清	孙增明
邵根山	赵殿臣	程匡一	向 顈(女)
郑琪仙(女)	朱 润	华景辛(女)	钦令仪(女)
王振贤	史贯之	潘志洪	沈柏森
赵越樵	王振之	马天元	沙福圻
周维扬	瞿茉珍(女)	陶奕镇	金行仁
陈炳生	周寿林	葛新治	黄文元
陆必成			

数理系一年级

俞锡祺	钟涵贞(女)	秦荣祺	鲍文怡
钱振声	郭家榕	顾听涛	过念脩
张 璟	张伟仁	王应梧	汪炳南
郑声鋐	金毓成	梁伟雄	陈子榕
王君敏	蒋伯勤		

数理系二年级

钱 拙	沈锡麟	卢康媛(女)

电机系一年级

程祖瑜	程与权	夏萼辉	俞宁煌
吴庆元	费毓堃	葛永祺	郭渭彬
杨靖之	党人庆	缪鼎荣	凌瑞蕊
潘传兴	王明奎	顾耀泉	许筱豫(女)
华福介	陈仁洪	金 科	承久经
曹广贤	费寿林	王培炤	谢蕴华
茅鼎亮	沈洪良	周仲权	蒋皎然
万锡泉	杨浩忠	张金槐	周华樵
任仲岳	张雪琴(女)	章伯明	谷振光
朱鉴明	朱欣法	程允文	许士颐

电机系二年级

王峻明	朱畅宏	冯一平	周麟昌
陈绎之	巫光弼	冯绍松	邓鸿勋
包荣庆	钟 瑜	金沧粟	黄志杰
蒋德舆	李修斌	王绍尧	褚洪绶
朱元钊	王道冶	卢兴初	陈路易
曹昌裕	钱润圻		

电机系三年级

庄嘉寿	龚世华	曹和祥	杨钧泰
潘根敏	吕小鹏	周国栋	王瑞栋
张锺寅	孙文卿	胡家琥	张怡年
陆任远	都祖荣	徐柏年	王自强
任初兴	蒋慕蔺	吴 醒	施兴祥
孙家杰	戴克庆		

机械系一年级

沈孝伟	许保庆	潘维嵩	郭育文
蒋仲葵	李敏宝	邓中和	朱樑仁

陆文宪	过熙泳	冯祖异	邓时优
黄汉良	郑家骏	夏经伦	戴鐾元
龚雅穗	李寿柏	凌锴	王金裕
曹朔年	尤宝祥	马天行	华荫曾
徐赞生	倪龙富	程锡仁	金鹤鸣
童榴生	沈宏勋	许惠中	叶惠元
薛君玉	王兆孙	王宗耀	王中鋐
李崇江	李英	郜定江	顾士芳
陆哲明	顾德义	张绍良	梅曼生
许良弼			

机械系二年级

吴文楠	郑熙华	李元鑫	陆礼照
李永康	华芝根	周川成	是筱勤
胡道德	谢基鲁	金铭	潘嘉煜
鲍录			

机械系三年级

王震华	陆文华	陶鼎文	俞勤德
孙逢道	沈德顺	蔡志锷	

化工系一年级

费仲潮	赵子祥	蒋逸静	杨寿毓
诸浩栋	方勤胜	沈霆祥	左学儒
朱鼎元	谢玉成	潘树德	屈荣年
唐盛华(女)	戎盛棠	张龙孙	孟胜金
王贵兴	陈民铎	徐慧珍(女)	钱继业
诸汉华(女)	傅朝珪(女)	张浩荣	瞿全恁(女)
孙溱安	须灏	毛克文	丁伯坤
黄国祥	江洁华(女)	鲍乃贞(女)	王鸿元
吴惕	俞学淳	邵冠群	杨健生
陈德蕙(女)	孙立中	郑法清	卜宗淦
张骊骅(女)	沈潜安		

化工系二年级

林连发	江宝枢	杨霞民	金慕伦
施勗生	庄应丽(女)	殷福棠	丁　伟
曹伟国	孙景春		

化工系三年级

蒋凌械	范文元	吴德琪	万　普
屠尧卿	戚财兴	张柏寿	华湘翰
吴学范	段铁民	胡家琦	王崇德
华如春	华萃康	徐曾祚	

植产系一年级

杨伯诚	陆振亚	俞士良	王叔良
顾志安	刘政明	须松福	徐绳祖
徐泉鑫	王　冠	石文斗	吴文建
蒋怀冰	宋艳清	顾光炜	杨人俊
徐仲英(女)	鲁佩珍(女)	王若渊	宋才葆
陈雅芳(女)	王清缨	唐建新	顾质彬
卢天慈	陶维澄	李振宇	李志政
顾宝度			

植产系二年级

刘国华(女)	蒋鸿勋	吴经柔(女)	赵福臻
杨成梅(女)	邢健生	华国汉	徐海光
刘嘉辰			

植产系三年级

时际云	曹庆农	陈宗源	刘　苏(女)
徐景华(女)	华萃庆	郦希元	钱建奇
章学政			

农产系一年级

沈荫申	王定昌	秦杰人	郑鸿泉
徐鹤龄	萧能慧	盛明滏	江文藻
沈梅珍(女)	徐铭忠	俞静武	杜　若(女)

孙明玉(女)	杨吟秋(女)	章冠芳(女)	印廷镕
莫谦之	程 度	周柏松	顾庆祓
朱锦安	徐智永	盛自立	袁申朗
张梓祥	陈柏生	蒋国仁	赵望祖
石大有	王清泉		

农产系二年级

汪炳烈	王凤林	郭渭濠	尤新宝
熊 黎(女)	陆绍椿	李玉祝	张福昌
张寿琦	杜保中	范允实	杨佩乙
秦浣香(女)			

农产系三年级

陈学烽	郭贤良	钱慈明	杨燨生
陈永楠	徐洪顺	张 序	严文溥
赵正清	潘法根	刘达夫	沈梅生
郑 鹏	周泰焘		

面专科一年级

孙昌华	胡尔仁	范斌中	沈锡亮
朱嗣坤	王国桢	林芳德	朱继林
杨少和	周国良	尤承录	吴树源
李鸿昌	邹煜祺	薛镐年	蒋祖基
吴锡英	任孝宽	荣兰孙	王毓琪
单炳章	杨季虎	赵宝勋	李石麟
谢继志	荣鸿裕	宋永才	田春申
项华同	杨光泰	荣肇辛	华念萱
王寿昌	赵国铭	陈正辉	蔡士炘
吴组纶	贾寿泉	方幹卿	王维骅
徐天锡	董金华	王文钦	张耀峥
熊立仁	遇寿南(已就业)	黄治洲	沈小舫
荣献瑞			

面专科二年级

孙武亮	金振铎	王志楠	李宪梧
魏健诚	周博仁	吴嘉禄	邱善塏
顾中振	秦耀海	邓寿奎	孙鸿达
陆锡华	李则选	冯维铭	张善益
席德清	窦履豫	高承平	高大明
陆元常	马秉铨	薛汉民	臧金魁
吉军骥	许仁昌	许士鼎	刘宗英
张　衡	沈念刘	沙奎圻	孙以贤
陈琪德	沈洪裕	周俊伟	薛　镜
朱天钦	蒋肇铭		

（来源：苏州大学档案馆 长18 学号及细节略）

一九四九年学度第二学期

管理系一年级

宋同文	范士元	王荫槐	王公权
陆源仁	过漪元（女）	王珮瑜（女）	江毓津
许国柱	秦同澧	陈临龙	沈庆徽（女）
丁秀南（女）	孙国涵	严浥芬（女）	冯麒祥
张施安	郑蓉葩（女）	陆明荷（女）	陆鸿生
唐镒千	胡韫玉（女）	王学麟	杨志远
荣宝初	萧耀祖	杨盘泉	陈继珍（女）
潘启华	毛瑞棠	陆楚良	华发江
董大鼎	朱剑明	杨正明	胡聿先（女）
萧志洁（女）			

管理系二年级

徐锡昌	许文栋	钮定国	陈昱斌
黄菖年	李贵卿	李天厚	胡菊华（女）
张京晖	尤永清	刘育义	施佐康
贡仲祺	苏福生	童增祺	许志浩
冯鹏年	冯慧娟（女）	毛士英	曹倩影（女）

陆新民	吴乃华	张镇海	王宗麟
徐鹤鸣	郑志远	龚公度	冯绍之（女）
费定一	张汉璋	夏培俊（女）	荣肇辰
王省导	王湘庭	许泉森	何雪鸿

管理系三年级

谢慧君（女）	曹攸同	荣宝俊	张公亮
严　莹（女）	鲁介福	刘启光	陈龙贵
夏菊生（女）	时从德	冯锡章	戴立顺
高锡椿	陈励清	孙增明	邵根山
赵殿臣	程匡一	向　頫（女）	郑琪仙（女）
华景辛（女）	钦令仪（女）	王振贤	史贯之
沈柏森	赵越樵	王振之	马天元
沙福圻	周维扬	瞿茉珍（女）	陶奕镇
金行仁	陈炳生	周寿林	葛新治
黄文元	陆必成		

数理系一年级

俞锡祺	秦荣祺	钱振声	郭家榕
张　璟	王应梧	郑声铉	蒋伯勤

数理系二年级

卢康媛（女）

电机系一年级

程祖瑜	夏萼辉	俞宁煌	葛永祺
郭渭彬	缪鼎荣	凌瑞蕊	顾耀泉
许筱豫（女）	华福介	王培炤	茅鼎亮
沈洪良	周仲权	蒋皎然	杨浩忠
张金槐	周华樵	潘传兴	章伯明
朱鉴明	程允文	许士颐	陆士兴
蒋仲铭	王明鉴	陈正辉	陈涵宇（试读生）

电机系二年级

王峻明	陈绎之	巫光弼	钟　瑜

蒋德舆	王绍尧	褚洪绶	王道冶
卢兴初	曹昌裕	钱润圻	邓鸿勋

电机系三年级

庄嘉寿	龚世华	杨钧泰	潘根敏
吕小鹏	周国栋	王瑞栋	张钟寅
孙文卿	胡家琥	都祖荣	王自强
任初兴	蒋慕蔺	吴　醒	施兴祥
孙家杰	邹慕萱		

机械系一年级

沈孝伟	许保庆	蒋仲葵	李敏宝
邓中和	陆文宪	冯祖异	邓时优
黄汉民	郑家骏	夏经伦	李寿柏
凌　锴	王金裕	曹朔年	尤宝祥
马天行	倪龙富	程锡仁	金鹤鸣
沈宏勋	许惠中	叶惠元	薛君玉
王兆孙	李崇江	部定江	陆哲明
顾德义（转系）	张绍良	梅曼生	许良弼
米宝炜（试读生）	李元鑫	曹星鸿	刘泉培
沈百歆	吴文楠	李永康	周川成
是筱勤	胡道德	潘嘉煜	

机械系三年级

陆文华	陶鼎文	俞勤德	孙逢道
沈德顺	蔡志锷		

化工系一年级

郭育文	陆维一	唐礼民	朱良才
金　科	费仲潮	赵子祥	蒋逸静
杨寿毓	方勤胜	沈霆祥	左学儒
朱鼎元	谢玉成	戎盛棠	孟胜金
王贵兴	陈民铎	徐慧珍（女）	诸汉华（女）
傅朝珪（女）	张浩荣	孙溱安	须　灏

黄国祥	江洁华(女)	鲍乃贞(女)	王鸿元
吴惕	孙立中	邵冠群	都静均
张骊骅(女)	吴奇军	唐盛华(女)	

化工系二年级

林连发	江宝枢	金慕伦	庄应丽(女)
殷福棠	丁伟	孙景春	

化工系三年级

蒋凌栻	范文元	葛普	屠尧卿
戚财兴	张柏寿	华湘翰	吴学范
王崇德	华如春		

植产系一年级

陆振亚	俞士良	王叔良	顾志安
刘政明	须松福	徐泉鑫	王冠
石文斗	吴文建	蒋怀冰	顾光炜
徐仲英(女)	鲁佩珍(女)	陈雅芳(女)	王清缨
卢天慈	李振宇	汤宜宜(女)	郑鸿泉
顾质彬			

植产系二年级

刘国华(女)	吴经柔(女)	赵福臻	杨成梅(女)
邢健生	华国汉	刘嘉辰	

植产系三年级

曹庆农	陈宗源	徐景华(女)	郦希元
钱建奇			

农产系一年级

沈荫申	徐鹤龄	王定昌	萧能慧
江文藻	沈梅珍(女)	徐铭忠	俞静武
杨吟秋(女)	印廷镕	莫谦之	程度
周柏松	朱锦安	徐智永	张梓祥
陈柏生	蒋国仁	萧玉洁(女)	

农产系二年级

郭渭濠	尤新宝	张福昌	杜保中
范允实	杨佩乙	秦浣香（女）	

农产系三年级

陈学烽	郭贤良	钱慈明	陈永楠
张 序	严文溥	赵正清	潘法根
刘达夫	沈梅生	郑 鹏	周泰焘
杨燊生	徐洪顺		

面专科一年级

孙昌华	胡尔仁	沈锡亮	朱嗣坤
王国桢	林芳德	周国良	吴树源
李鸿昌	邹煜祺	薛镐年	蒋祖基
荣兰孙	王毓琪	单炳章	杨季虎
李石麟	谢继志	荣鸿裕	宋永才
田春申	项华同	杨光泰	荣肇辛
华念萱	王寿昌	赵国铭	蔡士炘
吴组纶	王维骅	徐天锡	董金华
张耀峥	熊立仁	黄治洲	沈小舫
荣献瑞	张务达		

面专科二年级

孙武亮	金振铎	王志楠	魏健诚
周博仁	席德清	吴嘉禄	邱善塏
顾中振	秦耀海	邓寿奎	孙鸿达
陆锡华	李则选	冯维铭	张善益
窦履豫	高承平	吉军骥	陆元常
马秉铨	薛汉民	臧金魁	许仁昌
许士鼎	刘宗英	张 衡	沈念刘
孙以贤	陈骐德	沈洪裕	周俊伟
薛 镜	朱天钦	李宪梧	

（来源：苏州大学档案馆 长 23 学号及细节略）

1950 学年度第一学期

本册二、三、四年级学生,在上学期总成绩未结算前,暂时按照全部升级编排,俟后另行更正。特此附注。

注册组

管理系一年级

萧瑞庆	俞祖江	金国栋	谢又廉
金桂珍(女)	陆慕贽	杨银初	江文伟
关　坪	周贤生	韩元雄	俞德湘
何永范	凌益仁	严思锦	陆云楠
方国华(女)	顾瑞英(女)	舒文珠(女)	吴天清
徐发仁	顾心田	王　永	陆锺麟
严毓秀(女)	董芸香(女)	荣燊增	袁耀荣(试读)
施詠笙(女)	武志澄(试读)	王荫堂(试读)	龚万鹏(试读)
陈雯浩(女)	侯蓉珍(女 试读)	诸淑清(女 试读)	龚闻韶(试读)
殷栋生(试读)	陈雅芬(女 试读)	金克谦(试读)	陈兆平(试读)
杨寿华(女 试读)	宋月娟(女 试读)	潘建平	张锡藩(试读)

管理系二年级

沈鸿渐	宋同文	范士元	王公权
陆源仁	过漪元(女)	江毓津	许国柱
秦同澧	沈庆徽(女)	丁秀南(女)	郑蓉范(女)
陆明荷(女)	陆鸿生	唐镒千	胡韫玉(女)
冯麒祥	萧耀祖	杨盘泉	陈继珍(女)
陆楚良	华发江	王学麟	张施安
胡聿先(女)	萧志洁(女)	杨志远	董大鼎
朱剑明	荣宝初	杨正明	

管理系三年级

张正邦	徐锡昌	许文栋	钮定国
陈显斌	黄菖年	李贵卿	李天厚
胡菊华(女)	张京晖	尤永清	刘育义
贡仲祺	苏福生	童增祺	许志浩

冯鹏年	冯慧娟（女）	曹倩影（女）	陆新民
吴乃华	张镇海	王宗麟	徐鹤鸣
邓鸿勋	龚公度	冯绍之（女）	费定一
张汉璋	夏培儁（女）	荣肇辰	王省导
王湘庭	许泉森	何雪鸿	

管理系四年级

谢慧君（女）	陆必成	曹攸同	荣宝俊
张公亮	严　莹（女）	鲁介福	刘启光
陈龙贵	夏菊生（女）	时从德	冯锡章
高锡椿	孙增明	邵根山	赵殿臣
程匡一	向　頵（女）	郑琪仙（女）	华景辛（女）
钦令仪（女）	王振贤	史贯之	潘志洪
沈柏森	赵越樵	王振之	马天元
沙福圻	周维扬	瞿茉珍（女）	陶奕镇
金行仁	陈炳生	周寿林	葛新治
黄文元	沈越泉	江纯韵（女）	朱如楠
沈林生	程同芳	蒋崇德（试读）	曹宁一（试读）
孔培丰（试读）	谈裕昌（试读）	蒋清如（试读）	花盛荣（试读）

电机系一年级

徐　焘	凌汉章	梁树德	顾哲斌
黄飞龙	章北生	唐敬法	陈思霖
张　凯	刘其沅	贺贤耀	朱炳泉
詹　玲	吴　壮	卢肅祖	蔡松芳
孙金官	孙欣芳	方建业（试读）	陈泽霖（试读）
费名云（试读）	袁义孚（试读）	陶羽康（试读）	林泮□
朱宗麟	王烈豪（试读）	曹杏林（试读）	唐敬华（试读）
蔡　谳（试读）	陈涵宇		

电机系二年级

施佐康	毛士英	许士颐	鲍　录
王荫槐	孙国涵	毛瑞棠	钱振声
郭家榕	薛镐年	郑声铉	蒋伯勤

俞宁煌	葛永祺	郭渭彬	缪鼎荣
凌瑞蕊	顾耀泉	潘传兴	李少秋
华福介	王培烱	茅鼎亮	沈洪良
蒋皎然	杨浩忠	程允文	陆时兴
沈锡亮	史文质		

电机系三年级

王峻明	巫光弼	钟 瑜	蒋德舆
王绍尧	褚洪绶	王道洽	卢兴初
曹昌裕	钱润圻		

电机系四年级

庄嘉寿	龚世华	杨钧泰	潘根敏
吕小鹏	周国栋	王瑞栋	张钟寅
孙文卿	胡家琥	都祖荣	王自强
任初兴	蒋慕蔺	吴 醒	施兴祥
孙家杰	邹慕萱		

机械系一年级

许正名	殷吉仁	华子玉	唐裕源
刘锺毓	丁训士	秦永烈	徐后华
张关锴	张永亨	杨存曙	孙新铭
王作柯	徐炳麟	许忠良	张仁杰
谢 德	徐德骏	刘宏才	叶 崇
缪国祥	林文德(试读)	华庆嘉(试读)	傅方龙
过馨葆	张江雨	徐伯康(试读)	边炳耀
戴彼得(试读)	王绍祖(试读)	马耿伯(试读)	蒋伯英(试读)
朱宝伟			

机械系二年级

沈孝伟	许保庆	李敏宝	陆文宪
冯祖昇	郑时优	郑家骏	夏经伦
李寿柏	凌 锴	王金裕	曹朔年
尤宝祥	马天行	程锡仁	金鹤鸣

许惠中	叶惠元	薛君玉	王兆孙
李崇江	陆哲明	张绍良	许良弼
曹星鸿	刘泉培	戎盛棠	周国良
吴树源	谢继志		

化工系一年级

叶绥教	吴兆正	倪一匡	姜煜泉
楼云鹤	张徵文	章联华	单　瑛（女）
李德林	浦英榴	许煜汾（女 试读）	过宁扶（女 试读）
李　祺	蒋惠平（试读）	承　影（女 试读）	王亦芸（试读）
过慕英（女 试读）	杜圣余	冯惠诗（试读）	王袁林
何宏坤（女）	王同燨（试读）	丁晏清（试读）	杜　杰（试读）

化工系二年级

郭育文	陆维一	唐礼民	朱良才
许筱豫（女）	赵子祥	蒋逸静	杨寿毓
方勤胜	朱鼎元	谢玉成	孟胜金
王贵兴	陈民铎	堵汉华（女）	傅朝珪（女）
张浩荣	黄国祥	吴　惕	吴奇军
都静均	沈荫申	莫谦之	孙昌华
王国桢	沈小舫		

化工系四年级

蒋凌械	范文光	葛　普	屠尧卿
戚财兴	张柏寿	吴学范	王崇德
华如春			

植产系一年级

顾克礼	王翠珠（女）	张德翀	许志尧
章公略	廖光天	屠濬涛	沈锡五
王申恒	边自雄	曹玉芬（女）	牟润生（女）
吴韵芳（女）	张光裕	顾　强（试读）	宋才葆
张名光（试读）	俞德生（试读）	徐中和	陆有凤（试读）
刘钟栋	杨光烈（试读）	吴文挥	孔庆斌（试读）

陈志明（试读）　　　沈介岩（试读）　　　江　涛（试读）　　　张荫南（试读）

植产系二年级

陆振亚　　　　　王叔良　　　　　须松福　　　　　徐泉鑫

石文斗　　　　　吴文建　　　　　顾光炜　　　　　徐仲英（女）

鲁佩珍（女）　　陈雅芳（女）　　王清缨　　　　　卢天慈

李振宇　　　　　汤宜宜（女）　　郑鸿泉　　　　　陆绍椿

食品工业系一年级

袁铁彪　　　　　薛荫南（女）　　毛学庆　　　　　杨启均

杜　钟　　　　　陈劲秋　　　　　刘　复　　　　　庄志本

金秀琼（女）　　姚秉廉　　　　　赵德厚　　　　　朱肇阳

胡志强　　　　　戴仁泽　　　　　沈树生　　　　　杨克平

李　椿　　　　　潘轩芬（女）　　崔益桂　　　　　金学源

许世珍（女 试读）　唐志强　　　　金忠信（试读）　　杨文田（试读）

食品工业系二年级

王定昌　　　　　刘政明　　　　　江文藻　　　　　沈梅珍（女）

徐铭忠　　　　　俞静武　　　　　印廷镕　　　　　程　度

周柏松　　　　　朱锦安　　　　　徐智永　　　　　张梓祥

陈柏生　　　　　萧玉洁（女）　　蒋祖基

食品工业系三年级

徐燊南　　　　　郭渭濠　　　　　尤新宝　　　　　张福昌

杜保中　　　　　范允实　　　　　杨佩乙　　　　　秦浣香（女）

食品工业系四年级

陈学峰[①]　　　郭贤良　　　　　钱慈明　　　　　杨燊生

陈永楠　　　　　徐洪顺　　　　　张　序　　　　　严文溥

赵正清　　　　　潘法根　　　　　刘达夫　　　　　沈梅生

郑　鹏　　　　　周泰焘

面粉专修科一年级

李华强　　　　　胡树明　　　　　朱水明　　　　　胡　侔

---

① 之前名册上为"陈学烽"。

尤子英	纪才弘	高筠时	姚守训
谢洪章	孙杏根	荣鑫华	薛焕曾
李维熊	李德培	李国浩	朱耀西
朱光祺(试读)	荣如松(试读)	沈仁岐	余仲敏
卢玉祥	许仁春	顾训诚(试读)	吕清宝(试读)
杨世佳(试读)	汤国炜	李叙芳	朱仲德(试读)
顾树森(试读)	杨柏生(试读)	荣汉定(试读)	盛金荣(试读)
于中立(试读)	李振先		

面粉专修科二年级

林芳德	邹煜祺	张务达	单炳章
杨季虎	李石麟	荣鸿裕	宋永才
田春申	项华同	杨光泰	荣肇辛
华念萱	王寿昌	赵国铭	蔡士炘
吴组纶	王维骅	徐天锡	张耀峥
熊立仁	黄治洲	荣献瑞	胡尔仁

面粉专修科三年级

李元鑫	王志楠	魏健诚	周博仁
席德清	吴嘉禄	邱善崶	顾中振
秦耀海	邓寿奎	孙鸿达	陆锡华
李则选	冯维铭	高承平	马秉铨
薛汉民	臧金魁	吉军骥	许仁昌
许士鼎	刘宗英	张　衡	沈念刘
孙以贤	沈洪裕	周俊伟	薛　镜
朱天钦	孙武亮		

（来源：苏州大学档案馆　长 24　学号及细节略）

1950 学年度第二学期

管理系一年级

展国俊	□妙卿(女)	俞祖江	金桂珍(女)
陆慕赟	江文伟	韩元雄	俞德湘
何永范	陆云楠	方国华(女)	顾瑞英(女)

严毓秀（女）	董芸香（女）	荣燮增	袁耀荣（试读）
施詠笙（女）	龚万鹏（试读）	侯蓉珍（女 试读）	诸淑清（女 试读）
龚闻韶（试读）	殷栋生（试读）	杨寿华（女 试读）	宋月娟（女 试读）
潘建平	张锡藩（试读）		

管理系二年级

宋同文	范士元	王公权	陆源仁
过漪元（女）	江毓津	许国柱	秦同澧
沈庆徽（女）	丁秀南（女）	郑容菹（女）	陆明荷（女）
陆鸿生	唐镒千	胡韫玉（女）	冯麒祥
萧耀祖	杨盘泉	陈继珍（女）	陆楚良
华发江	许泉森	何雪鸿	王湘庭
王学麟	胡聿先（女）	萧志洁（女）	杨志远
董大鼎	朱剑明	荣宝初	杨正明

管理系三年级

张正邦	徐锡昌	许文栋	钮定国
陈显斌	黄菖年	李贵卿	李天厚
胡菊华（女）	荣肇辰	张京晖	尤永清
刘育义	贡仲祺	苏福生	许志浩
冯鹏年	冯慧娟（女）	曹倩影（女）	陆新民
吴乃华	张镇海	王宗麟	徐鹤鸣
邓鸿勋	龚公度	冯绍之（女）	费定一
王省导			

管理系四年级

谢慧君（女）	陆必成	曹攸同	荣宝俊
张公亮	严 莹（女）	鲁介福	刘启光
陈龙贵	夏菊生（女）	时从德	冯锡章
高锡椿	孙增明	邵根山	赵殿臣
程匡一	向 頠（女）	华景辛（女）	钦令仪（女）
王振贤	史贯之	潘志洪	沈柏森
赵越樵	王振之	马天元	沙福圻
周维扬	瞿莱珍（女）	郑琪仙（女）	金行仁

陈炳生	周寿林	葛新治	黄文元

数理系一年级

江纯韵（女）	程桐芳	曹宁一（试读）

电机系一年级

陈涵宇	凌汉章	梁树德	顾哲斌
黄飞龙	章北生	唐敬法	陈思霖
张凯	朱炳泉	詹玲	吴壮
卢鼈祖	孙欣芳	方建业	陈泽霖
费名云	朱宗麟	王烈豪	曹杏林
蔡諴	金克谦	顾心田	

电机系二年级

施佐康	毛士英	许士颐	王荫槐
孙国涵	毛瑞棠	钱振声	郭家榕
郑声鋐	蒋伯勤	俞宁煌	葛永祺
郭渭彬	缪鼎荣	凌瑞苾	潘传兴
顾耀泉	华福介	王培焰	茅鼎亮
沈洪良	蒋皎然	杨浩忠	程允文
陆时兴	沈锡亮	薛镐年	李少秋
史文质	鲍录		

电机系三年级

王峻明	巫光弼	钟瑜	蒋德舆
王绍尧	褚洪绶	王道治	卢兴初
曹昌裕	钱润圻		

电机系四年级

庄嘉寿	龚世华	杨钧泰	潘根敏
吕小鹏	周国栋	王瑞栋	张钟寅
孙文卿	胡家琥	都祖荣	王自强
任初兴	蒋慕蔺	吴醒	施兴祥
孙家杰	邹慕萱		

机械系一年级

许正名	殷吉仁	唐裕源	刘锺毓
丁训士	秦永烈	张永亨	杨存曙
王作柯	徐炳麟	张仁杰	谢 德
徐德骏	刘宏才	叶 崇	林文德(试读)
华庆嘉(试读)	傅方龙	过馨葆	张江雨
徐伯康(试读)	边炳耀	蒋伯英(试读)	沈康乐
卢玉祥	吴天清	徐发仁	朱光祺
谢又廉	陈兆平	关 坪	沈越泉
沈林生	蒋崇德		

机械系二年级

陆礼照	周国良	吴树源	谢继志
沈孝伟	许保庆	李敏宝	冯祖昇
郑时优	郑家骏	夏经伦	李寿柏
凌 锴	王金裕	曹朔年	尤宝祥
马天行	程锡仁	金鹤鸣	叶惠元
薛君玉	王兆孙	李崇江	陆哲明
张绍良	许良弼	曹星鸿	刘泉培
戎盛棠			

化工系一年级

俞学淳(复学)	沈潜安(复学)	吴兆正	倪一匡
姜煜泉	楼云鹤	张徵文	章联华
单 瑛(女)	李德霖	浦英榴	许煜汾(女 试读)
过宁扶(女 试读)	李 祺	蒋惠平(试读)	承 影(女 试读)
王亦芸(试读)	过慕英(女 试读)	冯惠诗(试读)	王袁林
何宏坤(女)	陈劲秋	武志澄	陈雅芬(女)
陈雯浩(女)	杨银初	毛学庆	戴彼得

化工系二年级

孙昌华	沈小舫	郭育文	陆维一
唐礼民	朱良才	许筱豫(女)	赵子祥
蒋逸静	杨寿毓	方勤胜	朱鼎元

谢玉成	孟胜金	王贵兴	堵汉华(女)
傅朝珪(女)	张浩荣	黄国祥	吴惕
沈荫申	莫谦之		

化工系三年级

蒋凌械	范文元	葛普	屠尧卿
戚财兴	张柏寿	吴学范	王崇德
华如春	江宝枢	丁伟	庄应丽(女)
孙景春	金慕伦	林连发	

农艺系一年级

宋才葆	顾克礼	王翠珠(女)	章公略
廖光天	屠濬涛	沈锡五	王申恒
边自雄	曹玉芬(女)	牟润生(女)	吴韵芳(女)
张光裕	顾强(试读)	俞德生(试读)	徐中和
陆有凤(试读)	刘钟栋	杨光烈	吴文挥
李家荣(复学)			

农艺系二年级

陆绍椿	陆振亚	王叔良	须松福
石文斗	吴文建	顾光炜	鲁佩珍(女)
陈雅芳(女)	王清缨	卢天慈	李振宇
汤宜宜(女)	郑鸿泉		

食品系一年级

袁铁彪	薛荫南(女)	杜钟	刘复
庄志本	金秀琼(女)	姚秉廉	赵德厚
朱肇阳	胡志强	戴仁泽	沈树生
杨克平	李椿	崔益桂	金学源
许世珍(女 试读)	唐志强	金忠信(试读)	杨文田(试读)
陈宝琦(复学)	张德翀	李德培	李国浩

食品系二年级

蒋祖基	王定昌	江文藻	沈梅珍(女)
徐铭忠	俞静武	印廷镕	程度

| 周柏松 | 朱锦安 | 徐智永 | 张梓祥 |
| 陈柏生 | 萧玉洁(女) | | |

食品系三年级

徐燮南	郭渭濠	尤　新(曾用名尤新宝)	
张福昌	杜保中	范允实	杨佩乙
秦浣香(女)			

食品系四年级

陈学峰	郭贤良	钱慈明	杨燮生
陈永楠	徐洪顺	张　序	严文溥
赵正清	潘法根	刘达夫	沈梅生
郑　鹏	周泰焘		

面粉科一年级

范斌中(复学)	荣兰荪(复学)	方斡卿(复学)	李华强
胡树明	朱水明	尤子英	纪才弘
高筠时	姚守训	孙杏根	荣鑫华
薛焕曾	李维熊	朱耀西	沈仁岐
余仲敏	许仁春	顾训诚(试读)	吕清宝(试读)
杨世佳(试读)	汤国炜	朱仲德(试读)	顾树森(试读)
杨柏生(试读)	盛金荣(试读)	于中立(试读)	李振先

面粉科二年级

张务达	胡尔仁	朱嗣坤	林芳德
邹煜祺	单炳章	李石麟	荣鸿裕
宋永才	田春申	项华同	杨光泰
荣肇辛	王寿昌	蔡士炘	吴组纶
王维骅	徐天锡	张耀峥	熊立仁
黄治洲	荣献瑞	李元鑫	

面粉系三年级

孙武亮	王志楠	魏健诚	周博仁
席德清	吴嘉禄	邱善恺	顾中振
秦耀海	邓寿奎	孙鸿达	陆锡华

李则选	高承平	马秉铨	薛汉民
臧金魁	吉军骥	许仁昌	许士鼎
刘宗英	张 衡	沈念刘	孙以贤
沈洪裕	周俊伟	朱天钦	

（来源：苏州大学档案馆 长 29 学号及细节略）

1951 学年度第一学期

工业管理系一年级

刘正祥	卢玄同	徐祖善	沈仍泓
夏赓禹	戴公朴	戴鸿樑	吴 杰
贺龙沧	薛瑞相	朱明学	马维道
曹英华(女)	吴绍雍	谢启瑞	徐锡镛
李芳仪(女)	王尚武	陈洪兴	钱子骥
任祖篾	王和珍	陶忠沅	

管理系二年级

展国俊	俞祖江	金桂珍(女)	陆慕赟
江文伟	韩元雄	俞德湘	何永范
陆云楠	方国华(女)	董芸香(女)	荣燮增
袁耀荣	施詠笙(女)	龚万鹏	殷栋生
宋月娟(女)	潘建平	张锡藩	

管理系三年级

宋同文	范士元	陆源仁	过漪元(女)
江毓津	许国柱	秦同澧	沈庆徽(女)
丁秀南(女)	郑蓉葩(女)	陆明荷(女)	陆鸿生
唐镒千	胡韫玉(女)	冯麒祥	萧耀祖
杨盘泉	陈继珍(女)	陆楚良	华发江
王学麟	胡聿先(女)	萧志洁(女)	杨志远
董大鼎	朱剑明	荣宝初	杨正明

管理系四年级

张正邦	徐锡昌	许文栋	钮定国

陈显斌	黄菖年	李贵卿	李天厚
胡菊华(女)	张京晖	尤永清	刘育义
贡仲祺	苏福生	许志浩	冯鹏年
冯慧娟(女)	曹倩影(女)	陆新民	吴乃华
张镇海	王宗麟	徐鹤鸣	邓鸿勋
龚公度	冯绍之(女)	费定一	荣肇辰
王省导	王湘庭	许泉森	何雪鸿

数理系一年级

周富坤	陆沛若	吴明亮	周以达
郁海宝	徐恭祥	奚俊文	朱正钦

数理系二年级

程桐芳(借读之江大学)

电机系一年级

王承博	洪钟麟	徐友辅	汤松云
许祖良	胡润生	盛克强	张洪让
白信懋	姚万里	苏世藩	曹 棠
吴翼侯	马文祥	殷亚平	俞鸿礼
胡本栽	荆唯英	郑松林	宗镇生
王树威	徐文麟		

电机系二年级

陈涵宇	顾心田	金克谦	顾哲斌
黄飞龙	张 凯	吴 壮	卢黼祖
孙欣芳	王烈豪	曹杏林	蔡 谳

电机系三年级

施佐康	毛士英	许士颐	王荫槐
孙国涵	毛瑞棠	郭家榕	郑声鋐
蒋伯勤	俞宁煌	葛永祺	郭渭彬
缪鼎荣	凌瑞苾	潘传兴	顾耀泉
王培烟	茅鼎亮	沈洪良	蒋皎然
杨浩忠	程允文	陆时兴	沈锡亮

薛镐年　　　　李少秋　　　　　史文质

电机系四年级

王峻明　　　　巫光弼　　　　　钟　瑜　　　　蒋德舆
王绍尧　　　　褚洪绶　　　　　王道治　　　　卢兴初
曹昌裕　　　　钱润圻　　　　　鲍　录

机械系一年级

朱光祺　　　　郑庆德　　　　　马恒丰　　　　盛造时
王锦标　　　　蒋宗艾　　　　　项隆基　　　　喻祖炎
陆宝坤　　　　潘家玉　　　　　胡耀东　　　　高企元
缪本浩　　　　张熙来　　　　　秦育万　　　　陆迺辉
贡金城　　　　金谦寿　　　　　陆楚龙　　　　陈杏根(休学)
谢维恒(退学)

机械系二年级

许正名　　　　殷吉仁　　　　　唐裕源　　　　丁训士
秦永烈　　　　张永亨　　　　　杨存曙　　　　王作柯
谢　德　　　　徐德骏　　　　　刘宏才　　　　叶　崇
过馨葆　　　　张江雨　　　　　徐伯康　　　　边炳耀
蒋伯英　　　　沈康乐　　　　　谢又廉　　　　关　坪
吴天清　　　　徐发仁　　　　　陈兆平　　　　沈越泉
沈林生　　　　蒋崇德　　　　　卢玉祥

机械系三年级

陆礼照　　　　许保庆　　　　　李敏宝　　　　冯祖昇
郑时优　　　　郑家骏　　　　　夏经伦　　　　李寿柏
凌　锴　　　　王金裕　　　　　曹朔年　　　　尤宝祥
马天行　　　　程锡仁　　　　　金鹤鸣　　　　叶惠元
薛君玉　　　　王兆孙　　　　　李崇江　　　　陆哲明
张绍良　　　　许良弼　　　　　曹星鸿　　　　刘泉培
戎盛棠　　　　周国良　　　　　吴树源

机械系四年级

吴文楠　　　　华芝根　　　　　周川成　　　　是筱勤

胡道德　　　　　　潘嘉煜

化工系一年级

瞿士杰	孙诚来	陈绍仑	樊邦棣
张振华	龚炳铮	许国斌	吴惟有
张世懋	祁莲湘	宣叔衡	尹力子
施静华（女）	华荣泉	黄 勋	蒋嘉兰（女）
刘希圭	胡泰泉	黄楚申	

化工系二年级

沈潜安	戴彼得	杨银初	武志澄
陈雯浩（女）	陈雅芬（女）	吴兆正	倪一匡
姜煜泉	楼云鹤	张徵文	单 瑛（女）
李德霖	浦英榴	过宁扶（女）	李 祺
蒋惠平	王亦芸	过慕英（女）	冯惠诗
王袁林	王同爕	毛学庆	陈劲秋

化工系三年级

郭育文	陆维一	唐礼民	朱良才
许筱豫（女）	赵子祥	蒋逸静	杨寿毓
方勤胜	朱鼎元	谢玉成	孟胜金
王贵兴	堵汉华（女）	傅朝珪（女）	张浩荣
黄国祥	吴 惕	沈荫申	孙昌华
沈小舫			

化工系四年级

林连发	江宝枢	金慕伦	庄应丽（女）
丁 伟	孙景春		

农艺系一年级

许元勤	黄慎德	庄文禧	吴汝寿（女）
李伍云（女）	陈菊仙（女）	周政和	徐润庠
李贤柱	黄振岳	沈瑞庭	孙继和
丁自立	盛能力	刘明霞	王瑛才（女）

农艺系二年级

李家荣	顾克礼	王翠珠（女）	章公略
廖光天	屠溶涛	沈锡五	王申恒
边自雄	曹玉芬（女）	牟润生（女）	吴韵芳（女）
张光裕	顾　强	俞德生	徐中和
陆有凤	刘钟栋	杨光烈	吴文挥

农艺系三年级

陆绍椿	陆振亚	王叔良	须松福
石文斗	顾光炜	鲁佩珍（女）	陈雅芳（女）
王清缨	卢天慈	李振宇	宋才葆
汤宜宜（女）	郑鸿泉		

食品系一年级

李德培	李国浩	陈元德	朱金山
王义信	孙晋初	张建树	郑忠鲁
胡立乾	许浩程	徐达伍	吴坤发
周永祥	黄秀意	朱培元	徐　燕（女）
贾玉琴（女）	夏诵德	程觉民	吕清泉
张崇勇	林则翰	林与仙（女）	蔡　钧（退学）
李培鑫（退学）			

食品系二年级

陈宝琦	张德翀	袁铁彪	薛荫南（女）
杜　钟	刘　复	庄志本	金秀琼（女）
姚秉廉	赵德厚	朱肇阳	胡志强
戴仁泽	沈树生	李　椿	崔益桂
金学源	许世珍（女）	唐志强	

食品系三年级

王定昌	江文藻	徐铭忠	俞静武
印廷镕	程　度	周柏松	朱锦安
徐智永	张梓祥	陈柏生	萧玉洁（女）
蒋祖基			

食品系四年级

徐燮南	郭渭濠	尤　新（原名尤新宝）	张福昌
杜保中	范允实	杨佩乙	秦浣香（女）

面粉科二年级

范斌中	荣兰荪	方幹卿	胡树明
朱水明	纪才弘	姚守训	孙杏根
荣鑫华	薛焕曾	李维熊	朱耀西
沈仁岐	余仲敏	许仁春	顾训诚
汤国炜	朱仲德	顾树森	杨柏生
盛金荣			

面粉科三年级

张务达	胡尔仁	朱嗣坤	林芳德
邹煜祺	单炳章	李石麟	荣鸿裕
宋永才	田春申	项华同	杨光泰
荣肇辛	王寿昌	蔡士炘	吴组纶
徐天锡	张耀峥	熊立仁	黄治洲
荣献瑞			

（来源：苏州大学档案馆 长 30 学号及细节略）

1951 学年度第二学期

工业管理系一年级

刘正祥	卢玄同	徐祖善	沈仍泓
夏赓禹	戴公朴	戴鸿樑	吴　杰
贺龙沧	王尚武	薛瑞相	朱明学
马维道	曹英华（女）	吴绍雍	谢启瑞
徐锡镛	李芳仪（女）	陈洪兴	钱子骥
任祖篦	王和珍	陶忠沅	朱颂坤（女插班）
史华□（女插班）			

工业管理系二年级

展国俊	俞祖江	金桂珍（女）	陆慕赘

江文伟	韩元雄	俞德湘	何永范
陆云楠	方国华(女)	董芸香(女)	荣燨增
袁耀荣	施詠笙(女)	龚万鹏	殷栋生
宋月娟(女)	潘建平	张锡藩	

工业管理系三年级

宋同文	范士元	陆源仁	过漪元(女)
江毓津	许国柱	秦同澧	沈庆徽(女)
丁秀南(女)	郑蓉葩(女)	陆明荷(女)	陆鸿生
唐镒千	胡韫玉(女)	冯麒祥	萧耀祖
杨盘泉	陈继珍(女)	陆楚良	华发江
王学麟	胡聿先(女)	萧志洁(女)	杨志远
董大鼎	朱剑明	荣宝初	杨正明

工业管理系四年级

张正邦	徐锡昌	许文栋	钮定国
陈显斌	黄菖年	李贵卿	李天厚
胡菊华(女)	张京晖	尤永清	刘育义
贡仲祺	苏福生	许志浩	冯鹏年
冯慧娟(女)	曹倩影(女)	陆新民	吴乃华
张镇海	王宗麟	徐鹤鸣	邓鸿勋
龚公度	冯绍之(女)	费定一	荣肇辰
王省导	王湘庭	许泉森	何雪鸿

数理系一年级

周富坤	陆沛若	吴明亮	周以达
郁海宝	徐恭祥	奚俊文	朱正钦
江纯韵(复学)	华襄文(复学)		

数理系二年级

程桐芳(借读之江大学)

电机工程系一年级

王承博	洪钟麟	徐友辅	汤松云
许祖良	胡润生	盛克强	张洪让

白信懋	姚万里	苏世藩	吴翼侯
马文祥	殷亚平	俞鸿礼	胡本栽
荆唯英	郑松林	宗镇生	王树威(试读)
徐文麟	程祖瑜(复学)	张 华(复学)	曹 棠

电机工程系二年级

陈涵宇	顾心田	金克谦	顾哲斌
黄飞龙	张 凯	吴 壮	卢蕭祖
孙欣芳	王烈豪	曹杏林	蔡 谳

电机工程系三年级

施佐康	毛士英	许士颐	王荫槐
孙国涵	毛瑞棠	郭家榕	郑声鋐
蒋伯勤	俞宁煌	葛永祺	郭渭彬
缪鼎荣	凌瑞荵	潘传兴	顾耀泉
王培烜	沈洪良	蒋皎然	杨浩忠
程允文	陆时兴	沈锡亮	薛镐年
李少秋	史文质		

电机工程系四年级

王峻明	巫光弼	钟 瑜	蒋德舆
王绍尧	褚洪绶	王道治	卢兴初
曹昌裕	钱润圻	鲍录	

机械工程系一年级

朱光祺	郑庆德	马恒丰	盛造时
王锦标	蒋宗艾	项隆基	喻祖炎
陆宝坤	潘家玉	胡耀东	高企元
缪本浩	张熙来	秦育万	陆迺辉
贡金城	金谦寿	陆楚龙	曹宁一
孙新铭(复学)	陈杏根(复学)		

机械工程系二年级

许正名	殷吉仁	唐裕源	丁训士
秦永烈	张永亨	杨存曙	王作柯

谢　德	谢继志	徐德骏	刘宏才
叶　崇	过馨葆	张江雨	徐柏康
边炳耀	蒋伯英	沈康乐	谢又廉
关　坪	吴天清	徐发仁	陈兆平
沈越泉	沈林生	蒋崇德	卢玉祥

机械工程系三年级

陆礼照	许保庆	李敏宝	冯祖异
郑时优	郑家骏	夏经伦	李寿柏
凌　锴	王金裕	曹朔年	尤宝祥
马天行	程锡仁	金鹤鸣	叶惠元
薛君玉	王兆孙	李崇江	陆哲明
张绍良	许良弼	曹星鸿	刘泉培
戎盛棠	周国良	吴树源	

机械工程系四年级（全部借读浙江大学）

吴文楠	华芝根	周川成	是筱勤
胡道德	潘嘉煜		

化学工程系一年级

瞿士杰	孙诚来	陈绍仑	樊邦棣
张振华	龚炳铮	许国斌	吴惟有
张世懋	祁莲湘	宣叔衡	尹力子
施静华（女）	华荣泉	黄　勋	蒋嘉兰（女）
刘希圭	胡泰泉	黄楚申	吴奇军（复读）
许煜汾（试读）	何宏坤（女 复读）		

化学工程系二年级

沈潜安	戴彼得	杨银初	武志澄
陈雯浩（女）	陈雅芬（女）	吴兆正	倪一匡
姜煜泉	楼云鹤	张徽文	单　瑛（女）
李德霖	浦英榴	过宁扶（女）	李　祺
蒋惠平	王亦芸	过慕英（女）	冯惠诗
王袁林	王同燹	毛学庆	陈劲秋

陈民锋(重读)　　　莫谦之(浙江大学编级试验)

化学工程系三年级

郭育文	陆维一	唐礼民	朱良才
许筱豫(女)	赵子祥	蒋逸静	杨寿毓
方勤胜	朱鼎元	谢玉成	孟胜金
王贵兴	堵汉华(女)	傅朝珪(女)	张浩荣
黄国祥	吴惕	沈荫申	孙昌华
沈小舫			

化学工程系四年级

林连发	江宝枢	金慕伦	庄应丽(女)
丁伟	孙景春		

农艺系一年级

许元勤	黄慎德	庄文禧	吴汝寿(女)
李伍云(女)	陈菊仙(女)	王瑛才(女)	徐润庠
李贤柱	黄振岳	沈瑞庭	孙继和
丁自立	盛能力	刘明霞	周政和

农艺系二年级

李家荣	顾克礼	王翠珠(女)	章公略
廖光天	屠溶涛	沈锡五	王申恒
边自雄	曹玉芬(女)	牟润生(女)	吴韵芳(女)
张光裕	顾强	俞德生	徐中和
陆有凤	刘钟栋	杨光烈	吴文挥
徐仲英(插班)	顾质彬(插班)		

农艺系三年级

陆绍椿	陆振亚	王叔良	须松福
石文斗	顾光炜	鲁佩珍(女)	陈雅芳(女)
王清缨	卢天慈	李振宇	宋才葆
汤宜宜(女)	郑鸿泉		

食品工业系一年级

李德培	李国浩	陈元德	朱金山

王义信	孙晋初	张建树	郑忠鲁
胡立乾	许浩程	徐达伍	吴坤发
周永祥	黄秀意	朱培元	徐　燕(女)
贾玉琴(女)	夏诵德	程觉民	吕清泉
张崇勇	林则翰	林与仙(女)	王清泉(复学)

食品工业系二年级

陈宝琦	张德翀	袁铁彪	薛荫南(女)
杜　钟	刘　复	庄志本	金秀琼(女)
姚秉廉	赵德厚	朱肇阳	胡志强
戴仁泽	沈树生	李　椿	崔益桂
金学源	许世珍(女)	唐志强	胡树明(由面专转系)

食品工业系三年级

王定昌	江文藻	徐铭忠	俞静武
印廷镕	程　度	周柏松	朱锦安
徐智永	张梓祥	陈柏生	萧玉洁(女)
蒋祖基			

食品工业系四年级

徐洪顺	徐燮南	郭渭濠	尤　新
张福昌	杜保中	范允实	杨佩乙
秦浣香(女)			

面粉专修科二年级

荣献瑞	范斌中	荣兰荪	方幹卿
朱水明	纪才弘	姚守训	孙杏根
荣鑫华	薛焕曾	李维熊	朱耀西
沈仁岐	余仲敏	许仁春	顾训诚
汤国炜	朱仲德	顾树森	杨柏生

面粉专修科三年级

张务达	胡尔仁	朱嗣坤	林芳德
邹煜祺	单炳章	李石麟	荣鸿裕
宋永才	田春申	项华同	杨光泰

荣肇辛	王寿昌	蔡士炘	吴组纶
徐天锡	张耀峥	熊立人	黄治洲

（来源：苏州大学档案馆 长 33 学号及细节略）

私立江南大学各系在校学生名册

一九五二年度升入高一年级

1952.09.26

工业管理系一年级

刘正祥	卢玄同	徐祖善	沈仍泓
夏赓禹	戴公朴	戴鸿樑	吴 杰
贺龙沧	薛瑞相	朱明学	马维道
曹英华(女)	吴绍雍	谢启瑞	徐锡镛
李芳仪(女)	陈洪兴	钱子骥	任祖篪
王和珍	陶忠沅	王尚武	

以上一九五二年度升入二年级

工业管理系二年级

展国俊	俞祖江	金桂珍(女)	陆慕赞
江文伟	韩元雄	俞德湘	何永範
陆云楠	方国华(女)	董芸香(女)	荣燨增
袁耀荣	施詠笙(女)	龚万鹏	殷栋生
宋月娟(女)	潘建平	张锡藩	

以上一九五二年度升入三年级

数理系一年级

周富坤	陆沛若	吴明亮	周以达
郁海宝	徐恭祥	奚俊文	朱正钦

以上一九五二年度升入二年级

电机工程系一年级

王承博	洪钟麟	徐友辅	汤松云
许祖良	胡润生	盛克强	张洪让
白信懋	姚万里	苏世藩	陆 顕

吴翼侯	马文祥	殷亚平	俞鸿礼
胡本栽	荆唯英	郑松林	宗镇生
王树威	徐文麟		

以上一九五二年度升入二年级

电机工程系二年级

陈涵宇	顾心田	金克谦	顾哲斌
黄飞龙	张　凯	吴　壮	卢黼祖
孙欣芳	王烈豪	曹杏林	蔡　谳
茅鼎亮			

以上一九五二年度升入三年级

机械工程系一年级

朱光祺	郑庆德	马恒丰	盛造时
王锦标	蒋宗艾	项隆基	喻祖炎
陆宝坤	陆楚龙	潘家玉	胡耀东
高企元	缪本浩	张熙来	秦育万
陆迺辉	贡金城	金谦寿	曹宁一

以上一九五二年度升入二年级

机械工程系二年级

许正名	殷吉仁	唐裕源	丁训士
秦永烈	张永亨	杨存曙	王作柯
谢　德	徐德骏	刘宏才	叶　崇
过馨葆	张江雨	徐柏康	边炳耀
蒋伯英	沈康乐	谢又廉	关　坪
吴天清	徐发仁	陈兆平	沈越泉
沈林生	蒋崇德	卢玉祥	

以上一九五二年度升入三年级

化学工程系一年级

瞿士杰	孙诚来	陈绍仑	樊邦棣
张振华	龚炳铮	许国斌	吴惟有
张世懋	祁莲湘	宣叔衡	尹力子

施静华（女）　　　华荣泉　　　　黄　勋　　　　蒋嘉兰（女）

刘希圭　　　　　　胡泰泉　　　　黄楚申

以上一九五二年度升入二年级

化学工程系二年级

沈潜安　　　　　　戴彼得　　　　杨银初　　　　武志澄

陈雯浩（女）　　　陈雅芬（女）　吴兆正　　　　倪一匡

姜煜泉　　　　　　楼云鹤　　　　张徵文　　　　单　瑛（女）

李德霖　　　　　　浦英榴　　　　过宁扶（女）　李　祺

蒋惠平　　　　　　王亦芸　　　　过慕英（女）　冯惠诗

王袁林　　　　　　王同爕　　　　毛学庆　　　　陈劲秋

以上一九五二年度升入三年级

农艺系一年级

许元勤　　　　　　黄慎德　　　　庄文禧　　　　吴汝寿（女）

李伍云（女）　　　陈菊仙（女）　周政和　　　　徐润庠

李贤柱　　　　　　黄振岳　　　　沈瑞庭　　　　孙继和

丁自立　　　　　　盛能力　　　　刘明霞　　　　王瑛才（女）

以上一九五二年度升入三年级

农艺系二年级

李家荣　　　　　　顾克礼　　　　王翠珠（女）　章公略

廖光天　　　　　　屠濬涛　　　　沈锡五　　　　王申恒

边自雄　　　　　　曹玉芬（女）　牟润生（女）　吴韵芳（女）

张光裕　　　　　　顾　强　　　　俞德生　　　　徐中和

陆有风　　　　　　刘钟栋　　　　杨光烈　　　　吴文挥

以上一九五二年度升入三年级

农艺系三年级

陆绍椿　　　　　　陆振亚　　　　王叔良　　　　须松福

石文斗　　　　　　顾光炜　　　　鲁佩珍（女）　陈雅芳（女）

王清缨　　　　　　卢天慈　　　　李振宇　　　　宋才葆

汤宜宜（女）　　　郑鸿泉

以上一九五二年度升入四年级

食品工业系一年级

李德培	李国浩	陈元德	朱金山
王义信	孙晋初	张建树	郑忠鲁
胡立乾	许浩程	徐达伍	吴坤发
周永祥	黄秀意	朱培元	徐　燕（女）
贾玉琴（女）	夏诵德	程觉民	吕清泉
张崇永	林则翰	林与仙	

以上一九五二年度升入二年级

食品工业系二年级

陈宝琦	张德翀	袁铁彪	薛荫南（女）
杜　钟	刘　复	庄志本	金秀琼（女）
唐志强	姚秉廉	赵德厚	朱肇阳
胡志强	戴仁泽	沈树生	李　椿
崔益桂	金学源	许世珍（女）	

以上一九五二年度升入三年级

面粉专修科盛金荣、胡树明

附注：上开两生奉华东教育部教高（一）字第 203585 号批复：兹同意你校面粉专修科二年级本届不能毕业之学生盛金荣、胡树明两人随同你校食品系调整至南京工学院，其补修课程问题俟调整后由该校研究处理。

（来源：苏州大学档案馆　长 34　学号及细节略）

一九五一年毕业生名单

工业管理系

谢慧君	陆必成	曹攸同	荣宝俊	张公亮	严　莹
鲁介福	刘启光	陈龙贵	夏菊生	时从德	冯锡章
高锡椿	孙增明	邵根山	赵殿臣	程匡一	向　颖
郑琪仙	华景辛	钦令仪	王振贤	史贯之	潘志洪
沈柏森	赵越樵	王振之	马天元	沙福圻	周维扬
瞿茉珍	金行仁	陈炳生	周寿林	葛新治	黄文元

电机工程系

庄嘉寿	龚世华	杨钧泰	潘根敏	吕小鹏	周国栋
王瑞栋	孙文卿	胡家琥	都祖荣	王自强	任初兴
蒋慕蔺	吴 醒	施兴祥	孙家杰	邹慕萱	

机械工程系

孙逢道	俞勤德	沈德顺	蔡志锷

化学工程系

蒋凌械	范文元	葛 普	屠尧卿	戚财兴	张柏寿

面粉专修科

孙武亮	王志楠	魏健诚	周博仁	席德清	吴嘉禄
邱善塏	颜中振	秦耀海	邓寿奎	孙鸿达	陆锡华
李则选	高承平	马秉铨	臧金魁	吉军骥	许仁昌
许士鼎	刘宗英	张 衡	沈念刘	孙以贤	沈洪裕
周俊伟	朱天钦				

参干毕业同学

陶奕镇	叶智修　前经济系（借读金陵大学）

（原载《一九五一年年刊》）

江南大学一九五二年暑期毕业生名单

化工系

朱良才	许筱豫	陆维一	赵子祥	孙昌华	唐礼民
蒋逸静	沈十舫	郭育文	沈荫申	张浩荣	杨寿毓
谢玉成	朱鼎元	堵汉华	黄国祥	吴 惕	傅朝珪
王贵兴	方勤胜	孟胜金			

食品工程系

秦浣香	范允实	杨佩乙	杜保忠	张福昌	尤 新
郭渭豪	徐燮南	徐洪顺	张梓祥	江文藻	王定昌
徐铭忠	印廷镕	周柏松	程 度	朱锦安	徐智永
陈柏生	俞静武	蒋祖基	萧玉洁		

工业管理系

董大鼎	江毓津	唐镒千	杨盘泉	冯麒祥	过漪元
胡韫玉	萧耀祖	朱剑明	范士元	许国柱	秦同澧
萧志洁	杨正明	丁秀南	陆鸿生	沈庆徽	荣宝初
陈继珍	陆源仁	陆明荷	郑蓉葩	华发江	胡聿先
杨志远	陆楚良	宋同文	王学麟	陆新民	荣肇辰
曹倩影	李贵卿	龚公度	钮定国	王省导	费定一
张京晖	李天厚	许文栋	徐鹤鸣	张镇海	张正邦
邓鸿勋	王宗麟	冯绍之	苏福生	冯鹏年	刘育义
尤永清	黄菖年	徐锡昌	冯慧娟	陈显斌	贡仲祺
胡菊华	徐志浩	吴乃华	何雪鸿	王湘庭	许泉森

电机系电力

王俊明	曹昌裕	蒋德舆	鲍 录	钟 瑜	巫光弼
王道治	褚洪绶	王绍尧	陆兴初	钱润圻	史文质
俞宁煌	郑声鋐	郭家榕	毛瑞棠	王荫槐	施佐康
毛士英	许士颐	孙国涵	蒋伯勤	葛永祺	郭渭彬
缪鼎荣	凌瑞荪	潘传兴	顾耀泉	王培焽	沈洪良
蒋皎然	杨浩忠	程允文	陆时兴	沈锡亮	薛镐年
李少秋					

机械系蒸汽动力

王兆孙	冯祖昇	陆礼照	李崇江	金鹤鸣	程锡仁
马天行	郑时优	尤宝祥	薛君玉	王金裕	曹星鸿
张绍良	吴树源	李敏宝	陆哲明	李寿柏	曹朔年
刘泉培	郑家骏	叶惠元	戎盛棠	许良弼	夏经伦
周国良	凌 锴				

面 专

徐天锡	荣献瑞	吴组纶	荣肇辛	杨光泰	项华同
林芳德	熊立仁	张耀峥	荣鸿裕	李石麟	单炳章
邹煜祺	张务达	朱永才	田春申	王寿昌	蔡士炘
朱嗣坤	胡尔仁	黄治洲	顾训诚	朱仲德	朱耀西
朱水明	方幹卿	姚守训	许仁春	薛焕曾	荣鑫华

汤国炜　　　　孙杏根　　　　纪才弘　　　　杨柏生　　　　荣兰荪　　　　李维熊
余仲敏　　　　沈仁歧　　　　顾树森　　　　范斌中

（根据苏州大学档案馆 长 35−38 整理）